EXECUÇÃO NO PROCESSO DO TRABALHO

ATUALIZADA, AMPLIADA E REVISADA

1.ª edição — 1989
2.ª edição — 1991
3.ª edição — 1992
4.ª edição — 1994
5.ª edição — 1995
6.ª edição — 1997
7.ª edição — 2001
8.ª edição — 2004
9.ª edição — 2005
10.ª edição — 2011
11.ª edição — 2013
11.ª edição — 2014 — 2.ª tiragem
12.ª edição — 2017
13.ª edição — 2020

MANOEL ANTONIO TEIXEIRA FILHO

EXECUÇÃO NO PROCESSO DO TRABALHO

ATUALIZADA, AMPLIADA E REVISADA

13ª EDIÇÃO

LTr Editora Ltda.

© Todos os direitos reservados

Rua Jaguaribe, 571
CEP 01224-003
São Paulo, SP — Brasil
Fone: (11) 2167-1101
www.ltr.com.br
Dezembro, 2020

Projeto Gráfico e Editoração Eletrônica: Peter Fritz Strotbek – The Best Page
Projeto de Capa: Danilo Rebello
Impressão: Grafnorte

Versão impressa: LTr 6302.4 — ISBN 978-85-301-0212-8
Versão digital: LTr 9765.9 — ISBN 978-65-5883-018-4

Dados Internacionais de Catalogação na Publicação (CIP)
(Câmara Brasileira do Livro, SP, Brasil)

Teixeira Filho, Manoel Antonio
  Execução no processo do trabalho : atualizada, ampliada e revisada / Manoel Antonio Teixeira Filho. — 13. ed. — São Paulo : LTr, 2020.

  Bibliografia.

  1. Execução (Direito do trabalho) — Brasil I. Título.

20-43786   CDU-347.952:331(81)

Índice para catálogo sistemático:

1. Brasil : Processo de execução : Direito do
     trabalho   347.952:331(81)

Maria Alice Ferreira – Bibliotecária – CRB-8/7964

Dedico este livro ao
Dr. Armando Casimiro Costa,
em reconhecimento à sua larga contribuição
editorial para o aprimoramento da cultura
jurídica de nossa gente.

"Portanto, condenam ao réu Joaquim José da Silva Xavier, por alcunha o Tiradentes, alferes que foi da tropa paga da Capitania de Minas, a que, com baraço e pregão, seja conduzido pelas ruas públicas ao lugar da forca, e nela morra morte natural para sempre, e que depois de morto lhe seja cortada a cabeça e levada a Vila Rica, onde no lugar mais público será pregada em um poste alto, até que o tempo a consuma, e o seu corpo será dividido em quatro quartos, e pregados em postes, pelo caminho de Minas, no sítio da Varginha e das Cebolas, onde o réu teve as suas infames práticas, e os mais nos sítios de maiores povoações, até que o tempo também os consuma, declaram o réu infame e seus filhos e netos tendo-os, e os seus bens aplicam para o Fisco e Câmara Real, e a casa em que vivia em Vila Rica será arrasada e salgada, para que nunca mais no chão se edifique, e não sendo própria será avaliada e paga a seu dono pelos bens confiscados, e no mesmo chão se levantará um padrão pelo qual se conserve em memória a infâmia deste abominável réu."

(Trecho da sentença proferida pelos Juízes da Alçada, em 18-4-1792, que condenou Tiradentes à morte, pela forca, in: *Autos da Inconfidência Mineira*. 2.ª ed. Belo Horizonte: Imprensa Oficial, 1982, conforme pesquisa realizada pelo ilustre amigo, Prof. Hildebrando Campestrini, da Academia Sul-Matogrossense de Letras)

Índice Sistemático da Matéria

Preâmbulo à 1.ª Edição 21

Preâmbulo à 8.ª Edição 25

Preâmbulo à 10.ª Edição 27

Preâmbulo à 11.ª Edição 29

Preâmbulo à 12.ª Edição 31

Preâmbulo à 13.ª Edição 33

Livro I — Generalidades

Capítulo I — Etimologia e Conceito 37

1. Etimologia 37

2. Conceito 39

    2.1. É a atividade jurisdicional do Estado 39

    2.2. De índole essencialmente coercitiva 42

    2.3. Desenvolvida por órgão competente 42

    2.4. De ofício ou mediante iniciativa do interessado 44

    2.5. Com o objetivo de compelir o devedor 45

    2.6. Ao cumprimento da obrigação 46

    2.7. Contida em sentença condenatória transitada em julgado 47

    2.8. Ou em acordo judicial inadimplido 48

    2.9. Ou em título executivo extrajudicial, previsto em lei 48

Capítulo II — Natureza Jurídica 49

1. Comentário 49

Capítulo III — Escorço Histórico 53

1. Comentário 53

    1.1. Direito Romano 54

    1.2. Direito Medieval 57

    1.3. Direito Brasileiro 58

        1.3.1. Processo Civil 58

        1.3.2. Processo do Trabalho 61

Capítulo IV — Processo de Execução 67

1. Comentário 67

    1.1. Processo de conhecimento 67

    1.2. Processo de execução 69

    1.3. Processo cautelar 71

2. O CPC de 2015 e as tutelas provisórias 75

3. Análise estrutural da execução trabalhista 76

    3.1. Quantificação 76

    3.2. Constrição 77

    3.3. Expropriação 78

4. Sistematização das normas legais regentes da execução trabalhista 79

    4.1. Quantificação 79

    4.2. Constrição 80

    4.3. Expropriação 81

Capítulo V — Procedimento Executivo 83

1. Considerações introdutórias 83

2. O procedimento executivo 85

3. A conciliação 87

Capítulo VI — Ação de Execução 91

1. Comentário 91

2. O princípio da demanda 93

3. A pretensão executiva 94

4. As condições da ação 96

    4.1. Possibilidade jurídica do pedido 97

    4.2. Legitimidade *ad causam* 98

    4.3. Interesse processual 100

5. Relação processual executiva 101

Capítulo VII — Princípios Informativos da Execução 102

1. Da igualdade de tratamento das partes 102

2. Da natureza real 103

3. Da limitação expropriatória 103

4. Da utilidade para o credor 104

5. Da não prejudicialidade do devedor 104

6. Da especificidade 105

7. Da responsabilidade pelas despesas processuais 105

8. Do não aviltamento do devedor 106

9. Da livre disponibilidade do processo pelo credor 109

9.1. Execução de ofício 109

9.2. Riscos da execução provisória 110

9.3. Imodificabilidade da sentença exequenda 111

9.4. Direito de prelação do credor 111

9.5. Especificação, pelo credor, da espécie de execução 113

9.6. Só há execução sobre bens penhoráveis ou alienáveis 113

9.7. Necessidade de intimação do cônjuge 113

9.8. Alienação antecipada de bens 114

9.9. O juízo da execução é sempre de primeiro grau 114

Capítulo VIII — Legitimidade 116

1. Legitimação ativa 116

1.1. O Ministério Público 116

1.2. Espólio, herdeiros ou sucessores 117

1.3. Cessionários 118

1.4. Sub-rogados 119

1.5. O devedor 120

1.6. O juiz 122

1.7. O advogado 124

1.8. O sindicato 124

2. Legitimação passiva 125

2.1. O devedor 125

2.2. Espólio, herdeiros ou sucessores 126

2.3. Novo devedor 135

2.4. Fiador 137

2.5. O responsável titular do bem vinculado por garantia real ao pagamento do débito 139

2.6. O resposável tributário, assim definido em lei 139

2.7. Massa falida 140

Capítulo IX — Competência 141

1. Comentário 141

1.1. Título judicial 141

1.2. Título extrajudicial 143

2. Ausência de identidade física 144

3. Execução mediante carta. Embargos 144

3.1. Embargos do devedor 144

3.2. Embargos de terceiro 146

Capítulo X — Interesse Processual 147

1. Comentário 147

2. O interesse processual na execução 149

Capítulo XI — Requisitos Necessários para Realizar a Execução 153

1. Inadimplemento do devedor 153

2. Título executivo 156

    2.1. Títulos judiciais 156

        2.1.1. Sentença transitada em julgado 156

        2.1.2. Acordo inadimplido 161

    2.2. Títulos extrajudiciais 164

Capítulo XII — Execução Definitiva e Execução Provisória 166

1. Execução definitiva 166

2. Execução provisória 167

3. Execução e recurso extraordinário 179

4. Execução provisória das obrigações de fazer 180

5. Efetivação das tutelas provisórias 181

Capítulo XIII — Cumulação de Execuções 182

1. Comentário 182

Capítulo XIV — Execução de Obrigações Alternativas 185

1. Comentário 185

Capítulo XV — Execução Sujeita a Condição ou Termo 190

1. Comentário 190

Capítulo XVI — Execução e Prestações Sucessivas 192

1. Comentário 192

Capítulo XVII — Responsabilidade Patrimonial do Devedor 197

1. Comentário 197

Capítulo XVIII — Fraude à Execução 201

1. Comentário 201

    1.1. Quando sobre os bens pender ação fundada em direito real ou com pretensão reiper-secutória, desde que a pendência do processo tenha sido averbada no respectivo registro público, se houver 203

    1.2. Quando tiver sido averbada, no registro do bem, a pendência do processo de execução, na forma do art. 828 203

    1.3. Quando tiver sido averbado, no registro do bem, hipoteca judiciária ou outro ato de constrição judicial originário do processo onde foi arguida a fraude 203

1.4. Quando, ao tempo da alienação ou oneração, tramitava contra o devedor ação capaz de reduzi-lo à insolvência 204

1.4.1. A Súmula n. 375, do STJ 207

1.5. Nos demais casos expressos em lei 209

Capítulo XIX — Ato Atentatório à Dignidade da Justiça 212

1. Comentário 212

1.1. Fraude à execução 214

1.2. Oposição maliciosa 215

1.3. Dificulta ou embaraça a realização da penhora 216

1.4. Resistência injustificada 216

1.5. Não indicação de bens 217

Capítulo XX — Execução Contra a Fazenda Pública 220

1. Comentário 220

2. O art. 100 da Constituição Federal 229

Capítulo XXI —Execução Contra a Massa Falida e Contra as Sociedades em Regime de Liquidação Extrajudicial 235

1. Massa falida 235

2. Sociedades em regime de liquidação extrajudicial 239

Capítulo XXII — Prescrição Intercorrente 242

1. Comentário 242

Capítulo XXIII — Recurso na Execução 247

1. Comentário 247

2. Execução e Mandado de Segurança 250

Capítulo XXIV — Suspensão e Extinção da Execução 253

1. Suspensão 253

1.1. Embargos do devedor 253

1.2. Casos dos art. 313 e 315, do CPC 255

1.3. No todo ou em parte, quando os embargos à execução forem recebidos com efeito suspensivo 259

1.4. Inexistência de bens penhoráveis 259

1.5. Se a alienação dos bens penhorados não se realizar por falta de licitantes e o exequente, em quinze dias, não requerer a adjudicação nem indicar outros bens penhoráveis 265

1.6. Quando concedido parcelamento previsto no art. 916 265

2. Extinção 265

3. O devedor obtiver, por qualquer outro meio, a extinção total da dívida 266

4. O exequente renunciar ao crédito 266

5. Ocorrer a prescrição intercorrente 267

Capítulo XXV — Nulidade da Execução 268

1. Comentário 268

2. Título 268

3. Citação 269

   3.1. Citação irregular 269

   3.2. Citação nula 269

   3.3. Citação inexistente 270

4. Resumo 271

5. Promovida antes de verificada a condição ou ocorrido o termo 273

Capítulo XXVI — Desistência da Execução 274

1. Comentário 274

Capítulo XXVII — Liquidação da Sentença 277

1. Nótula introdutória 277

2. Conceito 278

3. Natureza jurídica da liquidação 280

4. Finalidade 281

5. Excesso de liquidação 283

6. Liquidação mista 286

7. Execução parcial 287

8. Liquidações autônomas 288

9. Liquidação das obrigações alternativas 289

10. Assistência na liquidação 289

11. "Sentença" de liquidação. Natureza jurídica 292

12. Irrecorribilidade da "sentença" de liquidação 293

13. Modalidades de liquidação 294

   13.1. Cálculos 295

      13.1.1. Processamento 297

         a) Cálculos pelo contador (CLT, art. 879, § 2.º) 298

         b) Cálculo da parte (CLT, art. 879, §§ 1.º-B e 3.º) 299

         c) Cálculo pelo perito (CLT, art. 879, § 6.º) 300

   13.2. Arbitramento 300

      13.2.1. Processamento 301

   13.3. Artigos 302

      13.3.1. Processamento 306

Livro II – Das Espécies de Execução

Capítulo I — Execução Para a Entrega de Coisa Certa 317

1. Generalidades 317

2. Procedimento 319

Capítulo II — Execução para a Entrega de Coisa Incerta 322
1. Generalidades 322
2. Procedimento 322

Capítulo III — Execução das Obrigações de Fazer 326
1. Generalidades 326
2. Procedimento 326
3. Execução das obrigações de fazer típicas das relações trabalhistas 329
   3.1. Entrega de guias para a movimentação do FGTS 329
   3.2. Reintegração de empregado estável 330
   3.3. Anotações na Carteira de Trabalho 332

Capítulo IV — Execução das Obrigações de Não Fazer 334
1. Generalidades 334
2. Procedimento 334
3. À guisa de sugestão 336

Capítulo V — Execução da Obrigação de Emitir Declaração de Vontade 340
1. Generalidades 340
2. Procedimento 342

Capítulo VI — Execução por Quantia Certa 344
1. Generalidades 344
2. Mandado executivo 347
3. Citação 348
4. A questão da multa prevista no art. 523, § 1.º, do CPC 350
   4.1. O cumprimento da sentença, no CPC 350
      4.1.1. Omissão da CLT 352
      4.1.2. Duração razoável do processo 357
   4.2. A multa 357
   4.3. A medida judicial apropriada para afastar a aplicação do art. 523, do CPC, no processo do trabalho 359
   4.4. Conclusões 363
5. Penhora e avaliação 364
   5.1. Nótula introdutória 364
   5.2. Natureza jurídica 370
   5.3. Bens penhoráveis 372
   5.4. Penhora de bem dado em garantia real 373
   5.5. Bens impenhoráveis 375
   5.6. Impenhorabilidade absoluta 376
   5.7. Nota particular sobre o bem de família 383
   5.8. Impenhorabilidade relativa 385
   5.9. Penhora de bens alienados fiduciariamente 387

5.10. Nomeação de bens 388

5.11. Nulidade da penhora 389

5.12. Substituição da penhora 389

5.13. A penhora por meio eletrônico 391

5.14. Nomeação de bens na execução provisória 406

5.15. Bens situados fora da comarca 406

    5.15.1. Execução mediante carta 406

    5.15.2. Execução no foro de situação dos bens ou do domicílio do devedor 409

5.16. A atuação do oficial de justiça 409

5.17. Auto de penhora e depósito e termo de nomeação 410

5.18. Expropriação antecipada 412

5.19. Penhora de direitos 413

5.20. Penhora de crédito e de outros direitos patrimoniais 414

5.21. Penhora no rosto dos autos 415

5.22. Penhora de empresas e outros estabelecimentos 416

5.23. Penhora de navio ou aeronave 418

5.24. Averbação da penhora 418

5.25. Alteração da penhora 419

5.26. Depósito dos bens penhorados 422

5.27. Depositário 423

    5.27.1. Nomeação do depositário 424

    5.27.2. Atribuições do depositário 425

    5.27.3. Direitos, deveres e responsabilidades do depositário 426

    5.27.4. A extinta ação de depósito 428

    5.27.5. Ação de exigir contas 429

    5.27.6. Responsabilidade civil do depositário 431

5.28. Considerações sobre o bloqueio *on-line* 432

    5.28.1. Pressupostos 434

        a) Pressupostos para a emissão da ordem judicial 434

        b) pressupostos para a concretização do bloqueio 435

            b.1) a proporcionalidade do bloqueio 435

            b.2) A utilidade do bloqueio 436

            b.3) a convolação para penhora. 437

5.29. Legalidade 437

5.30. Inconstitucionalidade 438

5.31. Arrematação 442

    5.31.1. Introdução 442

    5.31.2. Conceito e natureza jurídica 445

5.31.3.Avaliação 447

5.31.4. Edital de praça e leilão 451

5.31.5. O procedimento na arrematação 456

5.31.6. Lanço vil 457

5.31.7. Auto de arrematação 459

5.31.8. Desfazimento da arrematação 461

5.31.9. Desistência da arrematação 463

5.31.10. Carta de arrematação 463

5.31.11. Consequências jurídicas da arrematação 464

5.31.12. Evicção do arrematante 465

5.31.13. Pagamento ao credor 466

5.32. Adjudicação 470

5.32.1. Conceito 470

5.32.2. Natureza jurídica 471

5.32.3. Objeto da adjudicação 472

5.32.4. Requerimento de adjudicação 473

5.32.5. Legitimidade para requerer a adjudicação 474

5.32.6. O preço 475

5.32.7. Auto e carta de adjudicação 475

5.32.8. Adjudicação e preço vil 477

5.32.9. Tradição dos bens adjudicados 478

5.32.10. Penhora de frutos e rendimentos de coisa móvel ou imóvel 479

5.33. Remição 481

5.33.1. Conceito 481

5.33.2. Remição da execução e remição da penhora 482

5.33.3. Procedimento na remição da execução 482

5.33.4. Remição e adjudicação 483

Capítulo VII — Protesto da Sentença 485

1. Justificativa do Projeto de Lei n. 6.787/2016 485

2. A Lei n. 9.492/1997 485

3. A matéria no CPC 487

Capítulo VIII — Embargos do Devedor 491

1. Introdução 491

2. Generalidades 491

2.1. Execução de título judicial 491

2.2. Execução de título extrajudicial 493

3. Conceito 494

4. Embargos à penhora 495

5. Natureza jurídica 497

6. Classificação 497

7. Legitimidade 498

8. Competência 499

9. Prazo 503

    9.1. Pagamento da dívida no prazo para embargos 504

10. Garantia do juízo 508

11. Efeito 511

12. Rejeição liminar 512

13. Matéria alegável 514

    13.1. Execução de título judicial 514

14. Procedimento 526

15. Das exceções, pelo embargante 529

16. Revelia 529

17. Reconvenção 530

18. Sentença 531

19. Recurso 532

20. Exceção de pré-executividade 533

Capítulo IX — Invalidação, Ineficácia e Resolução da Arrematação 540

1. Comentário 540

Capítulo X — Embargos de Terceiro 543

1. Conceito 543

2. Natureza jurídica e eficácia 544

3. Pressupostos 546

4. Embargos de terceiro e embargos do devedor 546

5. Legitimidade 547

6. Competência 549

7. Prazo 550

8. Distribuição 552

9. Procedimento 553

10. Recurso interponível 557

Livro III — Execução de Contribuições Sociais

Capítulo I — As Emendas Constitucionais ns. 20/98 e 45/2004 561

1. Comentário 561

    1.1. A União e a relação processual 563

1.2. Título executivo 563
    1.2.1. Título 563
    1.2.2. Natureza jurídica 564
1.3. Prescrição 565
1.4. Procedimento 566

Capítulo II — As Leis ns. 10.035/2000, 11.457/2007 e 13.467/2017 567
1. Comentário 567

Bibliografia 581

Preâmbulo à 1.ª Edição

I

Sistemas jurídicos vigentes em épocas remotas atribuíram à execução — notadamente a destinada à cobrança de dívida — caráter pessoal, permitindo que os atos executivos incidissem na pessoa física do devedor.

Exemplo característico desse período era a *manus iniectio* romana, pela qual o credor tinha poderes para dispor da liberdade ou da própria vida do devedor. No primeiro caso, este era acorrentado e conduzido à residência daquele, onde permanecia em regime de prisão domiciliar, ou era vendido como escravo; no segundo, o credor poderia matá-lo e, em certas situações, esquartejá-lo.

É verdade que se pode colocar em dúvida se esses meios execrandos e infamantes chegaram, efetivamente, a ser postos em prática; de qualquer modo, a possibilidade legal de o credor poder restringir a liberdade física do devedor, vendê-lo como servo ou tirar-lhe a vida evidencia a extremada exaltação que alguns desses sistemas jurídicos antigos faziam dos créditos pertencentes aos indivíduos e a natureza barbaresca das medidas que colocavam à disposição destes, a fim de que pudessem exigir a satisfação do direito.

Tempos depois, o Estado, conscientizando-se de que o simples fato de alguém estar a dever determinada quantia a outrem não poderia constituir razão jurídica para despojá-lo de certos valores humanos fundamentais, como a vida e a liberdade, rompeu com a perversa tradição e declarou que a execução possuía índole, exclusivamente, *patrimonial*. Podemos apontar a *Lex Poetelia* (séc. V a.C.) como um dos mais expressivos marcos históricos nessa nova fase estatal, assinalada pela humanização das execuções de dívidas. Esse elogiável escopo avançou com a *pignoris capio* — que outorgava ao credor a faculdade de, na presença de três testemunhas, realizar a apreensão extrajudicial de bens do devedor — e com as leis subsequentes.

Modernamente, os diversos sistemas jurídicos ocidentais, em sua maioria, acentuaram e tornaram definitivo o traço *patrimonial* da execução das obrigações de pagar quantia certa. Em nosso meio, *e. g.*, o atual Código de Processo Civil dispõe — com força de autêntica declaração de princípio — que o "devedor responde, para o cumprimento de suas obrigações, *com todos os seus bens presentes e futuros*, salvo as restrições estabelecidas em lei" (art. 591; realçamos), esclarecendo, ainda, nessa linha de concepção resgatadora da dignidade humana, que o objetivo da execução por quantia certa radica na expropriação judicial do *patrimônio* do devedor, no todo ou em parte (art. 646). Com sua inegável preeminência hierárquico-normativa, a vigente Constituição da República proclama, por outro lado, que não haverá prisão civil por dívida, exceto a do responsável pelo inadimplemento (ainda assim *voluntário e inescusável*) de obrigação alimentícia e a do depositário infiel (art. 5.º, LXVII).

O processo do trabalho, a despeito de sua marcante especificidade e dos singulares princípios que o informam, acolhe, sem reservas, as referidas dicções do processo civil e se submete, como é elementar, à regra constitucional na qual se inscreve o veto à prisão civil em virtude de dívida.

II

No plano do processo civil, a execução *lato sensu* é provida de autonomia ontológica e finalística, bastando argumentar com o fato de poder fundar-se em título *extrajudicial* (CPC, art. 583); demais disso, o estatuto processual de 1973 dedicou-lhe Livro específico (II), colocando-o, axiologicamente, entre os processos de conhecimento (I) e cautelar (III).

Sem que nos impulsione, todavia, o propósito de sugerir uma involução dos estudos doutrinais respeitantes ao assunto em exame, desejamos chamar a atenção à circunstância de que a execução trabalhista possui significativas particularidades, que nos autorizam a considerá-la desapercebida de autonomia *ontológica*, conquanto reconheçamos que a possua sob o ponto de vista *teleológico* (e também *procedimental*).

Com efeito, essa execução pressupõe, invariavelmente, um processo cognitivo, do qual se origina o título executivo em que ela se estriba. Isso corresponde a afirmar que tal execução apenas pode lastrear-se em título *judicial*, consubstanciado em sentença condenatória passada em julgado ou homologatória de transação inadimplida — conforme prevê, aliás, o art. 876 da CLT. Sem título judicial, conseguintemente, não se pode pensar em execução do processo do trabalho *de lege lata*; as opiniões doutrinárias divergentes só podem ser admitidas, *data venia*, na hipótese de sobrevir alteração legislativa à qual se conformem[1].

A peculiaridade de o próprio magistrado receber, da norma legal (CLT, art. 878, *caput*), a faculdade de dar, por sua incoação, início à série dos atos integrantes do procedimento executivo realça o fato de a execução trabalhista nada mais representar, sob o prisma orgânico, do que mero capítulo, mera fase sequente ao processo cognitivo, que se encerrou com a prolação da sentença agora convertida — pelo fenômeno jurídico da coisa julgada material — em título executivo.

Em suma: não há, no processo do trabalho, execução sem processo de conhecimento; por aí se percebe que nos ficam a dever uma explicação, juridicamente razoável, aqueles que insistem em conceder a essa execução uma autonomia *ontológica*, vale dizer, dotada de existência própria.

---

(1) Essa alteração foi imposta pela Lei n. 9.958, de 12 de janeiro de 2000, que introduziu o art. 625-E na CLT, cujo parágrafo único dispõe que no âmbito das Comissões de Conciliação Prévia o termo de conciliação valerá como título executivo extrajudicial.

III

Sob a óptica estrutural, o procedimento da execução trabalhista por quantia certa (contra devedor solvente) assemelha-se ao do processo civil, na medida em que tanto lá como aqui estão presentes as fases lógicas e preordenadas de: a) quantificação obrigacional; b) constrição de bens; c) expropriação judicial.

Dá-se, entretanto, que o legislador trabalhista, preocupado, por suposto, em estabelecer um sistema normativo que ensejasse rápida satisfação do direito do credor, dedicou à execução precária quantidade de artigos que, em concreto, acabaram por revelar-se insuficientes para resolver os problemas que, a mancheias, soem entravar o seu curso e colocar, com isso, em risco o seu alcandorado ideal de celeridade. De outra parte, devemos reconhecer que essa execução é destituída de instrumentos eficazes no combate aos atos procrastinatórios e às velhacadas, tão a gosto de alguns devedores, que a isso se lançam, não raro com lamentável sucesso; daí deriva a necessidade da adoção — embora supletiva, tópica e ocasional — de determinados institutos do processo civil, como a fraude à execução e o ato atentatório à dignidade da justiça, que quando adequadamente manejados pelo juiz manifestam a excelência de sua eficácia como instrumentos destinados a atender aos fins essenciais da execução. Tudo recomenda, portanto, que os precitados institutos forâneos — sem prejuízo de outros — sejam incorporados ao processo do trabalho *de lege ferenda,* sem receio de causarem ofensa à sua íntima contextura ideológica.

Idealmente, porém, anseia-se não apenas pela instituição de um Código de Processo do Trabalho, mas, também, que esse futuro estatuto, atento às lições ditadas pela experiência prática, seja municiado de elementos indispensáveis à rápida satisfação do direito do credor. Como contributo a essa causa, alvitramos a criação de algo semelhante a um "Fundo de Execuções Trabalhistas" — já preconizado por outros estudiosos de assuntos processuais —, a ser constituído mediante contribuições compulsórias dos empregadores, como providência destinada a evitar, o quanto possível, a lenteza e os incidentes relativos à penhora de bens e à expropriação judicial (como, p. ex., os embargos de terceiro e os embargos à alienação), que estão a comprometer, nos dias atuais, a finalidade da execução e, de certa forma, o prestígio da Justiça do Trabalho.

Neste livro encontram-se instiladas algumas ideias tendentes a estabelecer um aprimoramento e uma sistematização normativa da execução *sub examen,* hoje regida por embaraçante multiplicidade de textos legais (CLT; Lei n. 5.584/70; Lei n. 6.830/80; CPC — segundo essa ordem de incidência), que a tornam intricada e morosa; não ocultamos, contudo, o desejo de que algumas dessas ideias possam ser aproveitadas, quando de porvindoura reelaboração legislativa do processo do trabalho e, em especial, da execução que lhe corresponde.

Curitiba, junho de 1989.

O Autor

Preâmbulo à 8.ª Edição

I

Ao longo das seis edições anteriores deste livro, fomos manifestando nossas opiniões acerca das matérias sobre as quais escrevíamos. Todas essas opiniões foram produto de uma acurada reflexão feita, essencialmente, com base na legislação então vigente, motivo por que traduziam uma nossa firme convicção.

Os tempos, agora, são outros. Houve consideráveis alterações na legislação. Em virtude disso, fomos levados a rever, nesta 8.ª edição, algumas opiniões que havíamos externado nas edições pretéritas.

Em rigor, não mudamos de opinião — conquanto essa atitude seja perfeitamente justificável naqueles espíritos arejados, que não se fecham às mutações exteriores. O que mudou, como dissemos, foi a legislação que dava sustentação às opiniões que havíamos manifestado.

Assim, numa espécie de prestação de contas espontânea aos nossos amáveis leitores, indicamos, a seguir, quais foram as opiniões que abandonamos:

1. Não pode haver execução de título extrajudicial na Justiça do Trabalho

Assim entendíamos, em face da redação primitiva do art. 876 da CLT, que somente fazia alusão a títulos judiciais, quais sejam: a) a sentença condenatória; e b) a sentença homologatória de transação.

Entretanto, a Lei n. 9.958, de 12 de janeiro de 2000, deu nova redação a esse dispositivo da CLT, para atribuir eficácia de títulos *extrajudiciais* ao *termo de conciliação* firmado no âmbito das Comissões de Conciliação Prévia instituídas pela mesma norma legal, e ao *termo de ajustamento de conduta*, celebrado com o Ministério Público do Trabalho.

Isso não significa que o processo do trabalho passou a admitir a execução por quantia certa fundada em *qualquer* título extrajudicial; os títulos que autorizam a execução são, apenas, aqueles expressamente mencionados na Lei.

2. Não há preclusão diante dos cálculos apresentados pela parte

Com os olhos postos na redação do § 2.º do art. 879 da CLT — e na própria tradição —, entendíamos que, no processo do trabalho, os cálculos deveriam ser, oficialmente, elaborados pelo contador (a que a praxe denominou perito) e não pelas partes. Essa nossa opinião tinha um sentido pragmático, pois somente se houvesse silêncio das partes diante dos cálculos apresentados pelo contador é que se poderia cogitar da preclusão prevista no aludido artigo.

Ocorre, porém, que a Lei n. 10.035, de 25 de outubro de 2000, introduziu os §§ 1.º-B e 3.º no art. 879 da CLT, para deixar claro que o juiz poderá determinar que os cálculos sejam apresentados tanto pelas partes quanto pelos órgãos auxiliares da Justiça do Trabalho.

Diante da clareza dessa dicção legal, já não temos como sustentar o antigo ponto de vista, razão por que o colocamos de lado.

Segue-se que, doravante, a *critério exclusivo do juiz,* os cálculos de liquidação poderão ser feitos pelas partes ou por algum auxiliar do juízo, como é o caso do contador. Sendo assim, se uma das partes deixar de manifestar-se acerca dos cálculos apresentados pela outra, haverá, para aquela, preclusão, por forma a impedi-la de discutir os cálculos (por meio de embargos, de agravo de petição, de recurso de revista, etc.) na mesma relação processual. Não fosse assim, não faria sentido a preclusão de que trata a lei.

II

Por outro lado, introduzimos o Livro III, no qual examinamos, de maneira objetiva, as disposições da mencionada Lei n. 10.035/2000, que estabeleceu, mediante alteração de diversos artigos da CLT, "os procedimentos, no âmbito da Justiça do Trabalho, de execução das contribuições devidas à Previdência Social".

Como se sabe, a Emenda Constitucional n. 20, de 15 de dezembro de 1998, inseriu no art. 114 da Constituição Federal o § 3.º, para atribuir competência à Justiça do Trabalho para promover execução de contribuições devidas à Previdência Social, derivantes de sentença condenatória ou homologatória de transação, emitida por essa Justiça Especializada.

Caberá à jurisprudência, entretanto, fixar os rumos definitivos da interpretação a ser dada às disposições da Lei n. 10.035/2000.

Em resumo, esta 8.ª edição foi atualizada de acordo com as Emendas Constitucionais: a) n. 20, de 15 de dezembro de 1998, que atribuiu competência à Justiça do Trabalho para promover execução de contribuições devidas à Previdência Social; b) n. 24, de 9 de dezembro de 1999, que extinguiu a representação classista nesta Justiça Especializada e alterou a denominação dos seus órgãos de primeiro grau de Juntas de Conciliação e Julgamento para Varas do Trabalho; c) *n. 30,* de 13 de setembro de 2000, que dispôs sobre os precatórios-requisitórios de verbas. E, também, segundo as Leis: a) n. 9.957, de 12 de janeiro de 2000, que introduziu o procedimento sumaríssimo na Justiça do Trabalho; b) n. 9.958, de 12 de janeiro de 2000, que instituiu as Comissões de Conciliação Prévia; c) *n. 10.035*, de 25 de outubro de 2000, que alterou diversos dispositivos da CLT, com vistas à execução forçada das contribuições devidas à Previdência Social.

Além disso, inserimos comentários específicos acerca do uso da ação de mandado de segurança na execução forçada, admitido pela Orientação Jurisprudencial n. 62 da SDI-2 do TST.

Curitiba, janeiro de 2004.

O Autor

Preâmbulo à 10.ª Edição

Ainda é intensa, nos sítios da doutrina e da jurisprudência, a discussão sobre a incidência, ou não, no processo do trabalho, da multa prevista no art. 475-J, do CPC.

Com vistas a isso, dedicamos um item específico ao assunto, no qual concluímos pela inaplicabilidade dessa multa no processo do trabalho.

São estes, estes síntese, os fundamentos de nossa opinião:

1. A aplicação do art. 475-J, do CPC, em *substituição* aos dispositivos da CLT que regulam os *embargos do devedor* (quando esta estiver fundada em título judicial e for promovida em face de devedor privado), implica manifesta e injustificável ofensa:

a) ao art. 769, da CLT, que só autoriza a adoção de normas do processo civil quando a CLT for *efetivamente*, omissa, não sendo juridicamente razoável cogitar-se de omissão pelo simples fato de o CPC haver sido dotado de *novas* disposições, como se o processo do trabalho fosse um *alter ego* deste;

b) ao art. 889, da CLT, que atribui preeminência supletiva à Lei n. 6.830/80, em relação ao CPC, em tema de execução, sabendo-se que esta norma legal também prevê a figura dos embargos do devedor;

c) à garantia constitucional do devido processo legal (*due process of law*), materializada no inciso LIV, do art. 5.º, da CF; e

d) ao princípio da legalidade, inscrito no inciso II, do art. 5.º, da Suprema Carta Política de nosso País.

2. Somente por *lei futura* será possível o afastamento de normas do processo do trabalho, para serem colocadas, em seu lugar, normas do CPC.

3. Se a menção à incidência do *caput* e do § 1.º, do art. 475-J, do CPC, for efetuada na sentença proferida no processo de conhecimento, o réu deverá manifestar contrariedade a isso no recurso ordinário. Caso a referência a essa norma do CPC constar, apenas, do mandado executivo, os embargos do devedor constituirão, em princípio, o meio adequado à impugnação desse ato judicial. Não é desarrazoado, entrementes, em certos casos, o uso da ação de mandado de segurança, no lugar dos embargos, pois o que estará em causa, na espécie, não é uma simples decisão emitida, como tantas outras, no processo de execução, e sim, uma decisão manifestamente transgressora de "direito líquido e certo" do devedor em não ver a

execução processada com fundamento no *caput* e no § 1.º, do art. 475-J, do CPC, senão que nos estritos termos das disposições próprias da CLT, que configuram o devido processo legal, no âmbito desta Justiça, *ainda* Especializada.

Curitiba, setembro de 2010

O Autor

Preâmbulo à 11.ª Edição

Nesta edição introduzimos, em especial, comentários à Súmula n. 375, do STJ, com o objetivo de demonstrar a sua incompatibilidade com o processo do trabalho.

Este é o teor da Súmula:

"Fraude à execução – Reconhecimento – Registro da penhora do bem alienado ou prova de má-fé do terceiro adquirente.

O reconhecimento da fraude à execução depende do registro da penhora do bem alienado ou da prova de má-fé do terceiro adquirente."

A orientação jurisprudencial cristalizada nessa Súmula estimula as velhacadas do devedor ao tornar mais difícil a configuração do ilícito processual da fraude à execução. Ademais, a Súmula vem tumultuar um cenário que, no plano do processo do trabalho, estava razoavelmente pacificado.

Curitiba, maio de 2013.

O Autor

Preâmbulo à 12.ª Edição

1. Esta 12.ª edição foi, completamente, atualizada de acordo com o Código de Processo Civil de 2015.

Entre outras inovações introduzidas pelo atual CPC no processo de execução mencionamos as seguintes:

a) possibilidade de a decisão transitada em julgado ser levada a protesto (art. 517).

b) possibilidade de as questões relativas à validade do processo executivo serem arguidas pelo executado nos próprios autos (logo, via exceção de pré-executividade), e aqui decididas (art. 518).

c) estabelecimento do prazo de trinta dias, para a Fazenda Pública impugnar o cumprimento da sentença (art. 535, *caput*) ou embargar a execução fundada em título extrajudicial (art. 910, *caput*).

d) além de aplicação de multa, imposição de honorários advocatícios no cumprimento provisório de sentença condenatória ao pagamento de quantia certa, quando o executado não efetuar, de maneira voluntária, o pagamento, no prazo legal (art. 520, § 2.º).

e) inclusão do nome do executado nos cadastros de inadimplentes, como SPC, SERASA, etc., a requerimento do exequente (art. 782, §§ 3.º a 5.º).

f) ampliação dos casos configuradores de fraude à execução (art. 792).

g) indistinção entre praça e leilão (CPC de 1973, arts. 686, incisos IV, VI, § 2.º, e 697, dentre outros).

h) necessidade de o devedor indicar outros meios mais eficazes e menos onerosos, ao invocar o princípio da execução menos onerosa (art. 805, parágrafo único).

i) possibilidade de penhora de quantia depositada em caderneta de poupança, até o limite de quarenta salários mínimos (art. 833, inciso X), e dos rendimentos superiores a cinquenta salários mínimos mensais (*ibidem*, § 2.º).

j) eliminação do usufruto de bem imóvel ou de empresa (CPC de 1973, art. 716).

k) previsão de que o companheiro (ou companheira) possa requerer a adjudicação dos bens penhorados (art. 876, § 5.º), em concorrência com as demais pessoas legitimadas (*ibidem*, § 6.º).

l) preferência pelo leilão eletrônico, em cotejo com o presencial (art. 882).

m) fixação de critério objetivo para a definição de preço vil (art. 891, parágrafo único).

n) eliminação os embargos à arrematação e à adjudicação – também denominados de embargos à expropriação — (CPC de 1973, art. 746), substituindo-os pela invalidação, ineficácia e resolução da arrematação (CPC de 2015, art. 903, I a III);

o) conversão em penhora do depósito de trinta por cento do valor da execução — realizado pelo devedor que desejar pagar o saldo parceladamente —, quando a sua proposta for indeferida pelo juiz (art. 916, § 4.º).

p) previsão de prescrição intercorrente (art. 921, § 4.º).

2. Ao longo deste livro, examinaremos essas e outras modificações, verificando se são compatíveis, ou não, com o processo do trabalho.

Essa tem sido, aliás, a sina perversa do processo do trabalho: ver-se atingido pelas sucessivas alterações que se introduzem no processo civil. E a pergunta que insiste em nos dar cutiladas na consciência é esta: até quando processo do trabalho permanecerá nessa dependência, sobrevivendo, por assim dizer, das migalhas dos banquestes que o processo civil promove para si?

O processo do trabalho só será, verdadeiramente, autônomo quando possuir um Código próprio. Se nada fizermos nesse sentido, veremos esse processo ser engolfado pelo processo civil. Assistiremos, talvez, ao fim do processo do trabalho; e quando nossos filhos, nossos netos, nossos amigos nos perguntarem porque deixamos isso acontecer, teremos que dar a eles uma resposta: a resposta que nos envergonhará.

Curitiba, maio de 2017.

O Autor

Preâmbulo à 13.ª Edição

Esta 13.ª edição foi atualizada de acordo com as Leis ns. 11.457/2007, 11.467/2017, 11.347/2017 e com a Instrução Normativa n. 41/2018, do TST.

Além disso, introduzimos um Capítulo sobre o protesto da sentença, de que trata o art. 883-A, da CLT, no qual reproduzimos, no particular a Justificação do Projeto de Lei n. 6.867 — que viria a desaguar da denominada *Reforma Trabalhista* — e fizemos considerações sobre a Lei n.9.492/1997, que regulamenta os serviços concernentes ao protesto de títulos e outros documentos de dívida; e sobre a matéria do protesto da sentença transitada em julgado nos sistemas do CPC e do processo do trabalho.

Curitiba, março de 2020.

O Autor

Livro I

Generalidades

Capítulo I

Etimologia e Conceito

1. Etimologia

Da forma românica *executare* provieram a vernácula *executar*, a espanhola *ejecutar* e a francesa *exécuter;* ao contrário do que se possa supor, *executar* não é derivante de *exsèqui*, pois este verbo latino é depoente, vale dizer, possui forma passiva mas sentido ativo, apresentando como tempos primitivos *exsèquor, exsecutus* e *exsèqui* (Alcides de Mendonça Lima, "Comentários ao Código de Processo Civil", 3.ª ed., Rio de Janeiro: Forense, 1979, vol. VI, tomo I, p. 1).

São inúmeras as palavras que trazem como elemento comum os radicais *seq* e *sec;* dentre elas, podem ser mencionadas: seguinte, sequência, conseguir, consecução, consequente, prosseguir, prossecução, prossecutor, perseguir, perseguição, subsequente, sequela, séquito, sectário, sequaz, executar, execução, exequível, executivo, etc.

Os adjetivos *exequente* e *executante* designam aquele que está promovendo a execução forçada. Embora, regra geral, os termos referidos se liguem à pessoa do credor, facultava a lei que a execução fosse iniciada a requerimento do próprio devedor, hipótese em que este assumiria, no processo, "posição idêntica à do credor" (CPC, de 1973, art. 570). Tratava-se da denominada "execução inversa", pela qual o devedor procurava eximir-se da obrigação. O art. 570, do CPC, contudo, acabou sendo revogado pela Lei n. 11.232/2005, por ter sido considerado inútil no terreno do processo civil. No sistema do CPC de 2015, somente o credor (ou seus sucessores) têm legitimidade para promover o cumprimento da sentença (art. 513, § 1.º) ou a execução (art. 778). No processo do trabalho — onde não há o procedimento do *cumprimento da sentença* —, a execução podia ser promovida tanto pelo credor quanto pelo devedor, e até mesmo pelo magistrado, *ex officio,* conforme se concluía da redação do art. 878, da CLT: "A execução poderá ser promovida *por qualquer interessado, ou ex officio, pelo próprio juiz* ou presidente ou tribunal competente (...)". Destacamos. Posteriormente, contudo, a Lei n. 13.467/2017 atribuiu nova redação ao art. 878, da CLT, que passou a ser a seguinte: "A execução poderá ser promovida pelas partes, permitida a execução de ofício pelo juiz ou pelo Presidente do Tribunal apenas nos casos em que as partes não estiverem representadass por advogados". Houve, portanto, uma restrição legal à faculdade de o juiz promover, por sua iniciativa, a execução. Não havia necessidade dessa restrição.

O vocábulo *executado* pode ter função substantiva ou adjetiva, indicando, no primeiro caso, o sujeito que está situado no polo passivo da relação processual executiva; no segundo, aquilo ou o que se executa.

Excutir, verbo transitivo, corresponde a executar, conquanto a sua acepção seja estritamente jurídica.

Possuem também previsão léxica os substantivos *executória* (juízo por onde se processa a execução das rendas ou dívidas de alguma corporação), *executoriedade* (qualidade do que é executório) e *exequibilidade* (qualidade do que é exequível); os adjetivos *executável* e *exequível* (que se pode executar), *executivo* (que executa, que põe em execução), *executor* (que ou quem executa), *executório* (que dá o poder de executar), *exequendo* (que está em execução) e *exequido* (que é executado); os advérbios *executivamente* e *executoriamente,* ambos significativos daquilo que se realiza de maneira executiva.

Executor (adjetivo e substantivo) é sinônimo de *executor;* em que pese ao fato de essa palavra encontrar-se dicionarizada, trata-se de reconhecido arcaísmo, motivo por que é desaconselhável o seu uso.

Por outro lado, Pontes de Miranda, em opinião algo insulada, preconiza que se evite a palavra "execução" para nomear-se o atendimento ao cumpra-se à ordem judicial, concluindo que o verbo "executar", no sentido de mando, ordem ou lei, é impróprio, pois não atende ao fato de que a ciência do direito requer terminologia exata e precisa ("Comentários ao Código de Processo Civil", Rio de Janeiro: Forense, 1976, p. 4).

A censura formulada pelo ilustre jurista lastreia-se — como ele próprio esclarece — na particularidade de que, em tema de ciência do direito, deve-se atender, necessariamente, à classificação *quinária* — que tem por base o número cinco — das ações e das sentenças, na qual se incluem as *mandamentais.* Segundo Goldschmidt, essa peculiar modalidade de ação tem como escopo "obter um mandado dirigido a outro órgão do Estado por meio de sentença judicial" ("Derecho Procesal Civil", Barcelona: Labor, 1936, p. 113). Pontes de Miranda, adotando como critério o que chamou de *eficácia predominante*, também reconhece a existência de ações mandamentais, colocando-as como integrantes de espécie distinta, ao lado das demais. ("Tratado da Ação Rescisória", 5.ª ed., Rio de Janeiro: Forense, 1976, p. 48).

Não compartilhamos, *data venia*, esse entendimento. A nosso ver, os insignes pensadores citados laboraram em erro inescusável ao restringir às ações ditas mandamentais a possibilidade de conseguir-se, por intermédio da sentença a que conduzem, a expedição de *mandado* dirigido a órgãos estatais, como se tal ordem não pudesse emanar de sentenças de conteúdo constitutivo, condenatório ou, até mesmo, declaratório. Justas foram, portanto, as críticas que a essa corrente de opinião endereçou Celso Agrícola Barbou não i: "Assim se vê que a categoria de ações e sentenças mandamentais só pode ser admitida em outra classificação, na qual o elemento diferenciador seja a existência, de um mandado a outro órgão do Estado" ("Comentários ao Código de Processo Civil", Rio de Janeiro: Forense, 1981, vol. I, p. 57).

Segue-se que nenhuma impropriedade técnico-jurídica há no emprego do verbo *executar* com o senso de ordem, de mando judicial, como imaginou, equivocadamente, Pontes de Miranda.

2. Conceito

Antes de nos dedicarmos ao conceito de execução, é importante reiterarmos o que dissemos há pouco, *em passent*: no processo do trabalhop, *de lege lata*, não há o procedimento do *cumprimento da sentença*, mas, somente, a execução clássica, que pode ter como base título judicial ou extrajudicial (CLT, art. 876, *caput*). Deste modo, todos os conceitos que a seguir reproduziremos, ou que formularemos, dizem respeito exclusivo à *execução* — por nós denominada de *clássica*.

Para Moacyr Amaral Santos, a execução é o processo mediante o qual o Estado, via órgão jurisdicional competente, baseando-se em título judicial ou extrajudicial e fazendo uso de medidas coativas, torna efetiva e realiza a sanção, visando a "alcançar, contra a vontade do executado, a satisfação do direito do credor" ("Primeiras Linhas de Direito Processual Civil", 5.ª ed., São Paulo: Saraiva, 1981, 3.º vol., p. 205). José Frederico Marques a tem como o conjunto de atos praticados pelos litigantes, o juiz e respectivos auxiliares, "a fim de ser dado a cada um o que é seu" ("Manual de Direito Processual Civil", 4.ª ed., São Paulo: Saraiva, 1981, 4.º vol., p. 1). José da Silva Pacheco refere-se à execução — no sentido em que a estamos tomando — como prestação jurisdicional do Estado, a pedido do interessado, para a efetivação do enunciado da sentença exequível ou do título executivo ("Tratado das Execuções — Processo de Execução", 2.ª ed., São Paulo: Saraiva, 1976, 1.º vol., p. 70. Liebman, enfatizando o elemento sancionatório, inerente ao provimento jurisdicional, define a execução como "il diritto all'atuazione della sanzione" ("Manuale di Diritto Processuale Civile", vol. I, p. 85, n. 33).

Em obra anterior ("Liquidação da Sentença no Processo do Trabalho", 5.ª ed., São Paulo, LTr Editora, 1996, p. 36/39) ensaiamos um conceito específico de execução definitiva, no âmbito do processo do trabalho, que agora reproduziremos com pequenas modificações literais: (1) é a atividade jurisdicional do Estado, (2) de índole essencialmente coercitiva, (3) desenvolvida por órgão competente, (4) de ofício ou mediante iniciativa do interessado, (5) com o objetivo de compelir o devedor (6) ao cumprimento da obrigação (7) contida em sentença condenatória transitada em julgado (8) ou em acordo judicial inadimplido (9) ou em título extrajudicial, previsto em lei.

Analisemos, individualmente, os diversos elementos componentes desse conceito.

2.1. É a atividade jurisdicional do Estado

Na história do direito dos povos, vamos encontrar eras priscas em que se permitia aos indivíduos envolvidos em conflitos de interesses satisfazer as suas pretensões, relativas a bens ou a utilidades da vida segundo os meios pessoais de que dispusessem: era o nebuloso período da autotutela de direitos (ou de supostos direitos), em que cada litigante atuava, de certa forma, como árbitro exclusivo dos seus próprios atos. Um dos traços característicos desse período era a imposição — de modo quase sempre violento — da vontade de uma das partes à outra.

Sob a óptica dos tempos modernos, não é difícil verificar-se a grande inconveniência desse sistema, em que, permitida a liça marcadamente pessoal e desprovida de quaisquer regras procedimentais subordinantes da atuação dos contendores, a prevalência, no geral, não era do direito, como seria desejável, aos olhos das legislações modernas, mas sim da astúcia, da força, da prepotência; equivale a dizer, dos poderosos e das classes ocasionalmente detentoras dos poderes político ou econômico.

Conscientizando-se, mais tarde, de que o sistema da autodefesa estava a provocar profundas perturbações na harmonia e na estabilidade das relações sociais — e na própria ordem jurídica —, o Estado acabou por tornar defesa a auto-satisfação de interesses individuais (o Código Penal brasileiro, como corolário dessa afirmação, considera crime contra a Administração da Justiça o exercício arbitrário das próprias razões, ainda que destinado a satisfazer pretensão legítima: art. 345). Avocando, em caráter monopolístico, o encargo de compor, heteronomamente, os conflitosde interesses. Desse rígido veto estatal à realização da justiça pelas próprias mãos originou-se, em prol dos indivíduos e das coletividades, um direito de suprema importância para as suas esferas jurídicas: o direito de ação, hoje alcandorado à categoria constitucional, em diversos países, como é, felizmente, o caso do Brasil (CF, art. 5.º, XXXV). Esse fato é sobremodo relevante, pois, tendo o direito de ação sede constitucional, o seu exercício não poderá ser eliminado, ou mesmo coarctado, por norma legal ordinária.

Podem ser mencionadas como reminiscências legais do período da autotutela a legítima defesa (CP, art. 21, *caput*) e o desforço físico do possuidor turbado ou esbulhado na defesa da posse (CC, art. 1.210, § 1.º), embora num e noutro caso se exija que o possuidor aja desde logo, não podendo, todavia, "ir além do indispensável à manutenção, ou restituição da posse".

Instaurava-se, a contar daí, a Justiça Pública ou Oficial; e com ela surgiam os provectos institutos da jurisdição, da ação e do processo — essa tríade fundamental, em que se apoiam os modernos sistemas oficiais de solução de conflitos de interesses protegidos pela ordem jurídica, e a figura neutra do Estado-juiz, que veio a substituir o particular na investigação e na satisfação do direito, para, ao final, proclamá-lo com a autoridade que lhe é própria.

Tem-se propalado, com certo vezo retórico, que a jurisdição constitui *poder* do Estado; anatematizada, contudo, a possibilidade de autotutela dos interesses individuais, é inevitável admitir que a jurisdição traduz, também, um inequívoco *dever* estatal. Trata-se, em resumo, de autêntico *poder-dever*, que ao indivíduo incumbe invocar (CPC, art. 2.º), na medida do seu interesse (CPC, art. 17), sempre que tiver sofrido lesão de direito, ou encontrar-se na iminência de sofrê-la, porquanto a jurisdição — exceções à parte — é informada pelo princípio da *inércia*. Seria, deveras, perturbadora dos alicerces do Estado Democrático de Direito eventual concessão ao próprio magistrado de legitimidade para provocar, em nome de terceiro, o exercício da atividade jurisdicional do Estado. Fosse assim, teríamos a canhestra figura do *juiz fomentador de lides*, para estarrecimento de quantos devessem estarrecer-se.

Nada obstante a particularidade de o Estado moderno ser detentor do monopólio da administração da justiça, ele reserva às partes a possibilidade de autocomposição dos litígios — que se manifesta, em concreto, sob as modalidades de: a) *desistência* (renúncia à pretensão); b) *submissão* (renúncia da resistência à pretensão); e c) *transação* (estabelecimento de concessões recíprocas).

Processualmente, a *renúncia à pretensão* revela-se não sob a forma de desistência da ação (CPC, art. 485, VIII), como se possa imaginar, uma vez que, neste caso, a extinção do processo ocorre sem resolução do mérito (*ibidem, caput*), mas, sim, de renúncia ao direito em que se funda a ação (CPC, art. 487, III, *"c"*), hipótese em que o processo se extinguirá com exaustão do mérito (*ibidem, caput*). A dessemelhança reside em que, no primeiro caso, o autor poderá promover, novamente, a ação (CPC, art. 486, *caput*), ao passo que, no segundo, não.

A *submissão* se concretiza mediante ato a que o atual CPC denomina reconhecimento da "procedência" (*sic*) do pedido (CPC, art. 487, III, *"c"*). Essa terminologia do Código é, *venia concessa*, inadequada, pois, em rigor, o ato da parte sempre "procede", ainda que não venha a obter sucesso em juízo, ou, de modo geral, a alcançar o êxito colimado. Ora, o substantivo "procedência" indica, lexicamente, a proveniência, a origem de alguma coisa, não se justificando, por isso, a sua adoção pela norma legal, pela doutrina, pela jurisprudência e por quem quer que seja, para designar o *resultado* do julgamento. Estabeleceu-se, dessa maneira, de longa data, equivocada *sinonímia* processual entre os conceitos díspares de "procedência" (*sic*) da ação e do *resultado* da entrega da prestação jurisdicional. Uma ação poderá ser "procedente" (*isto é*, desde que atendidas as condições previstas em lei) sem que, necessariamente, os pedidos venham a ser *acolhidos*, no todo ou em parte. Semelhante impropriedade se verifica no emprego do adjetivo "improcedência". Tudo sugere, portanto, que a doutrina, com o magistério que lhe é característico, passe a denunciar tais erros — sendo imprescindível, todavia, que ela mesma deixe de incorrer neles. Bons serviços prestariam à ciência processual e à técnica de redação das sentenças os juízes que abandonassem o inveterado hábito de utilizar, no dispositivo das sentenças, as formas "procedência" e "improcedência", sempre que desejarem proclamar o resultado do julgamento. Os pedidos — conclua-se — são *acolhidos ou rejeitados*; o art. 490, do CPC soube respeitar essa regra, embora o art. 487, III, *"a"*, do mesmo Código a tenha, lamentavelmente, infringido. A CLT, acientífica, também alude à "procedência" (*sic*) do pedido (art. 832, § 1.º).

O *acordo*, de que fala o art. 764, § 2.º, da CLT, corresponde à *transação*, negócio jurídico bilateral por meio do qual as partes extinguem obrigações duvidosas ou litigiosas, via concessões recíprocas (CC, art. 840). Transação e renúncia, porém, não se confundem: enquanto a primeira, além de ser bilateral, pressupõe a incerteza do direito (*res dubia*), a segunda, eminentemente unilateral, se calca na *certeza* do direito que é objeto da manifestação volitiva do renunciante.

As considerações históricas aqui expendidas foram necessárias para que pudéssemos demonstrar que, estando a execução compreendida no conceito de *ação*, não é lícito ao credor — no atual estádio de desenvolvimento de nossas estruturas normativas — exigir, pelas próprias mãos, que o devedor satisfaça a obrigação constante do título executivo obtido.

Cabe-lhe, isto sim, vindicar ao Estado-juiz que conduza o devedor ao adimplemento da obrigação — valendo-se, se for o caso, de todo o aparato jurídico coercitivo de que dispõe.

A execução é, conseguintemente, privativa da jurisdição; e a sua natureza jurisdicional não é desfigurada pela presença de certos atos de aparência administrativa que o juiz pratica no processo, como a determinação para que os bens penhorados sejam submetidos à alienação em praça ou em leilão; para que seja expedida carta de arrematação ou adjudicação e o mais.

2.2. De índole essencialmente coercitiva

A sentença condenatória, proferida no processo de conhecimento, não apenas declara o direito, mas, acima de tudo, impõe ao réu (se este for o caso) o cumprimento de uma obrigação. Se o devedor atender, espontaneamente, ao comando da sentença, vindo a satisfazer a obrigação, o processo será extinto; caso contrário, incumbirá ao credor ou ao interessado solicitar ao juiz que torne concreta e efetiva a sanção de que se faz dotado o título executivo judicial. Sob esse aspecto, a execução representa a atuação da sanção inerente ao título (Moacyr Amaral Santos, obra cit., p. 205).

Se à sentença condenatória faltasse o elemento sancionador, ela seria mero preceito, simples peça literária, verdadeiro *flatus voci;* seria, enfim, "como sino sem badalo ou trovão sem chuva" (*"sententia sine executione veluti campana sine pistillo aut tonitrus sine pluvia"*), conforme estava na frase dos antigos praxistas. Esteve pleno de razões, portanto, Eduardo Couture ao asseverar que na ordem jurídica "conocimiento sin posibilidad de ejecutar la decisión significa hacer ilusorios los fines de la función jurisdicional" ("Fundamentos del Derecho Procesal Civil", 3.ª ed., Buenos Aires: 1958, p. 444, n. 288).

É em atendimento ao caráter sancionatório, que assinala o título executivo, que o Estado pode valer-se de todos os meios e instrumentos jurídicos coercitivos, necessários a conduzir o devedor a adimplir a obrigação. Destina-se a execução a excutir bens do devedor; não apenas os bens presentes, mas até mesmo os que vier a adquirir posteriormente a ela (CPC, art. 789).

2.3. Desenvolvida por órgão competente

No processo do trabalho, a regra de competência executória está inscrita no art. 877 da CLT: competente será o juízo que houver solucionado *originariamente* o conflito intersubjetivo de interesse; significa dizer, o órgão jurisdicional que proferiu a decisão exequenda.

Os acórdãos prolatados pelos Tribunais Regionais, no exercício de sua competência recursal (derivada), são também executados pelo órgão de primeiro grau (juízo unipessoal), pois, embora o acórdão, por princípio legal (CPC, art. 1.008), tenha eficácia substituinte da sentença — naquilo em que esta houver sido impugnada —, prevalece o critério do *julgamento originário* estampado no art. 877 da CLT. Tratando-se, no entanto, de matéria integrante da competência *originária* dos Tribunais (mandado de segurança, ação rescisória etc.), a própria Corte emissora do acórdão será competente para executá-lo, por intermédio de seu Presidente (CLT, art. 682, Vl).

Na hipótese de o Regional, no julgamento de ação rescisória, acolher os pedidos que haviam sido rejeitados pela sentença rescindenda, a competência para praticar os atos de execução será do próprio Tribunal, por seu Presidente, em consonância com a letra *d* do art. 707 da CLT. O fundamento doutrinário, quanto a isso, é de boa lógica: exercitando o juízo *rescindens*, a Corte de segundo grau faz desaparecer do mundo jurídico a sentença (e a coisa julgada material, como qualidade daquela); e ao realizar um novo julgamento da causa (juízo *rescissorium*) torna-se, em rigor, o órgão de proferimento da *decisão originária* (CLT, art. 877), que renderá ensejo à correspondente execução, na pessoa de seu Presidente (CLT, art. 707, "*d*").

De outra parte, a circunstância de, em determinadas situações, a competência — no plano do primeiro grau — se deslocar ao juízo *deprecado*, a fim de julgar os embargos oferecidos à execução, sempre que a matéria que os fundamentar se referir a vícios ou irregularidades de atos praticados pelo próprio juízo deprecado não traduz, como possa parecer, ruptura da identidade entre o órgão prolator da sentença exequenda e o da execução, de que fala o art. 877 da CLT, porquanto esse deslocamento de competência é meramente tópico (restrito aos embargos) e transitório (a competência, depois, volta a ser do juízo de origem, deprecante). A propósito, a competência do juízo deprecado, na situação em exame, não é o art. 914, § 2.º, do CPC, como possa parecer à primeira vista, e sim o art. 20, da Lei n. 6.830/80. Assim afirmamos porque por força do disposto no art. 889, da CLT, "Aos trâmites e incidentes da execução são aplicáveis, naquilo em que não contravierem ao presente Título, os preceitos que regem o processo dos executivos fiscais para a cobrança judicial da dívida ativa da Fazenda Pública Federal". Esta cobrança, atualmente, é regida pela Lei n. 6.830, de 22-9-1980. Esta norma legal tem preeminência em relação ao CPC como elemento supletivo da execução trabalhista. Aliás, é interessante observar que, de modo geral, as omissões do processo do trabalho são supridas pelo CPC, em razão do disposto no art. 769, da CLT; todavia, as omissões existentes no processo *de execução*, em particular, são supridas pela Lei n. 6.830/80. Verifica-se, assim, que incidem no processo do trabalho não somente as disposições da CLT, mas, também, da Lei n. 5.584/70; do CPC; da Lei n. 6.830/80; da Lei n. 8.078, de 11-9-1990 (Código de Defesa do Consumidor), num cipoal legislativo que explica, em boa parte, a crescente complexidade do referido trabalho.

Dir-se-ia, talvez, que essas nossas considerações não subsistiriam com a vigência do CPC de 2015, cujo art. 15 estabelece que, na ausência de normas reguladoras, as disposições do referido Código são aplicáveis, supletiva e subsidiariamente, ao processo do trabalho. Nada mais equivocado do que essa eventual objeção. Ocorre que, não sendo o processo do trabalho omisso, no que diz repeito às normas legais colmatadoras das lacunas desse processo, na execução (CLT, art. 889), não se pode tomar por empréstimo norma de qualquer outra fonte ou sistema, como seria o caso do CPC, sob pena de transgressão ao art. 769, da CLT.

No caso de embargos de terceiro oferecidos à execução que se processa mediante carta precatória, a competência, em princípio, é do juízo deprecado, salvo se o bem penhorado tiver sido indicado pelo deprecante ou se já devolvida a carta. Interpretação do art. 676, parágrafo único, do CPC.

Não devemos concluir este tópico sem chamar a atenção ao fato de que a competência dos órgãos jurisdicionais constitui tema de foro constitucional. Estabelece, com efeito, o inciso LIII, do art. 5.º, da Constituição Federal: "ninguém será processado nem sentenciado senão *pela autoridade competente*" (destacamos). A competência figura, assim, como um dos princípios constitucionais do processo como método estatal de solução de conflitos de interesses.

2.4. De ofício ou mediante iniciativa do interessado

Uma das mais expressivas singularidades da execução trabalhista residia, sem dúvida, na faculdade que a lei atribuía ao juiz para promover (= dar início) a execução (CLT, art. 878, *caput*). Por força da Lei n. 13.467/2017, todavia, essa faculdade judicial ficou restrita aos casos em que as partes não se encontram representadas por advogados. Dizendo-se por outro modo: se as partes possuírem advogados regularmente constituídos nos autos, o juiz não poderá dar início á execução. No sistema do processo civil, possuem legitimidade para promover a execução o credor, seus sucessores e o Ministério Público (CPC, art. 778). O fato de a CLT permitir que, em alguns casos, a execução se inicie por ato judicial *ex officio* pode aparentar uma quebra ou uma ruptura com o princípio da demanda, inscrito no art. 2.º do CPC, conforme o qual "*O processo começa por iniciativa da parte* e se desenvolve por impulso oficial" (destacamos). Não há, todavia, esta ruptura, seja porque a regra do art. 2.º do CPC está restrita ao processo de conhecimento, seja porque a CLT autoriza, de maneira expressa, a execução *ex officio,* na situação em que menciona. (art. 878, *caput*).

O art. 878, *caput,* da CLT, em sua redação primitiva, permitia que a execução fosse também promovida "por qualquer interessado". Diante disso, escrevemos na edições anteriores deste livro:

> "Convém examinar a que pessoas são abarcadas esta locução legal. Bem se vê que estamos em sede de *legitimação ativa*; e legitimado, por excelência, é aquele que figura no título executivo judicial — no geral, o empregado, ou seja, o credor. Introduzem-se, porém, no conceito legal de *interessados*, dentre outros: § 1.º Nos termos do art. 778, do CPC, podem promover a execução forçada ou nela prosseguir, em sucessão ao exequente originário: I – o Ministério Público, nos casos previstos em lei; II – o espólio, os herdeiros ou os sucessores do credor, sempre que, por morte deste, lhes for transmitido o direito resultante do título executivo; III – o cessionário, quando o direito resultante do título executivo lhe for transferido por ato entre vivos; IV – o sub-rogado, nos casos de sub-rogação legal ou convencional.
>
> O § 2.º dessa norma legal esclarece que a sucessão prevista no § 1.º independe de consentimento do executado.

Podemos acrescentar, como legitimados à iniciativa da execução: a) a Procuradoria da Justiça do Trabalho (CLT, art. 878, parágrafo único, ou seja, o Ministério Público do Trabalho); b) a entidade sindical, quando estiver atuando, legalmente, como substituta processual (CLT, art. 872, parágrafo único); c) ainda, a entidade sindical, por seu advogado, para receber os honorários concedidos pela sentença condenatória, nas causas em que estiver ministrando a assistência judiciária gratuita, prevista na Lei n. 5.584/70."

Pois bem. Com o advento da Lei n. 13.467/2017, esse panorama foi, parcialmente, alterado. Assim dizemos porque, com a revogação do parágrafo único do art. 878, da CLT, o Ministério Público do Trabalho deixou de possuir legitimidade para promover a execução, nos casos em que não figura como parte.

De resto, conquanto o *caput* do art. 878, da CLT, já não faça referência a "qualquer interessado", seguem tendo legitimidade da promover a execução: a) o espólio, os herdeiros ou os sucessores do credor, sempre que, por morte deste, lhes for transmitido o direito resultante do título executivo; b) o cessionário, quando o direito resultante do título executivo lhe for transferido por ato entre vivos; c) o sub-rogado, nos casos de sub-rogação legal ou convencional (CPC art. 778, II a IV, respectivamente).

Por outro lado, o devedor continua a deter legitimidade para promover a execução, pois o art. 878, da CLT, alude *às partes*.

Legitimada ainda se encontra a entidade sindical: 1) quando estiver atuando, legalmente, como substituta processual (CLT, art. 872, parágrafo único); 2) para receber os honorários concedidos pela sentença condenatória, nas causas em que estiver ministrando a assistência judiciária gratuita, prevista na Lei n. 5.584/70.

2.5. Com o objetivo de compelir o devedor

Desaparecida a *incerteza* subjetiva quanto ao direito disputado pelas partes no processo de conhecimento, o que se tem na execução é uma *certeza* respeitante ao direito, materializada na sentença exequenda. Daí por que, neste processo, o credor passa a ter posição de preeminência jurídica e o devedor, estado de sujeição (Exposição de Motivos do CPC de 1973, Capítulo IV, "Do Plano da Reforma", III – Das Inovações, n. 18).

Embora a lei advirta que a execução se realiza no interesse do exequente (CPC, art. 797), a sua supremacia não pode constituir razão para autorizar a prática de atos executivos que atentem contra a *dignidade humana* do executado. Uma necessária observação incidental, de natureza terminológica: o CPC de 2015 substituiu o vocábulo *credor* por *exequente*, e *devedor* por *executado*. É razoável supor que essa alteração terminológica tenha derivado do fato de, nesse processo, a iniciativa da execução competir somente ao *credor* (em cotejo com o devedor), que, por isso, será sempre o *exequente* (CPC, art. 778). Essa terminologia, entretanto, se revelava inadequada ao processo do trabalho, no qual, por força do disposto no art. 878, da CLT, o próprio devedor poderia figurar como exequente (em virtude, por certo, de algums interesse que o movia a dar início à execução contra si). Sendo assim, nas edições pretéritas deste livro, escrevemos que por uma questão de coerência doutrinária, seguiríamos fazendo uso dos substantivos *credor* e *devedor* sempre que tivesse em causa a execução no proesso do trabalho. Considerando que o devedor já não está legitimado para promover a execução, nada obsta que passemos, agora a falar em exequente e executado; a despeito disso, usaremos, indistintamente, os vocábulos *credor* e *exequente* e *devedor* e *executado,* ao sabor das circunstâncias.

Colocando o credor, todavia, a salvo de atos de má-fé, cometidos pelo devedor, a lei criou o ilícito processual da *fraude à execução*, capaz de tornar de eficácia nenhuma a alienação ou a oneração de bens, nos casos previstos (CPC, art. 792), além de considerar atentatórios à dignidade da justiça certos atos que este vier a praticar na execução (CPC, art. 774, I a V), cuja regra sancionadora consistir-lhe-ia, anteriormente, na proibição de requerer, reclamar, recorrer, ou praticar nos autos quaisquer atos, enquanto não lhe fosse relevada a pena (CPC de 1973 art. 601, em sua redação original). Nos tempos atuais, a penalidade tem natureza pecuniária, traduzida na imposição de multa não superior a vinte por cento do valor atualizado do débito em execução, que verterá em benefício do credor — sem prejuízo de outras sanções de natureza processual ou material (CPC, art. 774, parágrafo único).

O ato atentatório à dignidade da justiça constitui o gênero do qual a fraude a execução figura como uma das espécies de maior ocorrência.

Note-se que, na execução, o devedor é citado não para oferecer embargos (conquanto possa fazê-lo no momento oportuno) e sim para cumprir a obrigação contida na sentença condenatória ou na que homologou a transação inadimplida (CLT, art. 880, *caput*). Deixando de atender à ordem judicial, o devedor deverá responder, para o cumprimento da obrigação, com os bens integrantes do seu patrimônio, ou que vierem 'a integrá-lo (CLT, arts. 882 e 883; CPC, art. 789).

O caráter marcadamente coercitivo e sancionador de que se faz dotada a execução põe ao alcance do juiz a possibilidade de requisitar força policial, sempre que necessária, para auxiliar os oficiais de justiça na penhora de bens e na prisão do devedor, se este resistir à ordem judicial (CPC, arts. 782, § 2.º e 846, § 2.º).

O devedor, em resumo, não é *convidado* a satisfazer a obrigação que dá conteúdo ao título executivo e sim, *compelido* a solvê-la.

2.6. Ao cumprimento da obrigação

Conforme pudemos demonstrar até esta parte, o escopo da execução é compelir o devedor a adimplir a obrigação entalhada na sentença transitada em julgado, na transação judicial estabelecida ou no título executivo extrajudicial (CLT, art. 876, *caput*: execução definitiva).

No processo do trabalho, a obrigação que o devedor é chamado, com mais frequência, a satisfazer é a por *quantia certa*. É dela que tratam o Capítulo V do Título X da CLT (arts. 876 a 892) e o Capítulo IV, Título II, do Livro II, da Parte Especial, do CPC (arts. 824 a 909).

São ainda admissíveis no processo do trabalho as execuções: a) para a entrega de coisa certa (CPC, arts. 806/810) e de coisa incerta (arts. 811/813); b) de fazer (arts. 815/821) e de não fazer (arts. 822/823), sendo aplicáveis, ainda, em relação às duas últimas, o art. 814.

Todas essas espécies de obrigações serão examinadas, com maior profundidade, na Segunda Parte deste livro.

2.7. Contida em sentença condenatória transitada em julgado

A sentença condenatória constituía um dos dois únicos títulos executivos previstos na CLT (art. 876); o outro era o "acordo não cumprido", que o inc. III do art. 584 do CPC de 1973 denominava, em melhor técnica, "sentença homologatória de transação".

Em edições transatas, deste livro, afirmamos: "Vozes isoladas vêm admitindo a possibilidade de a execução, no processo do trabalho *de lege lata*, fundar-se em título *extrajudicial* (como era o casso de Amauri Mascaro Nascimento, "Curso de Direito Processual do Trabalho", São Paulo: Saraiva, 1978, p. 257); em que pese aos elevados propósitos que possam estar presidindo a essa corrente de opinião, falta-lhes, fundamentalmente, o *apoio da lei*. Com efeito, a norma processual trabalhista, ainda em vigor, somente reconhece — bem ou mal — exequibilidade aos títulos *judiciais*; os extrajudiciais podem ser utilizados, quando muito, como meio de prova da *existência* da obrigação. *De lege ferenda*, porém, seria aconselhável que se atribuísse a tais títulos força executiva, com o que ficaria eliminada, por princípio, a fase de conhecimento que hoje constitui pressuposto legal indispensável à emissão de título que legitime a execução".

Esta nossa aspiração parecer ter sido captada pelo legislador, a julgar-se pela Lei n. 9.958, de 12 de janeiro de 2000, que alterou a redação do *caput* do art. 876, da CLT, e introduziu o parágrafo único no art. 625-E da mesma Consolidação, para declarar que o termo de conciliação, firmado no âmbito das Comissões de Conciliação Prévia, e os termos de ajustamento de conduta firmados com o Ministério Público do Trabalho constituem título executivo *extrajudicial*.

Por princípio, somente a sentença condenatória é provida de executoriedade. A imposição das sentenças *constitutivas* se faz mediante a prática de atos complementares, que não traduzem a presença de execução forçada. Já as sentenças *declaratórias* são absolutamente inexequíveis, valendo como simples preceito, com resultado normativo em relação àquilo que foi objeto da declaração. Deste modo, se o autor pretender fazer valer o direito cuja existência foi declarada pela sentença, deverá invocar, mais uma vez, em outro processo, a tutela jurisdicional do Estado, com a finalidade de obter, agora, uma sentença *condenatória*, com base na qual possa promover a futura execução.

De resto, o fato de havermos aludido — no enunciado do conceito *sub examen* — ao trânsito em julgado da sentença revela que tínhamos como pressuposto a execução *definitiva*, sabendo-se que a *provisória* será possível sempre que a sentença for impugnada por meio de recurso recebido no efeito meramente "devolutivo" (CPC, art. 520).

2.8. Ou em acordo judicial inadimplido

Na linguagem pouco científica da CLT, havendo conciliação, o "termo" que for lavrado valerá como decisão irrecorrível (art. 831, parágrafo único) — vocábulo que o art. 876 substituiu por "acordo" ao dispor sobre os títulos executivos judiciais. Na verdade, por força do disposto na Lei n. 10.035, de 25 de outubro de 2000, que alterou a redação do art. 831, parágrafo único,da CLT, essa irrecorribilidade não se aplica à Previdência Social, no que diz respeito às contribuições que lhe forem devidas.

O título executivo, em rigor, é a *sentença* homologatória da transação, como ato jurídico bilateral. Conquanto a CLT apenas cogite de *homologação* no plano das ações coletivas (art. 863), não deve o intérprete precipitar-se em concluir que teria estado na intenção do legislador, com isto, dispensar ou mesmo proibir a homologação das transações realizadas nas ações individuais. Em todo o caso, a praxe, com sabedoria e prudência, consagrou a emissão de sentenças homologatórias das transações que soem ocorrer no processo do trabalho, em nível de primeiro grau de jurisdição. A propósito, o art. 475-N, inciso III, do CPC de 1973, declarava ser título executivo judicial "a sentença homologatória de conciliação ou transação (...)". O art. 515, II, do CPC de 2015, se refere à "decisão homologatória de autocomposição judicial". Sem a referida decisão (que, no caso, é sentença) o credor ficaria destituído de um título executivo para promover a execução no caso de o devedor inadimplir a obrigação assumida.

A sentença homologatória de acordo extrajudicial, realizado na forma dos arts. 855-B a 855-E, da CLT, também possui o *status* de título executivo judicial (CPC, art. 515, III).

Retornaremos ao assunto, para esquadrinhá-lo, no Capítulo XI deste livro. Em tema de conceito, é bastante o quanto até aqui expusemos.

2.9. Ou em título executivo extrajudicial, previsto em lei

Até a 6.ª edição deste livro, o nosso conceito de execução forçada por quantia certa se encerrava com a referência à sentença condenatória e ao acordo não cumprido.

Entretanto, como dissemos, a Lei n. 9.958/2000, que instituiu as Comissões Prévias de Conciliação, deu nova redação ao art. 876 da CLT, para permitir que a execução se funde também no *termo de conciliação* que vier a ser assinado no âmbito dessas Comissões ou no *termo de ajustamento de conduta,* firmado com o Ministério Público do Trabalho, em sede de ação civil pública.

Desse modo, referida norma legal, rompendo com a tradição do processo do trabalho, autorizou o exercício da execução forçada com fundamento em determinados títulos *extrajudiciais*. Não, portanto, em todo e qualquer título dessa natureza, mas apenas naqueles que ela indica de maneira expressa e que acabamos de mencionar.

Por esse motivo, o conceito de execução forçada, que havíamos formulado nas edições anteriores, teve, ulteriormente à 6.ª edição, de amoldar-se à nova realidade legislativa.

Capítulo II

Natureza Jurídica

1. Comentário

Anteriormente ao advento do CPC de 1939, e mesmo durante a sua vigência, estabeleceu-se intensa disputa doutrinária a respeito da natureza jurídica da execução. Sustentava-se, de um lado, que ela era mera fase do procedimento (Costa Carvalho, "Curso Teórico-Prático de Direito Judiciário", Rio: 1953, vol. 5, p. 11, n. 1); um componente, uma parte integrante da ação (Affonso Fraga, "Execução das Sentenças", p. 17, n. 2); de outro, afirmava-se a sua autonomia em face do processo de conhecimento, mediante o argumento de que a execução constituía — para utilizarmos a linguagem da época — uma nova instância (Pereira e Souza, "Primeiras Linhas sobre Processo Civil", vol. 3, p. 18, nota 780; Mendes Júnior, "Direito Judiciário Brasileiro", p. 427); um juízo novo (Almeida e Souza, "Tratado sobre as Execuções", p. 99, § 88), tanto que se iniciava pela citação do devedor (Paula Batista, "Teoria e Prática do Processo Civil e Comercial", p. 135, § 177).

Gabriel de Rezende Filho, representante desta última corrente de pensamento, entendia que a execução figurava como o epílogo da ação condenatória, o seu coroamento, de maneira que ambos nada mais eram do que *momentos* de uma só ação, anotando que, "no processo judiciário, também se começa por *conhecer* os fatos e o direito, mediante o contraditório e por obra do juiz; depois o juiz decide, isto é, *quer* em sentido jurídico, conferindo a este querer uma eficácia toda especial; finalmente, *age*, isto é, assegura praticamente o resultado da obra intelectual e volitiva, mediante as formas exigidas pelo conteúdo mesmo da sentença. A atividade de conhecimento é também atividade de coerção. Deve-se reconhecer, portanto, que existe uma *unidade fundamental* em todos os momentos da jurisdição, tanto nos declarativos como nos executivos" ("Curso de Direito Processual Civil", 2.ª ed., São Paulo: 1953, III, p. 184).

A fonte dessa dissensão doutrinária radicava, reconhecidamente, no art. 196 do CPC de 1939, que dispunha: "A instância começará pela citação inicial válida e terminará por sua absolvição (atual extinção do processo sem resolução do mérito: CPC, art. 485) ou cessação ou pela execução da sentença", valendo registrar que esse artigo estava inserido no Livro II, que versava de disposições gerais sobre o processo.

O CPC de 1973 deu cobro, porém, à controvérsia, ao considerar o processo de execução como *autônomo*, dedicando-lhe, inclusive, todo um Livro (II), integrado por diversos Capítulos e Seções, consagrando, dessa forma, a corrente de opinião que, há longos anos, vinha proclamando a autonomia desse processo.

Não há como contestar a conclusão de que, do ponto de vista do processo civil, a execução possuía nítida autonomia, diante do processo de conhecimento, tanto que podia basear-se em título *extrajudicial* (CPC, art. 585); daí por que ela instaurava uma nova relação jurídica processual, sendo que eventual liame que pudesse ter com o processo de cognição apenas poderia ser admitido sob o aspecto lógico, dado que, em determinados casos, o pressupunha. Moacyr Amaral Santos, perfilhando este entendimento, assinalava que, embora existisse certa conexão entre ambos os processos, a distinção de um para outro era bastante clara, pois decorria de ações também diversas (obra cit., 3.º vol., p. 233, n. 804).

Merece ser referido, ainda, o parecer de *Chiovenda*, segundo o qual a sentença produz aquilo a que denominou *novidade jurídica*, porquanto a lei, atuando com a verificação, esgota o poder jurídico do autor, consumando a ação — concluindo o notável jurista italiano: "Nesse momento mesmo, origina-se a favor do autor um novo poder jurídico, isto é, uma nova ação consistente no poder jurídico de vivificar a condição para ulterior atuação da vontade da lei verificada na sentença" ("Instituições", p. 250, I.).

A autonomia do processo de execução era admitida, de maneira praticamente remansada, pela doutrina do processo civil moderno, em que se destacavam, dentre outros, Pontes de Miranda ("Comentários ao Código de Processo Civil", vol. XIII, p. 39.), José Frederico Marques ("Instituições de Direito Processual Civil", vol. V, n. 1.109),

Alfredo Buzaid ("Concurso de Credores", p. 25, n. 14), Calmon de Passos ("Da Revelia do Demandado", Cap. XI, p. 135, n. 53), Arruda Alvim ("Direito Processual Civil — Teoria Geral do Processo de Conhecimento", vol. II, p. 353, n. 9), Barbosa Moreira ("Direito Processual Civil", *apud Alcides de Mendonça Lima*, "Comentários ao Código de Processo Civil", Rio de Janeiro: Forense, 1974, vol. VI, tomo II, p. 27), Ada Pellegrini (*Grinover, Cintra e Dinamarco*, "Teoria Geral do Processo", São Paulo: Revista dos Tribunais, 1974, p. 271), Alcides de Mendonça Lima ("Comentários ao Cód. de Processo Civil", 3.ª ed., Rio de Janeiro: Forense, vol. VI, tomo I, 1979, p. 11/24. A própria *communis opinio* trabalhista a reconhecia, como revelavam Campos Batalha ("Tratado de Direito Judiciário do Trabalho", São Paulo: LTr Editora, 1977, p. 838.), Coqueijo Costa ("Direito Judiciário do Trabalho", Rio de Janeiro: Forense, 1975, p. 580), Valentin Carrion ("Comentários à Consolidação das Leis do Trabalho", São Paulo: Revista dos Tribunais, 1979, p. 872/873), Russomano ("Comentários à CLT", Rio de Janeiro: Forense, 1982, p. 945).

Tempos depois, a Lei n. 11.232/2005 introduziu revolucionária alteração no sistema do processo civil de 1973, ao trazer para o processo de conhecimento a clássica execução por quantia certa, fundada em título judicial (arts. 475-A a 475-R no CPC) — fato que levou a doutrina do período a aludir a um *sincretismo processual* realizada pela sobredita norma legal. Em decorrência disso, instituiu-se o procedimento do *cumprimento da sentença*, e foram reformulados tradicionais conceitos inscritos no texto original do CPC de 1973 como se deu, em particular, com o de sentença (art. 162, § 1.º). Em termos práticos, esse sincretismo significou que, transitando em julgado a sentença condenatória — para cogitarmos, apenas, da execução definitiva —, o devedor não mais passou a ser citado para o processo de execução, senão que intimado para, no prazo de quinze dias, cumprir, de maneira espontânea, a sentença, sob pena de a condenação ser acrescida, de forma automática, em dez por cento (CPC, art. 475-J).

O CPC de 2015 manteve a técnica do *cumprimento da sentença* (arts. 513 a 519), reservando o *processo de execução* para o que se fundar em título extrajudicial, aí incluída a Fazenda Pública (arts. 771 a 925). Conforme já deixamos consignado em linhas anteriores, o processo do trabalho não prevê o procedimento do *cumprimento da sentença*, mas, apenas, o de *execução clássica*, seja para títulos judiciais, seja para títulos extrajudiciais.

Mesmo antes dessa modificação introduzida no processo civil, sem que pretendêssemos ser heterodoxos, argumentávamos que a execução trabalhista calcada em título judicial, longe de ser autônoma, representava, em termos práticos, simples *fase* do processo de conhecimento que deu origem à sentença condenatória exequenda. Tomávamos, porém, o cuidado de alertar para que não se visse neste nosso entendimento um presuntivo escopo de impor uma involução nos estudos doutrinais a respeito da natureza jurídica da execução, pois estava em nosso propósito, ao contrário, chamar a atenção às marcantes singularidades do processo trabalhista, diante das quais não prosperavam aqueles argumentos que tornaram vitoriosa a corrente civilista que defendia a plena autonomia do processo executivo.

Um dos mais expressivos argumentos em prol da autonomia da execução, *no processo civil*, naquela época, vinha do fato de que ela, conforme já salientamos, poderia fundar-se em título extrajudicial (CPC, art. 585); a execução trabalhista, contudo, pressupunha, necessariamente, um título *judicial*, corporificado na sentença condenatória passada em julgado ou na que homologou a transação inadimplida (CLT, art. 876). Por outras palavras, sem que houvesse um processo de conhecimento, que a antecedesse e do qual se originasse, não se poderia pensar em execução no processo do trabalho.

Essa absoluta dependência *ontológica* da execução trabalhista a um processo de cognição, que a ensejava, constituía, a nosso ver, um golpe de morte no segmento doutrinário que insistia em admitir, ao arrepio da norma legal, que ela pudesse estribar-se em título obtido sem a intervenção judicial.

Entrementes, este nosso argumento ficou prejudicado com o advento da Lei n. 9.958/2000, que adicionou letras ("*a*" a "*h*") ao art. 625 da CLT, para instituir as Comissões de Conciliação Prévia. Assim dizemos, porque em decorrência da redação dada por essa norma legal ao art. 876 da CLT o termo de conciliação que aí for elaborado, assim como o termo de ajustamento de conduta que for firmado com o Ministério Público do Trabalho, passaram ser dotados de eficácia de título executivo *extrajudicial*.

Já não podemos sustentar, portanto, com base em nosso antigo argumento, a dependência ontológica do processo de execução a um processo cognitivo, que o precede.

Como referência história, cumpre-nos lembrar que no regime do CPC de 1939 o devedor era citado já para a *liquidação,* cujos efeitos do ato se estendiam à execução, bastando, pois, a simples *intimação* do procurador judicial do devedor para que esta tivesse início. Estava assim redigido o art. 917, *caput,* do texto processual mencionado: "proferida a sentença de liquidação, a execução prosseguirá, *independentemente de nova citação pessoal"* (destacamos).

Em síntese, no processo do trabalho a execução continua a ser autônoma, do ponto de vista do procedimento (não, do ontológico), relativamente ao processo de conhecimento. Basta ver que são disciplinados em Capítulos distintos, do Livro X – Do Processo Judiciário do Trabalho.

Capítulo III

Escorço Histórico

1. Comentário

O conceito do *devido processo legal* — como método ou técnica estatal de solução heterônoma dos conflitos intersubjetivos de interesses ocorrentes entre os indivíduos — revela-se, fundamentalmente, unitário, incindível; quando adjetivamos de "civil" ou "trabalhista" determinado processo não estamos, com isso, fazendo tábua rasa do princípio dogmático da *unidade processual*, se não que apenas realçando a natureza da lide a ser composta (lide civil, lide trabalhista) — ou, quando menos, a natureza da pretensão posta em juízo naqueles casos em que inexiste lide.

A despeito de o processo do trabalho possuir reconhecida autonomia teleológica e procedimental, as normas legais que o compõem são, numericamente, insuficientes para atender às necessidades ditadas pela vida prática; ciente dessa precariedade estrutural — e intuindo, com argúcia, as dificuldades e transtornos que, em razão disso, poderiam advir —, o próprio legislador trabalhista cuidou de permitir a adoção supletiva de normas do processo civil (CLT, art. 769), nada obstante tenha, no particular, perpetrado a manifesta impropriedade terminológica de atribuir a esses preceitos normativos forâneos a qualidade de "fonte" (*sic*) desse processo especializado. No tocante à execução, em particular, *ex vi* do disposto no art. 889, da CLT, a incidência supletiva *imediata* não será do processo civil e sim da Lei n. 6.830/80, que dispõe sobre a cobrança judicial da dívida ativa da Fazenda Pública Federal. Somente se esta norma legal for omissa é que o intérprete estará autorizado a incursionar pelos sítios do processo civil para buscar o elemento supletório.

Se, de um lado, a penetração do processo civil no do trabalho motiva a advertência de que essa infiltração, quando realizada de maneira irrefletida, indiscriminada, tende a acarretar uma perigosa transubstanciação deste, com virtual risco de perda de sua identidade enciclopédica, de outro, serve para justificar o estudo da gênese histórica de alguns institutos do processo comum, que inspiraram, de uma forma ou de outra, a criação de símiles trabalhistas. Esse é, p. ex., o caso da execução de título judicial.

Se considerarmos a execução trabalhista em si mesma, veremos que ela é, praticamente, carecedora de lastro histórico, pois a sua origem formal é produto dos tempos contemporâneos; como derivante da execução do processo civil, contudo, as suas raízes remontam a vários séculos. Daí, o interesse e a importância que para este Capítulo representa uma incursão retrospectivo pelos ordenamentos jurídicos de alguns povos que, com maior intensidade, contribuíram para a elaboração do processo moderno e, em especial, para o desenvolvimento dos estudos respeitantes à execução judicial. É o que, a seguir, faremos.

1.1. Direito Romano

A legislação vigorante na Roma antiga era extremamente rigorosa em relação à pessoa que deixasse de cumprir a obrigação assumida; ao contrário do que ocorre nos tempos atuais, porém, os credores romanos não podiam fazer com que a execução incidisse no patrimônio do devedor, pois as medidas previstas naquela legislação prisca tinham como destinatária, em regra, a *pessoa* do próprio devedor. A execução era, portanto, corporal e não patrimonial.

Examinemos, agora — embora a voo de pássaro miúdo —, algumas leis romanas que dispunham sobre o assunto de que estamos a nos ocupar.

1. Pelo sistema da *manus iniectio* — já consagrado na Lei das XII Tábuas —, decorridos trinta dias da data do proferimento da sentença, facultava-se ao credor conduzir o devedor a juízo, valendo-se, se necessário, de medidas drásticas e violentas. Nesse caso o devedor tinha duas opções: pagar a dívida ou encontrar um terceiro (*vindex*) que o fizesse. Deixando a dívida de ser solvida (tanto num quanto noutro caso), o devedor era conduzido à casa do credor, onde era acorrentado, lá permanecendo em regime de prisão domiciliar. Cabia ao credor, depois disso, anunciar o valor da dívida em três feiras contínuas, de modo que permitisse que parentes do devedor ou mesmo terceiros a pagassem. Se nenhuma dessas situações se verificasse, aflorava uma das mais odientas medidas previstas pela legislação do período: o credor poderia matar o devedor, ou vendê-lo como escravo. Como nenhum romano podia perder a liberdade dentro dos limites da cidade, exigia-se que essa venda fosse feita em terras pertencentes aos etruscos, para além do rio Tibre.

Na hipótese de serem muitos os credores, assegurava-se a estes o direito de esquartejar o devedor, cabendo a cada um parte do corpo da vítima. Alguns estudiosos, todavia, sustentam que esse hediondo direito dos credores nunca foi posto em prática, porquanto a estes convinha vender o devedor como escravo, dividindo o produto entre si, na proporção de seus créditos.

Constata-se, portanto, que a *manus iniectio* concedia ao credor a faculdade de dispor sobre a vida do devedor, podendo matá-lo ou negociá-lo como escravo — práticas que chegam a provocar justificada repulsa pelos textos contemporâneos, em que a execução, respeitando a integridade física, a liberdade e a dignidade humana do devedor, tem como objetivo exclusivo o patrimônio deste (CPC, art. 789).

2. É bem verdade que a *Lex Poetelia* (séc. V), rompendo com os meios execrandos e infamantes que caracterizavam a *manus iniectio*, tornou defesa a prisão do devedor, o seu agrilhoamento, bem como subtraiu do credor o nefando direito de tirar-lhe a vida ou de vendê-lo como escravo. Podemos ver na *Lex Poetelia*, em razão disso, um dos primeiros e mais expressivos marcos históricos a serviço do propósito de

humanizar a execução, porquanto o devedor, perante a dívida assumida, já não respondia com o próprio corpo e sim com o conjunto de seus bens economicamente avaliáveis. Aliás, o cristianismo teve uma significativa influência no movimento que a doutrina mais recente viria a denominar *"humanização das execuções por dívida"*, fazendo, justamente, com que os atos executivos incidissem no patrimônio e não no corpo do devedor.

3. A execução patrimonial, no direito romano, aprimorou-se com a *pignoris capio*, pois aqui o credor poderia apreender bens do devedor, desde que o fizesse na presença de três testemunhas, sendo desnecessário o comparecimento do magistrado e do devedor. Era, portanto, uma apreensão extrajudicial. Essa penhora tinha apenas efeito intimidatório do devedor, pois não era permitido ao credor vender os bens de que se apossara por esse modo — conquanto pudesse, curiosamente, *destruí--los*. É razoável pensar que a destruição dos bens apreendidos tenha sido pouco utilizada, na medida em que esse ato não traria nenhuma utilidade ao credor, a quem interessava, isto sim, persuadir o devedor a cumprir a obrigação, após o que os bens lhe eram restituídos.

4. O escopo de humanizar a execução continuou a ser perseguido pelas legislações romanas. Embora pela *actio iudicati* ainda fosse possível a execução em caráter pessoal, os credores preferiam promover a execução patrimonial, uma vez que esta melhor atendia às suas conveniências. A *actio iudicati* constituía uma nova ação, sendo indispensável para a execução da sentença que impusesse o pagamento de certa quantia. No geral, ela obtinha do devedor um reconhecimento quanto ao valor que lhe era cobrado; esse reconhecimento tinha o efeito prático de evitar que o devedor viesse a ser condenado a pagar a dívida em dobro, além de possibilitar que o magistrado autorizasse o cometimento dos atos executivos.

Nota peculiar dessa execução é que ela poderia agir sobre a integralidade do patrimônio do devedor e não apenas sobre aqueles que bastassem à satisfação do crédito.

5. Na *bonorum venditio* — também designada *rutiliana*, em homenagem ao pretor *Rutílio Rufo* —, vigente no séc. VII de Roma, efetuava-se a arrecadação de todos os bens do devedor, que eram administrados pelo *curator bonorum*, cuja indicação incumbia aos credores. Posteriormente, esses bens eram alienados em hasta pública, pelo *magister*, que também era escolhido pelos credores, segundo os procedimentos para isso estabelecidos. Singularidade dessa venda é que ao comprador dos bens se reputava *sucessor* universal do vendedor; demais disso, o comprador adquiria apenas a propriedade pretoriana dos bens levados a hasta pública, pois a propriedade civil era obtenível pela usucapião.

6. Variante da *bonorum venditio* foi a *distractio bonorum*, praticada já no período imperial. A sua diferença, no que respeita ao sistema anterior, estava em que a penhora compreendia somente os bens necessários para satisfazer o valor da obrigação. Exigia-se também a anuência de todos os credores, sendo nomeado um *curator bonorum* para administrar os bens. A *distractio* apenas era admissível se o devedor pertencesse a certas classes elevadas, como a senatorial.

7. Ainda nos primórdios do Império Romano, vamos encontrar outra modalidade de execução — a *bonorum cessio* —, na qual o devedor, de maneira espontânea, entregava a totalidade de seus bens aos credores; caso o produto da venda não fosse suficiente para solver a dívida, a sua obrigação subsistia quanto ao valor remanescente. Mais tarde, na vigência do Código Teodosiano, a *bonorum cessio* tornou-se permitida apenas aos devedores que, sem culpa, caíssem em insolvência.

8. As espécies de execução até este ponto examinadas tinham caráter *privado*, pois os atos que as compunham eram, quase sempre, extrajudiciais. O processo extraordinário, contudo, assinala o fim do período clássico do direito romano, e com ele surge a execução com traços de característico procedimento jurisdicional, pois ela se desenvolvia sem a intervenção pessoal dos credores. Basta ver que o ato de apreensão dos bens não era realizado pelo credor e sim pelos *apparitores*, espécie embrionária dos atuais oficiais de justiça. Além disso, a penhora não abarcava todo o patrimônio do devedor e sim bens em número suficiente para satisfazer a obrigação. Com a penhora, o credor tinha preferência em relação aos demais; a estes caberia apenas o saldo do produto da venda dos bens, caso houvesse. Se, todavia, diversos credores efetuassem penhora do mesmo bem, constituía-se entre eles um concurso, atendendo-se, com isso, à regra *par conditio creditorum*.

Vale lembrar que, decorridos dois meses da apreensão dos bens — e se a dívida não tivesse sido saldada —, estes eram levados a *hasta* pública, para serem alienados. O processo vigorante nesse tempo estabelecia uma ordem gradual dos bens a serem penhorados, à feição do que ocorre no plano dos diplomas processuais da atualidade (CPC, art. 835; Lei n. 6.830/80, art. 11).

Ainda nessa época conheceu-se a execução *in natura*, ou seja, em espécie, cujo objetivo era compelir o devedor a entregar determinado bem. Como, em algumas situações, a coisa se encontrava deteriorada, desaparecida, etc., e como o credor não poderia ser prejudicado por isso, investigava-se se o devedor tinha agido com ou sem dolo: no primeiro caso, a execução era feita por quantia ilimitada, de acordo com a estimativa realizada a talante exclusivo do credor, de quem se exigia apenas o juramento; no segundo, a execução se processava segundo o valor verdadeiro da coisa destruída, deteriorada, desaparecida, etc.

9. O direito justinianeu encerra o ciclo evolutivo do ordenamento jurídico concebido pelo gênio romano. Previa, basicamente, quatro formas de satisfação dos créditos, mediante execução: a) pelo manejo da *actio iudicati*, que fazia surgir uma outra ação quando a sentença fosse impugnada pelo devedor; essa oposição à sentença, porém, não acarretava, como antes, o pagamento em dobro da dívida; b) pela apreensão (penhora) de bens do devedor, que eram, depois, vendidos em hasta pública, sendo o produto entregue ao credor; c) mediante a *bonorum cessio*, na hipótese de o devedor ser insolvente, quando então se formava um concurso de credores; d) pela modalidade específica ou em espécie.

O vocábulo *hasta* é de origem latina e significa lança. No Direito Romano era costume cravar-se uma lança (*hasta*) no local em que seria realizada a expropriação dos bens do devedor. Essa *hasta* era símbolo da autoridade. Por aí se vê que já não se justifica o emprego deste vocábulo como sinônimo de praça (ou leilão), pois não nos consta que nos tempos modernos os serventuários do juízo ou os leiloeiros privados cravem uma lança no lugar em que se dará a praça e o leilão dos bens penhorados ao devedor. Em todo o caso, os dicionários atuais consignam não só esse vocábulo como sinônimo de "venda" dos referidos bens, como o substantivo *subastação* e o verbo *subastar*. Seja como for, o fato é que não há, em rigor, *venda*, mas *expropriação* como ato de império estatal. O Estado, neste caso, não realiza ato de comércio, nem o juiz pode ser considerado um corretor.

1.2. Direito Medieval

Vimos, no item anterior, que no processo extraordinário, praticado em Roma, a execução apresentava-se como ato tipicamente jurisdicional, pois não se permitia a interveniência privada do credor. Com a invasão bárbara, entretanto, esse quadro foi profundamente alterado, porquanto os invasores germânicos, movidos por sentimentos individualistas, não admitiam a ideia de submeter as suas pretensões de credores à apreciação de interposta pessoa. Em consequência, aí surgiu e teve larga prática a penhora privada levada a efeito pelo próprio credor (quase sempre de modo violento), sem que dela participasse, de pronto, o juiz. Um esclarecimento: o vocábulo *bárbaro* não possuí o sentido com que hoje é identificado em nossos léxicos; *bárbaros* eram considerados todos aqueles que não fossem cidadãos romanos ou que não fizessem parte do Império Romano.

Essa apreensão arbitrária de bens não figurava como ato de coroamento, de epílogo da execução, porquanto era realizada antes mesmo de esta ter início, sem que do credor fosse exigida a prova do direito alegado. Somente no curso da execução — e, em certos casos, depois do encerramento desta — é que tinha lugar uma fase de cognição, contanto que o devedor não reconhecesse a obrigação que lhe era imputada pelo exequente. No decorrer dos anos, contudo, tornou-se obrigatória a presença do juiz, a quem competia autorizar a penhora de bens pelo credor.

Por volta do ano 1000 d.C. reacenderam-se os estudos do direito romano, tendo à frente a famosa Universidade de Bolonha. Colocou-se em evidência, a contar daí, o contraste dantesco entre as concepções bárbara e romana a respeito da execução, uma vez que, enquanto esta concedia ao devedor a oportunidade de opor-se à sentença exequenda, aquela permitia que o credor praticasse os atos executivos, aí incluída a penhora, para, apenas depois disso, aceitar ocasional reação por parte do devedor.

Focalizado por outro ângulo, entretanto, o procedimento barbárico possuía o mérito de preocupar-se com a celeridade no efetivo cumprimento da obrigação, ao passo que o romano, com sua entranhada morosidade, rendia ensejo à prática de atos procrastinatórios, pelo devedor, com sensíveis prejuízos à parte contrária.

Por obra dos pensadores do período, acabou-se por chegar a uma habilidosa fusão desses dois sistemas, da qual se originou a possibilidade de a sentença ser posta em execução por si mesma, vale dizer, desvinculada de qualquer outra formalidade judicial;

deu-se-lhe o nome de *executio parata*. Essa execução aparelhada, no entanto, manifestou--se insatisfatória para solucionar as diversas situações surgidas, além de não contribuir para a desejada rapidez no cumprimento da obrigação. Por esse motivo, instituiu-se a execução *per officium iudicis*, de procedimento mais célere, conquanto a anterior fosse mantida para aqueles casos excepcionais, concernentes, *v. g.*, à liquidação da sentença.

É importante sublinhar que, de qualquer forma, até essa quadra da Idade Média a sentença figurava como o único título executivo. Muito tempo depois, com o desenvolvimento do intercâmbio comercial, alguns títulos extrajudiciais passaram a ser suscetíveis de execução autônoma; nessa classe se introduzem os instrumentos lavrados pelo tabelião, aos quais se atribuíam os mesmos efeitos da confissão judicial. Na execução baseada em semelhantes títulos extrajudiciais o devedor podia exercer a sua defesa com maior amplitude, facultando-se, demais disso, a produção de provas por ambas as partes.

1.3. Direito Brasileiro

1.3.1. Processo Civil

Inicialmente, em nosso meio, a execução era disciplinada pelas ordenações reinóis portuguesas — das quais a execução de título extrajudicial não era conhecida — e pela legislação extravagante daquele país. Essa legislação continuou a ser aplicada no Brasil mesmo após a declaração da independência, por força de Lei de 20 de outubro de 1823.

No ano de 1850, o Governo do Império publica o Código Comercial — em vigor ainda hoje — e um Código de Processo Comercial, o famoso "Regulamento n. 737" (Decreto de 25 de novembro do referido ano). As causas civis permaneceram reguladas pelas Ordenações Filipinas; com o advento da República, o Governo instalado provisoriamente determinou, pelo Decreto n. 763, de 19 de setembro de 1890, que o Regulamento n. 737 fosse aplicado também às lides civis, com o que restabeleceu a antiga unidade processual.

Três espécies de execução eram previstas nesse Regulamento, a saber:

1. A *ação decendiária* (ou ação de assinação de dez dias), trazida das Ordenações lusitanas, empregada para a cobrança de dívidas representadas por escrituras públicas, contratos mercantis, letras de câmbio, notas promissórias, apólices de seguro, conhecimento de fretes e outros títulos.

Os embargos constituíam a forma pela qual o réu poderia opor-se às pretensões do autor; se os embargos não fossem acolhidos ou deixassem de ser apresentados, seguia-se a execução da sentença. Se a matéria versada nos embargos fosse de grande relevância, seriam processados, embora não provados nos dez dias, sendo o réu condenado de plano, com a consequente execução da sentença; exigia-se do autor, todavia, a prestação de fiança, como medida tendente a evitar graves prejuízos ao réu que provasse os seus embargos.

2. A *ação executiva*, que era utilizada naqueles casos em que a ação decendiária não fosse cabível: cobrança de despesas e comissão de corretagem, frete de navios, etc.

O procedimento, porém, não coincidia com o daquela ação, pois aqui o réu era citado não para defender-se e sim para pagar a dívida, embora pudesse, no prazo assinado, oferecer embargos; deixando de apresentá-los, ou sendo estes rejeitados, dava-se o trânsito em julgado da sentença, ensejando, com isso, a sua execução. Os bens penhorados eram, em consequência, avaliados e remetidos à *hasta* pública.

3. A *execução de sentença*, em que esta figurava como título exequendo. O devedor era citado para pagar ou indicar bens à penhora, dentro de 24 horas; sendo ilíquida a sentença, a citação era para quantificar a obrigação nela contida.

Também nessa espécie de ação o réu se defendia por meio de embargos, que, se fossem rejeitados (ou deixassem de ser apresentados), permitiam a execução do título sentencial, com os bens sendo levados à praça, permitida tanto a arrematação quanto a adjudicação.

Observa Alcides de Mendonça Lima que os legisladores de nosso país — ao fazerem dos Códigos reguladores do processo na Justiça Federal e no âmbito dos Estados-membros cópia quase integral do Regulamento n. 737 — perderam a grande oportunidade de colocar-se à frente, quando menos, dos países latino-americanos, visto terem deixado de perfilhar as diretrizes fundamentais de concepções já consagradas pelos povos de cultura jurídica mais avançada, como a Áustria e a Alemanha (obra cit., p. 44).

Apesar disso, não podemos deixar de reconhecer que o Regulamento n. 737 representou, para a época em que foi instituído, um expressivo progresso estrutural e sistemático do processo. Reconhece *Mendonça Lima*, a propósito, que "o mal não foi desse vetusto diploma, mas, sim, de sua inadvertida repetição, quase total, nos códigos estaduais, que já se poderiam ter desprendido dos liames tradicionais, como seria aconselhável e desejável do ponto de vista teórico e técnico, porquanto material havia para tal empreendimento"(*idem, ibidem*).

A Constituição Federal de 1934 restabeleceu a unidade processual, que havia sido abandonada pela Carta de 1891, ao dispor que à União competia legislar não apenas sobre direito penal, comercial, civil e aéreo, mas, também, *processual* (art. 5.º, XIX). Essa unidade foi preservada pela Carta de 1937 (art. 16, XVl), que fez referência, pela primeira vez, aliás, à competência da União para legislar sobre "direito operário" (*ibidem*).

A 1.º de fevereiro de 1940, entra em vigor o primeiro Código Processual unitário da República (Decreto-lei n. 1.608, de 18-9-1939); antes, o Governo fizera publicar o Decreto-lei n. 960, de 17 de novembro de 1938, dispondo sobre a cobrança judicial da dívida ativa da Fazenda Pública, *em todo o território nacional*. Esse decreto, de caráter também unitário, passou a incidir supletivamente na execução trabalhista, *ex vi* do art. 889 da CLT.

O CPC de 1939 bipartiu o processo de execução em: a) ação executiva; e b) execução de sentença.

A *ação executiva* estava prevista no art. 298, destinando-se à cobrança de custas dos serventuários da justiça; dos emolumentos dos intérpretes ou tradutores públicos; das despesas dos corretores, leiloeiros ou porteiros; dos honorários de médicos, cirurgiões-dentistas, engenheiros, advogados e professores; dos créditos líquidos e certos, representados por instrumento público, ou por escrito particular, assinado pelo devedor e subscrito por duas testemunhas; de letra de câmbio, cheque, nota promissória, etc. (incs. I a XVIII).

Iniciava-se a ação executiva pela citação do réu, a fim de que pagasse, dentro de 24 horas, sob pena de penhora (art. 299, *caput*). Feita a penhora, o réu tinha dez dias para contestar (e não embargar) a ação, que, diante disso, prosseguia pelo rito ordinário (art. 301). Julgada "procedente" a ação, os bens eram avaliados e remetidos à hasta pública.

A *execução da sentença*, disciplinada pelos arts. 882 e seguintes, podia ser definitiva ou provisória, assim como se dá atualmente: o objeto dessa modalidade executiva poderia ser: a) *o pagamento de quantia certa* (arts. 918 a 991); b) a entrega de coisa certa ou em espécie (arts. 992 a 997); e c) a obrigação de fazer ou de não fazer (arts. 998 a 1.007).

Defendia-se o devedor, nessa execução, por intermédio de embargos; estabelecia o art. 165 deste diploma processual ser "necessária a citação, sob pena de nulidade, no começo da causa *ou da execução*" (destacamos).

Estávamos em 1. .º de janeiro de 1974 quando passou a viger um novo Código de Processo Civil, derivante da Lei n. 5.869, de 11 de janeiro de 1973, com as retificações efetuadas pela Lei n. 5.925, de 1.º de outubro do mesmo ano. O texto primitivo encontra-se profundamente alterado, em virtude de modificações legislativas que lhe foram impostas ao longos dos anos.

Um dos grandes merecimentos desse diploma foi o de haver unificado as vias executivas, lendo-se em sua Exposição de Motivos: "na verdade, a ação executiva nada mais é do que uma espécie da execução geral; e assim parece aconselhável reunir os títulos executivos judiciais e extrajudiciais. Sob o aspecto prático são evidentes as vantagens que resultam dessa unificação, pois o projeto suprime a ação executiva e o executivo fiscal como ações autônomas" (Cap. IV — Das Inovações, III, item 21).

O Código de 1973 previu as execuções: a) para a entrega de coisa certa (arts. 621 a 628) e de coisa incerta (arts. 629 a 631); b) das obrigações de fazer (arts. 632 a 638) e de não fazer (arts. 642 a 643); c) por quantia certa contra devedor solvente (arts. 646 a 731, embora diversos dispositivos tenham sido revogados, máxime pela Lei n. 11.232/2005, que inseriu os arts. 475-A a 475-R, versando sobre a execução por quantia certa fundada em título judicial), aí inclusa a execução contra a Fazenda Pública (arts. 730 e 731), além da execução por quantia certa contra devedor *insolvente* (arts. 748 a 786-A), esta inadmissível no processo do trabalho.

A defesa do devedor era realizada por via de impugnação à sentença (art. 475-L) ou embargos (arts. 736 a 745-A, sendo permitido ainda o oferecimento de embargos à arrematação e à adjudicação (art. 746).

Em 18 de março de 2015 entra a viger um novo Código de Processo Civil, que, por sua vez, introduziu, em relação ao Código de 1973, algumas alterações no tocante ao cumprimento da sentença e à execução, que serão examinadas ao longo deste livro.

1.3.2. Processo do Trabalho

Decreto-Lei n. 1.237/39

Um dos primeiros textos legais que dispuseram, especificamente, sobre o processo do trabalho foi o Decreto-lei n. 1.237, de 2 de maio de 1939.

Segundo essa norma processual:

a) Realizado o acordo ou transitando em julgado a sentença, seguia-se o seu cumprimento, "no prazo e nas condições estabelecidas" (art. 48, *caput*). Nas prestações sucessivas, o não pagamento de uma implicava o automático vencimento das subsequentes (§ 2.º).

b) Era competente para a execução o juiz ou o tribunal que houvesse "conciliado ou julgado originariamente o dissídio ou processo" (art. 67).

c) A execução poderia ser promovida por qualquer interessado, pela Procuradoria do Trabalho, ou pelo juiz, *ex officio* (art. 68), exigindo-se que do instrumento de citação constasse a decisão exequenda (§ 1.º). O devedor tinha o prazo de 48 horas para pagar ou garantir a execução, sob pena de penhora (§ 2.º).

d) Garantida a execução, ou penhorados bens suficientes, o executado tinha cinco dias para defender-se, "ouvindo-se, em igual prazo, o exequente" (art. 69), após o que os autos deveriam ir conclusos ao juiz, para julgamento (*ibidem*). A matéria de defesa estava restrita às alegações de cumprimento da decisão, quitação ou prescrição da dívida (§ 1.º). Caso na defesa tivessem sido arroladas testemunhas, poderia o juiz, se reputasse necessário inquiri-las, converter o julgamento em diligência, a fim de ser feita a produção da prova em audiência, que se realizaria dentro de cinco dias (§ 2.º).

e) Julgada "improcedente" (*sic*) a defesa, seria feito o levantamento da quantia depositada, ou a avaliação dos bens penhorados (por avaliador oficial ou perito designado pelo juiz), "seguindo-se a praça anunciada com antecedência de vinte dias, e a arrematação" (art. 70).

f) Aos trâmites e incidentes do processo de execução eram aplicáveis — naquilo em que não contraviessem àquele Decreto-lei — os preceitos regentes do processo dos executivos fiscais para a cobrança da dívida ativa da Fazenda Pública (art. 71).

Decreto n. 6.596/40

Sem alterar, substancialmente, o sistema de execução, traçado pelo Decreto-lei n. 1.237/39, o Decreto em epígrafe previa, entre outras coisas:

a) a competência, para execução, do juiz ou presidente do tribunal que tivesse "conciliado ou julgado originariamente o dissídio" (art. 179);

b) que a execução pudesse ser promovida por qualquer interessado, ou pelo juiz, *de ofício* (art. 180), bem como pela Procuradoria da Justiça do Trabalho, quando se tratasse de decisão proferida pelos antigos Conselhos Regionais (parágrafo único);

c) que, requerida a execução, o juiz ou o presidente deveria providenciar, de imediato, "para que lhe seja presente o respectivo processo" (art. 181).

É oportuno rememorar que em 1.º de fevereiro de 1940 entrou em vigor o CPC (Decreto-lei n. 1.608, de 18-9-1939), mantida a vigência do Decreto-lei n. 960, de 17 de novembro de 1938, que dispunha sobre a cobrança judicial da dívida ativa da Fazenda Pública.

Decreto-lei n. 5.452/43

Em 10 de novembro de 1943, entrava em vigor o Decreto-lei n. 5.452, de 1.º de maio do mesmo ano, instituidor da atual Consolidação das Leis do Trabalho — que passou a ser identificada sob a forma acrográfica CLT.

Esse texto compósito (contém normas relativas a direito do trabalho; à organização sindical; ao "processo" (*sic*) de multas administrativas; à organização judiciária e ao processo do trabalho) dedicou, dos 922 artigos que o integram, apenas 17 à execução (876 a 892).

O processo de execução está enfeixado pelo Capítulo V do Título X ("Do Processo Judiciário do Trabalho") e compreende cinco Seções, assim distribuídas: I) Das disposições preliminares (arts. 876 a 879); II) Do mandado e da penhora (arts. 880 a 883); III) Dos embargos à execução e da sua impugnação (art. 884); IV) Do julgamento e dos trâmites finais da execução (arts. 885 a 889); V) Da execução por prestações sucessivas (arts. 890 a 892).

São estas, em resumo, as disposições da CLT a respeito do processo de execução:

a) Títulos executivos judiciais são as sentenças passadas em julgado (definitiva) ou das quais não tenha sido interposto recurso com efeito suspensivo (provisória) e as homologatórias de acordos não cumpridos (art. 876); extrajudiciais, o termo de transação, assinado no âmbito das Comissões de Conciliação Prévia, e o termo de ajustamento de conduta, firmado com o Ministério Público do Trabalho (*ibidem*).

b) A competência para a execução é do juiz (do Trabalho ou de Direito) ou do Presidente do Tribunal, que tiver conciliado ou julgado, originariamente, o dissídio (art. 877).

c) A execução poderá ser promovida pelas partes, pelo juiz de primeiro grau, *ex officio* (quando as partes não estiverem representadas por advogados), ou pelo Presidente do Tribunal, conforme seja o caso (art. 878).

d) A liquidação, quando necessária, será feita mediante cálculos, artigos ou arbitramento (art. 879), vedada, em qualquer hipótese, a modificação ou inovação da sentença exequenda (parágrafo único).

e) Na execução por quantia certa, o devedor será citado para pagar em 48 horas, ou garantir a execução, sob pena de penhora (art. 880, *caput*), devendo constar do mandado, a ser cumprido por oficial de justiça (§ 2.º), a decisão (sentença) exequenda ou o termo de acordo inadimplido (§ 1.º).

f) Deixando o executado de pagar, ou de garantir a execução, seguir-se-á a penhora de bens, tantos quantos bastem ao pagamento da importância da condenação, com os acréscimos legais (art. 883).

g) Tanto que garantida a execução ou penhorados os bens, poderá o devedor oferecer embargos, no prazo de cinco dias, podendo o credor impugná-los em igual prazo (art. 884). A matéria de defesa está restrita às alegações de cumprimento da decisão ou do acordo, quitação ou prescrição da dívida (§ 1.º). Somente na oportunidade dos embargos será permitido ao devedor impugnar a de liquidação, assegurando-se ao credor igual direito de fazê-lo, no mesmo prazo (§ 3.º), julgando-se, por uma só sentença, os embargos e a impugnação à liquidação (§ 4.º).

h) Havendo necessidade de produção de provas orais, o juiz designará audiência para esse fim (art. 886, *caput*).

i) Não sendo oferecidos embargos, ou tendo sido estes rejeitados, a penhora será julgada subsistente (art. 885), remetendo-se os bens à praça (art. 888, *caput*) ou leilão (§ 3.º), para serem arrematados (art. 88, *caput* e § 1.º), permitida a adjudicação (§ 1.º) e a remição. O arrematante deverá garantir o lanço com um sinal equivalente a, no mínimo, 20% do seu valor (§ 2.º), cabendo-lhe complementar o preço em 24 horas, sob pena de perdimento do sinal em benefício da execução (§ 4.º).

j) Aos trâmites e incidentes da execução serão aplicáveis, naquilo em que não contravierem ao Capítulo V do Título X, as normas que regem a cobrança judicial da dívida ativa da Fazenda Pública Federal (art. 889).

l) Nas prestações sucessivas por prazo determinado, a execução pelo não pagamento de uma delas compreenderá as que lha sucederem (art. 891). Sendo as prestações sucessivas por prazo indeterminado, "a execução compreenderá inicialmente as prestações devidas até a data do ingresso na execução" (art. 892).

Como se pode perceber, a CLT reproduziu, em grande parte, as disposições existentes no Decreto-lei n. 1.237/39 e no Decreto n. 6.596/40; em alguns casos, essa repetição foi até mesmo literal — mantendo-se, inclusive, as impropriedades técnicas do texto inspirador.

Um corte cronológico revela-nos que, a esse tempo, a execução trabalhista era regida por três normas legais, nesta ordem preferencial de incidência: a) Decreto-lei n. 5.452/43 (CLT); b) Decreto-lei n. 960/38; e c) Decreto-lei n. 1.608/39 (CPC). A aplicação supletória das normas processuais forâneas nessa execução encontrava autorização no art. 889 da CLT, sendo que, de modo mais amplo, o art. 769 do texto trabalhista permitia (como ainda permite) a adoção supletiva de normas do processo civil em geral, atendidos os requisitos de omissão da CLT e de compatibilidade desses preceitos ádvenos com o processo laboral.

Em 1970, por força da Lei n. 5.584, de 26 de junho do referido ano, são introduzidas algumas alterações no processo trabalhista; as inovações respeitantes à execução decorreram dos arts. 12 e 13 daquela norma legal, versando o primeiro acerca da arrematação dos bens penhorados, e o segundo, da remição (e não "remissão", como consta do art. 13).

No ano de 1974 tem vigor um novo Código de Processo Civil (Lei n. 5.869, de 11 de janeiro de 1973), que, como pudemos demonstrar, unificou as vias executivas, extinguindo, em consequência, a *ação executiva*, de que tratava o Código revogado (art. 298), e o *executivo fiscal* (Decreto-lei n. 960/38). Esse fato provocou peculiar fenômeno no plano do processo do trabalho, pois o art. 889 da CLT, ao determinar que aos trâmites e incidentes da execução fossem aplicáveis os preceitos regentes dos executivos fiscais, passou a apontar para o vazio, para o *nihil* jurídico, na medida em que o procedimento desses executivos foi *eliminado* pelo novo diploma processual civil. O que ocorreu, na hipótese, não foi a revogação do art. 889 da CLT pelo CPC de 1973, como se chegou a supor, e modo algo surrealista, e sim a mera perda de objeto, de substância ontológica, na norma trabalhista, que, contudo, continuou a viger. Pensar que disposições próprias do processo civil possam ter eficácia derrogante de regras pertencentes ao processo do trabalho é dar maus-tratos a elementares princípios hermenêuticos, é pretender reduzir o segundo a mero prolongamento do primeiro.

Em 1980 surge a Lei n. 6.830, de 22 de setembro, regulando a execução judicial para a cobrança de dívida ativa da Fazenda Pública; com isso, o art. 889 da CLT teve restituído o objeto essencial, que lhe fora subtraído pelo CPC de 1973.

A Lei n. 8.432, de 11 de junho de 1992, introduziu no art. 879 da CLT o § 2.º, para facultar ao juiz a abertura de vista às partes, pelo prazo sucessivo de dez dias, a fim de se manifestarem sobre os cálculos do contador, sob pena de preclusão. Essa mesma norma legal alterou a redação do art. 897, § 1.º, da CLT, que versa sobre o agravo de petição, para dispor que esse recurso somente será admitido se o agravante delimitar, justificadamente, as *matérias* e os *valores* impugnados, permitida a execução *imediata* e *definitiva* das parcelas incontroversas.

Em 14 de dezembro de 1994 é publicada a Lei n. 8.953, que impôs diversas alterações no processo de execução regulado pelo CPC. Essas modificações e suas repercussões no processo do trabalho serão examinadas, nos momentos oportunos, ao longo deste livro.

A Lei n. 10.035, de 25 de outubro de 2000, também acarretou algumas alterações na execução trabalhista, em virtude da Emenda Constitucional n. 20, de 15 de dezembro de 1998, que atribuiu competência à Justiça do Trabalho para "executar, de ofício, as contribuições sociais previstas no art. 195, I, *a*, e II, e seus acréscimos legais, decorrentes das sentenças que proferir". O exame dessas alterações será realizado no Livro III.

Mais tarde, a Lei n. 11.232/2005 introduz profunda alteração no sistema de execução por quantia certa contra devedor solvente, baseada em título judicial, ao trazer esta execução para o campo do processo de conhecimento, sob a forma de "cumprimento da sentença" (arts. 475-I a 475-R). A incidência, ou não, destas disposições do CPC na execução trabalhista será apreciada ao longo deste livro.

Em 2016, entra em vigor o CPC de 2015 (art. 1.045), que passa a ser aplicado ao processo do trabalho naquilo em que a CLT for omissa e não incompatibilidade com o este processo especializado (CLT, art. 769).

A Lei n. 13.467, de 13 de julho de 2017 — instituidora da denominada *Reforma Trabalhista* — introduz diversas alterações no processo do trabalho.

Em traços gerais, foram estas as principais alterações introduzidas no sistema do processo do trabalho pela Lei n. 13.467/2017:

1. insere, na competência das Varas do Trabalho, a homologação de acordo extrajudicial (art. 652, "*f*");

2. prevê a contagem dos prazos em dias úteis (art. 775, *caput*);

3. altera os critérios para a concessão de gratuidade da justiça (art. 790, §§ 3.º e 4.º);

4. dispõe sobre o pagamento de honorários periciais (art. 790-B);

5. dispõe sobre o pagamento de honorários de advogado oriundos da sucumbência (art. 791-A);

6. dispõe sobre a responsabilidade por dano processual (art. 793-A) e litigância de má-fé (arts. 793-B a 793-D);

7. detalha o procedimento referente à exceção de incompetência territorial (art. 800);

8. altera a regra sobre o ônus da prova (art. 818);

9. dispõe sobre os requisitos da petição inicial (art. 840);

10. dispõe sobre a desistência da ação (art. 841, §3.º);

11. declara que o preposto não necessita ser empregado do preponente (art. 843, § 3.º);

12. dispõe sobre o adiamento da audiência, o pagamento de custas e a revelia (art. 844, §§ 1.º a 5.º);

13. permite a apresentação de defesa escrita pelo processo judicial eletrônico até a audiência (art. 847, parágrafo único);

14. disciplina o procedimento do incidente de desconsideração da personalidade jurídica (art. 855-A);

15. institui o "processo de jurisdição voluntária para homologação de acordo extrajudicial" (art. 855-B a 855-E);

16. dispõe sobre a execução de ofício das contribuições sociais (art. 876, parágrafo único);

17. indica a situação em que a execução poderá ser promovida pelo juiz, *ex officio* (art. 878);

18. altera disposições sobre os cálculos e sua atualização (art. 879, §§ 2.º e 7.º);

39. dispõe sobre a garantia do juízo, para efeito de embargos à execução (art. 882);

20. autoriza o protesto de decisão judicial transitada em julgado (art. 883-A);

21. dispensa as entidades filantrópicas da garantia do juízo (art. 884, § 6.º);

22. modifica disposições sobre o recurso de revista (art. 896, § 1.º-A, IV, e § 14);

23. regula o requisito da transcendência, em sede de recurso de revista (art. 896-A, §§ 1.º a 6.º);

24. altera disposições pertinentes ao depósito para recurso (art. 899, §§ 4.º, 5.º, 9.º a 11);

25. revoga os seguintes dispositivos da CLT: §§ 1.º, 3.º e 7.º, do art. 477; art. 792; parágrafo único do art. 878; §§ 3.º a 6.º do art. 896; e § 5.º do art. 899.

Na atualidade, portanto, a *execução trabalhista* encontra-se disciplinada por quatro normas legais, conforme a seguinte ordem axiológica de aplicação: a) CLT; b) Lei n. 5.584/70; c) Lei n. 6.830/80 (CLT, art. 889); e d) CPC de 2015. Isso corresponde a afirmar que, sendo a CLT omissa a respeito da matéria, e não estando esta disciplinada pela Lei n. 5.584/70, aberta ficará a via para a utilização supletiva da Lei n. 6.830/80; silente esta acerca do tema, será lícita a invocação do estatuto processual civil — observado, nestes últimos dois casos, o requisito medular da compatibilidade de que fala o art. 769 da CLT.

Há, entrementes, uma exceção quanto a essa ordem de incidência supletiva de normas forâneas. Ocorre que o art. 882, da CLT, dispõe que se o executado (devedor) não pagar a quantia expressa no mandado executivo, poderá garantir a execução mediante depósito da referida quantia, ou nomear bens à penhora, "observada a ordem preferecial estabelecida no art. 835 da Lei n. 13.105, de 16 de março de 2015 – Código de Processo Civil".

No Capítulo subsequente, procuraremos efetuar uma integração sistemática de todas as normas legais incidentes na execução trabalhista, fundada em título judicial, com a finalidade de contribuir para o solvimento das dissensões existentes a propósito de tão delicado assunto.

Capítulo IV

Processo de Execução

1. Comentário

Como vimos em Capítulo anterior, o processo representa o método ou a técnica de que se vale o Estado para dirimir os conflitos interindividuais de interesses juridicamente tuteláveis. A tônica no elemento de juridicidade é sobremaneira relevante, pois o nosso ordenamento processual, preservando o seu conteúdo ético, não dá guarida a pretensões *juridicamente impossíveis* — ou, melhor: juridicamdente *inatendíveis*.

O processo do trabalho, por sua vez, constitui o instrumento posto à disposição dos órgãos integrantes da Justiça do Trabalho para a composição das lides — individuais ou coletivas — envolvendo empregados e empregadores, assim como outras pessoas que se compreendam na competência constitucional dessa Justiça Especializada (CF, art. 114).

A doutrina, colocando em realce a natureza do provimento jurisdicional, a que o exercício do direito de ação geralmente conduz, reconhece a existência de três classes de processo: a) de conhecimento; b) de execução; e c) cautelar. A CLT trata dos processos de conhecimento e execução em Título comum (X), conquanto em Capítulos distintos (I e V, respectivamente). Desconhece a CLT o processo cautelar, conforme pudemos demonstrar em outra obra, pois o que está nos incisos IX e X do art. 659 desse texto não é uma providência tipicamente acautelatória, como se tem pensado, e sim medida semelhante à que é concedida em ação de mandado de segurança ("As Ações Cautelares no Processo do Trabalho", 5.ª ed., São Paulo: LTr Editora, 2005, p. 76 a 80). O que se pode admitir é que essa medida possua "traços" de cautelaridade

1.1. Processo de conhecimento

No processo cognitivo, provoca-se o exercício da função jurisdicional do Estado para que este diga, com o caráter neutral que lhe impõe a lei (CPC, art. 139, I), e mediante sentença de mérito, com qual dos litigantes está o direito. Podemos sustentar, portanto, que o objeto desse processo é um provimento que aprecie o mérito da ação, embora a própria norma processual preveja alguns casos em que, excepcionalmente, o processo se extinguirá sem resolução das questões de fundo (CPC, art. 485, I a X).

É oportuno observar que a *cognição* traduz a relação que se estabelece entre o juiz (ser cognoscente) e os fatos da causa (objeto cognoscível). Sob esse aspecto, fica clara a existência de cognição também nos processos cautelar e de execução. O que se passa é que nos dois últimos processos referidos a "carga" cognitiva é algo rarefeita, quase imperceptível, ao passo que no de conhecimento ela é intensa, chegando, por isso mesmo, a dar nome ao próprio processo em questão.

Adotando como critério a natureza da resolução judicial que se pede ou que é emitida, a doutrina estabeleceu uma subclassificação do processo de conhecimento em: 1) declaratório; 2) condenatório; e 3) constitutivo. No primeiro, o provimento jurisdicional limita-se a declarar a existência ou a inexistência ou do modo de ser de relação jurídica, a autenticidade ou falsidade de documento (CPC, art. 19); no segundo, ao lado da declaração, que lhe é implícita, coloca-se determinada sanção (condenação) ao réu; no terceiro, em que também se faz ínsita a declaratividade, opera-se a modificação da relação ou da situação jurídica material intersubjetiva, havida ou ainda existente.

1. A sentença declaratória será *positiva* ou *negativa*, segundo reconheça a existência ou a inexistência da relação jurídica; cumpre observar, contudo, que serão sempre declaratórias as sentenças que rejeitarem os pedidos formulados pelo autor (declaratórias-negativas), nada obstante este pretendesse obter um provimento *condenatório* do réu. Em outras hipóteses, como na de ação declaratória puramente negativa, a rejeição assume caráter de conteúdo declaratório-positivo.

No processo do trabalho são sentenças declaratórias-positivas as que reconhecem — e negativas as que rejeitam — a relação de emprego entre as partes, pressupondo-se que o autor havia ingressado em juízo para pedir, apenas, um provimento declaratório; caso ele postulasse, além disso, a condenação do réu ao pagamento de certas parcelas indicadas na peça inaugural, e o órgão judicante viesse a acatar as suas pretensões, resulta evidente que a sentença seria declaratória-condenatória: *declaratória*, na parte em que reconheceu a presença dos elementos constitutivos da relação de emprego; *condenatória*, na que impôs ao réu o pagamento das quantias pleiteadas pelo autor. Cientificamente, entretanto, poder-se-ia advogar que a sentença, na espécie em exame, seria condenatória, porquanto ao formular a regra sancionatória traria em si, implícita e logicamente identificável, a declaração de reconhecimento da existência da relação de emprego.

As sentenças meramente declaratórias não são exequíveis, valendo como simples preceito. Esse esclarecimento vinha estampado no art. 290, *caput*, do CPC de 1939, que arrematava: "*mas a execução do que houver sido declarado somente poderá promover-se em virtude de sentença condenatória*". O silêncio do diploma processual civil vigente não pode ser interpretado como um abandono formal àquele preceito e sim como ocasional inadvertência do legislador, ou mesmo uma sua pressuposição de que estava na essência dos provimentos puramente declaratórios ser infensa a possibilidade de serem executáveis. Segue-se que se a parte quiser exigir da adversa o cumprimento da obrigação correspondente ao direito que lhe foi reconhecido por sentença desta natureza (declaratória), deverá ajuizar outra ação, em que visará à consecução do pertinente decreto condenatório.

Os efeitos das sentenças declaratórias, regra geral, são retroativos (*ex tunc*), vale dizer, voltam-se no tempo para apanhar a situação de fato ou de direito no nascedouro, salvo se nisto forem obstados pela prescrição extintiva bienal ou quinquenal (CF, art. 7.º, XXIX; CLT, art. 11).

2. As sentenças condenatórias afirmam a existência do direito, reconhecem a sua violação e, em consequência, dirigem ao réu um preceito sancionatório, sob a forma de obrigação de entregar coisa certa ou incerta; de fazer ou de não fazer, ou de pagar quantia certa.

Exemplo de obrigação de *entregar coisa certa* seria a que tivesse como objeto a devolução de mostruário, pertencente ao empregado-vendedor, que se encontrasse, indevidamente, na posse do empregador; *de fazer*, a anotação na Carteira de Trabalho; a reintegração de empregado estável; de entregar as guias para a movimentação dos valores depositados no FGTS; *de não fazer*, a consistente na proibição de transferir o empregado para localidade diversa daquela em que deve prestar os seus serviços e de alterar, enfim, em prejuízo do trabalhador, determinada cláusula contratual, etc.

As sentenças condenatórias possuem apenas eficácia executiva, porquanto a execução forçada não se contém nelas. Como assevera Tomás Pará Filho, "A sentença condenatória é um comando sancionatório, a que a lei adjunge a virtualidade da execução forçada" (*Apud* Coqueijo Costa, obra cit., p. 363).

Essa classe de sentença cria, pois, um outro direito de ação: o de invocar a tutela jurisdicional *executiva* do Estado.

Os efeitos que lhe são inerentes têm sentido retro-operante (*ex tunc*).

3. Os provimentos constitutivos criam uma situação ou relação jurídica, seja modificando, seja extinguindo a anterior; os seus efeitos liberam-se imediatamente ao proferimento, motivo por que não comportam execução forçada. Os efeitos temporais dessa modalidade de resolução judicial são *ex nunc*, ou seja, atuam somente a partir do momento em que se verifica o trânsito em julgado da decisão (sentença ou acórdão).

Sentença de típico teor de constitutividade, no processo do trabalho, é a que, em ação aforada pelo empregador, com o objetivo de demonstrar a prática de falta grave pelo empregado estável, conclui pela existência do ato faltoso e determina a ruptura do vínculo contratual.

Há, a propósito, duas espécies de sentenças constitutivas: as *necessárias* e as *facultativas*; no primeiro caso, a lei exige que a constituição, modificação ou extinção do estado ou do liame jurídico apenas possa ocorrer mediante provimento jurisdicional (como se dá no exemplo há pouco citado); no segundo, os efeitos jurídicos de certas manifestações de vontade podem ser produzidos extrajudicialmente, como, *e. g.*, na hipótese de dissolução do contrato de trabalho de empregado desprovido de garantia do emprego. É evidente que, se, neste último caso, as partes não se avierem quanto aos fatos que narramos, restará a uma delas o ingresso em juízo, caracterizando, dessa forma, a facultatividade da sentença constitutiva que vier a ser aí proferida.

1.2. Processo de execução

Não passou despercebido à argúcia de Carnelutti que, no processo de conhecimento, vai-se dos fatos ao direito (*da mihi factum dabo tibi ius*, consoante a vetusta regra romana), ao passo que no de execução se parte do direito (já reconhecido pela sentença condenatória) aos fatos (cuja atividade executória os altera para adequá-los ao direito).

Sem embargo, é por intermédio do processo de cognição que o Estado, declarando com quem está a razão jurídica disputada, faz incidir, com a autoridade que lhe é inerente, a vontade concreta da lei; o provimento jurisdicional, aqui, é provido de um comando sancionatório, a que se submete o réu; por outro lado, esse mesmo provimento materializa um título executivo judicial, com base no qual o autor promoverá a execução forçada, tendente a compelir o réu a satisfazer a obrigação espelhada nesse título sentencial. Diz-se, por isso, que o objeto do processo executivo é a obtenção de um provimento *satisfativo* do direito do credor. Alcides de Mendonça Lima, em posição isolada, entende que a expressão "execução forçada" é inteiramente incabível, seja qual for o sentido pelo qual seja interpretada, pois: "a) se admite que possa ser *forçada*, então é desnecessário o adjetivo, porque (...) a *voluntária* não é execução, sendo o normal cumprimento da obrigação pelo devedor; b) se se admite que nunca pode ser *forçada*, porque, em *ultima ratio*, devedor não pode ser forçado a cumprir a obrigação, salvo se anuiu em cooperar, para obstar mal maior, com mais ônus, encargos e prejuízos para ele, então o adjetivo também é desnecessário" (obra cit., p. 74/75). Dessa opinião dissente a doutrina predominante (Pontes de Miranda, "Comentários", 1973, vol. IX, p. 4; Amílcar de Castro, "Comentários", 1973, vol. VIII, p. 4, n. 1; Hamilton de Moraes e Barros, "Alguns Problemas da Execução Forçada", RF, vol. 248/31). Pensamos, no entanto, que o adjetivo "forçada", anatematizado por Mendonça Lima, seja perfeitamente justificável nos casos em que o devedor, citado, deixar de cumprir a decisão ou o acordo, no prazo e condições estabelecidos, permitindo, com isso, que o Estado deflagre contra ele um elenco de medidas tendentes a *compeli-lo* a cumprir a obrigação contida no título executivo. *Forçando-o*, portanto.

Pressuposto legal do processo em pauta é um título executivo consubstanciado tanto na sentença condenatória passada em julgado; no acordo não cumprido; no termo de acordo firmado nas Comissões de Conciliação Prévia; nos termos de ajustamento de conduta celebrados com o Ministério Público do Trabalho (CLT, art. 876). A respeito dos títulos executivos, no processo do trabalho, discorreremos em outro Capítulo (XI). No geral, o juiz não aprecia o mérito na execução, embora venha a fazê-lo se o devedor opuser embargos, hipótese em que poderá até mesmo advir uma fase de *conhecimento incidental*, com a realização de audiência (CLT, art. 884, § 2.º; CPC, art. 920, *caput*). Os precitados embargos constituem, tecnicamente, uma ação incidental do devedor em face do credor, nos mesmos autos em que se processa a execução.

Estabelecendo um cotejo entre os processos de conhecimento e de execução, Celso Neves assinala que no primeiro, em que se verifica uma igualdade de situação das partes, a atividade desenvolvida pelo juiz é essencialmente jurisdicional; no segundo, caracterizada pela sujeição do devedor ao comando que se irradia da sentença exequenda, a atividade judicial é marcadamente *jurissatifativa*, salvo se forem apresentados embargos pelo devedor, circunstância em que a atividade do juiz volta a ser, ainda que por momentos, jurisdicional, visto acontecer a reabertura do processo de cognição, com seu contraditório dialético ("Do Processo de Execução — Aspectos Fundamentais", Estudos sobre o novo CPC, São Paulo: Res. Tributária, p. 209).

O processo cognitivo destina-se, em resumo, a formular, pela sentença de mérito a que conduz e que o extingue, a regra jurídica concreta e apta para incidir na relação litigiosa, solvendo-a; na execução, a atividade desempenhada pelo órgão jurisdicional consiste, fundamentalmente, em fazer atuar, de maneira efetiva, a regra jurídica extraída do processo de conhecimento. Neste, como sabemos, as partes disputam o direito (daí a necessidade do contraditório, da bilateralidade, da ampla possibilidade de defesa e o mais); naquele, declarado o direito, exige-se do devedor, com a adoção de meios coercitivos legais, a sua satisfação.

É de grande utilidade destacar que, em decorrência dessa diversidade teleológica de ambos os processos a atividade jurisdicional, desenvolvida pelo Estado num e noutro também se revela distinta, pois "no de conhecimento ela é essencialmente intelectiva, ao passo que, no de execução, se manifesta, de maneira preponderante, através de atos materiais, destinados a modificar a realidade sensível, afeiçoando-a, na medida do possível, àquilo que, segundo o direito, ela deve ser" (José Carlos Barbosa Moreira, "O Novo Processo Civil Brasileiro", 2.ª ed., Rio de Janeiro: Forense, 1978, p. 7).

Tem-se, portanto, que, em certo sentido, no processo de conhecimento o Estado, preponderantemente, *ouve* (a ambos os litigantes), enquanto no de execução *exige* (do devedor o cumprimento da obrigação). Essa observação põe em relevo, por certo, os caracteres mais expressivos dessas duas espécies de processo, pois, em verdade, também no de conhecimento o Estado formula, pela voz da lei, diversas *exigências* às partes, do mesmo modo como no de execução *ouve* os contendores, como se dá no caso — já referido — de o devedor oferecer os embargos que lhe são próprios.

Já no impropriamente denominado "processo de jurisdição voluntária" (*sic*), a atuação do juiz tem traços de nítida *jurisintegratividade*; a impropriedade da denominação repousa no fato de inexistir, aqui, *processo* (mas mero procedimento), *lide* (e sim interesses convergentes) ou *partes* (se não que interessados). Essa atividade desenvolvida pelo órgão jurisdicional traduz aquela *administração pública do direito*, a que se referiu Zanobini, cuja expressão Frederico Marques preferiu modificar para *administração pública de interesse privado* ("Ensaio sobre Jurisdição Voluntária", 2.ª ed., São Paulo: 1958, p. 78, nota 10), recebendo, nisto, a concordância de Lopes da Costa ("A Administração Pública e a Ordem Jurídica", Belo Horizonte: 1961, ns. 4 a 6, p. 19 e segs.).

1.3. Processo cautelar

A moderna ciência do processo tende, a poder de fartos argumentos, a considerar o processo cautelar como classe autônoma, separando-a das demais (de conhecimento e de execução).

No passado, a doutrina reduzia o processo cautelar a mero capítulo da execução. Referindo-se a essa atitude dos pensadores da época, Pontes de Miranda observa que eles imaginaram o processo de acautelamento como uma casa-portão, com grandes vivendas, tendo alguns processualistas italianos e alemães se perdido ao contemplar demasiadamente as vivendas, esquecendo-se da casa-portão, que tinham de estudar: "Não viram que era ilusão deles a casa-portão; não se deram conta de que introduziram elemento de preparatoriedade, que está longe de ser comum a todos os processos cautelares e raramente eles 'preparam' execução" ("Comentários", p. 20/21).

Sob a óptica da finalidade, a autonomia do processo cautelar é incontestável, pois reside na prevenção, na segurança. Andou certo, por isso, o Prof. Alfredo Buzaid quando, na Exposição de Motivos do Projeto do CPC de 1973, definiu esse processo como um terceiro gênero, que contém, a um só tempo, as funções do processo de conhecimento e de execução (Capítulo IV; 11).

Conquanto o processo cautelar tenha como escopo nuclear a preventividade, ele se faz dotado, em muitos casos, de atos característicos dos processos de cognição (o proferimento da sentença, v. g.) e de execução (apreensão e depósito de bens do devedor). Essa presença de atos próprios da cognição e da execução não lhe retira a marcante autonomia e especificidade quanto aos fins. Não se imagine que haja um *processo cautelar de conhecimento* e um *processo cautelar de execução*, porquanto isso implicaria negar a estrutura unitária deste processo.

Com mestria, Frederico Marques observa que os atos de conhecimento e de execução se amoldam às particularidades do processo cautelar, o mesmo acontecendo com a interligação deles no procedimento: atos decisórios, despacho de mero expediente e atos de coação sobre pessoas ou coisas vão sendo praticados, de maneira sucessiva ou simultânea, destinados, todos, ao atingimento do objetivo do processo acautelatório, concluindo que à medida que a providência cautelar é concedida, ou mais tarde alterada, substituída ou acrescida, por força de atos decisórios respectivos, tais atos vão sendo cumpridos imediatamente, "numa perfeita aglutinação, dentro de um mesmo processo, dos atos decisórios com os atos executivos de coação"("Manual", p. 349, vol. IV).

Não se inclina o processo cautelar, porém, à tutela do direito *material* acaso alegado pelo autor, pois esse caráter de satisfatividade é imanente ao processo cognitivo; o cautelar destina-se apenas à garantia e segurança da eficaz desenvolução do processo de conhecimento ou de execução, no que, aliás, concorre para a realização do objetivo geral da atividade jurisdicional, segundo escreveu Liebman ("Manuale de Diritto Processuale e Civile", 1968, vol. I, n. 12, p. 36).

A finalidade do processo em questão é, conseguintemente, garantir ao indivíduo o seu direito de ação e o próprio "devido processo legal" (*due process of law*). Assegurar, enfim, a possibilidade de ter "o seu dia na Corte" (*his day in Court*).

Embora o processo cautelar reflita peculiar modalidade de jurisdição, convém insistir em que ele não se ocupa da satisfação do direito material, que se alega estar em situação de periclitância, se não que de assegurar a viabilidade de esse direito ser apreciado em ação de mérito, mediante o afastamento desse estado de periclitância.

Nesse sentido é que deve ser interpretada a afirmação de *Calamandrei* de que o processo de conhecimento anseia a *infalibilidade* (o fenômeno da coisa julgada material provoca a imutabilidade dos resultados obtidos no processo), buscando, permanentemente, em razão disso, a verdade, ao passo que o processo cautelar se afasta dessa meta para contentar-se com a mera *plausibilidade* da situação controvertida ("Derecho y Proceso", p. 425).

A necessidade de urgente afastamento desse estado de periclitância do direito do autor justifica não somente a estrutura simplificada do processo cautelar, como o próprio alargamento da margem de discricionariedade do juiz, a refletir-se nos poderes diretivos mais amplos que, nesse caso, lhe confere a lei. Argumente-se com a possibilidade de ele emitir *in limine* a providência acautelatória, sem audiência da parte contrária. A oportunidade sugere-nos a nota de que, na Justiça do Trabalho, o poder geral de cautela do magistrado coloca-se em plena harmonia com o princípio impresso no art. 765 da CLT, que lhe outorga ampla liberdade na condução do processo.

Podemos mesmo dizer que essas características do processo cautelar — estrutura simplificada e maior quantidade de poderes diretivos concedidos ao juiz — encaixam-se, no processo do trabalho, como a mão à luva, pois este ostenta os mesmos atributos, embora não se resumam a esses dois. Exigem-se, na prática, apenas algumas adaptações relativas ao procedimento. O processo cautelar integra o elenco das denominadas *tutelas de urgência,* destinadas ao pronto atendimento de direitos colocados em situação de periclitância, por ato de outrem. Precisamente por isso é que a sua estrutura é simplificada, baseando-se em uma cognição apenas sumária, que conduz, por sua vez, à formulação de um juízo de mera probabilidade ou de verossimilhança. A cognição, em sede de processo de conhecimento, ao contrário, é exaustante por exigir a formulação de um juízo de certeza, de convicção; daí, a demora que caracteriza a solução das lides submetidas ao processo essencialmente cognitivo.

Nas edições anteriores deste livro, quando estava a vigorar o CPC de 1973, escrevemos:

> "O momento inspira-nos a tecer algumas considerações acerca do pouco explorado binômio processo trabalhista-processo cautelar.
>
> É inegável que o processo do trabalho e o procedimento que lhe corresponde estão legalmente presididos pelo princípio (ou mero anseio?) da celeridade: basta correr os olhos pelos artigos da CLT, em que se encontram disciplinados, para constatar-se a veracidade dessa assertiva. Esse ideal de rapidez na entrega da prestação jurisdicional trabalhista, sonhado pelo legislador, mais do que compreensível, é altamente elogiável, em virtude da urgente necessidade de serem solucionados os conflitos de interesses entre trabalhadores e empregadores. Entre o ideal perseguido pelo legislador e a realidade emergente da prática, todavia, o tempo cuidou de cavar um abismo colossal.
>
> Hoje, como é notório, os órgãos de primeiro grau da Justiça do Trabalho — para cogitarmos somente destes — encontram-se, no geral, congestionados por uma pletórica massa de ações, que lhes excede, em muito, a capacidade de absorção. A causa desse distúrbio está, preponderantemente, na insuficiência do número de órgãos de primeiro grau para solver os conflitos de interesses

de sua competência. O efeito visível dessa anomalia manifesta-se por meio de uma espantosa explosão dos prazos para a realização das audiências, dentre elas, em especial, a de julgamento.

Nesse entranhado quadro de tardança na entrega da prestação jurisdicional — que pode colocar em risco o direito da parte ao processo satisfativo — surgem como poderosos elementos assecurativos desse direito as providências acautelatórias. No elenco dessas medidas, sobressaem as *inominadas*, derivantes do poder geral de cautela do juiz (CPC, art. 798), cuja inespecificidade lhes traça um amplo raio de abrangência, de maneira a atingir, sem perda da eficácia, a generalidade das situações configuradoras de risco de dano iminente a direito da parte.

O manejo das medidas de cautela requer a presença dos pressupostos da aparência de bom direito (*fumus boni iuris*) e do perigo na demora da composição da lide (*periculum in mora*), podendo ser impetradas antes mesmo do ajuizamento da ação de mérito ("preparatórias", *sic*) ou no curso desta (incidentais)".

Posteriormente a isto, publica-se a Lei n. 8.952/94, que altera, totalmente, a redação do art. 273, do CPC de 1973, para permitir ao juiz antecipar, a requerimento do interessado, no todo ou em parte, os efeitos da tutela jurisdicional.

Esta norma legal — plenamente compatível com o processo do trabalho (CLT, art. 769) — acarretou profundas repercussões na doutrina e na jurisprudência trabalhistas acerca do emprego de medidas acautelatórias neste processo. Lembremos que, no passado, admitia-se o manejo de medidas desta natureza para empreender a defesa do direito material porque o processo de conhecimento, com sua estrutura complexa e embaraçante, não continha nenhum instrumento capaz de propiciar uma tutela imediata de direitos materiais colocados em situações de periclitância. Assim, se era censurável, do ponto de vista técnico, o uso de medidas cautelares para a defesa dessa espécie de dieito, sob o aspecto político essa praxe era tolerável (e justificável), pois o Estado — a quem incumbe legislar sobre direito processual — não dotava o processo cognitivo de um mecanismo apto a afastar, desde logo, o risco de lesão do direito material. Com o advento da Lei n. 8.952/94, que deu nova redação ao art. 273, do CPC de 1973, inseriu-se no processo cognitivo esse mecanismo. A contar daí, não mais se justificou o uso das ações cautelares (inominadas) para a defesa do direito material, pois esta passou a ser realizada no âmbito do próprio processo de conhecimento.

Embora o campo de incidência de ambas as medidas tenham sido demarcados com razoável nitidez pelas respectivas normas legais, poderia ocorrer, na prática, de a parte (ou seu advogado) pretender a antecipação dos efeitos da tutela (CPC, art. 273), quando o caso seria de medida cautelar inominada (CPC, art. 798). Diante disto, o legislador, com muita sensibilidade, e entendendo, por suposto, que o processo não é um fim em si mesmo — senão que um instrumento de preservação do direito material — inseriu, mais tarde, no art. 273, do CPC, o § 7.º, para dispor que se o autor requeresse, a título de antecipação de tutela, providência de natureza cautelar, poderia o juiz, "quando presentes os respectivos pressupostos, deferir a medida cautelar em caráter incidental no processo ajuizado" (Lei n. 10.444/2002). Essa faculdade judicial de convolação de uma medida desejada, para a que efetivamente era cabível, revelava-se extremamente harmoniosa com a (imaginária?) simplicidade do processo do trabalho, além de demonstrar, mais uma vez, a possibilidade de haver medida cautelar sem a existência de processo da mesma natureza. Vale dizer, de providência cautelar emitida nos autos do próprio processo de conhecimento.

2. O CPC de 2015 e as tutelas provisórias

O CPC de 2015, ao contrário do de 1973, não trata, de maneira específica, das medidas cautelares e da antecipação dos efeitos da tutela. O Código da atualidade parece ter realizado uma espécie de sincretismo ao tratar, sob o título de *tutelas provisórias,* de medidas que, antes, eram denominadas de cautelares e de antecipação dos efeitos da tutela, além de haver introduzido expressivas modificações em ambos os temas.

As tutelas provisórias podem fundar-se em: a) urgência ou b) evidência (CPC, art. 294, *caput*). A tutela provisória de urgência pode ser: a) cautelar ou b) antecipada, e concedida em caráter: a) antededente ou b) incidental (*ibidem*, parágrafo único).

O CPC não fala em execução das tutelas provisórias, e sim, corretamente, em *efetivação* dessas mediadas (art. 297).

A tutela provisória de urgência poderá ser concedida quando houver elementos que evidenciem a probabilidade do direito (*fumus boni iuris*) e o perigo de dano (decorrente do perigo na demora: *periculum in mora*) ou o risco ao resultado útil do processo (art. 300). A tutela da evidência poderá ser concedida, independentemente de demonstração de perigo de dano ou de risco ao resultado útil do processo, quando: a) ficar caracterizado o abuso do direito de defesa ou o manifesto objetivo protelatório, da parte; b) as alegações de fato puderem ser comprovadas somente por meio de documentos e houver tese firmada em julgamento de casos repetitivos ou em súmula vinculativa; c) se tratar de pedido reipersecutório fundado em prova documental adequada do contrato de depósito, caso em que será determinada a ordem de entrega do objeto sob custódia, mediante cominação de multa; d) a petição inicial for instruída com prova documental suficiente dos fatos constitutivos do direito do autor, a que o réu não oponha prova capaz de gerar dúvida razoável (art. 311, I a IV).

Ao juiz será lícito conceder, *in limine*, a medida, no caso das letras *"b"* e *"c"*, *retro* (incisos II e III, respectivamente).

É, sobremodo, interessante observar que no caso de tutela de urgência, antecipada, requerida em caráter antecedente, a decisão que a deferir — nos termos do art. 303 – se tornará *estável* se dessa decisão não for interposto o recurso cabível (art. 304). Está é, com certeza, a mais expressiva inovação trazida pelo CPC de 2015. É o que se poderia denominar de *ultratividade* dos efeitos da decisão concessiva. Não deixa de ser *sui generis*, também, ao menos sob a perspectiva do processo do trabalho, o fato de a mencionada decisão não produzir coisa julgada, embora a estabilidade dos seus efeitos possa ser revista, reformada ou invalidada por qualquer das partes mediante decisão proferida em ação ajuizada por alguma delas (art. 304, § 6.º). O prazo para o exercício dessa ação é de dois anos, contados da data em que a parte teve ciência da decisão que extinguiu o processo, nos termos do § 1.º (*ibidem*, § 5.º).

3. Análise estrutural da execução trabalhista

Vista pelo ângulo de sua estrutura orgânica, a execução trabalhista apresenta-se lógica, pois integrada por três fases distintas e sequentes, subordinadas ao objetivo comum de realizar, em concreto, o preceito sancionatório contido no título exequendo; são elas, as de:

a) quantificação;

b) constrição; e

c) expropriação patrimonial.

Estamos a cogitar, evidentemente, da execução definitiva de título judicial *por quantia certa contra devedor privado* — de maior incidência na prática —, porquanto as demais modalidades, por princípio, não são dotadas das três fases referidas.

3.1. Quantificação

Transitando em julgado a decisão condenatória (sentença ou acórdão) que pôs fim ao processo de conhecimento, ou sendo inadimplido o acordo (transação) realizado pelos litigantes, a providência a ser naturalmente tomada — por iniciativa do juiz ou a requerimento do interessado — consistiria na citação do devedor, a fim de cumprir a obrigação, no prazo legal, seguindo-se a apreensão e expropriação de seus bens, se a ordem judicial não for atendida.

Na grande maioria dos casos, entretanto, a obrigação materializada no título exequendo mostra-se *ilíquida*, em sua expressão monetária, impossibilitando, com isso, que sejam praticados os atos de apresamento e de expropriação de bens do devedor. Tal iliquidez da obrigação torna inexigível o título em que ela se contém (CPC, art. 783); daí, a necessidade de inaugurar-se uma fase tendente a *quantificar* o conteúdo obrigacional — a que as normas processuais, em arraigada tradição, denominam "liquidação" (CLT, art. 879; CPC, arts. 509 a 512).

O *quantum debeatur* será apurado mediante cálculos, artigos ou arbitramento, conforme seja a atividade jurisdicional a ser desenvolvida com o escopo de tornar líquido o montante da dívida.

Conquanto esse procedimento preparatório da execução, propriamente dita, seja uma evidência de que o processo de conhecimento foi encerrado, quando a liquidação se processa via artigos ocorre uma fase de *cognição incidental*, que pode determinar a realização de provas orais, documentais ou testemunhais.

A liquidação, segundo o art. art. 884, § 4.º, da CLT, será julgada por sentença, que a encerra, fazendo com que o título executivo se torne, agora, exigível; essa exigibilidade renderá ensejo à abertura das fases subsequentes, de constrição e de expropriação judicial de bens do devedor. Foi sábio o legislador ao vetar a possibilidade de a sentença de liquidação ser impugnada, de imediato e autonomamente, pelos meios recursais, pois, com isso, impediu que o devedor se sentisse em boa sombra para opor-se a essa decisão sem haver, antes, realizado o garantimento da execução. Uma nótula esclarecedora: o ato pelo qual o juiz homologa os cálculos de liquidação não traduz uma *sentença*, por não ser dotado de aptidão para dar fim ao processo (de liquidação), nos termos do art. 203, § 1.º),. Esse ato tem a natureza jurídica de *decisão interlocutória* (CPC, art. 203, § 2.º), motivo por que não pode ser impugnado de imediato e de modo autônomo, senão que quando do proferimento da sentença resolutiva dos embargos do devedor (CLT, art. 893, § 1.º), se houver. Desta sentença será interponível o recurso de agravo de petição (CLT, art. 897, letra *"a"*).

Não é só.

A redação do § 3.º, do art. 884, da CLT, é imprecisa, para não dizer, ardilosa, para os intérpretes. Assim afirmamos porque aí se faz supor que o credor somente poderá impugnar a decisão homologatória dos cálculos se o devedor oferecer embargos à execução ("embargos à penhora", diz, mal, a norma legal). Ora, independentemente de o devedor oferecer os embargos que lhe são próprios, o credor terá direito de impugnar a mencionada decisão homologatória dos cálculos. O que se passou é que o legislador pressupôs que o devedor *sempre* embargaria a execução, motivo por que lhe pareceu conveniente fixar este momento para que o credor impugnasse a aludida decisão. Todavia, soa algo absurdo imaginar que o exercício do direito do credor (de impugnar a decisão) ficasse condicionado a um ato do devedor (embargar a execução). Deste modo, caso o devedor deixe de oferecer embargos à execução, o juiz deverá ter o cuidado de mandar intimar o credor para manifestar-se sobre a decisão homologatória dos cálculos, no prazo que lhe assinar.

3.2. Constrição

Estabelecida a liquidez do título executivo, será o devedor convocado a satisfazer a obrigação, no prazo de 48 horas (CLT, art. 880, *caput*); deixando de fazê-lo, sujeitar-se-á à penhora de bens, tantos quantos bastem ao pagamento da dívida, com os acréscimos legais (CLT, art. 883), exceto se devedora for a Fazenda Pública, dada a impenhorabilidade dos bens públicos. Lembremos que o escopo da execução por quantia certa é o de expropriar bens do devedor para satisfazer o direito do credor (CPC, art. 824). Por esse motivo, o devedor responde, para o cumprimento da obrigação, com a totalidade dos seus bens presentes e futuros, ressalvadas as restrições previstas em lei (CPC, art. 789). Isto não significa dizer, necessariamente, que na generalidade dos casos os devedores terão o seu patrimônio inteiramente expropriado, pois é preciso recordar a regra contida no art. 831, do CPC, de que a penhora incidirá em tantos bens quantos bastem para o pagamento do principal atualizado, juros, custas e honorários de advogado. Expropria-se, portanto, apenas o necessário à satisfação do direito do credor.

O devedor, enfim, é compelido a adimplir a obrigação que dá conteúdo ao título judicial exequendo, razão pela qual — reiteremos — entendemos adequado o adjetivo "forçada", com que se costuma designar essa espécie de execução. O devedor é, em síntese, constringido patrimonialmente a cumprir a obrigação.

Por força da regra inscrita no art. 882 da CLT, os bens deverão ser penhorados segundo a ordem preferencial estabelecida no art. 835 do CPC; não mais prevalece, pois, a ordem mencionada no art. 11 da Lei n. 6.830/80.

Em que pese à preeminência com que a norma processual distinguiu o credor, na execução (CPC, art. 797), o devedor tem direito não apenas de exigir que a execução se processe pelo modo que lhe for menos gravoso (CPC, art. 805, *caput*), como a defender-se, mediante embargos, contanto que efetue a garantia da execução ou lhe sejam penhorados bens suficientes (CLT, art. 884).

Os embargos oferecidos pelo devedor serão resolvidos por sentença (CLT, art. 884, § 4.º), da qual caberá o recurso específico de agravo de petição (CLT, art. 897, "*a*").

3.3. Expropriação

Julgada subsistente a penhora, os bens, já avaliados, serão remetidos à praça e leilão, para serem alienados; esta é a última das fases integrantes da execução trabalhista, cuja finalidade coincide com a do processo civil: expropriar bens do devedor para que a obrigação seja cumprida (CPC, art. 824), de maneira integral, ainda que, para tanto, venham a responder bens futuros a ele pertencentes (CPC, art. 789), ressalvadas as exceções legais (*ibidem*).

Para que esse objetivo essencial da execução não venha a ser frustrado por atos esquivos do devedor, o processo civil concebeu o ilícito da *fraude à execução*, capaz de conduzir à declaração de absoluta ineficácia de atos praticados por ele, que importem alienação ou mesmo oneração de bens, nos casos legalmente previstos (CPC, art. 792).

Expropriar não corresponde, apenas, a *alienar*; o verbo em questão possui um sentido mais amplo, pois, significando o ato de privar (o devedor) da propriedade dos bens penhorados, compreende também a adjudicação (CLT, art. 888, § 1.º, parte final; Lei n. 6.830/80, art. 24, I e II; CPC, art. 876 a 878), na qual, de igual modo, ocorre essa privação patrimonial em benefício de outrem.

Já o verbo *remir* indica o ato pelo qual se resgata, se redime, se readquire a posse ou a propriedade dos bens que foram objeto de apresamento judicial; o substantivo pertinente é *remição* — e não *remissão*, este significante de indulgência, misericórdia, compaixão.

Efetuada a expropriação patrimonial, e sendo o produto suficiente para satisfazer a dívida e outras despesas processuais, a execução será extinta (CPC, art. 924, II), exigindo--se que o seja por sentença, a fim de produzir os efeitos legais que lhe são inerentes (CPC, art. 925).

4. Sistematização das normas legais regentes da execução trabalhista

Demonstrado que o processo de execução trabalhista é composto de três fases distintas, legalmente preordenadas de maneira lógica, vejamos, a seguir, quais as normas legais que disciplinam essas fases.

4.1. Quantificação

Esta fase é, fundamentalmente, regulada pelo CPC; a CLT possui umas poucas normas respeitantes às formas de liquidação (cálculos, artigos e arbitramento: art. 879). Sendo por artigos, contudo, a incidência de normas trabalhistas é mais acentuada, pois a elas se subordina a realização da audiência (CLT, arts. 843 e 844). O parágrafo único do art. 879, § 1.º, da CLT, adverte que na liquidação não se pode modificar ou inovar a sentença liquidanda, nem discutir matéria relativa à causa principal. O processo civil também cuidou de inserir em seu sistema advertência semelhante (CPC, art. 509, § 4.º). A supletividade da Lei n. 6.830/80, na fase em exame, é nenhuma, pois ela não contém disposições concernentes à liquidação — por motivos, aliás, justificáveis.

Fisiologicamente, os atos integrantes da fase de quantificação se encontram assim disciplinados:

1) Mediante artigos: 1.1) pela CLT: a) a forma de liquidação (art. 879, *caput*); b) a citação do devedor, para responder aos artigos (art. 841); c) a audiência de instrução (arts. 843 e 844); d) a decisão de liquidação (art. 832, *caput*); 1.2) pelo CPC: a) o prazo para responder aos artigos (art. 511), a atuação dos princípios da eventualidade (art. 336) e da impugnação específica dos fatos (art. 341); b) a realização de perícia (art. 464).

2) Mediante cálculos: 2.1) pela CLT: a) a forma de liquidação (art. 879); b) a decisão de liquidação (art. 832, *caput*); 2.2) pelo CPC: *nihil*.

Dissemos, em edições anteriores deste livro, quando estava em vigor o CPC de 1973: "Laboram em erro os que pensam ter cabida no processo do trabalho o art. 605 do CPC, a teor do qual, elaborados os cálculos, sobre eles as partes deverão manifestar-se no prazo comum de cinco dias; *venia concessa*, em consonância com o sistema peculiar, concebido pela CLT, somente na oportunidade dos embargos à execução é que ao interessado (que pode ser o próprio credor) será permitido impugnar a sentença de liquidação. Situa-se nessa diversidade de procedimento, talvez, uma das raras demonstrações de *autonomia ideológica* da CLT, nascida da preocupação do legislador em evitar que o devedor pudesse manifestar contrariedade aos cálculos sem ter sofrido, antes, qualquer constrição patrimonial ou garantido o juízo".

Lamentavelmente, contudo, a Lei n. 8.432, de 11 de junho de 1992, inseriu no art. 879 da CLT o § 2.º para facultar ao juiz a abertura de vista às partes, pelo prazo sucessivo de dez dias, para que se pronunciem acerca dos cálculos do contador, pena de preclusão. O fato de a referida norma legal exigir que a impugnação seja feita de maneira fundamentada, com indicação dos itens e valores objeto da discordância, não justificou, a nosso ver, a instituição desse novo procedimento. De qualquer modo, se o juiz não fizer uso desta faculdade incidirá o art. 884, § 3.º, da CLT, com sua sensibilidade e eficiência elogiáveis, refletidas na possibilidade de os cálculos serem impugnados, apenas, na fase dos embargos à execução (tenham sido oferecidos, ou não), quando o devedor já efetuou a garantia patrimonial exigida por lei (CLT, arts. 882 a 884).

3) Mediante arbitramento: 3.1) pela CLT: a) a forma de liquidação; b) a sentença de liquidação (art. 832, *caput*); 3.2) pelo CPC: a) a apresentação de pareceres ou de documentos elucidativos, ou, ainda, ou a designação de perito (art. 510); b) a elaboração do laudo (art. 477); c) a intimação das partes para se manifestarem sobre o laudo no prazo de dez dias (art. 477, § 1.º); d) a audiência de instrução e julgamento (art. 477, *caput*).

4.2. Constrição

De modo geral, a fase de constrição está normatizada pela CLT; omissa que se revele, em determinado ponto, abre-se a via à aplicação supletória da Lei n. 6.830/80 e do processo civil, segundo essa ordem de nomeação.

A correlação dos atos constitutivos dessa fase com as normas legais que os disciplinam resulta no seguinte quadro sistemático:

1. pela CLT:

a) o mandado de citação, penhora e avaliação (art. 880, §§ 1.º e 2.º);

b) o procedimento diante da não localização do devedor (art. 880, § 3.º);

c) a citação do devedor (art. 880, *caput*);

d) o pagamento da dívida (art. 881);

e) o ato de penhora, avaliação e intimação do devedor, bem como a designação de depositário (arts. 882, 883 e 886, § 2.º);

f) a impugnação à decisão de liquidação (art. 884, § 3.º);

g) os embargos à execução (art. 884);

h) a sentença resolutiva da impugnação à sentença de liquidação e dos embargos do devedor (art. 884, § 4.º);

i) a subsistência ou insubsistência da penhora (arts. 885 e 886);

j) a forma de intimação das partes, quanto à sentença resolutiva dos embargos (art. 886, § 1.º);

l) a realização da audiência de instrução (art. 884, § 2.º);

2. pela Lei n. 6.830/80:

a) a suspensão da execução (art. 40);

b) a substituição dos bens por dinheiro ou por outros, ou, ainda, o reforço da penhora (art. 15);

c) a impugnação à avaliação (art. 13, § 1.º);

d) a inadmissibilidade de reconvenção na execução (art. 16, § 3.º);

3. *pelo CPC:*

a) ordem da penhora (art. 835, mais CLT, art. 882): a.a) a resistência do devedor à ordem judicial de penhora (art. 846), a.b) a lavratura do auto (*ibidem*), a.c) a entrega de uma das vias do ao escrivão ou ao chefe de secretaria, para ser juntada aos autos, da outra à autoridade policial a quem couber a apuração criminal dos eventuais delitos de desobediência ou de resistência (*ibidem*); b) a substituição dos bens nomeados à penhora (art. 848); c) os casos de rejeição liminar dos embargos do devedor (art. 918).

4.3. Expropriação

Regem-na estes textos legais:

1. CLT:

a) o edital de praça e leilão (art. 888, *caput*);

b) a arrematação, em praça (art. 888, §§ 1.º e 2.º);

c) o leilão (art. 888, § 3.º);

d) a arrematação e a adjudicação (art. 888, §§ 1.º a 3.º);

2. Lei n. 5.584/70:

a) a remição (art. 13);

3. Lei n. 6.830/80:

a) o procedimento da adjudicação (art. 24);

4. CPC:

a) o auto de arrematação (art. 901);

b) a remição de bem hipotecado levado a leilão (art. 902)

c) os embargos de terceiro (arts. 674 a 681);

d) a extinção da execução (arts. 924 e 925).

O minucioso esboço de sistematização das normas legais reguladoras da execução trabalhista que acabamos de realizar serve também para demonstrar a sua extrema complexidade prática, fato que nos põe em tormentosa dúvida quanto à existência da alardeada celeridade do processo do trabalho e, em particular, da execução que lhe é típica. Essa complexidade decorre, de modo preponderante, da heterogeneidade de normas legais que a disciplinam, e mais ainda das normas forâneas, aí heterotopicamente introduzidas pelas portas dos arts. 889 e 769 da CLT. Elaboradas em face de realidades absolutamente diversas da que caracteriza a execução trabalhista, essas normas, quase sempre, provocam graves lesões aos princípios informadores deste processo especializado e ao seu particular conteúdo ideológico. Tais normas, enfim, quando são aplicadas supletivamente à execução trabalhista, atuam como uma espécie de "rolhas redondas para orifícios quadrados", como diria Machado de Assis, cuja adaptação corresponde a uma violência mais do que simplesmente geométrica.

De lege ferenda, o processo do trabalho deveria ser regrado por norma única, tecida com vistas aos princípios técnicos e ideológicos que lhe constituem a íntima e particular substância, a fim de tornar desnecessária (e proibida) a atual supletividade forânea, que tantos danos tem acarretado a este processo. Uma das causas desses ventos malfazejos que costumam assolar a execução trabalhista está, precisamente, na disputa que se estabelece acerca de qual norma legal supletiva deve reger determinado ato não previsto pela CLT, mas que se entende ser praticável nesta execução; cincas de semelhante natureza, aliás, emergem, não raro, de simples espírito de conflitualidade ou de conveniência tumultuária — esta, muito ao gosto do devedor.

Esperamos que a sistematização das normas legais, que há pouco empreendemos, possa contribuir para a pacificação dos espíritos e para o solvimento da cizânia doutrinária lavrada a respeito do assunto; nunca para exacerbá-la.

Capítulo V

Procedimento Executivo

1. Considerações introdutórias

Durante largo período, legislação e doutrina não conseguiram libertar-se da confusão, por elas próprias estabelecida, entre os conceitos de processo e de procedimento, não sendo infrequentes, mesmo nos dias de hoje, os casos em que se constata a ocorrência de equívocos desta natureza. Pereira e Souza, *e. g.*, conceituava o processo como "a forma estabelecida pelas leis e praxe para se tratarem as causas em juízo", demonstrando não haver captado a exata distinção entre processo e procedimento, pois o seu conceito, na verdade, está muito mais próximo deste último.

Com o advento da notável obra de *Büllow* ("Teoria das Exceções Dilatórias e dos Pressupostos Processuais"), em 1868, contudo, passou-se a perceber que o *processo* é constituído, organicamente, por um encadeamento de atos sequentes e preordenados, que tendem a preparar o provimento final e por intermédio dos quais o *procedimento* se manifesta. A partir daí começaram a ser bosquejados os traços distintivos dessas figuras, traços que, mais tarde, viriam a ser nitidamente assinalados pela opinião doutrinária, que os tornou firmes e definitivos. Um dos juristas que se empenharam em demonstrar a dessemelhança do processo em relação ao procedimento foi João Mendes Júnior, para quem o primeiro era "o movimento dos atos da ação judiciária, ou melhor, o movimento dos atos da ação em Juízo" (*Apud* José Frederico Marques, obra cit., p. 117), apresentando-se o segundo como o *modo* e a *forma* pelos quais o ato se movimenta (*Ibidem*).

Correta, por isso, a afirmação doutrinária assente, no sentido de ser o procedimento a "veste formal do processo", a sua manifestação extrínseca; nessa ordem de ideias, o procedimento pode ser visto como o envoltório, do qual o processo é a sua íntima substância, de acordo com a feliz metáfora atribuída a *Büllow*.

Originário do latim *processus*, o vocábulo *processo* designa seguimento, marcha avante; vem daí a nossa particular discordância de Jayme Guasp quando assevera que "no es cierto, como algunos pretenden, que en la idea de proceso esté implícita la idea de avance", porquanto entendemos ser inseparável do conceito de processo judicial o senso de movimento para a frente, de dinamismo. À ideia de *processus,* portanto, contrapõe-se a de *retrocessus,* que indica um retorno a ponto *anterior,* uma involução, enfim; por esse motivo, as normas processuais conceberam a figura da *preclusão* como medida tendente a impedir esse *retrocesso,* essa volta a fases ultrapassadas do procedimento, que se traduz num empecilho ao objetivo de celeridade do *processus.* Já *procedimento*, oriundo do latim *procedere*, indica o conjunto de atos sucessivos, legalmente ordenados em formas e ritos, e em regra preclusivos, por meio dos quais o processo, que é abstrato, imaterial, se revela ao mundo sensível.

Demais, podemos dizer — sem embargo de melhor juízo — que, enquanto o processo possui índole acentuadamente finalística, na medida em que, como sabemos, traduz o instrumento específico de que se utiliza o Estado para exercer a sua função (poder--dever) jurisdicional, o procedimento, por seu turno, é dotado de feição preponderantemente *formal* e *ritual*, estabelecendo o *modus faciendi* pelo qual o processo deverá atingir a sua finalidade, como instrumento de solução dos conflitos de interesses.

A propósito, tradicionalmente, a doutrina classifica o *processo* em: a) de *conhecimento*; b) de *execução*; e c) *cautelar*. Essa classificação foi observada pelo CPC de 1973, mas alterada pelo CPC de 2015, conforme veremos mais adiante. O *procedimento,* por seu turno, bifurca-se em: a) *comum*; b) *especial*. Aquele se subdivide em: a.a) *ordinário*; a.b) *sumariíssimo* (processo do trabalho) ou *sumário*.

Acrescentemos que, no processo, a jurisdição está sempre presente, o que nem sempre se dá com o procedimento, que pode limitar-se a "coordenar atos que se sucedem, para a atuação de outro órgão, como, *verbi gratia*, uma autoridade administrativa" (José Frederico Marques, "Manual", São Paulo, Saraiva, 1974, 1.º vol., p. 9). É necessário destacar que a jurisdicionalidade constitui elemento característico do processo, motivo por que se pode dizer que este é a própria jurisdição sendo posta em exercício. Nos casos de administração pública de interesses privados ("jurisdição voluntária", *sic*), por exemplo, inexiste processo, conforme pudemos esclarecer, pois o que aí se tem é mero procedimento.

A despeito de consagradas, as locuções "processo administrativo", "processo legislativo", "processo esportivo", etc. encerram visível impropriedade científica, pois nesses casos não há o menor conteúdo de atividade jurisdicional — e sim administrativa ou legislativa: a concessão que nesse campo se pode fazer é quanto ao uso do termo *processo* com significado vulgar, indicativo do método de elaboração de alguma coisa.

A CLT não emprega, nem uma vez sequer, o vocábulo *procedimento*; o CPC de 1973, cientificamente mais bem elaborado do que o texto trabalhista e do que o próprio diploma processual civil de 1939, dedicou o Cap. I, Tít. VII, Livro I, ao binômio processo-procedimento, dispondo sobre o primeiro no art. 270 e sobre o segundo nos arts. 271 e 272; de modo geral, os Títulos VII e VIII do CPC versam sobre os procedimentos sumário e ordinário. O CPC de 2015 trata do processo de execução no Livro II, da Parte Especial (arts. 771 a 924). O art. 318 declara que o procedimento comum será aplicado a todas as causas, salvo disposição em contrário estabelecida no próprio CPC ou em lei avulsa. O parágrafo único dessa norma legal esclarece que o procedimento comum é aplicável, em caráter subsidiário, aos demais procedimentos especiais e ao processo de execução.

Os autos (do grego *autos* = próprio, por si mesmo), por sua vez, constituem a materialidade das peças e documentos em que se corporificam os atos do procedimento; sendo assim, extinto o processo, o que ocorre é o arquivamento dos *autos* e não do *processo*

— como tem sido comum ouvir. Aliás, ninguém consegue, em rigor, fazer, por exemplo, carga do *processo*, senão dos *autos do processo*. Observemos, *en passant*, que o processo do trabalho, ao contrário do civil (CPC, art. 159, §§ 1.º e 2.º), não exige a formação de autos suplementares.

2. O procedimento executivo

O processo, considerado em si mesmo, não é rápido nem moroso; essa virtude ou esse labéu dizem respeito ao *procedimento*. Quando este encontra, na prática, condições adversas ao seu natural desenvolvimento (como, *e. g.*, a deficiência das estruturas judiciárias ou o excessivo volume de causas ajuizadas), a prestação jurisdicional se faz com irritante lentidão, vale dizer, de maneira tardonha, caracterizando mesmo aquele quadro patológico de inconcebível denegação de justiça, a que tão bem se referiu José Arlas.

O CPC de 1973, segundo critérios objetivos que adotou, instituiu os procedimentos *comum* e *especial*, subdividindo aquele em *ordinário* e *sumaríssimo*. Como escrevemos em edições anteriores, houve impropriedade técnica do legislador no emprego desse superlativo, pois a antonímia de ordinário está em *sumário* e não em sumaríssimo. Vê-se, pois, o afoitamento do legislador, que logo foi ao sumaríssimo sem antes haver passado pelo sumário. Não se esgotava nisso a nossa crítica. Por isso, prosseguíamos: todos os adjetivos que possuem consoante antes de *io* fazem o superlativo com dois *ii*; logo, o correto seria *sumariíssimo*, não sumaríssimo, como estava naquele CPC (art. 275). Coincidência, ou não, o fato é que, mais tarde, por força da Lei n. 9.245, de 26 de dezembro de 1995, que deu nova redação ao *caput* do art. 275 do CPC, o (arrogante) vocábulo "sumaríssimo" foi substituído pelo discreto *sumário*. O CPC de 2015 excluiu o procedimento sumário. O que hoje há, nesse Código, é o procedimento comum, ordinário, e os procedimentos especiais (arts. 539 a 770).

O procedimento trabalhista, por princípio, é comum, *ordinário*; o *sumário* teria sido trazido, muito tempo depois, pela Lei n. 5.584/70, consistindo, basicamente, na pálida faculdade de dispensar o resumo dos depoimentos, para fazer constar da ata a conclusão da Vara quanto à matéria de fato (art. 2.º, § 3.º). Por esse motivo chegamos a duvidar do acerto dos que aludem a esse procedimento como sendo sumário, pois, a nosso ver, cuida-se de um procedimento ordinário *sui generis*.

Por outro lado, os que supõem ser o procedimento trabalhista, no geral, *sumário* chegam a essa inferência mediante um cotejo com o procedimento ordinário do processo civil; examinado o problema sob esse aspecto, é elementar que o trabalhista, por ser mais célere que o ordinário do processo civil, *parece* ser do tipo *sumário*. Nada mais inexato; a comparação é imperfeita. A definição sobre a espécie do procedimento trabalhista característico deve ser encontrada no contexto do próprio processo a que corresponde, a partir de elementos endógenos, ou seja, em atenção à realidade desse mesmo procedimento, sendo inadequada a atitude de buscar-se em elementos externos e profanos o material necessário a esse acertamento.

Atualmente, em decorrência da Lei n. 9.957, de 12 de janeiro de 2000, o processo do trabalho possui, também, o procedimento *sumaríssimo* (que deveria ter sido grafado sumariíssimo, pelas razões há pouco expostas), a que se submetem os dissídios individuais cujo valor não exceda a quarenta vezes o salário mínimo, vigente na data do ajuizamento da ação (CLT, arts. 852-A a 852-I).

Não se pode dizer — em consonância com os padrões consagrados — que o procedimento, na execução trabalhista, seja ordinário, sumário ou, até mesmo, sumariíssimo; é o *procedimento executivo* e nada mais, com sua nítida autonomia finalística. Pouco importa que o título judicial, em que a execução se baseia, tenha sido obtido em processo de procedimento comum ordinário ou sumário: o procedimento, na execução, será sempre um só, próprio e inconfundível com aquele de que derivou a sentença exequenda. Sendo assim, a diversidade de procedimentos que possa haver no processo de cognição desaparece com o trânsito em julgado da decisão de mérito para ceder lugar à unicidade procedimental da execução. Com isso, não queremos dizer que a execução, *lato sensu*, tenha uma só espécie de procedimento; sabemos que diferirão os procedimentos executivos conforme seja a natureza da obrigação que dá conteúdo ao título judicial. Estamos nos empenhando em sublinhar que as fórmulas procedimentais da execução em nada se comunicam com as do processo de conhecimento, exceto do ponto de vista cronológico, pois, como pudemos demonstrar, a execução trabalhista pressupõe um título executivo, muitas vezes obtido em um processo de conhecimento, salvo se se tratar de execução fundada no *termo de conciliação* ou no *termo de ajustamento de conduta*, a que se refere o art. 876 da CLT, aos quais se atribuiu eficácia de título executivo extrajudicial.

A autonomia do procedimento executivo revela-se não apenas sob a óptica finalística, se não que também pela *ideológica*. Constate-se a veracidade dessa assertiva pelo abandono do princípio legal de tratamento igualitário às partes (art.139, I). Como tantas vezes ressaltamos, na execução o credor se coloca em posição de *preeminência* relativamente ao devedor; este, em consequência, fica em um ontológico *estado de sujeição* ao comando sancionatório que se esplende do título executivo, conquanto se imponha o respeito à sua dignidade humana, mediante, p. ex., o estabelecimento de um veto à penhora de alguns dos bens descritos no art. 833 do CPC. Seja como for, a regra legal é de que a execução se processa *no interesse do credor* (CPC, art. 797), ainda que deva ser pelo modo menos gravoso ao devedor (art. 805).

A distinção ideológica do procedimento executivo está igualmente espelhada no escopo da citação: enquanto no processo cognitivo esse importante ato visa a dar ciência ao réu da existência da ação ajuizada — e abrir-lhe oportunidade para defender-se —, na execução cita-se o devedor para que cumpra a obrigação, no prazo da lei, sob pena de penhora e expropriação judicial dos bens constritos.

Como o procedimento executivo se destina a compelir o devedor ao adimplemento de certa obrigação, é compreensível que o legislador se tenha preocupado em outorgar ao juiz poderes capazes de impedir que esse objetivo da execução fosse frustrado por meio de atos praticados pelas partes, notadamente pelo devedor. Daí, o art. 772 do CPC permitir que o magistrado: a) ordene o comparecimento a juízo das partes (I); b) advirta ao devedor que o seu procedimento constitui ato atentatório à dignidade da justiça (II); determinar que sujeitos indicados pelo exequente forneçam informações em geral relacionadas ao objeto da execução, como documentos e dados que tenham em seu poder, assinando-lhes prazo razoável (III).

O conteúdo ético do processo deve ser posto a salvo, inclusive, de atos cometidos por terceiros, individualmente ou em conluio com o devedor; tanto isso é certo que ambos, a requerimento do credor, podem ser intimados a comparecer à audiência, para esse fim designada, na qual serão interrogados (CPC, art. 856, § 4.º).

3. A conciliação

A CLT declara, no art. 764, *caput*, que todos os litígios, individuais ou coletivos, submetidos à apreciação da Justiça do Trabalho serão sempre sujeitos à conciliação, determinando, em decorrência disso, que os juízes e Tribunais façam uso dos seus bons ofícios e do poder de persuasão, com a finalidade conduzir a uma situação coinciliatória do litígio (*ibidem*, § 1.º). Esta é, por certo, uma das principais características do processo do trabalho: a imposição legal de uma tentativa de solução negociada do conflito de interesses.

A *conciliação* de que nos fala a CLT em vários momentos, traduz, no sistema do Código Civil, a *transação* — negócio jurídico bilateral por força do qual as partes, mediante concessões recíprocas, previnem ou dão fim a um litígio em que se encontram envolvidas (art. 840). Dissemos, em linhas vencidas, que conciliação e transação, sob o rigor da terminologia jurídica, não constituem vocábulos sinônimos. Justifiquemo-nos. A *conciliação* significa a pacificação, a harmonização dos espíritos; a *transação* constitui, como está no CC, um negócio jurídico bilateral, uma forma de autocomposição, de solução consensual do conflito de interesses. Sendo assim, pode haver *conciliação* (harmonização dos espíritos) sem que haja *transação* (negócio jurídico), e vice-versa. A Justiça do Trabalho atinge o seu ponto de culminância teleológica e institucional quando consegue conduzir as partes, ao mesmo tempo, à conciliação e à transação. A propósito, *transação* e *acordo* são vocábulos que guardam sinonímia entre si.

A possibilidade de ser realizada uma solução negociada da execução está declarada no art. 764, § 3.º, da CLT; dúvida razoável, entretanto, poderia existir quanto à *obrigatoriedade* de ser formulada, pelo juiz, na execução, a proposta conciliatória.

Entendemos inexistir essa obrigatoriedade, mesmo no caso de o devedor oferecer embargos à execução; a razão é notória: na execução já não existe aquela incerteza subjetiva quanto ao direito, que constituiu a tônica do processo de conhecimento. O trânsito em julgado da sentença condenatória faz certo e definitivo o direito do autor-credor, que, agora, portando o título executivo, deseja que o Estado deflagre um elenco de atos constritivos, com a finalidade de fazer com que o devedor seja levado a satisfazer (portanto, de modo coercitivo) a obrigação materializada no pronunciamento jurisdicional que encerrou o processo de conhecimento. Na execução, enfim, há pouca *res dubia*, tornando, com isso, muito estreita a faixa para o estabelecimento de concessões recíprocas. A superioridade jurídica do credor e a certeza do seu direito são fatores que contribuem, inegavelmente, para dificultar a transação nesse processo. Dessa forma, a transação, quando aí realizada, é quase sempre produto da *conveniência* do exequente (credor), para quem às vezes é preferível declinar de uma parte de seu crédito a sujeitar--se à maratona estafante da execução, com os embargos, agravos e outros incidentes que ela enseja.

É relevante observar que no processo de conhecimento a formulação de propostas conciliatórias, pelo juiz, é *obrigatória* (CLT, art. 764, *caput*), devendo ser efetuada, quando menos, em duas oportunidades: a) logo após a abertura da audiência (art. 846, *caput*); b) após as razões finais (art. 850, *caput*, parte final). Na execução, conforme asseveramos, não há essa obrigatoriedade, bastando verificar que o precitado § 3.º do art. 764, da CLT, derlcara ser *lícito* às partes celebrar acordo mesmo depois de encerrado o juízo conciliatório; o substantivo lícito deixa transparecder, portanto, apenas uma *faculdade* que a norma legal concede aos litigantes.

Em resumo: embora as partes possam transacionar, mesmo na execução, devemos reconhecer que inexiste para o juiz o dever de formular proposta nesse sentido, motivo por que a ausência de iniciativa judicial quanto a isso não constituirá causa de nulidade do processo executivo.

Lembremos que a transação não é apenas meio de *evitar* o surgimento de conflito de interesses, se não que de *extinguir* conflitos dessa natureza (CC, art. 840), mediante concessões recíprocas (*ibidem*). O diploma processual civil de 1973 incluía, aliás, a transação como uma das formas de extinção do processo de execução (art. 794, II). O CPC de 2105 insinua essa possibilidade ao aludir ao fato de o devedor (executado) obter "por qualquer outro meio, a extinção total da dívida" (art. 924, III).

A transação produz entre as partes o efeito de coisa julgada. Seria ela passível de ação anulatória ou de ação rescisória? Na vigência do CPC de 1973 se estabeleceu profunda cizânia a respeito do assunto. Convém lembrar que aquele Código declarava, no art. 468: "Os atos judiciais, que não depednem de sentenças, *ou em que esta for meramente homologatória*, podem ser rescindidos, *como os atos jurídicos em geral, nos termos da lei civil*" (destacamos). Devemos esclarecer, para logo, que o art. 486 estava inserido no capítulo referente à ação rescisória, razão pela qual o legislador acabou por fazer mau uso do vocábulo *rescindir*, uma vez que o que ele estava pretendendo dizer era que, no caso de sentença meramente homologatória, a desconstituição desse ato judicial deveria ser buscava por meio de ação declaratória, ou seja, *nos termos da lei civil*. Já na altura, sustentávamos que, a despeito dessa declaração do art. 486, do CPC de 1973, o processo do trabalho deveria concluir que a sentença homologatória de transação somente deveria ser desconstituída via ação rescisória. Esse entendimento acabou sendo perfilhado pela Súmula n. 259, do TST: "Só por ação rescisória é impugnável o termo de conciliação previsto no parágrafo único do art. 831 da CLT". Entre outros argumentos que utilizamos estavam os de que: a) a anulação a que se referia o art. 849, do Código Civil, era de transação realizada extrajudicialmente; b) a sentença ("termo", segundo a CLT) homologatória de transação realizada na Justiça do Trabalho era, ontologicamente, irrecorrível, razão pela qual produzia a coisa julgada no exato momento em que era lançada aos autos, dela cientificando-se os transatores.

Pois bem. Entra a viger o CPC de 2015 e percebemos que volta a tomar de assalto o espírito de alguns intérpretes trabalhistas a inquietação quanto a ser admissível ação anulatória ou ação rescisória da sentença homologatória de transação judicial. O art. 966, § 4.º, do atual CPC, declara que "Os atos de disposição de direitos, praticados pelas partes ou por outros participantes do processo e homologados pelo juízo, bem como os atos homologatórios praticados no curso da execução, estão sujeitos à anulação, nos termos da lei". *Mutatis mutandis*, esse preceptivo legal diz, em essência, o que constava do art. 486, do CPC de 1973. Ainda que assim não se entenda — possibilidade que admitimos apenas por apego à argumentação em tese — deve ser prestigiada a Súmula n. 259, do TST, que se funda em uma interpretação genuína do art. 831, da CLT. Com efeito, se a setença homologatória de transação realizada no processo do trabalho traz, em si, desde o nascedouro, o veto da irrecorribilidade (exceto para o INSS, no que respeira às contribuições que lhe forem devidas), unicamente por meio de ação rescisória é que podem ser desconstituídos os efeitos desse ato jurisdicional. Ressaltemos que, no sistema do processo civil, ao contrário do trabalhista, a sentença homologatória de transação (CPC, art. 334, § 11) pode ser impugnada mediante recurso de apelação (CPC, art.1.009)

A transação não se confunde com a *renúncia*; conquanto ambas representem formas de autocomposição do litígio, aquela, como vimos, é produto de atividade negocial, ao passo que esta decorre de manifestação volitiva apenas do autor (ou credor). Lá, há bilateralidade; aqui, unilateralidade.

Podem os transatores estipular *cláusula penal* para o caso de a obrigação não vir a ser cumprida no prazo e na forma estabelecidos (CC, arts. 408 e 847); essa cláusula pode compreender toda a obrigação, ou somente parte dela, bem assim ter como objeto apenas a mora (CC, art. 409). Dispõe o art. 412 do CC que o valor da pena convencional imposta não pode exceder ao da obrigação principal; a CLT possui regra análoga, expressa pelo art. 847, § 2.º, conforme o qual podem os transigentes dispor que a parte que não cumprir o acordo ficará "obrigada a satisfazer integralmente o pedido ou pagar uma indenização convencionada, sem prejuízo do cumprimento do acordo". Esse preceito legal pode ser, *mutatis mutandis*, aplicado à execução, na qual, é certo, as *condições* integrantes da solução negocial devem ser largamente favoráveis ao credor, dada a sua posição de preeminência em face do devedor. Uma nota elucidativa: dissemos, há pouco, que o valor da cláusula penal imposta não pode ser superior ao da obrigação principal, nos termos do art. 412, do CC. Esta limitação legal só incide nos casos em que a referida cláusula é *imposta*; sendo ela derivante da vontade convergente das partes, não vemos razão jurídica para estabelecer-se qualquer limite quanto ao seu valor ou ao seu percentual.

A nulidade da obrigação acarreta, *ipso facto*, a da cláusula penal; quando o transator cumprir apenas *parte* da obrigação assumida, permite a lei que o juiz reduza, proporcionalmente, a pena fixada para o caso de mora ou de inadimplemento (art. 413).

Impende observar que o credor pode exigir a execução da cláusula penal independentemente de haver alegado prejuízo oriundo do descumprimento da obrigação, pelo devedor (CC, art. 416). O juiz, contudo, deve determinar, equitativamente, a redução da penalidade se o devedor houver cumprido em parte a obrigação principal, ou se o montante da penalidade for manifestamente excessivo, tendo-se em conta a natureza e a finalidade do negócio (CC, art. 413).

Homologada a transação, por ato do juiz, o seu integral cumprimento conduzirá à extinção do processo de execução; inadimplida que seja, caberá ao juiz ordenar a conseguinte *execução*, exceto se houver necessidade, em determinado caso concreto, de realizar-se algum ato admonitório.

Na hipótese de que estamos a cogitar, o título executivo não seria, às sabidas, a sentença condenatória proferida no processo de conhecimento (ou o acórdão substituinte dessa sentença: CPC, art. 1.008), e sim a sentença homologatória da transação descumprida (CPC, arts. 334, § 11, e 515, II). Não se suponha que, nessa hipótese, o fenômeno da coisa julgada material se teria manifestado *por duas vezes* no mesmo processo; embora ao Direito não repugne a repetição desse fenômeno em um mesmo caso, essa dupla ocorrência inexistiria na execução (para falarmos apenas dela), pela simples razão de que a sentença homologatória do negócio jurídico bilateral não transita em julgado, *mas já nasce irrecorrível*, o que é coisa diversa. O trânsito em julgado de um pronunciamento jurisdicional pressupõe o exaurimento do prazo para a sua impugnação pela via recursal, conforme evidencia o art. 502, do CPC: "decisão de mérito *não mais sujeita a recurso*" (destacamos); decisão irrecorrível é a que, ao surgir no mundo jurídico, traz em si a marca, o atributo da irrecorribilidade. Logo, da sentença que homologa a transação, no processo do trabalho, não pode a parte interpor o recurso específico de agravo de petição, ou qualquer outro — salvo a Previdência Social, naquilo que disser respeito às contribuições que lhe são devidas (CLT, art. 831, parágrafo único). Como há, nesse caso, extinção do processo com envolvimento do mérito, só restará ao interessado ingressar na via rescisória para tentar desfazer a sentença e os efeitos jurídicos inerentes à transação por ela homologada (TST, Súmula n. 259).

Capítulo VI

Ação de Execução

1. Comentário

Ao tempo em que vigorava o CPC de 1939, *Liebman*, comentando-o, observava que a execução da sentença, como decorria da própria expressão, se baseava em uma sentença condenatória exequível, devendo, por isso, ser precedida de um processo de cognição encerrado com o proferimento de sentença que normalmente deveria ter passado em julgado (art. 882) e excepcionalmente poderia dar lugar à execução provisória (art. 830). ("Estudos sobre o Processo Civil Brasileiro", São Paulo: Ed. José Bushatsky,1976, p. 34).

A *ação executiva*, para ele, era cabente nos casos indicados pelo art. 298 daquele estatuto processual e, não tendo sido precedida de outro processo, oferecia "no próprio curso de seu desenvolvimento oportunidade para o exame da existência do direito" cuja execução se pleiteava (*idem, ibidem*).

Anotava, ainda, o festejado mestre milanês que o processo executivo oriundo do processo medieval italiano logo se difundiu por toda a Europa, vindo, mais tarde, a desaparecer, embora tenha sobrevivido nos países sul-americanos, em que chegou por intermédio das legislações da Espanha e de Portugal.

Liebman demonstrava, portanto, que era possível chegar-se à execução por duas vias distintas: a da execução da sentença e a da ação executiva. A primeira, por ele também denominada *ação executória*, correspondia à *execução forçada* e pressupunha um título executivo judicial, em regra a sentença condenatória, residindo na sanção que lhe era própria o objeto dessa modalidade de execução; a segunda (ação executiva) fundava-se em título extrajudicial, ao qual a lei atribuía eficácia executiva. A ação executiva era ação especial no sistema do CPC de 1939, pois, proferida a sentença, tinha início um procedimento ordinário, característico do processo de conhecimento, sendo que depois da sentença é que se verificava a prática de atos propriamente executórios.

Nesse ponto, o direito processual brasileiro da época diferia da maior parte dos ordenamentos processuais europeus, nos quais havia uma espécie de execução, sendo, portanto, aí desconhecida a ação executiva que o nosso meio consagrara.

Lembra José da Silva Pacheco que no texto do CPC de 1939 distinguia-se a execução em: a) simples cumprimento da sentença ou do que fora avençado (sentido impróprio de execução); b) execução aparelhada da sentença condenatória; c) execução antes e ao lado da cognição nos casos previstos em lei ("Tratado das Execuções — Processo de

Execução", 2.ª ed., São Paulo: Saraiva, 1976, 1.º vol., p. 155). No primeiro caso, identificado de maneira imprópria, como execução de sentença declaratória, constitutiva ou mandamental, o que se tinha na verdade era o mero cumprimento própria declaração, constituição ou mandamento; no segundo, ocorria a execução da sentença, inerente à aparelhada, no âmbito do Poder Judiciário, da sentença condenatória; no terceiro, cuidava-se de execução aparelhada com a finalidade de tornar efetivo o apresamento judicial de bens, antes da cognição completa, sendo esta realizada ulteriormente: "consumando-se a plena cognição, com a sentença executiva, completava-se a execução" (obra cit., p. 155).

Leciona, ainda, o citado jurista que tanto na ação de execução de sentença como na ação executiva havia execução: "na primeira, havendo cognição completa, que já se deu no processo cognitivo em que se proferiu a sentença condenatória, nada restava senão executar. O executado, em sua defesa, só podia impugnar a execução com ação de oposição ou embargos. Na ação executiva havia apenas cognição incompleta, presumida por lei, com base em atos ou fatos extrajudiciais taxativamente enumerados, e com base neles se executavam bens do devedor. Era execução aparelhada (penhora, depósito). Como a cognição era incompleta ou meramente presumida por lei, dava margem ao contraditório, à ampla defesa, instaurando-se o processo cognitivo, que ensejava a sentença judicial executiva. Essa sentença não era sentença exequível ou executável, mas sentença executiva no verdadeiro sentido. A execução, no caso, embora seguida de cognição, não deixava de ser execução. Era mera questão de técnica legislativa. Em lugar de antepor a cognição à execução, como era comum na execução das sentenças, inverteu-se a ordem, começando pela execução para depois propiciar o processo de cognição. Em todo caso, execução perfeita e acabada" (*idem, ibidem*).

A abjunção legal e doutrinária que se fazia, na vigência do Código Processual Civil de 1939, entre os conceitos de execução de sentença e ação executiva apresenta hoje interesse meramente histórico, pois o CPC de 1973, com grande acerto, *unificou* as vias executivas, como revelava o seu art. 583, a teor do qual "toda execução tem por base título executivo judicial ou extrajudicial". Na Exposição de Motivos do projeto desse texto processual, o Prof. *Alfredo Buzaid* pôde salientar que essa unificação se justificava a partir do fato de ser a ação executiva nada mais do que uma espécie de execução geral: "e assim, parece aconselhável reunir os títulos executivos judiciais e extrajudiciais. Sob o aspecto prático são evidentes as vantagens que resultam dessa unificação, pois o projeto suprime a ação executiva e o executivo fiscal como ações autônomas" (Capítulo IV, Do Plano da Reforma, III, Das Inovações, n. 21). Em França, *e. g.*, o direito consuetudinário proclamou a equivalência das sentenças aos instrumentos públicos (*lettres obligatoires par devant notaire au passés sous Seel Royal*), motivo por que conferiu a ambos os títulos a possibilidade da execução forçada (*exécution parée*). O princípio da unicidade dos títulos executivos esteve presente nas Ordenações reinóis lusitanas e no *Code de Procédure Civil* napoleônico, de onde se espraiou para diversas outras legislações dos tempos modernos, notadamente as europeias, como é o caso da italiana, da portuguesa, da alemã e da austríaca.

Em edições anteriores, dissemos: "Coerentes com o que expusemos em linhas pretéritas, entendemos que a antiga separação da ação executiva, em relação à execução de título sentencial, mesmo que consagrada pela doutrina civilista do período, jamais encontrou ressonância no processo do trabalho, onde, segundo acreditamos ter podido demonstrar de modo satisfatório, a execução se calca, exclusivamente, em título *judicial* (sentença transitada em julgado ou acordo inadimplido).

O processo do trabalho *de lege lata* conhece, portanto, desde a sua origem, apenas a execução de título sentencial (sentença condenatória ou homologatória), nada obstante razões ponderadas aconselhem a inclusão, *de lege ferenda*, de títulos extrajudiciais, desde que relacionados ao contrato de trabalho".

Essa nossa sugestão acabou sendo acolhida pela Lei n. 9.958, de 12 de janeiro de 2000, que deu nova redação ao art. 876 da CLT, para permitir que a execução se baseie em certos títulos extrajudiciais, consistentes no *termo de conciliação* firmado no âmbito das Comissões de Conciliação Prévia ou no *termo de ajustamento de conduta*, assinado perante o Ministério Público do Trabalho.

2. O princípio da demanda

No processo civil, o princípio da *demanda*, conforme o qual "O processo começa por iniciativa da parte e se desenvolve por impulso oficial, salvo as exceções previstas em lei" (art. 2.º), tem incidência tanto no processo de conhecimento quanto no de execução e mesmo no cautelar. Esse postulado da *inércia jurisdicional*, que vem do direito romano antigo (*ne procedat iudex ex officio; nemo iudex sine actore*), contudo, quando trasladado para o campo do direito processual do trabalho tem aplicação apenas no processo cognitivo — e, ainda assim, no plano das ações individuais; nas coletivas, permite a lei que a tutela jurisdicional seja subministrada por iniciativa do Ministério Publico, ou seja, mesmo sem provocação por parte de uma das categorias envolvidas no conflito coletivo de interesses (CLT, art. 856); o pressuposto para isso é a ocorrência de suspensão do trabalho, pelos empregados (*ibidem*). A faculdade que a precitada norma legal atribuía ao presidente do Tribunal competente para dar início à ação foi retirada pela Lei n. 7.783/89, art. 8.º.

Já a execução trabalhista é presidida pelo princípio legal da incoação do juiz, no que respeita ao início desse processo (CLT, art. 878, *caput*); em termos práticos, essa peculiaridade é notável, considerando-se que, transitando em julgado a sentença, ou não sendo cumprido o acordo, *pode* (logo, estamos diante de uma faculdade) o juiz, por sua iniciativa, ordenar a citação do devedor para cumprir a obrigação, sob pena de penhora, exceto se, no primeiro caso, houver necessidade de liquidação por artigos ou por arbitramento.

Pensam alguns que a Lei n. 5.584/70, ao dispor, em seu art. 4.º, que, "Nos dissídios de alçada exclusiva das Juntas e naqueles em que os empregados e empregadores reclamarem pessoalmente, o processo poderá ser impulsionado de ofício pelo juiz", teria restringido de maneira acentuada a faculdade que o juiz recebeu do art. 878, *caput*, da

CLT, para tomar a iniciativa quanto à execução do título sentencial. A nosso ver, entretanto, a declaração estampada no art. 4.º da Lei n. 5.584/70 é aplicável, quando muito, ao processo de *conhecimento*, pois no de execução (fase) continua a viger, na plenitude de sua expressão literal, o art. 878, *caput*, da CLT, que é *específico*. Ocorre que a declaração contida no art. 4.º da Lei n. 5.584/70 não está a significar que *somente* nos casos aí previstos é que o juiz poderá impulsionar, por sua iniciativa, o processo de execução, e sim que *também* nesses casos o juiz terá essa faculdade.

A possibilidade legal de o juiz dar início, *ex officio*, à realização dos atos executivos serve, como afirmamos algures, para dar tônica à absoluta dependência da execução ao processo de conhecimento; aquela é, portanto, mera fase, mero desdobramento lógico e cronológico deste. A alegada autonomia *ontológica* da execução trabalhista não é mais do que caprichosa ficção de certo segmento doutrinário.

3. A pretensão executiva

Na terminologia jurídica, o substantivo *pretensão* significa o pedido, a solicitação que a parte formula ao órgão jurisdicional, com vistas ao reconhecimento ou à conservação de direito; essa pretensão revela o seu interesse de agir em juízo, interesse que se liga à necessidade ou à utilidade da obtenção da tutela jurisdicional invocada. A pretensão, de modo geral, está vinculada a um bem ou a um interesse da vida.

No processo executivo, o autor (agora credor) também deduz pretensões. Estas, porém, não tendem à declaração de direitos e sim à realização prática do preceito sancionatório ínsito no título exequendo, que se consuma com o integral cumprimento, pelo devedor, das obrigações consubstanciadas na sentença ou no acórdão condenatório, ou, ainda, no termo de conciliação de que fala o art. 625-E, parágrafo único, da CLT.

O momento sugere-nos o aprofundamento das reflexões sobre o assunto de que estamos a ocupar-nos.

Quando o credor *provoca* (requer) a tutela jurisdicional executiva, evidencia-se não apenas a sua pretensão como o objeto desta. A hipótese, por sua normalidade, não suscita nenhum interesse investigativo; exaure-se em seus próprios limites. Naqueles casos, todavia, em que a execução se instaura por *iniciativa* do juiz e se desenvolve sem a participação do credor (porque não se fez necessária), fica difícil sustentar-se a afirmação — princípio de que no processo executivo há, sempre, a motivá-lo uma pretensão formulada pelo credor. À risca, inexiste, nesse caso, o menor traço de *pretensão* deduzida *expressamente* por aquele que se encontra situado no polo ativo da relação processual executiva. O máximo que se poderia argumentar, diante de situações como a enunciada, é que a pretensão do credor estaria *implícita* nos atos executivos que foram praticados, conquanto arrazoamentos que tais se mostrem algo comprometidos com sutil sofisma, uma vez que, a prevalecer essa regra, todo e qualquer ato que o juiz praticasse no processo, inclusive no de conhecimento, o faria com assento em hipotética pretensão do credor, tacitamente instilada em todos os atos integrantes do procedimento. Ora, o juiz não pode ser convertido em *alter ego* do credor, nem em circunstancial intérprete de suas intenções. A pretensão, ou é manifesta, ou não existe. Tácito poderia ser, p. ex., o *interesse.*

Dessa forma, quando, no caso em estudo, o processo de execução se inicia por ato do juiz, praticado de ofício, e assim se desenvolve até o fim sem a participação do credor, pode-se dizer que o *interesse* deste se encontrava implícito, pois tal interesse nada mais representaria do que uma extensão daquele que justificou o ajuizamento da inicial e da desenvolução do processo cognitivo até o seu ato de coroamento, a sentença de mérito, condenatória do réu. *Pretensão* tácita, porém, aí não há. Essa aparente aporia é solucionada com a conclusão de que o cometimento *ex officio* de atos executivos é determinado e se justifica: a) pela prerrogativa atribuída, objetivamente, ao juiz pelo art. 878, *caput*, da CLT; b) pelo interesse do próprio Poder Judiciário em fazer valer as suas decisões, em nome da coercitibilidade que a elas é inerente e da preservação do prestígio do órgão que as proferiu.

Sob certo aspecto, a situação ora trazida à baila nos fornece razoáveis subsídios em prol da opinião — pela qual estamos a bater-nos desde as primeiras linhas deste livro — de que a execução trabalhista, de acordo com as disposições legais que a estruturam, foi projetada para servir como simples fase subsequente ao processo de conhecimento, destituída, por isso, de autonomia ontológica (exceto quando calcada em título executivo extrajudicial, como o previsto pelo art. 876 da CLT), embora não se lhe possa negar independência finalística. No plano de sua realização prática, essa execução não se dispõe de maneira diversa da que foi legalmente idealizada.

Dos que dissentirem de nosso parecer, só nos resta aguardar uma explicação jurídica ao fato de o juiz ser depositário da faculdade de dar início, *ex officio*, à execução e nela prosseguir sem a intervenção daquele que é, em última análise, o grande (se não o único) beneficiário dos resultados concretos a que ela conduz: o credor.

Abandonemos esse assunto; há outras considerações, de ordem geral, sobre a pretensão, que merecem ser expendidas.

Em regra, no processo de conhecimento as pretensões deduzidas pelo autor centralizam-se no propósito de conseguir um decreto jurisdicional que reconheça a existência do direito alegado; já o réu pretende que o pronunciamento do juízo negue a presença do direito apontado pelo autor, ou, reconhecendo-a, diga da superveniência de algum fato modificativo, impeditivo ou extintivo desse direito. Exceções à parte, equacionam-se nesses termos as pretensões manifestadas no processo cognitivo. No de execução, entrementes, a pretensão do autor-credor não se consagra a obter, do Estado, o reconhecimento de direito — porquanto este se encontra proclamado pela sentença exequenda no caso de execução fundada em título judicial —, e sim a fazer com que o devedor seja compelido, mediante expropriação de seu patrimônio (se este for o caso), a adimplir a obrigação que dá conteúdo ao título judicial. Por aí se nota que, enquanto no processo de conhecimento as pretensões do autor sujeitam-se apenas às emanações de sua vontade (infundada ou não), na execução, ao contrário, elas ficam rigorosamente adstritas aos limites balizados pela coisa julgada material (ou pela transação inadimplida); tanto isso é certo que a lei proíbe a modificação ou inovação da sentença exequenda, ou que se discuta "matéria pertinente à causa principal" (CLT, art. 879, § 1.º).

Elevando-se à categoria de princípio essa particularidade, pode-se afirmar que, no processo cognitivo, a pretensão é livremente manifestada, ao passo que, no de execução, o é de maneira *vinculada* (ao teor do título executivo). Apenas em caráter episódico tornar-se-á necessária uma declaração jurisdicional em sede de ação incidente de embargos à execução — a respeito da sobrevivência, ou não, do direito reconhecido pela sentença exequenda (alegações de acordo, quitação, prescrição intercorrente, etc., como permite o art. 884, § 1.º, da CLT. Essa norma legal já previa, de maneira implícita, a *prescrição intercorrente*, cuja admissibilidade apenas veio a ser explicitada pelo art. 11-A, da CLT.

Quando o credor pretende obter *mais* do que o título judicial lhe outorga, há excesso de execução (CPC, art. 917, § 2.º), arguível na oportunidade dos embargos do devedor (CPC, art. 917, III), hipótese em que o saneamento consistirá na extirpação do excedente, ajustando-se, por esse meio, o *quantum debeatur* ao correspondente título obrigacional que lhe deu origem.

4. As condições da ação

As condições da ação foram postas em destaque na doutrina liebmaniana e compreendiam: a) a possibilidade jurídica do pedido; b) o interesse processul; e c) a legitimidade *ad causam*.

Discípulo de Chiovenda, Liebman conhecia, profundamente, as doutrinas difundidas pelos processualistas italianos e alemães, pois, além de haver-se dedicado ao estudo da matéria, era professor de Direito Processual Civil na Universidade de Parma.

Esse grande jurista viveu no Brasil entre os anos de 1940 e 1946; a extraordinária cultura do jovem mestre italiano e sua afável personalidade logo fizeram com que muitos dos nossos dele se acercassem, sequiosos de poder entrar em contato direto com um dos mais expressivos propagadores das ideias vogantes na Europa. Advieram, então, as reuniões semanais na casa de Liebman, em São Paulo. Como registra Cândido Dinamarco, "Sob sua orientação segura, os discípulos ganharam asas e alcançaram voos alcandorados no céu da cultura processualística" ("Fundamentos do Processo Civil Moderno", São Paulo, Revista dos Tribunais, 1986, p. 8). Mais que isso, todavia, a luminar presença de Liebman em terras brasileiras rendeu ensejo ao surgimento daquilo que Alcalá-Zamora viria a denominar, mais tarde, "Escola Processual de São Paulo".

Alfredo Buzaid, um dos discípulos de Liebman, absorveu, com fidelidade, as lições do mestre e delas se valeu na elaboração do Anteprojeto de Código de Processo Civil, ao tempo em que era Ministro da Justiça. Eis por que o diploma processual civil de 1973 fazia expressa referência às condições da ação (art. 267, VI) — em que pese à nossa particular discordância quanto a certos aspectos dessa doutrina liebmaniana, conforme justificaremos no momento oportuno.

Por princípio, as condições da ação, uma vez presentes no processo de conhecimento, subsistem na execução trabalhista, porquanto, como asseveramos, esta representa simples fase, algo como uma espécie de *longa manus* daquele. Em determinadas situações — embora excepcionais —, contudo, uma ou mais das condições da ação deixam de existir na execução, criando compreensíveis embaraços jurídicos a quantos tenham de solucionar o problema. Daí, o interesse que se deve ter no estudo dessas *condições*, no plano do processo de execução.

4.1. Possibilidade jurídica do pedido

A locução *pedido juridicamente impossível*, pelo quanto até esta parte pudemos constatar, vem recebendo, na prática, interpretação equívoca. Sempre que alguma pretensão se faz desprovida de amparo legal, tem-se afirmado, com certa afoiteza, que o caso é de carência da ação, sob o supositício de ser o pedido juridicamente impossível. *Venia concessa*, como ensina Moniz de Aragão, a possibilidade jurídica de um pedimento judicial não deve ser, como geralmente o é, conceituada segundo o ângulo óptico da existência, no ordenamento jurídico, de uma previsão que torne o pedido viável, em tese, mas, ao contrário, com vistas à inexistência, nesse mesmo ordenamento, de norma que o faça inviável" ("Comentários ao Código de Processo Civil", Rio de Janeiro: Forense, 1974, vol. II, p. 436).

Já por aqui se verifica o erro — inveterado, aliás — em que vem incorrendo a jurisprudência trabalhista, quando, entendendo inexistir a relação de emprego pretendida pelo autor, declara-o "carecedor da ação". Ora, não há, em nossas estruturas normativas materiais, nenhuma regra *impeditiva* de alguém ingressar em juízo para postular um provimento jurisdicional declarativo da presença de relação de emprego com o réu. Se o autor não se desincumbe do ônus da prova que lhe estava afeto, a espécie é de *rejeição do pedido* (CPC, arts. 487, inciso I, e 490) e não de canhestra "carência da ação" (CPC, art. 485, inciso VI).

Pelo sistema doutrinário elaborado por Liebman, a ausência de quaisquer das condições da ação conduz à carência desta e à consequente extinção do processo *sem exame* do mérito; posteriormente, entretanto, Liebman reformulou a sua opinião, para excluir a possibilidade jurídica do pedido do elenco das condições da ação, conforme se lê em sua obra: *"Manuale di Diritto Processuale Civile"* (3.ª ed., Milano: vol. I, 1973, Giuffrè, p. 120): "Le condizioni dell azione (...) sono i interesse ad agire a la leggitimazione. Esse sono (...) i requisiti di esistenza dell azione, e vanno percio accertate in giudizio (anche se, si solito, per implicito), preliminarmente all esame del merito". Redimiu-se, assim, o eminente jurista de seu deslize primitivo, pois, se há no ordenamento jurídico um *veto* à formulação de certo pedido, a sentença que manda respeitar esse veto invade iniludivelmente o mérito, motivo por que a extinção do processo se faz com julgamento da questão de fundo.

A despeito disso, o CPC de 1973 seguiu refletindo a doutrina que Liebman acabou por abandonar. É evidente, porém, que o fato de Liebman haver reformulado, em parte, a sua opinião pertinente às condições da ação não tinha eficácia derrogante da regra contida no art. 267, inciso VI, daquele *CPC*. Por outras palavras: conquanto fosse possível, do ponto de vista puramente doutrinário, sustentar-se que as condições da ação se encontravam reduzidas a duas, quais sejam: a) a *legitimidade ad causam;* e b) o *interesse processual,* sob o aspecto legal essas condições somavam três, pois às duas primeiras se acrescia o *pedido juridicamente possível.*

Forçoso é reconhecer, todavia, que dificilmente a execução trabalhista apresentará caso em que a possibilidade jurídica do pedido tenha deixado de existir. A possibilidade ou impossibilidade jurídica do pedimento é questão que deve ser resolvida no processo de conhecimento; dessa forma, se há uma execução instaurada, isso constitui um seguro indicador de que o problema foi enfrentado e solvido; se, acaso, a sentença considerou ser possível a formulação de um pedido que a norma legal diz que não o é, essa anomalia não inibe a pertinente execução, pois o fenômeno da coisa julgada faz do branco negro, e do quadrado, redondo (*facit de albo nigrum et de quadrato rotundum*), segundo o vetusto apotegma latino. Logo, a autoridade da *res iudicata* não pode ser afrontada pelo devedor na execução; se este deseja apagar do mundo jurídico o título executivo exequendo, invocando ofensa da sentença à lei, valha-se da ação rescisória (CPC, art. 485, V).

Mesmo que à sentença exequenda sobrevenha norma legal vedando a possibilidade de ser deduzida certa pretensão, que a lei anterior — aplicado pelo provimento jurisdicional — permitia, em nada esse fato novo prejudicará a execução, pois a própria lei está obrigada, pela voz da Constituição Federal, a respeitar a *coisa julgada* (art. 5.º, XXXVI).

O CPC de 2015 indica como condições para o exercício da ação o *interesse* e a *legitimidade* (arts. 17 e 485, VI). O fato de o pedido juridicamente impossível não ter sido incluído nesse rol não significa que tenha deixado de existir. O que se passa é que esse pedido, efetivamente, jamais poderia ter sido considerado como *condição da ação*, pois quando o juiz declara que determinado pedido pertence a essa categoria — por haver um veto legal quanto à sua formulação — ele está emitindo um pronunciamento de mérito, de tal arte que lhe caberá rejeitar o pedido, com fundamento no inciso 487, do CPC, sem que a parte possa volta a juízo com o mesmo pedido (CPC, art. 486).

4.2. Legitimidade ad causam

No processo de conhecimento, a legitimidade *ad causam* ativa é sempre do provável titular do direito material alegado, sendo a passiva daquele que seja titular da obrigação correspondente a esse direito. Daí referir-se Liebman à "pertinência da ação àquele que a propõe e em confronto com a outra parte" ("Problemi", p. 46). Também sob esse ângulo fica patente o erro em que incidem os juízes que, negando a existência do pretendido vínculo de emprego entre o autor e o réu, declaram ser o primeiro carecedor da ação, por suposta ilegitimidade passiva deste. Ora, como dissemos, se o autor prestou efetivamente serviços ao réu, somente este estará legitimado a responder aos termos da petição inicial elaborada por aquele, considerando-se a "pertinência subjetiva da ação", de que falou Liebman. O autor seria carecedor da ação, isto sim, se houvesse exercido o seu direito em face de pessoa diversa daquela para a qual, efetivamente, havia prestado serviços.

A legitimidade para a causa, na execução trabalhista fundada em título judicial coincide, em geral, com a verificada no processo cognitivo, porquanto a execução representa simples capítulo daquele processo. Isso significa que figuram, habitualmente, na relação jurídica executiva — e no título exequendo — as mesmas pessoas que integraram, como partes, o processo de cognição, conquanto agora a nomenclatura varie de autor e réu para credor e devedor.

Dispunha o art. 878, *caput*, da CLT que a execução poderia ser promovida não apenas pelo credor e pelo devedor, mas "por qualquer interessado". Compreendiam-se nessa expressão legal, dentre outros:

a) o Ministério Público, nos casos previstos em lei (CPC, art. 778, § 1.º, I);

b) o espólio, os herdeiros ou os sucessores do credor, sempre que, por morte deste, lhes for transmitido o direito resultante do título executivo (*idem, ibidem,* II);

c) o cessionário, quando o direito resultante do título executivo lhe for transferido por ato entre vivos (idem, *ibidem,* III);

d) o sub-rogado, nos casos de sub-rogação legal ou convencional (*idem, ibidem,* IV);

e) a Procuradoria da Justiça do Trabalho, em se tratando de decisão proferida por Tribunal Regional (CLT, art. 878, parágrafo único);

f) o juiz da execução, como lhe permite o art. 878 da CLT;

g) o advogado, em relação aos honorários devidos em decorrência do sucumbimento do réu (Lei n. 5.584/70, art. 16).

Pois bem. Conforme salientamos em linhas passadas, com o advento da Lei n. 13.467/2017, esse panorama foi, parcialmente, alterado. Assim dizemos porque, com a revogação do parágrafo único do art. 878, da CLT, o Ministério Público do Trabalho deixou de possuir legitimidade para promover a execução, nos casos em que não figura como parte.

De resto, conquanto o *caput* do art. 878, da CLT, já não faça referência a "qualquer interessado", seguem tendo legitimidade da promover a execução: a) o espólio, os herdeiros ou os sucessores do credor, sempre que, por morte deste, lhes for transmitido o direito resultante do título executivo; b) o cessionário, quando o direito resultante do título executivo lhe for transferido por ato entre vivos; c) o sub-rogado, nos casos de sub-rogação legal ou convencional (CPC art. 778, II a IV, respectivamente).

Por ouTro lado, o devedor já não possui legitimidade para dar início à execução, pois a sua legitimidade estava compreendida na amplitude da expressão legal: "qualquer interessado", constante do *caput* do art. 878, da CLT; essa expressão, conforme dissemos, foi eliminada pela Lei n. 13.467/22017.

Legitimada ainda se encontra a entidade sindical: 1) quando estiver atuando, legalmente, como substituta processual (CLT, art. 872, parágrafo único); 2) para receber os honorários concedidos pela sentença condenatória, nas causas em que estiver ministrando a assistência judiciária gratuita, prevista na Lei n. 5.584/70.

4.3. Interesse processual

Ao dispor que para propor ou contestar ação era necessário ter interesse (e legitimidade), o art. 3.º do CPC, acabou por dizer menos do que deveria. Na verdade, o interesse constitui condição processual para qualquer postulação em juízo, inclusive, para excepcionar, recorrer, embargar, impugnar, etc. Por esse motivo, o art. 17, do CPC de 2015, declara, em linguagem mais apropriada, que o interesse processual e a legitimidade constituem requiditos para *postular em juízo*.

No processo do trabalho, o interesse do credor em promover a execução deriva do fato de o devedor não haver solvido, de maneira espontânea, a obrigação refletida no título executivo; o inadimplemento do devedor é, aliás, legalmente indicado como um dos requisitos necessários "para realizar qualquer execução" (CPC, art. 786, *caput*). Como inadimplente se considera o devedor que não satisfaz, *sponte sua*, o direito reconhecido pela sentença, ou a obrigação a que a lei atribuir a eficácia de título executivo.

Destarte, se o interesse do credor nasce do inadimplemento do devedor, torna-se evidente que o cumprimento da obrigação, por parte deste, faz desaparecer o interesse daquele, tanto que o Código o proíbe de dar início à execução, ou nela prosseguir, ocorrendo a hipótese em questão (CPC, art. 788); ao credor, entrementes, se consente recusar o recebimento da prestação fixada pelo título executivo, se ela não corresponder ao direito ou à obrigação (*ibidem*), caso em que solicitará ao juiz a execução, assegurado ao devedor o direito de embargá-la.

Quando a lei declara que a execução será extinta em virtude de: a) a petição inicial ser indeferida; b) a obrigação ser satisfeita; c) o executado obter, por qualquer outro meio, a extinção total da dívida; d) o exequente renunciar ao crédito; e) ocorrer a prescrição intercorrente (CPC, art. 924, I a V), ela está, em verdade, dizendo que, nesses casos, desfez-se o *interesse* do credor em promover a execução ou nela prosseguir. Com efeito, que interesse este possuiria em solicitar a realização de atos jurisdicionais executivos se tais atos não lhe trariam nenhum resultado prático útil?

Esclareça-se que a extinção da execução somente produzirá efeitos se for declarada por sentença (CPC, art. 925).

Ausência de interesse em prosseguir na execução haverá, também, quando o devedor não possuir bens livres e desembargados para satisfazer a obrigação, levando a que o juiz suspenda a execução, com fundamento no art. 40 da Lei n. 6.830/80. Realmente, de que valeria ao exequente insistir numa execução que não provocaria a solvência do seu crédito? O que ele poderia, na espécie, é discordar do ato judicial que ordenou a suspensão da execução, alegando, *e. g.,* que o devedor possui bens passíveis de penhora, ao contrário do que foi certificado pelo oficial de justiça; o seu interesse, aqui, em obter a reconsideração do despacho judicial é palpável, motivo por que lhe sobrariam razões ao pretender remover o obstáculo que o juiz antepôs à sua legítima pretensão de dar curso ao processo de execução.

Dedicaremos o Capítulo X ao problema do *interesse* como condição da ação de execução, onde lançaremos escólios mais amplos sobre o assunto.

5. Relação processual executiva

A execução forçada, no seu natural desenvolvimento, impõe uma relação jurídica trilateral, de que participam o credor, o juiz e o devedor; essa trilateralidade, convém assinalar, não constitui aspecto singular da execução e sim uma nota característica às relações jurídicas que se estabelecem em juízo (teoria da tríplice angularidade: a) autor/juiz; b) juiz/réu; c) réu/autor).

É certo, contudo, que tal relação triangular recebe contornos próprios conforme seja a natureza ou a índole do processo de que se origina.

Tal como no processo cognitivo, a relação se forma, inicialmente, entre o autor (credor) e o órgão estatal encarregado da administração da justiça (juiz), vindo a completar-se com a inclusão do devedor. Juiz, credor e devedor são *sujeitos* da relação processual executiva, embora apenas os dois últimos detenham a qualidade de *parte*.

A presença do devedor, em todos os atos do procedimento, não é obrigatória; o elemento compulsório está somente na sua citação. Segue-se que, se o devedor citado deixar de manifestar-se na execução (não oferece, p. ex., embargos), terá esta, mesmo assim, fluxo normal, culminando com a expropriação judicial de seus bens em valor bastante para satisfazer a obrigação (execução por quantia certa).

Humberto Theodoro Júnior separa o processo executivo da execução forçada, em tema de relação jurídica. Segundo o douto jurista, o processo executivo, como relação jurídica trilateral, existe a contar da citação do devedor; a execução forçada, que pressupõe a prática de atos de constrição patrimonial, só se configura a partir da penhora ou do depósito dos bens, destacando que "a diferença é importante, porque todas as faculdades processuais que pressuponham a existência de *execução* só poderão ser exercidas a partir do primeiro ato executivo e não da simples citação. Assim, os embargos do devedor, que se destinam a atacar a execução forçada, só são admissíveis após a penhora ou o depósito do bem exequendo. Por outro lado, sendo vários os executados, e havendo penhora de bens apenas de um deles, os demais não poderão oferecer embargos, já que não estão sofrendo, ainda, execução forçada" ("Processo de Execução", 12.ª ed., São Paulo: Livr. e Edit. Univ. de Direito, 1987, p. 28). Conclui, em seguida, com apoio em Carlo Furno, que: a) o processo executivo tem início com a *citação* (completando-se, com isso, a relação processual executiva); b) a execução forçada só se inicia, efetivamente, com o apresamento judicial de bens do devedor ("La Sospensione del Processo Esecutivo", 1956, n. 18, p. 78).

Capítulo VII

Princípios Informativos da Execução

A execução — inclusive a trabalhista — é informada por um conjunto de princípios, que merecerão, a seguir, comentários individualizados:

1. Da igualdade de tratamento das partes

O fundamento desse princípio é, sem dúvida, o próprio texto constitucional, que assegura a igualdade de todos perante a lei (art. 5.º, *caput*). Torna-se necessário ponderar que, na execução, esse tratamento igualitário é ministrado em termos, pois, como sabemos, a posição do credor, aí, é de *superioridade,* ou melhor, de preeminência jurídica; convém rememorar que na Exposição de Motivos do anteprojeto do CPC de 1973 já se deixava dito que o credor se encontrava em estado de preeminência, ao passo que o do devedor era de *sujeição* (ao comando do preceito sancionatório, que se irradia do título exequendo).

Sejamos mais elucidativos: em rigor, na execução, não há mais um *equilíbrio jurídico* entre as partes, em face da referida preeminência legal do credor, cujo interesse se realizam os atos executivos (CPC, art. 797). A despeito disto, o juiz deve ministrar um tratamento igualitário às partes, sob pena de violação ao art. 5.º, *caput,* da Constituição Federal. Não poderia o magistrado, por exemplo, permitir que somente o credor ou somente o devedor produzissem provas nos embargos à execução, porquanto esse tratamento discriminatório ou anti-igualitário conduziria à nulidade do processo executivo.

Observa Liebman que a situação de igualdade das partes só se verifica no processo de conhecimento, porquanto o princípio do contraditório lhe é essencial; é por isso que os litigantes colaboram, na medida de seu interesse, para as investigações empreendidas pelo juiz e cujo resultado poderá ser favorável, no todo ou em parte, a um deles. No processo de execução, ao contrário, não há mais equilíbrio entre as partes, "não há contraditório; uma exige que se proceda, a outra não o pode impedir e deve suportar o que se faz em seu prejuízo, podendo pretender, unicamente, que, no cumprimento dessa atividade, seja observada a lei" ("Estudos", p. 44).

A despeito disso, observemos, mais uma vez, que esse *desequilíbrio legal* em benefício do credor não exime o juiz de realizar um tratamento de igualdade às partes no campo da produção das provas, e, de modo geral, na defesa dos direitos e interesses legítimos de cada um.

2. Da natureza real

Em período que se perde nas brumas do tempo, a execução incidia na pessoa do próprio devedor, tendo, portanto, caráter corporal e não patrimonial. Vale ser citada, neste momento, a *manus iniectio* romana, sobre a qual dedicamos alguns momentos no Capítulo III, *retro*.

Modernamente, a execução (por quantia certa) tem como objetivo o patrimônio do devedor (CPC, art. 824).

Como estamos a afirmar que a execução possui, nos dias da atualidade, natureza real, é aconselhável sublinharmos que o sistema legal brasileiro incorporou a teoria clássica, que caracteriza o direito real pela inflexão do homem sobre a coisa. Esse poder do indivíduo, em relação à *res*, constitui o critério fundamental para a configuração do direito real, que se apoia, desse modo, em uma tríade de elementos:

a) o sujeito ativo da relação jurídica;

b) a coisa, que é objeto do direito;

c) a inflexão imediata do sujeito ativo sobre a coisa.

O princípio em questão significa que os atos executórios atuam sobre os bens do devedor e não sobre a pessoa física deste; entende-se por patrimônio, para esses efeitos, o conjunto de bens, corpóreos e incorpóreos, presentes ou futuros, de direitos e de obrigações economicamente apreciáveis. Nem sempre a execução incide na integralidade do patrimônio do devedor, cujo senso de universalidade de direito lhe é imanente na ordem jurídica: os bens do devedor respondem até o limite da obrigação expressa pelo título executivo judicial; nada mais além disso (CPC, art. 831).

O art. 824 do CPC declara que a execução por quantia certa se destina a expropriar bens do devedor (ressalvadas as execuções especiais), com a finalidade de satisfazer o direito do credor, recomendando o art. 805 do mesmo Código que ela se processe pelo modo menos gravoso ao devedor. Visou, com isso, o legislador a preservar a dignidade do devedor.

Para o cumprimento das suas obrigações, o devedor responde não somente com os bens presentes, mas, também, com os futuros, segundo a advertência formulada pelo art. 789 do CPC.

Um dos motivos legais que o devedor pode invocar, na oportunidade dos embargos que vier a oferecer, é justamente o *excesso de execução* (CPC, arts. 525, § 1.º, V, e 917, III e § 2.º), embora o Código preveja a realização de uma segunda penhora (e de outras mais) se, submetidos os bens à expropriação judicial, o produto não for suficiente para satisfazer, plenamente, o direito do credor (art. 851, II).

3. Da limitação expropriatória

Como escopo da execução é compelir o devedor a cumprir a obrigação contida no título executivo, é elementar que os atos expropriatórios que venham a ser praticados em nome desse objetivo devem ter como limite o valor da dívida, com os acréscimos legais.

A execução não pode servir de pretexto a uma alienação total do patrimônio do devedor, quando parte dos bens for bastante para atender à satisfação do direito do credor.

Estatui, por isso, o art. 831 do CPC que a penhora cairá em "tantos bens quantos *bastem* para o pagamento do principal, juros, custas e honorários advocatícios" (destacamos). A CLT contém norma semelhante (art. 883). Por outro lado, a arrematação será suspensa assim que o produto da expropriação for suficiente para solver a dívida (CPC, art. 899).

Fica clara, pois, a existência de uma limitação legal expropriatória, destinada a impedir que o devedor sofra desfalque patrimonial acima do que corresponde ao direito do credor.

4. Da utilidade para o credor

Razões éticas impedem ao credor fazer uso das vias executórias apenas para acarretar danos ao devedor, sem que o patrimônio deste tenha condições de responder pela dívida. Levando em consideração esse fato, a norma processual dispõe que não se efetuará a penhora quando for evidente que o produto da alienação dos bens foi inteiramente absorvido pelo pagamento das custas da execução (art. 836, *caput*), hipótese em que cumprirá ao oficial de justiça descrever, na certidão, os bens que guarnecem a residência ou o estabelecimento do devedor, quando este for pessoa jurídica (*ibidem*, § 1.º). Neste caso, deverá o juiz suspender a execução, que será reativada quando forem localizados bens do devedor capazes de permitir a total satisfação do crédito do exequente (Lei n. 6.830/80, art. 40, *caput* e § 3.º).

Não permite a lei, portanto, *execuções inúteis*, como tais consideradas as que não forem suficientes para permitir a satisfação, ainda que em parte, do direito do credor.

5. Da não prejudicialidade do devedor

O estado de sujeição, em que o devedor se encontra ontologicamente lançado pelas normas legais, não deve constituir razão para que o credor sobre ele tripudie. Sensível a isso, estabelece o art. 805 do CPC que, quando o credor puder, por diversos meios, promover a execução, o juiz determinará que se faça pelo modo menos gravoso ao devedor.

Derivante desse princípio é a regra emoldurada pelo art. 776 do CPC, pela qual o credor ressarcirá ao devedor os danos que este sofreu, quando a sentença, passada em julgado, declarar inexistente, no todo ou em parte, a obrigação que rendeu ensejo à execução — nada obstante estejamos convencidos de que esse preceito não é aplicável ao processo do trabalho, ao qual agride.

Invocando o princípio da execução menos gravosa ao devedor, o TST, na vigência do CPC de 1973, adotou a Súmula n. 417, cujo item III dispunha: "*Em se tratando de execução provisória, fere direito líquido e certo do impetrante a determinação de penhora em dinheiro, quando nomeados outros bens à penhora, pois o executado tem direito a que a execução se eprocesse de forma que lhe seja menos gravosa*". A referência feita pela Súmula à lesão de *direito líquido e certo* e a *impetrante* deixava claro que o TST admitia a impetração de mandado de segurança quando ocorresse a situação prevista na aludidia Súmula. Essa orientação jurisprudencial do TST sempre mereceu a nossa discordância, pois o art. 655, do CPC de 1973, ao colocar o dinheiro em primeiro plano, na ordem dos bens penhoráveis, não fez nenhuma distinção, para efeito de observância a essa ordem, entre execução definitiva e execução provisória. Parecia-nos, por isso, que o TST distinguira onde o legislador não o fizera, contrariando, desse modo, uma provecta regra de exegese.

Em que pese ao fato de o art. 835, *caput*, CPC de 2015, haver repetido a redação do art. 655, *caput*, do Código de 1973: "A penhora observará, preferencialmente, a seguinte ordem:", o TST eliminou o inciso III, da Súmula n. 417, e "modulou" os efeitos da nova redação da Súmula, "de forma a atingir unicamente as penhoras em dinheiro em execução provisória efetivadas a partir de 18-03-2016, data de vigência do CPC de 2015".

6. Da especificidade

O princípio respeita, apenas, à execução para a entrega de coisa e às obrigações de fazer e de não fazer, pois somente em casos excepcionais se permite a substituição da prestação pelo equivalente em dinheiro. De efeito, o art. 809 do CPC assegura ao credor o direito de receber, além das perdas e danos, o valor da coisa, quando esta:

a) não lhe for entregue;

b) se houver deteriorado;

c) não for encontrada;

d) não for reclamada do poder do terceiro adquirente.

De outra parte, se o devedor não cumprir a obrigação no prazo que lhe foi assinado, poderá o credor, nos mesmos autos, solicitar que ela seja executada à custa daquele, ou haver perdas e danos, caso assim desejar (CPC, art. 816, *caput*).

O valor das perdas e danos será apurado em liquidação, seguindo-se a execução para cobrança de quantia certa (*ibidem*, parágrafo único).

7. Da responsabilidade pelas despesas processuais

Incumbe ao devedor realizar não apenas o pagamento dos valores devidos ao credor, devidamente atualizados e acrescidos dos juros da mora, ou o cumprimento de outra qualquer obrigação estampada no título executivo, mas também das custas, dos emolumentos, das despesas com a publicação de editais, dos honorários advocatícios, etc. (CPC, art. 831, *caput*).

Essa responsabilidade subsiste no caso de remição (CPC, art. 826), a despeito de os honorários advocatícios já se encontrarem incluídos na conta elaborada com vistas às disposições da sentença exequenda. Os honorários periciais, contudo, podem ser supervenientes a essa sentença; sendo assim, por eles responderá, por princípio, o devedor.

8. Do não aviltamento do devedor

Embora, como dissemos, tenha o credor posição de preeminência, a execução não deve afrontar a dignidade humana do devedor, expropriando-lhe bens indispensáveis à sua subsistência e à dos membros de sua família; por esse motivo, a lei tornou insusceptíveis de penhora ("são impenhoráveis", assevera o art. 833 do CPC) determinados bens, que atendem a essa necessidade vital do devedor e também a circunstâncias de ordem sentimental, religiosa, profissional e outras.

O veto da impenhorabilidade alcança, dentre tantos, nos termos do art. 833, do CPC: I – os bens inalienáveis e os declarados, por ato voluntário, não sujeitos à execução; II – os móveis, os pertences e as utilidades domésticas que guarnecem a residência do executado, salvo os de elevado valor ou os que ultrapassem as necessidades comuns correspondentes a um médio padrão de vida; III – os vestuários, bem como os pertences de uso pessoal do executado, salvo se de elevado valor; IV – os vencimentos, os subsídios, os soldos, os salários, as remunerações, os proventos de aposentadoria, as pensões, os pecúlios e os montepios, bem como as quantias recebidas por liberalidade de terceiro e destinadas ao sustento do devedor e de sua família, os ganhos de trabalhador autônomo e os honorários de profissional liberal, ressalvado o § 2.º; V – os livros, as máquinas, as ferramentas, os utensílios, os instrumentos ou outros bens móveis necessários òu úteis ao exercício da profissão do executado; VI – o seguro de vida; VII – os materiais necessários para obras em andamento, salvo se essas forem penhoradas; VIII – a pequena propriedade rural, assim definida em lei, desde que trabalhada pela família; IX – os recursos públicos recebidos por instituições privadas para aplicação compulsória em educação, saúde ou assistência social; X – a quantia depositada em caderneta de poupança, até o limite de 40 (quarenta) salários-mínimos; XI – os recursos públicos do fundo partidário recebidos por partido político, nos termos da lei; XII – os créditos oriundos de alienação de unidades imobiliárias, sob regime de incorporação imobiliária, vinculados à execução da obra.

O art. 833, do CPC, esclarece que: "§ 1.º A impenhorabilidade não é oponível à execução de dívida relativa ao próprio bem, inclusive àquela contraída para sua aquisição. § 2.º O disposto nos incisos IV e X do *caput* não se aplica à hipótese de penhora para pagamento de prestação alimentícia, independentemente de sua origem, bem como às importâncias excedentes a 50 (cinquenta) salários-mínimos mensais, devendo a constrição observar o disposto no art. 528, § 8.º, e no art. 529, § 3.º. § 3.º Incluem-se na impenhorabilidade prevista no inciso V do *caput* os equipamentos, os implementos e as máquinas agrícolas pertencentes a pessoa física ou a empresa individual produtora rural, exceto quando tais bens tenham sido objeto de financiamento e estejam vinculados em garantia a negócio jurídico ou quando respondam por dívida de natureza alimentar, trabalhista ou previdenciária".

O CPC de 1973, inicialmente, permitia a penhora: a) do anel nupcial e dos retratos de família (art. 649, III); b) de imagens e objetos do culto religioso, desde que fosse de elevado valor (art. 650, II).

A lei autoriza, à falta de outros bens, a penhora dos frutos e rendimentos dos bens inalienáveis (CPC, art. 834).

A Lei n. 8.009, de 29 de março de 1990, tornou também impenhorável o imóvel residencial próprio do casal, ou da entidade familiar, em decorrência de dívida civil, comercial, fiscal, previdenciária *ou de qualquer outra natureza*, contraída pelos cônjuges ou pelos pais e filhos, que sejam seus proprietários e nele residam (art. 1.º, *caput*).

Na verdade, ao aludir a "bem de família", a lei em questão acabou por deturpar esse instituto, se levarmos em conta a maneira como se encontrava regulado pelo Código Civil de 1916 (arts. 70 a 73). Atualmente, a matéria é disciplinada pelos arts. 1.711 a 1.722, do Código Civil (Lei n. 10.406/2002). Basta ver que, nos termos do art. 73 do Código revogado, o "bem de família" deveria provir da *iniciativa do interessado*, que o instituiria mediante escritura pública, ao passo que o suposto "bem de família", de que cuida a Lei n. 8.009/90, prescinde dessa iniciativa do proprietário, tornando-se, por isso, *automaticamente* impenhorável. Demais, enquanto o art. 71 do CC anterior advertia que, para efeito da instituição desse bem, o interessado não deveria possuir dívidas, cujo pagamento pudesse vir a ser prejudicado, o art. 4.º da Lei n. 8.009/90 limita-se a declarar que se o devedor, sabendo-se insolvente, adquirir de má-fé imóvel *mais valioso*, para transferir a residência, desfazendo-se, ou não, da anterior, o juiz poderá deslocar a impenhorabilidade para a moradia familiar anterior ou anular-lhe a venda. Isso significa, portanto, que essa regra legal somente incidirá no caso de o devedor, possuindo determinado bem, vir a adquirir outro, de maior valor, para, nele, residir com a sua família. Por outras palavras, a Lei n. 8.009/90 parece não proibir que o devedor, mesmo sabendo-se insolvente, adquira um primeiro imóvel, com o escopo de fazê-lo impenhorável.

Caberá à doutrina e à jurisprudência, contudo, impedir que tais velhacadas do devedor tenham êxito, declarando a nulidade do ato por esse modo praticado, numa espécie de fraude à execução às avessas.

Se alguém, aliás, possui motivos para regozijar-se com o advento da Lei n. 8.009/90, esse alguém é o mau devedor, a quem, sem dúvida, a norma legal favoreceu grandemente.

Não mais se pode admitir, entretanto, que as supostas razões de ordem social que levaram essa lei a assegurar a impenhorabilidade do "bem de família" possam render ensejo a que devedores mal-intencionados se valham de meios escusos e artificiosos para eximir-se do cumprimento de obrigação tornada imutável pela autoridade da coisa jugada material, máxime se essa obrigação for de natureza trabalhista.

Ao permitir, por outro lado, a penhora do aludido bem quando os credores forem trabalhadores da própria residência (art. 3.º, I), a Lei n. 8.009/90 estabelece uma injustificável discriminação entre os próprios trabalhadores, como se isso fosse possível, em face do art. 5.º, *caput*, da CF. Os demais incisos do art. 3.º daquela lei, a propósito, ressaltam outras discriminações, ali apresentadas sob a forma eufemística de créditos privilegiados.

O direito material do trabalho, em nome dos princípios históricos irrenunciáveis que o informam, deve resistir, o quanto possível, ao império despótico da Lei n. 8.009/90, concebida, em última análise, para prestigiar os maus devedores.

A malsinada norma legal, a propósito, é *formalmente* inconstitucional, pois a sua elaboração desrespeitou os requisitos contidos na Suprema Carta Política do País. Não nos esqueçamos que essa Lei decorreu da Medida Provisória n. 143, de 8 de março de 1990. Ora, o art. 62, *caput*, da Constituição Federal só dá poderes ao Presidente da República para editar medidas dessa natureza em casos de *relevância* e *urgência*. Não se trata, portanto, de um só requisito: relevância *ou* urgência, mas de dois: relevância *e* urgência. Entre os vocábulos mencionados não se colocou um disjuntivo, e sim uma conjunção copulativa. Pergunta-se, então: que relevância e urgência havia na edição de Medida Provisória dispondo sobre a impenhorabilidade de um esdrúxulo "bem de família" compulsório? Nenhuma, por certo. Onde o interesse público em jogo, sabendo-se que a penhora de bens e a expropriação dizem respeito exclusivo ao patrimônio particular?

Logo, a Medida Provisória n. 143 era inconstitucional, do ponto de vista *formal*, cuja eiva contaminou, sem dúvida, a Lei n. 8.009/90, em que se converteu.

Não teria, porém, esse vício de origem desaparecido pelo fato de o Congresso Nacional haver transformado a Medida Provisória em lei? Certamente que não. Veja-se que essa conversão foi feita em sessão *conjunta* do Congresso Nacional. Se se tivesse adotado o procedimento *regular* (que a natureza da matéria estava a exigir) do projeto de lei, este seria apreciado e votado em cada uma das Casas Legislativas Federais, ou seja, somente se aprovado por uma delas é que seria encaminhado à outra, que poderia, se fosse o caso, rejeitar a convolação da Medida Provisória para norma legal, com o que o projeto seria arquivado (CF, art. 65, *caput*).

Como a votação foi conjunta, do Congresso Nacional, isso significou, dentre outras coisas, que se impediu o reexame da matéria pelo Senado Federal; por outras palavras, os votos dos senadores, que são, notoriamente, em número muito inferior ao de deputados, acabaram sendo absorvidos pelos votos destes.

Por outro lado, a Lei n. 8.009/90 é também *materialmente* inconstitucional, pois, ao permitir que o bem de família seja penhorado "em razão dos créditos de trabalhadores da própria residência" (art. 3.º, inciso I), vale dizer, dos domésticos, estabeleceu uma odiosa discriminação quanto aos demais trabalhadores, que não poderão penhorar esse tipo de bem.

Sendo inconstitucional a Medida Provisória n. 143/90, e não sendo esse vício convalidado pelo fato de o Congresso Nacional havê-la convertido na Lei n. 8.009/90, esta deve ter a sua aplicação recusada pelo Poder Judiciário, inclusive *ex officio*, porquanto aos juízes cabe promover a defesa da supremacia da ordem constitucional (Lei Complementar n. 35, de 14-3-1979, art. 79). É oportuno lembrar que, no Brasil, foram adotados os dois sistemas de controle da constitucionalidade das leis e dos atos normativos do poder público: a) o *concentrado,* que é somente exercido pelo Supremo Tribunal Federal, mediante ação direta, cuja legitimidade para propô-la é das pessoas mencionados no art. 103 da Constituição Federal; b) o *difuso,* que pode ser exercido por qualquer juiz, *ex officio* ou mediante provocação do interessado. Neste caso, os efeitos da pronúncia de inconstitucionalidade ficam circunscritos ao caso concreto, em que essa declaração foi feita.

9. Da livre disponibilidade do processo pelo credor

O ordenamento processual brasileiro faculta ao credor desistir da execução ou de algumas medidas executivas, independentemente de concordância do devedor (CPC, art. 775). Embora se trate de ato que traduz manifestação de vontade assinalada pela unilateralidade, essa desistência apenas produzirá efeitos se homologada por sentença (CPC, art. 200, parágrafo único).

Há certa indefinição da doutrina e da jurisprudência quanto à validade dessa desistência, sem audição do devedor, quando este houver oferecido embargos à execução.

Sem pretendermos exacerbar tal cinca, somos de opinião que, opostos os embargos, o credor somente poderá desistir da execução se nisso convier o devedor, porquanto este poderá ter interesse em obter um pronunciamento jurisdicional acerca da quitação, da prescrição extintiva e de outras matérias alegadas, cuja expectativa restaria frustrada se se reconhecesse à desistência da execução, manifestada pelo credor, a qualidade de direito processual potestativo, vale dizer, cujo exercício não fica subordinado à concordância do devedor. Ora, se a desistência da ação, no processo de conhecimento, só será eficaz se — oferecida a contesação — a ela anuir o réu (CPC, art. 485, § 4.º), parece-nos razoável concluir que essa mesma regra deve imperar no processo de execução.

Em sede de *recurso*, no entanto, o recorrente pode desistir do meio impugnativo interposto mesmo sem o assentimento da parte contrária ou dos litisconsortes, pois, neste caso, há norma legal expressa (CPC, art. 998).

Conquanto não se trate de *princípios*, conforme a acepção que o vocábulo sugere ao particularismo da ciência jurídica do processo, existe um elenco de *singularidades*, que dão uma nota característica à execução; dentre essas singularidades, algumas são comuns à execução trabalhista, do mesmo modo como outras a ela não se aplicam, por não atenderem ao pressuposto da compatibilidade (CLT, art. 769).

É oportuno e proveitoso demonstrá-las.

9.1. Execução de ofício

No processo civil, a iniciativa de promover a execução cabe, de ordinário, ao credor (CPC, art. 778, *caput*); apenas em situações algo excepcionais a lei comete esse poder de incoação ao Ministério Público (*ibidem*, § 1.º, I).

Na processualística laboral, a execução podia ter início por ato do credor ou do próprio magistrado, indistintamente, agindo este *ex officio*; a faculdade de o juiz promover, por sua iniciativa, a execução lhe era outorgada pelo art. 878, *caput*, da CLT, em sua redação primitiva. . Essa significativa singularidade revelava, claramente, a inaplicabilidade do princípio civilista *sub examen* ao processo do trabalho. Em rigor, poder-se-ia dizer que a execução trabalhista tinha a presidi-la, no particular, o princípio da *iniciativa judicial*, que se contrapunha àquele segundo o qual se orienta o processo civil.

Essa quadro, entrementes, foi alterado pela Lei n. 13.467/2017, que deu nova redação ao art. 878, *caput,* da CLT, para limitar a iniciativa judicial, no tocante ao início da execução, aos casos em que as partes não estiverem representadas por advogados. Sob certo aspecto, houve uma espécie de *capitis deminutio* do magistrado...

É de palmar conclusão que o juiz não poderá, contudo, promover de ofício a execução — mesmo quando as partes não possuírem advogados nos autos — sempre que esta dever submeter-se à liquidação por artigos, uma vez que, nesse caso, se torna imprescindível a iniciativa do exequente.

9.2. Riscos da execução provisória

No processo comum, o cumprimento provisório da sentença far-se-á da mesma forma que o cumprimento definitivo (art. 520), correndo por iniciativa e responsabilidade do credor, que se obriga, se a sentença vier a ser reformada, a executare os danos que o devedor haja sofrido (*ibidem*, I).

A provisoriedade desse cumprimento da sentença está em que ele não pode implicar atos de transferência de posse ou alienação de propriedade ou de outro direito real, os dos quais possa decorrer grave dano ao devedor, sem prévia caução suficiente idônea, arbitrada desde logo pelo juiz e prestada nos próprios autos (*ibidem*, IV).

A caução poderá ser dispensada nas seguintes situações indicadas pelo art. 521, do CPC: I – o crédito for de natureza alimentar, independentemente de sua origem; II – o credor demonstrar situação de necessidade; III – pender o agravo do art. 1.042; IV – a sentença a ser provisoriamente cumprida estiver em consonância com súmula da jurisprudência do Supremo Tribunal Federal ou do Superior Tribunal de Justiça ou em conformidade com acórdão proferido no julgamento de casos repetitivos.

Esclarece o parágrafo único da precitada orma legal que a exigência de caução será mantida quando da dispensa possa resultar manifesto risco de grave dano de difícil ou incerta reparação.

Não nos convencem, *data venia,* os argumentos que, fundados no fato de que a provisoriedade não é da execução, mas sim do título executivo, admitem, *de lege lata,* a possibilidade de haver execução *completa* calcada em título *provisório*. Ora, essa opinião somente pode prevalecer *de lege ferenda*, porquanto é suficientemente clara a disposição contida no art. 520, IV, do CPC, de que a execução provisória não pode implicar atos de alienação da propriedade, ou de outro direito real, nem o levantamento de depósito em dinheiro, etc., sem que o credor preste caução suficiente e idônea. Dizendo-se por outro modo: a norma legal citada *veda* a execução *completa*, fundada em título *provisório,* salvo se o interessado prestar caução.

A execução provisória ficará desfeita caso sobrevenha decisão que modifique ou anule a exequenda, restituindo-se, nesta hipótese, as coisas ao *status quo ante* e liquidando-se eventuais prejuízos nos próprios autos; é o que dispõe o inc. II do art. 520, do CPC. Se a sentença exequenda vier a ser modificada ou anulada apenas em parte, a execução ficará sem efeito relativamente a essa parte (*ibidem*, III).

Da execução provisória voltaremos a tratar no Capítulo XII.

9.3. Imodificabilidade da sentença exequenda

Estabelece o art. 879, parágrafo único, da CLT que na fase de liquidação não se poderá modificar, ou inovar, a sentença exequenda (liquidanda), nem discutir matéria concernente à causa principal; esse preceito foi reproduzido, *mutatis mutandis*, pelo art. 509, § 4.º, do CPC,

Tanto lá como aqui, as razões da imodificabilidade da sentença liquidanda, ou do veto à nova discussão da lide, encontram o seu fundamento no imperativo constitucional do respeito à coisa julgada (CF, art. 5.º, XXXVI). Eis por que, na execução (ainda que provisória), não se pode exigir do devedor mais do que aquilo a que se encontra obrigado por força do título executivo, do mesmo modo como este não pode pretender pagar menos (estamos cogitando de execução por quantia certa) do que lhe impôs a sentença condenatória exequenda.

No processo do trabalho, a correção monetária e os juros da mora estão implícitos na sentença condenatória; dá-se que desde o Decreto-lei n. 75/66 se ordena a incidência automática daquela (e a legislação posterior não derrogou esse princípio), e o CPC, ao versar sobre o *pedido*, em seu art. 322, § 1.º, estabelece que a correção monetária, os juros legais e as verbas da sucumbência estão compreendidos no principal. No processo do trabalho, os juros fluem da data em que a inicial foi posta em juízo ou da em que a "reclamação" foi reduzida a termo, conforme o caso (CLT, arts. 883 e 840 e parágrafos).

Nas edições anteriores deste livro, dissemos: "Os honorários advocatícios — ainda que tenham sido atendidos os requisitos específicos, previstos na Lei n. 5.584/70 — somente poderão ser objeto de execução se o título sentencial a eles houver feito *expressa* referência. Com isso, queremos dizer que não é possível admitir-se a condenação implícita ao pagamento desses honorários, nos domínios do processo do trabalho — embora saibamos da existência de certos pontos de vista divergentes do que ora externamos".

Mesmo com o advento da Lei n. 13.467/2017, que inseriu na CLT o art. 791-A, para consagrar o princípio da sucumbência em tema de honorários advocatícios, entendemos que esses honorários não podem ser considerados implícitos na sentença: uma coisa é a parte vencedora fazer jus a essa verba; outra, a vrba estar subentendida na sentença. Desse modo, nada disposndo a sentença acerca da matéria, incumbirá à parte interessada oferecer embargos declaratórios para suprir a lacuna jurisdicional.

9.4. Direito de prelação do credor

Vem do art. 797 do CPC a declaração de que, ressalvada a situação nele prevista, a execução se realiza no interesse do exequente, que adquire, pela penhora, o direito de *preferência* sobre os bens que forem objeto da apreensão judicial.

Voltando a atenção a esse fato, observa Alcides de Mendonça Lima que a prioridade da penhora atribui ao credor um direito real, que passa a ser oposto *erga omnes*, residindo nisso a "característica fundamental daquela classe" ("Comentários", p. 713), embora dessa locução legal discrepem Pontes de Miranda ("Comentários", p. 9 e 12) e Barbosa Moreira ("O Novo Processo Civil Brasileiro", 2.ª ed., Rio de Janeiro: Forense, 1978, vol. II, p. 75).

No processo civil, a prelação da penhora em favor daquele que teve a anterioridade da propositura da execução não prejudica a ninguém, porque sendo o devedor solvente todos os credores serão, em tese, atendidos em seus créditos, contanto que respeitada a ordem cronológica (anterioridade) das penhoras (CPC, art; 908, § 2.º). Essa norma é aplicável ao processo do trabalho, *de lege lata*. O efeito prático disso é que a preferência em relação à primeira penhora manterá a sua eficácia mesmo na hipótese de verificar-se que o total das dívidas excede ao valor dos bens integrantes do patrimônio do devedor. Remetidos os bens constritos à alienação judicial, do produto da arrematação separar-se-á o suficiente para pagar ao credor-exequente e para satisfazer as despesas processuais, sendo o saldo utilizado para atender ao crédito daquele cuja penhora foi obtida em segundo lugar e, assim, sucessivamente, até que a quantia oriunda do ato expropriatório seja integralmente absorvida.

É de boa cautela, portanto, que um juiz solicite a outro — perante o qual será realizada a alienação dos bens penhorados — que reserve, após a arrematação, quantia bastante para atender ao crédito pertinente à penhora efetuada em seguida à primeira.

Convém esclarecer que a penhora, para assegurar o direito de preferência diante de terceiros, deverá ser inscrita no Registro Imobiliário competente, ou no Cartório de Títulos e Documentos, se os bens forem imóveis. Dessa maneira, a prelação é estabelecida, à risca, não de acordo com a data em que a penhora foi realizada, e sim da data em que ela foi regularmente inscrita no órgão competente. É possível, por isso, que na prática a preferência venha a ser reconhecida em prol do credor que obteve a penhora em segundo lugar, mas a inscreveu antes do que a conseguiu por primeiro.

Havendo mais de uma penhora sobre o mesmo bem, cada credor conservará o seu título de preferência, que será, como afirmamos, estabelecida segundo a ordem cronológica do *registro* das penhoras.

A Lei n. 6.830/80 trouxe disposição altamente elogiável, consoante a qual o despacho do juiz que deferir a inicial da execução importa, de maneira automática, *ordem* para, dentre outras coisas, efetuar-se o registro da penhora ou do arresto independentemente do pagamento de custas ou de outras despesas (art. 6.º, IV); com vistas a essa finalidade, o oficial de justiça entregará contrafé e cópia do termo ou do auto de penhora ou arresto, com a referida ordem de registro:

a) no ofício próprio, se o bem for imóvel, ou a ele equiparado;

b) na repartição competente para a emissão de certificado de registro, se for veículo;

c) na Junta Comercial, na Bolsa de Valores, e na sociedade comercial, se forem ações, debêntures, parte beneficiária, cota ou qualquer outro título, crédito ou direito societário nominativo (art. 14, I a III).

No processo do trabalho, onde a norma legal referida atua, a ordem para efetuar-se o registro do bem penhorado ou arrestado não é materializada em eventual despacho para a citação do devedor, porquanto tal despacho não é necessariamente exarado na peça inaugural, e sim, em qualquer outra dos autos, no momento oportuno.

9.5. Especificação, pelo credor, da espécie de execução

Um dos deveres do credor é o de indicar a modalidade de execução de sua preferência, sempre que por mais de um modo ela puder ser processada (CPC, art. 798, II, "a"); a espécie de execução eleita, na hipótese, deverá ser a menos gravosa ao devedor, atendendo-se, com isso, à regra insculpida no art. 805 do mesmo Código.

Exige-se aqui, pois, certo equilíbrio entre as disposições dos arts. 798, II, "a") e 805, do CPC, de sorte a serem aplicadas de maneira harmoniosa, em concreto.

Rareiam, no processo do trabalho, os casos em que o credor deve indigitar a modalidade de execução que prefere (quando por mais de uma forma puder ser realizada); à guisa de exemplo, podemos mencionar a sentença que houvesse condenado o réu a devolver ao autor algumas ferramentas, pertencentes a este, ou a pagar-lhe determinada quantia, a título de indenização; ocorrendo o trânsito em julgado da sentença, caberia ao autor indicar qual a espécie de execução que desejaria ver efetuada: para a entrega de coisa certa (ferramentas), ou por quantia certa (indenização correspondente).

9.6. Só há execução sobre bens penhoráveis ou alienáveis

O devedor responde, perante a execução, com a totalidade dos seus bens, corpóreos ou incorpóreos, presentes ou futuros, ressalvadas as restrições mencionadas em lei (CPC, art. 789). Tais restrições concernem àqueles bens que são legalmente considerados impenhoráveis, ou por qualquer modo inalienáveis, cuja discriminação é feita pelos arts. 833 do CPC e 100, da CF (bens públicos), 1.717 (bem de família), 1.848 (bens da legítima) e 1.911 (cláusula de inalienabilidade) do CC, e pela Lei n. 8.009/90, art. 1.º.

A impenhorabilidade dos bens relacionados no art. 833 é *absoluta*, ao passo que a dos bens apontados no art. 834 é *relativa*, ou seja, os frutos e rendimentos destes últimos podem ser objeto de apresamento judicial, caso inexistam bens naturalmente penhoráveis.

9.7. Necessidade de intimação do cônjuge

Feita a penhora, dela será intimado o devedor, pelo mesmo mandado, a fim de que embargue, querendo, a execução no prazo de cinco dias (CLT, art. 884, *caput*). Se, porém, a penhora incidir em bem *imóvel*, haverá necessidade de intimar-se, também, o cônjuge do devedor, sob pena de nulidade da execução, a partir desse momento (Lei n. 6.830/80, art. 12, § 2.º).

Tem-se entendido que ocorrerá, no caso, *citação* e não *intimação* do cônjuge, porquanto o ato visa a integrá-lo na representação processual do casal. Comunga dessa opinião Amílcar de Castro, observando que o Código, em melhor técnica, deveria ter falado em citação "relativamente à mulher do executado". Realmente, o devedor, antes da penhora, já fora citado para a execução, motivo por que será apenas intimado da constrição judicial de seus bens. Já a sua mulher, que não havia sido até então citada, sê-lo-á agora, em razão de a penhora incidir em bens imóveis pertencentes ao casal.

É evidente que, se *devedores* forem marido e mulher, não fará sentido a exigência inserta no art. 12, § 2.º, da Lei n. 6.830/80, uma vez que ambos serão, aqui, citados para a execução; por outro lado, o cônjuge prescindirá do consentimento do outro, a que faz menção o art. 73, *caput*, do diploma processual civil.

Atente-se, ainda, ao fato de ficarem sujeitos à execução os bens do cônjuge ou companheiro, nos casos em que os seus próprio ou de sua meação respondem pela dívida (CPC, art. 790, IV). O Estado autoriza, assim, que a execução venha a excutir bens próprios do cônjuge, ou de sua meação, como forma de garantir o adimplemento da obrigação que dá conteúdo ao título exequendo.

9.8. Alienação antecipada de bens

Comumente, a expropriação judicial dos bens penhorados é efetuada após o trânsito em julgado da sentença resolutiva dos embargos opostos à execução (ou, simplesmente, da sentença homologatória da liquidação, nos casos em que o devedor não oferecer embargos), em praça ou leilão (CLT, art. 888, *caput*, §§ 1.º e 3.º), precedida de edital afixado na sede do juízo e publicado em jornal local (nas Capitais a publicação vem sendo feita no Diário Oficial do Estado), com a antecedência de, no mínimo, vinte dias.

Quando, entretanto: a) se tratar de veículos automotores, de pedras e metais preciosos e de outros bens móveis sujeitos à depreciação ou à deterioraão; b) houver manifesta vantagem, o juiz poderá autorizar a alienação antecipada dos bens penhorados (CPC, art. 852, I e II). A *manifesta vantagem* tem um amplo espectro de incidência, podendo dizer respeito ao exequente (algo mais frequente), ao executado e ao próprio escopo da execução.

Sempre que uma das partes requerer a alienação antecipada dos bens, deverá o juiz, antes de decidir a respeito, ouvir a outra, no prazo de três dias (CPC, art. 853, *caput*), em nome do princípio da bilateralidade dos atos processuais.

A alienação antecipada dos bens penhorados pode, em alguns casos, atender, a um só tempo, a dois princípios processuais algo contrastantes: o de que a execução se processa no interesse do credor (CPC, art. 797), embora deva ser realizada de modo menos gravosos para o devedor (art. 805).

9.9. O juízo da execução é sempre de primeiro grau

No processo do trabalho, a execução se realiza, por princípio, perante os órgãos de primeiro grau, ainda que a decisão tenha sido proferida por Tribunal Regional; daí por que os acórdãos normativos, emitidos pelos órgãos de segundo grau, em ações coletivas, são sempre executados pela Vara do Trabalho ou pelo Juízo de Direito, conforme seja a hipótese — sempre sob a forma de ações individuais. Atendendo a uma regra de conveniência, a lei atribuiu aos sindicatos legitimidade para exigirem o cumprimento do acórdão normativo, ou do acordo celebrado nos autos de ações coletivas (CLT, art. 872).

Tratando-se, entretanto, de ações de mandado de segurança e rescisória — que também entram na competência originária dos Tribunais —, o acórdão, aí proferido, é perfeitamente exequível, cabendo ao Presidente do Tribunal promover a execução.

Anota Coqueijo Costa que sendo o *writ* concedido por Tribunal Regional, e confirmado pelo TST, contra ato do juiz praticado na execução da sentença, a desobediência por parte dessa autoridade coatora permitirá, na execução da medida alcançada, ao impetrante pedir ao Presidente do TRT ou ao Corregedor Regional que faça cumprir a ordem, concluindo que "Apesar de ser a resistência, em última análise, a um acórdão do TST em grau de recurso, dado o princípio da substituição da decisão anterior pela posterior, o juízo para a execução é sempre o originário, conforme a regra geral" ("Mandado de Segurança e Controle Constitucional", 2.ª ed., São Paulo: LTr Editora, 1982, p. 142).

Capítulo VIII

Legitimidade

1. Legitimação ativa

De ordinário, no processo do trabalho encontra-se legalmente legitimado para promover a execução baseada em título judicial o credor, ou seja, aquele que, tendo figurado como autor no processo de conhecimento, porta, agora, um título judicial exequível. A partir dessa afirmação, podemos mesmo construir a regra segundo a qual, por princípio, há uma coincidência física entre o autor (no processo de conhecimento) e o credor (no processo de execução), motivo por que a única diversidade possível de aí existir é quanto à nomenclatura. Trata-se, essencialmente, contudo, da mesma pessoa.

Nem sempre, contudo, a emissão do título executivo será precedida de um processo de conhecimento. Assim dizemos porque a execução forçada poderá fundar-se em título extrajudicial, como ocorre em relação ao *termo de conciliação* e ao *termo de ajustamento de conduta,* de que fala o art. 876, da CLT.

A CLT não atribuía legitimidade apenas às partes, para darem início à execução, mas, em sentido mais amplo, a "qualquer interessado" (art. 878, *caput*). Posteriormente, a Lei n. 13.467/2017 impendeu nova redação a essa norma da CLT, eliminando do texto a referência aos "demais interessados". A despeito disso, podem promover a execução todas as pessoas mencionadas no § 1.º do art. 778, do CPC

Vejamos quais são essas pessoas apercebidas de legitimidade para promover a execução.

1.1. O Ministério Público

Estatuía o parágrafo único do art. 878 da CLT que, em se tratando de decisão proferida por Tribunal Regional, a execução poderia ser promovida pela Procuradoria da Justiça do Trabalho — entenda-se: Ministério Público do Trabalho. Para que essa expressão do texto legal fosse convenientemente entendida, tornava-se necessário expender duas ordens de considerações sobre o assunto.

Em primeiro lugar, o Ministério Público apenas teria legitimidade para promover a execução das decisões proferidas pelo Tribunal Regional em matéria de sua competência *originária*, pois, regra geral, a execução se processa em primeiro grau de jurisdição (CLT, art. 877); mesmo assim, havia casos em que, apesar de a decisão ter sido tirada pelo Tribunal, em matéria de sua competência originária, a execução era promovida perante órgão de primeiro grau, como acontecia, *v. g.,* com os acórdãos normativos. Em segundo, a competência do *Parquet* para dar início à execução não ia além das custas e das multas impostas pelo Tribunal no julgamento de mandado de segurança e de ações rescisórias, até porque o art. 746, "g", da CLT representa o mais significativo fundamento à limitação da competência do Ministério Público, no que tange à sua incoação para deflagrar a execução.

A Lei n. 13.467/2017, entretanto, revogou o parágrafo único do art. 878, da CLT, que cometia competência ao Ministério Público para promover a execução. Apesar disso, parece-nos que subsiste a competência do Parquet para promover a cobrança executiva das multas impostas pelas autoridades administrativas e judiciárias do trabalho, porquanto a letra "g" do art. 746, da CLT, não foi revogada.

Tratando-se de ação civil pública (Lei n. 7.347, de 24-7-1985), o Ministério Público do Trabalho estará legitimado para promover a execução da sentença se o autor não o fizer no prazo de sessenta dias após o trânsito em julgado (art. 15).

Se a ação civil pública foi ajuizada pelo próprio Ministério Público do Trabalho (CF, art. 129, II; Lei Complementar n. 75, de 20 de maio de 1993, art. 83, III), este, por mais forte razão, possuirá legitimidade para promover a execução da sentença.

1.2. Espólio, herdeiros ou sucessores

Falecendo o empregado, o seu espólio, os seus herdeiros ou os seus sucessores poderão iniciar a execução ou nela prosseguir, conquanto não figurem no título exequendo (sentença, acórdão ou acordo inadimplido). O direito de exigir o cumprimento da obrigação não se extingue, portanto, com a morte do seu titular; tanto isso é certo que a lei outorga legitimidade para que outras pessoas possam agir em juízo, em nome do credor, com esse objetivo (CPC, art. 778, § 1.º, II). O requisito fundamental é o de que, em virtude da morte do credor, seja transmitido ao espólio, aos herdeiros ou aos sucessores o direito proveniente do título executivo.

Essa alteração subjetiva da ação de execução é medida necessária para que o conteúdo obrigacional do título seja integralmente satisfeito pelo devedor. O espólio será, aqui, representado pelo inventariante (CPC, art. 75, VII).

Dentre os casos — infrequentes, como dissemos — de modificação subjetiva da lide executiva, aliás, a presença do espólio é a menos escassa; afinal, sendo a morte a única certeza da vida, teria sido no mínimo insensato o legislador se não concedesse ao espólio, aos herdeiros ou sucessores do credor legitimidade ativa para atuarem no processo de execução.

Deles exigir-se-á, como é elementar, unicamente a prova dessa qualidade.

Sobrevindo a morte do credor, o juiz — desde que o fato tenha chegado ao seu conhecimento — determinará a suspensão da execução (CPC, art. 921,I), até que se formalize a habilitação do espólio, dos herdeiros ou dos sucessores, conforme seja a hipótese. Essa habilitação incidente é realizada de maneira extremamente simples, na execução trabalhista, adotando-se como diretriz legal a Lei n. 6.858, de 24 de novembro de 1980, segundo a qual os valores devidos pelos empregadores aos empregados e não recebidos em vida pelos respectivos titulares, "serão pagos em quotas iguais, aos dependentes habilitados perante a Previdência Social " (art. 1.º, *caput*).

Caso se entenda que as disposições da Lei n. 6.858/1980 sejam aplicáveis, apenas, aos valores referentes ao FGTS, a habilitação será realizada na forma dos arts. 687 a 692, do CPC. Sendo assim, deverão ser juntadas aos autos a certidão de óbito do *de cujus* e a certidão de que o habilitante foi incluído, sem qualquer oposição, no inventário. Essa habilitação, despida de solenidades, independe de sentença, sendo, pois, admitida mediante simples despacho. O fato de a lei dispensar o proferimento de sentença não significa que o promovente da habilitação fique até mesmo eximido de *requerê-la*... À petição, nesse sentido, deverá, antes de mais nada, comunicar ao juiz a morte do credor, sem prejuízo da comprovação desse fato e da qualidade do habilitante.

Andou certo o legislador ao tratar, separadamente — embora no mesmo inciso —, o espólio, os herdeiros e os sucessores, pois no primeiro caso a herança ainda está *indivisa*, ao passo que nos dois últimos já foi partilhada.

Dessemelhança há, também, entre herdeiros e sucessores: enquanto os primeiros são sucessores *causa mortis*, por força de lei ou de disposição testamentária, os segundos podem suceder *causa mortis*, universal (herdeiro) ou singular (legatário), ou por ato *inter vivos*, em geral a título singular.

Verificamos, dessa forma, que todo herdeiro é, automaticamente, sucessor, a despeito de nem todo sucessor ser herdeiro.

Proceder-se-á, também, à habilitação nos autos da execução (que, no processo do trabalho, são os mesmos do processo de conhecimento, nos quais se contém o título sentencial exequendo, exceto no caso do art. 625-E, parágrafo único, da CLT) se, em outra causa, sentença passada em julgado houver atribuído ao habilitante a qualidade de herdeiro ou sucessor. Além disso, prescindirá de sentença a habilitação sempre que, oferecidos os pertinentes artigos, a parte (devedor) reconhecer a "procedência" do pedido e não houver oposição de terceiro (inc. V).

1.3. Cessionários

O instituto jurídico da cessão de créditos está disciplinado pelos arts. 286 e seguintes do CC.

Impende, contudo, verificar se o processo trabalhista admite que a pretensão executiva seja exercida pelo cessionário, como se dá no processo civil — aqui por expressa previsão legal (art. 778, III).

Anotemos, antes, que o processo comum restringe a possibilidade de alteração subjetiva ativa à hipótese de cessão de direitos por ato *inter vivos*, considerando-a, por isso, um contrato entre as partes (cedente e cessionário), que manterá a sua eficácia mesmo depois da morte do primeiro.

Entendemos que, por princípio, nada impede ao empregado ceder a terceiro o seu crédito reconhecido por sentença transitada em julgado (ou que foi objeto de sentença homologatória), fazendo com que o cessionário fique legitimado a promover a execução ou nela prosseguir, conforme seja o momento em que a cessão ocorreu. É certo que se poderia objetar com o argumento de que, a prevalecer nossa opinião, restaria escoriada a competência constitucional da Justiça do Trabalho, pois no caso essa Justiça estaria apreciando um litígio entre quem não é empregado (cessionário) e o devedor (empregador). O argumento é, sem dúvida, ponderável; redargua-se, entretanto, em caráter proléptico, que a presença do cessionário, na execução, não elimina a pessoa do cedente-credor, sabendo-se que aquele figurará no processo em nome do substituído.

Sem embargo, malgrado o cessionário possua legitimidade para promover a execução, ou nela prosseguir, inexiste, quanto a ele, qualquer obrigação de *assumir* o lugar do cedente--credor; a espécie traduz, apenas, uma *faculdade* que lhe defere a lei. Caso o cessionário não deseje valer-se dessa faculdade, passará a atuar na execução como *substituto processual* do credor, de quem irá realizar a defesa do direito por força dessa legitimação *ad processum*. Com vistas a isso, deverá habilitar-se nos autos, mediante petição, fazendo desde logo prova da sua qualidade, assim como se exige do herdeiro ou do sucessor.

De qualquer forma, é conveniente observar que, na ação de embargos de terceiro, o embargante, de modo geral, não é parte na relação processual, vale dizer, não é trabalhador nem empregador — mas, a despeito disso, doutrina e jurisprudência concluíram, com acerto, pela competência da Justiça do Trabalho para apreciar esse tipo de ação incidental.

Para que a cessão de crédito, efetuada pelo empregador-credor, tenha eficácia jurídica em relação ao devedor, este deverá ser cientificado, exceto se, por instrumento público ou particular, já houver manifestado ciência da cessão realizada (CC, art. 290).

A menos que haja estipulação em contrário, o cedente não responde pela solvência do devedor (CC, art. 296).

Em suma, embora a cessão de crédito possa ser admitida no processo de execução trabalhista, as disposições integrantes dos arts. 286 a 298 do CC, nas quais a matéria está regulada, devem ser amoldadas, adequadas ao procedimento trabalhista, a fim de que sejam respeitados os princípios medulares que o informam. É de lei, todavia, que a cessão de crédito deve estar em consonância com a natureza da obrigação, com a própria lei, ou com a convenção estabelecida com o devedor (CC, art. 286).

1.4. Sub-rogados

A doutrina civilista aponta a existência de duas modalidades de sub-rogação: a) real; e b) pessoal, segundo se trate de substituição de coisas ou de pessoas, respectivamente.

No processo do trabalho, a única sub-rogação possível é a de pessoas; é desta, aliás, que se ocupa o Código Civil brasileiro, nos arts. 346 a 351.

Com apoio em Clóvis Bevilácqua, podemos dizer que a sub-rogação constitui a transferência dos direitos do credor àquela pessoa que liquidou a obrigação, ou emprestou o suficiente para solvê-la ("Comentários ao Código Civil", 4/144); e acrescentamos: contanto que tenha existido condição expressa de o mutuante ficar sub-rogado nos direitos do credor satisfeito (CC, art. 347, II).

Nada obstante os institutos da cessão de crédito e da sub-rogação apresentem certas similitudes, a diferença nuclear está em que, no primeiro, o ato é praticado *pelo credor* (trabalhador, no plano do direito material do trabalho), que transfere o seu crédito a terceiro, enquanto, no segundo, o ato é realizado *por terceiro* e consiste no pagamento ao credor, ou no empréstimo ao devedor, de quantia bastante à plena satisfação do crédito.

Os pontos de contacto entre esses institutos localizam-se na particularidade de tanto o cessionário quanto o sub-rogado não estarem obrigados a ingressar na execução, ou a promovê-la, podendo, por isso, o credor-cessionário ou sub-rogatário continuar na qualidade de substituto processual.

A sub-rogação pode ser legal ou convencional; lá, como parece claro, promana de norma legal (CC, art. 346); aqui, de ajuste das partes (art. 347).

O próprio diploma civil esclarece que, no caso de sub-rogação convencional (ou seja, quando o terceiro empresta ao devedor a quantia de que necessita para cumprir a obrigação, etc.), "vigorará o disposto quanto à cessão do crédito" (art. 348), sobre o que estivemos a discorrer no item anterior (b).

Eventual alegação de que a sub-rogação tornaria incompetente a Justiça do Trabalho para processar a execução fica rechaçada pelos mesmos argumentos expostos na oportunidade do exame da cessão de crédito.

De resto, a doutrina processual trabalhista parece não se opor à admissibilidade da cessão de crédito e da sub-rogação((89) *Antônio Lamarca*, "Processo do Trabalho Comentado", São Paulo, RT, 1982, p. 465; *Coqueijo Costa*, obra cit., p. 546; *Wagner Giglio*, obra cit., p. 398), observada sempre a necessidade de adequar as normas do direito comum, regentes da matéria, às marcantes singularidades desse processo especializado e do correspondente procedimento.

1.5. O devedor

O Código de Processo Civil de 1973, por meio de preceito que reputávamos compatível com o processo do trabalho, permitia que o próprio devedor promovesse a execução, bastando requerer ao juiz que mandasse citar o credor a comparecer a juízo para receber o que lhe era devido (CPC, art. 570); nessa hipótese, o devedor assumia no processo posição idêntica à do exequente (*ibidem*) e não do credor.

Em que pese ao fato de esse dispositivo do CPC haver sido revogado pela Lei n. 11.232/2005 (de tal modo que, naquele processo, o devedor deixou de poder dar início à execução), nada mudou no plano do processo do trabalho, pois aqui, como vimos, a execução pode ser promovida *por quaisquer das partes* (CLT, art. 878), dentre as quais, por certo, o próprio devedor.

Embora possa parecer estranha essa faculdade concedida ao devedor, ela se destina a evitar que eventual inércia do credor faça com que atuem contra o devedor, com maior intensidade, os efeitos inerentes à sentença condenatória passada em julgado, como, v. g., a incidência da correção monetária, dos juros da mora, etc. Anota, ainda, Alcides de Mendonça Lima que o interesse do devedor em tomar a iniciativa da execução pode estar também relacionado à circunstância de, encontrando-se ainda em curso uma execução, isso impedi-lo de realizar certos negócios que exijam certidão negativa forense; de tal arte, ele terá interesse concreto em ver processada, o quanto antes, a execução em que figura como o sujeito passivo ("Comentários ao Código de Processo Civil", 3.ª ed., Rio de Janeiro: Forense, 1979, vol. VI, tomo I, p. 177).

Deixemos nitidamente registrada a nossa opinião, no particular: o processo do trabalho admite que o devedor tome a iniciativa da execução (CLT, art. 878) e apresente, quando for o caso, artigos de liquidação; repugna a este processo especializado, no entanto, a possibilidade de o credor-exequente ser considerado revel e confesso quando deixar de manifestar-se a propósito desses artigos.

Caso o credor-executado não aceite o valor oferecido pelo devedor-exequente, pensamos que a sua recusa não poderá ser manifestada por intermédio de *embargos*, não apenas porque estes constituem instrumento específico para a defesa do *devedor*, como o credor não encontraria em nenhum dos motivos previstos nos arts. 884, § 1.º, da CLT e 525, § 1.º, do CPC, apoio à sua insurgência. Como o credor, nessa hipótese, não poderia ficar coarctado em seu direito de resposta, parece-nos que a solução seria adotar-se — conquanto de maneira algo canhestra — o procedimento traçado para a ação de consignação em pagamento, que melhor se ajusta à situação em pauta.

Poderia, contudo, o devedor, invocando o art. 520, do CPC, requerer a execução provisória da sentença, pendente de recurso por ele interposto (e admitido no efeito apenas "devolutivo")? Cremos que não. Ao permitir a execução provisória da sentença, o legislador tinha em conta, exclusivamente, o *interesse do credor*, daí por que lhe colocou ao alcance essa providência destinada a antecipar a realização de certos atos executivos (liquidação, decisão de liquidação, penhora e avaliação dos bens). Posto em relevo esse pressuposto do legislador, seria nimiamente desarrazoado consentir que o devedor promovesse a execução provisória da sentença por ele próprio impugnada pela via recursal; faltaria à sua pretensão, sem dúvida, a base lógica que justifica tal iniciativa pelo credor. De certo modo, essa atitude do devedor revela-se contraditória e inconciliável com a anterior, consistente na interposição de recurso da sentença, que agora aceita como título executivo... De outra parte, como sopesa José Frederico Marques, não é concebível que o credor tenha de assumir os riscos inerentes a essa forma de execução; ademais, "a demora que o recurso possa trazer é de culpa exclusiva do devedor que o interpôs" ("Instituições", vol. V, p. 177, n. 166).

Ainda que o devedor venha a argumentar com a intenção de liberar-se da correção monetária e dos juros da mora, não se deverá atender ao seu requerimento de execução provisória, pois mesmo assim subsiste o antagonismo com a sua conduta anterior traduzida no exercício de uma pretensão recursal que está a render ensejo à incidência da correção monetária e da contagem dos juros. O Direito não pode ser convertido em serviçal de interesses meramente caprichosos da parte; se o devedor deseja, efetivamente, ver-se a salvo das consequências que o levaram a pedir a execução provisória, que desista do recurso interposto (CPC, art. 998), ou satisfaça a obrigação que dá conteúdo ao título executivo.

1.6. O juiz

Permite, ainda, o art. 878, da CLT que a execução seja iniciada por impulso judicial *ex officio*, desde que as partes não estejam representadas por advogados. Repousa nessa faculdade uma das mais acentuadas singularidades do processo do trabalho. Conforme vimos em páginas anteriores, esse preceptivo da CLT, em sua redação primitiva, permitia ao juiz dar início à execução, ainda que as partes possuíssem advogados regularmente constituídos nos autos.

No plano da realidade prática, aliás, preponderavam as execuções principiadas de ofício pelo magistrado, a demonstrar que a referida norma legal não era daquelas simplesmente programáticas, se não que vinha sendo aplicada, dia a dia, com absolutos resultados positivos.

Devendo, porém, a liquidação processar-se mediante artigos, impende reconhecer que fica afastada a possibilidade de o juiz agir de ofício, na medida em que incumbe unicamente à parte oferecê-los. O mesmo se pode dizer da liquidação por arbitramento, na qual a incoação do credor (ou do devedor) é imprescindível. As considerações que acabamos de formular conduzem à regra conclusiva de que, em rigor, o juiz do trabalho só encontra condições de promover, *ex officio*, a execução quando: a) as partes não estiverem representadas por advogados; b) não houver necessidade de liquidação por artigos ou por arbitramento. Estamos cogitando, como é óbvio, de execução por quantia certa (contra devedor solvente).

Nas edições pretéritas deste livro, escrevemos: "Iterando o que dissemos em Capítulo anterior, pareceu a " segmento da doutrina que o impulso judicial de ofício, facultado pelo art. 878, *caput*, da CLT, teria sido sensivelmente reduzido pela Lei n. 5.584/70, cujo art. 4.º estabelece que, "Nos dissídios de alçada exclusiva das Juntas e naqueles em que os empregados ou empregadores reclamarem pessoalmente, o processo poderá ser impulsionado de ofício pelo juiz". Nada mais inexato. O art. 878 da CLT, por ser norma dirigida *especificamente* à execução, não pode ser — segundo a melhor técnica herme-nêutica — ab-rogada por preceito genérico, como é o caso do art. 4.º da Lei n. 5.584/70; há de tirar-se, pois, a inferência de que esta última norma legal limita o impulso judicial *ex officio*, quando muito, no processo de conhecimento. Além disso, o que a Lei de 1970 procurou fazer foi nada mais do que *realçar* a faculdade de o juiz agir por sua iniciativa nas ações de alçada privativa dos órgãos de primeiro grau e naquelas em que as partes se encontrem no exercício do *ius postulandi*, que lhes concede a lei (CLT, art. 791, *caput*), embora entendamos que esta norma ordinária tenha sido revogada pelo art. 133 da atual Constituição. Embora o art. 1.º, inciso I, da Lei n. 8.906, de 4 de julho de 1994 ("Es-tatuto da Advocacia"), haja consagrado essa nossa interpretação, o Supremo Tribunal

Federal, por força da ADI n. 1.127-8-DF, proposta pela Associação dos Magistrados Brasileiros, sendo relator o Min. Paulo Brossard, concedeu medida liminar suspensiva da eficácia do referido dispositivo legal, no que diz respeito aos Juizados Especiais, *à Justiça do Trabalho* e à Justiça de Paz (DJU de 14-10-1994, seção I, p. 27596)".

Quando a norma processual trabalhista (CLT, art. 878) atribui ao juiz o poder-faculdade de promover a execução, não se deve pensar que essa iniciativa judicial se esgota no ato de *dar início* a esse processo, se não que se estende ao conjunto dos atos integrantes do procedimento executivo — exceto se, em dado momento, a atuação da parte for indispensável. Cuide o magistrado, todavia, de manter uma posição o quanto possível neutra, pois o impulso de ofício, com que o contempla a lei, não deve servir de causa ao abandono a esse ontológico dever de imparcialidade.

Afinal, há sempre aquela indelével linha mediana de bom senso, pela qual todos devemos orientar-nos na prática dos atos da vida e da qual não nos devemos afastar, designadamente, o juiz, ainda que — como tantas vezes acentuamos — na execução a preeminência jurídica seja do credor, em cujo interesse, por isso mesmo, esse processo se desenvolve.

Em enumeração que não pretende ser exaustante, indicaremos, a seguir, alguns casos em que o juiz poderá praticar, por sua iniciativa e com absoluta normalidade, atos impulsionantes da execução:

a) ordenar a intimação de testemunha que deixou de comparecer à audiência (CLT, art. 825, parágrafo único) de instrução dos artigos de liquidação ou dos embargos oferecidos pelo devedor ou por terceiro;

b) determinar o comparecimento das partes a juízo (CPC, art. 772, I);

c) advertir o devedor de que o seu procedimento constitui ato atentatório à dignidade da justiça (CPC, art. 772, II);

d) fazer com que a penhora obedeça à ordem preferencial, estabelecida em lei (CPC, art. 835; CLT, art. 882);

e) efetuar o bloqueio, *on-line*, de numerário do executado;

f) ordenar a penhora de percentual de faturamento da empresa executada (CPC, art. 866) ou de frutos e rendimento de coisa móvel (CPC, art. 867);

g) determinar a realização de leilão presencial (CPC, art. 882);

h) determinar o cumprimento da ordem de entrega de documentos e de dados (CPC, art. 773);

i) suspender a execução, quando se verificarem, em concreto, quaisquer das hipóteses previstas no art. 40 da Lei n. 6.830/80.

Não pode o juiz, contudo, por ato espontâneo:

a) elaborar, pessoalmente, os artigos de liquidação ou mesmo os cálculos, *porquanto* a prática de tais atos incumbe, com exclusividade, às partes;

b) promover a execução *provisória* da sentença, pois isso poderia, em alguns casos, não ser do interesse do credor; ademais, o art. 513, § 1.º, do CPC, contém declaração inequívoca de que o cumprimento provisório da sentença (da execução de título judicial, no processo do trabalho) será feita "a requerimento do exequente", ou seja (ainda, no processo do trabalho), do credor;

c) ordenar a substituição da penhora (CPC, art. 848);

d) reduzir a penhora aos bens suficientes ou transferi-la para outros (CPC, art. 874, I);

e) ampliar a penhora ou transferi-la para outros bens mais valiosos (CPC, art. 874, II).

1.7. O advogado

Estando o autor recebendo o benefício da assistência judiciária gratuita — inscrito constitucionalmente como um dos direitos do cidadão (art. 5.º, LXXIV) e regulamentado, no âmbito da Justiça do Trabalho, pela Lei n. 5.584/70, arts. 14 e seguintes —, o advogado da entidade sindical que estiver ministrando essa assistência estará legitimado a promover, nos mesmos autos, a execução dos honorários a cujo pagamento o devedor foi condenado, desde que a eles faça referência o título executivo.

É curioso observar que, na prática, o advogado vem atuando como autêntico substituto processual da entidade sindical, no que tange à execução dos mencionados honorários, pois não recebe dela, em geral, procuração para isso. Efetivamente, o que há nos autos, em regra, é procuração outorgada pelo empregado (autor) ao advogado, que, a poder desse instrumento, age como mandatário do titular dos direitos postulados em juízo. Vindo a sentença condenatória a incluir, também, os honorários — que por força de lei são devidos ao sindicato —, e deixando o réu de satisfazê-los, tem sido praxe o advogado promover não só a execução das quantias devidas ao autor, mas dos próprios honorários — sem que, neste último caso, possua procuração outorgada pelo titular do direito. Em rigor, portanto, o advogado deveria receber duas procurações: uma do autor e outra da entidade sindical, esta especificamente destinada a dotá-lo de poderes para promover a execução na parte relativa aos honorários em tela.

O advogado também estará legitimado promover a execução dos honorários que lhe são próprios, derivantes da sucumbência do adversário.

1.8. O sindicato

Ressalvando o nosso entendimento (manifestado, por exemplo, no livro: *Ação Rescisória no Processo do Trabalho*, São Paulo: Editora LTr, 5.ª edição, 2017, p. 85/90) de que o inciso III do art. 8.º da Constituição Federal não trata de substituição processual, devemos reconhecer que esse não é o entendimento predominante nos sítios da doutrina e da jurisprudência.

Como corolário, citemos as Súmulas n. 219, III, e 406, do TST, assim como as OJs ns. 121 e 359, da SBDI-1, do mesmo Tribunal.

Por sua vez, o STF adotou o Tema n. 823, com Repercussão Geral, com este teor: "Os sindicatos possuem ampla legitimidade extraordinária para defender em juízo os direitos e interesses coletivos ou individuais dos integrantes da categoria que representam, inclusive nas liquidações e execuções de sentença, independentemente de autorização dos substituídos".

Segue-se que, feita a nossa ressalva, o sindicato possui legitimidade para, como substituto processual, ajuizar ação em nome dos integrantes da categoria e promover, quando for o caso, a correspondente execução.

2. Legitimação passiva

Dispõe o art. 779, do CPC, que a execução pode ser promovida contra: I – o devedor, reconhecido como tal no título executivo; II – o espólio, os herdeiros ou os sucessores do devedor; III – o novo devedor que assumiu, com o consentimento do credor, a obrigação resultante do título executivo; IV – o fiador do débito constante em título extrajudicial; V – o responsável titular do bem vinculado por garantia real ao pagamento do débito; VI – o responsável tributário, assim definido em lei.

Ao exame.

2.1. O devedor

Entende-se como devedor a pessoa legalmente legitimada a responder à execução. Dessa forma, o problema relativo à legitimação passiva contém, implícita, a necessidade de se definir contra quem a execução deve ser realizada.

Conquanto o empregador possa ser pessoa física, ele se apresenta, comumente, sob a forma de pessoa jurídica (o art. 2.º da CLT, em técnica imperfeita, alude à "empresa, individual ou coletiva", como se a pessoa *natural* não pudesse ser empregadora); salvo exceções que rareiam, é esse mesmo empregador quem, tendo sido parte no processo de conhecimento (réu), será, na fase de execução, chamado a adimplir a obrigação contida no título exequendo. Em um sentido geral, pois, a legitimação para o processo de execução corresponde àquela que existiu no de conhecimento: o empregador, vencido no todo ou em parte na ação cognitiva, em que figurou como réu, passa, agora, ao estado de sujeito passivo dos atos executórios, que serão praticados com a finalidade de subjugá-lo ao comando sancionatório que se irradia do título executivo. É evidente que estas nossas considerações dizem respeito à execução de título *judicial*. Tratando-se de execução de título *extrajudicial*, não se há que cogitar de processo cognitivo anterior, pois o título executivo, neste caso, até por definição, forma-se fora do âmbito do Poder Judiciário, como se dá com o *termo de conciliação*, de que falam os arts. 625-E, parágrafo único, e 876, *caput*, da CLT, ou com o *termo de ajuste de conduta*, previsto neste último dispositivo legal.

Essa unicidade de legitimação, tratando-se de execução de título extrajudicial, ocorre, por igual, no processo civil, tanto que o art. 779, I, daquele diploma indica, dentre os diversos sujeitos passivos, "o devedor, reconhecido como tal no título executivo". Se bem que a doutrina civilista aplauda o acerto do CPC de 1973, consistente em haver abandonado a referência ao "vencido" (como sujeito passivo da execução), existente no Código de 1939 (porquanto a execução regulada pelo processo civil deixou de fundar-se, unicamente, em título sentencial para lastrear-se também em título extrajudicial). No processo do trabalho, pôde-se, inicialmente, manter a antiga denominação de *vencido*, pois, não havendo aqui, na época, lugar para a execução estribada em título *extrajudicial*, o devedor seria sempre aquele que, no entrechoque de interesses submetidos à cognição jurisdicional, ficasse *vencido*, vale dizer, não tivesse a sua pretensão acolhida pela sentença, devendo, em razão disso, suportar as consequências desse insucesso. Todavia, com a inserção do art. 625-E, parágrafo único, e com a nova redação do art. 876, *caput*, ambos da CLT, devemos reconhecer que também no processo do trabalho já não se pode falar, de maneira genérica, e sob o rigor da técnica, em "vencido", para identificar o sujeito passivo da relação processual executiva, porquanto a execução pode fundar-se, também, em título extrajudicial.

Na hipótese de o juiz rejeitar os pedidos formulados pelo empregado e, acolhendo a reconvenção apresentada (CPC, art. 343), condená-lo ao pagamento de determinada quantia, em benefício do empregador, teremos um dos raros casos em que o primeiro será *devedor* do segundo, tornando-se, por isso, destinatário dos atos executivos. Mesmo assim, não terá sido posto de lado o princípio de que, no processo trabalhista, o devedor não é alguém que ingressa nos autos apenas na execução, se não que se identifica com uma das partes integrantes da relação processual cognitiva, cuidando-se, é verdade, de execução de título extrajudicial.

2.2. Espólio, herdeiros ou sucessores

O que havíamos dito relativamente ao espólio, aos herdeiros e aos sucessores, quando nos ocupamos da legitimação ativa, aplica-se, *mutatis mutandis*, à passiva.

Acrescentemos, todavia, que:

a) se a morte do devedor ocorreu antes de a sentença (título executivo) haver sido proferida, a habilitação dos herdeiros lhes atribuirá a condição de *devedores* (e não de "herdeiros" do devedor), razão por que a hipótese ficará disciplinada pelo inc. I do art. 779 do CPC ("o devedor, reconhecido como tal no título executivo");

b) se o óbito houver também precedido à prolação da sentença, sem que tenha existido a habilitação dos herdeiros, ou a partilha dos bens, a execução será promovida contra o espólio, cuja habilitação foi feita, sendo então representado em juízo pelo inventariante (CPC, art. 75, VII): o espólio será o devedor, a que alude o sobredito inc. I do art. 779 do CPC;

c) se a morte do réu ocorrer posteriormente ao proferimento da sentença, mas antes de iniciada a execução, esta será promovida contra o espólio ou contra os herdeiros, conforme tenha havido partilha, ou não; incide, aqui, a disposição do inc. II do art. 799.

É claro que as considerações que acabamos de formular pressupunham fosse o réu pessoa *física*; daí o fato de a sua morte provocar sensíveis repercussões no processo. Estando, contudo, o empregador constituído em pessoa jurídica, o óbito de um ou mais sócios ou acionistas (desde que isso não acarrete desfazimento da sociedade) é irrelevante, porquanto o vínculo de emprego se estabeleceu com a pessoa jurídica (impropriamente denominada "empresa") e não com a pessoa *física* dos sócios ou acionistas. Atua, nesse particular, o fenômeno da "despersonalização do empregador" (*disregard of legal entity*), a que se referiu *Werner Sombart* em "O Moderno Capitalismo" — num sentido algo contraposto ao da pessoalidade do empregado, no que toca à prestação dos serviços inerentes ao contrato. Manifestação positiva desse fenômeno é o art. 448 da CLT, de acordo com o qual "A mudança na propriedade ou na estrutura jurídica da empresa (*sic*) não afetará os contratos de trabalho dos respectivos empregados", assim como não prejudicará os direitos que tenham sido por estes adquiridos (art. 10).

Uma nota particular sobre a teoria da desconsideração da personalidade jurídica

Muito antes de a doutrina do processo civil brasileiro aderir à teoria da desconsideração da personalidade jurídica, o processo do trabalho já a praticava, ainda que sem a preocupação de dar um título ou denominação formal a essa sua prática. Simplesmente, agia. A jurisprudência trabalhista de cerca de dez décadas atrás já registra essa prática. Não nos interessa, no momento, todavia, investigar as razões jurídicas pelas quais os juízes do trabalho passaram a penhorar, por exemplo, bens dos sócios quando a sociedade, ré na ação, não possuía bens penhoráveis. O que nos interessa é o *procedimento* que, para essa finalidade, se passou a adotar. Como não havia norma legal dispondo sobre o procedimento – conquanto houvessem leis de natureza material versando sobre a possibilidade de desconsiderar-se a personalidade jurídica – o procedimento adotado pelos juízes do trabalho, ressalvadas eventuais dessemelhanças de pouca relevância, era o seguinte: informando, o oficial de justiça, que não encontrou bens penhoráveis da pessoa jurídica, e havendo, nos autos, comprovação de que determinado sócio da ré possuía bens juridicamente passíveis de constrição judicial, o juiz ordenava, ex officio e sem ouvir o sócio, que a penhora incidisse nesses bens. De modo geral, realizada a penhora, o sócio reagia mediante uma destas três medidas: a) embargos de terceiro; b) embargos do devedor; c) exceção de pré-executividade; d) impetração de mandado de segurança. Esse procedimento, à força de ser posto em prática reiteradas vezes, passou a integrar o que se tem denominado, com propriedade de *processo da praxe*.

Esta era, em síntese, a sequência dos atos desse procedimento: a) penhora de bens do sócio, *ex officio*; b) sem suspensão do processo; c) não audiência prévia do sócio, quanto à penhora; d) reação jurídica do sócio; e) decisão do juiz a respeito do tema.

Pois bem. Entra em vigor o CPC de 2015, que, pela primeira vez, estabelece um *procedimento* acerca da desconsideração da personalidade jurídica (arts. 133 a 137). Em linhas gerais, o procedimento é este: a) o incidente é instaurado a pedido da parte ou do Ministério Público (art.133, *caput*); b) o processo será suspenso, salvo no caso do § 2.º do art. 134; c) o sócio ou a pessoa jurídica (esta, no caso de desconsideração inversa da personalidade jurídica) será citado para manifestar-se e requerer as provas cabíveis, no prazo de quinze dias (art. art. 135, *caput*); d) concluída a instrução, o juiz decidirá o incidente (art.136); e) essa decisão interlocutória será recorrível por meio de agravo de instrumento (art. 1.015, IV). No tribunal, a decisão do relator será impugnada por meio de agravo interno (art. 136, parágrafo único).

Na edição anterior deste livro, dissemos: "A Instrucção Normativa n. 39/2016, do TST, afirma serem aplicáveis ao processodo trabalho os arts. 133 a 137, do CPC, que tratam da desconsideração da personalidade jurídica, ressalvando, contudo, a iniciativa do juiz do trabalho, quando o incidente ocorrer na execução (art. 6.º). Estamos, todavia, serenamente convencidos de que a magistratura do trabalho não acatará essa disposição da IN n. 39/2016 (exceto no que toca à iniciativa do juiz, na execução), pelas seguintes razões: a) a IN não reconhece a "legitimidade" do juiz para suscitar o incidente no processo de conhecimento — e, na praxe trabalhista, o juiz vinha tomando a iniciativa desse incidente; b) o art. 134, § 1.º, do CPC, determina a suspensão do processo (salvo no caso de desconsideração inversa) — na praxe trabalhista não havia essa suspensão, observando-se que o único caso previsto na CLT de suspensão do processo está no art. 799, *caput*); c) o sócio será citado antes da penhora (CPC, art. 135) — no processo do trabalho, o sócio vinha sendo citado após a penhora; d) a instrução do incidete antecede à penhora (CPC, *ibidem*) — no processo do trabalho, a instrução ocorria após a penhora; e) no sistema do CPC, a decisão interlocutória do incidente é recorrível por meio de agravo de instrumento (art. 1.015, IV) — no processo do trabalho, essa decisão é irrecorrível de maneira imediata e autônoma (CLT, art. 893, § 1.º)".

Essas nossas considerações, todavia, já não se sustentam após a entrada em vigor da Lei n. 13.467/2017, que introduziu na CLT o art. 855-A, cujo *caput* determina a aplicação dos arts. 133 a 137, do CPC. Com isso, o juiz do trabalho deixou de possuir iniciativa na instauração do incidente de desconsideração da personalidade jurídica (*disregard of legal entity*).

O passo seguinte, na investigação desse tema, coloca-nos diante do problema da *sucessão de empregadores*, em face da execução do título sentencial.

Preferimos a expressão *sucessão de empregadores* a *sucessão de empresas*, tão a gosto da doutrina e da jurisprudência, pois não se pode falar em "empresa", neste caso, sem se perpetrar indisfarçável escoriação do conceito desse fenômeno jurídico e econômico que ela representa. Realmente, há uma tendência generalizada de o leigo confundir *empresa* com *estabelecimento*, confusão que acabou por infiltrar-se nos domínios reservados à construção doutrinária e jurisprudencial. Ora, a empresa, enquanto entidade jurídica, é uma abstração — embora, no magistério de Rubens Requião, tal assertiva possa parecer a muitos absurda e incompreensível, "dado aquele condicionamento de que a empresa é uma entidade material e visível" ("Curso de Direito Comercial", São Paulo: Saraiva, 13.ª ed., 1.º vol., 1982, p. 56).

Somente o *estabelecimento* é assinalado por uma existência material, importa dizer, fisicamente perceptível; já a empresa se vincula à noção de exercício de atividade produtiva, em regra organizada.

Como, no Direito do Trabalho, a empregadora é a sociedade (geralmente comercial), quando for o caso de pessoa jurídica (e não de *empresa*, como está no art. 2.º, *caput*, da CLT), temos que o correto será referirmo-nos à sucessão de *empregadores* para identificar o fato, amiúde ocorrente na prática, de uma sociedade ocupar o lugar da outra, passando a ser a nova empregadora (sucessora).

O senso, aliás, do vocábulo *sucessão*, que estamos a utilizar, é muito amplo, compreendendo todos os casos de *modificação subjetiva* do empregador, seja em virtude de venda, de fusão, incorporação, cisão, etc. da sociedade. Segundo *Rubens Requião* (obra cit., p. 215/216), a *incorporação* "é a operação pela qual uma ou mais sociedades de tipos iguais ou diferentes são absorvidas por outra, que lhes sucede em todos os direitos e obrigações"; a *fusão* se caracteriza pela união de duas ou mais sociedades, de tipos iguais ou diferentes, com o propósito de formar uma nova sociedade, que lhes sucederá em todos os direitos e obrigações; na *cisão*, a companhia transfere parte do seu patrimônio para uma ou mais sociedades construídas para esse fim, ou mesmo já existentes, extinguindo-se a companhia cindida, no caso de ocorrer versão da totalidade do seu patrimônio, ou dividindo-se o seu capital, se a transferência patrimonial for feita em parte.

Se a sucessão acontecer no processo de conhecimento, o fenômeno não trará maiores dificuldades de ordem prática, porquanto o sucessor será apanhado pela sentença que compuser a lide (exceto se o processo for extinto sem julgamento do mérito); sendo condenatório o provimento jurisdicional, o sucessor estará, automaticamente, legitimado a integrar o polo passivo da relação jurídica executiva. A dificuldade surge, no entanto, quando a sucessão se realiza *ulteriormente* ao proferimento da sentença condenatória, que renderá ensejo à futura execução. Abre-se, aqui, um leque de casuísmos.

Estando a sucessão cabalmente comprovada nos autos, a execução será promovida contra a sucessora (ou contra ela prosseguirá, conforme seja a época em que o fato sucessório ocorreu), pouco importando que esta não tenha participado do processo de conhecimento. O direito constitucional de resposta (CF, art. 5.º, LV) — que se revela no âmbito processual sob a forma de garantia de ampla defesa — foi nessa hipótese respeitado, pois no processo cognitivo se ofereceu à ré (empregadora primitiva) oportunidade para defender-se amplamente (assim se está a pressupor em decorrência do preceito constitucional há pouco citado), de modo que, transitada em julgado a sentença condenatória, o adimplemento da obrigação, nela contida, será exigido à sucessora; esta deverá satisfazê-la ou sujeitar-se ao comando sancionatório da sentença, que poderá acarretar a expropriação, total ou parcial, de seus bens patrimoniais. É elementar que esta nossa argumentação não se aplica quando se tratar de *suposta* sucessão, vale dizer, quando não estiver *configurado,* tipicamente, esse fenômeno jurídico, ou quando se estiver *discutindo* a sua configuração. Em tais hipóteses, dirigir atos executivos à pessoa do "sucessor" poderá acarretar grave violação da garantia constitucional do *devido processo legal,* inscrita no art. 5.º, inciso LIV, da Constituição, por forma a desafiar, até mesmo, a impetração de mandado de segurança. Em tal caso, o executado (que nem sempre é sinônimo de *devedor*) estará vendo os seus bens patrimoniais serem expropriados sem a indispensável observância do *due process of law* de que falou Eduardo III, no Estatuto inglês de 1354 (Statute of Westminster of the *Liberties of London*). Daí, a possibilidade de ser colocado de lado o recurso agravo de petição para admitir-se o uso da ação de segurança, a única dotada de eficácia para assegurar ao executado imediata reparação (mediante liminar) do seu direito constitucional violado por ato de autoridade judiciária.

Aos olhos do direito material do trabalho — informado por um princípio marcadamente protetivo dos direitos e interesses do trabalhador —, é irrelevante a circunstância de a sucessora haver colocado no instrumento, digamos, de aquisição da sucedida, ressalva de que o pagamento de salários, indenizações, férias, etc., relativos aos empregados despedidos por esta, ficaria sob a responsabilidade exclusiva da primitiva empregadora. Caracterizada a sucessão, a sucessora — nada obstante a ressalva mencionada — será chamada a adimplir as obrigações trabalhistas que procurou deixar sob a responsabilidade da sucedida. Pagando a dívida que, a princípio, estava afeta à sucedida, a sucessora sub-rogar-se-á nisso e poderá, em consequência, promover, na Justiça Comum, execução contra aquela, com fundamento no art. 778, IV, do CPC. O que seria inadmissível é que a sucessora, invocando a responsabilidade contratualmente assumida pela sucedida — ou a ela atribuída —, se eximisse de cumprir a obrigação consubstanciada no título executivo judicial; a prevalecer opinião como esta — dissociada, diga-se *en passant*, da realidade prática —, estariam os trabalhadores, na quase totalidade dos casos, privados de receber o seu crédito, na medida em que a sucessora não se sentiria obrigada a isso e a sucedida talvez não possuísse patrimônio suficiente para responder pela dívida.

É da própria declaração emoldurada pelo art. 448 da CLT que se obtém o fundamento legal para determinar a responsabilidade da sucessora, quanto ao adimplemento das obrigações contraídas pela sucedida.

Não se aplica ao processo do trabalho, por esse motivo, a regra do art. 109 do CPC, a teor da qual "a alienação da coisa ou do direito litigioso por ato entre vivos, a título particular, não altera a legitimidade das partes", entendendo-se como *coisa*, para os efeitos do assunto a que estamos a dedicar-nos, a sociedade *sucedida*. Dessa maneira, se a sociedade "A" foi adquirida pela "B", esta, e não aquela, terá legitimidade para, no processo de execução, figurar como sujeito passivo. Registre-se, além disso, que na sucessão de sociedade não se discute o problema da alienação da coisa ou do direito, e sim a legitimidade da sucessora para assumir a condição de devedora na execução.

Por outras palavras: o objeto da execução não é a coisa alienada ou o direito litigioso, embora os atos constritivos possam, no momento oportuno, dirigir-se a um e a outra.

Pode acontecer, porém, conforme já alertamos, de a sucessão não ser provada nos autos ou não ficar satisfatoriamente configurada; tais situações exigirão do juiz extrema perspicácia e comedimento, pois se, de um lado, não convém à ordem jurídica e à respeitabilidade do Poder Judiciário que se constranja *terceiros* (logo, não sucessores) a responderem por obrigações assumidas pela sociedade de que se *supõe* sejam sucessores, de outro, essa mesma inconveniência diz da necessidade de serem cumpridas integralmente as decisões judiciais, máxime quando envolvem créditos de trabalhadores.

Situação que reclama atenção especial surge quando o devedor, encerrando as suas atividades, vende, no todo ou em parte, a sua maquinaria a outrem, cujo estabelecimento está situado em local diverso e sem que haja entre ambos qualquer vínculo, seja em plano de diretoria, de controle acionário e o mais. Nesse caso, dificilmente o comprador desses bens estará legitimado para a execução, porquanto não nos parece caracterizada a sucessão de que falam a doutrina e a jurisprudência trabalhista. A tese de que o empregado acompanha sempre a máquina é destituída, *data venia*, de qualquer juridicidade. Esse princípio do magnetismo da máquina, ou da aderência do trabalhador a ela, é inconcebível pelas estruturas racionais. O que se poderia alegar, isto sim, na espécie em foco, seria a fraude à execução, se a alienação dos mencionados bens incorreu em quaisquer das previsões do art. 792 do CPC. É evidente que a solução do problema, em concreto, não é tão simples como possa estar parecendo, pois cada caso deverá submeter-se a um exame acurado e criterioso, que não despreze as suas peculiaridades e as circunstâncias que determinaram a sua ocorrência. O que nos parece importante deixar assinalado é que, por princípio, o mero adquirente dos bens que integravam o patrimônio de uma sociedade comercial, industrial, etc. não se torna, *só por isso*, seu sucessor, de forma a ocupar o lugar desta, na execução que vier a ser promovida, ou que já se encontra em curso. Mesmo no caso de fraude à execução declarada pelo juiz, não haverá alteração subjetiva no polo passivo da execução, uma vez que aí continuará a residir o devedor, ou seja, o ex-empregador, réu no processo de conhecimento.

Em outros casos, o empregador, demitindo os trabalhadores sem satisfazer-lhes os direitos, vende o "ponto" comercial a terceiro, que ali se instala com bens próprios e passa a exercer atividade empresarial totalmente diversa da que era explorada pela sociedade anterior. Seria, também aqui, muito difícil configurar a sucessão, pois o único argumento de que se disporia, em favor da tese, seria o da *identidade de local* (ou de prédio); convenhamos, por amor ao direito e ao bom-senso, que isso seria muito pouco para caracterizar o fenômeno da sucessão.

Poder-se-ia admitir a sucessão, contudo, se o empregador, despedindo trabalhadores, "mudasse de ramo", isto é, passasse a exercitar atividade diversa da anterior, embora instalado no mesmo local e tendo atribuído à nova sociedade denominação distinta. Nesse caso, o propósito de fraudar direitos subjetivos dos empregados seria de clareza ofuscante, razão por que, ignoradas tais inovações artificiosas e mal-intencionadas, a execução do título judicial processar-se-ia contra a nova sociedade — integrada pelos mesmos sócios da anterior ou boa parte deles. Socorre essa solução o art. 448 da CLT, mercê de uma providencial incidência analógica.

O problema da sucessão de empregadores, do ponto de vista da execução, é, como se percebe, multifário e extremamente complexo, não comportando, por isso, exames e soluções generalizantes; cada caso concreto deve ser investigado em sua individualidade, a fim de que não sejam adotadas soluções idênticas para situações díspares — sendo essencial, todavia, em qualquer caso, que o juiz se empenhe em apurar se a sucessão teve como objetivo lesar, ou não, direitos dos trabalhadores; convencendo-se de que esse escopo esteve presente, cumprirá ao magistrado ordenar que a execução seja realizada contra o sucessor, devendo, para isso, conferir às leis que regem as sociedades comerciais uma interpretação que não violente o espírito tuitivo que anima o direito material do trabalho.

Tratando-se de *grupo econômico* (CLT, art. 2.º, § 2.º), a execução, mesmo assim, somente poderá ser promovida em relação àquelas empresas que participaram do processo de conhecimento. Ao escrevermos sobre o assunto, em outra obra, já alertávamos para o fato de ser censurável a praxe de permitir-se que a execução seja promovida contra quem não esteve presente no processo cognitivo, a pretexto de pertencer ao mesmo grupo econômico, pois isso envolve ofensa barbárica a princípios medulares do *devido processo legal* ("Liquidação...", p. 82). Posteriormente a isso, o TST impendeu rumo certo e seguro à questão, ao editar a Súmula n. 205, pela qual enunciou que o responsável solidário, integrante de grupo econômico, que não participou da relação processual como reclamado (*sic*) e que, portanto, não consta no título executivo judicial como devedor, não pode ser sujeito passivo na execução. Tempos depois, no entanto, esta Súmula foi cancelada pela Res. n. 121/2003 (DJ de 21-11-2003).

É bom aditar que, no plano processual, a figura do grupo econômico corresponde ao litisconsórcio passivo-facultativo-irrecusável-unitário; *passivo*, porque o grupo econômico foi instituído pelo Direito do Trabalho com a finalidade exclusiva de garantir a satisfação dos direitos do empregado, que, embora tenha sido contratado por apenas uma das sociedades desse grupo, poderá exigir de qualquer outra o pagamento do que lhe é devido; *facultativo*, porquanto a constituição do litisconsórcio passivo depende da manifestação volitiva do empregado-autor, a despeito de a execução, como dissemos, somente poder abranger aquelas sociedades que tenham figurado como litisconsortes no processo de conhecimento, em que foi emitida a sentença condenatória, agora convertida em título executivo; *irrecusável*, em virtude de que, solicitada a formação do litisconsórcio, pelo autor, os réus não poderão recusá-lo; *unitário*, pois, em face da unidade do próprio grupo econômico, a sentença condenatória deve ser uniforme em relação a todas as empresas que o integram, vale dizer, a obrigação será uma só, devendo ser cumprida por qualquer delas. A obrigação não é, portanto, dividida, rateada, entre essas empresas.

A prudência — e, acima de tudo, as regras processuais — recomenda, em face disso, que o autor, desejando beneficiar-se das disposições do § 2.º do art. 2.º da CLT, cuide de promover a citação, para o processo de conhecimento, de todas as sociedades componentes do grupo econômico, assegurando, com essa providência, a possibilidade de dirigir a futura execução do título sentencial contra uma ou mais delas; caso contrário, não haverá legitimidade *ad causam* das empresas que não participaram do processo cognitivo e que, exatamente por esse motivo, não se encontram incluídas no título exequendo.

A jurisprudência vem-se pronunciando em movimentos pendulares quando convocada a examinar o problema da execução dirigida a sócio de pessoa jurídica (reconhecida no título executivo) que cessou as suas atividades ou não possui bens suficientes para solver a obrigação. Podemos asseverar que há verdadeira cinca a respeito do assunto, fazendo com que se instaure uma generalizada insegurança das partes e de quantos exercem as profissões forenses, no que tange a encontrar a solução que melhor atenda ao direito e aos princípios de justiça. Pela dicção do art. 10 do Decreto n. 3.708, de 10 de janeiro de 1919, "os sócios-gerentes ou que derem o nome à firma não respondem pessoalmente pelas obrigações contraídas em nome da sociedade, mas respondem para com esta e para com terceiros solidária e ilimitadamente pelo excesso de mandato e pelos atos praticados com violação do contrato ou de lei". Sob o rigor da literalidade legal, portanto, somente responderá, de modo *pessoal*, pelas obrigações assumidas em nome da sociedade por quotas o *sócio-gerente* ou aqueles que tenham dado nome à firma, conquanto respondam perante esta nos casos de: a) excesso do mandato; b) violação do contrato ou de norma legal. Sendo assim, não podem ser responsabilizados os sócios que são meros detentores de quotas, sem que tenham exercido qualquer atividade administrativa. O CC, por sua vez, estabelece que "Na sociedade limitada, a responsabilidade de cada sócio é restrita ao valor de suas quotas, mas todos respondem solidariamente pela integralização do capital social" (art. 1.052).

A jurisprudência crítica, porém, vem entendendo que o sócio-gerente responderá, sem limites, pelas obrigações contraídas em nome da sociedade sempre que esta: a) deixar de funcionar legalmente; b) encerrar, sub-reptícia ou irregularmente, as suas atividades; c) falir fraudulentamente, etc. — desde que, por certo, a sociedade não possua bens para atender à obrigação. A atitude dessa orientação jurisprudencial é inatacável, pois seria injusto permitir que um sócio-gerente se eximisse de certas obrigações da sociedade perante os empregados, escudando-se em preceitos da legislação comercial que em nada se harmonizam com o espírito tutelar, que anima o direito material do trabalho. O que se deve levar em consideração, para um adequado enfrentamento de situações como a em exame, é o fato de o empregado ser portador de um título executivo judicial e que o adimplemento da pertinente obrigação é assunto relacionado não apenas aos interesses do credor, mas à própria respeitabilidade e eficácia dos pronunciamentos jurisdicionais. De tal arte, se a sociedade não possui bens para solver a obrigação, a isso será chamado o sócio-gerente, pouco importando que tenha integralizado as suas quotas do capital ou que não tenha agido com exorbitância do mandato, infringência do contrato ou de norma legal. O critério de justiça, em casos como esse, se sobrepôs ao da subserviência à literalidade insensível dos preceitos normativos, particularidade que realça, ainda mais, a notável vocação zetética do direito material do trabalho e da jurisprudência que o aplica e o interpreta.

É à luz dessa tendência característica do direito regulador das relações entre empregados e empregadores que se deve entender a regra corporificada no art. 795, *caput*, do CPC, consoante a qual "Os bens particulares dos sócios não respondem pelas dívidas da sociedade senão nos casos previstos em lei"; nada impede, entretanto, que mesmo no plano do processo do trabalho se reconheça ao sócio o direito de, invocando essa norma legal, indicar bens da sociedade, situados na mesma comarca, contanto que livres e desembargados, o quanto bastem para pagar a dívida (*ibidem*, §§ 1.º e 2.º) Defender-se-á o sócio, nessa hipótese, por intermédio de embargos de terceiro (CPC, art. 674), pois a sua pessoa física, para esse efeito, não se confunde com a jurídica da sociedade a que está — ou esteve — ligado.

É verdade que o sócio não poderá invocar o benefício de ordem (exigindo que primeiro sejam excutidos os bens da sociedade), se esta possuir existência irregular, ou simplesmente de fato; segue-se que a execução será promovida diretamente contra ele, respondendo os seus bens pelo adimplemento integral da obrigação assumida em nome da sociedade. A responsabilidade do sócio, aqui, é *principal* e não *secundária*, como ocorreria se a sociedade possuísse existência regular.

Estivemos a cogitar, até esta altura, de sócio que não se tenha retirado da sociedade. Vejamos, agora, qual a responsabilidade do sócio que tenha deixado de pertencer à sociedade contra a qual se formou a coisa julgada material.

São dois, basicamente, os dispositivos do CC que regem a matéria. O primeiro deles é o parágrafo único do art. 1.003, conforme o qual "Até 2 (dois) anos depois de averbada a modificação do contrato, responde o cedente solidariamente com o cessionário, perante a sociedade e terceiros, pelas obrigações que tinha como sócio"; o segundo, o art. 1.032, assim redigido: "A retirada, exclusão ou morte do sócio, não o exime, ou a seus herdeiros, da responsabilidade pelas obrigações sociais anteriores, até 2 (dois) anos após averbada a resolução da sociedade; nem nos dois primeiros casos, pelas posteriores e em igual prazo, enquanto não se requerer a averbação".

Versamos, até este ponto, sobre as sociedades por quotas de responsabilidade limitada, que são as empregadoras mais comuns. Examinemos, a seguir, ainda que em voo de pardal, outras espécies de sociedades e a responsabilidade dos sócios que as integram.

Nas sociedades em *comandita*, os sócios comanditários não se obrigam além dos fundos com que nela ingressam, embora os sócios responsáveis respondam, solidariamente, pelas obrigações sociais, como se dá com os de entidades coletivas (Código Comercial, art. 313). Consta do at. 1.045, do CC: "Na sociedade em comandita simples tomam parte sócios de duas categoriais: os *comanditados*, pessoas físicas, responsáveis solidária e ilimitadamente pelas obrigações sociais; e os *comanditários*, obrigados somente pelo valor de sua quota" (destacamos).

No caso das sociedades *em nome coletivo*, a totalidade dos sócios (que somente podem ser pessoas físicas) é responsável perante terceiros, vindo, em consequência, os seus bens pessoais a responder pela execução promovida contra a entidade de que participam (Código Comercial, art. 316). Dispõe o art. 1.039, do CC: "Somente pessoas físicas podem tomar parte na sociedade em nome coletivo, respondendo todos os sócios, solidária e ilimitadamente, pelas obrigações sociais. Parágrafo único. Sem prejuízo da responsabilidade perante terceiros, podem os sócios, no ato constitutivo, ou por unânime convenção, limitar entre si a responsabilidade de cada um".

Sendo a sociedade *de capital* e *indústria*, o sócio de indústria não responde com o seu patrimônio particular diante dos credores da pessoa jurídica, a menos que, além da indústria, contribua para o capital, mediante quota em dinheiro, bens e o mais, ou seja gerente da firma social, hipótese em que ficará constituído em sócio solidário, com responsabilidade plena (Código Comercial, art. 321).

Nas sociedades *em conta de participação*, a obrigação perante terceiros incumbe ao sócio ostensivo, ficando os demais unicamente obrigados para com o mesmo sócio, em decorrência das transações e das obrigações sociais, realizadas nos termos precisos do contrato (Código Comercial, art. 326).

Cuidando-se de *sociedade anônima*, dispõe o art. 218 da Lei n. 6.404, de 15 de dezembro de 1976, com redação dada pela Lei n. 10.303, de 31-10-2001: "Encerrada a liquidação, o credor não satisfeito só terá direito de exigir dos acionistas, individualmente, o pagamento de seu crédito, até o limite da soma, por eles recebida, e de propor contra o liquidante, se for o caso, ação de perdas e danos. O acionista executado terá direito de haver dos demais a parcela que lhes couber no crédito pago". Esse critério — baseado na responsabilidade dos acionistas segundo cada um recebeu na partilha do ativo social —, como se percebe, só é aplicável nos casos de *liquidação* da sociedade (quando, então, ocorre a referida partilha). No caso de *encerramento* das atividades da sociedade anônima (e não de dissolução formal), sem que esta possua bens para satisfazer os créditos dos seus trabalhadores, a solução consistirá em responsabilizar os acionistas em geral, mediante a penhora de seus bens particulares, independentemente de estes terem recebido algo, ou não, da sociedade, quando do seu fechamento. Poder-se-ia, até mesmo, adotar o critério de dirigir a execução forçada aos acionistas majoritários, que, pagando a dívida, nisso se sub-rogariam e, em consequência, poderiam ingressar com ação de regresso, na Justiça Comum, para receber dos demais a cota que lhes cabe. Estabelece o CC, no art. 1.088: "Na sociedade anônima ou companhia, o capital divide-se em ações, obrigando-se cada sócio ou acionista somente pelo preço de emissão das ações que subscrever ou adquirir".

2.3. Novo devedor

Contempla o processo civil a possibilidade de um terceiro, assumindo a obrigação do devedor, com o consentimento do credor, tornar-se o *novo devedor* e, nessa qualidade, ficar legitimado, passivamente, para a execução (CPC, art. 779, III).

Essa norma articula-se, até certo ponto, com o art. 109, § 1.º, do mesmo estatuto processual, sempre que o novo devedor for cessionário ou adquirente de coisa ou do direito litigioso, hipótese em que, havendo anuência do credor, ele poderá sucedê-lo na ação. Atente-se que a proibição legal só diz respeito à sucessão processual, pelo cessionário ou adquirente, pois lhe permite intervir como assistente do devedor (art. 109, § 2.º). Embora a lei não elucide se essa assistência será simples (ou adesiva) ou qualificada (ou litisconsorcial), temos que se trata desta última, diante da redação imperativa do § 3.º do art. 109 do CPC, declaratória de que se "*estendem* os efeitos da sentença" (destacamos) ao adquirente ou ao cessionário. A sentença que vier a ser proferida em relação às partes originárias projetará, pois, os seus efeitos na esfera jurídica do adquirente e do cessionário, conforme seja o caso.

O art. 109 do CPC cogita de a transmissão (via cessão ou alienação) da coisa ou do direito litigioso provir de ato *inter vivos*, ao passo que a *causa mortis* é regulada pelo art. 110.

É de grande conveniência esclarecer, contudo, que o art. 109 do CPC não tem aplicação no processo do trabalho, dado que nas ações trabalhistas o objeto da lide não é a *coisa* (o estabelecimento comercial do empregador p. ex.), mas a existência ou não de direitos subjetivos específicos das partes. No processo civil, *v. g.*, o direito não raro é incindível, de modo que a sentença deverá reconhecê-lo em favor de uma ou de outra parte; já no processo do trabalho nem sempre o reconhecimento de um direito em favor do empregado implica a impossibilidade de ser reconhecido um outro direito em prol do empregador (concede-se ao primeiro, digamos, aviso prévio, indenização, etc., e ao segundo a compensação, tempestivamente requerida, com débitos de natureza trabalhista). Enfim, não vislumbramos um caso em que, juridicamente, as partes pudessem, no processo do trabalho, ceder ou vender a terceiros *direitos litigiosos*, sendo oportuno advertir que a situação em exame não se confunde com a sub-rogação, de que fala o art. 778, § 1.º, IV, do CPC, porquanto esta legitima o sub-rogado para promover ou prosseguir na ação — e não para tornar-se parte passiva na relação processual.

Ainda que admitíssemos, apenas com força de argumento, que no processo do trabalho houvesse lugar para o litígio acerca da *coisa* (*res*), tomada esta como o estabelecimento do empregador, duas ordens de dificuldades surgiriam: a) uma, de foro lógico, pois não seria concebível que o empregado viesse a juízo para postular o reconhecimento da sua qualidade de proprietário do estabelecimento disputado; b) outra, de estofo legal, uma vez que, se a coisa litigiosa fosse um veículo, um mostruário, ferramentas de trabalho, etc., a legitimidade passiva continuaria sendo *do empregador* — que efetuou a venda desses bens —, pois, conforme havíamos dito anteriormente, o empregado se vincula à pessoa jurídica do estabelecimento e não a determinados bens componentes do patrimônio deste.

Resumindo: a litigiosidade da coisa ou do direito, prevista, no art. 109 do CPC, como pressuposto para a inalterabilidade da legitimação das partes, faz com que a incidência dessa norma seja inadmissível no processo do trabalho, mercê de incompatibilidade lógica e jurídica com este.

Linhas atrás afirmamos que as disposições do art. 779, III, do CPC se enastram, em parte, com as do art. 109 do mesmo Código. Essa interpenetração promana do fato de o *novo devedor* ser o cessionário, o adquirente ou o sub-rogatário. Sucede que o terceiro poderá assumir, em atitude voluntária, a obrigação derivante do título executivo judicial, sem que seja em virtude de cessão, alienação, etc. por parte do devedor: assume, tão somente, porque assim deseja. Requer-se, para tanto, apenas o assentimento do credor. Nesta última hipótese, cremos que, em circunstâncias especialíssimas, poder-se-ia conceber, no processo do trabalho, a figura do *novo devedor*, pois essa medida poderia ser benéfica ao empregado-credor, como quando o devedor primitivo não possuísse bens suficientes para suportar a execução e a situação patrimonial do terceiro, que pretendesse ser o *novo devedor*, se apresentasse muito boa. Haveria de cuidar-se, entretanto, de que, na prática, não se verificasse o contrário.

Convencendo-se o juiz de que há conluio entre o devedor primitivo e o terceiro que deseja substituí-lo, deverá obstar o ingresso deste nos autos, mesmo que o credor tenha concordado com a pretendida substituição; ao magistrado incumbe, sobretudo, preservar o conteúdo ético do processo e prevenir ou reprimir qualquer ato contrário à dignidade da justiça (CPC, arts. 139, III, e 142).

Concede a lei, por outro lado, ação aos empregados do subempreiteiro para exigirem do empreiteiro principal o cumprimento das obrigações que seriam normalmente exigíveis daquele (CLT, art. 455). Aqui, a lei é inequívoca quanto à necessidade de a ação dirigir-se ao empreiteiro principal, do que se origina a sua legitimidade para a execução da sentença ou do acordo. A cautela sugere que também o subempreiteiro seja introduzido na relação jurídica processual, como medida tendente a garantir a satisfação do crédito do empregado exequente; o que não seria admissível é ele vir a exercer o direito de ação unicamente diante do subempreiteiro e, comprovada a incapacidade econômica ou financeira de este solver a obrigação, promover a execução contra o empreiteiro principal, que nem sequer participou do processo de conhecimento e, por isso mesmo, não está identificado no título exequendo. Idêntica impossibilidade jurídica haveria se ocorresse o inverso.

Nada impede, todavia, que o empreiteiro principal seja chamado ao processo, pelo subempreiteiro, para integrar a lide (CPC, art. 130, III), sempre que o autor não tenha tido o cuidado de exercitar a ação de conhecimento em face de ambos. A nosso ver, esse é um dos raros casos em que se justifica o chamamento ao processo, na Justiça do Trabalho, pois o requerimento formulado nesse sentido pelo subempreiteiro se harmoniza com o art. 455 da CLT. Na verdade, não se trata, aqui, de um chamamento ao processo *típico*, como tal considerado o que é traçado pelos arts. 130 a 132 do CPC. Assim dizemos porque a Justiça do Trabalho não tem competência para declarar, na mesma sentença que compuser a lide, a quota-parte de cada um dos devedores (CPC, art. 132), ou seja, para individualizar essas responsabilidades, pois isso implicaria solucionar um conflito *entre empregadores* ("empresas"). Sendo assim, o subempreiteiro poderá ser convocado a integrar a relação jurídica processual (processo de conhecimento) sem que o faça sob a figura formal do *chamamento ao processo*. Neste caso, o juiz, ao emitir a sentença de mérito, condenará os réus (empreiteiro principal e subempreiteiro), em caráter solidário ou sucessivo, à satisfação do direito do autor, sem partilhar, entre eles, a responsabilidade pelo cumprimento da obrigação. Se o empreiteiro principal pagar (integralmente) a dívida, nisso ficará sub-rogado, podendo, mediante ação regressiva a ser exercida na Justiça Comum, exigir do subempreiteiro o correspondente ressarcimento (CLT, art. 455, parágrafo único). Ou, simplesmente, reter essas quantias, compensando-se do que tiver de pagar ao subempreiteiro, por força do contrato existente com este (*ibidem*).

2.4. Fiador

O processo do trabalho deve admitir, sem receio, a execução contra o fiador; sempre que o devedor estiver, comprovadamente, impossibilitado de satisfazer a obrigação oriunda do título judicial, constitui medida salutar e conveniente aos objetivos da execução permitir-lhe que ofereça *fiança bancária*, com fundamento no art. 9.º, II, da Lei n. 6.830/80, de incidência supletiva no processo de execução trabalhista (CLT, art. 889). A fiança, para tanto, deverá obedecer às condições preestabelecidas pelo Conselho Monetário Nacional (*ibidem*, § 5.º). Problema haverá, sem dúvida, quando o prazo de vigência do contrato de fiança for de curta duração (um ano, digamos), pois isso poderá fazer com que, findo esse contrato, o credor fique sem nenhuma garantia quanto ao cumprimento da obrigação, por parte do devedor. É necessário, portanto, que o prazo de duração do contrato de fiança seja suficiente para assegurar a integral satisfação do direito do credor.

Não há necessidade, porém, de que o fiador tenha participado do processo de conhecimento; sendo *judicial* a fiança, esta é prestada nos autos da execução. Na fiança dita civil o fiador deve estar presente no processo cognitivo, sendo citado como litisconsorte.

De igual maneira, dever-se-á permitir que o devedor substitua, em qualquer fase do processo, a penhora por depósito em dinheiro ou fiança bancária, segundo lhe faculta o art. 15, I, da precitada norma legal; a fiança, em ambos os casos, compreenderá o valor do principal, corrigido monetariamente e acrescido dos juros da mora, bem como as despesas processuais *lato sensu* (custas, emolumentos, honorários advocatícios ou periciais, etc.).

Aceita essa espécie de fiança pelo credor, o fiador ficará legitimado para ocupar o polo passivo da relação processual executiva. Essa intervenção do fiador, na execução trabalhista, deve ser não só permitida mas até mesmo estimulada, pois visa a garantir ao exequente a satisfação do seu crédito — o que, talvez, não fosse possível se a execução devesse prosseguir, unicamente, contra o devedor.

Não sendo embargada a execução, ou rejeitados os embargos, o fiador será intimado para, no prazo legal e sob pena de a execução prosseguir contra ele: a) remir o bem, se a garantia for real; ou b) pagar o valor da dívida, com correção monetária, juros da mora, despesas processuais, etc., se a garantia for fidejussória (Lei n. 6.830/80, art. 19, I e II), como é o caso da fiança.

O credor, na verdade, pode executar o devedor *ou* o fiador judicial, assim como pode promover a execução contra os dois. Vindo o fiador a pagar a dívida, sub-rogar-se-á no direito do credor, tendo, em razão disso, ação regressiva diante do devedor, como prevê o art. 832 do Código Civil.

Sendo a execução dirigida apenas ao fiador, este poderá, na oportunidade dos embargos que vier a oferecer (CLT, art. 884), alegar as mesmas matérias que poderiam ser suscitadas pelo devedor.

Estabelece o parágrafo único do art. 848, do CPC, que a penhora de bens poderá ser *substituída* por fiança bancária ou seguro garantia judicial, em valor não inferior ao do débito constante da inicial, acrescido de trinta por cento. Trata-se de repetição do disposto no art. 835, § 2.º, do mesmo Código, segundo o qual, para fins de substituição da penhora, são equipados a dinheiro a fiança bancária e o seguro garantia judicial, "desde que em valor não inferior ao do débito constante da inicial, acrescido de trinta por cento". A Lei n. 6.830/80, em seu art. 15, faculta: a) ao executado (devedor) substituir a penhora por depósito em dinheiro ou fiança bancária; b) à Fazenda Pública (exequente) substituir por outros bens, independentemente da ordem enumerada no art. 11.

Deste modo, por princípio, quanto à substituição requerida pelo executado (letra "*a*", *retro*) incide no processo do trabalho a regra do art. 15 da Lei n. 6.830/80 (CLT, art. 889), de tal forma que a substituição ficará restrita a dinheiro depositado e à fiança bancária. Mesmo assim, a nosso ver não se aplica a regra do § 2.º, do art. 835, do CPC, e do parágrafo único do mesmo Código, de que a fiança deverá ser acrescida de 30% em relação ao débito. Este acréscimo não está previsto no art. 15 da Lei n. 6.830/80, o que não significa dizer que esta seja omissa. A figura do seguro garantia judicial também não é prevista na mencionada norma legal.

O mesmo, todavia, não ocorre com a substituição desejada pelo exequente (alínea "*b*", *retro*). Passa-se que o art. 882, da CLT, faz expressa menção *integrativa* ao art. 655 do CPC (de 1973, a que corresponde o art. 848, do CPC de 2015). Com isto, fica afastada a possibilidade de incidência supletiva do inciso II do art. 11 da Lei n. 6.830/80, que faz referência ao art. 11 da mesma Lei. O que estamos a sustentar, em termos práticos, é que, no processo do trabalho, conquanto a ordem preferencial de bens penhoráveis seja a determinada pelo art. 848 do CPC, para efeito de *substituição* do bem penhorado, a requerimento do credor, essa ordem não precisa ser observada. Destarte, embora prevaleça o princípio inscrito no inciso II, do art. 15, da Lei n. 6.830/80, qual seja, o de que a substituição pretendida pelo credor independe da ordem legal dos bens penhoráveis, essa ordem — que, reiteremos, não precisa ser observada —, por força do art. 822 da CLT é a estabelecida pelo art. 848 do CPC.

Posteriormente a essas nossas considerações, entrou em vigor a Lei n. 13.467/2017, dando nova redação ao art. 882, da CLT, que passou a ser a seguinte: "O executado que não pagar a importância reclamada poderá garantir a execução mediante depósito da quantia correspondente, atualizada e acrescida das despesas processuais, *apresentação de seguro-garantia judicial* ou nomeação de bens à penhora (...)". Destacamos.

Ao contrário, portanto, do disposto no parágrafo único do art. 848, do CPC, o art. 822, da CLT, não exige que o seguro-garantia judicial seja acrescido de trinta por cento.

Legem habemus.

2.5. O responsável titular do bem vinculado por garantia real ao pagamento do débito

A Justiça do Trabalho não possui competência em relação à matéria.

2.6. O resposável tributário, assim definido em lei

O Código Tributário Nacional (Lei n. 5.172, de 25 de outubro de 1966, define quem é o susjeito passivo da obrigação tributária principal (art. 121) e da acessória (art. 122) e dispões sobre a solidariedade passiva (art. 124) e os efeitos desta (art. 125).

A responsabilidade dos sucessores é definida nos arts. 129 a 133, e a de terceiros, nos arts. 134 e 135.

2.7. Massa falida

O fato de a Lei n. 6.830/80 conceder legitimação passiva à massa falida, para efeito de execução (art. 4.º, IV), é extremamente significativo, pois fortalece a nossa convicção, que será manifestada no Capítulo XXI desta obra, de que a execução contra a massa falida é perfeitamente possível, no processo do trabalho, estando mesmo autorizada pela disposição excepcional do art. 76, da Lei n. 11.101/2005.

Por princípio de disciplina sistemática, remetemos o leitor àquele Capítulo.

Resumindo o quanto dissemos até este momento: além do devedor ("executado", na linguagem da CLT), encontram-se legalmente legitimados para responder à execução trabalhista todos aqueles a que fazem referência os arts. 4.º, da Lei n. 6.830/80, e 778 do CPC, excluído, em ambos os casos, o responsável titular do bem vinculado por garantia real ao pagamento do débito.

Capítulo IX

Competência

1. Comentário

A jurisdição, segundo a etimologia do vocábulo (*iuris* + *dictio*), traduz o poder-dever que as leis outorgam aos magistrados para efeito de solucionarem os conflitos de interesses submetidos ao seu conhecimento, dizendo, por essa forma, com quem está o direito disputado.

Embora todos os juízes possuam, por princípio, jurisdição, a afirmativa perde a sua veracidade quando dirigida à competência. Efetivamente, em certos casos, por força de critérios adotados pelo legislador (considera-se, *e. g.*, a matéria posta em juízo, as pessoas envolvidas no conflito), o juiz, a despeito de possuir jurisdição, fica desapercebido de competência, de tal sorte que se pode conceber a regra segundo a qual em toda competência há jurisdição, conquanto nem toda jurisdição implique competência. Atenta a essa particularidade, a doutrina tem afirmado que a competência constitui a medida da jurisdição. Eduardo Couture, por exemplo, assevera que a jurisdição é o todo e a competência, a parte, ou seja, "un fragmento de la jurisdicción" ("Fundamentos del Derecho Procesal Civil", 3.ª ed., Buenos Aires: Depalma, p. 29, n. 18). David Lescano, contudo, em posição algo isolada, entende que "La competencia no es una porción o parte de jurisdicción, como algunos han sostenido, sino que es una cosa distinta" ("Jurisdicción y Competencia", p. 215, n. 1).

Não nos aprofundemos, entretanto, nessas questões, que melhor se quadram a temas de teoria geral do processo.

Acreditando termos podido demonstrar, com argumentos extraídos da própria norma legal (CLT, art. 876), que no processo do trabalho possuem autoexecutoriedade os títulos *judiciais* (sentença passada em julgado e acordo inadimplido), e os extrajudiciais previstos no art. 876, *caput,* da CLT, pensamos não haver maiores dificuldades de ordem prática no que toca a estabelecer a competência dos órgãos trabalhistas para a realização de atos executórios.

Separemos, agora, a execução de título judicial da que se processa mediante título extrajudicial, a fim de as examinarmos sob a perspectiva da competência jurisdicional.

1.1. Título judicial

A competência para a execução, em regra, é do próprio juízo que proferiu a sentença exequenda (ou lançou a sentença homologatória da transação). A execução se processa, por isso, nos mesmos autos em que foi prolatada a decisão que pôs fim ao processo de conhecimento — agora convertida em título executivo.

Nas edições anteriores deste livro escrevemos:

"Singularidade que merece ser destacada respeita ao fato de que o órgão de primeiro grau, com sua composição colegiada no processo cognitivo, torna-se monocrático no de execução (CLT, art. 649, § 2.º). A afirmação que acabamos de fazer nos inspira duas ordens de considerações: a) como dissemos em páginas pretéritas, na Justiça do Trabalho o postulado cardeal é de que a competência para a execução é sempre do órgão de primeiro grau, ainda que a decisão tenha sido proferida por Tribunal Regional. Essa é a razão por que os acórdãos normativos, emitidos pelos Tribunais nas ações coletivas, devem ser executados no plano do primeiro grau de jurisdição, estando os sindicatos, a propósito, legalmente legitimados a isso (CLT, art. 872, parágrafo único), o mesmo acontecendo em relação aos acordos firmados nos autos dessas ações coletivas, contanto que não cumpridos. As entidades sindicais, possuem, também, legitimidade para ajuizar as denominadas 'ações de cumprimento', fundadas em acordo ou convenção coletiva de trabalho (TST, Súmula n. 286). Nas ações de mandado de segurança e rescisória, porém — que entram também na competência originária dos Tribunais —, o acórdão correspondente deve ser executado perante o próprio órgão do segundo grau, por intermédio do seu Presidente (CLT, art. 682, VI); b) o art. 649, § 2.º, da CLT, ao dispor que 'na execução e na liquidação das decisões funciona apenas o Presidente', não entra, como tem suposto determinado segmento da doutrina, em rota de colisão com a regra constitucional que assegura a paridade de representação de empregados e empregadores, na Justiça do Trabalho (art. 116), pois essa representação das classes sociais da produção teve em mira, exclusivamente, o *processo de conhecimento,* onde se verifica o conflito de interesses trabalhistas, que deve ser dirimido por essa Justiça Especializada (CF, art. 114). Além disso, no processo cognitivo são formuladas as propostas conciliatórias (CLT, arts. 846, *caput,* e 850, *caput*), oportunidade em que os classistas devem exercer uma das atribuições que lhes confere a norma legal (CLT, art. 667, *b*). Desse modo, porque na execução já não existe, em rigor, *lide* (qualificada, na doutrina carnelutiana, por uma pretensão resistida e insatisfeita), na medida em que foi composta pela sentença proferida pelo colegiado (título exequendo), nem são formuladas, em caráter compulsório, propostas tendentes a conduzir as partes à transação, inexiste razão lógica para a atuação dos vogais. A eventual presença desses representantes classistas na execução, aliás, renderia ensejo ao surgimento de graves transtornos procedimentais, porquanto os atos do juízo são, no geral, praticados em gabinete e não em audiência, o que imprime (ainda que em tese) maior celeridade ao procedimento. Destarte, o que o art. 659, II, da CLT fez foi nada mais do que render homenagem ao bom-senso, permitindo que o juiz, agindo singularmente, torne concreto o preceito sancionatório que se esplende do título executivo, como produto de uma deliberação do colegiado. A composição plurilateral do órgão de primeiro grau atende, conseguintemente, ao texto da Suprema Carta Política, que em momento algum é vilipendiado pela atuação monocrática do órgão, na execução.

Equivocou-se, pois, José Augusto Rodrigues Pinto ao asseverar que 'não é do órgão jurisdicional trabalhista, mas do juiz que o preside, a competência para execução das decisões proferidas colegiadamente' ("Execução Trabalhista", São Paulo, LTr Editora, 1984, p. 39); *venia concessa*, o juiz *também é órgão* da jurisdição, em que pese a sua atuação ser unipessoal no processo de execução. Juiz e órgão não são entidades que se contraponham; são conceitos provenientes de uma só fonte."

Entrementes, essas nossas considerações devem ser reformuladas, em parte, em virtude das alterações legislativas que ocorreram posteriormente a elas.

Desse modo, no que pertine aos órgãos de primeiro grau da jurisdição trabalhista, estes: a) deixaram de possuir composição colegiada, porquanto foi extinta a representação classista pela Emenda Constitucional n. 24, de 9 de dezembro de 1999; b) deixaram, em razão disso, de denominar-se "Juntas de Conciliação e Julgamento", passando a ser designados *Varas do Trabalho* (CF, art. 116). Logo, ficaram revogados todos os dispositivos da CLT que faziam alusão à composição pluripessoal dos órgãos de primeiro grau. Atualmente, esse órgão é monocrático.

Com respeito à nossa assertiva quanto a não possuírem as entidades sindicais legitimidade para propor ações de cumprimento fundadas em convenções ou acordos coletivos de trabalho, também é reformulada, em decorrência da alteração do enunciado da Súmula n. 286 do TST. Como sabemos, essa Súmula, em sua redação original, não atribuía legitimidade aos sindicatos, com vistas ao exercício desse tipo de ação; todavia, por força da Resolução n. 98, de 11 de setembro de 2000, o TST, como dissemos, modificou o conteúdo da precitada Súmula, que passou a ser o seguinte: "A legitimidade do sindicato para propor ação de cumprimento estende-se também à observância de acordo ou de convenção coletivos".

1.2. Título extrajudicial

A Justiça do Trabalho, desde a sua origem, só previa a execução de títulos *judiciais*, conforme evidenciava a primitiva redação do art. 876 da CLT. Esses títulos eram: a) a sentença condenatória; ou b) a sentença homologatória de transação (acordo).

Os tempos, no entanto, são outros. Estamos, agora, sob uma nova realidade normativa — conquanto devamos esclarecer que se mantêm inalteradas as nossas opiniões, aqui manifestadas, concernentes à execução calcada em título *judicial*. Pois bem. A redação do art. 876 da CLT foi modificada pela Lei n. 9.958, de 12 de janeiro de 2000, que passou a prever a execução de títulos *extrajudiciais*. Não de todo e qualquer título dessa natureza, mas, apenas, daqueles a que a norma legal citada faz expressa referência, quais sejam: a) o termo de ajuste de conduta, firmado com o Ministério Público do Trabalho; b) o termo de conciliação, elaborado no âmbito das Comissões de Conciliação Prévia.

Doravante, pois, a Justiça do Trabalho possui competência, também, para promover a execução desses títulos extrajudiciais. O procedimento a ser observado, nesses casos, será por nós examinado mais adiante, em momento apropriado (Cap. XI, 2).

2. Ausência de identidade física

O art. 132, do CPC de 1973 estabelecia: "O juiz, titular ou substituto, que concluir a audiência julgará a lide, salvo se estiver convocado, licenciado, afastado por qualquer motivo, promovido ou aposentado, casos rm que passará os autos ao seu sucessor". Aqui residia o que a doutrina passou a denomina de *princípio da identidade física do juiz*.

Sendo a execução trabalhista mera fase ou desdobramento lógico do processo de conhecimento, quando se tratar de execução de título judicial, é de bom proveito examinarmos se na execução incide o princípio da identidade física do juiz.

A Súmula n. 136, do TST, dispunha: "Não se aplica às Varas do Trabalho o princípio da identidade física do juiz", reproduzindo, desse modo, a Súmula n. 222, do STF: "O princípio da identidade física do juiz não é aplicável às Juntas de Conciliação e Julgamento da Justiça do Trabalho".

Posteriormente, o TST cancelou a Súmula n. 136, fazendo supor a determinados estudiosos que, a partir daí, o referido princípio seria admissível no processo do trabalho, a despeito de a Súmula n. 222, do STF, não ter sido cancelada ou modificada.

Essa dúvida foi desfeita pelo CPC de 2015, que não manteve o princípio da identidade física do juiz.

Uma das situações que, talvez, justificasse a aplicação desse princípio ao processo do trabalho poderia ocorrer em sede de embargos de declaração: neste caso, somente quem proferiu a sentença embargada poderia declarar qual o seu efetivo conteúdo, vale dizer, completar a prestação jurisdicional (omissão), aclarar o texto (obscuridade) ou torná-lo coerente (contradição).

3. Execução mediante carta. Embargos

Assunto que durante largo período atormentou a doutrina e a jurisprudência dizia respeito à competência para julgar os embargos oferecidos pelo devedor e por terceiro, na execução mediante carta precatória.

Separaremos os casos.

3.1. Embargos do devedor

A polêmica sobre a competência para julgar os embargos do devedor, oferecidos perante o juízo deprecado, encontrava a sua razão de ser na linguagem dubitativa do art. 747 do CPC de 1973, de acordo com o qual "na execução por carta os embargos do devedor serão oferecidos, impugnados e decididos no *juízo requerido*" (destacamos). A pergunta que, com insistência, se fazia era no sentido do que se deveria entender por juízo *requerido*: seria aquele ao qual se requereu a execução (ou seja, o deprecante), ou aquele a quem se deprecou a prática de certos atos executivos, como a penhora (deprecado)? Alguns entendiam que a competência, na hipótese, seria do juízo deprecado, argumentando que o art. 658 daquele Código — ao qual o art. 747 fazia expressa alusão — dispõe que os bens penhorados são alienados *no foro da situação.*

Essa controvérsia se espraiou ao processo do trabalho, pois o art. 769 da CLT permite a aplicação supletiva das normas integrantes do estatuto processual civil; dessa forma, ao invocar, em caráter supletório, a incidência do art. 747 do CPC, o intérprete trabalhista trasladava ao processo especializado não apenas aquele preceito forâneo, mas as dúvidas pertinentes ao senso que a sua literalidade procurava expressar.

Com o advento, porém, da Lei n. 6.830, de 22 de setembro de 1980, que regulou a cobrança judicial da Dívida Ativa da Fazenda Pública, a cizânia sobre o assunto foi desfeita, pois o art. 20 dessa lei estabelece que, na execução mediante carta (precatória), os embargos do devedor serão apresentados no juízo deprecado, "que os remeterá ao juízo deprecante, para instrução e julgamento". Estatui, por outro lado, o parágrafo único desse artigo que, se os embargos tiverem por objeto vícios ou irregularidades cometidas pelo próprio juízo deprecado, caberá a este julgar os embargos, no tocante a essa matéria.

Considerando que a Lei n. 6.830/80 é aplicável à execução trabalhista, *ex vi do* disposto no art. 889 da CLT, o critério para a fixação da competência para o julgamento dos embargos oferecidos pelo devedor, na execução por intermédio de carta precatória, se encontra assim estabelecido: a) por princípio, a competência é do juízo deprecante; b) exceto se os embargos se dirigirem a vícios ou irregularidades cometidos pelo juízo deprecado, hipótese em que a este incumbirá julgar apenas essa matéria.

Embora seja este, como dissemos, o critério legal — portanto, o único a ser observado na prática —, pensamos que em nome dos interesses essenciais da execução o legislador deveria ter atribuído, exclusivamente, ao juízo de origem (deprecante) a competência para julgar os embargos do devedor, na situação de que estamos a cuidar. A fragmentação de competência, por ele realizada, conduz a sérios transtornos de ordem prática, bastando ver que permite ao devedor oferecer, na verdade, *dois embargos* (ou, quando menos, um embargo fracionado em duas partes), um em face do juízo deprecante e outro do deprecado, o que conduz, inevitavelmente, ao proferimento de *duas sentenças* e à interposição de *dois recursos* de agravo de petição. Tudo isso, como é fácil perceber, acarreta profundas turbulências no procedimento e agride a necessidade de breve satisfação do preceito san-cionatório que se abriga no título exequendo. Violenta, em resumo, a simplicidade do procedimento trabalhista.

Mais tarde, a Lei n. 8.953/94 alterou a redação do art. 747 do CPC de 1973, para adotar, *mutatis mutandis*, o mesmo critério de fixação da competência estabelecido pelo art. 20 da Lei n. 6.830/80, eliminando, assim, a imprecisão do texto primitivo.

No CPC de 2015, o tema é tratado no art. 914, § 2.º: "Na execução por carta, os embargos serão oferecidos no juízo deprecante ou no juízo deprecado, mas a competência para julgá-los é do juízo deprecante, salvo se versarem unicamente sobre vícios ou defeitos da penhora, da avaliação ou da alienação dos bens efetuadas no juízo deprecado".

Para o efeito de supressão da lacuna existente no processo do trabalho, a preeminência supletiva, conforme dissemos, é da Lei n. 6.830/80, art. 20.

3.2. Embargos de terceiro

Estes embargos, disciplinados pelo processo civil (arts. 674 a 681), são admissíveis no do trabalho, uma vez que ausente o obstáculo da incompatibilidade (CLT, art. 769). A CLT faz breve feferência a esses embargos no art. 896, § 2.º, que versa sobre a interposição de recurso de revista de decisão proferida no processo de execução.

Muita disputa se travou, nos sítios do processo do trabalho, quanto à competência para julgar os embargos oferecidos por terceiro na execução mediante carta.

Aceso ainda se encontrava o debate quando o antigo Tribunal Federal de Recursos adotou a Súmula n. 33, para estatuir que o "juízo deprecado, na execução por carta, é o competente para julgar os embargos de terceiro, salvo se o bem apreendido foi indicado pelo juízo deprecante".

A regra, pois, enunciada na Súmula é de que compete ao juízo deprecado julgar os embargos apresentados por terceiro; caso, entretanto, o bem arrestado, penhorado, etc. tenha sido indicado pelo deprecante, a este caberá julgar os referidos embargos.

A regra e a exceção estampadas na Súmula n. 33 do extinto TFR nada mais representavam do que uma interpretação didática do art. 1.049 do CPC de 1973, a teor do qual os embargos de terceiro "correrão em autos distintos *perante o mesmo juiz que ordenou a apreensão*" (realçamos). O critério, aqui, era o da autoridade que determinara a apreensão dos bens: como, em geral, essa ordem era emitida pelo juízo *deprecado*, a este competia julgar os embargos que o terceiro viesse a oferecer (princípio); tendo sido os bens *indicados* pelo juízo deprecante, entendia-se que o ato de constrição emanara, diretamente, dele (e não do deprecado), motivo por que se abandonava o princípio e, aberta a exceção, fixa-se a competência do deprecante.

O CPC de 2015 manteve a regra do art. 1.049, do CPC de 1973, conforme revela o seu art. 676: "Os embargos serão distribuídos por dependência ao juízo que ordenou a constrição e autuados em apartado".

Essa partição de competência, trazida pela Súmula n. 33, do extinto TFR, em questão, não deve, contudo, receber comentários encomiásticos, pois, no campo prático, produzia os mesmos inconvenientes apresentados pelo fracionamento da competência relativa aos embargos do devedor, que pudemos demonstrar na letra anterior (*a*). Melhor teria sido, por isso, que se outorgasse apenas ao juízo *deprecado* a competência para julgar os embargos manifestados pelo terceiro, até porque também não nos parece dotado de nítida juridicidade o critério de dar-se competência ao deprecante pelo simples fato de haver *apontado* os bens a serem arrestados ou penhorados.

Sendo a CLT e a Lei n. 6.830/80 omissas sobre o tema, a regra a aplicar-se ao processo do trabalho é a inscrita no art. 676, do CPC, por forma a entender-se que a competência para julgar os embargos oferecidos por terceiro, em carta precatória, é:

a) do juízo deprecante (princípio),

b) salvo exceto se os bens tenham sido indicados pelo juízo deprecante, quando, então, a este competirá proceder ao julgamento dos referidos embargos (exceção).

Capítulo X

Interesse Processual

1. Comentário

O interesse processual significa que, sem a intervenção dos órgãos jurisdicionais, o autor sofreria um dano ou não teria reparado o dano sofrido (Chiovenda, "Princípios", vol. I, p. 200).

A respeito dessa condição da ação, cindiu-se a doutrina; de um lado, postaram-se os autores para os quais o interesse em invocar a tutela jurisdicional do Estado decorre da *necessidade* de obter-se o pronunciamento estatal; de outro, os que entendem provir esse interesse da *utilidade* que a intervenção jurisdicional propicia ao autor. Essas posições doutrinárias não ficam circunscritas ao campo das meras abstrações, se não que repercutem no plano prático. Basta ver que, de acordo com a primeira, toda vez que o indivíduo não conseguir uma solução extrajudicial para o conflito de interesses em que se encontra envolvido, aí nascerá o seu interesse em solicitar a atuação dos órgãos jurisdicionais, com a finalidade de solver o litígio; a prevalecer, no entanto, a opinião da segunda corrente, não bastaria — para configurar o interesse de agir em juízo — a simples necessidade de obter a tutela jurisdicional, tornando-se indispensável que a sentença seja efetivamente útil às pretensões manifestadas pelo autor.

A qual dessas concepções doutrinárias se teria filiado o processo civil brasileiro? A julgar pelo parágrafo único do art. 20 do CPC, cremos que a ambas. Sem embargo, estabelece essa norma legal ser admissível a ação declaratória mesmo que já se tenha consumado a violação do direito. Ora, como anota Moniz de Aragão, conquanto com vistas ao CPC de 1973, "Se a lei reputasse válida a opinião dos que se filiam à primeira corrente, não haveria necessidade da regra inscrita no art. 4.º, parágrafo único, pois para estes é evidente que basta a simples necessidade de entrar em juízo para estar preenchido o requisito do interesse; se a lei faz o esclarecimento referido no mencionado texto, é porque reconhece que, sem essa ressalva, a ação declaratória não poderia ser proposta. Logo, esse dispositivo cria exceção à regra geral, a qual consiste na segunda teoria acima indicada" (obra cit., p. 440).

Embora o interesse processual figure, modernamente — por influência do pensamento de Liebman —, como uma das condições da ação (CPC, arts. 17 e 485, VI), cuja inexistência, em dado caso concreto, implicará a extinção do processo sem julgamento do mérito, no passado algumas vozes de peso não viam razão de ser do interesse, como entidade autônoma.

Invrea, *v. g.*, em trabalho dado a lume no ano de 1928, refutou a existência do interesse como requisito para ingressar em juízo. Segundo esse jurista, a noção de interesse era despicienda, redundante, pois o interesse estaria intimamente ligado ao próprio exercício do direito de ação, ou seja, implícito no ato de o indivíduo invocar a intervenção jurisdicional do Estado. Invrea combateu a opinião de Mortara e de Chiovenda, afirmando que, como o princípio da liberdade jurídica não deve ser objeto de restrições desnecessárias, é imperativo que haja o que chamou de *razão jurídica* para ser aceita essa limitação. Na pena desse autor, a *razão jurídica* derivava do fato de o réu haver cometido uma violação de direito (devendo, por isso, suportar as consequências desse ato) ou da necessidade de o autor alcançar uma sentença com a finalidade de fazer atuar o direito; conclui Invrea que o direito de ação pode ser exercido independentemente de investigar-se a presença de eventual interesse, sendo suficiente, para o ingresso em juízo, que haja: a) um direito material da parte; e b) uma causa legítima de agir contra certa pessoa ("Rivista di Diritto Processuale Civile", 1928, Parte l, p. 320).

Merece reparo o pensamento de Invrea. Em primeiro lugar, o exercício do direito de ação não se subordina — como imaginou — à preexistência de um direito material. Essa concepção civilista da ação foi fulminada por Adolfo Wach, já em 1885, que argumentou com a ação declaratória *negativa*, destinada, por excelência, a obter um pronunciamento jurisdicional no sentido da *inexistência de direito material* (ou de relação jurídica); em segundo, o pressuposto da causa legítima, idealizado por Invrea, é falso, porque para agir em juízo não é suficiente que exista essa *causa legítima*: é fundamental que a parte contrária não tenha desejado reparar, de maneira espontânea, a lesão perpetrada ao direito do autor.

Francesco Carnelutti também recusou ao interesse de agir em juízo qualquer importância científica. Para o ilustre jurista italiano, o interesse nada mais representava do que um reflexo da própria lide: "Quando se diz, pois, que existe uma lide (...) e que, em respeito a ela, se deve encontrar naquela relação, que constitui a *legitimatio*, já se disse tudo, motivo por que o interesse de agir se apresenta apenas como a quinta roda do carro..." ("Lite e Processo", *in* Studi di Diritto Processuale, vol. III, p. 21), arrematando: "Se, pois, se considera o próprio processo, não só a lide é uma condição do interesse de agir, mas a sua existência absorve esse inútil requisito: os pressupostos da ação são portanto estes dois: a lide e a legitimação" (*idem, ibidem*).

Sem razão, contudo, Carnelutti, ao declarar que os pressupostos da ação são a lide e a legitimação, pois, com isso, deixa sem resposta os casos em que, mesmo inexistindo lide, o autor possui interesse em ingressar em juízo, como ocorre nas situações caracterizadoras de típica administração pública de interesses privados (Frederico Marques), a que se tem denominado, impropriamente, "jurisdição voluntária" (*sic*). Além disso, a legitimação, por si só, não fornece a necessária medida do interesse de impetrar a tutela jurisdicional. São frequentes os casos em que a parte, a despeito de encontrar-se legitimada, não possui interesse processual. Mencionemos, *e. g.*, o empregado que ajuíza ação visando a receber salários, cujo prazo de pagamento ainda não está vencido. É evidente a falta de interesse, nesta hipótese.

2. O interesse processual na execução

O interesse do autor, no processo de conhecimento, não coincide com o que em geral é manifestado na execução; enquanto lá ele colima uma sentença que lhe reconheça o direito alegado, aqui o seu interesse decorre do fato de o réu (devedor) não haver cumprido a obrigação materializada no título judicial exequendo. O inadimplemento do devedor, portanto, não constitui apenas um dos requisitos necessários para promover qualquer execução, se não que a própria medida do interesse do credor em realizá-la. Dessa maneira, se o devedor satisfizer, *sponte sua*, a obrigação, isso fará desaparecer o interesse do credor em dar início à execução, ou nela prosseguir, conforme tenha sido o momento em que a obrigação foi voluntariamente cumprida. Se, nada obstante, o credor promover a execução, deverá o juiz declará-lo carecedor da ação, com a consequente extinção do processo — neste caso *com* julgamento do mérito, em consonância com a dicção do art. 924, II, do CPC. O art. 788 do referido Código, aliás, ao advertir que o credor não poderá iniciar a execução, ou nela prosseguir, se o devedor cumprir a obrigação, nada mais está fazendo do que declarar a falta de interesse de agir do credor. O que se admite é que ele recuse o recebimento da prestação, fixada no título executivo, se esta não corresponder ao direito ou à obrigação (*ibidem*).

Indicaremos, a seguir, mais alguns casos em que faltará ao credor o necessário interesse para intentar a execução:

a) quando o devedor obtém, por transação ou por qualquer outro meio, a remissão integral da dívida (CPC, art. 924, III);

b) o credor renunciar ao crédito (art. 924, IV);

c) o devedor não possuir bens livres e desembargados para adimplir a obrigação (hipótese em que o juiz deverá suspender a execução, como determina a Lei n. 6.830/80, art. 40);

d) o credor, antes de cumprir a sua obrigação, exigir o implemento da afeta ao devedor, se este se dispuser a satisfazer a prestação (mediante meios reputados idôneos, pelo juiz) e aquele recusar a oferta, sem justo motivo (CPC, art. 787);

e) houver penhora suficiente, em dinheiro, e o credor requerer a substituição, *e. g.,* por bem imóvel;

f) o credor requerer a penhora de bens do sócio da empresa devedora, possuindo esta bens, o quanto bastem, para solver a obrigação;

g) for requerida a execução *definitiva*, pendendo a sentença exequenda de recurso (admitido, embora, no efeito "devolutivo").

Não nos aprofundemos em considerações casuísticas; os exemplos que acabamos de indicar bem se prestam para demonstrar que o interesse processual não está adstrito aos processos de conhecimento e cautelar, sendo exigível igualmente no de execução. Constituindo a execução também modalidade de ação, é compreensível que se deva examinar, em cada caso, se o interesse processual, por parte do credor, está presente ou não.

Quando se fala em interesse processual — mesmo na execução —, não se pode deixar de analisar três relevantes aspectos desse assunto, a saber: a) o momento processual em que deve estar presente o interesse; b) o momento em que deve ser verificada a existência do interesse; c) o momento em que a falta de interesse de agir deve ser alegada.

a) Aparentemente, o interesse deveria existir no instante em que a ação é ajuizada (ou a execução promovida), de acordo com a regra do art. 17 do CPC; parece-nos, entretanto, que o interesse deve estar presente, isto sim, *no momento em que a sentença é proferida*. Dessa forma, se ele existia à época do ingresso em juízo, mas desaparecera na oportunidade da prolação da sentença, a ação deverá ser repelida por falta de uma das suas condições: o interesse processual; em sentido inverso, se o interesse *não* existia quando do aforamento da ação, mas surgiu na fase de decisão da causa, terá o autor (ou o exequente) atendido a essa condição, motivo por que não deverá ser declarado carecedor da ação. Digamos, por exemplo, que o credor dê início à execução, sem que o devedor seja ainda inadimplente (CPC, art. 786, *caput*); neste caso, se a dívida vencer-se no curso da execução, o credor não deverá ser declarado carecente de interesse processual, porquanto esse interesse, embora não existisse no início da execução, surgir no curso desta. Se, por outro lado, quando do início da execução o credor se encontrava em estado de inadimplência, vindo, porém, a solver a obrigação antes da sentença resolutiva dos embargos, é elementar que o devedor deverá ser declarado carecedor de interesse processual, sendo a execução extinta em decorrência do pagamento (CPC, art. 924, II).

A nossa opinião de que o interesse deve estar presente no momento em que a sentença é elaborada está em harmonia não apenas com a manifestação doutrinária predominante, se não que com o próprio mandamento legal, insculpido no art. 493 do CPC, a teor do qual "Se, depois da propositura da ação, algum fato constitutivo, modificativo ou extintivo do direito influir no julgamento do mérito, caberá ao juiz tomá-lo em consideração, de ofício ou a requerimento da parte, *no momento de proferir a decisão*". (destacamos)

Na espécie de que nos estamos a ocupar, o fato extintivo do direito de ação seria a inexistência do interesse processual.

b) No processo do trabalho, como não há uma fase destinada ao saneamento processual, o juiz deverá examinar o problema da falta de interesse de agir na primeira oportunidade em que disso tomar ciência, seja por sua iniciativa ou a requerimento da parte contrária. De qualquer modo, prevalece o mandamento legal de que o juiz conhecerá, de ofício, *em qualquer tempo* e grau de jurisdição, enquanto não proferida a sentença de mérito, da inexistência de interesse ou de qualquer outra condição da ação (CPC, art. 485, § 3.º).

O importante, em suma, é fixar-se a regra segundo a qual o juiz poderá, em qualquer momento da execução, examinar se o interesse processual está presente ou não. Essa investigação judicial tem, portanto, início no instante mesmo em que a execução é promovida, estendendo-se até a fase de alienação dos bens penhorados, conquanto a oportunidade legal, por excelência, seja a do proferimento da sentença resolutiva dos embargos oferecidos pelo devedor.

É conveniente esclarecer que a ausência de interesse processual pode abranger a execução como um todo, ou referir-se apenas a determinado *ato executivo*. No primeiro caso, encaixa-se a transação realizada pelas partes (posteriormente à prolação da sentença exequenda), que, como negócio jurídico bilateral, é causa extintiva da execução (CPC, art. 924, II); no segundo, a inexistência de bens livres e desembargados, em número suficiente para satisfazer a obrigação. Se o devedor não possui bens, qual seria o interesse do credor em prosseguir em uma execução que não lhe traria qualquer resultado econômico ou patrimonial útil? Verificada a hipótese, pois, agirá o juiz com bom senso se, invocando a lei incidente, ordenar a suspensão da execução, pelo prazo de um ano (Lei n. 6.830/80, art. 40, § 2.º) e o arquivamento dos autos, após o decurso desse prazo (*ibidem*).

c) Segundo o princípio doutrinário da *eventualidade* (CPC, art. 336), que é também aplicável ao processo de execução, incumbe ao devedor, no ensejo dos embargos que oferecer, alegar toda a matéria de defesa. É certo que tais embargos não traduzem contestação, nem recurso, mas ação incidental do devedor. Mesmo assim, a prudência sugere que ele alegue toda a matéria necessária à realização da defesa dos seus direitos e interesses, em face da execução.

Não há dúvida de que a ausência de interesse processual do credor se insere no elenco das matérias que podem ser aventadas em sede de embargos, em que pese à omissão, no particular, dos arts. 884, § 1.º, da CLT; 525, § 1.º, e 917, do CPC.

Sendo assim, o momento oportuno para o devedor denunciar a falta de interesse processual do credor é o dos embargos à execução, do mesmo modo como será o da contestação, no processo cognitivo (CPC, art. 337, XI). É claro que, se o interesse deixar de existir posteriormente à fase de embargos, isso não impedirá o devedor de alegar tal fato: por outro lado, ainda que o interesse venha a cessar antes do oferecimento dos embargos, o devedor poderá suscitar a questão depois dos embargos, porquanto esse interesse constitui uma das condições da ação de execução, e a sua falta poderá ser alegada mesmo fora do momento processual oportuno. Dessa matéria, a propósito, o juiz poderá conhecer, *ex officio*, a qualquer tempo e em qualquer grau de jurisdição, exceto se sobre ela se pronunciou anteriormente (CPC, art. 485, § 3.º).

Dentro do tema de que estamos a tratar, não poderíamos deixar de examinar o problema da admissibilidade, ou não, da *assistência* na execução, pois isso se relaciona, intimamente, com o requisito do *interesse*. Será esse, portanto, o objeto de nosso próximo passo.

Dispõe o art. 119, do CPC, que "Pendendo causa entre 2 (duas) ou mais pessoas, o terceiro juridicamente interessado em que a sentença seja favorável a uma delas poderá intervir no processo para assisti-la". Sob o rigor da expressão literal desse preceito normativo, seria de entender-se que a assistência é cabível apenas no processo de conhecimento, tanto que no parágrafo único da norma transcrita se declara que a assistência terá lugar em qualquer dos tipos de *procedimento* (isto é, ordinário ou sumário) e em todos os graus de jurisdição (vale dizer, inclusive nas ações de competência originária dos tribunais). Perceba-se que o legislador não fez menção a *processo* e sim a *procedimento*, porquanto, se o fizesse, estaria implícito o cabimento da assistência nos processos de conhecimento, de execução e cautelar. A despeito do acerto de uma interpretação dessa ordem, a doutrina processual vem admitindo a assistência (simples ou adesiva) também na execução.

Pelo que nos cabe opinar, pensamos que se possa admitir, em princípio, a assistência *simples* no processo de execução trabalhista, embora reconheçamos que a utilidade prática, para o interveniente, será mínima diante do fenômeno da coisa julgada material, condensado no título exequendo. É provável, p. ex., que determinada entidade sindical, fazendo prova do seu interesse jurídico em assistir ao empregado-credor, seja admitida a intervir nos autos em prol deste. A intervenção, no caso, seria simples (também dita adesiva) e não litisconsorcial (ou qualificada), esta regida pelo art. 124 do Código. Tostes Malta e Silva Júnior, por sua parte, entendem ser admissível a assistência na fase de liquidação da sentença, argumentando que "o assistente do devedor, entre outras hipóteses que se podem imaginar, terá interesse em que o *quantum* da condenação seja fixado no mínimo possível ("Você Conhece Execução Trabalhista?", Rio, Editora Rio, 1976, p. 22). *Data venia* dos ilustres autores, a hipótese por eles concebida põe em evidência apenas o interesse econômico do assistente (basta ver que falam em *quantum*); dessa forma, ficam a dever-nos uma explicação de como admitiriam tal intervenção, quando a própria norma legal enfatiza que o interesse capaz de justificar a interveniência deve ser (unicamente) *jurídico* (CPC, art. 119, *caput*) — em regra que foi respeitada pela Súmula n. 82 do TST, assim enunciada: "A intervenção assistencial, simples ou adesiva, só é admissível se demonstrado o *interesse jurídico* e não o meramente econômico". (destacamos)

Não desconcordamos em que a assistência simples na fase de liquidação seja teoricamente admissível, desde que atendido o requisito do interesse jurídico; em concreto, contudo, essa intervenção dificilmente ocorrerá, seja em virtude do desinteresse daquele que estaria legitimado a intervir, seja em decorrência da celeridade com que a liquidação se processa, seja, até mesmo, em razão da insciência do eventual interessado quanto à possibilidade de intervir como assistente. Pessoalmente, julgamos ser desaconselhável o incentivo a essa intervenção assistencial na execução, pois isso poderia acarretar certos entraves ao atingimento do objetivo desse processo, ao permitir que terceiro se intrometa em um dos polos da relação processual executiva.

Capítulo XI

Requisitos Necessários para Realizar a Execução

Tanto no processo civil quanto no do trabalho, a possibilidade de promover-se qualquer execução está condicionada à concorrência de dois requisitos fundamentais: a) o inadimplemento do devedor; e b) a existência de título executivo (CPC, arts. 515 e 786).

A locução legal "qualquer execução" significa exatamente aquilo que a sua literalidade sugere, vale dizer, que esses dois requisitos são *indispensáveis* à realização das execuções em geral, tenham elas por objeto uma obrigação de dar (dinheiro ou coisa), de fazer ou de não fazer.

Na verdade, os pressupostos do inadimplemento do devedor e do título executivo são *específicos*, porquanto a execução, como as ações em sentido amplo, não dispensa a presença do interesse de agir, da legitimidade *ad causam* e da viabilidade jurídica do pedido, ou seja, das condições necessárias ao exercício do direito de invocar a tutela jurisdicional do Estado.

Interessam mais diretamente ao estudo da matéria, entretanto, os requisitos específicos a que nos referimos há pouco; a eles dedicaremos, por isso, este Capítulo.

1. Inadimplemento do devedor

Como dilucida Alcides de Mendonça Lima, disposições respeitantes ao adimplemento ou inadimplemento de obrigações não deveriam ser introduzidas no corpo de estatutos processuais, aos quais são tecnicamente estranhas (obra cit., p. 268). Realmente, esse assunto pertence ao direito material, pouco importando a espécie de obrigação que tenha sido descumprida. Apesar disso, devemos reconhecer que o legislador processual assim agiu com o escopo de estabelecer um critério objetivo, ao qual deveria submeter-se todo aquele que desejasse promover qualquer espécie de execução. Esse critério (ou pressuposto) foi o do inadimplemento do devedor — ao qual se soma o da existência de título executivo.

Embora o verbo *inadimplir* traduza, na terminologia do processo, o ato pelo qual o devedor deixa de cumprir uma obrigação, devemos ponderar que o inadimplemento, em sua significação plena, só se configura quando a obrigação deixar de ser: a) cumprida em sua modalidade típica (pagar quantia certa, fazer, não fazer, entregar coisa); b) no prazo legal; c) no lugar estabelecido; d) de acordo com as demais condições constantes do título executivo.

No processo do trabalho, *e. g.*, quando as partes transacionam, costuma-se fixar dia, hora e local em que a obrigação deverá ser satisfeita. Em muitos desses casos, o devedor cumpre a obrigação no dia e no local estabelecidos, porém, fora do horário previsto. Diante disso, o credor, após receber o valor que lhe foi colocado à disposição, pelo devedor, requer a execução da cláusula penal ajustada, sob o argumento de que a obrigação não foi cumprida na hora avençada. Conquanto possa parecer injusta essa atitude do credor, não podemos deixar de reconhecer que o direito lhe assiste, pois o horário constitui, sem dúvida, uma das *condições* segundo as quais o devedor se obrigou. Se, em determinado caso, as partes não fixarem o horário em que a obrigação deverá ser adimplida, entende-se que o devedor poderá solvê-la até o final do expediente forense; caso o expediente seja encerrado antes do horário normal (em virtude de algum fato extraordinário), e antes do horário em que a obrigação deveria ser satisfeita, pensamos que ela poderá ser cumprida no primeiro dia útil subsequente, até o horário anteriormente estipulado.

Levando em conta as considerações que acabamos de formular, agirá com justificável prudência o devedor se, comparecendo a juízo no horário fixado para o cumprimento da obrigação, e lá não estando o credor, solicitar que a secretaria da Vara certifique esse fato nos autos, a fim de evitar que, mais tarde, o credor venha a alegar que a obrigação foi realizada fora do horário estabelecido, e, em consequência, solicite a execução da cláusula penal instituída.

O adjetivo *inadimplente*, aliás, deve ser inteligido em seu duplo senso: a) inadimplemento absoluto; e b) inadimplemento-mora, subdividindo-se o primeiro em a.a) total e a.b) parcial. No *inadimplemento absoluto,* não houve o cumprimento da obrigação, nem poderá havê-lo, em decorrência, p. ex., do perecimento do objeto, de culpa do credor, etc.; no *inadimplemento-mora,* a obrigação não foi cumprida no lugar, no tempo ou na forma convencionada, embora permaneça a possibilidade de ser satisfeita. No adimplemento absoluto *total* a obrigação deixou de ser cumprida em sua integralidade, ao passo que no absoluto *parcial* o inadimplemento atingiu apenas parte da obrigação.

Pontes de Miranda, com habitual mestria, alerta ao fato de inexistir sinonímia entre os conceitos de dívida e de obrigação: "Quem deve está em posição de ter o *dever* de adimplir, mas pode não estar obrigado a isso. Então, há o dever, e não há a obrigação (...). Quem deve, e não é obrigado, não pode ser constrangido a adimplir, *nem sofre consequências do inadimplemento* (...). Quem deve e não está obrigado, como quem deve e está obrigado, e presta, satisfaz e libera-se. Se deve e não está obrigado, e não inadimple, nada pode contra o devedor, o credor. Se deve, e está obrigado, e não adimple, incorre em mora. Expõe-se a que o credor exerça o direito de resolução ou de resilição por inadimplemento" ("Tratado", 26, § 3.102, p. 5, n. 1).

Verificado o inadimplemento do devedor, a norma processual atribui ao credor a faculdade de deduzir a correspondente pretensão executiva, com o objetivo de fazer com que o devedor seja levado a satisfazer, coercitivamente, a obrigação materializada no título exequendo. Sem que tenha ocorrido o inadimplemento, o credor não poderá, portanto, promover a execução, sob pena de vir a ser declarado carente dessa ação, dada a manifesta ausência de interesse de agir em juízo; via de consequência, deverá ser extinto o processo, sem pronunciamento acerca do "mérito" (CPC, art. 485, VI). Por outro lado, o cumprimento da obrigação, pelo devedor, impede o início da execução, ou o seu prosseguimento — conforme tenha sido o momento em que o devedor se desobrigou —, como adverte o art. 788 do CPC; para que a prestação realizada pelo devedor se revista dessa eficácia extintiva da execução (CPC, art. 924, II), torna-se imperativo que ela corresponda ao direito ou à obrigação derivante do título executivo; caso isso não aconteça, permite a lei que o credor requeira a execução (CPC, art. 788, *caput*, parte final), nada obstante se reserve ao devedor a possibilidade de oferecer embargos no momento oportuno (*ibidem*).

Para que o credor possa exigir o adimplemento da obrigação, esta deve apresentar-se de maneira *líquida*, ou seja, *certa* quanto à sua existência e *determinada* em relação ao seu objeto. Sendo ilíquida a obrigação, impede-se que o credor exija o seu cumprimento; é que, no caso, a imprecisão do *quantum debeatur* faz com que o título se torne inexigível — fato que poderá ser alegado pelo devedor mediante os embargos que lhe são próprios (CPC, art. 917, I).

Sempre que for defeso a um contraente, antes de cumprida a sua obrigação, exigir o implemento da do outro, não se realizará a execução, se o devedor se propõe a satisfazer a obrigação, com meios reputados idôneos pelo juiz, mediante a execução da contraprestação pelo credor, e este, sem justo motivo, recusar a oferta (CPC, art. 787). Vem da lei, a propósito, o dever de o credor, na espécie focalizada, provar que adimpliu a contraprestação, que lhe corresponde, ou que lhe assegura o cumprimento, se o devedor não for obrigado a cumprir a sua prestação senão mediante a contraprestação daquele (CPC, art. 798, I, "*d*"). O devedor poderá, todavia, liberar-se da obrigação depositando em juízo a prestação ou a coisa; nessa hipótese, o juiz suspenderá a execução, não permitindo que o credor a receba, sem adimplir a contraprestação que lhe estiver afeta (CPC, art. 787, parágrafo único).

Para que a execução não se realize, pois, na situação em exame: a) é necessário que o devedor se proponha a satisfazer a obrigação, com meios que o juiz considere idôneos, mediante a contraprestação que incumbe ao credor; b) este, sem razão legal, recuse a oferta; *a contrario sensu*, a execução *poderá ser realizada* se: a) o devedor não se dispuser a cumprir a obrigação; b) propondo-se, deixar de indicar os meios com que o fará; c) indicando-os, estes vierem a ser julgados inidôneos pelo juiz; d) sendo idôneos, o credor recusar a oferta *com* justo motivo.

Toda vez que o credor, sem cumprir a prestação que lhe cabe, exigir o cumprimento da que toca ao devedor, este poderá, no ensejo dos embargos que vier a oferecer, alegar o *excesso de execução* (CPC, art. 917, § 2.º, IV).

Ilustremos com um exemplo.

Em alguns casos de transação judicial, autor e réu estabelecem prestações recíprocas, cuja realização deverá ocorrer em épocas distintas: o réu obriga-se a pagar ao autor certa quantia no dia 14 de dezembro; este, em contrapartida, obriga-se a restituir àquele, até o dia 10 de outubro do mesmo ano, alguns bens que se encontram em seu poder (pertencentes ao réu) e que estão perfeitamente individualizados no termo de transação. Por força desse negócio jurídico bilateral, conseguintemente, o autor apenas poderá exigir do réu o cumprimento da obrigação por este assumida (de pagar quantia certa) se, *antes*, efetuar a contraprestação que lhe corresponde (devolver os bens descritos no termo). Desse modo, se o autor promover a execução contra o réu, sem haver ainda adimplido a obrigação que lhe estava afeta, propiciará a que este, na oportunidade dos embargos, argua o *excesso de execução*. A hipótese, como se percebe, é semelhante à da *exceptio non adimpleti contractus* comumente oponível no processo de conhecimento, sempre que a cláusula integrar o negócio jurídico que deu origem ao conflito de interesses. No exemplo fornecido, o réu estaria, de certa forma, ao alegar o excesso de execução, opondo a *exceptio non adimpleti contractus* ao autor, tomando-se aqui como contrato a cláusula a que este se obrigara na transação judicial realizada, consistente na devolução dos bens pertencentes ao réu. É óbvio que o réu não poderia opor tal cláusula se: a) a sua prestação devesse ser realizada *antes* da que cabia ao autor; b) o próprio réu desse causa a que o autor não pudesse cumprir a obrigação, mesmo que devesse ser realizada *antes* da que correspondia ao réu.

2. Título executivo

2.1. Títulos judiciais

2.1.1. Sentença transitada em julgado

A CLT se refere a "decisões passadas em julgado", às quais pespega eficácia executiva (art. 876); aí estão compreendidas as sentenças (decisões de primeiro grau) e os acórdãos (decisões dos órgãos superiores da jurisdição).

Essa dicção do texto trabalhista, no entanto, está a merecer, na atualidade, um pequeno reparo doutrinário, uma vez que encerra algo de restritivo, que não se coaduna com a própria intenção do preceito legal nem com os modernos conceitos científicos. Efetivamente, *decisão* (em sentido amplo) transitada em julgado é aquela *"não mais sujeita a recurso"* (CPC, art. 502); a locução legal *não mais* indica, com clareza, que a decisão, antes de submeter-se ao fenômeno jurídico da coisa julgada material, *era recorrível*; daí a norma processual haver aludido a *não mais*. Sendo assim, uma interpretação rigorosamente literal do dispositivo em questão poderia levar à imperfeita conclusão de que não seriam susceptíveis de execução aquelas sentenças proferidas nas denominadas causas de alçada exclusiva dos órgãos de primeiro grau, instituídas pela Lei n. 5.584, de 26 de junho de 1970 (art. 2.º, § 4.º), *justamente porque elas não pressupõem o decurso, em branco, do prazo para um exercício de pretensão recursal.* Referidas sentenças trazem em si, peculiarmente, o atributo legal da irrecorribilidade, que lhes é ontológico, ou seja, lançadas essas sentenças nos autos, nasce com elas o veto da lei à possibilidade de serem impugnadas pela via recursal. Logo, depara-se-nos desacertada a assertiva doutrinária vogante de que tais sentenças transitam em julgado no instante mesmo em que são proferidas; não *transitam*: são, já em sua origem, irrecorríveis, o que é coisa diversa.

A única possibilidade de cogitar-se de trânsito em julgado dessas sentenças ocorrerá se elas contrastarem com a Constituição da República, pois nesse caso a Lei n. 5.584/70 permite a interposição de recurso (extraordinário) ao STF.

O importante, enfim, a deixar-se registrado é que as sentenças irrecorríveis constituem — até por mais forte razão — títulos executivos, para os efeitos do art. 876 da CLT.

Estivemos, até este momento, com a atenção concentrada na execução *definitiva* (CPC, art. 523, tanto que nos ocupamos a manejar o conceito de trânsito em julgado (ou de coisa julgada); ainda, porém, que a decisão não tenha passado em julgado, ensejará a execução, que nesse caso será *provisória*). É a elas que se refere a expressão "ou das quais não tenha havido recurso com efeito suspensivo", introduzida no art. 876 da CLT.

O art. 515, I, do CPC considera exequíveis somente as sentenças *condenatórias;* é necessário, pois, precisarmos o exato conceito jurídico dessa espécie de pronunciamento jurisdicional, distinguindo-o dos demais. Segundo seja a natureza da ação aforada — processo de conhecimento —, será a da sentença que vier a ser aí proferida; daí existirem, legal e doutrinariamente identificadas, sentenças: a) declaratórias; b) constitutivas; e c) *condenatórias* — embora Cintra, Grinover e Dinamarco observem, com propriedade, que essa classificação não se harmoniza com a teoria abstrata da ação, tomada em sua pureza, "pois, segundo tal posição, esta não se caracteriza em sua essência pelos elementos identificadores, sendo inadequado falar em 'ações', no plural" (obra cit., p. 232). Alguns autores incluem, ainda, as ações *mandamentais*, como Goldschmidt, para quem essa modalidade de ação tem por objeto "obter um mandado dirigido a outro órgão do Estado por meio de sentença judicial" ("Derecho Procesal Civil", Barcelona: 1936, p. 113). Certos setores da doutrina têm dirigido críticas à categorização dessas ações como espécie distinta, no plano do processo de conhecimento, como assinala Celso Agrícola Barbi: "Assim se vê que a categoria de ações e sentenças mandamentais só pode ser admitida em outra classificação, na qual o elemento diferenciador seja a existência, ou não, de um mandado a outro órgão do Estado",(obra cit., p. 57). Nós mesmos perfilhávamos este entendimento; todavia, reformulamos nossa opinião, passando a admitr, como classe distinta, as ações mandamentais, nas quais a ordem judicial é o objeto exclusivo da ação.

a) Na ação *declaratória*, pretende o autor obter um provimento jurisdicional que declare: a.a) a existência ou inexistência de relação jurídica (vínculo de emprego com o réu, *v. g.*), ou do modo de ser dessa relação ou a.b) a autenticidade ou a falsidade de documento (CPC, art. 19, I e II), sendo possível o uso dessa ação ainda que já tenha ocorrido a lesão do direito (art. 20).

Em rigor, o objeto da ação declaratória é mais amplo do que o referido pelo legislador, uma vez que por meio dela também será possível, p. ex., obter declaração de nulidade de cláusula contratual ou de instrumento normativo sindical (acordo ou convenção coletiva de trabalho).

Reconhecida a existência de relação jurídica, a sentença será declaratória *positiva;* se concluir, ao contrário, pela inexistência dessa relação, será declaratória *negativa*. Dois breves comentos se fazem aconselháveis neste instante. Em primeiro lugar, quando a pretensão do autor visar à declaração de autenticidade ou de falsidade documental, a sentença declaratória, em qualquer caso, será de conteúdo *positivo*, porquanto dirá se o documento *é* autêntico, ou *é* falso; em segundo, será sempre declaratória negativa a sentença que rejeitar os pedidos formulados pelo autor, mesmo em ação de natureza diversa (digamos que ele buscasse a *condenação* do réu e a sentença não acolhesse esse pedido).

As sentenças meramente declarativas, por isso, não constituem título executivo, valendo como simples preceito, com resultado normativo em relação àquilo que foi objeto da declaração; via de regra, se o autor desejar fazer valer o direito que foi declarado por essa classe de sentença deverá invocar, mais uma vez, a tutela jurisdicional do Estado, procurando alcançar, desta feita, um provimento condenatório, que o autorizará, mais tarde, a deduzir uma pretensão executiva.

b) Na ação *constitutiva*, o que o autor colima é uma sentença que constitua, modifique ou extinga tanto uma relação jurídica quanto uma situação jurídica; essa espécie de sentença, todavia, opostamente à declaratória, não *cria* o direito — que preexistia à sua prolação —, limitando-se a reconhecer a existência anterior do direito invocado pela parte, do qual decorrerão efeitos *constitutivos*, tais como previstos na ordem jurídica.

No geral, as sentenças constitutivas produzem efeitos para o futuro (*ex nunc*); já nas declaratórias e nas condenatórias os efeitos são retrooperantes (*ex tunc*).

Figuram como pressupostos da sentença constitutiva:

a) um fato que constitua uma relação jurídica de caráter privado;

b) a existência de um fundamento capaz de produzir a constituição;

c) que a constituição somente possa ser conseguida por meio da sentença.

É preciso, porém, separar os casos em que a constitutividade dos efeitos apenas será obtenível por força de provimento jurisdicional daqueles em que esses efeitos podem ser ordinariamente produzidos por intermédio de ato volitivo das partes. No primeiro caso, a exigência de sentença constitutiva provém da indisponibilidade da relação ou da situação jurídica, em virtude da sua importância para os valores sociais, para as instituições, etc.; no segundo, ausente esse interesse social, permite-se que a relação ou a situação jurídica seja constituída, modificada ou extinta por ato praticado pelas próprias partes, sob a forma de avença.

Exemplo clássico, no direito do trabalho, de relação jurídica que somente pode ser extinta *ex vi* de provimento constitutivo é o da dissolução do contrato de empregado garantido pela cláusula (legal ou convencional) de estabilidade no emprego; a sentença, aqui, é proferida em ação ("inquérito", na linguagem deturpada da lei) especialmente ajuizada pelo empregador (CLT, art. 494, *caput*). Modificação possível de ser realizada por ato das próprias partes interessadas é a da equiparação salarial efetuada pelo empregador, sem que o empregado tenha ingressado em juízo para isso.

c) Na ação *condenatória*, a sentença contém uma *sanção* ao réu, que o obriga a determinada prestação, postulada na inicial, podendo ser de dar (dinheiro, coisa), fazer ou não fazer. Se a sentença rejeitar, integralmente, os pedidos formulados pelo autor, não será condenatória e sim *declaratória negativa*, ou *desestimatória*, como também a denomina a inteligência doutrinária (*Alcides de Mendonça Lima*, obra cit., p. 296).

A sentença condenatória, como afirmamos há pouco, é a única que outorga ao autor um *novo direito de ação*, que o permitirá deduzir, agora, uma pretensão de índole executiva.

Dissemos, também, que a sentença será condenatória quando acolher, total ou parcialmente, os pedidos feitos pelo autor porque levamos em conta aquele aspecto que mais interessa para definir se ela seria, em concreto, condenatória ou não — o direito disputado pelas partes; entretanto, ainda que as pretensões do autor sejam repelidas pela sentença, não se pode negar que, em um outro sentido, ela será condenatória sempre que cometer ao autor *vencido* o encargo do pagamento das custas, emolumentos e de outras despesas processuais. Tanto isso é certo que se ele não as pagar se sujeitará à execução, exceto se houver recebido o benefício constitucional da assistência judiciária gratuita; a execução, na espécie, será promovida perante a própria Justiça do Trabalho e culminará, se houver necessidade, com a expropriação judicial dos bens do autor-devedor.

Sob esse ponto de vista (que nos parece juridicamente defensável), também serão condenatórias as sentenças *declaratórias* e as *constitutivas*, na parte em que impuserem ao vencido o pagamento das custas e de outras despesas do processo. Na lição de Alcides de Mendonça Lima, com apoio em Lopes Cardoso, não se confundem as sentenças *condenatórias* com as de *condenação*: "aquelas são mais amplas, abrangendo também as de natureza meramente declaratória e constitutiva, na parte em que haja alguma condenação acessória quanto ao pedido propriamente dito. As últimas, porém, são mais restritas, pois parecem ater-se apenas às proferidas em ações de condenação ou condenatórias. Para evitar qualquer dúvida, o art. 46 do Código de Processo Civil português foi alterado no seu texto primitivo de 1939 pela reforma de 1961, mantida em 1967, pois antes se usava o conceito restrito b) para, depois, ser adotada a forma ampla a). No Brasil, pelo menos doutrinariamente, a sentença que autoriza a execução é sempre a condenatória, ainda que tal condição nela se revele apenas numa parte secundária" (obra cit., p. 317).

Embora o princípio seja de que a sentença condenatória passada em julgado enseja a execução (definitiva), com todas as medidas coercitivas que lhe são ínsitas, ao menos em um caso tais medidas não incidirão; referimo-nos à execução contra a Fazenda Pública, quando a citação não será para que a devedora cumpra a obrigação (de pagar quantia certa), consubstanciada no título executivo, ou nomeie bens à penhora, e sim para oferecer embargos, se assim pretender (CPC, art. 535, *caput*). Dá-se que, sendo os bens públicos impenhoráveis, os pagamentos devidos pela União, pelos Estados-membros e pelos Municípios, em virtude de sentença judicial condenatória transitada em julgado, serão efetuados na rigorosa ordem de apresentação dos precatórios e à conta dos créditos respectivos (CF, art. 100); por esse motivo, é obrigatória a inclusão, no orçamento das entidades de Direito Público, de verba necessária ao pagamento de seus débitos constantes de precatórios judiciais apresentados até 1.º de julho (CF, art. 100, § 1.º).

Se a obrigação a ser solvida pela Fazenda Pública for de entregar coisa, de fazer ou não fazer, a execução será realizada de igual maneira como o é quanto aos devedores particulares; logo, a citação, na espécie, será para efetuar a correspondente prestação, e não apenas para embargar, como acontece quando a execução é por quantia certa.

Considerando que cada ação possui natureza (e finalidade) própria (conhecimento, execução e cautelar), e que a cognitiva se subdivide, como vimos, em declaratória, constitutiva e condenatória, o processo civil torna defeso ao juiz proferir sentença, a favor do autor, de natureza diversa da pedida (art. 492); dessa forma, se a parte pediu um provimento jurisdicional condenatório, e o que veio foi constitutivo; ou, tendo sido solicitado um constitutivo, o que se deu foi um declaratório, haverá nulidade da sentença, por desrespeito ao comando do art. 492. Dita norma legal não deve, no entanto, ser interpretada debaixo de uma rigidez literal que ofenda ao bom-senso. Há situações em que motivos de ordem absolutamente lógica impedem seja a natureza da sentença mantida, como sucede, p. ex., quando o provimento jurisdicional rejeita inteiramente as pretensões deduzidas pelo autor: embora a sentença desejada fosse *condenatória* (do réu), as provas dos autos fizeram com que, rechaçados os pedidos, fosse prolatada uma de *natureza diversa*, ou seja, *declaratória negativa* (porque se afirmou a *inexistência* do direito alegado).

Em outros casos, o autor pede que o provimento jurisdicional, como unidade lógica, contenha partes distintas, conquanto harmoniosas entre si: requer que seja reconhecida a alegada existência de relação jurídica (vínculo de emprego) com o réu (sentença declaratória) e, em consequência, imposta a este a obrigação de pagar as quantias a que, como empregado, fazia jus (sentença condenatória), e que se encontram mencionadas na peça inaugural. Nessa hipótese, a sentença poderia ser apenas *declaratória* (reconheceria a relação de emprego), mas não forçosamente *condenatória* (uma vez que, digamos, as quantias devidas já estavam pagas); o que não poderia, como é óbvio, no exemplo em pauta, é o provimento jurisdicional, negando a causa (relação de emprego), admitir o efeito (quantias devidas). Se, contudo, a relação de emprego não fosse negada de maneira expressa pelo réu, a admissibilidade da sua existência estaria *implícita* na sentença *condenatória* deste ao pagamento de determinadas quantias de natureza trabalhista.

Ao inaugurarmos este Capítulo, dissemos que a expressão do art. 876 da CLT "decisões passadas em julgado" abarcava as sentenças e os acórdãos; isso significa, portanto, que a execução trabalhista de título judicial pode fundar-se: a) apenas em sentença; b) apenas em acórdão; c) parte em sentença e parte em acórdão.

a) Apenas em sentença, quando esta: a.a) trouxer, já no nascedouro, o veto legal da irrecorribilidade (Lei n. 5.584/70, art. 2.º, § 4.º); a.b) impugnada pela via recursal, for "mantida" pelo tribunal.

b) Apenas em acórdão, toda vez que este: b.a) houver sido prolatado em ação de competência originária do tribunal; b.b) der provimento ao recurso, para efeito de acolher os pedidos formulados pelo autor, que a sentença impugnada havia rejeitado.

c) Parte em sentença e parte em acórdão, sempre que o tribunal prover *em parte* o recurso interposto pelo autor, acrescentando à condenação uma ou mais parcelas. Torna-se oportuno lembrar que o acórdão proferido em grau de recurso *substitui* a sentença impugnada, naquilo em que tiver sido objeto do recurso (CPC, art. 1.008) — vedada, em qualquer caso, a *reformatio in peius*, na medida em que o recorrente não pode ter a sua situação processual empiorada pela decisão do órgão *ad quem*. A situação do recorrente, pois, em face do recurso interposto, somente poderia: a) *permanecer inalterada* (porque o tribunal negou provimento ao apelo); ou b) ser *melhorada* (a corte de revisão daria provimento ao recurso, total ou parcialmente); nunca, porém, c) *agravada*, porquanto isso implicaria beneficiar a parte contrária, que deixou de impugnar outras partes da decisão (*reformatio in peius*). Devem ser ressalvadas, contudo, aquelas matérias que podem ser conhecidas pelo juiz, *ex officio*.

Se a sentença concedeu duas horas extras diárias, e o recorrente pretender elevar a três esse número, não pode o tribunal, a pretexto de injustiça da decisão de primeiro grau, ou de má apreciação das provas, *reduzir* a condenação do réu a uma hora extra diária, sem que este haja manifestado qualquer pretensão recursal quanto a isso.

Na execução deverão ser observados, fielmente, os comandos sancionatórios embutidos em ambos os títulos executivos: na sentença e no acórdão, sempre que ela se fundar, a um só tempo, em um e outro. De tal arte, se o acórdão concedeu mais do que fora pedido pelo recorrente, ou incidiu em *reformatio in peius, mas transitou em julgado* com essas eivas, será assim executado; somente em sede de ação rescisória poderia a parte interessada (devedor) escoimar o acórdão desses vícios. Jamais mediante embargos à execução.

2.1.2. Acordo inadimplido

A despeito de a CLT referir-se, indistintamente, a *acordo* e a *conciliação* (arts. 764, *caput* e §§ 2.º e 3.º; 847, *caput* e §§ 1.º e 2.º; 848, *caput*; 850, *caput*), do ponto de vista doutrinário esses conceitos são inconfundíveis. A *conciliação* significa o retorno à harmonia, à concórdia, entre as partes que se desavieram; o *acordo,* no sentido em que estamos a considerá-lo, é um negócio jurídico bilateral, estabelecido com o propósito de prevenir ou solver um conflito intersubjetivo de interesses, podendo ser judicial ou extrajudicial. Sob esse aspecto, o acordo corresponde à *transação*, figura que recebeu melhor tratamento jurídico do legislador brasileiro. Nada obstante haja, como demonstramos, um traço sutil de separação dos conceitos de acordo e de transação, no que respeita à sua essência ontológica, ambos se identificam quanto aos *efeitos* que produzem: o de extinguir obrigações

Dessa maneira, porque dessemelhantes entre si, a conciliação e o acordo (ou transação) podem coexistir, sem colidência, em um mesmo caso; poderia ocorrer, *e. g.*, de as partes efetivamente se *conciliarem* (isto é, se harmonizarem, fazerem as pazes), mas não chegarem a um *acordo* para terminar o litígio judicial. O inverso também poderia acontecer: transacionarem, dando, com isso, cobro ao processo, sem, todavia, ficar dissipada a animosidade pessoal existente entre ambas. É certo que o grande escopo da Justiça do Trabalho estará atingido quando concorrerem, em um mesmo caso, a conciliação e o acordo.

São dois os caracteres essenciais da transação: a) a existência de *res dubia*, ou seja, a incerteza quanto ao direito, cujo reconhecimento judicial se impetra; b) a finalidade de prevenir ou de terminar o conflito de interesses mediante concessões recíprocas (CC, art. 840). Por ela — que deve ser sempre interpretada restritivamente — não se *transmitem* direitos, mas apenas se os declara ou reconhece (CC, art. 843).

A transação produz entre as partes o efeito de coisa julgada, sendo, todavia, passível de ação rescisória (CC, art. 849); daí por que a CLT declara que o correspondente *termo* valerá como decisão irrecorrível, exceto para a Previdência Social quanto às contribuições que lhe forem devidas (art. 831, parágrafo único).

A transação não se confunde com a *renúncia*, pois, enquanto a primeira constitui negócio jurídico bilateral, na segunda a manifestação volitiva é sempre unilateral.

Podem os transigentes instituir *cláusula penal* para o caso de a obrigação não vir a ser cumprida na forma e no tempo fixados (CC, art. 409); essa cláusula pode compreender toda a obrigação ou somente parte dela, assim como pode ter como objeto apenas a mora (CC, art. 409). Dispõe o art. 412 do CC que o valor da cláusula penal não pode exceder ao da obrigação principal; a CLT contém preceito análogo, segundo o qual, "Entre as condições a que se refere o parágrafo ante-rior, poderá ser estabelecida a de ficar a parte que não cumprir o acordo obrigada a satisfazer integralmente o pedido ou pagar uma indenização convencionada, sem prejuízo do cumprimento do acordo" (art. 846, § 2.º).

A nulidade da obrigação acarreta, *ipso facto*, a da cláusula penal; quando o transator cumprir apenas parte da obrigação assumida, o juiz deverá reduzir, equitativamente, a pena estipulada (CC, art. 413).

Releva assinalar que o credor pode exigir a execução da cláusula penal independentemente de haver alegado prejuízo decorrente do descumprimento da obrigação pelo devedor (CC, art. 416, *caput*).

Se a transação envolver direitos contestados em juízo (hipótese mais frequente no processo do trabalho), far-se-á por *termo* nos autos, assinado pelos transigentes e homologado pelo juiz (CC, art. 842, parte final); é com vistas a esse *modus faciendi* que se deve entender a declaração contida no art. 831, parágrafo único, da CLT, de que, "No caso de conciliação, o termo que for lavrado valerá como decisão irrecorrível". O processo civil possui norma assemelhada, como demonstra o seu art. 449. Segue-se que no caso de inadimplemento da obrigação o que se executará, em rigor, não será o acordo, ou a transação, e sim a correspondente sentença homologatória (CPC, art. 515, II). Em que pese à omissão da CLT sobre o assunto, entendemos que também no processo do trabalho a transação deverá ser submetida à homologação do Juiz do Trabalho. Esse procedimento, aliás, se encontra salutarmente consagrado pela praxe processual trabalhista.

Em todos os casos em que o devedor inadimplir a obrigação derivante de acordo judicial, o credor poderá promover a pertinente execução (embora o juiz possa agir aí de ofício: CLT, art. 878, *caput*), que compreenderá o principal, a cláusula penal, a correção monetária, os juros da mora e as demais despesas processuais, legalmente exigíveis (custas, emolumentos, honorários periciais e advocatícios, etc.), observando-se, no que couber, o procedimento estabelecido no Capítulo V da CLT, na Lei n. 6.830/80 e no CPC, conforme a ordem indicada.

Não é, entretanto, qualquer título judicial que rende ensejo à execução forçada; para que isso seja possível, é necessário que a obrigação nele contida seja "líquida, certa e exigível", como está na previsão do art. 783, *caput*, do CPC. A nosso ver, contudo, há certa impropriedade nessa expressão legal, pois quando se refere à obrigação: a) líquida; b) certa; e c) exigível faz supor que existam aí três qualidades distintas, quando se sabe que a *certeza* integra o conceito de *liquidez*. Tanto é autêntica a assertiva que o Código Civil anterior considerava líquida a obrigação que fosse *certa* quanto à sua existência e *determinada* quanto ao seu objeto (art. 1.533). Dessa forma, houve superfetação do legislador ao aludir à obrigação líquida e certa; bastaria que mencionasse apenas o elemento de *liquidez*, para entender-se embutido nele o de *certeza*.

De outra parte, existem dívidas ou obrigações *certas* (quanto à sua existência) que são *ilíquidas*; o que não pode haver são dívidas ou obrigações líquidas que sejam *incertas*. Para resumirmos: o título executivo deve apresentar-se *líquido* e *exigível*, compreendendo-se no primeiro caráter a certeza e a determinação. Os antigos práticos — vale rememorar — determinavam a liquidez sob a fórmula: a) *an*; b) *quid*; e c) *quantum debeatur*. Em *an*, a incerteza relacionava-se com o crédito, considerado em sua existência de fato e não de direito; em *quid*, a incerteza referia-se ao objeto da obrigação e surgia quando se punha em dúvida a sinceridade do documento; quando inexistisse título comprobatório; quando fosse obscuro ou contivesse erro ou qualquer outro vício de consentimento; em *quantum*, procurava-se determinar a quantidade de crédito.

A *exigibilidade*, no campo processual, significa que o credor poderá reclamar a correspondente contraprestação do devedor no tempo estabelecido, independentemente de outras condições.

Os requisitos legais de *liquidez* e de *exigibilidade*, segundo cremos, não oferecem maiores dificuldades à sua verificação em concreto; o mesmo não se dá, todavia, com o da *certeza*, fenômeno de natureza essencialmente subjetiva, definido por Carnelutti como "un grado o uno stato della nostra conoscenza intorno a un fatto" ("Processo di Ezecuzione", Milão: 1929, vol. I, n. 125, p. 261).

A propósito do assunto, adverte Alcides de Mendonça Lima: "*A quem cabe verificar um título — no caso o juiz, para autorizar a execução ou acolher ou não a defesa do devedor, nos embargos — poderá não ter a mesma 'certeza' de outrem quanto à obrigação, ainda que os demais elementos ocorram. Mas se certeza não há, isto é, se há incerteza, os demais atributos perdem a eficácia, não dependendo nem de ser a obrigação liquidada e nem exigida. Se houver certeza e for ilíquida a obrigação, sua liquidação será possível na execução de título judicial, mediante a fase prévia da liquidação da sentença*". Obra cit., p. 461/462).

A matéria respeitante à liquidação da sentença será objeto de aprofundadas investigações no Capítulo XXVII, Primeira Parte, deste livro.

O art. 783, *caput*, do CPC fala em "cobrança de crédito", com o que permite uma conclusão — aparentemente lógica — de que a única obrigação exequível na hipótese seria a *por quantia certa,* ficando à margem as espécies de entregar coisa (certa ou incerta), fazer e não fazer.

Inferência que tal não seria correta, porquanto a antedita norma legal, ao empregar o vocábulo *crédito*, não o fez com o intuito de circunscrevê-lo à execução *por quantia certa*, que pressupõe uma obrigação de índole pecuniária. O substantivo *crédito* possui, nesse texto processual, o senso de *obrigação*, entendida esta em todas as suas modalidades. O próprio Código Civil elucidava que "À execução judicial das obrigações de fazer, ou não fazer, e, em geral, à indenização de perdas e danos, precederá a liquidação do valor respectivo, toda vez que o não fixe a lei, ou a convenção das partes" (art. 1.535), a revelar, com isso, a previsão legal quanto às obrigações de fazer e de não fazer estarem consubstanciadas em título executivo judicial, tanto que fala em *liquidação*.

2.2. Títulos extrajudiciais

Nas edições anteriores deste livro, sempre sustentamos que a única modalidade de execução admissível no processo do trabalho era a de título *judicial,* por força do disposto no art. 876 da CLT. Todavia, a Lei n. 9.958/2000, que instituiu as Comissões de Conciliação Prévia (CLT, arts. 625-A a 625-H), deu nova redação ao art. 876, para permitir que a execução forçada se baseie, também, no *termo de conciliação* e no *termo de ajustamento de conduta,* aí referidos, ou seja, em determinados títulos *extrajudiciais*.

É evidente que, em decorrência dessa alteração legislativa, tivemos de reformular a nossa opinião acerca do assunto.

Essa expressiva inovação legislativa obrigará a que as partes — credor e devedor — se obriguem a estudar a nova modalidade de execução, que muito se desassemelha da que se funda em título judicial. Para que se compreenda o que estamos a dizer, basta lembrar que na execução calcada em título executivo judicial os embargos do devedor, nos termos do art. 884, § 1.º, da CLT, somente podem estribar-se em: cumprimento da decisão ou do acordo; quitação ou prescrição (intercorrente) da dívida, embora a doutrina e a jurisprudência sempre tenham entendido que o devedor poderia alegar, também, as matérias mencionadas no art. 741 do CPC de 1973 (atualmente, art. 525, § 1.º). Seja como for, a verdade é que a defesa do devedor, na execução por quantia certa fundada em título judicial, só pode basear-se em fato *posterior* ao título executivo. Entrementes, na execução de título *extrajudicial,* o devedor poderá alegar, em seus embargos, além das matérias enumeradas no art. 917 do CPC, qualquer outra que lhe seria lícito deduzir como defesa *no processo de conhecimento*, como prevê o inciso VI, da norma legal precitada.

Em termos práticos, isso significa que o devedor poderá discutir, inclusive, a própria origem do título (extrajudicial), ampliando, desse modo, consideravelmente, a extensão da cognição nesse tipo de embargos, se compararmos com a cognição que é própria dos embargos à execução de título judicial. Para que se tenha ideia da amplitude da defesa, via embargos, na execução de título extrajudicial, devemos dizer que o devedor poderá alegar, dentre outras coisas (além da própria invalidade do título executivo), todas as matérias que, no processo de conhecimento, são objeto de *preliminar* (CPC, art. 337).

Capítulo XII

Execução Definitiva
e Execução Provisória

1. Execução definitiva

Na execução *definitiva* a atividade desenvolvida pelo credor e pelo órgão jurisdicional tende a fazer com que o comando sancionatório, ínsito no título executivo, seja plenamente atendido, ainda que, para isso, haja necessidade de serem utilizadas, contra o credor recalcitrante, todas as medidas coercitivas previstas em lei, que poderão acarretar, até mesmo, a expropriação judicial de seus bens, presentes ou futuros (CPC, arts. 789 e 824).

O pressuposto legal para a *definitividade* da execução do título judicial é o trânsito em julgado da sentença condenatória (CLT, art. 876), o inadimplemento do acordo realizado em juízo (CLT, art. 876), ou do termo de conciliação firmado no âmbito das Comissões de Conciliação Prévia (CLT, arts. 625-E, parágrafo único, e 876, *caput*), conforme seja o caso. O conceito normativo de coisa julgada está no art. 6.º da Lei de Introdução ao Código Civil brasileiro (em rigor, Decreto-lei n. 4.657, de 4-9-1942): "Chama-se coisa julgada ou caso julgado a decisão judicial de que já não caiba recurso", cuja disposição foi, em essência, reproduzida pelo art. 502 do atual CPC, onde a referência à coisa julgada *material* é explícita.

Sentença passada em julgado, portanto, é aquela que *já não* é passível de ser impugnada pela via recursal, seja ordinária ou extraordinariamente; de igual modo comportam execução definitiva as sentenças proferidas nas ações de alçada exclusiva dos órgãos de primeiro grau de jurisdição, criadas pela Lei n. 5.584/70 (art. 2.º, § 4.º), embora, como esclarecemos anteriormente, esses provimentos jurisdicionais não se submetam ao fenômeno da *res iudicata* material, dada a sua ontológica irrecorribilidade, salvo se perpetrarem ofensa à Constituição da República.

Se a decisão judicial transitou em julgado, a matéria por ela apreciada torna-se imutável (ressalvada a possibilidade de desconstituição dos seus efeitos pela ação rescisória), tornando-se, desse modo, espécie de lei entre as partes; insta anotar que o respeito à coisa julgada foi elevado, entre nós, ao predicamento de garantia constitucional (art. 5.º, XXXVI). É, precisamente, o princípio legal da imutabilidade da coisa julgada (que não é efeito, mas *qualidade* da sentença) que autoriza a execução *definitiva* da sentença ou do acórdão. Pondo em realce essa particularidade, podemos afirmar que o escopo dos diversos meios de impugnação às resoluções judiciais não é, como vem proclamando a doutrina majoritária, *impedir* e sim *retardar* a formação da coisa julgada material.

A sentença condenatória, no entanto, sob a óptica de sua execução definitiva ou provisória, não requer, necessariamente, como se possa imaginar, um tratamento unitário, incindível, de tal forma que a definitividade e a provisoriedade fossem elementos interexcludentes: o título judicial *somente* ensejaria execução: a) definitiva; *ou* b) provisória. Sem embargo, há situações em que o mesmo título judicial permite, a um só tempo, a execução definitiva e a provisória, conquanto pertinentes a partes distintas desse provimento condenatório. Isso ocorre, com certa frequência, nos casos em que a sentença é impugnada apenas em parte (CPC, art. 1.002). Digamos que o réu tenha sido condenado a pagar: a) aviso prévio; b) férias; c) 13.º salário (gratificação natalina), tendo interposto recurso, todavia, apenas em relação ao aviso prévio. Diante disso, seria legalmente possível ao credor promover, de maneira simultânea: a) a execução definitiva quanto às férias e ao 13.º salário, que já se encontram sob o pálio da autoridade da coisa julgada material; b) a execução *provisória* no que toca ao aviso prévio, considerando que a sentença, neste ponto, pende de recurso recebido no efeito meramente "devolutivo" (CLT, art. 899, *caput*).

Como, no exemplo apresentado, os autos do processo deverão ser remetidos ao tribunal, em virtude do recurso interposto, a execução definitiva (das férias e do 13.º salário) deverá ser efetuada em *carta de sentença*, nada obstante esta, por princípio, seja destinada à execução *provisória*; as singularidades da situação em foco, entrementes, determinam que a execução *definitiva parcial* seja processada nos autos de carta de sentença — que deverá conter as peças exigidas por lei (CPC, art. 522, parágrafo único), exceto a "certidão de interposição do recurso não dotado de efeito suspensivo", pois a execução, aqui, se funda em título judicial *passado em julgado*. Outra solução não seria, juridicamente, aceitável, como pretender que a execução *definitiva parcial* fosse realizada nos autos principais, sabendo-se que estes teriam de ser encaminhados ao órgão *ad quem*, por força da impugnação que tem por objeto *outra parte* da sentença; negar, por outro lado, a possibilidade de haver execução definitiva quanto aos pontos da decisão que não foram atacados pelo recurso seria afrontar a literalidade do art. 876 da CLT, que faz menção ao trânsito em julgado da sentença, sem distinguir se esse fenômeno jurídico deve — para ensejar a execução definitiva — atingir todo o conteúdo da decisão, ou apenas parte dele.

A regra a ser observada, portanto, é esta: executa-se, em caráter definitivo, o que já *passou em julgado*, pouco importando que isso corresponda somente a *parte* do título judicial.

Transitando em julgado *toda* a sentença, estaremos em face de um título judicial que permite a sua execução definitiva plena, integral.

2. Execução provisória

O mundo ocidental conhece três sistemas concernentes à admissibilidade da execução provisória da sentença:

a) os que afirmam a mera devolutividade dos recursos, sendo a suspensividade admitida, em consequência, apenas quando declarada de maneira expressa;

b) aqueles em que a própria norma legal concede ao juiz poderes para autorizá-la, desde que haja requerimento do vencedor-recorrido, pela situação particular da causa (logo, da sentença);

c) aqueles em que a execução provisória é a regra, só derrogada por manifesta dicção legal contrária (Alcides de Mendonça Lima, obra cit., p. 472).

No sistema a), que é o brasileiro, a fonte de execução provisória é, privativamente, a lei; no b), que é o italiano, a viabilidade de execução provisória é produto da vontade do juiz; no c), que é o alemão, a fonte também é a lei, sob o aspecto genérico, conquanto essa provisoriedade possa ser recusada em casos especiais.

No sistema legal de nosso país, a provisoriedade da execução vincula-se, umbilicalmente, ao *efeito* em que é recebido o recurso interposto da sentença exequenda; esse efeito, por sua vez, não decorre de uma faculdade atributiva do juiz, se não que de pronunciamento legal; assim, tendo o recurso efeito "devolutivo", a execução será provisória; ocorrendo de, em situação particular, esse efeito ser suspensivo, *nenhuma* execução poderá ser promovida até que o recurso seja definitivamente julgado.

Estatui, a propósito, o art. 899, *caput*, da CLT que os recursos serão interpostos por simples petição "e terão efeito meramente *devolutivo*, salvo as exceções previstas neste Título, permitida a execução provisória até a penhora", e o CPC, que a execução provisória poderá ser intentada quando a sentença for impugnada mediante recurso "desprovido de efeito suspensivo" (art. 520), a demonstrar, assim, que ambos os ordenamentos processuais deram um tratamento substancialmente uniforme à matéria.

O efeito devolutivo é inerente a todos os meios de impugnação das resoluções judiciais, porque — segundo se diz em doutrina — *devolve* ao órgão *ad quem* o conhecimento da matéria impugnada, bem como de todas as questões suscitadas e discutidas no processo, ainda que a sentença não as tenha julgado por inteiro, desde que relativas ao capítulo impugnado (CPC, art. 1.013, § 1.º). Embora se encontre largamente difundido o efeito "devolutivo" dos recursos em geral, estamos convencidos de que não se justifica o emprego desse adjetivo nos tempos modernos. Ora, a locução *efeito devolutivo* só fez sentido no período do direito romano antigo, quando os magistrados inferiores exerciam a jurisdição por *delegação* do imperador, hipótese em que, havendo apelação, a jurisdição era *devolvida* ao imperador; na atualidade, entretanto, os juízes de primeiro grau (para falarmos apenas destes) não exercem as suas atividades jurisdicionais por delegação dos juízes dos tribunais, para que se possa dizer que o recurso "devolve" a jurisdição ao órgão de segundo grau. Ainda que se queira alegar que a devolutividade, no caso, seria da *matéria impugnada*, a impropriedade da expressão não estaria afastada, pois a matéria que foi apreciada e decidida pelo juízo prolator da sentença recorrida não era da competência originária da Corte de segundo grau. A verdade é, portanto, que o recurso não "devolve" coisa alguma; melhor será, por isso, que a doutrina passe a utilizar construções como "efeito não suspensivo", em lugar de "devolutivo", dada a absoluta falta de inatualidade histórica deste termo.

Deixando o juízo de admissibilidade *a quo* de especificar o efeito em que recebe o recurso, entende-se que foi apenas no "devolutivo", uma vez que, sendo este comum a todos os meios impugnativos, deve ser presumido; já o efeito suspensivo, figurando como exceção à regra legal, não é presumível: ou se declara, no despacho de admissibilidade, a suspensividade, ou o efeito é unicamente "devolutivo", motivo por que poderá o vencedor requerer, desde logo, a execução provisória da sentença.

Vimos, porém, que o art. 899, *caput*, da CLT, após fixar a regra da devolutibilidade dos recursos por ela disciplinados, faz referência às "exceções previstas neste Título" (X). Inserem-se nessa exceção legal, por certo, os recursos de: a) agravo de instrumento; e b) agravo de petição, porquanto o efeito, em relação a eles, *poderá* ser também *suspensivo*.

Os agravos de instrumento e de petição, dizia o art. 897, § 1.º, da CLT, não eram dotados de efeito suspensivo, conquanto facultasse ao juiz sobrestar, sempre que reputasse conveniente, "o andamento do feito, até julgamento do recurso". Ulteriormente, a Lei n. 8.432/92 modificou a redação do aludido texto legal, para exigir que o agravante delimite, de modo fundamentado, as matérias e valores impugnados, sob pena de o agravo de petição não ser admitido. Ao permitir, todavia, a execução *imediata* e *definitiva* das parcelas não impugnadas, esse dispositivo deixou claro que, *a contrario sensu*, as parcelas impugnadas, que são objeto do agravo de petição, só podem ser executadas em caráter *provisório*, o que significa afirmar que o agravo de petição possui, nesta hipótese, efeito meramente *devolutivo*.

O agravo de instrumento, em princípio, possui efeito suspensivo da decisão monocrática impugnada — exceto se for interposto de decisão que não admitiu agravo de petição (CLT art. 897, § 2.º).

Quanto ao de *revista*, dissemos nas edições anteriores: "estabelece o art. 896, § 2.º, da CLT que, 'recebido o recurso, a autoridade recorrida *dirá o efeito em que o recebe*, podendo a parte interessada pedir carta de sentença para execução provisória...' (destacamos); é óbvio que a execução provisória somente será possível se o "despacho" exarado pelo juízo de admissibilidade *a quo* (presidente do tribunal proferidor do acórdão impugnado) declarar que o recebeu no efeito exclusivamente *devolutivo*". Entretanto, por força de alteração posteriormente imposta, a matéria passou a ser regulada pelo § 1.º do referido dispositivo legal, cuja redação é a seguinte: "O Recurso de Revista, *dotado de efeito apenas devolutivo,* será apresentado ao Presidente do Tribunal recorrido, que poderá recebê-lo ou denegá-lo, fundamentando, em qualquer caso, a decisão" (destacamos). Esse recurso passou a ser dotado, portanto, de efeito meramente *devolutivo*, embora a parte interessada possa valer-se da medida prevista no art. 1.029, § 5.º, do CPC (TST, Súmula n.414, I).

Terão também efeito apenas *devolutivo* os recursos interpostos das decisões proferidas em ações ("dissídios") coletivas, capazes de afetar empresas de serviço público, ou em ação da mesma natureza, promovida de ofício, ou, ainda, em qualquer hipótese, quando se tratar de *revisão* (Lei n. 4.725/65, art. 6.º). Outrora, contudo, o presidente do TST poderia atribuir efeito *suspensivo* ao recurso, mediante requerimento motivado do requerente da providência, cabendo desse despacho agravo regimental. Embora essa possibilidade tenha sido eliminada pelo art. 7.º da Lei n. 7.788, de 3-7-1989, estamos convencidos de que o efeito suspensivo poderá ser obtido mediante providência cautelar, emitida pelo relator do recurso ordinário, nos termos da referida Súmula n. 414, I, *in fine*, do TST.

A alusão ao recurso interposto das decisões proferidas nessas ações coletivas foi feita somente para demonstrar que, em determinadas hipóteses, pode ser dado efeito *suspensivo* ao remédio recursal, porquanto, como sabemos, os acórdãos prolatados nessa espécie de ação possuem conteúdo apenas declaratório ou constitutivo — jamais condenatório —, razão por que não se sujeitam à execução.

Rege-se a execução provisória da sentença pelos princípios a seguir enunciados:

a) corre por iniciativa, conta e responsabilidade do exequente, que se obriga, se a sentença for reformada, a reparar os danos que o executado haja sofrido (CPC, art. 520, I);

b) fica sem efeito, sobrevindo acórdão que modifique ou anule a sentença objeto da execução, restituindo-se as partes ao estado anterior e liquidados eventuais prejuízos nos mesmos autos, por abitramento (*ibidem*, II);

c) se a sentença objeto de execução provisória for modificada ou anulada apenas em parte, somente em relação a esta ficará sem efeito a execução (*ibidem*, III);

d) o levantamento de depósito em dinheiro e a prática de atos que importem alienação de propriedade os dos quais possa resultar grave dano ao executado dependem de caução suficiente e idônea, arbitrada de plano pelo juiz e prestada nos próprios autos (*ibidem,* IV)

Esses princípios, consagrados pelo processo civil, reclamam alguns escólios diante da possibilidade teórica de incidirem no processo do trabalho.

a) A declaração inscrita no inc. IV, do art. 520, do CPC, de que a execução provisória não abarca os atos que traduzam transferência de posse ou alienação da propriedade, ou de outro direito real, articula-se, em perfeita simetria, com a contida no art. 899, *caput*, da CLT, pela qual se esclarece que semelhante espécie de execução encontra na penhora o seu termo final. Quer-se com isso dizer que, feita a penhora (e a avaliação), os bens não são levados à alienação judicial, em praça e leilão, como ocorreria se a execução fosse definitiva; na provisória, apreendidos bens em valor ou quantidade suficiente para satisfazer a obrigação materializada no título executivo, nenhum outro ato se pratica, uma vez que a sentença pende de recurso recebido no efeito apenas "devolutivo".

Caso, todavia, o credor-recorrido prestasse caução, poderia levantar a quantia que o devedor-recorrente depositou em atendimento ao requisito inserido no art. 899, § 1.º, da CLT, estando ainda o recurso para ser julgado? Pensamos que sim. Apressamo-nos, contudo, em prestar alguns esclarecimentos, a fim de que a nossa opinião seja bem compreendida. No caso de o credor desejar *levantar* o valor depositado pelo devedor, quando da interposição do recurso que ainda pende de julgamento, o seu requerimento poderá ser deferido se se dispuser a prestar caução suficiente idônea, como prevê o inc. IV do art. 520 do álbum processual civil.

Dispunha, aliás, o § 3.º do art. 899 da CLT que se no recurso interposto estivesse sendo debatida matéria "já decidida através de Prejulgado do Tribunal Superior do Trabalho, o depósito poderá levantar-se, de imediato, pelo vencedor". Essa norma legal atendia, por suposto, ao caráter absurdamente coercitivo dos Prejulgados, em relação aos órgãos inferiores da jurisdição (Juntas de Conciliação e Tribunais Regionais), que *não poderiam deixar de aplicá-los* aos casos concretos (CLT, art. 902, § 1.º). Considerando que o art. 902 e parágrafos da CLT foram revogados pela Lei n. 7.033, de 5 de outubro de 1982 (DOU de 6 do mesmo mês, p. 8705), tendo, em consequência, o TST extinguido os Prejulgados e aproveitado os seus enunciados como Súmulas (Res. Adm. n. 102/82, de 6-10-1982, DOU de 11 do mesmo mês, p. 10280), estamos certos de que o juiz já não pode autorizar, em princípio, a liberação do depósito em dinheiro, sem a prestação de caução, porquanto foi eliminada da ordem jurídica a causa em que se apoiara o legislador: os Prejulgados. Ainda que a matéria discutida no recurso esteja compendiada em Súmula, o levantamento do numerário em apreço não deverá ser permitido, pois falta à Súmula aquele — ditatorialesco — caráter coercitivo de que eram providos os Prejulgados.

Estabelece, por outro lado, o art. 521, do CPC, que a caução pode ser dispensada quando: I — o crédito for de natureza alimentar, independentemente de sua origem; II — o credor demonstrar situação de necessidade; III — pender o agravo do art. 1.042; IV — a sentença a ser provisoriamente cumprida estiver em consonância com súmula da jurisprudência do Supremo Tribunal Federal ou do Superior Tribunal de Justiça ou em conformidade com acórdão proferido no julgamento de casos repetitivos.

Esclarece o parágrafo único dessa norma legal que a exigência de caução será mantida quando da dispensa possa resultar manifesto risco de grave dano de difícil ou incerta reparação.

O CPC de 1973 dispensava a caução "nos casos de crédito de natureza alimentar, ou decorrente de ato ilícito, até o limite de sessenta vezes o valor do salário mínimo, quando o exequente demonstrar situação de necessidade."

Entendemos ser aplicável ao processo do trabalho o disposto no art. 521, do CPC, tanto no *caput* quanto no parágrafo único.

b) De igual maneira, no processo do trabalho a execução provisória ficará desfeita sobrevindo decisão que anule ou modifique a sentença em que ela se fundava; é justamente essa eventualidade de modificação substancial ou de anulação do título exequendo que faz com que a execução seja *provisória*, pois inexiste coisa julgada material capaz de motivar a sua *definitividade*.

Uma nova indagação: a faculdade que a lei (CLT, art. 878, *caput*) atribui ao juiz para promover, *ex officio*, a execução (definitiva) tem vigência também no caso de execução provisória? Acreditamos que não. Embora se pudesse argumentar que quem pode o mais (execução definitiva) pode o menos (execução provisória), não podemos deixar de pôr à frente o fato de que esta última entra na *conveniência* exclusiva do credor; destarte, eventual iniciativa do juiz em promovê-la poderia colidir com algum interesse (ou conveniência) do credor, a quem seria preferível, talvez, aguardar o trânsito em julgado da sentença, para realizar definitivamente a execução. Devemos lembrar que o risco de o credor ser condenado a reparar os danos causados ao devedor, em virtude da execução provisória encetada, representa um argumento a mais em prol do ponto de vista que há pouco expendemos acerca do assunto.

Demais, a incoação do juiz, quanto à execução provisória, pode ser interpretada, pelo devedor, como imprudente quebra do dever de neutralidade, a que o submete a lei (CPC, art. 139, I); por esse motivo, é recomendável que o juiz deixe a critério do credor a conveniência de promover execução provisória ou não.

A propósito, se bem examinarmos, veremos que o próprio processo civil veda a iniciativa judicial para a execução provisória, pois o art. 520, do CPC, declara que essa execução deverá atender a determinadas normas, entre as quais menciona, de maneira expressa: "I – *corre por iniciativa*, conta e risco *do exequente*" (destacamos).

A execução provisória é realizada em *carta de sentença*, extraída dos próprios autos principais pelo diretor da secretaria do órgão jurisdicional.

Constituem requisitos da carta de sentença (CPC, art. 522, parágrafo único, I a V):

a) decisão exequenda;

b) certidão de interposição do recurso não dotado de efeito suspensivo;

c) procurações outorgadas pelas partes;

d) decisão de habilitação, se for o caso;

e) facultativamente, outras peças processuais que o exequente considere necessárias.

Uma ressalva: se a ação foi ajuizada *pessoalmente* pelo empregado e contestada pelo próprio empregador — fazendo ambos, portanto, uso do *ius postulandi* que lhes outorga o art. 791, *caput*, da CLT —, é de palmar conclusão que a carta de sentença *não conterá* as procurações de que cuida a letra "*c*", *supra* (inc. III do art. 522 do CPC. O mesmo se diga quando se tratar de *mandato tácito*, admitido, amplamente, pela doutrina e pela jurisprudência trabalhistas.

Tostes Malta sustenta que, no caso de o empregador estar representado (e não "substituído", como diz, equivocadamente, o art. 843, § 1.º, da CLT) por preposto (desde o processo de conhecimento), haverá necessidade de a carta de sentença conter também cópia (ou certidão) da correspondente *credencial* (carta, na linguagem da praxe), a fim de que se possa verificar se o preposto que está peticionando na execução é o mesmo ("Prática do Processo Trabalhista", 11.ª ed., Rio, Ed. Trabalhistas, p. 550).

Não concordamos com isso. Não vemos como possa o preposto *praticar atos na execução*, quando se sabe que a sua atuação em juízo está circunscrita à audiência relativa ao processo de conhecimento, na qual poderá, dentre outras coisas, formular quaisquer das modalidades de resposta previstas em lei (exceção, contestação, reconvenção, reconhecimento da "procedência" do pedido), realizar transação (acordo), dirigir reperguntas à parte contrária, às testemunhas e ao perito, aduzir razões finais. Preservada a literalidade e o escopo do art. 843, § 1.º, da CLT, ñão se pode reconhecer legitimidade ao preposto, para *peticionar na execução*, mesmo que esta seja provisória; ao preposto falta legitimidade até mesmo para exercer pretensão recursal em nome do proponente. O máximo a admitir-se, no tema que estamos a perlustrar, é que, na liquidação mediante cálculos, o preposto compareça à audiência para ser interrogado e formular reperguntas — sem, todavia, peticionar. Sendo assim, tirante essa hipótese, é completamente dispensável, por desútil, que a carta de sentença contenha cópia da credencial do preposto, como pensou Tostes Malta.

O requisito da "certidão de interposição do recurso não dotado de efeito suspensivo" destina-se a propiciar a verificação do efeito em que se deu a admissibilidade do apelo; se o foi no *suspensivo*, obstada estará a execução provisória que acaso se pretenda promover. Caso o despacho exarado pelo juízo competente não explicite o efeito, presumir-se-á que o tenha sido no meramente *devolutivo*, por ser esse o princípio que emana da lei (CLT, art. 899, *caput*).

Não contendo a carta de sentença determinado requisito exigido por lei, deverá o juiz, por despacho, ordenar que o credor supra a falta, no prazo que lhe assinar; não sendo o despacho atendido, o processo de execução provisória deverá ser julgado extinto (CPC, art. 485), embora possa o credor solicitar, novamente, a formação de carta de sentença (CPC, art. 486, *caput*, de aplicação analógica à espécie).

Diz o art. 899, *caput*, da CLT que a execução provisória vai até a *penhora* — penhora ainda não declarada subsistente, ou penhora já declarada subsistente, por força de sentença resolutiva dos embargos apresentados pelo devedor?

Há certa controvérsia doutrinária acerca do problema. Para alguns, a declaração formulada pelo *caput* do art. 899 da CLT tem como objeto apenas a penhora em si, razão por que — segundo essa corrente —, posteriormente ao ato de apreensão judicial de bens, *nenhum outro* poderá ser praticado até que seja julgado o recurso interposto da sentença exequenda. Dessa maneira, a execução provisória se deteria na penhora, não se devendo intimar, inclusive, o devedor, para oferecer embargos (*Antônio Lamarca*, "Execução na Justiça do Trabalho", São Paulo: Ed. Fulgor, 1962, p. 172). Entendem outros pensadores, ao contrário, que não somente devem ser avaliados os bens penhorados como também admitidos e apreciados os embargos que o devedor vier a manifestar, julgando-se a penhora subsistente, ou não, pois apenas dessa forma a execução provisória poderia tornar-se efetivamente eficaz, atingindo a sua finalidade (Amaro Barreto, "Execução Civil Trabalhista", Rio: Ed. Trabalhistas, 1962, p. 52; Wagner Giglio, obra cit., p. 395/396).

Sopesemos ambas as correntes de opinião.

Os que admitem a possibilidade de a execução provisória abranger não só a penhora, mas o próprio julgamento dos embargos que forem apresentados pelo devedor, argumentam com o fato de que, a não se proceder desse modo, a penhora poderia ser mais tarde desfeita, frustrando-se, então, a finalidade e os interesses da execução, que eram o de garantir, com o apresamento de bens, o adimplemento da obrigação derivante do título executivo. Redarguimos, contudo, que, se esse é o aspecto positivo da tese, o negativo está em que: a) a sentença poderia vir a ser modificada pelo tribunal, fazendo com que se tornasse absolutamente inútil aquele dispêndio de atividade privada e jurisdicional, consistente, a primeira, no oferecimento de embargos pelo devedor, e a segunda, no seu julgamento; b) além disso, da sentença proferida nos embargos em pauta caberia o recurso de agravo de petição (CLT, art. 897, "a"), particularidade que motivaria a existência anômala de *dois* recursos, a saber: um, interposto da sentença resolutiva da lide (processo de conhecimento, título executivo); outro, da sentença que resolveu os embargos do devedor. Essa duplicidade de recursos poderia causar, na prática, graves embaraços à execução provisória, tornando-a, quem sabe, mais demorada que a própria definitiva.

É inegável que se os embargos à execução fossem rejeitados (declarando-se, em consequência, subsistente a penhora) e da decisão não fosse interposto agravo de petição, justificar-se-ia que a execução provisória devesse sempre ir além da simples penhora de bens, sendo útil e conveniente que também o juízo da execução se pronunciasse a respeito da perfectibilidade e da subsistência daquele ato de constrição patrimonial. Nem sempre, entretanto, isso se verificará, porquanto o devedor que já interpusera, digamos, recurso ordinário da sentença que compôs a lide, por uma questão de coerência e de preceito lógico, irá, como é lícito presumir, interpor agravo de petição da sentença prolatada nos embargos, ensejando, com isso, a presença, num mesmo processo, daqueles dois recursos a que há pouco nos referimos, Se este fato não é, por si só, defeso (tanto que ambos os recursos foram interpostos), seria, no mínimo, desaconselhável diante da possibilidade, já denunciada, de o tribunal dar provimento integral ao recurso ordinário, de sorte a tornar prejudicado — por perda de objeto — o agravo de petição. Isso acarretaria, vale reiterar, um malbaratamento da atividade privada e jurisdicional, que poderia ser evitado se se houvesse estancado a execução provisória no ato de apreensão de bens do devedor (penhora).

Por isso, entendemos que na execução provisória, excluída a avaliação, nenhum outro ato processual deverá ser praticado posteriormente à penhora; admitimos a avaliação, na espécie, porque o art. 886, § 2.º, da CLT deve receber outra interpretação após o advento da Lei n. 5.695/70, fixadora das diretrizes do Plano de Classificação dos Funcionários Públicos Federais, que, possibilitando a adaptação de cargos, permitiu a criação do de oficial de justiça avaliador. Esse procedimento se harmoniza com o art. 7.º, V, da Lei n. 6.830/80. Nossas considerações pertinentes ao assunto de que estamos a nos ocupar pressupõem, evidentemente, a necessidade (ou a exigência legal) de os bens penhorados serem avaliados; sucede que em determinados casos a avaliação é dispensável, como ocorre quando a penhora incidir em dinheiro; o credor aceitar a estimativa feita na nomeação dos bens; se tratar de títulos ou mercadorias que possuam cotação em bolsa, comprovada mediante certidão ou publicação oficial (CPC, art. 871, I e II).

Se, porém, os bens penhorados forem objeto de *embargos de terceiro* (CPC, art. 674), estes devem ser processados e julgados, permitindo-se até mesmo que o interessado interponha agravo de petição da sentença que for aí lançada (CLT, art. 897, *"a"*). A diferença de critério doutrinário, em relação aos embargos oferecidos *pelo devedor* (que, como sustentamos, não devem ser admitidos na execução provisória, por precipitados), radica em que o julgamento dos embargos apresentados por *terceiro* é necessário para definir-se a quem pertencem os bens apreendidos, a fim de que se possa, no tempo oportuno, assegurar o cumprimento da obrigação contida no título executivo, expropriando-os (CPC, art. 824); por outro lado, eventual acolhimento desses embargos (e ocorrendo o trânsito em julgado da sentença correspondente) liberaria os bens pertencentes a terceiro, evitando, assim, causar-lhe prejuízos com a manutenção da penhora até que fosse realizado o julgamento do recurso ordinário interposto da sentença de fundo, emitida no processo cognitivo, para, somente depois disso, apreciar-se os embargos por ele opostos.

A possibilidade, aliás, de o terceiro oferecer embargos, em virtude de apreensão judicial de bens que alega lhe pertencerem, ou dos quais é mero possuidor (CPC, art. 674, § 1.º), fortalece o nosso entendimento de ser desaconselhável a apresentação de embargos do *devedor*, em sede de execução provisória, pois na fase (ou "processo", como no CPC) de execução os embargos de *terceiro* poderão ser opostos até cinco dias *depois* da arrematação, da adjudicação ou da remição, desde que não tenha, ainda, sido assinada a respectiva *carta* (CPC, art. 675). Daí vem que, admitidos os embargos do devedor, no processo de execução *provisória*, bem como o recurso de agravo de petição que vier a ser interposto da sentença aí proferida (que poderia ser desprovida pelo órgão *ad quem*), tudo isso restaria desútil se, retornando os autos do tribunal, os bens fossem remetidos à praça e leilão, sendo arrematados ou adjudicados, mas o *terceiro* opusesse, nessa qualidade, embargos, que viessem a ser acolhidos, com ulterior trânsito em julgado da sentença.

Melhor será, por isso, que, por princípio, se detenha a execução provisória no ato de avaliação dos bens penhorados, aguardando-se, depois disso, o julgamento do recurso interposto da sentença que solveu a lide e que agora está convertida em título executivo, sob pena de eventual — ou virtual — perda de tempo e de atividade jurisdicional.

Para que possam ser mais bem compreendidas as razões que até esta altura expendemos acerca da execução provisória e dos atos que possam ou devam ser nela praticados, entendemos ser proveitosa uma análise quanto à natureza jurídica da sentença suscetível de recurso.

É o que faremos, a seguir.

Diversas foram as teorias que procuram definir essa condição jurídica. A necessidade de síntese obriga-nos a reduzi-las a quatro:

a) A sentença sujeita a recurso seria *ato submetido a condição resolutiva*. Afirma-se, com isso, que a sentença traria em si, de modo inerente, os requisitos necessários à sua existência estável no mundo jurídico, embora pudesse ser destituída dessa eficácia originária na hipótese de haver um pronunciamento jurisdicional contrário, por órgão hierarquicamente superior, em sede de recurso. A essa alegação, todavia, se contrapôs o argumento de que, a ser dessa maneira, a sentença deveria produzir, desde logo, como consequência natural, o efeito executório, por força do disposto no art. 127 do Código Civil. Na realidade, apenas em caráter excepcional a sentença recorrível ou impugnada produz esse efeito;

b) Argumentou-se, sob outro ângulo, com a *situação jurídica,* segundo a qual somente com a concorrência de outras circunstâncias é que a sentença poderia gerar efeitos; em sentido contrário, se essas circunstâncias não se verificarem, a eficácia da sentença seria nenhuma. Conforme esse entendimento, a sentença seria, em rigor, mera *possibilidade de sentença,* porquanto dependeria, para poder aperfeiçoar-se, de que ficasse afastada, em definitivo, a viabilidade de reexame por órgão superior;

c) A sentença seria, a princípio, *ato perfeito,* em que pese ao fato de estar sujeita a revogação, que aconteceria na hipótese de o tribunal dar provimento ao recurso dela interposto. Conquanto o argumento revele o seu acerto, sob o ponto de vista lógico, não podemos ignorar que, à luz do ordenamento processual em vigor, o julgamento proferido pelo órgão *ad quem* substituirá a decisão recorrida, mesmo que a tenha "confirmado" (CPC, art. 1.008), ou seja, que se negue provimento ao recurso — respeitando-se, é certo, os limites das matérias impugnadas;

d) A sentença traduziria *ato condicionado,* ou melhor, penderia de *condição suspensiva,* pois, nada obstante se faça provida de todos os requisitos necessários à sua existência formal, encontrar-se-ia tolhida em sua eficácia. Dessa forma, os seus efeitos somente seriam liberados na hipótese de não haver recurso. Essa suspensividade permaneceria enquanto perdurasse a possibilidade de impugnar-se a decisão, o que corresponde a dizer, em sentido inverso, que os seus efeitos seriam liberados assim que ficasse afastada em definitivo a possibilidade de ser impugnada por meio de recurso.

Esta última teoria é a que mais se ajusta ao nosso sistema processual, ressalvados os casos em que a lei veda, de maneira expressa, a interposição de recurso, como se dá com as ações da alçada exclusiva dos órgãos de primeiro grau, instituídas pela Lei n. 5.584, de 26 de junho de 1970 (art. 2.º, § 4.º).

A definição da natureza jurídica da sentença sujeita a recurso é de extrema importância de ordem prática, nomeadamente com vistas à *execução provisória.* Assim dizemos porque muito se discute, nos sítios da doutrina e da jurisprudência, por exemplo, se na execução provisória é indispensável o acatamento à ordem preferencial de penhoras, estabelecida pelo art. 835 do CPC (que corresponde ao art. 655, do CPC de 1973, a que o art. 882 da CLT faz remissão integrativa), ou seja, se o dinheiro deve ser penhorado em primeiro lugar. A corrente que responde afirmativamente a essa pergunta funda a sua opinião no art. 520, *caput,* do CPC, segundo o qual "O cumprimento provisório da sentença impugnada por recurso desprovido de efeito suspensivo será realizado da mesma forma que o cumprimento definitivo". Entenda-se, para os efeitos do processo do trabalho, como "cumprimento provisório" a *execução provisória* da sentença.

Não concordávamos com essa opinão. Por isso, nas edições anteriores deste livro, quando estava em vigor o CPC de 1973, escrevemos:

> "Em primeiro lugar, não podemos nos esquecer que, embora a execução se processe no interesse do credor (CPC, art. 612), ela, quando puder ser realizada por vários meios, deverá sê-lo pelo menos gravoso ao devedor (CPC, art. 620). Em segundo, a própria situação jurídica da sentença impugnada mediante recurso dotada de efeito, apenas, devolutivo recomenda que não se aplique, na execução provisória, a regra do art. 655 do CPC. Expliquemo-nos.
>
> Conforme vimos há pouco, tem prevalecido, nos domínios da doutrina, o entendimento de que a sentença suscetível de recurso traduz-se em ato sujeito a condição suspensiva, ou seja, embora se encontre dotada de todos os elementos ou requisitos necessários à sua existência formal, encontra-se tolhida em sua eficácia. Essa eficácia somente estará liberada se não houver interposição de recurso; havendo, a sentença manter-se-á ineficaz, como título executivo pleno. O máximo que o sistema admite é que ela possa ser objeto de execução provisória, de tal arte que o último dos atos integrantes do procedimento executivo será a penhora (CLT, art. 899, *caput*). Sendo assim, essa inerente provisoriedade da execução fundada em sentença impugnada mediante recurso dotado de efeito devolutivo justifica o fato, por exemplo, de não se atender à ordem preferencial dos bens penhoráveis, estabelecida pelo art. 655 do CPC. Não vem ao caso discutir, aqui, se está correta, ou não, a expressão "execução provisória", ou se a expressão apropriada seria "execução definitiva incompleta". O que importa é que o art. 475-O do CPC faz uso da expressão "execução provisória" para desassemelhá-la da definitiva, sendo certo que essa terminologia não pode ser ignorada pelo estudioso, sob pena de grave comprometimento da lógica do próprio sistema legal, que dispensa tratamento distinto à execução, segundo seja provisória ou definitiva. A inobservância da ordem preferencial, contida no art. 655 do CPC, constitui, até mesmo, uma questão de bom senso por parte dos magistrados, pois, se a execução é provisória, em virtude de o título executivo judicial pender de recurso interposto pelo réu, é evidente que se for dado provimento ao recurso deixará de existir o título executivo e, em consequência, a própria execução forçada. É elementar que, em se cuidando de execução definitiva, esse raciocínio não será admissível, pela razão fundamental de que, neste caso, a execução se lastreia em sentença (ou acórdão) tornada imutável pelo fenômeno da coisa julgada material (CPC, art. 467).

Perfilhando esta nossa opinião, o TST, por sua SBDI-2, adotou a Orientação Jurisprudencial n. 62, do seguinte teor:

'MANDADO DE SEGURANÇA. PENHORA EM DINHEIRO. EXECUÇÃO PROVISÓRIA.

Em se tratando de execução provisória, fere direito líquido e certo do impetrante a determinação de penhora em dinheiro, quando nomeados outros bens à penhora, pois o executado tem direito a que a execução se processe da foma que lhe seja menos gravosa, nos termos do art. 620 do CPC'.

Essa Orientação Jurisprudencial é importante, não apenas, por separar a execução provisória da definitiva, para os efeitos do art. 655 do CPC, mas, também, por admitir o uso da ação de *mandado de segurança* — e não de agravo de petição —, com a finalidade de fazer prevalecer essa separação. Por outras palavras: como a execução deve ser processada da maneira menos gravosa para o devedor, este possui o direito líquido e certo de não ver penhorado dinheiro em execução provisória, senão que outros bens, que vier a oferecer.

Posteriormente, a precitada OJ foi convertida no inciso III da Súmula n. 417, sem alteração na própria literalidade.

É relevante observar que a Súmula referida não reconhece, pura e simplesmente, ao executado direito líquido e certo de não ter penhorado dinheiro em execução provisória; para que esse direito lhe seja reconhecido é indispensável que ele tenha oferecido à penhora bens de outra classe (e estes, como é óbvio, tenham sido recusados pelo exequente). Assim, se o executado for citado para a execução provisória e deixar de indicar bens à constrição judicial, não poderá invocar em seu benefício o inciso III da Súmula n. 417, do TST, motivo por que ficará suscetível se sofrer penhora de dinheiro."

Entrementes, na vigência do CPC de 2015, o TST cancelou o item III da Súmula n. 417, que passou a ter o seguinte teor:

"MANDADO DE SEGURANÇA. PENHORA EM DINHEIRO (alterado o item I, atualizado o item II e cancelado o item III, modulando-se os efeitos da presente redação de forma a atingir unicamente as penhoras em dinheiro em execução provisória efetivadas a partir de 18-03-2016, data de vigência do CPC de 2015) – Res. n. 212/2016, DEJT divulgado em 20, 21 e 22-09-2016.

I – Não fere direito líquido e certo do impetrante o ato judicial que determina penhora em dinheiro do executado para garantir crédito exequendo, pois é prioritária e obedece à gradação prevista no art. 835 do CPC de 2015 (art. 655 do CPC de 1973).

II – Havendo discordância do credor, em execução definitiva, não tem o executado direito líquido e certo a que os valores penhorados em dinheiro fiquem depositados no próprio banco, ainda que atenda aos requisitos do art. 840, I, do CPC de 2015 (art. 666, I, do CPC de 1973). (ex-OJ n. 61 da SBDI-2 – inserida em 20-09-2000)"

Está implícita no I da Súmula que a penhora em dinheiro é "prioritária", nos termos do art. 835, do CPC, pouco importando tratar-se de execução definitiva ou provisória. Nós mesmos, em outros escritos produzidos anteriormente à supressão do item III, da Súmula n. 417, do TST, já havíamos reformulado o nosso entendimento, passado a reconhecer que o art. 655, do CPC de 1973 (art. 858, do atual CPC) não distinguia entre ser a execução provisória ou definitiva, com vistas à penhora em dinheiro.

3. Execução e recurso extraordinário

Problema que também não pode deixar de ser analisado, neste livro, respeita à espécie de execução cabível — definitiva ou provisória — quando a decisão exequenda pender de recurso extraordinário (CPC, art. 1.029).

Uma vez mais, verificou-se uma profunda cisão na inteligência doutrinária de nosso país, notadamente durante a vigência do CPC de 1939. Ao longo da intensa disputa estabelecida sobre o tema, vários argumentos ponderáveis foram expendidos, de parte a parte, acabando por tornar-se vitoriosa a corrente de pensamento que entendia *não ser provisória* a execução na pendência de recurso extraordinário. Esse entendimento ficou cristalizado na Súmula n. 228 do STF, que dispunha *não ser provisória* a execução na hipótese em exame. É interessante observar que como *referências legais* da Súmula foram indicados, expressamente, não apenas os arts. 882, II, e 808 do CPC de 1939, mas também o art. 893, § 2.º, da CLT.

A precitada norma processual trabalhista, ao estatuir que "A interposição de recurso para o Supremo Tribunal Federal não prejudicará a execução do julgado", também abrira larga via à instauração de uma polêmica doutrinária e jurisprudencial sobre ser provisória ou definitiva essa execução, motivo por que a Súmula n. 228 do STF aproveitou a oportunidade para fazer menção ao art. 893, § 2.º, da CLT, colimando, com isso, dar fim à cizânia estabelecida no plano do próprio processo do trabalho.

Com o advento do CPC de 1973, a controvérsia — ao contrário do que se supunha — subsistiu, porquanto o art. 497, em disposição algo imprecisa, se ateve a declarar que o recurso extraordinário não suspenderia a execução da sentença. Daí, a continuidade, no início do vigor do novo estatuto processual civil, da antiga discussão a respeito do assunto.

O problema, todavia, foi solucionado pela Lei n. 8.950/94, que alterou o § 2.º do art. 542 do CPC, segundo o qual "Os recursos extraordinário e especial serão recebidos no efeito devolutivo", com o que, a nosso ver, não somente deixou evidenciada a provisoriedade da execução na pendência de recurso extraordinário como revogou a Súmula n. 228 do STF, cuja referência passou a ser feita em caráter meramente histórico. Asseveramos que a questão foi aclarada pelo citado § 2.º, na medida em que o art. 587 do CPC estabelecia que a execução seria *provisória* quando a sentença (ou o acórdão) fosse "impugnada mediante recurso, recebido só no efeito devolutivo".

Dessa forma, conjugando-se o art. 587 do CPC com o § 2.º do art. 542 do mesmo Código, chegava-se à conclusão — exata e inevitável — de que, na pendência de recurso extraordinário, a execução da sentença ou do acórdão era sempre *provisória*, inclusive no processo do trabalho. O fato de, mais tarde, haver-se reformulado a redação do art. 587, do CPC, não alterava a nossa opinião.

A propósito, assim dispõe a Orientação Jurisprudencial n. 56 da SBDI-2 do TST: "Mandado de segurança. Execução. Pendência de recurso extraordinário. Não há direito líquido e certo à execução definitiva na pendência de recurso extraordinário, ou de agravo de instrumento visando a destrancá-lo".

Esse quadro não se modificou com a vigência do CPC e 2015, cujo art. 995, *caput*, estabelece que os recursos não impedem a eficácia da decisão recorrida, "salvo disposição legal ou decisão judicial em sentido diverso". O parágrafo único dessa norma legal esclarece que a eficácia da decisão recorrida poderá ser suspensa mediante decisão do relator, caso a imediata produção dos seus efeitos acarretar risco de grave dano — de difícil ou impossível reparação —, e ficar demonstrada a probabilidade de ser dado provimento aor recurso. O art. 1.029, § 5.º, do mesmo Código, por sua vez, dispõe sobre o pedido de efeito suspensivo ao recurso extraordinário (e ao especial).

4. Execução provisória das obrigações de fazer

A regra geral é de que os recursos trabalhistas possuem efeito meramente "devolutivo" (CLT, art. 899, *caput*); isso significa que, em termos práticos, se a decisão não ressalvar a atribuição de efeito *suspensivo* ao recurso, poderá o interessado promover a execução provisória da sentença. Ao declarar que essa execução vai até a penhora, a norma legal precitada deixa evidente estar a referir-se à execução por *quantia certa*, porquanto somente esta, por princípio, visa à expropriação de bens do devedor (CPC, art. 646).

Tratando-se, porém, de execução de obrigação *de fazer*, seria admissível a execução provisória?

Parece-nos algo confusa a disciplina da matéria no sistema do CPC de 2015. Se, de um lado, poder-se-ia concluir não ser possível a execução provisória das obrigações de fazer ou de não fazer, porque o Código somente se refere a essa espécie de execução (cumprimento) quanto às obrigações de pagar quantia certa (arts. 520 a 522), de outro, os arts. 536 e 537 fazem alusão genérica ao cumprimento da sentença impostiva de obrigação de fazer ou de não fazer, sem elucidar se seria definitiva ou provisória. Entrementes, essa dúvida acaba sendo solucionada pelo § 5.º do art. 520: "Ao cumprimento *provisório* de sentença que reconheça *obrigação de fazer, de não fazer* ou de dar coisa aplica-se, no que couber, o disposto neste Capítulo" (destacamos).

Seja como for, a jurisprudência do processo do trabalho tem admitido, de longa data, a execução provisória de determinadas decisões reconhecedoras da exigibilidade de obrigações de fazer ou de não fazer.

Uma das decisões mais características diz respeito à reintegração de empregado estável. Reintegrado provisoriamente, duas situações poderiam advir: o tribunal dar provimento ao recurso (e, neste caso, não teria havido necessidade de reintegrar-se provisoriamente o empregado, pois ele faria jus ao salário e demais vantagens relativos ao período de afastamento — CLT, art. 495), ou o tribunal negar provimento ao recurso, fazendo com que o empregado viesse a ser afastado, em definitivo, do emprego e, talvez, até mesmo obrigado a reparar eventuais danos causados ao empregador — para os que admitem a aplicação ao processo do trabalho do art. 520, I, do CPC.

Em todo o caso, pensamos que apenas o fato de o empregado ter direito aos salários do período de afastamento do trabalho já seja — salvo exceções — razão bastante para não se ver *utilidade* (logo, *interesse*) na execução provisória da obrigação de reintegrá-lo.

Considerando a existência de opiniões divergentes da que estamos a manifestar, devemos esclarecer que se o empregador se recusar a reintegrar, em caráter provisório, o empregado, este não poderá invocar, em seu benefício, o art. 496 da CLT, que faculta converter a reintegração em indenização, em virtude da *provisoriedade* daquela; além disso, seria inaplicável ao empregador recalcitrante a penalidade pecuniária prevista no art. 729 da CLT, uma vez que esse dispositivo legal pressupõe, confessadamente, o *trânsito em julgado da decisão* — fenômeno que não teria ainda ocorrido, à evidência, na espécie *sub examen*.

Se a execução provisória dessa espécie de execução, na Justiça do Trabalho, se torna, como dissemos, *desaconselhável* na maior parte dos casos, em outros ela é verdadeiramente *impossível*, como se dá, p. ex., com a de *emitir declaração de vontade* – espécie de obrigação de fazer. É que, nesse tipo de obrigação, a sentença somente ficará dotada de eficácia substitutiva da manifestação volitiva do devedor *após o seu trânsito em julgado*; logo, antes disso não se poderá pretender executar a sentença, ainda que de maneira provisória, em razão do obstáculo legal apontado.

Conforme afirmamos há pouco, a jurisprudência trabahista passou a admitir a execução provisória de muitas das obrigações de fazer, inclusive, as consistentes na reintegração de empregados detentores de estabilidade provisória no emprgo, exceto se o período de estabilidade já havia transcorrido, quando do ingresso em juízo ou mesmo durante a tramitação do processo. Neste caso, aplica-se a Súmula n. 396, I, do TST; ou a Súmula n. 244, II, do mesmo Tribunal, se tratar-se de gestante.

5. Efetivação das tutelas provisórias

O parágrafo único do art. 297, do CPC, declara que a efetivação da tutela provisória observará as normas pertinentes ao cumprimento provisório da sentença, no que couber. A expressão legal: "cumprimento provisório", é própria do processo civil. No processo do trabalho, poder-se-ia imaginar que essa expressão deveria ser entendida como "execução provisória"; ocorre, entretanto, que as tutelas provisórias não se executam, se não, que se *efetivam*.

O art. 520, do CPC, estabelece o regime do cumprimento provisório da setença, a saber: "I – corre por iniciativa e responsabilidade do exequente, que se obriga, se a sentença for reformada, a reparar os danos que o executado haja sofrido; II – fica sem efeito, sobrevindo decisão que modifique ou anule a sentença objeto da execução, restituindo--se as partes ao estado anterior e liquidando-se eventuais prejuízos nos mesmos autos; III – se a sentença objeto de cumprimento provisório for modificada ou anulada apenas em parte, somente nesta ficará sem efeito a execução; IV – o levantamento de depósito em dinheiro e a prática de atos que importem transferência de posse ou alienação de propriedade ou de outro direito real, ou dos quais possa resultar grave dano ao executado, dependem de caução suficiente e idônea, arbitrada de plano pelo juiz e prestada nos próprios autos".

O § 5.º dessa norma legal afirma:"Ao cumprimento provisório de sentença que reconheça obrigação de fazer, de não fazer ou de dar coisa aplica-se, no que couber, o disposto neste Capítulo".

Capítulo XIII

Cumulação de Execuções

1. Comentário

Permite o processo civil (art. 780) que o credor — sendo o mesmo o devedor — cumule várias execuções, ainda que fundadas em títulos diferentes, "desde que para todas elas seja competente o mesmo juízo e idêntico o procediemento".

A CLT nada dispõe a respeito da cumulação de execuções; ausente o obstáculo da incompatibilidade, nada impede que se aplique ao processo do trabalho a regra do art. 780, do CPC.

Nas edições deste livro, quando estava a viger o CPC de 1973, escrevemos sobre o art. 573, daquele Código: "Duas observações sobre o enunciado dessa norma civilista devem ser feitas antes de passarmos ao exame do assunto, propriamente dito. Em primeiro lugar a locução 'títulos diferentes', existente no texto processual civil mencionado, não só está a significar a existência de mais de um título da mesma natureza, como a presença de título de natureza diversa (judicial e extrajudicial). Em segundo, não se trata de identidade de 'forma do processo' e sim de identidade de *procedimento*, que é a expressão material, concreta, do processo". Conforme se nota, o legislador acolheu esta nossa última observação.

A cumulação de execução destina-se, por suposto, a atender ao princípio da economia do juízo (um máximo de atuação do direito com um mínimo de atividade jurisdicional), pois, por meio dela, podem ser reunidas diversas execuções contra um mesmo devedor, evitando, desse modo, que, promovidas separadamente, exigissem uma atuação muito maior dos órgãos jurisdicionais. Não é desarrazoado afirmar, de outra parte, que essa cumulação subjetiva tem em mira acarretar menores prejuízos ao devedor, seja com custas ou emolumentos, ou mesmo com honorários advocatícios, uma vez que pode responder às diversas execuções em um só processo. Admitida como verdadeira essa afirmação, podemos dizer que o art. 780 do CPC se articula, ainda que pela superfície, com o art. 805 do mesmo Código, a teor do qual, "Quando por vários meios o exequente puder promover a execução, o juiz mandará que se faça pelo modo menos gravoso para o executado".

Devemos destacar que a cumulação de execuções constitui *faculdade* do credor — conclusão que se tira da expressão legal "O exequente *pode* cumular (CPC, art. 780; destacamos); isso significa que não há, para o devedor, um direito de exigir a referida cumulação; este nem poderá, aliás, *opor-se* à cumulação empreendida pelo credor, contanto que os requisitos legais tenham sido atendidos.

Observa Alcides de Mendonça Lima que o fato de o legislador, ao redigir o art. 573 do CPC de 1973, haver usado a palavra *credor* no singular não deve ser interpretado à conta de uma sua intenção de impedir o litisconsórcio ativo; o que se proíbe é a *coligação* de credores e não a *pluralidade* destes (obra cit., p. 212). No processo do trabalho, p. ex., sendo o empregado credor do (ex-)empregador por vários títulos judiciais, poderia promover a execução aglutinada desses títulos, com fulcro no art. 780 do CPC atual. Não se deverá consentir, todavia, que *vários credores*, portando diferentes títulos, se unam, se consorciem, para efeito de realizar uma só execução contra o devedor comum.

Pensamos ser possível, até mesmo, à luz da norma processual civil invocada, a formação de litisconsórcio *passivo*, desde que a execução derive de uma *só dívida*. Digamos, v. g., que determinado empregado tenha ajuizado ação para receber de seu empregador, pessoa física, certas quantias e, proferida a sentença condenatória, este viesse a falecer; nada obsta, na hipótese, a que o credor promova a execução contra os herdeiros do devedor, sendo oportuno lembrar que estes se encontram legalmente legitimados para figurar no polo passivo da relação processual executiva (CPC, art. 779, II). No exemplo citado, o credor *teria* mesmo de dirigir a execução aos herdeiros.

Quando a lei fala em identidade de *procedimentos* está a advertir que não podem ser cumuladas execuções de natureza e de procedimentos diversos, pois isso provocaria, na prática, graves tumultos, dada a dificuldade ou a impossibilidade de serem harmonizados os respectivos ritos. Considerando, porém, a preponderante uniformidade do procedimento trabalhista e a tendência de a ele fazer-se adaptar os procedimentos traçados pelo processo civil, parece-nos que não deve ser interpretado segundo a rigidez de sua letra o art. 780 do CPC. O cotidiano dos foros trabalhistas tem demonstrado, amiúde, ser perfeitamente possível promover-se a execução simultânea, no mesmo processo, de obrigações díspares, como ocorre quando se exige do devedor o adimplemento de obrigação de pagar quantia certa e também de fazer (reintegrar empregado estável, anotar o contrato de trabalho na CTPS, etc.). Dessa forma, somente deverá ser recusada a cumulação de execuções que tenham por objeto obrigações de natureza distinta quando isso puder trazer consequências tumultuárias ao procedimento trabalhista. Nesse caso, deve ser mantida a especificidade procedimental das execuções, que decorre da própria natureza das obrigações que se deseja ver satisfeitas.

A Lei n. 6.830/80 permite que o juiz, a requerimento das partes e atendendo à conveniência da unidade da garantia da execução, ordene a *reunião* de autos processuais sempre que o devedor for o mesmo (art. 28). Determinada essa reunião, os feitos serão redistribuídos ao juízo a quem coube a primeira distribuição (*ibidem*).

A situação, aqui, não coincide com a do art. 780, do CPC. O que a Lei n. 6.830/80 prevê é a possibilidade de serem *reunidos* autos distintos, de execuções promovidas contra um mesmo devedor (em nome da conveniência do garantimento da satisfação do crédito), hipótese em que as execuções serão *redistribuídas* ao juízo a quem coube a primeira delas. O art. 28 da Lei n. 6.830, como se vê, contém uma implícita referência aos arts. 55 e 56 do CPC, que cuidam da conexão e da prevenção, respectivamente.

A reunião de autos, segundo a Lei n. 6.830/80, apenas poderá ser feita mediante requerimento de qualquer dos litigantes; as particularidades do processo do trabalho, e a iniciativa que se atribui ao juiz que o dirige, autorizam a afirmar que tal reunião poderá ser aqui determinada *ex officio*, sendo bastante que o juiz esteja convencido da conveniência ou da necessidade dessa medida. Essa junção de autos poderá ser também feita em relação a execuções que se processam perante o *mesmo juízo*, caso em que incidirá não o art. 56 do CPC, e sim o 55 do mesmo diploma processual.

Vamos ao didatismo dos exemplos. Se o empregado for portador de dois ou mais títulos judiciais trabalhistas:

a) poderá promover, em um só processo, a execução de todos os títulos, observados os pressupostos do art. 780 do CPC;

b) se houver promovido separadamente as execuções, poderá requerer ao juiz que ordene a reunião dos respectivos autos, com fundamento no art. 28 da Lei n. 6.830/80, embora essa reunião possa ser igualmente solicitada pelo devedor, ou ordenada pelo juiz.

Impende reiterar que nem o art. 780 do CPC nem o art. 28 da Lei n. 6.830/80 autorizam a "coligação" de credores (logo, são diversos), com a finalidade de se valerem das disposições constantes das sobreditas normas legais. De igual modo, não é lícito a um só credor promover a execução contra diversos devedores, em um só processo, ou em autos que deseja ver reunidos, excetuada a hipótese — por nós suscitada há instantes — de a dívida ser *única* (ou unitária), assim entendida a que se caracterizar por uma *unidade jurídica*.

Enfim, a cumulação de execuções (CPC, art. 780) e a reunião de autos de execuções (Lei n. 6.830/80, art. 28) podem ser acolhidas, sem maiores dificuldades práticas, pelo processo do trabalho, pois é imperativo reconhecer que atendem ao interesse de todos os sujeitos do processo: a) ao credor, pela possibilidade de satisfação, a um só tempo, dos seus vários créditos; b) ao devedor, que suportará, de modo menos gravoso, as consequências dos atos executivos; c) ao Judiciário, em virtude da sensível economia de atos jurisdicionais a serem praticados.

Capítulo XIV

Execução de Obrigações Alternativas

1. Comentário

Não se encontra na CLT nenhuma disposição pertinente à execução das denominadas *obrigações alternativas*; essa omissão justifica, segundo entendemos, a incidência supletiva, neste processo especializado, da regra estampada no art. 800 do CPC, pois ausente o óbice da incompatibilidade (CLT, art. 769). Dispõe a precitada norma processual civil que "Nas obrigações alternativas, quando a escolha couber ao devedor, este será citado para exercer a opção e realizar a prestação dentro de 10 (dez) dias, se outro prazo não lhe foi determinado em lei ou em contrato".

O correto entendimento do conteúdo do art. 800 do CPC reclama algumas considerações de índole doutrinária acerca dessa modalidade de obrigação.

Basicamente, as obrigações em geral podem ser dotadas de um ou mais objetos, que se revelam sob a forma de *prestações* a serem realizadas pelo devedor. Possuindo a obrigação apenas um objeto, dizemos que ela é *simples*; se contiver mais de um, estaremos diante de obrigação *complexa*. Estas, por sua vez, se subdividem em três classes:

a) *conjuntivas*, quando o cumprimento da obrigação se concretiza pela entrega da totalidade das prestações em relação às quais o devedor se obrigou. Essa entrega poderá ser efetuada de maneira simultânea ou sucessiva, segundo tenha sido avençado pelas partes; a sua divisibilidade somente será possível caso tenha sido prevista pelos interessados, mediante avença nesse sentido (CC, art. 314). Verificamos, conseguintemente, que nas obrigações *conjuntivas* a quantidade de obrigações, distintas entre si, está na razão direta do número de prestações devidas, desde que especificadas;

b) *alternativas*, que se caracterizam pela presença de diversas prestações, conquanto o cumprimento de uma delas — ou de um grupo delas — já libere o devedor da obrigação assumida. Daí vem que, embora haja uma diversidade de prestações, a realização de uma delas apenas (quando este for o caso) basta para eximir o devedor não só desta como de qualquer outra obrigação integrante do leque de alternatividade;

c) *facultativas*, que, na observação de Alcides de Mendonça Lima, "não mereceram do Código Civil Brasileiro tratamento especial" (obra cit., p. 185), nada obstante se possa assegurar que, nesta hipótese, se faculte ao devedor liberar-se da obrigação — que é uma só — por mais de um modo (*una res est in obligatione, plures in facultate solutionis.*

Atendem ao interesse deste Capítulo, contudo, as obrigações *alternativas*, pois é sobre elas que versa o art. 800, *caput*, do CPC. Essa modalidade obrigacional está disciplinada, no campo do direito material, pelos arts. 252 a 256 do CC.

Declara o art. 325, *caput*, do CPC que o pedido será *alternativo* quando, pela natureza da obrigação, o devedor puder cumprir a prestação *por mais de um modo*; se, todavia, por força de norma legal ou disposição contratual a escolha couber ao devedor, deverá o juiz assegurar-lhe o direito de satisfazer a prestação de um ou de outro modo, mesmo que o autor não tenha formulado pedido alternativo (parágrafo único).

Moniz de Aragão, em parecer que adotamos, anota que "o conceito de pedido alternativo é mais compreensivo do que o de obrigação alternativa. Este tem contornos bem mais restritos, distinguindo-se, por exemplo, das obrigações chamadas facultativas. Mas o pedido alternativo a umas e outras abrange, assim como a quantas mais se apresentarem, em que a prestação possa ser cumprida de mais de um modo" ("Comentários ao Código de Processo Civil", 2.ª ed., Rio de Janeiro: Forense, vol. II, p. 406).

Cabe-nos advertir para que não se confunda *pedido alternativo* (no singular) com *pedidos alternativos* (no plural). Aquele, como afirmamos, está previsto pelo art. 325 do CPC, ao passo que estes se encontram regulados pelos arts. 326 e 327 do mesmo Código, sob a forma de pedidos *sucessivos* e pedidos *acumulados*, respectivamente.

Vimos que as obrigações alternativas são aquelas que, embora se configurem por uma pluralidade de prestações, suficiente será que o devedor cumpra apenas uma delas para que fique desobrigado das demais — ou, como queiram, da obrigação considerada em seu aspecto global.

A quem caberá, contudo, o direito da escolha quanto à prestação a ser realizada? A resposta está no art. 252 do CC: ao devedor, direito que foi respeitado pelos arts. 325, parágrafo único, e 800, *caput*, do CPC. O princípio legal, portanto, é de que a escolha da prestação incumbe justamente àquele que está obrigado a satisfazê-la, ou seja, o devedor. Esse direito somente se transferirá ao credor se houver ajuste das partes quanto a isso ("se outra coisa não se estipulou", esclarece a parte final do art. 252 do CC).

Em termos práticos, tratando-se de obrigações alternativas, em que a escolha caiba ao devedor, este será citado para exercer esse direito e realizar a correspondente prestação, no prazo de dez dias, desde que outro prazo não tenha sido estabelecido em lei ou em contrato (CPC, art. 800, *caput*). A citação do devedor, neste caso, será, a um só tempo, para escolher a modalidade de obrigação e cumpri-la, porquanto se fosse apenas para exercer a opção haveria necessidade de ser outra vez citado para o cumprimento (Pontes de Miranda, obra cit., p. 121). Tal escolha, no processo do trabalho, poderia ser manifestada de maneira oral, mediante termo nos autos, ou por petição letrada.

Ocorrendo de o devedor, apesar de regularmente citado, deixar de exercer o seu direito de escolha no prazo assinado, a opção será devolvida ao credor (CPC, art. 800, § 1.º), supondo-se que, na espécie, o devedor renunciou ao *ius eligendi* concedido por lei. Entendemos que, diante disso, não poderá o devedor impugnar a escolha que vier a ser efetuada pelo credor, na medida em que o seu silêncio, após a citação, implicou a preclusão temporal do seu direito de pronunciar-se a respeito de qual das espécies de obrigação pretendia satisfazer. A não ser assim, inexistiria motivo lógico para devolver--se a opção ao credor.

Se a escolha couber, inicialmente, ao credor, em decorrência de estipulação feita pelas partes, este deverá manifestá-la já no início da execução (CPC, art. 800, § 2.º). Julgamos que, se o credor não realizar a sua opção na peça inicial executória — ou, de qualquer modo, no início da execução —, esse fato deverá ser interpretado como renúncia tácita ao direito de escolha; esta, via de consequência, será transferida ao devedor, até porque a ele cabe a opção, por princípio legal, como pudemos destacar anteriormente.

Apoiados em Amílcar de Castro, poderíamos estabelecer a seguinte sistematização das atitudes do devedor em face da citação para exercitar o direito de escolha e o cumprimento da obrigação correspondente: a) opta por uma delas, cumprindo-a; b) escolhe-a, mas não a satisfaz; c) não a escolhe, nem a cumpre; d) alega ser a escolha impossível ("Comentários ao CPC", 2.ª ed., São Paulo: Revista dos Tribunais, 1976, p. 22).

Na hipótese (a), o escopo do art. 800 do CPC estaria plenamente atingido, pois o devedor, ao escolher a obrigação e cumpri-la, daria causa à extinção da execução, como prevê o art. 924, II, do CPC, uma vez que as demais obrigações, componentes do elenco de alternatividades, tornar-se-iam, automaticamente, inexigíveis (= extintas); em (b), o inadimplemento, pelo devedor, da obrigação eleita permitiria ao credor executá-la, sem, contudo, decidir-se por uma outra; em (c), o silêncio do devedor quanto à escolha da obrigação devolveria ao credor a livre opção por qualquer delas, como está expresso no § 1.º do art. 800 do CPC; idêntica devolução ao credor se daria se a manifestação eletiva do devedor viesse a ser feita quando já exaurido o prazo que, em seu benefício, havia sido estabelecido por lei, pelo contrato ou pela sentença; por fim, em (d) a impossibilidade na escolha da obrigação a ser cumprida derivaria de fatores heterogêneos, como, v. g., de uma das alternativas não poder ser objeto de obrigação; de se haver tornado inexequível e o mais. Nos casos mencionados nesta última letra, o débito subsistiria relativamente à(s) outra(s) obrigação(ões), que, por isso, deveria(m) ser satisfeita(s), *ex vi* do art. 253 do CC.

Se, em virtude de culpa do devedor, nenhuma das obrigações alternativas puder ser cumprida — e a escolha não competir ao credor —, aquele ficará obrigado a pagar a este o valor da que por último se impossibilitou, mais as perdas e danos, quando for o caso (CC, art. 254); por outro lado, se a opção couber ao credor e uma das prestações se tornar impossível por culpa do devedor, o primeiro terá direito de exigir do segundo a prestação remanescente ou o valor da outra, acumulada com perdas e danos (CC, art. 255). Ocorrendo de todas as obrigações se tornarem inexequíveis, por culpa do devedor, poderá o credor pedir o valor correspondente a qualquer delas, sem prejuízo da indenização por perdas e danos (CC, art. 255).

Caso, finalmente, a totalidade das obrigações torne-se inexequível, sem culpa do devedor, ficará extinta a obrigação (CC, art. 256).

Como exemplo de obrigação alternativa, no direito processual do trabalho, que comporta a aplicação do disposto no art. 800 do CPC, podemos indicar a que — contida em sentença ou em acordo judicial — tornasse sem efeito a transferência do empregado para localidade diversa da prevista no contrato, *ou*, se efetivada a transferência, condenasse o empregador ao pagamento do adicional de 25% instituído pelo § 3.º do art. 469 da CLT. É palmar que, na elaboração desse exemplo, estamos a pressupor que o empregado tenha formulado *pedido alternativo*, nesse sentido, como lhe faculta a lei (CPC, art. 325). Decorrido o prazo, sem que o devedor cumprisse quaisquer das obrigações, caberia ao credor promover-lhe a citação a fim de que, no prazo legal, exercitasse o seu direito de escolha (não transferir o empregado, ou, transferindo-o, pagar-lhe o pertinente adicional) e cumprisse a obrigação eleita.

Ressalvamos, há pouco, a circunstância de estarmos pressupondo que o empregado havia formulado *pedido alternativo*, pois sabemos que a lei proíbe o juiz de proferir sentença condenatória do réu em objeto (entenda-se: prestação) diverso do que lhe foi demandado (CPC, art. 492). Desobedecendo a esse veto legal, a sentença se tornaria vulnerável, passível de anulação, pelo tribunal, pois ferreteada pela eiva de ser *extra petita*. Inexistiria, entretanto, causa de nulificação se o juiz convertesse o pedido de reintegração, formulado por empregado estável, em indenização dúplice, pois esse ato entra em seu livre arbítrio, conforme torna evidente o art. 496 da CLT.

A propósito, não vemos como se possa indicar — sem ofensa à lei — a título de exemplo de *obrigação alternativa* a consistente em: a) reintegrar o empregado garantido pela estabilidade, ou b) pagar-lhe a indenização, em dobro, do tempo de serviço. Aparentemente, o exemplo trazido à baila estaria correto, diante do disjuntivo *ou*, que estaria a sugerir — a tipificar — a ideia de alternatividade. Dá-se, porém, que, se o empregado estável foi demitido, sem que a falta grave imputada tivesse sido objeto de ação ("inquérito", diz, muito mal, o art. 494 da CLT) específica, ajuizada pelo empregador, o único pedido que, em razão disso, lhe seria lícito formular consistiria no de ser *reintegrado* no *emprego*, que surge, aliás, como a manifestação jurídica mais expressiva do instituto da estabilidade no emprego. Estamos afirmando, com isso, que em situações que tais o empregado não pode postular (exclusiva ou alternativamente) o pagamento de indenização, porquanto somente o juízo pode, em virtude da "incompatibilidade resultante do dissídio", converter a reintegração em indenização.

Dessa forma, há um obstáculo legal intransponível à possibilidade de transferir-se ao devedor a escolha quanto à espécie de obrigação que deseja cumprir, motivo por que seria merecedora de ataque objurgatório a sentença que houvesse reservado a ele essa opção. Ainda no exemplo em pauta, nem mesmo por força de transação judicial se poderia atribuir ao devedor o direito de escolha, no que toca a cumprir esta ou aquela obrigação, pelo fato relevante — já realçado — de que a convolação do ato de reintegrar o empregado para o de indenizá-lo figura como *faculdade* (e prerrogativa) exclusiva do órgão jurisdicional, não podendo, por isso, ser produto de manifestação volitiva das partes.

De modo geral, podemos dizer que as obrigações alternativas podem ser objeto de estipulação pelas partes, exceto naquilo em que contravierem as normas de ordem pública, postas à disposição do caráter protetivo dos direitos subjetivos dos trabalhadores.

Um outro exemplo: um empregado, que está em vias de trabalhar em ambiente insalubre, pede que o empregador seja condenado a: a) fornecer-lhe equipamentos de proteção individual, capazes de neutralizar ou de eliminar, completamente, os agentes nocivos à sua saúde; *ou* b) pagar-lhe o adicional correspondente ao grau de insalubridade que for apurado mediante exame pericial. Transitando em julgado a sentença que acolheu esse pedido alternativo, o empregador (devedor) será citado para, no prazo que lhe for fixado, exercer o seu direito de escolha e cumprir a obrigação pela qual optou. Reconhecemos, é verdade, que na prática o empregado, em situações como a aventada, prefere formular apenas o pedido de condenação do empregador ao pagamento do adicional a que entende fazer jus, pois isso convém aos seus interesses de transformar em "vantagem" pecuniária todas as transgressões que a parte contrária perpetra à lei.

Não nos alonguemos no exemplário; o que importa ficar gravado é o preceito legal de que o pedido poderá ser *alternativo* sempre que, pela *natureza* da *obrigação*, o devedor puder cumprir a prestação por mais de uma forma (CPC, art. 325, *caput*).

Não se poderá pensar em alternatividade, entretanto, quando um dos modos pelos quais o devedor pretende realizar a prestação for contrário à lei; fugir à competência do juízo; ser impossível, em razão de certos fatos comprovados, etc.

Capítulo XV

Execução Sujeita a Condição ou Termo

1. Comentário

A sentença, como instrumento de entrega da prestação jurisdicional, deve ser sempre certa, mesmo quando decida relação jurídica condicional (CPC, art. 492, parágrafo único); já não há lugar, portanto, nos modernos sistemas processuais, para as antigas "sentenças condicionais", que, *e. g.,* condenavam o réu a satisfazer determinada obrigação, *caso* viesse a ocorrer, no futuro, certo fato.

A exigência legal de que a sentença seja *certa* não impede, contudo, que ela resolva relação jurídica condicional; essa possibilidade, como vimos, está expressamente prevista no parágrafo único do art. 492, do CPC.

Particularidade a ser destacada, neste assunto, diz respeito à regra legal de que, se a sentença decidir relação jurídica sujeita a *condição* ou a *termo*, o credor não poderá executá-la sem produzir antes prova de que a condição foi realizada ou de que o termo adveio (CPC, art. 514). Trata-se, conforme está claro, de típica execução *diferida*, porquanto se encontra subordinada a *condição* ou a *termo*.

O conceito de *condição* está no art. 121 do CC: é "a cláusula que, derivando exclusivamente da vontade das partes, subordina o efeito do ato jurídico a evento futuro e incerto", de tal maneira que, se a eficácia do ato foi subordinado a condição *suspensiva*, enquanto esta não ocorrer o indivíduo não terá adquirido o direito a que visa (CC, art. 125). Pensamos que a *condição* a que alude o art. 514 do CPC seja unicamente a suspensiva, pois a resolutiva, por força de regra legal, enquanto não realizada permite que o ato jurídico produza os efeitos que lhe são inerentes, podendo-se, em consequência — desde o instante em que é praticado —, exercer-se o direito nele previsto, até que advenha a condição, por isso mesmo dita resolutiva (CC, arts. 127 e 128).

Já o *termo* corresponde à "modalidade temporal que pode acompanhar a obrigação, estabelecendo o momento em que há de cessar a produção de seus efeitos", no magistério de Caio Mário (*Apud* Alcides de Mendonça Lima, obra cit., p. 206).

Termo e condição possuem um ponto comum: um fato que ainda irá acontecer; a distinção, contudo, reside em que, enquanto no termo esse fato é *certo*, na condição é *incerto*. O termo pode ser inicial — e nesse caso traduz a própria condição suspensiva — ou final, "vinculando-se à condição resolutiva", como assinala Alcides de Mendonça Lima (obra cit., p. 206).

Se a sentença trabalhista decidir relação jurídica sujeita a condição suspensiva ou a termo, o seu trânsito em julgado não autorizará o credor a promover a consequente execução; para isso, é necessário que ele prove, antes, haver realizado a condição ou o advento do termo.

No processo do trabalho, a *condição* de que fala o art. 514 do CPC não precisa estar, necessariamente, contida apenas em sentença (condenatória), podendo ter como sede, também, o acordo (transação) celebrado em juízo, pois este constitui uma das duas únicas modalidades de títulos executivos trabalhistas. Pelo que nos cabe relatar, como experiência pessoal, participamos, como magistrado, de algumas homologações dessa espécie de transação, realizadas em primeiro grau de jurisdição. Em uma delas, o empregador se obrigara a pagar certa quantia ao empregado, desde que este desocupasse, até a data fixada, o imóvel em que vinha residindo e que pertencia àquele. Pois bem. Sobrevindo o termo — que valia, por igual, para o pagamento da dívida assumida pelo empregador, e sem que este satisfizesse a obrigação —, o empregado promoveu a correspondente execução, descuidando-se, entretanto, de produzir prova no sentido de desocupado o imóvel de propriedade do devedor, conforme ficara ajustado na transação; este, com habilidade, alegou o fato, argumentando com a *inexequibilidade do título* (CPC, arts. 525, § 1.º, III e 917, § 2.º, V,), tendo a sentença acolhido os embargos por ele oferecidos.

Caso se tratasse de *condição* (suspensiva) embutida na sentença condenatória, o credor que não fizesse prova de que ela se verificou (CPC, art. 798, I, *"c"*) renderia ensejo a que o devedor denunciasse o *excesso de execução*, na forma prevista pelos arts. 525, § 1.º, V, ou 917, § 2.º, V, do diploma processual civil.

Semelhante declaração de nulidade seria feita, insta observar, na hipótese de não haver ocorrido o *termo*, como se deu no exemplo, há pouco mencionado, do empregado que se obrigara a desocupar o imóvel pertencente ao empregador.

Os exemplos, enfim, pertinentes ao assunto em exame são múltiplos e variarão caso a caso; o que nos parece significativo deixar vincado é o fato de que, se a relação jurídica estabelecida entre as partes depender, para a sua eficácia, de condição ou termo, o credor não poderá dar início à execução da sentença ou do acordo sem provar, previamente, que a condição se realizou ou que o termo adveio. A prova quanto a isso poderá ser feita por todos os meios especificados em lei, ou de qualquer modo moralmente legítimo (CF, art. 5.º, LVI; CPC, art. 369), cujos meios deverão ser adequados à natureza do fato probando.

Como a prova há de ser produzida antes que a execução seja deflagrada, é elementar que, tanto quanto for possível, o meio a ser utilizado seja o *documental*, pois a designação de audiência, destinada à produção de provas orais, assim como a realização de exame pericial, retardam, sobremaneira, o início do processo executivo.

De qualquer forma, a prudência alvitra que o credor obtenha do devedor um documento comprovativo (quando este for o caso) de que a condição ou o termo se realizou, com o que o estará inibindo de, na oportunidade dos embargos, alegar excesso de execução pelo fato de o credor não haver satisfeito a obrigação que lhe correspondia (CPC, arts. 787 e 917, § 2.º, IV), com virtual declaração de nulidade da execução promovida.

Capítulo XVI

Execução e Prestações Sucessivas

1. Comentário

No geral, a obrigação, a cargo do devedor, é satisfeita mediante uma única prestação; em certos casos, contudo, a obrigação se desdobra em prestações sucessivas, que devem ser realizadas periodicamente.

A CLT dedicou um Capítulo (V) especialmente à matéria, no qual distinguiu as prestações sucessivas: a) por tempo determinado; b) por tempo indeterminado. No primeiro caso, a execução pelo inadimplemento de uma prestação compreenderá, também, as que lhe sucederem (art. 891); no segundo, a execução abrangerá, a princípio, as prestações devidas até a data do ingresso na execução (art. 892).

A regra é, sem dúvida, de grande utilidade prática, e acima de tudo condizente com os princípios da celeridade e da simplicidade, que informam o procedimento trabalhista, pois dispensa o credor de promover uma execução para cada prestação não efetuada.

As prestações por tempo *determinado* são muito frequentes nas transações feitas em juízo (na audiência, ou por petição), pelas quais o réu se obriga a pagar ao autor determinada quantia, fracionada em diversas parcelas, com datas certas para o vencimento. Admitamos que a obrigação correspondesse a R$ 1.000,00, a ser satisfeita em cinco parcelas mensais de R$ 200,00; vencida a primeira sem que o réu (devedor) a satisfaça, vencidas estarão, de maneira automática, as demais, ou seja, as "que lhe sucedessem", para utilizarmos a expressão legal (CLT, art. 891).

Sendo assim, a execução que viesse a ser promovida abarcaria, de uma só vez, as cinco prestações, inclusive a *cláusula penal* (CC, arts. 408 a 416), que em negócios jurídicos bilaterais dessa natureza soem as partes estipular.

Com *de maneira automática* queremos dizer que o vencimento das prestações subsequentes à inadimplida ocorreria independente-mente de requerimento do credor, ou de declaração judicial, porquanto isso emana de previsão legal (CLT, art. 891).

De igual modo, são comuns no processo do trabalho as prestações sucessivas por prazo *indeterminado* (melhor seria: *sem prazo*), como se dá, p. ex., quando a sentença exequenda houver determinado o pagamento de diferenças salariais (estando ainda a viger o contrato de trabalho do credor), que, por isso, serão devidas "até a data do ingresso na execução", como afirma o art. 892 da CLT. A locução legal "até a data do início da execução" é, a nosso ver, carente de melhor técnica jurídica, devendo, assim, ser entendida como *até o momento em que a execução é promovida*.

Dessa forma, na hipótese de que estamos a cogitar, seriam objeto de execução todas as prestações (diferenças salariais) vencidas até o instante em que a execução tivesse início, ainda que ulteriores à prolação da sentença exequenda — salvo, é certo, se houver cessado a causa original (o devedor, logo depois do proferimento da sentença condenatória, da qual não interpôs recurso, passou a pagar corretamente os salários).

Dissentimos, por esse motivo, do ilustre Russomano, quando assevera que, "Se as prestações forem por tempo *indeterminado*, por não se conhecer, previamente, seu valor total, como no caso de pagamento de diferenças salariais, *não se aplica a regra do art. 892*" ("Comentários à CLT", 9.ª ed., Rio de Janeiro: Forense, 1982, p. 970). O festejado jurista alude ao CPC de 1939), daí por que, segundo ele, "a execução atinge apenas as prestações vencidas. Encerrada esta, far-se-á nova execução para cobrança das prestações que venham a vencer" (idem, ibidem). *Data venia*, a expressão legal "devidas até a data do ingresso na execução" — com o reparo técnico que acabamos de sugerir — permite-nos concluir (para não dizer que deixa evidenciado) que estarão compreendidas na execução *também* as parcelas que se vencerem no ínterim que vai da prolação da sentença exequenda ao momento em que a execução é promovida, desde que, como dissemos: a) o contrato de trabalho ainda estivesse em vigor; e b) subsistisse a causa determinante da obrigação (pagamento dos salários em valor inferior ao devido).

O próprio CPC contém disposição análoga, a teor da qual, "Na ação que tiver por objeto cumprimento de obrigação em prestações sucessivas, essas serão consideradas incluídas no pedido, independentemente de declaração expressa do autor, e serão incluídas na condenação, enquanto durar a obrigação, se o devedor, no curso do processo, deixar de pagá-las ou de consigná-las" art. 323; destacamos). A referência a "enquanto durar a obrigação" parece ter sido trasladada do Código de Processo Civil português, no qual literalmente estava inserida. Comentando o art. 290 do CPC brasileiro de 1973 (reproduzido, em sua essência, pelo art. 323 do CPC de 2015) Calmon de Passos pôde afirmar, com inegável exatidão jurídica, que, "em Portugal, como entre nós, no regime anterior (obra cit., p. 262) dúvida não se pôs quanto à abrangência, pela sentença, tanto das prestações vencidas até sua prolação *como das que se vencessem posteriormente a ela, enquanto perdurando o negócio jurídico de que elas decorrem*" (idem, ibidem), para arrematar, com igual propriedade, que "*deve ser este o entendimento em relação ao art. 290*" (ibidem).

Ao versar sobre ação de consignação em pagamento, o legislador, a propósito, para não desrespeitar o traço característico das prestações periódicas (ou sucessivas), inscreveu, no art. 892 do diploma processual civil, preceito segundo o qual, "Tratando-se de prestações sucessivas, consignada uma delas, pode o devedor continuar a depositar, no mesmo processo e sem mais formalidades, as que se forem vencendo, desde que o faça em até 5 (cinco) dias contados da data do respectivo vencimento".

Ora, se o próprio processo civil consagra o princípio (salutar) de que as prestações periódicas (sucessivas, vincendas) são devidas enquanto perdurar a obrigação de que decorrem, e, em consequência, podem ser incluídas na execução, contanto que subsistente o negócio jurídico (ou ato jurídico, como é o contrato individual de trabalho), por mais forte razão assim se deve entender no processo do trabalho, até porque, conforme procuramos demonstrar, esta é a perfeita inteligência do art. 892 da CLT.

Nesse processo especializado calham, por isso, como a mão à luva, as lusitanas palavras de José Alberto dos Reis de que a condenação para o futuro (vale dizer, aquela que compreende prestações ainda não vencidas, mas que se vencerão com certeza) reúne duas vantagens fundamentais: a) poupar o credor das despesas, incômodos e trabalhos que, invariavelmente, teria se lhe fosse exigido promover nova execução para ver satisfeitas as obrigações (prestações) que se vencerem posteriormente à sentença exequenda; b) dotá-lo de uma sentença com *trato sucessivo*, isto é, de um título executivo que poderá ser exigido se o devedor deixar de realizar, no futuro, quaisquer das prestações nele previstas ("Comentários ao Código de Processo Civil", Coimbra: Ed. Coimbra, 1953, vol. III, p. 188/189).

Pires Chaves, baseando-se no art. 153, § 2.º, do CPC de 1939, embora admitisse a possibilidade de a condenação abranger as prestações vencidas e as vincendas, enquanto perdurasse a obrigação de que provinham, pensava que as vincendas deviam estar "expressamente pedidas na inicial" ("Da Execução Trabalhista", 2.ª ed., Rio de Janeiro: Forense, 1964, p. 39).

Hoje, no entanto, já não se exige pedido expresso, como revela, em linguagem inequívoca, o art. 323 do CPC (primeira parte): "Na ação que tiver por objeto cumprimento de obrigação em prestações sucessivas, *essas serão consideradas incluídas no pedido*, independentemente de declaração expressa do autor, e serão incluídas na condenação, enquanto durar a obrigação, se o devedor, no curso do processo, deixar de pagá-las ou de consigná-las" (destacamos).

Encontramo-nos, uma vez mais, diante de uma norma processual civil que se amolda, com perfeição, às singularidades do processo do trabalho, sendo mesmo de alvitrarmos que, *de lege ferenda*, a este seja incorporada, sem hesitação; ainda que se venha a tornar obrigatória a presença de advogado, nesse processo especializado, isto não representaria razão jurídica para ser anatematizada a sugestão que ora formulamos. Afinal, no processo civil, onde tem sede a regra inspiradora, a atuação do advogado é compulsória (art. 103), nada obstante aí se considerarem as prestações periódicas embutidas no pedido do autor.

Opinando sobre a execução por prestações sucessivas, todavia, o douto Arnaldo Lopes Süssekind imaginou que essa modalidade de execução "só pode ser aceita quando o executado estiver em condições de poder cumprir desde logo o julgado ou o acordo" ("Manual da Justiça do Trabalho", *apud* Russomano, obra cit., p. 969/970), parecendo ao eminente jurista que a intenção do legislador, ao instituir essa espécie de execução, "foi a de proteger apenas o empregador economicamente fraco, para o qual o pagamento imediato de grandes quantias poderá acarretar a falência" (*idem, ibidem*), concluindo que, "assim sendo, cabe ao juiz, ou presidente do tribunal, verificar, em cada caso concreto, se se justifica a execução por prestações sucessivas" (*ibidem*).

Sem que nos impulsione qualquer vocação à heterodoxia, somos levados a discrepar desse ponto de vista. É de questionar-se, antes de mais nada, se a amplitude de poderes que a lei (CLT, art. 765) outorga ao juiz, na qualidade de reitor do processo, chegaria ao extremo de, afrontando a própria coisa julgada material, fragmentar, em várias parcelas, a obrigação pecuniária imposta pela sentença ao devedor, em nome de uma (presuntiva ou comprovada) dificuldade financeira ou econômica deste, no que respeita a solver essa obrigação mediante uma só prestação. Até onde sabemos, esse parcelamento só será legítimo se com ele *concordar* o credor, de maneira expressa, sendo, pois, defeso ao juiz substituí-lo, a que pretexto seja, nesse ato de manifestação de vontade; a autonomia da expressão volitiva do credor não se escraviza à inquisitoriedade que, em muitas partes, assinala o processo do trabalho.

Qualquer decisão do juiz no sentido de decompor, sem a anuência do credor, em diversas prestações, a obrigação afeta ao devedor (contida, *unitariamente*, no título executivo) ensejará a que o primeiro impugne o ato jurisdicional mediante agravo de petição (CLT, art. 897, "*a*").

Não poderíamos fechar este capítulo sem deitar alguns escólios — conquanto breves — a respeito do cumprimento das obrigações assumidas por força de transação efetuada em juízo.

Embora pudéssemos argumentar com a obrigação de prestação única, fiquemos com a que se caracteriza por prestações periódicas (sucessivas). Realizada a transação, em audiência, costuma-se fixar dia, hora e local para o cumprimento de cada prestação (além de estipular-se cláusula penal). Em muitos desses casos, o devedor comparece, no dia designado, ao local em que a prestação deve ser realizada, com algum tempo de atraso (minutos, horas), em relação ao horário que havia sido fixado. Como o credor já lá não se encontra, o devedor efetua o depósito da quantia devida (digamos, mediante guia própria, fornecida pela secretaria da Vara). Mais tarde, o credor retorna a juízo e pede a execução não apenas da parcela vencida, como das vincendas (mais a cláusula penal), alegando que a obrigação não foi cumprida *no horário estabelecido*. Há reação do devedor e se estabelece sobre isso acirrada disputa, que ao magistrado caberá decidir. Qual deveria ser, na hipótese, a melhor solução a adotar-se?

Em que pese ao aparente rigor excessivo que a resposta encerra, pensamos que a razão *jurídica* esteja com o credor. Sem embargo, não podemos nos esquecer de que o *horário* constitui uma das *condições* segundo as quais a obrigação deveria ser satisfeita; a não ser desse modo, inexistiria motivo lógico (e jurídico) para estabelecer-se determinado horário: bastaria que os termos da transação se referissem, apenas, ao dia e ao local (além, como é óbvio, ao valor e à cláusula penal). Não pretendemos sustentar que a prestação deva ser efetuada *exatamente no horário* previsto, e sim que o seja *até esse horário*. Demais, eventual opinião divergente da nossa faria com que o credor ficasse submetido, não raro, a uma longa espera (nos balcões ou corredores da Vara), além da hora avençada, na esperança de que o devedor, *em algum momento*, comparecesse para satisfazer a obrigação. Segue-se, pois, que o credor não está obrigado a aguardar o devedor quando já excedido o horário que ajustaram para que este efetuasse a prestação; caber-lhe-á, isto sim, requerer a execução da prestação vencida e de todas as outras "que lhe sucederem", como permite o art. 891 da CLT, sem prejuízo da cláusula penal que, acaso, tenha sido estipulada.

Dessas consequências somente poderá eximir-se o devedor se provar que razões ponderosas, e legitimamente invocáveis, não lhe permitiram realizar a prestação na hora a que se obrigara a fazê-lo.

Por todo o exposto, é recomendável que o credor solicite à secretaria do juízo que certifique nos autos até que horário permaneceu (infrutiferamente) à espera do devedor, a fim de evitar que este venha a alegar que respeitou o horário estabelecido; é aconselhável, aliás, que o próprio devedor (em alguns casos) requeira tal certificação nos autos quando cumprir a obrigação no horário correto.

Capítulo XVII

Responsabilidade Patrimonial do Devedor

1. Comentário

No passado remoto, o devedor que não satisfizesse determinada obrigação era submetido a penas degradantes da sua condição humana; no sistema da *manus iniectio*, *v. g.*, ele poderia ser mantido em cárcere privado pelo credor; ser vendido a terceiro, como escravo, e o mais. O absurdo desse sistema atingia o seu ponto extremo ao permitir que o credor pudesse dispor da própria vida do devedor, inclusive, esquartejando-o.

Já não é assim, felizmente, nos tempos modernos.

Hoje, a execução tem como objeto não a pessoa física do devedor e sim o seu *patrimônio*; essa declaração se encontra insculpida, como autêntico princípio, no art. 789 do CPC, conforme o qual "O devedor responde com todos os seus bens presentes e futuros para o cumprimento de suas obrigações, salvo as restrições estabelecidas em lei".

Esse deslocamento do objeto da execução forçada do corpo do devedor para o seu patrimônio econômico — denominado de "humanização da execução" — foi produto da influência da ideologia cristã sobre o espírito dos legisladores e dos governantes de outrora.

A execução é, portanto, sempre *real*; nunca pessoal. Como diz Andreas von Tuhr, em síntese precisa: "o crédito encerra um dever para o devedor e uma responsabilidade para o seu patrimônio". ("Tratado de las Obligaciones", Madrid: 1934, vol. I, p. 10).

Não se deve confundir, todavia, débito (ou obrigação) com responsabilidade processual, pois o primeiro se estabelece entre o credor e o devedor, tendo por objeto certo bem, ao passo que a segunda se forma entre o devedor e o juiz, cujo objeto são bens indeterminados, presentes e futuros (Amílcar de Castro, "Comentários ao Código de Processo Civil", São Paulo: Revista dos Tribunais, 1979, p. 67/68). A sujeição do devedor ao poder jurisdicional é muito mais ampla e intensa que a obrigação, porquanto o juiz, "para levar a termo a execução, pode servir-se de coisas diversas da dívida" (*Amílcar de Castro*, obra cit., *ibidem*). É por esse motivo que Carnelutti compara a responsabilidade a um grande halo ao redor da obrigação.

Doutrinariamente, podem ser apontados dois objetos da execução: a) objeto imediato; e b) objeto mediato.

a) *Imediato* — é a realização de medidas práticas e coercitivas, legalmente previstas, e necessárias para tornar concreta a sanção condenatória entranhada no título executivo. Lembremos que, refletindo o título executivo judicial o reconhecimento do direito do credor-exequente, o que este solicita ao Estado-juiz é a deflagração de atos específicos, tendentes a compelir o devedor a solver a obrigação; a incerteza do direito só se verificou no processo de conhecimento, que foi encerrado com a sentença de mérito, agora convertida em título executivo. No elenco das medidas coercitivas que podem ser adotadas pelo magistrado, inclui-se o arrombamento de portas, janelas, gavetas, móveis, etc. no caso de o devedor tentar impedir a realização da penhora (CPC, art. 846, § 1.º), sem prejuízo da configuração do crime de desobediência, por parte deste (*ibidem*, § 3.º).

b) *Mediato* — são, como dissemos, os bens que integram ou integrarão o patrimônio do devedor. Nem há, no Brasil, prisão civil por dívidas, exceto nos casos de depositário infiel ou do responsável pelo descumprimento voluntário e inescusável de obrigação alimentar, na forma da lei (CF, art. 5.º, LXVII). Todavia, o STF, por sua Súmula Vinculante n. 25, entendeu ser "ilícita a prisão civil de depositário infiel, qualquer que seja a modalidade do depósito". Divergimos do conteúdo desta Súmula, cujas razões serão expostas no Livro II, Capítulo VI.

O conceito de *patrimônio*, com vistas à responsabilidade a que está submetido o devedor, pode ser tomado a Rosenberg: "É a soma das coisas que têm valor pecuniário e direitos do devedor; e compreende bens móveis e imóveis, créditos e outros direitos, também *expectativas*, sempre que sejam já direitos subjetivamente *disponíveis*" (realçamos; "Tratado de Derecho Procesal Civil", Buenos Aires; 1955, vol. III, p. 74). O conceito formulado por esse ilustre jurista tem o mérito de destacar que foram excluídos do campo da responsabilidade do devedor determinados bens, como os que não possuem valor econômico; além disso, há aqueles que a lei considera *impenhoráveis* (CPC, art. 833; Lei n. 5.988, de 14-12-1973, art. 79; Lei n. 8.009/90) e os que somente podem ser penhorados na ausência de bens livres (CPC, art. 834).

Quando a lei afirma que o devedor responderá, para o cumprimento da obrigação, com os seus bens presentes e futuros, está a advertir que se poderão sujeitar à penhora — e à consequente expropriação judicial — não apenas os bens que o devedor possuía ao tempo em que a execução se iniciou, se não que todos os que vier a adquirir, ou a integrar (a qualquer título) ao seu patrimônio, *enquanto não satisfeita a obrigação* (CPC, art. 789).

Isso quer significar que se, iniciada a execução por quantia certa, ficar demonstrado que o devedor não possui bens com os quais possa responder a ela, a execução não será extinta, nem se poderá cogitar, mais tarde, de prescrição liberatória; verificada a hipótese, incumbirá ao juiz *suspender* a execução, pelo prazo de um ano, como determina o art. 40 da Lei n. 6.830/80; decorrido esse prazo sem que sejam encontrados bens penhoráveis, os autos serão (provisoriamente) arquivados. Encontrados que sejam, a *qualquer tempo*, bens que possam ser submetidos à alienação judicial, os autos serão desarquivados, para prosseguimento da execução (art. 40, § 3.º).

A declaração expressa no art. 789 do CPC não está restrita ao devedor em si, ou seja, àquele que figurou, como réu, no processo cognitivo; ela, ao contrário, tem um sentido muito mais amplo, compreendendo todos os que se encontram situados no polo passivo da relação processual executiva, desde que para isso estejam legalmente legitimados, como é o caso do espólio, dos herdeiros, dos sucessores, do novo devedor e do fiador, entre outros(CPC, art. 779). Todos os seus bens, inclusive os que vierem a ser, futuramente, aglutinados ao seu patrimônio, responderão para o cumprimento da obrigação. No que tange ao fiador, entretanto, a lei lhe permite indicar bens do devedor (desde que livres e desembargados), nada obstante os seus bens permaneçam sujeitos à execução caso os do devedor sejam insuficientes para satisfazer o direito do credor (CPC, art. 831, *caput*). A possibilidade legal de o fiador indicar bens do devedor revela o *beneficium excussionis personalis*.

Esse benefício de ordem pode ser objeto de renúncia tácita ou expressa; no primeiro caso, a renúncia estará configurada quando o fiador, citado para a execução, deixar de invocar o benefício no prazo para a nomeação de bens à penhora; no segundo, a renúncia consta de documento idôneo.

Embora de rara ocorrência no processo do trabalho, poderá dar-se de o credor, estando por *direito de retenção* (ver CC, arts. 319, 495, 578, 644, 664, 1.219, 1.220, 1.423, entre outros) na posse de coisa pertencente ao devedor, pretender promover a execução; nesse caso, o devedor tem, em seu benefício, a *exceptio excussionis realis positiva*, daí por que a lei proíbe o credor de promover a execução sobre outros bens enquanto não for excutida a coisa que se acha em seu poder (CPC, art. 793). Esse benefício deverá ser invocado pelo devedor na oportunidade dos embargos que vier a oferecer à execução.

No correto apontamento feito por Alcides de Mendonça Lima, a mencionada regra processual civil tem finalidade preponderantemente ética, "pois se deve pressupor que o credor entendia que a coisa retida lhe bastava para solver a obrigação inadimplida, não sendo justo que na hora da execução, se volte para outro bem do devedor, salvo havendo justificativa legal" (obra cit., p. 579).

Dessa forma, citado o devedor para a execução, este deverá, no prazo da lei, indicar para ser penhorado o bem que o credor estiver retendo; considerando a imperatividade da disposição emoldurada pelo art. 793 do CPC, entendemos que, mesmo na hipótese de o devedor deixar de fazer a indicação do bem retido pelo credor (e nem sequer apresentar embargos à penhora), a execução deverá ter como objeto o bem retido, não sendo lícito ao credor, alegando o silêncio do devedor, avocar o direito de apontar outros bens deste. A não ser assim, nenhuma razão de ser teria o preceito legal em exame.

A prioridade legal para a execução será, portanto, sempre da coisa retida; somente se efetuará a segunda penhora se o produto da alienação do bem retido não for suficiente para solver a obrigação (CPC, art. 851, II). Se, porém, ficar comprovado, mesmo antes da expropriação, que o valor do bem retido é insatisfatório para atender ao crédito, poderá o juiz, à instância do interessado e ouvida a parte contrária, *ampliar* a penhora, ou mesmo *transferi-la* para bem mais valioso (CPC, art. 874, II), contanto que, no último caso, o credor se disponha a restituir o bem que havia retido de maneira legítima.

O espólio, por sua vez, responde pelas dívidas do falecido; realizada a partilha, contudo, cada herdeiro será responsável pela dívida na proporção da parte que na herança lhe coube (CPC, art. 796). Tanto o espólio quanto os herdeiros, por esse motivo, são considerados sujeitos passivos da execução (CPC, art. 779, II). Essa disposição do CPC nada mais representa do que ressonância, no plano processual, da regra expressa no art. 1.997 do CC, conforme a qual "A herança responde pelo pagamento das dívidas do falecido; mas, feita a partilha, só respondem os herdeiros, cada qual em proporção da parte que na herança lhe coube".

Cabe salientar, porém, que o herdeiro não responde por encargos excedentes às forças da herança, competindo-lhe produzir prova quanto ao excesso verificado, salvo se existir inventário, que o escuse, demonstrando o valor dos bens que foram por ele herdados (CC, art. 1.792). A prova, quanto a isso, poderá ser feita por intermédio do formal de partilha ou pela certidão de partilha.

Oportuna a observação de Alcides de Mendonça Lima de que, para efeito de incidência da norma inserida no art. 597 do CPC (art. 796, do CPC de 2015), é irrelevante distinguir se se trata de herdeiros por direito próprio ou testamentários, pois apenas o legatário é que ficará dispensado da responsabilidade pela satisfação do crédito que deu origem à execução, completando o emérito jurista que "Se, porém, a herança for constituída apenas de legados, é evidente que os respectivos titulares sofrerão desfalques nos bens com que foram aquinhoados, pois, se assim não fosse, haveria uma fraude contra o credor, por via oblíqua. Da mesma forma, se as dívidas forem superiores à porção disponível (que cabe aos herdeiros) e o falecido houver disposto da disponível (mesmo como legados), a proporção deverá estender-se a esta fração. Em princípio, pois, o credor deve receber tudo; o que sobrar é que será dos sucessores — herdeiros ou legatários —, ainda que não totalmente, se houver necessidade de ser fixada proporcionalidade" (obra cit., p. 530).

Quanto à regra do art. 795 do CPC, de que os bens integrantes do patrimônio (pessoal, portanto) do *sócio* não respondem pelas dívidas da sociedade, a não ser naqueles casos expressamente previstos em lei, embora pudesse ser apreciada neste momento, em verdade já foi objeto de detidas considerações por ocasião do exame da matéria relativa à legitimação passiva, que empreendemos no Capítulo VIII, *retro*.

Capítulo XVIII

Fraude à Execução

1. Comentário

A fraude à execução não se confunde com a fraude contra credores. Esta é disciplinada pelo direito material (CC, arts. 158 a 165), tendo como elementos tipificadores o dano (*eventus damni*) e a fraude (*consilium fraudis*). O dano se configura pela insuficiência de bens patrimoniais para responder à execução; a fraude se caracteriza pela ciência ou pela previsão do dano causado. Os atos praticados em fraude a credores podem ser *anulados* por ação revogatória; dispõe, com efeito, o art. 158, *caput*, do CC que "Os negócios de transmissão gratuita de bens ou remissão de dívida, quando se praticar o devedor já insolvente, ou por eles reduzido à insolvência, ainda quando o ignore, poderão ser *anulados* pelos credores quirografários como lesivos dos seus direitos". É conveniente registrar, a propósito, que: a) somente as pessoas que eram credoras ao tempo em que esses atos foram cometidos poderão pleitear-lhes a anulação (CC, art. 158, § 2.º); b) a ação, no caso do art. 158 (para nos fixarmos apenas neste), poderá ser ajuizada em face do devedor insolvente; a pessoa que com ele celebrou a estipulação considerada fraudulenta, ou os terceiros adquirentes que tenham procedido de má-fé (CC, art. 161).

Assinale-se, ainda, que na fraude contra credores a alienação dos bens os prejudica na qualidade de particulares (*uti singulis*), motivo por que, juridicamente, apenas eles terão interesse em aforar ação com o objetivo de obter a declaração de nulidade do ato lesivo perpetrado pelo devedor.

A *fraude à execução*, por sua vez, é regulada pelo *direito processual* (dela também cuida o CP, no art. 179), que integra a classe dos direitos públicos; assim o é porque, transitando em julgado a sentença condenatória, ou sendo inadimplido o acordo realizado em juízo, o Estado possui interesse em que — para salvaguardar o prestígio do próprio Poder Judiciário e da autoridade que se irradia da *res iudicata* — a obrigação materializada no título executivo seja plenamente cumprida; reiteremos, neste ponto, que na fraude *contra credores* o interesse se vincula, com exclusividade, ao trinômio: credor/devedor/terceiro adquirente, estando ausente, portanto, o do Estado.

Na fraude de execução, a má-fé por parte do devedor não precisa ser provada pelo credor, como se lhe exige no caso de fraude contra credores (CC, art. 161), pois é *presumida* pela própria norma legal (CPC, art. 792); além disso, enquanto os atos praticados em fraude contra credores são *anuláveis*, os realizados em fraude de execução são *ineficazes* (*ibidem*, § 1.º). Os primeiros são desconstituídos; os segundos, declarados nenhum.

Concordamos com Alcides de Mendonça Lima quando assevera que do ponto de vista do efeito prático, para o credor, as duas figuras de que estamos a nos ocupar têm um ponto em comum: "Proteger o credor contra as artimanhas do devedor para não se esquivar de solver a obrigação coativamente, quer o credor venha a mover a ação competente ('fraude contra credores'), quer o credor já a haja promovido ('fraude à execução')". (Obra cit., p. 558).

De qualquer modo, é relevante destacar que apenas a fraude de execução constitui ilícito penal (CP, art. 179).

O art. 792 do CPC *considera* (eis aqui a presunção legal de má-fé) em fraude de execução a alienação ou a oneração de bens: I – quando sobre o bem pender ação fundada em direito real ou com pretensão reipersecutória, desde que a pendência do processo tenha sido averbada no respectivo registro público, se houver; II – quando tiver sido averbada, no registro do bem, a pendência do processo de execução, na forma do art. 828; III – quando tiver sido averbado, no registro do bem, hipoteca judiciária ou outro ato de constrição judicial originário do processo onde foi arguida a fraude; IV – quando, ao tempo da alienação ou da oneração, tramitava contra o devedor ação capaz de reduzi-lo à insolvência; V – nos demais casos expressos em lei.

Foi, sem dúvida, arguta a observação de Mendonça Lima de que a disposição do art. 792 procurou harmonizar, entre si, dois princípios algo antagônicos: a) de um lado, o que assegura ao proprietário o direito de dispor dos seus bens, consubstanciado no art. 1.228 do CC (dele usar, gozar e dispor livremente), de índole marcadamente individualista, embora atenuado em alguns casos, como o previsto no art. 5.º, II, da CF; b) de outro, o que declara responderem os bens, presentes e futuros, do devedor pelo adimplemento das suas obrigações, excetuadas as restrições apontadas em lei (CPC, art. 789; *ibidem*, p. 554).

Realmente, se é certo que o direito material assegura ao proprietário o direito de usar, gozar e dispor com liberdade dos seus bens, não menos exato é que a norma processual o obriga a conservar, em seu patrimônio, quando devedor, bens em número ou valor bastante para atender ao cumprimento das suas obrigações, sob pena de, desrespeitada a regra legal, incidir em fraude contra os credores.

O *caput* do art. 792 do álbum processual civil fala em: a) alienação; ou b) oneração de bens, como pressupostos de fundo da fraude de execução; em ambos os casos, estará ocorrendo *disposição* de bens. No primeiro (alienação), o devedor pode vender, permutar, doar, etc. bens mediante contrato gratuito ou oneroso, ou simulação (participando, nesta hipótese, do ato o terceiro adquirente, caracterizando, com isso, o *consilium fraudis*); no segundo (oneração), ele, mantendo o domínio sobre os bens, os grava com um dos direitos reais, dando origem, assim, a um privilégio do terceiro, que poderá concretizar-se em alienação, no caso de a obrigação garantida não vir a ser satisfeita. A oneração somente poderá ser feita por meio de contrato.

Os comentários que até aqui formulamos permitem estabelecer a regra conforme a qual o ato do devedor será caracterizado como fraude de execução ou como fraude contra credores, segundo tenha sido a época em que se deu a alienação ou a oneração do bem. Se não havia, ainda, ação ajuizada pelo credor, o caso será de fraude contra credores, cabendo a qualquer destes, conseguintemente, provar que a alienação ou oneração decorreram de má-fé, por parte do devedor; se a ação já se encontrava posta em juízo, a fraude *será de execução*, contanto que verificadas quaisquer das situações previstas nos incs. I a V do art. 792 do CPC.

Passemos, agora, à apreciação individualizada dos casos de fraude de execução arrolados no art. 792 do CPC.

1.1. Quando sobre os bens pender ação fundada em direito real ou com pretensão reipersecutória, desde que a pendência do processo tenha sido averbada no respectivo registro público, se houver

No processo do trabalho não há lugar para a fraude de execução baseada neste inciso, que pressupõe a existência de litígio acerca dos bens, de natureza *real* (*ius in re*), e que estes venham a ser alienados ou onerados pelo devedor. Justamente para prevenir eventual terceiro adquirente é que se tem exigido que a pendência do processo seja averbada no registro público competente, caso exista.

A nossa convicção de ser impossível, no processo do trabalho, a ocorrência de fraude de execução com fulcro no inc. I do art. 792 do CPC deriva do fato de a Justiça do Trabalho ser incompetente para apreciar demanda fundada em direito real (*ratione materiae*).

1.2. Quando tiver sido averbada, no registro do bem, a pendência do processo de execução, na forma do art. 828

Configura-se a fraude à execução, neste caso, o fato de o bem ter sido alienado ou onerado quando já averbada no registro desse bem a pendência do processo de execução, nos termos do art. 828, assim redigido: "O exequente poderá obter certidão de que a execução foi admitida pelo juiz, com identificação das partes e do valor da causa, para fins de averbação no registro de imóveis, de veículo ou de outros bens sujeitos a penhora, arresto ou indisponibilidade".

Cabe, aqui, um complemento: nos termos do art. 828, do CPC, só estará configurada a fraude à execução se a alienação ou oneração do bem (móvel ou imóvel) ocorrer após a averbação, pelo credor exequente, no registro competente, da certidão de que a execução foi admitida pelo juiz. Dentro de dez dias da averbação, o exequente deverá deverá comunica-la ao juiz da execução (§ 1.º), sob pena a averbação ser cancelada, por iniciativa do magistrado ou a requerimento do executado (§ 3.º).

Retornaremos ao assunto no item IV, mais adiante.

1.3. Quando tiver sido averbado, no registro do bem, hipoteca judiciária ou outro ato de constrição judicial originário do processo onde foi arguida a fraude

Haverá fraude à execução também no caso de ter sido averbado, no registro do bem, hipoteca judiciária ou qualquer outro ato de constrição judicial proveniente do processo onde foi alegada a fraude, como penhora, arresto, etc.

1.4. Quando, ao tempo da alienação ou oneração, tramitava contra o devedor ação capaz de reduzi-lo à insolvência

No inc. I que acabamos de examinar, a lei cogita da oneração ou da alienação do bem em relação ao qual havia ação em curso, lastreada em direito real; agora, no inc. IV, o que se tem em conta é o fato de a oneração ou a alienação ocorrer quando o devedor figurava como réu em ação promovida pelo credor e que não tinha como objeto os bens vendidos ou onerados.

Como a lei fala em ser o devedor *reduzido à insolvência* (em virtude da ação em que é réu), parece-nos adequado concluir que esta deve ser de *natureza condenatória*, da qual se origine um título executivo.

A similitude, aliás, da fraude de execução, disciplinada pelo inc. IV do art. 792 do CPC, com a fraude contra credores, a que se refere o art. 158 do CC, é muito íntima, porquanto tanto lá como aqui a alienação ou a oneração de bens pressupõe que o devedor seja reduzido à insolvência; a diferença está em que — como pudemos salientar anteriormente — na fraude contra credores tais atos são praticados pelo devedor, sem que em face dele houvesse qualquer ação; já na fraude de execução, a existência de ação em curso é requisito essencial à sua configuração. *Para esse efeito, contudo, não servem as ações cautelares, porquanto estas, não tendo caráter condenatório, não podem conduzir o devedor ao estado de insolvência.*

Segundo a óptica do inc. IV do art. 792 do CPC, a fraude de execução, ali prevista, caracteriza-se, em síntese, por dois fatos *simultâneos*: a) à época da alienação ou da oneração dos bens existir contra o devedor certa ação judicial; b) tal ação seja capaz de torná-lo insolvente.

O simples fato, portanto, de haver ação em andamento em face do devedor e, no curso desta, ele vier a vender ou a onerar bens não basta à configuração da fraude em estudo; para que isso ocorra, é imprescindível que o seu patrimônio seja com tal intensidade afetado pelos atos praticados que fique impossibilitado de adimplir a obrigação, ou seja, se torne insolvente. Despicienda, para a caracterização da fraude, será a existência de penhora sobre os bens alienados ou onerados; irrelevante será, também, investigar--se se o terceiro adquirente agiu com boa-fé ou não: a presunção de má-fé emana da lei (CPC, art. 792), situação que já não se verifica na fraude contra credores, na qual, como dissemos, incumbe ao prejudicado provar que o devedor procedeu de má-fé (CC, art. 161).

De modo genérico, o devedor aliena ou onera os seus bens *em um só ato*, que, mais tarde, é jurisdicionalmente declarado em fraude de execução; é necessário verificarmos, a seguir, que solução jurídica se deverá aplicar quando o devedor, ao tempo em que a ação foi ajuizada, possuía diversos bens, cujo valor global excedia, em muito, ao da dívida, mas os foi vendendo aos poucos no curso da ação, de modo que acabou por dispor de todos eles — fato que o tornou insolvente. Todas essas vendas deveriam ser julgadas como feitas em fraude de execução? Fornece-nos a resposta Almeida e Souza: "Resolutivamente, digo que só as últimas alienações até o equivalente da dívida; porque as primeiras alienações dos bens, aliás, superabundantes, foram lícitas; e só nos bens ultimamente alienados pelo devedor recaiu a proibição da lei, e com ela o vício da alienação" ("Tratado sobre as Execuções", Lisboa: 1928, p. 62, § 50).

Fraude à execução haverá, ainda, se o devedor — na hipótese do inc. IV do art. 792 do CPC — efetuar *doação* de bens, de maneira a tornar-se insolvente, pouco importando que tenham sido destinatários desse negócio jurídico terceiros ou futuros herdeiros do doador. Sobreleva, isto sim, a circunstância de o devedor, com essa doação, ficar sem condições patrimoniais de atender ao crédito do exequente. Como a doação, neste caso, é *ineficaz*, o seu efeito jurídico é nenhum, razão por que a penhora (ou o arresto) será efetuada sobre os bens doados em fraude da execução. Em suma, age-se como se a doação não houvesse sido realizada. Desconsiderar-se-á, enfim, em atendimento aos interesses do credor. Se assim não fosse, estar-se-ia permitindo que o devedor, ardilosamente, se valesse do instituto jurídico da doação como pretexto para colocar o seu patrimônio a salvo dos atos executivos, com graves consequências para os interesses do credor, para a própria dignidade do Poder Judiciário e para a respeitabilidade da decisão aqui emitida — agora convertida em título executivo.

A prova, que em determinados casos poderá exigir-se do credor, é quanto ao *dano* que lhe acarretou a alienação ou a oneração de bens pelo devedor. No geral, entretanto, o juiz do trabalho perante o qual se processa a execução percebe, por si mesmo, a presença desse dano, na medida em que possui, nos autos correspondentes, todos os elementos necessários à formação de sua convicção quanto a isso.

Conquanto devamos ressalvar a existência de controvérsia doutrinária e jurisprudencial sobre o assunto, pensamos que, evidenciada a fraude de execução, a Justiça do Trabalho será competente não apenas para declarar a *ineficácia* do ato lesivo aos interesses do credor (venda, oneração, doação, etc.), mas para ordenar, sempre que a providência for necessária, o *cancelamento da transcrição* ou *da inscrição* que fora feita no registro imobiliário. Preconizar-se que a competência, para esse cancelamento, é da Justiça Comum será contribuir para a demora da exaustão plena da execução trabalhista, de par com criar certos embaraços ao credor, que terá de afastar-se, nesse momento, da Justiça Especializada, cuja tutela invocara.

Não é tudo. Queremos, agora, dizer algo que não constou das edições anteriores deste livro.

O art. 792, do CPC, considera em *fraude à execução* a alienação ou a oneração de bem, entre outros casos:"II – quando tiver sido averbada, no registro do bem, a pendência do processo de execução, na forma do art. 828; e "— quando, ao tempo da alienação ou oneração, tramitava contra o devedor ação capaz de reduzi-lo à insolvência".

Uma interpretação perfunctória desses dispositivos legais poderia fazer supor que ambos se inter-relacionam, de tal modo que a conclusão inevitável seria de que: a) o ilícito processual da fraude à execução somente estaria configurado se a alienação ou a oneração do bem ocorresse no *processo de execução* – e após ter sido averbada, no registro público competente, a "pendência" desse processo, na forma do art. 828 do mesmo Código; b) já não seria possível admitir-se a fraude à execução no *processo de conhecimento.*

Não é esse o nosso entendimento. Para nós, os incisos II e IV, do art. 792, do CPC, não se inter-relacionam, não se imbricam: são *autônomos,* tanto ontológica quanto teleologicamente. Demonstremos, começando por um breve voo em direção ao passado.

Na vigência do CPC de 1973, o art. 593 considerava em fraude à execução (aludia, em rigor, à fraude *de* execução) a alienação ou oneração de bens: "II – quando, ao tempo da alienação ou oneração, corria contra o devedor ação capaz de reduzi-lo à insolvência".

É importante recordar que, àquele tempo, o sistema do CPC previa, entre outros, os processos: a) *de conhecimento*; e b) *de execução.* Este último compreendia tanto a execução de título *judicial* (art. 584) quanto de título *extrajudicial* (art. 585).

A Lei n. 11.232, de 22 de dezembro de 2005, todavia, introduziu profunda alteração no sistema desse estatuto de processo civil ao trazer para o processo de conhecimento a antiga execução de título judicial. Esse sincretismo traduziu uma alteração revolucionária.

A contar daí, passaram a existir: a) o *cumprimento da sentença,* fundado, por óbvio, em título *judicial*; e b) a *execução,* lastreada em título *extrajudicial.*

Advém, então, o CPC de 2015, que não apenas preserva o *cumprimento da sentença* (art. 513 e seguintes) e a *execução* (art. 771 e seguintes), como trata de inserir no art. 792 um inciso específico sobre fraude à execução no *processo de execução* (entenda-se: título *extrajudicial*). Além disso, o sobredito CPC reproduziu, quase literalmente, no inciso IV do art. 792, o disposto no inciso II do art. 593, do CPC de 1973.

Pois bem. A nosso ver, a interpretação mais adequada — ao menos, do ponto de vista do processo do trabalho — a ser dada ao art. 792, do CPC atual, é esta:

a) o inciso II ("quando tiver sido averbada, no registro do bem, a pendência do processo de execução, na forma do art. 828") se refere à alienação ou oneração do bem ocorrida no *processo de execução,* que se baseia em título *extrajudicial.*

Note-se que o art. 828, do CPC, ao qual o inciso II, *sub examen,* faz referência, não alude à *ação* (processo cognitivo), e sim, à *execução* ("certidão de que a execução foi admitida pelo juiz");

b) o inciso IV ("quando, ao tempo da alienação ou oneração, tramitava contra o devedor ação capaz de reduzi-lo à insolvência") versa sobre a prática desses atos no *processo de conhecimento,* do qual se origina o cumprimento da sentença (logo, título *judicial*). É relevante observar que a norma não menciona a *execução,* mas, a *ação.*

Em síntese, para os efeitos do processo do trabalho:

a) o inciso II, do art. 792, do CPC, é aplicável na fraude à execução ocorrida na execução de título *extrajudicial*;

b) o inciso IV incide nos casos em que a fraude se verificar na execução de título *judicial*, pouco importando que a alienação ou a oneração do bem tenha ocorrido no correspondente processo de conhecimento.

Para os efeitos do processo do trabalho, portanto, a configuração da fraude à execução, cujos atos de alienação ou oneração de bem tenham ocorrido no *processo de conhecimento*, nada mudou no CPC atual (art. 792, IV), em relação ao de 1973 (art. 593, II).

1.4.1. A Súmula n. 375, do STJ

Na vigência do CPC de 1973, o STJ editou a Súmula n. 375, com o seguinte teor: *"Reconhecimento da Fraude à Execução – Registro de Penhora – Prova de Má-Fé do Terceiro Adquirente. O reconhecimento da fraude à execução depende do registro da penhora do bem alienado ou da prova de má-fé do terceiro adquirente."*

O que a Súmula está a expressar é que a fraude à execução somente se configurará com a ocorrência de um destes dois fatos: a) registro da penhora do bem alienado; ou b) má-fé por parte do terceiro adquirente.

A despeito de a jurisprudência trabalhista vir manifestando simpatia pela referida Súmula, entendemos que ela é inaplicável ao processo do trabalho.

Efetivamente, como vimos há pouco, neste processo, desde muito tempo, firmou-se, no plano da doutrina e, mais tarde, no da jurisprudência, o entendimento de que essa fraude estaria caracterizada pelo simples fato objetivo de o devedor haver alienado ou onerado bens, sem reservar os necessários ao cumprimento de suas obrigações. Deste modo, sempre se presumiu a má-fé do devedor (CPC, at. 792, IV). Nunca se deu pree-minência ao terceiro adquirente, mesmo tendo agido de boa-fé, uma vez que a execução, por expressa disposição de lei (CPC, art. 797), se processa *no interesse do credor*. O que cabe ao terceiro de boa-fé é promover ação em face de quem lhe vendeu os bens em fraude à execução.

A malsinada Súmula conduz a duas situações inadmissíveis, ao menos sob o ponto de vista do processo do trabalho: a) não considera em fraude à execução a alienação ou a oneração de bens realizada pelo devedor, no curso do processo, que ainda não estavam penhorados; na verdade, a fraude só haverá com o *registro* da penhora, o que significa dizer que um bem, mesmo penhorado, mas ainda não registrado, pode ser vendido pelo devedor; b) transfere *para o credor* o ônus da prova quanto à existência de má-fé por parte do adquirente dos bens. Deste modo, em vez de a relação, em tema de fraude à execução, estabelecer-se entre o devedor-vendedor e o terceiro-comprador, como sempre ocorreu, estabelece-se entre o credor e o terceiro-comprador. Não raro, o credor traba-lhista não terá condições de provar a má-fé por parte do adquirente dos bens, fazendo com que a Justiça seja levada a declarar que a alienação realizada pelo devedor foi lícita, frustrando, com isso, as expectativas e o direito do credor. Na prática, pouco importará que o devedor-vendedor tenha agido com manifesta má-fé, pois o que importa é a pre-sença dessa má-fé por parte do terceiro adquirente, cujo ônus da prova é *do credor* — o que é algo, verdadeiramente, absurdo.

Em nenhum momento a lei (CPC, art. 792) exige a existência de má-fé, por parte do terceiro adquirente, para a configuração do ilícito processual da fraude à execução. Se a Súmula n. 375, do STJ, serve ao processo civil, não serve ao processo do trabalho. Trata-se de roupa feita para outro corpo.

É necessário, pois, que a doutrina e a jurisprudência trabalhistas se conscientizem das consequências danosas que a Súmula acarretará nos domínios do processo do trabalho, especialmente, na esfera jurídica do credor, sem ignorarmos, ainda, essas consequências no tocante à credibilidade da Justiça do Trabalho. Sob certo aspecto, a Súmula estimula a prática de atos dolosos pelo devedor, o que é sobremaneira lamentável.

Considerando que o nosso entendimento quanto à inaplicabilidade da Súmula n. 375, do STJ, ao processo do trabalho possa não vir a ser aceito, seria o caso de valorizar-se a hipoteca judiciária de que trata o art. 495, do CPC.

A hipoteca judiciária é, sem dúvida, um dos mais expressivos efeitos secundários da sentença condenatória e sua compatibilidade com o processo do trabalho parece-nos incontestável. Ter-se-ia, porém, de superar a exigência do art. 972, inciso III, do CPC, de que a hipoteca judiciária trenha sido averbada no registro do bem, para que se configure a fraude à execução.

Nos termos das disposições legais mencionadas, pois, podemos tirar as seguintes conclusões: a) apenas a sentença condenatória (do réu) produz a hipoteca judiciária e, ainda assim, desde que a condenação tenha como objeto dinheiro ou que determine a conversão de prestação de fazer, de não fazer ou de dar coisa em prestação pecuniária. Com isso, os bens do devedor convertem-se em garantia hipotecária do credor; b) ao contrário da hipoteca convencional, a judiciária não concede ao credor direito de preferência, mas, apenas, de sequela, consistente na faculdade de perseguir os bens do devedor, onde quer que estejam; c) para que produza efeitos com relação a terceiros, é indispensável que a hipoteca judiciária seja inscrita no registro competente, nos termos da Lei de Registros Públicos. Entendemos que essa inscrição independe de requerimento do interessado, podendo ser determinada pelo juiz, *ex officio*.

A sentença condenatória produzirá essa modalidade de hipoteca mesmo que: a) a condenação seja genérica. Conforme dispõem os arst. 322 e 324 do CPC, o pedido, em princípio, deve ser certo ou determinado, para que a obrigação reconhecida pela sentença seja líquida. Em casos excepcionais, indicados nos incs. I a III do art. 324, § 2.º, todavia, será lícito ao autor formular pedido genérico. Nesta hipótese, a condenação poderá ser também genérica e, nem por isso, deixará de produzir a hipoteca judiciária, como esclarece o inciso I, do § 1.º do art. 495 do CPC. Sendo genérica a condenação, a consequente execução só será possível após a indispensável liquidação (CPC, arts. 509 a 512); b) pendente arresto de bens do devedor. Desse modo, em virtude da sentença condenatória, o arresto poderá ser substituído pela hipoteca judiciária; c) o credor possa promover a execução provisória da sentença. A primeira observação a ser feita é de que a sentença condenatória, para produzir a hipoteca judiciária, não precisa passar em julgado; a segunda, de que, proferida a sentença, será facultado ao autor promover a execução provisória (CPC, art. 520), sem prejuízo da hipoteca judiciária, cuja inscrição, repitamos, pode ser ordenada pelo juiz, *ex officio*.

1.5. Nos demais casos expressos em lei

Abandonando a especificação empreendida nos incisos precedentes (I a IV), neste (V) o Código preferiu aludir, de maneira genérica, aos demais casos previstos em lei, em que a fraude de execução também ocorrerá.

No plano do processo civil, dentre esses casos podemos indicar os seguintes:

a) o da penhora de crédito, representado por letra de câmbio, nota promissória, duplicata, cheque ou outros títulos, que será feita pela apreensão do documento, esteja ou não em poder do devedor (CPC, art. 856, *caput*); sucede que, se o terceiro, em conluio com o devedor, vier a negar o débito, a *quitação* que este lhe vier a dar será considerada em fraude à execução (*ibidem*, § 3.º);

b) o do art. 185 da Lei n. 5.172, de 25 de outubro de 1966 (Código Tributário Nacional), a cujo teor "presume-se fraudulenta a alienação ou a oneração de bens ou rendas, ou seu começo, por sujeito passivo em débito para com a Fazenda Pública por crédito regularmente inscrito como dívida ativa em fase de execução", salvo se o devedor houver reservado "bens ou rendas suficientes ao total pagamento da dívida em fase de execução" (parágrafo único).

No processo do trabalho apenas poderá ocorrer a hipótese mencionada na letra *a*, pois é possível, também aqui, que a penhora incida em crédito que o devedor possua junto a terceiro, representado por quaisquer dos títulos previstos em lei (Lei n. 6.830/80, art. 11, ll), cujo documento poderá estar, até mesmo, em poder do terceiro. Sendo assim, se o título não for apreendido (pelo juízo trabalhista), mas o terceiro confessar a dívida, será tido como depositário da importância; se, porém, este negar o débito, em colusão com o devedor, a quitação, que acaso este vier a outorgar àquele, será reputada em fraude de execução (CPC, art. 865, §§ 1.º e 3.º). Por outras palavras: a quitação dada pelo devedor ao terceiro será declarada, pelo juiz do trabalho (perante o qual tem curso a execução), ineficaz, sem que, para tanto, haja necessidade de o credor ajuizar ação onde procure, exclusivamente, obter essa declaração.

Questão importante a ser agora apreciada respeita ao momento em que o ato de venda ou de oneração de bens configura o ilícito processual (e penal, como vimos) da fraude de execução.

Arredada a possibilidade de essa fraude verificar-se, no processo do trabalho, pelo motivo previsto no inc. I do art. 792 do CPC, dediquemo-nos ao exame do inc. IV da sobredita norma legal.

Pois bem. Isso quer dizer que a fraude de execução requer, para a sua caracterização, a existência de *ação em curso* (*tramitava*, diz a precitada norma legal), em que o devedor (trabalhista) figure como réu. Em que momento, contudo, nasce a ação? É elementar que com a apresentação, em juízo, da petição inicial. Há, como sabemos, uma tendência, por parte da manifestação jurisprudencial civilista, de só admitir a fraude de execução se o devedor *já havia sido citado*. Esse entendimento parece estribar-se no art. 312 do CPC, que, após considerar como "proposta" a ação, tanto que a inicial seja protocolada, ressalva que o ajuizamento da ação, *quanto ao réu*, só produz os efeitos descritos no art. 240 do mesmo Código *"depois que for validamente citado"* (destacamos).

O processo do trabalho, contudo, não se deve impressionar com essa opinião, pelo mesmo motivo que faz a doutrina correspondente reputar interrompida a prescrição, ou estabelecida a prevenção, não pelo ato citatório, e sim pela simples entrega da peça inicial em juízo, ou por sua distribuição (onde houver mais de uma Vara). Segue-se que também a fraude de execução deve ser submetida a esse critério peculiar, vale dizer, esse ilícito processual estará tipificado sempre que a venda, a doação ou a oneração de bens, pelo devedor, ocorrer ao *tempo em que a inicial já se encontrava posta em juízo, ou distribuída*, pouco importando, para isso, que ele ainda não se encontrasse citado.

Dir-se-á, talvez, que se o devedor não fora ainda citado torna-se difícil sustentar que ele poderia incorrer em fraude à execução, na medida em que desconhecia a existência de ação em que figurava como réu. Ora, o ato fraudatório, sobre o qual estamos a versar, não tem a sua existência subordinada à citação do réu, cuja má-fé, aliás, é sempre presumida legalmente (CPC, art. 792). Dessa forma, será suficiente para tipificar essa fraude o fato de existir ação em face do réu, capaz de reduzi-lo à insolvência. A exigência de citação para esse efeito poderia, em muitos casos, permitir que o réu se beneficiasse da própria torpeza, como quando, logo após demitir um ou mais empregados, e antes de ser citado (em virtude da ação ajuizada por estes), viesse a vender a integralidade dos seus bens, com o escopo de frustrar a satisfação dos créditos dos trabalhadores injustamente demitidos. Nessa hipótese, não seria possível cogitar-se de fraude de execução, pois os bens foram vendidos, doados ou onerados *antes* da citação do devedor; é certo, no entanto, que, se essa disposição de bens se desse antes mesmo do ajuizamento da ação, o caso seria de fraude *contra credores*.

Para que o nosso ponto de vista fique nitidamente expresso, insistamos: no processo do trabalho a fraude de execução estará caracterizada sempre que haja, em relação ao devedor, ação já ajuizada, pouco importando que este, ao tempo em que alienou, doou ou onerou os bens, não se encontrasse ainda *citado*.

A fraude à execução pode ser declarada em sede de embargos de terceiro? Por outros termos: seria lícito ao credor, na contestação apresentada aos embargos oferecidos por terceiro, alegar que a venda ou a oneração de bens, pelo devedor, se deu em fraude de execução? O assunto é polêmico e, pelo quanto sabemos, provocou profunda cisão na doutrina processual civilista. Acreditamos não haver impedimento legal a que se aprecie o problema de fraude de execução nos autos dos embargos mencionados. O que nos parece essencial é que se dê *também ao devedor* (como alienante, etc.) a oportunidade de *defender-se*. Como isso seria possível, entretanto, se se trata de embargos apresentados por terceiro? Para superar-se tal dificuldade, pensamos que o devedor poderia ser admitido nesses embargos como *assistente* do terceiro, hipótese em que atuaria como auxiliar deste, exerceria os mesmos poderes e se sujeitaria aos mesmos ônus processuais que o assistido (CPC, art. 121, *caput*). Com isso, o devedor-assistente estaria legitimado para interpor recurso da sentença que declararia em fraude de execução a venda, doação ou oneração de bens feita ao terceiro.

Ainda: como é de nossa convicção que o juiz (máxime o do trabalho) pode pronunciar, *ex officio*, em qualquer caso, a ocorrência de fraude à execução, sentimo-nos seguros para afirmar que poderá fazê-lo, por sua iniciativa, também em face dos embargos de terceiro; afinal, conforme disséramos, essa modalidade de fraude, constituindo um *ilícito processual*, deve ser conhecida pelo juiz de ofício, sendo imprudente imaginar que ele apenas pudesse manifestar-se a respeito a requerimento do credor. A fraude de execução não constitui algo que se ligue, apenas, aos interesses do credor, e sim, ao escopo da execução, ou seja, da própria função jurisdicional.

Capítulo XIX

Ato Atentatório à Dignidade da Justiça

1. Comentário

O processo moderno, como método estatal de solução heterônoma dos conflitos de interesses, não é, como o processo do passado, coisa das partes (*sache der parteien*); nem o juiz figura como um "convidado de piedra" (na feliz expressão do Prof. Ricardo Nugent, *in* "Congresso Internacional sobre Justiça do Trabalho", Anais, Brasília: 1981), que se limita a contemplar, em atitude passiva, as partes a se digladiarem com ampla liberdade. O caráter publicístico do processo contemporâneo reserva aos litigantes uma faixa extremamente diminuta de disponibilidade, e salienta a figura do juiz, como condutor soberano do processo.

Alteado ao procedimento de *reitor do processo*, o juiz, hoje, encontra-se legalmente apercebido de uma vasta quantidade de poderes necessários ao exercício dessa regência exclusiva, por força da qual a ele incumbe, como dever, disciplinar, fiscalizar e reprimir certos atos praticados pelas partes, e mesmo por terceiro (sempre que isso seja imprescindível), mediante a submissão de todos às regras procedimentais traçadas por lei.

O acentuado componente inquisitivo do processo do trabalho — presente, também, no plano das ações individuais — justifica a outorga, ao juiz do trabalho, de poderes mais amplos que os são conferidos ao juiz de direito (CLT, art. 765). Revelam-se, como expressões concretas da largueza desse poder diretivo, dentre outras, as de assegurar a celeridade do procedimento, indeferindo, com vistas a isso, diligências inúteis ou meramente procrastinatórias (CPC, art. 370, parágrafo único, reprimir ou prevenir atos atentatórios à dignidade da justiça (CPC, art. 139, III); proferir sentença obstativa do propósito de as partes, em conluio, valerem-se do processo para a prática de ato simulado ou visando a alcançar finalidade proibida por lei (CPC, art. 142).

Os ordenamentos processuais modernos cumularam, enfim, em sua maioria, o juiz de um complexo de poderes, doutrinariamente designados *diretivos do processo* que se exteriorizam ora sob a forma jurisdicional (vinculados), ora policial (discricionários: CPC, arts. 360 e 78; CLT, art. 816), comportando os primeiros a subdivisão em ordinatórios, instrutórios e finais (Moacyr Amaral Santos, "Primeiras Linhas...", p. 276/279) — embora entendamos ser possível incluir-se, aí, aquela classe de atos judiciais relativos à administração pública de interesses privados, impropriamente denominada "jurisdição voluntária" (*sic*).

Dentre os diversos poderes de que se encontra provido o juiz, nos tempos atuais, interessa ao estudo deste Capítulo o pertinente ao de *advertir ao devedor de que o seu comportamento processual constitui ato atentatório à dignidade da justiça* (CPC, art. 772, II). Esse poder do juiz articula-se com os *deveres* a que estão submetidos os litigantes, os terceiros e respectivos procuradores, e que se encontram contidos, em larga medida, nos arts. 77 e 80 do CPC. Consta do primeiro: "São deveres das partes, de seus procuradores e de todos aqueles que de qualquer forma participam do processo: I – expor os fatos em juízo conforme a verdade; II – não formular pretensão ou de apresentar defesa quando cientes de que são destituídas de fundamento; III – não produzir provas e não praticar atos inúteis ou desnecessários à declaração ou à defesa do direito; IV – cumprir com exatidão as decisões jurisdicionais, de natureza provisória ou final, e não criar embaraços à sua efetivação; V – declinar, no primeiro momento que lhes couber falar nos autos, o endereço residencial ou profissional onde receberão intimações, atualizando essa informação sempre que ocorrer qualquer modificação temporária ou definitiva; VI – não praticar inovação ilegal no estado de fato de bem ou direito litigioso. § 1.º Nas hipóteses dos incisos IV e VI, o juiz advertirá qualquer das pessoas mencionadas no *caput* de que sua conduta poderá ser punida como ato atentatório à dignidade da justiça. § 2.º A violação ao disposto nos incisos IV e VI constitui ato atentatório à dignidade da justiça, devendo o juiz, sem prejuízo das sanções criminais, civis e processuais cabíveis, aplicar ao responsável multa de até vinte por cento do valor da causa, de acordo com a gravidade da conduta. § 3.º Não sendo paga no prazo a ser fixado pelo juiz, a multa prevista no § 2.º será inscrita como dívida ativa da União ou do Estado após o trânsito em julgado da decisão que a fixou, e sua execução observará o procedimento da execução fiscal, revertendo-se aos fundos previstos no art. 97. § 4.º A multa estabelecida no § 2.º poderá ser fixada independentemente da incidência das previstas nos arts. 523, § 1.º, e 536, § 1.º. § 5.º Quando o valor da causa for irrisório ou inestimável, a multa prevista no § 2.º poderá ser fixada em até 10 (dez) vezes o valor do salário mínimo. § 6.º Aos advogados públicos ou privados e aos membros da Defensoria Pública e do Ministério Público não se aplica o disposto nos §§ 2.º a 5.º, devendo eventual responsabilidade disciplinar ser apurada pelo respectivo órgão de classe ou corregedoria, ao qual o juiz oficiará. § 7.º Reconhecida violação ao disposto no inciso VI, o juiz determinará o restabelecimento do estado anterior, podendo, ainda, proibir a parte de falar nos autos até a purgação do atentado, sem prejuízo da aplicação do § 2.º. § 8.º O representante judicial da parte não pode ser compelido a cumprir decisão em seu lugar".

Dispõe o art. 80: "Considera-se litigante de má-fé aquele que: I – deduzir pretensão ou defesa contra texto expresso de lei ou fato incontroverso; II – alterar a verdade dos fatos; III – usar do processo para conseguir objetivo ilegal; IV – opuser resistência injustificada ao andamento do processo; V – proceder de modo temerário em qualquer incidente ou ato do processo; VI – provocar incidente manifestamente infundado; VII – interpuser recurso com intuito manifestamente protelatório".

O art. 793-B, da CLT, por sua vez, considera litigante de má-fé aquele que: I – deduzir pretensão ou defesa contra texto expresso de lei ou fato incontroverso; II – alterar a verdade dos fatos; III – usar do processo para conseguir objetivo ilegal; IV – opuser resistência injustificada ao andamento do processo; V – proceder de modo temerário em qualquer incidente ou ato do processo; VI – provocar incidente manifestamente infundado; VII – interpuser recurso com intuito manifestamente protelatório".

Conforme se percebe, o legislador trabalhista reproduziu, textualmente, a norma do art. 80, do CPC.

As razões dessas disposições legais estavam lançadas na Exposição de Motivos do projeto do CPC de 1973, encaminhado pelo então Ministro da Justiça, Prof. Alfredo Buzaid, à consideração do Excelentíssimo Senhor Presidente da República: "O projeto consagra o princípio dispositivo (...), mas reforça a autoridade do Poder Judiciário, armando-o de poderes para prevenir ou reprimir qualquer ato atentatório à dignidade da Justiça (...). Este fenômeno ocorre mais frequentemente no processo de execução que no processo de conhecimento. É que o processo de conhecimento se desenvolve num sistema de igualdade entre as partes, segundo o qual ambos procuram alcançar uma sentença de mérito. Na execução, ao contrário, há desigualdade entre exequente e executado. O exequente tem posição de preeminência; o executado, estado de sujeição. Graças a essa situação de primado que a lei atribui ao exequente, realizam-se atos de execução forçada contra o devedor, que não pode impedi-los, nem subtrair-se a seus efeitos. A execução se presta, contudo, a manobras protelatórias, que arrastam os processos por anos, sem que o Poder Judiciário possa adimplir a prestação jurisdicional" (Cap. IV, "Do Plano da Reforma", III, Das Inovações, 18).

Duas atitudes poderia ter adotado o legislador, ao tratar do assunto em questão: de um lado, limitar-se a declarar que ao juiz incumbiria prevenir ou reprimir atos atentatórios à dignidade do Poder Judiciário, sem discriminá-los; de outro, efetuar essa declaração de princípio, especificando os atos afrontosos do Judiciário. Optou pela última. Não se deve entender, entretanto, que o rol desses atos seja exaustivo; o legislador, ao relacioná-los, pretendeu apenas destacar, em caráter exemplificativo, alguns desses atos, sem, contudo, impedir que outros — não compreendidos no elenco do art. 774 do CPC — possam vir a ser reputados atentatórios à dignidade da justiça, segundo o prudente arbítrio do juiz.

Examinemos, agora, individualmente, os atos descritos no mencionado artigo do diploma processual civil.

1.1. Fraude à execução

Sobre essa espécie de ato ofensivo da dignidade do Poder Judiciário pudemos deitar considerações específicas no Capítulo pretérito (XVIII). A fraude à execução, como se nota, além de ser um ilícito processual e penal, implica atentado à dignidade do Judiciário.

Em regra, os casos de fraude de execução são os estampados no art. 792 do CPC, conquanto aceitemos as ponderações de Amílcar de Castro, feitas em relação ao CPC de 1973, de que o sentido da locução "fraude à execução" é mais amplo que o da fraude de execução, pois o verbo *fraudar* foi empregado pelo legislador no inc. I do art. 600 do CPC com a acepção de "fraudar, baldar, inutilizar, malograr, tornar sem efeito" (obra cit., p. 108).

No conjunto dos atos ditos atentatórios à dignidade da justiça, o de fraude de execução é o único que permite ser objetivamente constatado, porquanto a venda, doação ou oneração de bens pode ser comprovada mediante documento; os demais atos, que veremos em seguida, já oferecem certa dificuldade à sua configuração, uma vez que, em muitos casos, se prestam a exames de natureza eminentemente subjetiva.

1.2. Oposição maliciosa

O direito de defesa, que se assegura ao réu, não se esgota no processo de conhecimento, nada obstante aqui esse direito se manifeste de maneira ampla, dada a situação de absoluta igualdade das partes; também na execução, em que o réu, por força do título executivo, se convola para a qualidade de devedor-executado, se lhe permite defender-se, tanto que poderá oferecer embargos (CLT, art. 884). Nesse sentido, consente-se que o devedor "reaja" à execução, embora se mantenha no ontológico "estado de sujeição" em que o colocou o princípio legal. É verdade, no entanto, que esses embargos não traduzem contestação nem recurso, mas ação incidental no processo de execução, de natureza constitutiva.

Não só na oportunidade dos embargos, se não que em todos os momentos da execução, essa resistência do devedor deve ser *jurídica;* caso contrário, será arbitrária, ou seja, *maliciosa* — na linguagem da lei (CPC, art. 774, II). A oposição *maliciosa* caracteriza-se como ato atentatório à dignidade da justiça, acarretando ao devedor, em consequência, certas sanções processuais.

O próprio CPC considera litigante de má-fé aquele que, dentre outras coisas: a) opõe resistência injustificada ao andamento do processo; e b) age de modo temerário em qualquer incidente ou ato do processo (art. 80, IV e V). Assim também dispõe o art. 793-B, incisos IV e V, da CLT.

Em que pese ao fato de o legislador haver dito que atitude maliciosa é a decorrente do emprego de ardis e de meios artificiosos (*ardil*: s.m., astúcia, estratagema, manha, finura; *artificioso*, adj., feito com artifício, engenhoso, arteiro, astucioso, enganador, cfr. Caldas Aulete, "Dicionário Contemporâneo da Língua Portuguesa", 2.ª ed., Rio: Ed. Delta, 1964, p. 402), nem sempre será tarefa simples detectar, na prática, semelhante velhacada, com a segurança que se exige em situações como essas. A causa dessa dificuldade está, como alertamos há instantes, no forte componente subjetivo dessa avaliação; em todo caso, alguns atos astuciosos do devedor podem ser identificados de maneira algo objetiva, como se dá, p. ex., quando:

a) nomeia bens à penhora, sem observar a ordem legal (CPC, art. 835; CLT, art. 882);

b) indica, para o mesmo fim, bens situados fora do foro da execução, quando neste houver bens livres e desembargados (CPC, art. 848, III);

c) impugna a decisão de liquidação, ou oferece embargos à execução, destituídos de qualquer fundamento legal ou ponderabilidade jurídica (CLT, art. 884, § 3.º; CPC, art. 80, IV); CLT, art. 793-B, IV).

Em síntese, sempre que o juiz se persuadir segundo certos indícios ou circunstâncias que possa legitimamente invocar — de que o devedor se está opondo, com malícia, à execução —, declarará o ato atentatório à dignidade da justiça, com fundamento no inciso II do art. 774 do CPC, advertindo-o para que não persevere em tal prática. Neste conceito, por isso, pode ser incluído o ato do devedor consistente no requerimento de suspensão da praça e do leilão, com datas já designadas, a pretexto de que está na iminência de realizar transação (acordo) com o credor, comprovando-se, contudo, mais tarde, que este jamais fora consultado pelo devedor acerca da possibilidade de efetuarem a transação noticiada.

1.3. Dificulta ou embaraça a realização da penhora

Esta causa constitui inovação do CPC de 2015.

Sempre que o devedor dificultar ou embaraçar a realização da penhora estará praticando ato atentatório à dignidade da justiça. Para a configuração desse ato, não há necessidade de que o devedor tenha sido intimado, por exemplo, a indicar bens à penhora ou a apresentar documento comprobatório da propriedade do bem oferecido à apreensão judicial. O requisito da intimação só é exigido no caso do inciso V do mesmo dispositivo legal. Destarte, basta que o juiz se convença de que o devedor está a dificultar ou a embaraçar a realização da penhora, para que o declare praticante de ato atentatório à dignidade da justiça.

1.4. Resistência injustificada

O juiz, como pudemos demonstrar ao inaugurarmos este Capítulo, detém, em caráter monopólico, o comando processual; daí vem a faculdade que a lei lhe confere para, sempre que necessário, ordenar às partes que pratiquem determinado ato (mais frequente) ou se abstenham de praticá-lo (mais raro). Isso significa que os litigantes têm o dever de atender às determinações judiciais, desde que legítimas.

Sempre, portanto, que o *devedor* resistir, sem motivo justificável, às ordens emanadas do juiz, o seu ato será legalmente interpretado como atentatório à dignidade da justiça. A redação que se havia dado ao projeto do Código de 1973, a propósito, era mais extensa, pois, além de aludir à resistência injustificada, acrescentava: "Ao ponto de o juiz precisar requisitar a intervenção da força policial". A supressão dessa parte do texto foi, sem dúvida, acertada, porquanto, como estava, tornava algo embaraçosa a configuração do ato, visto depender de prévia requisição, pelo magistrado, de força policial. O inc. IV do art. 774 do CPC, como hoje se encontra redigido, possibilita que o ato do devedor seja tido como afrontoso à dignidade do Judiciário pela simples resistência injustificada deste às ordens judiciais.

Podem ser indicadas como resistência dessa ordem, p. ex.:

a) o não comparecimento pessoal, injustificado, à presença do juiz, que fora determinado com apoio no art. 772, I, do CPC;

b) a não juntada de certo documento, que se encontrava em seu poder (CPC, art. 396);

c) o não fornecimento de informações ou esclarecimentos essenciais à causa, etc.

1.5. Não indicação de bens

Este ato do devedor — consistente em omitir a indicação de bens próprios sobre os quais possa incidir a execução — confunde-se, de certo modo, com o previsto no inciso anterior (IV), pois se presume, no caso do inc. V, que o juiz tenha determinado ao devedor que efetuasse a indicação de bens (e este desobedecesse à ordem), caracterizando, assim, o ato de que trata o inc. IV.

Entendemos, por isso, que os incisos IV e V do art. 774 do CPC se interpenetram; podemos mesmo asseverar que o primeiro compreende o segundo.

Saiba-se, porém, que o simples fato de o devedor, citado, deixar de *oferecer* bens passíveis de penhora (CLT, art. 880, *caput*) não conduz à caracterização de ato atentatório à dignidade da justiça, cabendo ao oficial de justiça, neste caso, efetuar a penhora de bens, tantos quantos forem necessários para garantir a execução (CLT, art. 883). É certo que, se o oficial de justiça não conseguir localizar bens do devedor, incumbirá ao juiz, diante da certificação nesse sentido feita por aquele nos autos, *determinar* que o *devedor* aponte bens penhoráveis, indique onde se encontram e quais os valores, assim como exiba prova da propriedade desses bens, e, se for o caso, certidão negativa de ônus. Desatendida a ordem judicial, o ato do devedor amoldar-se-á à previsão do inc. V do art. 774, do CPC.

Temos observado, aliás, que na prática alguns juízes, cientificados pelo oficial de justiça de que não encontrou bens do devedor, para apreendê-los, mandam que o *credor indigite* bens deste último, com vistas àquela finalidade. A despeito de reconhecermos que o credor tenha, à evidência, interesse em fazer essa indicação, pensamos que melhor seria o juiz determinar, antes, que o próprio devedor o fizesse, dado que eventual descumprimento deste à ordem judicial trar-lhe-ia a aplicação da sanção referida no art. 774, parágrafo único, do CPC. Sendo assim, parece-nos aconselhável que o juiz somente dê ao credor a possibilidade de apontar bens do devedor após este descumprir a determinação que, nesse sentido, lhe havia sido dirigida.

Lembra Pontes de Miranda que também na execução para a entrega de coisa certa existirá esse dever do executado, "porque, se lhe cabe a escolha, tem de individualizar a coisa incerta, ou, se cabe ao credor, tem de indicar onde se encontra" ("Comentários", Rio de Janeiro: Forense, 1976, vol. IX, p. 483).

Vindo o devedor a incorrer em quaisquer das situações descritas nos incs. I a V do art. 774 do CPC, deverá o juiz adverti-lo de que o seu procedimento constitui ato atentatório à dignidade da justiça (CPC, art. 772, II). Se o devedor desrespeitar essa advertência, o juiz lhe imporá multa, em montante não superior a vinte por cento do valor atualizado do débito, sem prejuízo de outras sanções de natureza processual ou material. Referida multa reverterá em benefício do credor, tendo, por isso, caráter patrimonial. Demais, será cobrada nos próprios autos em que se processa a execução.

Nas edições anteriores deste livro, quando estava em vigor a antiga redação do art. 601 do CPC, segundo a qual a sanção ao devedor consistia na sua proibição de falar nos autos, enquanto não lhe fosse relevada a pena, escrevemos:

> "Essa decisão judicial poderá ser impugnada pelo devedor? É elementar que sim; a própria norma legal cogita da *preclusão* dessa decisão — circunstância que põe em evidência a sua impugnabilidade. Qual é, todavia, o remédio jurídico adequado ao desfazimento da decisão que proibiu o devedor de falar nos autos? Wagner Giglio conclui ser a *correição parcial* (obra cit., p. 390/391). Divergimos dessa opinião. Embora o respeitável jurista tenha atribuído a essa decisão caráter de *incidente processual*, a correição parcial, a nosso ver, é inadmissível na espécie por, no mínimo, duas razões: a) ao aplicar ao devedor a penalidade cominada em lei, o juiz não estará praticando qualquer ato tumultuário do procedimento, se não que tornando concreta a vontade da norma legal; se ato tumultuante houve, na hipótese, este teria sido perpetrado *pelo devedor*, nunca pelo juiz, cuja decisão visou, em essência, a assegurar o bom curso da execução e a dignidade do Poder Judiciário; somente no caso de o juiz aplicar tal sanção sem haver, antes, formulado ao devedor a advertência de que fala o art. 599, II, do CPC é que se poderia pensar em correição parcial, na medida em que aqui o magistrado teria incidido em *error in procedendo*, subvertendo, pois, o procedimento legal (*due process of law*); b) a CLT, além disso, não faz distinção se a decisão do juiz, nas execuções, traduz, ou não, um *incidente*: dela será sempre interponível o recurso específico de agravo de petição (art. 897, *a*). Não podemos ignorar, *v. g.*, que os embargos de terceiro, embora representem ação autônoma, se apresentam como uma espécie de *incidente* da execução e nem por isso deixam de ser impugnados pelo recurso de agravo de petição (e não o ordinário, como pretendem alguns, contra a letra e o espírito da lei). Segundo o sistema construído pela CLT, de qualquer *decisão* tirada na fase de execução, a via adequada para impugná-la será a do agravo de petição; parece-nos, em virtude disso, inaceitável o parecer de *Wagner Giglio*, que atribui à correição parcial essa tarefa impugnativa.
>
> É desaconselhável, por outro lado, prestigiar-se, no particular e no geral, a figura clandestina e ditatorialesca da correição parcial, em detrimento dos demais meios democráticos, de impugnação às resoluções judiciais; melhor será, conseguintemente, que a decisão do juiz, que impôs ao devedor a multa prevista no art. 601 do CPC, seja submetida à apreciação do tribunal, como órgão colegiado, do que deixá-la à mercê de um reexame unipessoal, empreendido pelo corregedor."

Como sabemos, a Lei n. 8.953/94 deu nova redação ao art. 601 do CPC de 1973. A partir daí, a sanção a que se sujeitará o devedor que praticar quaisquer dos atos mencionados no art. 600 do mesmo Código consistirá na imposição de multa pecuniária correspondente a vinte por cento do valor atualizado da execução. Também neste caso, o ato jurisdicional impositivo da referida multa poderá ser impugnado por meio do recurso específico de agravo de petição.

No mais, é certo que a aludida multa se destina a punir, patrimonialmente, devedor que pratica atos afrontosos da dignidade do Poder Judiciário. Particularmente, não simpatizamos com essa expressão legal, por exaltar, com exclusividade, a dignidade desse Poder da República; melhor teria agido o legislador se referisse o atentado *ao processo* (e seu conteúdo ético) como método estatal de solução dos conflitos de interesses.

O assunto, entretanto, não está esgotado. Cumpre-nos verificar se o juiz poderá aplicar ao devedor, no mesmo processo, mais de uma multa. Entendemos que sim. Para nós, deverão ser tantas as multas quantas forem as vezes em que o devedor praticar quaisquer dos atos descritos no art. 774 do CPC. Expliquemo-nos melhor. Não estamos dizendo, *e. g.*, que se o devedor praticar, na mesma ocasião, *mais* de um ato atentatório deverá pagar *mais* de uma multa. Nada disso. Aqui, a multa será uma só, porque os diversos atos foram realizados na mesma oportunidade. Se, todavia, o devedor for condenado ao pagamento de uma multa, e, posteriormente, praticar um dos atos mencionados no art. 774 do CPC, a ele deverá ser imposta *nova* multa, e, assim, como dissemos, tantas quantas forem as vezes em que ele atentar contra a dignidade do Poder Judiciário. Seria desarrazoado imaginar que o fato de haver sido condenado ao pagamento de *uma* multa o autorizaria a praticar outros atos atentatórios, sem que pudesse ser condenado ao pagamento de outras multas.

Note-se que a multa será, *a cada vez*, de até vinte por cento sobre o *valor atualizado do débito em execução*. Em outras situações, o legislador elegeu o valor *da causa* como base de cálculo da multa (CPC, art. 1.026, § 2.º, relativo aos embargos de declaração protelatórios). Justifica-se o cálculo da multa de que cuida o parágrafo único do art. 774, do CPC sobre o valor atualizado do débito em execução porque o ato atentatório é praticado, sempre, no curso do processo de execução.

Essa multa seria aplicável à Fazenda Pública, quando parte no processo?

Em princípio, sim, pois o art. 774 não estabelece nenhuma ressalva quanto à Fazenda Pública. E os deveres previstos nos incisos I a VI, do art. 77, do CPC, têm ampla abrangência, compreendendo não somente as partes e seus procuradores, senão que "todos aqueles que de qualquer forma participem do processo". Além disso, seria insensato supor que pudesse constituir prerrogativa da Fazenda Pública a prática de atos desrespeitosos da dignidade do Poder Judiciário. É evidente que a multa só será aplicável a ela nos casos dos incs. II e IV do art. 774, porquanto não vemos como possa ela praticar fraude à execução (inciso I), dificultar ou embaraçar a realização de penhora (III) ou indicar bens passíveis de penhora (V).

A decisão pela qual se impõe à Fazenda Pública a multa em foco não está sujeita ao duplo grau de jurisdição, pois a remessa *ex officio* está restrita ao processo de conhecimento. Basta ver que o art. 1.º, V, do Decreto-lei n. 779/69 menciona o "recurso" ordinário *ex officio*. Na execução, não há recurso ordinário, mas agravo de petição.

Capítulo XX

Execução Contra a Fazenda Pública

1. Comentário

Sempre que figurar como devedora no título executivo judicial trabalhista, a Fazenda Pública poderá vir a ser chamada a adimplir, mediante processo específico, a obrigação correspondente.

Estão compreendidas no conceito de Fazenda Pública todas as pessoas jurídicas de direito público interno, como: a União, os Estados, os Municípios, o Distrito Federal, os Territórios e respectivas autarquias, assim como as fundações instituídas pelo Poder Público, cujos bens estejam submetidos ao regime de direito público. As empresas públicas e as sociedades de economia mista são pessoas jurídicas de direito privado, não se conformando, por isso, ao conceito de Fazenda Pública.

Na vigência da Constituição de 1967, não havia possibilidade de execução forçada, na Justiça do Trabalho, contra a Fazenda Pública *Federal* (União), porquanto isso entrava na competência da Justiça Federal Comum, conforme estabelecia o art. 125, I. Com o advento da nova Carta Política, em 1988, entretanto, a Justiça do Trabalho passou a ser competente para julgar as causas de que a União participe como autora, ré, opoente, assistente e o mais (art. 114, *caput*), assim como para promover a sequente execução, quando este for o caso. A nova ordem constitucional colocou, portanto, essa Justiça Especializada na plenitude de sua competência, que é essencialmente em razão da matéria, eliminando, assim, a odiosa restrição existente no texto anterior, que subtraía da cognição da Justiça do Trabalho as causas de que a União participasse a que título fosse.

Hoje, portanto, essa Justiça tem competência para solucionar todos os conflitos de interesses trabalhistas, pouco importando as pessoas que nele se encontrem envolvidas.

A execução contra a Fazenda Pública não se processa, contudo, da mesma forma como se dá quando o devedor é pessoa física ou jurídica de direito privado; a particularidade mais significativa radica, sem dúvida, no fato de a Fazenda Pública ser citada não para pagar a quantia pela qual a execução se processa ou nomear bens à penhora, e sim para oferecer embargos, se desejar. Estamos cogitando, aqui, de execução por *quantia certa*, na medida em que, nas obrigações de dar (coisa certa ou incerta), de fazer e de não fazer, a execução contra a Fazenda Pública não diferirá das que se processam em relação aos devedores em geral.

A citação para a Fazenda Pública opor embargos encontra-se expressamente prevista no art. 535, *caput*, do diploma processual civil e decorre da impenhorabilidade dos bens públicos, ainda que patrimoniais. Estabelece o art. 98 do CC serem públicos os bens do domínio nacional pertencentes às pessoas jurídicas de direito público interno; por exclusão todos os demais são particulares, independentemente da pessoa a que pertençam. A especificação dos bens públicos é realizada pelo art. 99 do mesmo Código e compreende: a) os de uso comum do povo, como os mares, rios, estradas, ruas, praças, etc.; b) os de uso especial, como os edifícios ou terrenos aplicados a serviço ou estabelecimento federal, estadual ou municipal; c) os dominicais, assim entendidos os que constituem o patrimônio das pessoas jurídicas de direito público a que se tenha dado estrutura de direito privado.

Nas edições anteriores deste livro, quando estava em vigor o CPC de 1973, sustentamos: a) que o prazo para a Fazenda Pública oferecer embargos à execução era de cinco dias (CLT, art. 884, *caput*), e não de dez dias (CPC, art. 730), porquanto, não constituindo tais embargos contestação, nem recurso, não se poderia aplicar, em benefício da Fazenda Pública, a prerrogativa (e não "privilégio", como consta do Decreto-lei n. 779/69) consistente no prazo em quádruplo para contestar, e em dobro para recorrer, assegurados pelos incisos II e III, respectivamente, do art. 1.º do precitado texto legal; b) que o art. 4.º, da Medida Provisória n. 2.102-31, de 24 de maio de 2001 (DOU de 25 do mesmo mês), que elevava para trinta dias o prazo para o oferecimento de embargos pela Fazenda Pública, tanto no processo civil quanto no do trabalho era inconstitucional, por não atender aos requisitos de relevância e urgência, estabelecidos no art. 62, *caput*, da Constituição Federal.

Pois bem. Entra em vigor o CPC de 2015, cujo art. 530, *caput*, fixa em trinta dias o prazo para a Fazenda Pública impugnar a execução. Além disso, estabelece o Tema com Repercussão Geral n. 137, do STF: "É compatível com a Constituição da República de 1988 a ampliação para 30 (trinta) dias do prazo de oposição de embargos à execução pela Fazenda Pública".

Ficou prejudicada, portanto, a nossa opinião quanto a não se aplicar ao processo do trabalho o prazo de trinta dias, previsto na MP n. 2.102-31/2001, por ser, esta, inconstitucional.

Poderíamos seguir sustentando o entendimento de que sendo os embargos do devedor modalidade de ação incidental na execução, e não, contestação ou recurso, seria inaplicável, em benefício da Fazenda Pública, o disposto nos incisos II e III, do art. 1.º, do Decreto-lei n. 779/69, de tal arte que esse prazo seria o previsto no art. 884, *caput*, da CLT: cinco dias. Entrementes, considerando que a jurisprudência trabalhista produzida na vigência do CPC de 2015 vem admitindo a aplicação, ao processo do trabalho, do art. 535, *caput*, daquele Código, não nos parece justificável manter o entendimento heterodoxo que, até então, vínhamos manifestando. Sendo assim, reconhecemos que a Fazenda Pública dispõe do prazo de trinta dias para oferecer embargos, no processo do trabalho (CPC, art. 535, *caput*).

Caso a Fazenda Pública, após haver sido regularmente citada, deixe de opor embargos, ou os seus embargos venham a ser rejeitados, duas regras deverão ser observadas:

a) será expedido, por intermédio do Presidente do Tribunal competente, precatório em favor do exequente observado o disposto na Constituição Federal (CPC, art. 535, § 3.º, I);

b) por ordem do juiz, dirigida à autoridade na pessoa de quem o ente público foi citado para o processo, o pagamento de obrigação de pequeno valor será realizado no prazo de dois meses, contado da entrega da requisição, mediante depósito na agência de banco oficial mais próxima da residência do exequente (*idem*, *ibidem*, II).

A execução contra a Fazenda Pública, segundo o procedimento estabelecido pela norma constitucional referida, destina-se, em resumo, às seguintes finalidades:

a) garantir a intangibilidade das decisões judiciais e a consequente eficácia da coisa julgada material;

b) atribuir caráter impessoal às verbas e aos créditos aprovados, com vistas aos precatórios;

c) estabelecer uma ordem cronológica rígida em relação aos pagamentos a serem efetuados, assegurando, quanto a isso, uma igualdade de tratamento dos credores, no que respeita à satisfação de seus créditos.

Esclareça-se que a norma do *caput* do art. 100, da Constituição Federal, sobre expedição de precatório, não se aplica aos pagamentos definidos em lei como de pequeno valor que a Fazenda Federal, Estadual, Distrital ou Municipal deva fazer em virtude de decisão judicial transitada em julgado (CF, art. 100, § 3.º).

Recorda Orlando Teixeira da Costa ("Estudos de Direito do Trabalho e Processual do Trabalho", São Paulo: LTr Editora, 1980, p. 237), citando Castro Nunes ("Teoria e Prática do Poder Judiciário", p. 191) que, no período monárquico e da República Velha, "as condenações impostas às pessoas de Direito Público interno ficavam sujeitas à solércia da política e à inescrupulosidade da advocacia administrativa. Quando o Poder Legislativo da União era provocado por proposta de um de seus membros ou por mensagem do Executivo a votar dotação para o cumprimento de sentença judiciária, não raro os deputados entravam no exame da decisão, submetendo a *res judicata* a um julgamento político e só concedendo o crédito indispensável quando estavam de acordo com os fundamentos do aresto. Quem dá o testemunho desses fatos é o eminente Carlos Maximiliano, na terceira edição dos seus 'Comentários à Constituição Brasileira', concluindo que, dessa maneira, se sobrepunha um julgamento político ao Judiciário; era um poder exautorado no exercício pleno de suas funções".

Esses lamentáveis fatos do passado demonstram, pois, o acerto dos textos constitucionais contemporâneos ao assegurarem, como providência moralizadora, o respeito não apenas à coisa julgada material, à autoridade que lhe é imanente, mas ao próprio direito de precedência do credor, chegando, mesmo, a permitir que a União intervenha no Estado-membro sempre que este não atender, sem justificativa plausível, à ordem ou decisão emanada do Poder Judiciário (CF, arts. 34, VI, e 100).

Themístocles Brandão Cavalcanti (*apud* Orlando Teixeira da Costa, obra cit., p. 237) avoca a autoria da sugestão para que se adotassem, em nível constitucional, as referidas medidas preservadoras do respeito à coisa julgada, à dignidade do Poder Judiciário e ao crédito daquele que, tendo demandado contra a Fazenda Pública, se saiu vencedor.

Os pagamentos a cargo da Fazenda Pública serão, portanto, feitos segundo rigorosa ordem de apresentação dos precatórios, à conta dos créditos orçamentários, ou extra--orçamentários, abertos para esse fim. No que respeita às condenações impostas pela Justiça do Trabalho às pessoas jurídicas de direito público interno, os correspondentes créditos e dotações deverão ser consignados à disposição do órgão trabalhista competente, ou recolhidos à sua repartição, sendo esta indicada.

A regularidade formal do precatório pressupõe o atendimento a determinados requisitos mínimos, capazes de fazer com que possa ser admitido como instrumento eficaz para obter a liberação das quantias devidas pela Fazenda Pública, em virtude de condenação imposta pelo Poder Judiciário. Esses requisitos estão contidos no art. 9.º da Instrução Normativa n. 32/2007 do TST:

1) o número dos autos do processo;

2) o nome das partes e de seus procuradores;

3) os nomes dos beneficiários e respectivos números do CPF ou do CNPJ, inclusive quando se tratar de advogados, peritos e outros;

4) a natureza do crédito (comum ou alimentar) e espécie da requisição (RPV ou precatório). Observação: a sigla RPV significa "requisição de pequeno valor";

5) o valor individualizado por beneficiário e valor total da requisição;

6) a data-base considerada para efeito de atualização monetária dos valores;

7) data do trânsito em julgado da sentença ou do acórdão.

O precatório poderá ser instruído, ainda, por outras peças que o Juiz entender necessárias ou que forem indicadas pelas partes.

Não se exige que do precatório conste, *e. g.*, certidão do despacho concessivo de prazo para a Fazenda Pública manifestar-se sobre os cálculos elaborados pelo contador, porquanto, na peculiar sistemática da execução trabalhista, as partes (credor e devedor) somente poderão impugnar a sentença de liquidação na oportunidade aberta para o oferecimento de embargos à execução (CLT, art. 884, § 3.º), exceto se o juiz tiver feito uso da faculdade que lhe atribui o art. 879, § 2.º, da CLT.

Para melhor compreensão da matéria, transcrevemos, a seguir, o teor da Instrução Normativa n. 32, de 19 de dezembro de 2007, do TST:

INSTRUÇÃO NORMATIVA N. 32/2007
(DJU de 14-1-2008)

Uniformiza procedimentos para a expedição de Precatórios e Requisições dePequeno Valor no âmbito da Justiça do Trabalho e dá outras providências.

Art. 1.º Os pagamentos devidos pelas Fazendas Públicas Federal, Estadual, Distrital ou Municipal, em virtude de sentença judicial transitada em julgado, serão realizados exclusivamente na ordem de apresentação dos precatórios e à conta dos créditos respectivos, na forma da lei.

Parágrafo único. Não estão sujeitos à expedição de precatórios os pagamentos de obrigações definidas em lei como de pequeno valor.

Art. 2.º É obrigatória a inclusão, no orçamento das entidades de Direito Público, de verba necessária ao pagamento de seus débitos oriundos de sentenças transitadas em julgado, constantes de precatórios judiciários, apresentados até 1.º de julho, fazendo-se o pagamento até o final do exercício seguinte, quando terão seus valores atualizados monetariamente.

Art. 3.º Reputa-se de pequeno valor o crédito cuja importância atualizada, por beneficiário, seja igual ou inferior a:

I – 60 (sessenta) salários mínimos, se a devedora for a Fazenda Pública Federal;

II – 40 (quarenta) salários mínimos, ou o valor estipulado pela legislação local, se as devedoras forem as Fazendas Públicas Estadual e Distrital; e

III – 30 (trinta) salários mínimos, ou o valor estipulado pela legislação local, se a devedora for a Fazenda Pública Municipal.

Art. 4.º Ao credor de importância superior à estabelecida na definição de pequeno valor, fica facultado renunciar ao crédito do valor excedente e optar pelo pagamento do saldo dispensando-se o precatório.

§ 1.º Não é permitido o fracionamento do valor da execução relativamente ao mesmo beneficiário, de modo que se faça o pagamento, em parte, por intermédio de requisição de pequeno valor e, em parte, mediante expedição de precatório.

§ 2.º. Na hipótese de crédito de valor aproximado ao de pequeno valor legalmente previsto, o Presidente do Tribunal ou o Juízo Auxiliar de Conciliação de Precatórios consultará o credor quanto ao interesse em renunciar parcialmente ao crédito de modo a afastar a necessidade de expedição do precatório.

Art. 5.º As requisições de pagamento que decorram de precatório ou as de pequeno valor, quando a devedora for a União, serão expedidas pelo Juiz da execução e dirigidas ao presidente do Tribunal, a quem compete:

a) examinar a regularidade formal da requisição;

b) corrigir, de ofício ou a requerimento das partes, inexatidões materiais ou retificar erros de cálculos, vinculados à utilização de critério em descompasso com a lei ou com o título executivo judicial, desde que o critério não haja sido objeto de debate quer na fase de conhecimento, quer na fase de execução;

c) expedir o ofício requisitório; e

d) zelar pela obediência à ordem de preferência de pagamento dos créditos, na hipótese de precatórios.

Art. 6.º Nos casos de créditos de pequeno valor de responsabilidade das Fazendas Públicas Estadual, Distrital ou Municipal, as requisições serão encaminhadas pelo Juiz da execução ao próprio devedor.

Art. 7.º Na hipótese de reclamação plúrima será considerado o valor devido a cada litisconsorte, expedindo-se, simultaneamente, se for o caso:

a) requisições de pequeno valor em favor dos exequentes cujos créditos não ultrapassam os limites definidos no art. 3.º desta Instrução; e

b) requisições mediante precatório para os demais credores. Parágrafo único. Os honorários advocatícios e periciais serão considerados parcela autônoma, não se somando ao crédito dos exequentes para fins de classificação do requisitório de pequeno valor.

Art. 8.º É vedado requisitar pagamento em execução provisória.

Art. 9.º O Juiz da execução informará na requisição os seguintes dados constantes do processo:

I – número do processo;

II – nomes das partes e de seus procuradores;

III – nomes dos beneficiários e respectivos números no CPF ou no CNPJ, inclusive quando se tratar de advogados, peritos e outros;

IV – natureza do crédito (comum ou alimentar) e espécie da requisição (RPV ou precatório);

VI – valor individualizado por beneficiário e valor total da requisição;

VII – data-base considerada para efeito de atualização monetária dos valores; e

VIII – data do trânsito em julgado da sentença ou acórdão. Parágrafo único. Ausentes quaisquer dos dados especificados, o Tribunal restituirá a requisição à origem, para regularização.

Art. 10. Os precatórios e as requisições de pequeno valor serão processados nos próprios autos do processo que os originaram.

Art. 11. O pagamento das requisições obedecerá estritamente à ordem cronológica de apresentação nos Tribunais.

Art. 12. Os valores destinados aos pagamentos decorrentes de precatórios e de requisições de pequeno valor serão depositados em instituição bancária oficial, abrindo-se conta remunerada e individualizada para cada beneficiário.

Art. 13. Incumbirá ao Juiz da execução comunicar ao Presidente do Tribunal ou ao Juízo Auxiliar de Conciliação de Precatórios, no prazo de 05 (cinco) dias, a efetivação do pagamento ao credor.

Art. 14. O Presidente do Tribunal, exclusivamente na hipótese de preterição do direito de precedência do credor, fica autorizado a proceder ao sequestro de verba do devedor, desde que requerido pelo exequente e depois de ouvido o Ministério Público.

Art. 15. As requisições de pequeno valor — RPV encaminhadas ao devedor deverão ser pagas no prazo de 60 (sessenta) dias. Parágrafo único. Na hipótese de não cumprimento da requisição judicial, o Juiz determinará o sequestro do numerário suficiente ao cumprimento da decisão.

Art. 16. Os Tribunais Regionais do Trabalho instituirão Juízo Auxiliar de Conciliação de Precatórios, com o objetivo de incluir em pauta, observada a ordem cronológica de apresentação, os precatórios e as requisições de pequeno valor (RPV) já consignadas em precatório, para tentativa de acordo.

Parágrafo único. Caberá ao Juízo Auxiliar de Conciliação de Precatórios, sem prejuízo de outras atribuições, o controle da listagem da ordem preferencial dos credores, a realização de cálculos, o acompanhamento de contas bancárias e a celebração de convênios entre os entes públicos devedores e o Tribunal Regional do Trabalho, para repasse mensal de verbas necessárias ao pagamento dos precatórios.

Art. 17. Será designado pelo Presidente do Tribunal um Juiz do Trabalho substituto para atuar no Juízo Auxiliar de Conciliação de Precatórios.

§ 1.º O Juízo Auxiliar de Conciliação de Precatórios determinará a inclusão em pauta de todos os precatórios, observada a ordem cronológica, para tentativa de conciliação.

§ 2.º As partes e seus procuradores serão convocados para audiência de conciliação, que poderá ser realizada apenas com a presença dos procuradores, desde que possuam poderes para transigir, receber e dar quitação.

§ 3.º O Ministério Público do Trabalho será comunicado do dia, local e horário da realização da audiência de conciliação.

Art. 18. As partes poderão, a qualquer tempo, solicitar a reinclusão do precatório em pauta, para nova tentativa de conciliação.

Art. 19. Os precatórios conciliados serão quitados, na ordem cronológica, observando-se o repasse realizado pelo ente público devedor.

Art. 20. Os precatórios que não foram objeto de conciliação serão pagos na ordem cronológica de apresentação.

Art. 21. Frustrada a tentativa de conciliação referente a precatório cujo prazo para pagamento já venceu os autos serão encaminhados à Presidência do Tribunal, para deliberar sobre eventual pedido de intervenção.

Art. 22. O Presidente do Tribunal deverá fundamentar a decisão relativa ao encaminhamento do pedido de intervenção, justificando a necessidade da adoção da medida excepcional.

Art. 23. O pedido de intervenção deverá ser instruído, obrigatoriamente, com as seguintes peças:

a) petição do credor, dirigida ao Presidente do Tribunal Regional do Trabalho, requerendo o encaminhamento do pedido de intervenção ao Supremo Tribunal Federal ou ao Tribunal de Justiça, conforme o caso;

b) impugnação do ente público ao pedido, se houver;

c) manifestação do Ministério Público do Trabalho da Região;

d) decisão fundamentada do Presidente do Tribunal Regional do Trabalho relativa à admissibilidade do encaminhamento do pedido de intervenção; e

e) ofício requisitório que permita a verificação da data de expedição do precatório e o ano de sua inclusão no orçamento.

Parágrafo único. O pedido de intervenção em Estado-membro será encaminhado ao Supremo Tribunal Federal por intermédio da Corregedoria-Geral da Justiça do Trabalho, enquanto o pedido de intervenção em município será enviado diretamente pelo Presidente do Tribunal Regional do Trabalho ao Tribunal de Justiça do respectivo Estado.

Art. 24. Fica revogada a Resolução n. 67, de 10 de abril de 1997, que aprovou a INSTRUÇÃO Normativa n. 11.

Art. 25. Esta Resolução entra em vigor na data de sua publicação. Brasília, 19 de dezembro de 2007.

RIDER NOGUEIRA DE BRITO – Ministro Presidente do Tribunal Superior do Trabalho

O Tribunal Superior do Trabalho, por seu Pleno, adotou algumas Orientações Jurisprudenciais acerca do precatório. Ei-las:

OJ-TP-1 PRECATÓRIO. CRÉDITO TRABALHISTA. PEQUENO VALOR. EMENDA CONSTITUCIONAL N. 37/2002. DJ 09-12-2003. Há dispensa da expedição de precatório, na forma do art. 100, § 3.º, da CF/1988, quando a execução contra a Fazenda Pública não exceder os valores definidos, provisoriamente, pela Emenda Constitucional n. 37/2002, como obrigações de pequeno valor, inexistindo ilegalidade, sob esse prisma, na determinação de sequestro da quantia devida pelo ente público.

OJ-TP-2 PRECATÓRIO. REVISÃO DE CÁLCULOS. LIMITES DA COMPETÊNCIA DO PRESIDENTE DO TRT. DJ 09-12-2003. O pedido de revisão dos cálculos, em fase de precatório, previsto no art. 1.º-E da Lei n. 9.494/1997, apenas poderá ser acolhido desde que: a) o requerente aponte e especifique claramente quais são as incorreções existentes nos cálculos, discriminando o montante que seria correto, pois do contrário a incorreção torna-se abstrata; b) o defeito nos cálculos esteja ligado à incorreção material ou à utilização de critério em descompasso com a lei ou com o título executivo judicial; e c) o critério legal aplicável ao débito não tenha sido objeto de debate nem na fase de conhecimento, nem na fase de execução.

OJ-TP-3 PRECATÓRIO. SEQUESTRO. EMENDA CONSTITUCIONAL N. 30/00. PRETERIÇÃO. ADIN N. 1662-8. ART. 100, § 2.º, DA CF/1988. DJ 09-12-2003. O sequestro de verbas públicas para satisfação de precatórios trabalhistas só é admitido na hipótese de preterição do direito de precedência do credor, a ela não se equiparando as situações de não inclusão da despesa no orçamento ou de não pagamento do precatório até o final do exercício, quando incluído no orçamento.

OJ-TP-4 MANDADO DE SEGURANÇA. DECISÃO DE TRT. INCOMPETÊNCIA ORIGINÁRIA DO TRIBUNAL SUPERIOR DO TRABALHO. DJ 17-03-2004. Ao Tribunal Superior do Trabalho não compete apreciar, originariamente, mandado de segurança impetrado em face de decisão de TRT.

OJ-TP-5 RECURSO ORDINÁRIO. CABIMENTO. (conversão da Orientação Jurisprudencial n. 70 da SBDI-1, DJ 20-04-2005). Não cabe recurso ordinário contra decisão em agravo regimental interposto em reclamação correicional ou em pedido de providência. (ex-OJ n. 70 – inserida em 13-09-1994)

OJ-TP-6 PRECATÓRIO. EXECUÇÃO. LIMITAÇÃO DA CONDENAÇÃO IMPOSTA PELO TÍTULO JUDICIAL EXEQUENDO À DATA DO ADVENTO DA LEI N. 8.112, de 11-12-1990. DJ 25-04-2007. Em sede de precatório, não configura ofensa à coisa julgada a limitação dos efeitos pecuniários da sentença condenatória ao período anterior ao advento da Lei n. 8.112, de 11-12-1990, em que o exeqënte submetia-se à legislação trabalhista, salvo disposição expressa em contrário na decisão exequenda.

OJ-TP-7 PRECATÓRIO. JUROS DE MORA. CONDENAÇÃO DA FAZENDA PÚBLICA. LEI N. 9.494, DE 10-09-1997, ART. 1.º-F. DJ 25-04-2007. São aplicáveis, nas condenações impostas à Fazenda Pública, os juros de mora de 0,5% (meio por cento) ao mês, a partir de setembro de 2001, conforme determina o art. 1.º-F da Lei n. 9.494, de 10-09-1997, introduzido pela Medida Provisória n. 2.180-35, de 24-08-2001, procedendo-se a adequação do montante da condenação a essa limitação legal, ainda que em sede de precatório.

OJ-TP-8 PRECATÓRIO. MATÉRIA ADMINISTRATIVA. REMESSA NECESSÁRIA. NÃO CABIMENTO. DJ 25-04-2007. Em sede de precatório, por se tratar de decisão de natureza administrativa, não se aplica o disposto no art. 1.º, V, do Decreto-lei n. 779, de 21-08-1969, em que se determina a remessa necessária em caso de decisão judicial desfavorável a ente público.

OJ-TP-9 PRECATÓRIO. PEQUENO VALOR. INDIVIDUALIZAÇÃO DO CRÉDITO APURADO. RECLAMAÇÃO TRABALHISTA PLÚRIMA. EXECUÇÃO DIRETA CONTRA A FAZENDA PÚBLICA. POSSIBILIDADE. DJ 25-04-2007. Tratando-se de reclamações trabalhistas plúrimas, a aferição do que vem a ser obrigação de pequeno valor, para efeito de dispensa de formação de precatório e aplicação do disposto no § 3.º do art. 100 da CF/88, deve ser realizada considerando-se os créditos de cada reclamante.

OJ-TP-10 PRECATÓRIO. PROCESSAMENTO E PAGAMENTO. NATUREZA ADMINISTRATIVA. MANDADO DE SEGURANÇA. CABIMENTO. DJ 25-04-2007. É cabível mandado de segurança contra atos praticados pela Presidência dos Tribunais Regionais em precatório em razão de sua natureza administrativa, não se aplicando o disposto no inciso II do art. 5.º da Lei n. 1.533, de 31-12-1951.

OJ-TP-12. PRECATÓRIO. PROCEDIMENTO DE NATUREZA ADMINISTRATIVA. INCOMPETÊNCIA FUNCIONAL DO PRESIDENTE DO TRT PARA DECLARAR A INEXIGIBILIDADE DO TÍTULO EXEQUENDO. (DEJT divulgado em 16, 17 e 20-09-2010) O Presidente do TRT, em sede de precatório, não tem competência funcional para declarar a inexigibilidade do título judicial exequendo, com fundamento no art. 884, § 5.º, da CLT, ante a natureza meramente administrativa do procedimento.

OJ-TP-13. PRECATÓRIO. QUEBRA DA ORDEM DE PRECEDÊNCIA. NÃO DEMONSTRAÇÃO DA POSIÇÃO DO EXEQUENTE NA ORDEM CRONOLÓGICA. SEQUESTRO INDEVIDO. (DEJT divulgado em 16, 17 e 20-09-2010) É indevido o sequestro de verbas públicas quando o exequente/requerente não se encontra em primeiro lugar na lista de ordem cronológica para pagamento de precatórios ou quando não demonstrada essa condição.

A sentença resolutiva dos embargos à execução oferecidos pela União, pelo Estado-membro ou pelo Município não se encontra sujeita ao duplo grau de jurisdição, porquanto a remessa ("e não recurso") de ofício, de que trata o art. 1.º, inc. V, do Decreto-lei n. 779/69, somente é exigível no caso de sentença (condenatória de quaisquer dessas pessoas jurídicas de direito público interno) proferida no processo de *conhecimento*, tanto que a sobredita regra legal alude (embora em má técnica) a "recurso *ordinário ex officio*" (destacamos).

O Decreto-lei n. 779/69 inclui, aliás, no raio de incidência das prerrogativas nele previstas, as *fundações de direito público*. *Venia permissa*, as fundações são, essencialmente, pessoas jurídicas de *direito privado*, conforme declara, de maneira inequívoca, o art. 44, inciso III, do CC. Parece-nos lícito supor que o Dec.-Lei n. 779/69 teria estabelecido acadêmica confusão entre *fundações públicas* (que efetivamente existem) e fundações de direito público (estas, meramente imaginárias, *de lege lata*).

Em obra anterior ("Comentários às Súmulas Processuais do TST", São Paulo: LTr Editora, 1981, p. 33), reportamo-nos a voto magistral proferido por Barata Silva, que elucidava serem as fundações de direito público federais, mencionadas no Decreto-lei n. 779/69, apenas as que, "sem prejuízo de sua personalidade jurídica de Direito Privado (vez que inexistem as de Direito Público, que entrariam na categoria de institutos públicos), tenham sido instituídas diretamente pelo Poder Público Federal, em virtude de lei, com patrimônio e dotações, total ou parcialmente, oriundos do Estado e recebendo deste delegações para a execução de atividades de interesse público. São as chamadas fundações paraestatais" (Proc. TST, RR 788/72, ac. 3.ª T., 1.088/72, *in* "Direito do Trabalho Interpretado no TST", São Paulo: LTr Editora, 1973, p. 305).

Fica, entretanto, a indagação: demonstrada, o quanto basta, a impossibilidade de serem as fundações reconhecidas, em face do Código Civil, como pessoas jurídicas de direito público, ficariam elas fora do alcance das disposições do Dec.-Lei n. 779/69? A princípio, poder-se-ia argumentar que sim, pois, afinal de contas, a elas o antedito Decreto-lei faz expressa referência, sendo, por isso, despiciendo o fato de essas entidades não serem de direito público: foi intenção desse texto legal conceder-lhes as mesmas prerrogativas deferidas às demais pessoas jurídicas nele mencionadas. Não é bem assim. Parece-nos que o fato de o Decreto-lei n. 779/69 haver inserido as fundações no elenco das entidades às quais atribuiu certas prerrogativas processuais decorreu, justamente, da suposição de serem tais fundações integrantes do ramo do Direito Público; a não se entender desse modo, nenhuma razão jurídica haveria para havê-las colocado ao lado de pessoas jurídicas de Direito Público, como a União, os Estados-membros e os Municípios. Segue-se que, destruída a frágil base em que se apoiava, no particular, o Decreto-lei n. 779/69, devem as fundações ser tratadas como o são as demais pessoas jurídicas de *direito privado*, vale dizer, destituídas de qualquer prerrogativa de foro processual.

2. O art. 100 da Constituição Federal

Após o advento da Constituição Federal de 1988, certo segmento da doutrina e da própria jurisprudência, interpretando o art. 100 dessa Carta, passou a sustentar, em surpreendente atitude heterodoxa, que a execução contra a Fazenda Pública deveria ser realizada segundo o procedimento estabelecido pelos arts. 876 a 892 da CLT. Vale dizer, sem que houvesse necessidade de expedir-se precatório-requisitório. Como se percebe, essa corrente de opinião nivelou a Fazenda Pública ao particular, para os efeitos da execução por quantia certa.

Antes de nos pronunciarmos sobre o assunto, convém lembrar que o *caput* da referida norma constitucional estava assim redigido: "À exceção dos créditos de natureza alimentícia, os pagamentos devidos pela Fazenda Federal, Estadual ou Municipal, em virtude de sentença judiciária, far-se-ão exclusivamente na ordem cronológica de apresentação dos precatórios e à conta dos créditos respectivos, proibida a designação de casos ou de pessoas nas dotações orçamentárias e nos créditos adicionais abertos para esse fim".

Conforme o entendimento daqueles que, com os olhos voltados para o art. 100 da Constituição da República, julgavam ser dispensável a apresentação de precatório-requisitório quando se tratasse de crédito trabalhista — em decorrência de sua natureza alimentar —, a Fazenda Pública seria citada, não para oferecer embargos (CPC, art. 730, *caput*), e, sim, para *pagar ou garantir a execução, sob pena de penhora* (CLT, art. 800, *caput*).

Sempre discordamos dessa opinião.

Pensar-se em citação da Fazenda Pública para pagar ou garantir, patrimonialmente, a execução corresponderia a ignorar os princípios constitucionais da *universalidade* e da *anualidade* orçamentária, ou, até mesmo, a violentá-los. O primeiro se encontra inscrito no art. 165, § 5.º, que determina a inclusão, na lei orçamentária, das despesas e receitas mencionadas em seus incs. I a III; o segundo, no art. 165, § 2.º, a teor do qual "A lei de diretrizes orçamentárias compreenderá as metas e prioridades da administração pública federal, incluindo as despesas de capital para o exercício financeiro subsequente, orientará a elaboração da lei orçamentária anual...". Desse princípio também se ocupam o inc. I e os §§ 1.º e 8.º do artigo citado.

O § 1.º do art. 100 da Constituição Federal, ao estatuir que "É obrigatória a inclusão, no orçamento das entidades de direito público, de verba necessária ao pagamento de seus débitos constantes de precatórios judiciários, apresentados até 1.º de julho, data em que serão atualizados seus valores, fazendo-se o pagamento até o final do exercício seguinte", revelava estar em harmonia com os princípios da universalidade e da anualidade orçamentária e não em antagonismo com eles.

A apresentação do precatório-requisitório era, pois, indispensável para que a administração pública pudesse elaborar, adequadamente, o seu orçamento, na medida em que, dessa maneira, terria elementos concretos que lhe possibilitassem realizar uma estimativa — o mais perto possível da realidade — do montante de suas despesas no exercício seguinte e, desse modo, programar a correspondente receita.

Além disso, exigir-se que a Fazenda Pública pagasse o valor da dívida, no prazo de 48 horas, contados da citação (CLT, art. 880, *caput*), seria constrangê-la a transgredir a regra constitucional que *proíbe* a realização de despesas que excedam aos créditos orçamentários ou adicionais (art. 167, II).

É oportuno ressaltar que a exigência que vem da Suprema Carta Política do País, no sentido de que todas as despesas e receitas das entidades de direito público estejam previstas no orçamento, visa, exatamente, a permitir que o Parlamento exerça um efetivo controle quanto a tais despesas e receitas (CF, art. 70). Tão essencial à própria vida democrática, em nosso meio, é essa atribuição do Congresso Nacional, que a Constituição adverte: "A sessão legislativa não será interrompida sem a aprovação do projeto de lei de diretrizes orçamentárias" (art. 57, § 2.º). Por outras palavras: o Congresso Nacional não poderá entrar em recesso sem que haja aprovado o referido projeto de lei.

Poder-se-ia, entretanto, objetar que se a Fazenda Pública não pode ser compelida a pagar dívidas pecuniárias — sem que isso acarrete ofensa aos princípios constitucionais examinados — a ela caberia, em face do mandado executivo judicial, *nomear bens à penhora*. Ora, essa solução não seria, *de lege lata*, menos absurda que a anterior. Com efeito, quando se fala em penhora de bens se está, automaticamente, cogitando de submetê-los à *expropriação judicial* (CPC, art. 824). Sendo consabido que os bens públicos trazem a cláusula de *inalienabilidade* (CC, art. 98), não se há como pensar, sem ofensa à lei, em arrematação ou adjudicação judicial de bens dessa natureza. Nem se diga que o art. 101 do mesmo Código prevê a possibilidade de serem alienados, nos casos e forma que a lei prescrever, bens públicos, sejam os de uso comum do povo, os de uso especial ou os dominicais. Na verdade, essa alienação somente será possível (*ex vi legis*, é certo) por ato voluntário da administração, atendendo aos critérios de conveniência e oportunidade, nunca por imposição judicial. Declara, *v. g.*, o art. 195 do Dec.-Lei n. 200/67, com a redação que lhe deu o Decreto-lei n. 900/69, que "A alienação de bens imóveis da União dependerá de autorização em decreto e será sempre precedida de parecer do órgão próprio responsável pelo patrimônio da União", quanto ao atendimento aos critérios precitados.

É elementar, portanto, que a execução por quantia certa contra a Fazenda Pública, mesmo na vigência da atual Constituição Federal, não dispensa o precatório-requisitório, de que cuida o art. 100, *caput*, desse texto.

Se assim se deve entender, é razoável que se fique em dúvida quanto ao sentido e à finalidade da expressão "À exceção dos créditos de natureza alimentícia", que inaugurava a redação do art. 100. Rememore-se, antes, que ela já constava do Projeto elaborado pela Comissão de Sistematização, tendo sido introduzida na parte *final* do art. 122, *caput*.

Para alguns, a expressão em exame significava que os créditos dessa natureza — incluso, sem dúvida, o trabalhista, por força do disposto no, então, § 1.º-A do art. 100 — podem ser exigidos sem o instrumento do precatório, ou seja, de acordo com o procedimento traçado pelos arts. 876 e 892 da CLT, aí implícita a afirmação de liceidade da penhora de bens públicos. Nada mais equivocado. O que essa locução constitucional traduzia, isto sim, era a instituição de um privilégio *especial* aos créditos de natureza alimentícia, permitindo que a sua exigibilidade se fizesse sem obediência ao rigor da "ordem cronológica de apresentação dos precatórios". Nesse aspecto, a nova ordem constitucional foi, salutarmente, revolucionária. A inovação por ela trazida, contudo, não vai além disso. Doravante, pois, parece-nos que as entidades de direito público deverão manter *dois* controles de apresentação dos precatórios: um, pertinente a crédito de natureza alimentar; outro, a créditos de índole não alimentar, embora deva fazer, tanto em relação àqueles quanto a estes, com que seja observada a cronologia de apresentação, segundo a classe, ou grupo, a que pertençam.

Historicamente, cabe registrar que, por ocasião dos trabalhos da Assembleia Nacional Constituinte, a Emenda n. 380386-1, apresentada pelo Constituinte Nílson Gíbson, fixava o prazo de seis meses para o atendimento aos precatórios, contado da data de sua apresentação, sob pena de incorrer a autoridade responsável no crime de desobediência, "sem prejuízo da penhora de 1/3 da receita diária até a satisfação total do débito" (*in* Publicação da Assembleia Nacional Constituinte, Emendas oferecidas ao Substitutivo III — Comissão da Organização dos Poderes e Sistema de Governo, Centro Gráfico do Senado Federal, junho de 1987, p. 95). Tal Emenda foi, todavia, rejeitada.

Inspirada, presumivelmente, na ideia do nobre Constituinte aludido, a Constituição do Estado do Paraná, de 1989, trouxe, em seu art. 98, § 5.º, a fixação do prazo de trinta dias para atendimento aos precatórios-requisitórios. Em virtude de ação direta de inconstitucionalidade, no entanto, ajuizada pelo Governador do Estado, o Supremo Tribunal Federal declarou a existência de contraste intransponível dessa norma local com a Suprema Carta, sendo relator o Min. Paulo Brossard.

Posteriormente, a Lei n. 8.197, de 27 de junho de 1991, dispôs, em consonância com o art. 100 da Constituição Federal, que "os pagamentos devidos pela Fazenda Pública federal, estadual ou municipal e pelas autarquias e fundações públicas far-se-ão, exclusivamente, na ordem cronológica da apresentação dos precatórios judiciários e à conta do respectivo crédito" (art. 4.º), assegurando, por outro lado, "o direito de preferência aos credores de obrigação de natureza alimentícia, obedecida, entre eles, a ordem cronológica de apresentação dos respectivos precatórios judiciários" (parágrafo único).

A referida Lei veio demonstrar, pois, que estávamos certos em nossas razões, segundo as quais a norma constitucional não dispensa precatório-requisitório mesmo quando se tratar de crédito de natureza alimentícia, estabelecendo, apenas, a preferência desses créditos com relação aos demais.

É o que consta, também, das Súmulas n. 655, do STF: "A exceção prevista no art. 100, *caput*, da Constituição, em favor dos créditos de natureza alimentícia, não dispensa a expedição de precatório, limitando-se a isentá-los da observância da ordem cronológica dos precatórios decorrentes de condenações de outra natureza"; e n. 144, do STJ: "Os créditos de natureza alimentícia gozam de preferência, desvinculados os precatórios da ordem cronológica dos créditos de natureza diversa".

A Emenda Constitucional n. 20/98, com a redação dada pela EC n. 30/2000, introduziu o § 3.º no art. 100 da Constituição Federal, com a seguinte redação: "O disposto no *caput* deste artigo, relativamente à expedição de precatórios, não se aplica aos pagamentos de obrigações definidas em lei como de pequeno valor que a Fazenda Federal, Estadual ou Municipal deva fazer em virtude de sentença judicial transitada em julgado".

A precitada Emenda Constitucional n. 30/2000 também acrescentou os §§ 1.º-A, 4.º, 5.º e 6.º no art. 100 da Constituição. Estabelece o § 4.º: "A lei poderá fixar valores distintos para o fim previsto no § 3.º deste artigo, segundo as diferentes capacidades das entidades de direito público"; e o § 6.º: "O Presidente do Tribunal competente que, por ato comissivo ou omissivo, retardar ou tentar frustrar a liquidação regular de precatório incorrerá em crime de responsabilidade". Este parágrafo foi renumerado pela Emenda Constitucional n. 37/2002.

Tempos depois, a Emenda n. 62/2009 introduziu modificações no art.100, da Constituição Federal, que, todavia, não prejudicaram as nossas manifestações sobre o tema.

O princípio essencial, de que "Os pagamentos devidos pelas Fazendas Públicas Federal, Estaduais, Distrital e Municipais, em virtude de sentença judiciária, far-se-ão exclusivamente na ordem cronológica de apresentação dos precatórios e à conta dos créditos respectivos, proibida a designação de casos ou pessoas nas dotações orçamentárias e nos créditos adicionais abertos para este fim" foi preservado pela sobredita Emenda Constitucional (CF, art. 100, *caput*).

Em termos gerais, a matéria concernente ao pagamento de valores devidos pela Fazenda Pública, em decorrência de decisão judicial, está assim traçada pelo texto constitucional em vigor:

a) os débitos de natureza alimentícia compreendem os decorrentes de salários, vencimentos, proventos, pensões e suas complementações, benefícios previdenciários e indenizações por morte ou por invalidez, fundadas em responsabilidade civil, em virtude de sentença judicial transitada em julgado, sendo pagos com preferência sobre todos os demais débitos, à exceção dos que serão mencionados na letra subsequente (art. 100, § 1.º);

b) os débitos de natureza alimentícia cujos titulares tenham sessenta anos de idade ou mais, na data da expedição do precatório, ou sejam portadores de doença grave, definidos na forma da lei, serão pagos com preferência sobre todos os demais débitos, até o valor do triplo fixado em lei para efeito de fixação das obrigações de pequeno valor, admitido o fracionamento para esta finalidade, sendo que o restante será pago segundo a ordem cronológica de apresentação do precatório (*ibidem*, § 2.º);

c) independem de precatório os pagamentos de obrigações definidas em lei como de pequeno valor que a Fazenda Pública deva por força de sentença judicial transitada em julgado (*ibidem*, § 3.º);

d) para efeito de fixação das obrigações de pequeno valor poderão ser estabelecidos, por lei própria, valores distintos às entidades de direito público, segundo as diferentes capacidades econômicas, sendo o mínimo igual ao valor do maior benefício do regime geral da previdência social (*ibidem*, § 4.º).

e) é obrigatória a inclusão, no orçamento das entidades de direito público, de verba necessária ao pagamento de seus débitos, provenientes de sentença transitada em julgado, constante de precatórios judiciários apresentados até 1.º de julho, devendo o pagamento ser efetuado até o final do exercício seguinte, mediante valores atualizados monetariamente (*ibidem*, § 5.º);

f) as dotações orçamentárias e os créditos abertos serão consignados diretamente ao Poder Judiciário, cabendo ao Presidente do Tribunal que proferir a decisão exequenda determinar o pagamento integral e autorizar, a requerimento do credor e exclusivamente para os casos de preterição de seu direito de precedência ou de não alocação orçamentária do valor necessário à satisfação do seu débito, o sequestro da quantia respectiva (*ibidem*, § 6.º);

g) o Presidente do Tribunal competente que, por ato comissivo ou omissivo, retardar ou tentar frustrar a liquidação regular de precatórios incorrerá em crime de responsabilidade, além de responder perante o Conselho Nacional de Justiça (*ibidem*, § 7.º);

h) é proibida a expedição de precatórios complementares ou suplementares de valor pago, bem como o fracionamento, repartição ou quebra do valor da execução para fins de enquadramento de parcela do total como de pequeno valor (*ibidem*, § 8.º);

i) quando da expedição do precatório, independentemente de regulamentação, será abatido, a título de compensação, o valor correspondente aos débitos líquidos e certos, inscritos ou não em dívida ativa e constituídos contra o devedor original pela Fazenda Pública devedora, incluídas parcelas vincendas e parcelamento, ressalvados aqueles cuja execução esteja suspensa em virtude de contestação administrativa ou judicial (*ibidem*, § 9.º);

j) antes de ser expedido o precatório, o Tribunal solicitará à Fazenda Pública devedora informação sobre os débitos que preencham as condições estabelecidas na letra anterior, para os fins ali previstos. Se a Fazenda Pública não prestar as informações no prazo de trinta dias perderá o direito ao abatimento (*ibidem*, § 10);

k) faculta-se ao credor, conforme estabelecido em lei da entidade federativa devedora, a entrega de créditos em precatórios para compra de imóveis públicos do respectivo ente federado (*ibidem*, § 11);

l) a partir da promulgação da Emenda Constitucional n. 62/2009, a atualização monetária de valores de requisitórios, após sua expedição, até o efetivo pagamento, seja qual for a sua natureza, será efetuada pelo índice oficial de remuneração básica da caderneta de poupança, e, para fins de compensação da mora, incidirão juros simples no mesmo percentual dos juros referentes à caderneta de poupança, ficando afastada a aplicação de juros compensatórios (*ibidem*, § 12);

m) é lícito ao credor ceder, no todo ou em parte, a terceiros, os seus créditos em precatórios, independentemente da concordância do devedor, não se aplicando ao cessionário o contido nas letras "*b*" e "*c*", *retro* (*ibidem*, § 13);

n) a cessão de precatórios somente produzirá efeitos após comunicação, mediante petição protocolada, ao tribunal de origem e à entidade devedora (*ibidem*, § 14);

o) Lei Complementar à Constituição Federal poderá estabelecer regime especial para pagamento de crédito de precatórios de Estados, Distrito Federal e Municípios, dispondo sobre vinculações à receita corrente líquida e forma de prazo de liquidação, sem prejuízo do disposto no art. 100, da Constituição Federal (*ibidem*, § 15);

p) a União poderá, a seu critério exclusivo e na forma da lei, assumir débitos provenientes de precatórios de Estados, Distrito Federal e Municípios, refinanciando-os, diretamente (*ibidem*, § 16).

Capítulo XXI

Execução Contra a Massa Falida e Contra as Sociedades em Regime de Liquidação Extrajudicial

1. Massa falida

Na Justiça do Trabalho, o procedimento que se tem costumeiramente adotado, em face da decretação judicial da falência do empregador-réu, é o de: a) prosseguir com o processo de conhecimento até o trânsito em julgado da sentença, que, sendo condenatória da massa, permitirá ao empregado munir-se de certidão relativa ao seu crédito, a fim de habilitá-lo perante o juízo falimentar; b) realizar os atos de expropriação judicial dos bens penhorados, na hipótese de, à época da decretação da falência, já estarem designadas as datas para a praça e o leilão; neste caso, o produto da alienação dos bens é que entrará para a massa, exceto se, quando da declaração da quebra, a venda já se encontrasse consumada, hipótese em que caberia à massa apenas a sobra.

Os procedimentos aqui descritos estão, aparentemente, corretos, se levarmos em conta a vogante afirmação doutrinária de que o juízo da falência é *universal*, motivo por que perante ele deverão concorrer todos os credores do devedor comum (Lei n. 11.101, de 9 de fevereiro de 2005 (art. 76), que regula a "Recuperação Judicial, a Extrajudicial e a Falência do Empresário e da Sociedade Empresária".

O princípio do juízo universal da falência ensejou, a propósito, a que a própria doutrina trabalhista se unisse em torno do entendimento de que a quebra do empregador produz, de imediato, efeitos no plano do processo do trabalho e, em especial, no de execução, de tal forma que "a prestação jurisdicional trabalhista termina com a sentença proferida na fase de conhecimento, não cabendo execução dessa sentença perante a Junta (Amauri Mascaro Nascimento, "Curso de Direito Processual do Trabalho", p. 260).

Nossa opinião é divergente. Heterodoxa, por certo.

Queremos crer que a doutrina trabalhista, até aqui, se preocupou *apenas* com o princípio da universalidade do juízo falencial, sem atender à circunstância de que há, no âmbito de nossas estruturas normativas — consideradas em seu conjunto —, disposições que representam expressiva *exceção* a esse princípio.

Comecemos com o texto constitucional. Estabelece o art. 109, I, da atual Carta Suprema que compete aos *juízes federais* processar e julgar as causas aí enumeradas, *exceto as de falência* (e outras, que especifica), em que a União figure como autora, ré, assistente ou opoente. Ao fixar, porém, a competência da *Justiça do Trabalho*, a Constituição Federal *não fez nenhuma ressalva quanto à falência*, a demonstrar, com isso, ter sido intenção do constituinte que esta Justiça Especializada tivesse competência plena, no que respeita à apreciação dos conflitos de interesses entre empregados e empregadores e à própria prática dos atos executivos derivantes da sentença condenatória, emitida no processo de conhecimento. Ora, segundo a parêmia jurídica de que não é lícito distinguir onde a norma legal não o faz, a elementar conclusão a tirar-se, do cotejo entre os dispositivos constitucionais que traçam a competência dos juízes federais (art. 109, I) e dos juízes do trabalho (art. 114), é de que a estes últimos compete promover a execução contra a massa falida, sendo equivocado supor que a atuação da Justiça do Trabalho, nos casos em que a massa falida figurasse no polo passivo da relação jurídica processual, devesse ficar restrita ao processo cognitivo. A não se entender assim ficam os que dissentem de nosso parecer a dever-nos uma explicação razoável diante do fato de o constituinte, ao dispor sobre a competência dos juízes federais, excluir as causas falenciais.

Esse mesmo tratamento diferençado, em sede de competência, constava da Constituição revogada, conforme evidenciavam os seus arts. 125, I, e 143, o que permite inferir-se a existência de certa tradição, no que toca a preservar a competência da Justiça do Trabalho não apenas com vistas à solução das lides ocorrentes entre o empregado e a massa falida, mas à própria execução forçada da sentença que for aí proferida.

Não é inútil acrescentar que, tendo a competência trabalhista domicílio constitucional (art. 114), seria insensato imaginar que esta pudesse ser solapada por norma ordinária, no caso a Lei n. 11.101/2005.

Esse pensamento é perfilhado por Calmon de Passos, para quem "a execução trabalhista iniciada não tem seu curso suspenso por força de decretação da falência do executado. Nem se pode obstar a venda em hasta pública de bem que seria arrecadável ou foi arrecadado pela massa, por força do que vem de ser afirmado. O único incidente possível seria o da suspensão prejudicial da entrega do produto, se dependesse de definição, no juízo da falência, a posição do crédito trabalhista no quadro geral dos credores. Isso, entretanto, hoje, no Direito brasileiro, se faz despiciendo, visto como ao crédito trabalhista se concedeu, por sua própria natureza, e independentemente de qualquer acertamento jurisdicional, posição eminente e incontrastável em relação a outro qualquer crédito, seja provido de garantia real, seja beneficiado com privilégio geral ou especial" (*in* Revista LTr, 46/82, p. 532).

Não bastassem os argumentos jurídicos até esta parte expendidos, que justificam a competência da Justiça do Trabalho para promover a execução, *até o último ato da sequência legal,* contra a massa falida, devemos invocar a valiosa contribuição de Clóvis Salgado, a respeito do assunto. Para esse ilustre jurista, duas relevantes razões — uma de ordem lógica e outra social — determinam a competência da Justiça do Trabalho, acerca da matéria de que estamos a nos ocupar: "Razão de ordem lógica porque gozando aquele crédito (trabalhista) de um privilégio especialíssimo, batizado pelo Dr. Barreto Filho até de superprivilégio" (*Martins Catharino*, obra cit., p. 74), feriria o bom senso remeter-se o mesmo para o quadro geral dos credores e esperar-se morosíssimo processo falimentar. Por que esperar se serão pagos logo a seguir aos acidentados em serviço, preterindo todos os demais? Qual o prejuízo de a ação prosseguir no Juízo especializado, indiscutivelmente mais rápido do que o falimentar por razões óbvias, se o síndico terá a mais ampla e total possibilidade de, nesse mesmo Juízo especializado, defender os interesses da massa, dando as informações que desejar aos demais credores? E, afinal, a celeridade, a distribuição da justiça de maneira mais rápida, desde que não haja cerceamento de defesa, não é uma das preocupações máximas da moderna processualística? "Razões de ordem social porque, como já se disse, os empregados têm nos seus salários, na grande maioria das vezes, o seu normal e único meio de subsistência" ("Falência e Crédito Trabalhista", Revista LTr, n. 31, p. 638/640).

Estatui, ainda, a Lei n. 6.830, de 22 de setembro de 1980, em seu art. 5.º, que "A competência para processar e julgar a execução da dívida ativa da Fazenda Pública *exclui a de qualquer outro juízo, inclusive o da falência*, da concordata, da liquidação, da insolvência ou do inventário" (destacamos). Embora o art. 889 da CLT mande aplicar à execução trabalhista os preceitos regentes da execução da dívida ativa da Fazenda Pública, isto não significa que a precitada Lei n. 6.830/80 possa ser apontada como um argumento a mais, em prol de nossa opinião de que a Justiça do Trabalho é dotada de competência para praticar atos executivos contra a massa falida. A incidência supletiva da Lei n. 6.830/80, no processo do trabalho, faz-se, unicamente, para os efeitos do *procedimento*, dada a manifesta precariedade com que a CLT disciplina a execução. O art. 889 da CLT jamais poderia ter como destinatária a *natureza* (tributária) do crédito que rende ensejo à execução da dívida ativa da Fazenda Pública. Nada obstante esse reparo, a Lei n. 6.830/80 conduz-nos a uma reflexão, que se soma, esta sim, aos argumentos trazidos em defesa de nosso pensamento acerca da competência da Justiça do Trabalho para executar a massa falida. É que, se a antedita norma legal exclui a competência de qualquer outro juízo, inclusive o falimentar, para processar e julgar a execução da dívida ativa da Fazenda Pública, isso quer dizer que, se não reconhecermos à Justiça do Trabalho semelhante competência *exclusiva*, no que tange à massa falida, estaremos permitindo que um crédito altamente privilegiado, que tem preeminência até mesmo em relação ao tributário, perca, na prática, esse privilégio, na medida em que terá de subordinar-se à conhecida morosidade do procedimento falimentar, enquanto o crédito tributário, sendo executado fora desse juízo, poderá ser satisfeito muito antes do que o trabalhista, o que seria, no mínimo, um contra-senso.

De qualquer sorte, a Lei n. 6.830/80 tem o mérito de atestar que o juízo de falência não é tão universal quanto se tem propalado em discursos algo retóricos.

É chegado o momento, portanto, de a doutrina trabalhista reformular a sua posição sobre o assunto, passando a admitir a competência da Justiça do Trabalho para promover a execução (integral) contra a massa falida. Devemos advertir que as eventuais dificuldades de ordem *prática* que poderiam surgir em decorrência da aplicação concreta das ideias que estamos a sustentar não podem ser, *data venia*, opostas com eficácia ab-rogante das normas legais em que nossa opinião se apoia. Procurando destacar alguns desses inconvenientes, o douto Amauri Mascaro Nascimento observa que "A tese, apesar dos seus aspectos positivos, traz consequências práticas que contrariam os fins a que se propõe, ou seja, a proteção maior do trabalhador. Admitida essa dualidade de execuções, a singular para os salários e um terço das indenizações (na época, constituíam crédito privilegiado a totalidade dos salários e apenas um terço das indenizações; atualmente, *ex vi* da Lei n. 6.449/77, o privilégio alcança também a totalidade das indenizações a que o empregado fizer jus) dos empregados que têm esses direitos, e a coletiva para os demais créditos trabalhistas, resultariam uma situação de total desproteção para os empregados, cujos créditos terão de ser habilitados na falência. Mesmo entre os empregados que têm créditos privilegiados e que continuariam suas execuções singulares na Junta (*sic*), pode ocorrer, como de fato ocorreu no caso concreto que deu causa ao pronunciamento da Corte Suprema, desigualdade de atendimento porque os empregados que estavam assistidos por advogados cobraram desde logo os seus créditos; aqueles que estavam desassistidos e cujos processos não correram com a mesma celeridade, não puderam cobrar os seus créditos, porque os primeiros exauriram as forças patrimoniais sobre as quais as suas execuções singulares exercitaram-se e porque da tese resulta a impossibilidade de o Juiz do Trabalho determinar a execução coletiva por rateio, exatamente o tipo de execução que mais convém nesses casos e que é falimentar" (obra cit., p. 260/261).

Não há como negar que as observações efetuadas pelo eminente jurista de São Paulo são ponderáveis; desejamos redarguir, contudo, que a possibilidade de alguns empregados obterem a expropriação *integral* do patrimônio do devedor, em prejuízo de outros trabalhadores (que, por qualquer motivo, se tenham demorado em habilitar os seus créditos perante o juízo da falência), é algo que poderá acontecer mesmo que *todos* os trabalhadores devessem concorrer com os seus créditos, no processo falimentar. Em diversos casos concretos, *v. g.*, em que a integralidade dos empregados teve de habilitar os seus créditos no juízo falencial, pudemos perceber que alguns desses créditos, mais por astúcia do que por velhacada dos credores, foram satisfeitos e, com isso, absorveram o patrimônio disponível da massa, de tal modo que os demais credores empregados, ao comparecerem, retardatariamente, àquele juízo, nada mais encontraram que pudesse satisfazer-lhes os créditos. Em um desses casos, um pequeno grupo de empregados (exatamente os que auferiam salários muito mais altos que os da maioria), pressentindo que a sociedade comercial estava com a situação financeira combalida e, em consequência, na virtualidade de ter a sua falência decretada, tratou de ingressar no juízo trabalhista (e nesse ínterim ocorreu, efetivamente, a declaração da falência do empregador), onde obtiveram sentença favorável às suas pretensões (da qual não houve recurso), para, logo em seguida, comparecerem ao juízo da falência, com os seus créditos, habilitando-os antes mesmo de que os outros trabalhadores (serventes, peões e o mais) tivessem acorrido à Justiça do Trabalho. O resultado foi que os empregados mais astutos conseguiram receber, no juízo da falência, parte considerável de seus créditos, sem deixar, com isso, na massa, bens que pudessem atender aos créditos dos trabalhadores que somente muito tempo depois vieram a este juízo. O problema, pois, de alguns empregados serem preteridos, em seus créditos, por outros não é algo capaz de ocorrer apenas quando os mais espertos executam, com larga precedência, na Justiça do Trabalho, o título judicial aí obtido enquanto outros se lançam nas águas modorrentas do processo falimentar; essa possibilidade haverá mesmo na hipótese de todos os créditos serem levados ao juízo falimentar, sendo suficiente que alguns o sejam com grande antecedência, no cotejo com os demais.

Como afirmamos em linhas pretéritas, ocasionais dificuldades de ordem prática não podem ser opostas à viabilidade de execução plena da massa falida na Justiça do Trabalho, uma vez que essas razões meramente de fato não se revestem de eficácia para fazer tábua rasa das normas legais (inclusive constitucionais), que dizem da competência da Justiça do Trabalho para isso.

Lembremos que os credores retardatários não têm direito aos rateios anteriormente distribuídos (Lei n. 11.101/2005, art. 10, § 3.º).

Ainda que o juízo da falência já tivesse feito a arrecadação dos bens, seria possível sustentar-se o princípio de que a execução contra o empregador falido deveria processar-se na Justiça do Trabalho, pois a penhora, que aqui se determinasse, poderia ser realizada em bens de massa. Em que pese ao fato de ser juridicamente correta essa conclusão, a prudência sugere que, como medidas tendentes a evitar eventual conflito entre autoridades judiciárias (com inevitáveis prejuízos aos interesses dos credores), se estabeleça, como limite de atuação da Justiça do Trabalho para promover a execução contra a massa falida, a *arrecadação* dos bens, pela Justiça Comum. Nada impede, todavia, que se possa insistir na afirmação da competência da Justiça do Trabalho, mesmo com a arrecadação dos bens, pelo juízo da falência; afinal, a execução trabalhista não representa, em rigor, processo autônomo, mas simples fase sequente ao processo do conhecimento, de que se originou o título exequendo.

No tocante à *recuperação judicial*, consta do Tema com Repercussão Geral n. 90, do STF: "Compete ao juízo comum falimentar processar e julgar a execução dos créditos trabalhistas no caso de empresa em fase de recuperação judicial".

2. Sociedades em regime de liquidação extrajudicial

Estabelece a letra *a* do art. 18 da Lei n. 6.024, de 13 de março de 1974, que um dos efeitos do ato declaratório da liquidação extrajudicial das sociedades nelas mencionadas consiste na "suspensão das ações e execuções iniciadas sobre direitos e interesses relativos ao acervo da entidade liquidanda, não podendo ser intentadas quaisquer outras enquanto durar a liquidação".

Durante a vigência da Constituição Federal de 1967 (com a Emenda n. 1, de 1969), sustentamos, inclusive em sentenças, o contraste insuperável da Lei n. 6.024/74 com a Suprema Carta Política, pois esta elevara o direito da ação à categoria constitucional (art. 153, § 4.º). Sendo assim, o direito de ação, em virtude de ter sede no texto constitucional, não poderia ser limitado ou coarctado por norma inferior, proveniente da legislatura ou da administração, pouco importando as razões ou pretextos que motivaram a edição da norma infraconstitucional.

Denunciávamos, desse modo, a inconstitucionalidade da letra *a* do art. 18 da precitada lei, a despeito de o Tribunal Superior do Trabalho não haver percebido esse antagonismo, como chegou a declarar por mais de uma vez. *Data venia*, parecia-nos evidente que ao determinar a suspensão das ações e execuções em que as sociedades em regime de liquidação extrajudicial figuravam como rés ou como devedoras, bem como ao impedir o ajuizamento de outras, a Lei em questão afrontava, com extremado atrevimento, o direito de ação, inscrito no § 4.º do art. 153 da Constituição que estava a viger; em diversos casos concretos, submetidos à nossa cognição jurisdicional, chegamos a declarar, formalmente, a inconstitucionalidade dessa norma ordinária, fazendo com que as ações e execuções (na verdade, a execução também é ação) tivessem curso na Justiça do Trabalho até o final.

Observávamos, ainda, que a particularidade de a Lei n. 6.024/74 dispor que a intervenção em tais empresas não poderia exceder a seis meses (podendo ser prorrogada por outros seis: art. 4.º), não fazia desaparecer o seu confronto com a Suprema Carta, porquanto, de qualquer forma, nesses seis ou doze meses se estaria inibindo o exercício do direito constitucional de ação. Chegávamos, até mesmo, a ressaltar que em se tratando de *quaestio iuris* os órgãos da Justiça do Trabalho — aí incluídos os de primeiro grau — deveriam pronunciar, *ex officio*, a incompatibilidade da malsinada Lei com a Constituição da República, pois seria inconcebível que o Judiciário, a quem incumbia fazer valer a preeminência constitucional, devesse ficar inerte diante de casos de manifesta agressão a essa supremacia.

Vivemos, agora, sob uma nova ordem constitucional; a grande indagação que, em face disso, se deve formular é se a Lei n. 6.024/74 também está a agredir a Carta Magna promulgada a 5 de outubro de 1988. Na verdade, com o advento da atual Constituição já não se pode prosseguir afirmando que a Lei n. 6.024/74 com ela contrasta, pela simples razão de que essa norma legal foi *revogada* pela Constituição vigente.

Com efeito, no passado a alegação de inconstitucionalidade da antedita lei ordinária residia no fato de essa norma secundária ser *posterior* ao texto constitucional, no qual o direito de invocar a tutela jurisdicional do Estado estava assegurado aos indivíduos; ora, entrando em vigor a Constituição de 1988, na qual se manteve o direito de ação (art. 5.º, XXXVI), é evidente que o fenômeno daí derivante é o da *revogação* da lei ordinária em pauta, pois a *posterioridade*, agora, é da Constituição.

Insistindo: tanto antes como agora, o direito de ação se encontra constitucionalmente assegurado ("a lei não excluirá da apreciação do Poder Judiciário lesão ou ameaça a direito", diz o inc. XXXVI do art. 5.º da Carta atual); a diferença é que a Lei n. 6.024/74, ao surgir, passou a ofender, por seu art. 18, alínea *"a"*, a Constituição da época, na parte em que garantia ao indivíduo o direito de ação, ao passo que, com o surgimento da nova ordem constitucional, tal lei inferior foi *revogada*, embora de maneira implícita, no particular.

Todos devem convencer-se, pois, de que o inc. XXXVI do art. 5.º da Constituição de 1988 anatematizou, em definitivo, do ordenamento jurídico, a letra "*a*" do art. 18 da Lei n. 6.024/74, motivo por que, na Justiça do Trabalho (para cogitarmos apenas desta), o ato declaratório da liquidação extrajudicial não impedirá: a) o ajuizamento de ação em face da empresa liquidanda; ou b) o prosseguimento das ações e execuções em que ela figure como ré ou devedora, hipótese em que a penhora incidirá em bens da massa, pouco importando a fase em que se encontre o procedimento liquidatário.

Capítulo XXII

Prescrição Intercorrente

1. Comentário

Embora a prescrição seja, em rigor, instituto de direito material, ela tem larga incidência no plano do processo, sobre o qual, com frequência, irradia os seus efeitos.

O ordenamento jurídico brasileiro conhece duas modalidades de prescrição (do latim *praescriptio*, de *praescribere* = prescrever, escrever antes):

a) a *aquisitiva*, que constitui um dos meios de aquisição da propriedade, na medida em que, fazendo extinguir o direito de outrem, o transfere à pessoa que mantém a posse da coisa (usucapião, CC, arts.1.238 a 1.244); e

b) a *extintiva*, que implica a perda do direito de ação em virtude da inércia do seu titular; dela também se diz, por isso mesmo, *liberatória*.

Para que se configure a prescrição extintiva — única que interessa ao processo do trabalho — há necessidade de que concorram três pressupostos:

a) a prefixação, por lei, de prazo para o exercício do direito de ação;

b) o decurso desse prazo; e

c) a inércia do titular do direito.

Conforme estabelece o art. 197 do CC, a prescrição não flui:

I) entre cônjuges, na constância do casamento;

II) entre ascendentes e descendentes, durante o poder familiar;

III) entre tutelados e curatelados e seus tutores ou curadores, durante a tutela ou a curatela.

Considerando a possibilidade jurídica de haver relação de emprego entre cônjuges; entre ascendentes e descendentes; entre tutores e tutelados e entre curadores e curatelados, entendemos que são aplicáveis ao direito do trabalho as disposições estampadas nos incs. I, II e III do art. 197 do CC, mediante a faculdade inscrita no art. 8.º da CLT.

A prescrição também não ocorre contra:

a) incapazes (CC, art. 198, I; CLT, art. 440);

b) ausentes do Brasil, em serviço público da União, dos Estados ou dos Municípios (CC, art. 198, II);

c) os que se acharem servindo nas Forças Armadas nacionais, em tempo de guerra (CC, art. 198, III); e ainda no caso de:

d) estar pendendo condição suspensiva (art. 199), pois, não tendo ainda nascido a ação (*actio nata*), não pode ela, evidentemente, prescrever (*actione non nata non praescribitur*);

e) não estar vencido o prazo (CC, art. 199, II);

f) pender ação de evicção (CC, art. 199, III) — sendo que esta última hipótese é inadmissível no processo do trabalho.

Há, por outro lado, determinadas causas, legalmente previstas, que *interrompem* a prescrição, como:

a) o despacho que ordenar a citação do réu, ainda que exarado por juiz incompetente (CC, art. 202, I; CPC, art. 240 e § 1.º);

b) o protesto judicial (CC, art. 202, II);

c) o protesto cambial (CC, art. 202, III);

d) a apresentação do título de crédito em juízo de inventário ou em concurso de credores (CC, art. 202, IV);

e) qualquer ato judicial que constitua o devedor em mora (*ibidem*, V);

f) qualquer ato inequívoco, mesmo que extrajudicial, que importe reconhecimento do direito pelo devedor (*ibidem*, VI).

Tirante a hipótese de que tratam os incs. III e IV do art. 202 do CC, pensamos que as demais podem ser acolhidas pelo processo do trabalho, desde que efetuadas as necessárias adaptações; desse modo, *v. g.*, a prescrição, aqui, será interrompida não pelo despacho que determinar a citação do réu, mas pela simples entrega da petição em juízo — na secretaria da Vara ou no serviço de distribuição, segundo seja o caso. Essa adequação da regra contida no art. 202, I, do CC se justifica diante do fato de que o juiz do trabalho não ordena a citação do réu, porquanto esse ato é providenciado, automaticamente, pelo diretor da secretaria, ou pelo escrivão, por via postal (CLT, art. 841, *caput* e § 1.º).

A prescrição interrompida recomeça a fluir da data da causa em que fez deter-se, ou do último processo que a interrompeu (CC, art. 202, parágrafo único). A providência interruptiva pode ser intentada por qualquer interessado (CC, art. 203), dentre os quais:

a) o próprio titular do direito que está precípite de prescrever;

b) o seu representante legal;

c) o terceiro, que demonstre possuir interesse jurídico (*ibidem*).

A norma civil dispõe, com minúcia, sobre os diversos prazos de prescrição extintiva (art. 206); na CLT, como sabemos, o prazo se encontrava uniformizado: dois anos (art. 11), embora tenha sido elevado para cinco anos, pela atual Constituição (art. 7.º, XXIX, *"a"*).

Segundo a orientação jurisprudencial cristalizada na Súmula n. 268 do TST, a prescrição será interrompida (em relação aos pedidos idênticos), mesmo que a citação tenha sido realizada em processo que foi extinto sem julgamento do mérito; com isso, permitiu que o efeito sobrevivesse à causa.

Prescrição intercorrente é a que ocorre no curso da ação; forma-se, portanto, de permeio.

Durante longo período se discutiu, na doutrina e na jurisprudência, sobre a admissibilidade, ou não, dessa espécie de prescrição no processo do trabalho.

Sustentava-se, de um ponto, que, acarretando a prescrição a perda do direito de ação, não se poderia aceitar que viesse a consumar-se *após* o ajuizamento desta; a este argumento se acrescentava o de que, no processo trabalhista, o juiz pode tomar a iniciativa de praticar os atos do procedimento (CLT, art. 765), máxime na execução (CLT, art. 878, *caput*), não sendo possível pensar-se, aqui, pois, em prescrição intercorrente. De outro, porém, se afirmava que o art. 8.º da CLT autoriza a aplicação supletória de normas do direito civil — atendidos os pressupostos de omissão e de compatibilidade —, motivo por que seria perfeitamente possível a adoção do art. 202, parágrafo único do CC, a teor do qual a prescrição *recomeça* a fluir a contar do ato que a interrompera.

Pronunciando-se sobre o tema, o Excelso Pretório entendeu — por meio da Súmula n. 327 — que "o Direito Trabalhista admite a prescrição intercorrente"; mais tarde, o antigo Tribunal Federal de Recursos, ao dispor, pela Súmula n. 78, que, "proposta a ação no prazo fixado para o seu exercício, a demora na citação, por motivos inerentes ao mecanismo da Justiça, não justifica o acolhimento da arguição de prescrição", deixou implícito haver perfilhado o entendimento consagrado pela Súmula n. 327 do STF.

Indefinida que se encontrava essa controvérsia, o Tribunal Superior do Trabalho dá a lume a Súmula n. 114, para, em boa hora — mas em acerto discutível —, estatuir que "é inaplicável na Justiça do Trabalho a prescrição intercorrente". Colocamos em dúvida o acerto da orientação adotada pelo TST por, no mínimo, duas razões. Em primeiro lugar, estamos convencidos de que a possibilidade de ser alegada a prescrição intercorrente no processo do trabalho está insculpida, de forma nítida, no art. 884, § 1.º, da CLT; com efeito, ao dizer que o devedor poderá, em seus embargos, arguir — dentre outras coisas — a "prescrição da dívida", a norma legal citada está, a toda evidência, a referir-se à prescrição *intercorrente*, pois a prescrição ordinária deveria ter sido alegada no processo de conhecimento. A entender-se de maneira diversa, estar-se-ia perpetrando o brutal equívoco de imaginar que o devedor poderia, no momento dos embargos, afrontar a autoridade da coisa julgada material, pois a sentença exequenda poderia, até mesmo, ter rechaçado a arguição de prescrição, suscitada no processo cognitivo. Enfim — indagamos —, se não é a intercorrente, então de que prescrição se trata a que o § 1.º do art. 884 da CLT permite o devedor alegar no ensejo dos embargos que vier a oferecer à execução? Em segundo, porque o sentido generalizante, que o enunciado da Súmula n. 114 do TST traduz, comete a imprudência de desprezar a existência de casos particulares, onde a incidência da prescrição liberatória se torna até mesmo *imprescindível*. Ninguém desconhece, por suposto, que em determinadas situações o Juiz do Trabalho fica tolhido de realizar *ex officio* certo ato do procedimento, pois este somente pode ser praticado pela parte, razão por que a incúria desta reclama a sua sujeição aos efeitos da prescrição (intercorrente), sob pena de os autos permanecerem em um infindável trânsito entre a secretaria e o gabinete do Juiz, numa sucessão irritante e infrutífera de certificações e despachos. Exemplifiquemos com os *artigos de liquidação*. Negligenciando o credor no atendimento ao despacho judicial que lhe ordenou a apresentação desses artigos, consistiria despautério indisfarçável imaginar que, diante disso, caberia ao próprio juiz deduzir os artigos de liquidação, substituindo, dessa maneira, o credor na prática do ato; não menos desarrazoada seria a opinião de que, na espécie, deveria o juiz transferir ao próprio devedor o *encargo* de realizar o ato. Que o devedor *pode* apresentar artigos de liquidação, disso não se duvida; daí a *compeli-lo* a tanto vai uma ousada agressão à lei. A solução, portanto, seria aguardar-se o decurso, em branco, do prazo de dois anos, contado da data em que o credor foi intimado a oferecer os artigos de liquidação, para, em seguida — e desde que haja alegação do devedor nesse sentido —, pronunciar-se a prescrição intercorrente e, em virtude disso, extinguir-se o processo de execução com exame do mérito.

Partindo dessa assertiva, aliás, construímos a regra segundo a qual o processo do trabalho deve admitir a prescrição intercorrente sempre que a prática do ato esteja, exclusivamente, a cargo do credor; com o emprego do advérbio *exclusivamente* queremos deixar sublinhado que o juiz não poderia (por motivos lógicos e jurídicos) fazer as vezes do credor, no que respeita à realização do ato; fazê-lo seria, acima de tudo, tornar-se *parcial*, pois estaria, na verdade, formulando uma *pretensão* que constitui faculdade apenas da parte (credor). Ainda que, na execução, o credor tenha posição de preeminência, e o devedor estado de sujeição, isto não significa que o juiz deva declinar do seu ontológico dever de neutralidade para colocar-se, surpreendentemente, ao lado do primeiro. É curial que se em determinada hipótese (que não a dos artigos de liquidação) o juiz puder praticar o ato (que atende aos interesses do credor ou do devedor) sem quebra do seu dever de imparcialidade, não se haverá de cogitar de prescrição intercorrente, visto que a incidência desta ficará afastada pela *possibilidade* da incoação judicial. É a outra face da regra, que acabamos de enunciar quanto à prescrição intercorrente no processo do trabalho.

Passam-se os anos é advém a Lei n. 13.467/2017, que insere na CLT o art. 11-A, para admitir, de maneira expressa, a prescrição intercorrente no processo do trabalho, no prazo de dois anos (*caput*).

A contagem desseprazo será iniciada a partir do momento em que o exequente deixar de cuprir determinação judicial para que pratique determinado ato (§ 1.º). Além disso, a prescrição intercorrente pode ser pronunciada pelo juiz, *ex officio* (§ 2.º).

Uma ponderação.

Deve o juiz tomar o cuidado de não atribuir a uma das partes a prática de ato que incumbia, particularmente, à outra, máxime quando a norma processual contiver solução para o caso. Digamos, p. ex., que o devedor tenha abandonado o endereço constante dos autos e o juiz ordene, por despacho, que o credor forneça o endereço atual daquele. Não se pode negar que essa providência se justifica até o ponto em que há certo interesse do credor em fornecer ao juízo elementos que possibilitem a localização do devedor (para ser citado, intimado da penhora, entregar os bens que guardava como depositário, etc.). Ocorrendo, todavia, de o credor deixar de atender ao despacho judicial, não será lícito ao juiz resolver o impasse contra o direito ou os interesses legítimos do credor, sob pena de acabar premiando a quem, em última análise, deu causa a tudo: o devedor. Devemos observar que no exemplo em pauta o juiz deverá considerar como realizado o ato (citação, intimação e o mais), pois constitui *dever* da parte comunicar ao escrivão (diretor da secretaria) qualquer mudança de endereço, sob pena de serem consideradas "Válidas as intimações enviadas por carta registrada ou meio eletrônico ao endereço constante dos autos" (CPC, art. 106, § 2.º). Essa norma é perfeitamente aplicável no processo do trabalho – sendo aplicável às partes, em geral —, pois representa eficaz instrumento de desobstrução do procedimento, circunstância que se liga, com intimidade, ao princípio (ou mero anseio?) da celeridade.

Entendemos, apenas, que não há necessidade de a intimação ser *obrigatoriamente* encaminhada (ao endereço existente nos autos) via *carta registrada*, como está no art. 106, § 2.º, do CPC. Nada impede que — notadamente no caso de mera intimação — a comunicação à parte seja feita por instrumento postal não registrado. De qualquer forma, aplicada a regra do processo civil, ficará a critério do Juiz do Trabalho adotar o modo que lhe parecer mais conveniente ou recomendável para efeito de cientificação, caso a caso, dos atos processuais à parte que mudou de endereço sem fazer a necessária comunicação do novo ao diretor da secretaria.

Precisamente por revelar-se respeitosa do princípio de que não se deve impor gravame ao credor, por ato a que não deu causa, é que consideramos aplicável ao processo do trabalho a disposição encartada no art. 40 da Lei n. 6.830/80, segundo a qual o juiz suspenderá o curso da execução: a) enquanto não for localizado o devedor; ou b) não forem encontrados bens sobre os quais possa recair a penhora (*caput*); decorrido o prazo de um ano, sem que o devedor tenha sido localizado ou os bens encontrados, determinará o arquivamento dos autos (§ 2.º); contudo, "encontrados que sejam, *a qualquer tempo*, o devedor ou os bens, *serão desarquivados os autos para prosseguimento da execução*" (§ 3.º — destacamos).

Se o devedor não for localizado, mas houver bens penhoráveis e suficientes para responder à execução, esta não será suspensa, devendo o devedor ser citado por edital, após restarem frustradas as diligências a que se refere o § 3.º do art. 880 da CLT; se o caso fosse de intimação, haveria de ser igualmente feita por edital, observado o preceito do § 1.º do art. 841 do mesmo texto trabalhista.

Embora o processo do trabalho não preveja a citação por hora certa, estamos seguros em sustentar que, *de lege ferenda*, ele deva incorporar essa modalidade de comunicação de ato processual, prevista no atual CPC (arts. 252 a 254), abandonando, assim, a onerosa citação editalícia (CLT, art. 880, § 3.º). Enquanto isso não ocorrer, apliquem-se ao processo do trabalho as referidas normas do CPC.

Capítulo XXIII

Recurso na Execução

1. Comentário

Em nome do princípio da simplicidade, que informa o procedimento trabalhista, a CLT instituiu modalidade única de instrumento destinado a impugnar as resoluções judiciais proferidas no processo de execução: o agravo de petição (art. 897, "*a*").

Abrindo uma exceção a tal regra, a Lei n. 4.725/65 destinara esse remédio também para o ataque a despacho proferido pelo Presidente do TST, quando denegatório do pedido de concessão de efeito *suspensivo* a recurso ordinário interposto de acórdão emitido em dissídio coletivo (art. 6.º, § 1.º). Essa particularidade, contudo, não era de monta capaz de deitar por terra a assertiva, que há pouco fizemos, de que o propósito cardeal do legislador foi reservar o recurso de agravo de petição à impugnação dos pronunciamentos realizados na fase executiva.

Nada obstante a *liquidação* das obrigações contidas na sentença exequenda constitua quadra preparatória da execução propriamente dita, ela, do ponto de vista sistemático do processo do trabalho, *integra a execução*, porquanto, admitida a clássica tripartição do processo em: a) de conhecimento; b) de execução; e c) cautelar; é evidente que só há lugar para a liquidação na segunda espécie. Carece de cientificidade, por isso, eventual classificação que a procure erigir como modalidade processual distinta e autônoma, colocando-a ao lado das demais, de sorte que se pudesse falar de processos: a) de conhecimento; b) *de liquidação*; c) de execução; e d) cautelar. A liquidação — é necessário admoestar — não representa um fim em si mesma, figurando, como dissemos, como capítulo voltado a preparar a execução, mediante a exata quantificação do conteúdo obrigacional da decisão exequenda. Sob certo aspecto, podemos mesmo afirmar que a liquidação corresponde a uma espécie de traço-de-união entre o processo de conhecimento (de que se originou o título sentencial) e a execução (por quantia certa). A ausência de liquidação — quando esta se faça imprescindível — motivará a que o devedor alegue, em seus embargos, a nulidade da execução em virtude da inexigibilidade do título (CPC, art. 586, § 1.º).

Pois bem. Assentado que a liquidação faz parte da execução, a alguém pareceria apropriado sustentar que as decisões proferidas na liquidação seriam impugnáveis via agravo de petição, considerando-se a especificidade desse meio recursório. Não há como contestar que opinião nesse sentido estaria, em tese, correta. Justificáveis razões de cautela, todavia, levaram o legislador trabalhista a cortar cerce a possibilidade de interpor-se *qualquer recurso* da sentença prolatada na fase de liquidação (CLT, art. 884, § 3.º). Em rigor, não se trata, na espécie, de *sentença* e sim de decisão com traço interlocutório. Sentença é ato pelo qual o juiz *põe fim ao processo*, examinando, ou não, o mérito da causa, segundo o conceito desse ato jurisdicional, formulado pelo § 1.º do art. 162 do CPC de 1973, em sua redação original. O CPC de 2015 a tem como o pronuncicmento por meio do qual o juiz, com fundamento nos arts. 485 e 487, "põe fim à fase cognitiva do procedimento comum, bem como extingue a execução". Ora, o ato pelo qual o juiz homologa os cálculos de liquidação não visa a dar fim ao processo, senão que a tornar líquida a obrigação e, com isso, poder-se exigir do devedor o correspondente adimplemento.

Ocasional divergência do devedor, no que respeita aos cálculos homologados por essa decisão, deverá ser manifestada no momento dos embargos que vier a oferecer à sentença deles resolutiva. Cuidou o legislador trabalhista, como se percebe, de evitar que o devedor pudesse impugnar, autonomamente, a "sentença" *de liquidação*, pois, caso contrário, este se sentiria muito à vontade para fazê-lo, uma vez que não precisaria efetuar a garantia do juízo, mediante depósito em dinheiro ou oferecimento de bens à penhora. Demais, o veto legal à impugnação direta da "sentença" de liquidação teve o elogiável escopo de permitir que a execução não tenha o seu curso obstado por certos atos procrastinatórios do devedor. Garantido que esteja o juízo, este poderá — agora sim — externar contrariedade não apenas a essa decisão como também à sentença resolutiva dos embargos que vier a oferecer.

A imperfeita redação do § 3.º do art. 884 da CLT, no entanto, pode conduzir à errônea ilação de que se o devedor não opuser embargos à execução o credor não poderá impugnar a "sentença" de liquidação. Seria insensato pensar que o legislador teria condicionado o exercício de um direito do credor (impugnar a decisão de liquidação) à prática de determinado ato (oferecimento de embargos, pelo devedor). O que o legislador pretendeu, na verdade, foi — em atenção ao princípio da celeridade e da economia dos atos processuais — reservar ao credor a possibilidade de impugnar a decisão de liquidação na *oportunidade* aberta ao devedor para exercer semelhante impugnação e para embargar a execução. Isso não quer dizer, todavia, que, se o devedor deixar de oferecer embargos, o credor terá prejudicado o seu direito de divergir do ato jurisdicional que homologou os cálculos de liquidação.

Regra de ordem prática sugere, pois, que, deixando o devedor fluir em branco o prazo para o oferecimento de embargos, não deva o juiz, de plano, julgar subsistente a penhora e ordenar a expropriação judicial dos bens, competindo-lhe, *antes disso*, criar oportunidade para que o credor diga se concorda, ou não, com os cálculos. A não agir desse modo, o juiz terá diante de si o inconveniente de ter de admitir, bem mais tarde (às vezes à véspera da praça ou do leilão), eventual impugnação aos cálculos, apresentada pelo credor — sem que possa considerar intempestiva essa manifestação.

Cabe, aqui, um breve registro histórico.

Em 1991, a Comissão de Ministros instituída pelo Presidente do Tribunal Superior do Trabalho elaborou um "projeto prévio de legislação processual do trabalho", que mereceu, de nossa parte, pesadas críticas (Revista LTr, fev. 1992, p. 135/152). Uma dessas críticas foi dirigida ao fato de atribuir-se, aí, caráter autônomo à liquidação da sentença, de tal maneira que do ato que a apreciasse (homologando, ou não, os cálculos) seria interponível agravo de petição. Ora, a execução trabalhista já era complexa e demorada o suficiente para rechaçar a possibilidade de admitir-se mais um agravo de petição! O referido projeto, felizmente, foi abandonado.

Da decisão proferida em *embargos de terceiro*, oferecidos durante a execução da sentença, seria cabível o recurso de agravo de petição ou o ordinário?

A doutrina e a jurisprudência cindiram-se na prospecção da resposta, embora, atualmente, a controvérsia sobre o assunto tenha sido pacificada por legislação superveniente, como veremos adiante.

O argumento dos que entendiam ser admissível na hipótese o *recurso ordinário* concentrava-se no fato de constituírem os embargos de terceiro ação distinta, de natureza constitutiva, tanto que pressupõem, para o seu julgamento, em alguns casos, a realização de audiência, para a coleta de prova oral, ou mesmo de audiência preliminar, destinada à comprovação da posse dos bens que foram objeto de constrição judicial (penhora).

Discrepávamos, *data venia*, desse entendimento.

Ao iniciarmos este Capítulo, pudemos afirmar que a CLT instituiu o agravo de petição como instrumento único para a impugnação das decisões proferidas pelo juiz *na execução*. A lei não distingue, para esse efeito, a decisão emitida em embargos à execução da que é proferida em embargos de terceiro. Nem se objete — dizíamos — que essa distinção não foi feita pelo fato de a CLT não prever esta última espécie de embargos. Ora, o que se deve pôr à frente, como critério jurídico harmonioso com os princípios do processo trabalhista, é que o legislador estabeleceu um claro nexo entre o agravo de petição e a *fase* do processo em que é proferida a decisão que ele visa a impugnar; a interponibilidade desse recurso específico não está, portanto, subordinada à natureza da ação em que a decisão é lançada. Sendo assim, pouco importa que se trate de sentença resolutiva de embargos à execução ou de embargos oferecidos por terceiro: o recurso, delas interponível, será sempre o de agravo de petição, porquanto essas sentenças foram tiradas na fase *de execução* (CLT, art. 897, "*a*").

Além disso, o agravo de petição atende, no caso em exame, ao princípio do duplo grau de jurisdição, pois o terceiro, cujos embargos foram rejeitados pelo juiz de primeiro grau, poderá atacar essa sentença por meio do referido recurso de marcante e inalienável especificidade, segundo o sistema elaborado pelo legislador trabalhista.

Afinal — cumpre-nos perquirir —, essa polêmica acerca de qual o recurso cabível da sentença proferida em embargos de terceiro era produto de mera disputa acadêmica, ou tinha em vista razões de ordem prática? De acadêmica nada possuía. No argumento dos que advogavam a interponibilidade de *recurso ordinário* instilava-se o sub-reptício escopo de fazer com que matéria típica da execução fosse levada ao conhecimento do TST, contornando-se assim, com esse expediente habilidoso, a proibição inscrita no art. 896, § 4.º, da CLT, em sua redação primitiva, conforme a qual, "das decisões proferidas pelos

Tribunais Regionais ou por suas Turmas, em execução da sentença, não caberá recurso de revista para o Tribunal Superior do Trabalho". Esta matéria acabou sendo deslocada para o § 2.º do art. 896 da CLT, *ex vi* da Lei n. 9.756/98, contendo esta redação: "Das decisões proferidas pelos Tribunais Regionais do Trabalho ou por suas Turmas, em execução de sentença, *inclusive em processo incidente de embargos de terceiro*, não caberá Recurso de Revista, salvo na hipótese de ofensa direta e literal a norma da Constituição Federal" (destacamos).

Aí está a alteração legislativa, que, conforme dissemos, deu cobro à controvérsia doutrinária e jurisprudencial acerca de qual recurso seria interponível da sentença resolutiva dos embargos de terceiros oferecidos na execução: será sempre o de agravo de petição.

2. Execução e Mandado de Segurança

Vimos que, no sistema peculiar do processo do trabalho, o recurso de agravo de petição foi teleologicamente instituído para permitir a impugnação das decisões judiciais proferidas no processo de execução.

A doutrina e a jurisprudência, todavia, não podem fechar os olhos e os ouvidos aos apelos dramáticos que emanam da realidade prática, desejosos da adoção de um outro instrumento jurídico, provido de eficácia para fazer cessar, desde logo, a ilegalidade de certas decisões tiradas na execução.

Assim dizemos, porque há certas situações particulares em que o uso do agravo de petição se revela de nenhuma utilidade para a parte que se sente prejudicada pelo ato do juiz da execução.

Digamos, à guisa de exemplo, que o juiz haja determinado a penhora de bem legalmente impenhorável: não há negar que se trata de uma decisão emitida no processo de execução — que, por isso, renderia ensejo à impugnação por meio de agravo de petição. Ora, muitas vezes esse recurso se apresenta ineficaz para propiciar à parte a imediata liberação da constrição judicial do bem que lhe pertence. Ademais, na hipótese, o ato judicial está caracterizado por marcante *ilegalidade*. Sendo assim, deve ser permitido o uso da ação de mandado de segurança, a fim de poder ser eliminada, desde logo, essa ilegalidade. A eliminação de plano, a que estamos a nos referir, será possível mediante liminar a ser concedida pelo relator, no tribunal.

Seria algo cansativo pretendermos indicar, aqui, todos os casos em que seria admissível a ação de mandado de segurança na execução. O que nos parece de extrema importância é estabelecer os *critérios* pelos quais esse uso deverá ser consentido. Pois bem. Em primeiro lugar, é necessário que estejam presentes os pressupostos para o exercício dessa ação mandamental, quais sejam: a) existência de direito líquido e certo do impetrante; b) haver o ato judicial sido praticado mediante ilegalidade ou com abuso de poder (Lei n. 12.016/2009, art. 1.º, *caput*). Em segundo, que o agravo de petição não seja eficaz para permitir, desde logo, o afastamento do ato ilegal ou abusivo de poder. Presentes esses dois requisitos fundamentais, nada justifica a recusa em aceitar-se o exercício da ação de mandado de segurança.

Devemos ter em mente o fato de que, algumas vezes, os juízes, empolgados com os poderes diretivos do processo que a lei lhes atribui, acabam indo além dos limites estabelecidos pela própria norma legal, por forma a acarretar danos manifestos a "direito líquido e certo" da parte, designadamente, do devedor. É sempre proveitoso lembrar que, por força da regra contida no inciso LV do art. 5.º da Constituição Federal, "ninguém será privado da liberdade *ou de seus bens* sem o devido processo legal" (destacamos). Destarte, embora o devedor seja legalmente colocado, no processo de execução, em estado de sujeição ao comando que se irradia do título executivo, nem por isso o juiz estará autorizado a expropriar-lhe bens integrantes de seu patrimônio econômico sem a rigorosa observância do *due process of law*, de que já nos falava Eduardo III, no *Statute of Westminster of the Liberties of London*, de 1354. É necessário alertar que essa cláusula do devido processo legal constitui, em nosso meio, uma garantia constitucional outorgada ao devedor. Desse modo, quando o juiz deixa de respeitar essa cláusula não está, apenas, a ignorar ou a maltratar um princípio processual, senão que a violar um direito que a Constituição Federal atribui do devedor. Neste caso, jamais poderia ser impedido o exercício da ação de mandado de segurança.

Devemos esclarecer, entretanto, que o manejo dessa ação mandamental, no processo de execução trabalhista, não deverá ser permitido, unicamente, nas situações em que o ato judicial acarretar violação de direito constitucional da parte; também nos casos de transgressão de direito infraconstitucional, desde que "líquido e certo", o socorro ao mandado de segurança deverá ser permitido. Devemos ressaltar, todavia, o caráter algo equívoco da expressão legal: "direito líquido e certo", pois, não integrando o Direito o ramo das Ciências Exatas, isso significa que, à risca, nenhum direito pode ser considerado, de antemão, *líquido e certo*, porquanto todo direito é contestável. Aliás, se a liquidez e a certeza dissessem respeito, efetivamente, *ao direito*, ficaria difícil explicar a razão pela qual, em alguns casos, o relator concede a liminar, por entender que o impetrante possui esse direito "líquido e certo", e, quando do julgamento do mérito, após reflexão mais aprofundada, vota pela denegação da segurança, por estar convencido da inexistência de um tal direito. Isso demonstra que, na realidade, a liquidez e a certeza não se referem ao direito em si, *mas ao fato do qual se extrai o direito*. Justamente porque o fato deve ser líquido e certo é que a sua prova é sempre documental, vale dizer, pré--constituída. Assim, o que o juiz deve ter diante de si é a prova documental ("líquida e certa") do direito alegado pelo impetrante; a concessão, ou não, da liminar dependerá do seu convencimento quanto a esse fato inequívoco gerar o direito afirmado na inicial.

Conquanto tenhamos, há pouco, dito ser estafante qualquer tentativa de esgotar o exemplário dos casos que, a nosso ver, autorizam o uso da ação de mandado de segurança para impugnar ato judicial praticado na execução, a referência a mais um desses casos é recomendável, a fim de que se possa compreender a necessidade do manejo dessa ação mandamental. Digamos que o juiz, na execução meramente *provisória*, haja acolhido a recusa do credor quanto aos bens indicados à penhora pelo devedor e, em razão disso, ordenado que a constrição incidisse em dinheiro existente na conta-corrente deste. Ora, como pudemos demonstrar no Capítulo XII, *retro*, a sentença pendente de recurso é ato ao qual falta o sinete da definitividade, precisamente porque pode ser modificado, total ou parcialmente, pelo tribunal. Daí vem, aliás, o motivo de a execução forçada, que a tem por base, ser, apenas, provisória. Ora, bem. Embora o art. 520, do CPC declare que a execução provisória será feita do mesmo modo que a definitiva, esse dispositivo não pode ser interpretado de maneira insulada, mas sistemática, de tal forma que não desconsidere a regra estampada no art. 805 do mesmo estatuto processual, segundo a qual, quando a execução puder ser realizada por mais de um modo, deverá sê-lo pelo menos gravoso.

Nas edições anteriores deste livro, afirmamos que na execução provisória não havia necessidade de ser observada a ordem preferencial dos bens penhoráveis, estabelecida pelo art. 655 do CPC de 1973, ao qual o art. 882 da CLT faz remissão. Concluíamos, dizendo que violaria direito líquido e certo do devedor a determinação de penhora em dinheiro, quando este houvesse nomeado outros bens à penhora. Foi, exatamente, o que estatuiu a Orientação Jurisprudencial n. 62 da SBDI-2 do TST, mais tarde convertida na Súmula n. 417, cujo item III dispunha: "Em se tratando de execução provisória, *fere direito líquido e certo* do impetrante a determinação de penhora em dinheiro, quando nomeados outros bens à penhora, pois o executado tem direito a que a execução se processe da forma que lhe seja menos gravosa, nos termos do art. 620, do CPC" (destacamos).

A expressão "direito líquido e certo", constante do enunciado da referida Súmula, deixava clara a possibildade de ser impetrado mandado de segurança contra o ato do juiz que, em execução provisória da sentença, ordenara a penhora de numerário, tendo o devedor indicado bens à penhora. Não se cogitava aqui, portanto, do recuso de agravo de petição.

Já vigente o CPC de 2015, todavia, o TST reviu a sua Súmula n. 417, acabando por eliminar o item III, de que falamos há pouco. Sob certo aspecto, essa atitude do TST é justificável, pois o art. 835, do CPC, ao determinar que a penhora obedeça, preferencialmente, à ordem estabelecida nos incisos I a XIII, não faz nenhuma distinção, para esse efeito, entre execução provisória e execução definitiva. O TST, portanto, não mais reconhece a existência de direito líquido e certo do devedor em indicar, na execução provisória, bens fora da ordem preferencial mencionada no art. 835, do CPC. Passa a prevalecer, pois o disposto no inciso I da Súmula n. 417: "I – Não fere direito líquido e certo do impetrante o ato judicial que determina penhora em dinheiro do executado para garantir crédito exequendo, pois é prioritária e obedece à gradação prevista no art. 835 do CPC de 2015 (art. 655 do CPC de 1973)".

Capítulo XXIV

Suspensão e Extinção da Execução

1. Suspensão

1.1. Embargos do devedor

Dispunha o art. 791 do CPC de 1973 que a execução seria suspensa quando: a) os embargos do devedor fossem recebidos com efeito suspensivo; b) ocorressem quaisquer das situações mencionadas no art. 265, I a III, do mesmo Código; c) o devedor não possuísse bens penhoráveis. A Lei n. 8.953/94, contudo, modificou a redação do inc. I do art. 791, para estabelecer que a execução seria suspensa, "no todo ou em parte, quando recebidos os embargos do devedor (art. 739, § 2.º)". A mesma norma legal acrescentou ao art. 739 o § 1.º, para dispor, em caráter peremptório, que "os embargos serão *sempre* recebidos com efeito *suspensivo*" (destacamos).

Posteriormente, a Lei n. 11.382/2006 revogou os parágrafos do art. 739 e inseriu o art. 739-A, segundo o qual "Os embargos do executado não terão efeito suspensivo".

Em decorrência disto, no sistema do CPC de 1973, a disciplina dos embargos do devedor passou a ser a seguinte:

a) por princípio, não possuíam efeito suspensivo (art. 739-A, *caput*);

b) a requerimento do embargante o juiz poderia atribuir efeito suspensivo aos embargos quando, sendo relevantes seus fundamentos, o prosseguimento da execução manifestamente pudesse causar ao executado grave dano de difícil ou incerta reparação, contanto que a execução já estivesse garantida por penhora, depósito ou caução suficientes (§ 1.º);

c) a requerimento do interessado, a decisão concessiva do efeito suspensivo poderia ser modificada ou revogada a qualquer tempo, mediante decisão fundamentada, cessando as circunstâncias que a motivaram (§ 2.º);

d) se o efeito suspensivo se referisse a parte do objeto da execução, esta prosseguiria quanto ao restante (§ 3.º);

e) a concessão de efeito suspensivo aos embargos oferecidos por um dos executados não suspenderia a execução contra os que não a embargassem, quando o respectivo fundamento dissesse respeito exclusivo ao embargante (§ 4.º);

f) quando os embargos do devedor estivessem fundados em excesso de execução, incumbirria ao embargante declarar na petição inicial o valor que entendia correto, apresentando memória dos cálculos, sob pena de os embargos serem rejeitados *in limine* ou de não ser conhecido o fundamento indicado (§ 5.º);

g) a concessão de efeito suspensivo não obstaria a efetivação dos atos de penhora e de avaliação dos bens (§ 6.º).

O processo civil, como sabemos, há alguns anos trouxe para o processo de conhecimento a clássica *execução* de título judicial, em quaisquer de suas modalidades, realizando aquilo que a doutrina do período logo passou a denominar de *sincrestismo processual*. Essa inovação do processo civil levou o legislador a substituir a antiga *execução de título judicial* pelo *cumprimento da sentença*, reservando a *execução* para as baseadas em título extrajudicial. Na verdade, terminologia à parte, o *cumprimento da sentença* não deixa de ser *execução*, se levarmos em conta o fato de que, tanto numa como noutra, o escopo fundamental é compelir, judicialmente, o devedor ao adimplemento de obrigação materializada em título formal, seja judicial, seja extrajudicial.

Em decorrência do aludido *sincretismo,* a reação jurídica do devedor ao cumprimento da sentença passou a ser feita por meio de *impugnação* (art. 525), mantendo-se os embargos para a reação à *execução* (art. 914).

Essa observação é relevante, pois, no processo do trabalho, não há o procedimento do cumprimento da sentença, e sim, a *execução*, tanto para título judicial, quanto para título extrajudicial. Conseguintemente, a reação jurídica do devedor, em ambos os casos, será feita por meio dos tradicionais *embargos* (CLT, art. 884).

No sistema do CPC: 1) a *impugnação*: 1.1.) independe de garantia patrimonial do juízo; e 1.2.) não tem efeito suspensivo, vale dizer, "não impede a prática de atos executivos, inclusive os de expropriação" (art. 525, § 6.º). A requerimento do devedor, contudo, o juiz pode conceder efeito suspensivo à impugnação, desde que: a) seja garantido o juízo mediante penhora, caução ou depósito suficientes; b) os fundamentos apontados pelo devedor sejam relevantes; c) o prosseguimento da execução seja suscetível de acarretar grave dano, de difícil ou incerta reparação ao devedor" (*idem, ibidem*). 2) os *embargos*: 2.1.) independem de garantia do juízo (art. 914, *caput*); 2.2.) não terão efeito suspensivo (art. 919, *caput*). Todavia, a requerimento do devedor, o juiz poderá atribuir efeito suspensivo aos embargos: a) "quando verificados os requisitos para a concessão da tutela provisória e b) desde que a execução já se encontre garantida por penhora, depósito ou caução suficientes" (*ibidem*, § 1.º).

No processo do trabalho, mesmo antes de ser alterada a redação do art. 791, I, do CPC de 1973 e de ser inserido o § 1.º no art. 739 do mesmo diploma processual, sustentávamos que os embargos do devedor eram sempre providos de efeito suspensivo. Dizíamos, inclusive, que se o juiz deixasse de especificar o efeito em que recebia tais embargos haveria de presumir-se que eram no efeito suspensivo.

Justifiquemos o nosso entendimento.

Embora as normas legais trabalhistas disciplinadoras dos embargos à execução não mencionem o *efeito* em que estes embargos devem ser admitidos, uma análise das demais disposições da CLT autorizam a conclusão de que o efeito será *suspensivo*.

Realmente, consta do § 2.º do art. 879, da CLT, que após ser elaborada a conta o juiz abrirá vista às partes pelo prazo sucessivo de dez dias, para impugnação fundamentada, com indicação dos itens e valores objeto da discordância (sob pena de preclusão). O § 1.º do art. 897, da CLT, por sua vez, estabelece que o agravo de petição somente será admitido se o agravante delimitar, justificadamente, as matérias e os valores impugnados, "permitida a execução imediata da parte remanescente até o final (...)".

O *princípio* inscrito nas normas legais precitadas é de que os valores reconhecidos pelo devedor serão objeto de execução imediata e definitiva, a fim de atender-se aos interesses do credor, em cujo benefício a execução se processa (CPC, art. 797). O fato de as normas legais regentes dos embargos do devedor não conterem, como dissemos, exigência de que o embargante deva indicar, de modo fundamentado, os valores e matérias impugnados deve ser atribuído à mera inadvertência do legislador, ou a uma sua falta de visão sistemática, pois a preeminência será sempre do *princípio* a que há pouco aludimos.

Em termos concretos, estamos a dizer que os embargos do devedor, no processo do trabalho, terão efeito *suspensivo* em relação às matérias e valores nele ventilados; em sentido oposto, as matérias e valores que não forem impugnadas pelo embargante serão objeto de execução imediata e definitiva.

Não seria o caso, porém, de aplicar-se, em caráter supletivo, o art. 525, § 6.º, ou o art. 919, ambos do CPC, que, conforme vimos, declaram que a impugnação e os embargos do devedor, por princípio, não possuem efeito suspensivo? Entendemos que não. Os sistemas do processo civil e do processo do trabalho são, radicalmente, distintos. Basta ver que enquanto no processo civil o oferecimento de *impugnação* e de *embargos do devedor* independe de garantia do juízo, no processo do trabalho esse garantimento patrimonial é *indispensável* para o oferecimento dos embargos à execução. Declara, com efeito, em linguagem translúcida, o art. 884, *caput*, da CLT: "*Garantida a execução ou penhoraos os bens, terá o executado cinco dias para apresentar embargos*" (destacamos). Há mais. No processo civil, um dos requisitos para que o juiz conceda efeito suspensivo à impugnação ou aos embargos do devedor é a garantia do juízo. Isso significa, de certo modo, que, realizada essa garantia, tanto o cumprimento da sentença ou a execução poderão ser suspensos por força da impugnação ou dos embargos, respectivamente. Como, no processo do trabalho — reiteremos — a garantia do juízo é pressuposto legal para o oferecimento de embargos do devedor, é elementar que a esta reação jurídica formal do devedor se revela inerente o efeito suspensivo.

1.2. Casos dos art. 313 e 315, do CPC

A referência feita pelo inciso I do art. 921, do CPC, aos arts. 313 e 315, do mesmo Código, significa que a execução será também suspensa:

1.a.) art. 313:

1) pela morte ou perda da capacidade processual do credor ou do devedor ou de seus procuradores;

2) mediante convenção das partes;

3) pela arguição de impedimento ou de suspeição;

4) pela admissão de incidente de resolução de demandas repetitivas;

5) quando a sentença de mérito depender de outros atos;

6) por motivo de força maior;

7) quando se discutir em juízo questão decorrente de acidentes e fatos da navegação de competência do Tribunal Marítimo;

8) nos demais casos regulados pelo CPC.

2.b.) art. 315:

Se o reconhecimento do mérito depender de verificação da existência de fato delituoso.

1) Relativamente à causa aludida no item 1, *retro,* devemos assinalar que: 1.1) ocorrendo a morte de um dos litigantes, a habilitação, no processo do trabalho, será feita por meio de simples petição acompanhada de prova do falecimento e da qualidade do sucessor do habilitante, sendo dispensável o procedimento estabelecido pelos arts. 687 a 692 do CPC, caracterizado por certo formalismo que contrasta com a simpleza do procedimento trabalhista; 1.2) em princípio, o falecimento do advogado da parte não deveria suspender a execução, pois neste processo especializado as partes possuem a faculdade do *ius postulandi,* em virtude da qual podem postular em juízo sem o patrocínio de advogado, sendo certo que o exercício dessa faculdade não está adstrito ao processo de conhecimento, como se extrai da locução legal "até o final" (CLT, art. 791, *caput*). Em todo o caso, regras de bom sugerem que se suspenda o processo de execução, em decorrência do falecimento do advogado da parte, fixando-se prazo para que a representação seja regularidade, exceto se do instrumento de mandato constar o nome de outros advogados.

2) O sobrestamento da execução poderá ainda ser produto da manifestação volitiva das partes, como está no inc. II do art. 313 do diploma processual civil, cujos efeitos serão automáticos, porque essa avença não requer o assentimento do juiz. Nos domínios singulares do processo do trabalho, entretanto, embora se admita, por princípio, a suspensão da execução por força de ajuste entre credor e devedor, essa possibilidade deve ser aceita com alguma reserva, máxime quando o credor estiver litigando *pessoalmente,* vale dizer, sem procurador judicial, porquanto esse ato de sobre-ser a execução poderá ser decorrente de manobra ardilosa do devedor, que contou com a inadvertida concordância da parte adversa. É recomendável, em face disso, que o juiz procure sempre ouvir o credor a respeito de requerimento de suspensão da execução que contenha a assinatura deste e do devedor. Não deslembremos que o juiz do trabalho possui ampla liberdade na direção do processo (CLT, art. 765), podendo tomar a iniciativa da realização dos atos executivos (CLT, art. 878, *caput*), poderes que também o transformam em guardião do conteúdo

ético do processo, como instrumento estatal não apenas de solução dos conflitos de interesses, se não que de constrangimento patrimonial do devedor para que satisfaça, por inteiro, a obrigação embutida no título executivo.

Em outras hipóteses, porém, tudo sugere que o juiz placite a vontade das partes, no sentido de suspender a execução, considerando que isso pode convir aos legítimos interesses de ambas. Dessa forma, se credor e devedor solicitarem o trancamento momentâneo da execução, a fim de que, *e. g.,* seja realizada a atualização dos cálculos, com vistas ao estabelecimento de transação (acordo), ao magistrado só restará anuir a isso, fixando o prazo de suspensão sempre que os litigantes se descurarem de fazê-lo. Pensamos que, salvo exceções, o prazo de suspensão de modo geral não deverá exceder a seis meses, respeitando-se, assim, o previdente preceito incrustado no § 4.º do art. 313 do CPC, de incidência supletiva no processo de execução. É lógico que no exemplo há pouco ideado o prazo suspensivo da execução haveria de ser algo curto, sabendo-se que a atualização de cálculos não consome largo tempo (meses e meses). Ao fim, o sobrestamento da execução — quando justificável — deve manter íntima relação com o tempo necessário à prática do ato que motivou a suspensão.

Decorrido o prazo de suspensão, caberá ao juiz ouvir as partes, para que informem se a causa que a determinou ainda existe ou não; no silêncio destas, ordenará o prosseguimento da execução. Podem as partes, por outro lado, solicitar a prorrogação do prazo de sobrestamento, cabendo ao juiz sopesar os motivos que, para tanto, apresentarem.

3) Exceções de incompetência, impedimento, suspeição

O CPC de 2015 eliminou a *exceção* como modalidade de resposta do réu. A partir daí, no sistema desse processo: a) a incompetência relativa deve ser objeto de preliminar da contestação (arts. 64 e 337, II); b) a suspeição e o impedimento passam a ser arguidos por meio de petição específica (art. 146).

No processo do trabalho, entrementes, tanto a incompetência relativa quanto a suspeição e o impedimento continuam a ser alegados mediante *exceção*, pois não sendo a CLT omissa sobre esses temas, conforme revelam os arts. 799 a 802, não podem ser aplicadas, em caráter supletivo, a referidas normas do CPC.

Oferecidas quaisquer dessas exceções, o processo de execução ficará suspenso.

Quanto à de incompetência, em particular, devemos dizer que até pouco tempo era de difícil ocorrência no processo do trabalho, considerando-se que, aqui, a execução se fundava, apenas, em título *judicial*. Logo, por princípio, competente para promover a execução forçada seria o juízo que havia proferido a decisão exequenda. Todavia, por força da Lei n. 9.958, de 12 de janeiro de 2000, incluíram-se no elenco dos títulos executivos (CLT, art. 876) também os *"termos de ajuste de conduta firmados perante o Ministério Público do Trabalho"* e os *"termos de conciliação firmados perante as Comissões de Conciliação Prévia"*, ou seja, duas modalidades específicas de títulos executivos *extrajudiciais*. Com isso, alargou-se a possibilidade de ser oferecida exceção de incompetência do juízo, pois a execução do correspondente título poderá estar sendo realizada em órgão jurisdicional diverso daquele legalmente competente.

Suspensa será, também, a execução quando uma das partes oferecer exceção de impedimento ou de suspeição do magistrado. Os casos de impedimento estão especificados no art. 144, do CPC; os de suspeição, no art. 145 do mesmo Código. Aplicam-se ao Ministério Público, aos auxiliares da justiça e aos demais sujeitos desinteressados do processo os motivos de impedimento e de suspeição mencionados no art. 148. O art. 801, da CLT, regula a matéria de modo insatisfatório, seja porque não contém todos os casos de impedimento e de suspeição, seja porque considera motivo de suspeição o parentesco por consanguinidade ou afinidade até o terceiro grau civil (letra "*b*"), quando o caso é de impedimento.

4) pela admissão do incidente de resolução de demandas repetitivas

Esse incidente é regulado pelos arts. 976 a 987, do CPC.

5) Quando a sentença de mérito depender de outros atos

A *sentença de mérito*, a que alude o art. 313, do CPC, é a que, no processo de conhecimento, soluciona o conflito de interesses, acolhendo ou rejeitando os pedidos formulados pelo autor. No processo de execução, pode-se entender como sentença de mérito a que resolve os embargos à execução oferecidos pelo devedor. Esse ambargos não constituem contestação nem recurso, e sim, ação incidental à execução.Embora sejam raros os casos, pode ocorrer que a sentença resolutifva dos embargos à execução depender, para ser proferida, da prática de algum ato, como, por exemplo, o cumprimento de carta precatória destinada à inquirição de testemunhas ou à produção de exame pericial.

6) por motivo de força maior

A CLT conceitua a força maior como "todo acontecimento inevitável, em relação à vontade do empregador, e para realização do qual este não concorreu, direta ou indiretamente" (art. 501, *caput*). O § 1.º desse dispositivo legal adverte que a imprevidência do empregador não é causa excludente da força maior. Para o Código Civil, "O caso fortuito ou de força maior verifica-se no fato necessário, cujos efeitos não era possível evitar ou impedir" (art. 393, parágrafo único).

O traço característico da força maior, portanto, é a imprevisibilidade e a inevitabilidade do ato, para o qual a pessoa não concorreu, de modo direto ou indireto.

Havendo efetivo motivo de força maior, o juiz poderá suspender o processo de execução, como quando as instalações do fórum tenham sido danificadas por enchente, por descarga elétrica, etc., que tal modo que impossibilitem o funcionamento da unidade judiciária. Conquanto, na maioria das vezes, a força maior decorra dos denominados *fatos na natureza*, ela pode ter origem em outros atos ou fatos.

7) quando se discutir em juízo questão decorrente de acidentes e fatos da navegação de competência do Tribunal Marítimo

A Justiça do Trabalho não possui competência em razão dessa matéria.

8) Nos demais casos regulados pelo CPC

Dentre esses *demais casos* de suspensão do processo podemos indicar: o que ocorre em razão da incapacidade ou da irregularidade da representação processual da parte (art. 76) e o provocado pela instauração do incidente de desconsideração da personalidade jurídica (art. 134, § 3.º).

1.3. No todo ou em parte, quando os embargos à execução forem recebidos com efeito suspensivo

Sobre esse tema já nos manifestamos na letra *"a"*, *retro*.

1.4. Inexistência de bens penhoráveis

A execução será detida se o devedor não possuir bens suscetíveis de penhora. (CPC, art. 921, III). O fundamento legal da suspensão da execução trabalhista por inexistência de bens penhoráveis não é, como se possa supor, a precitada norma do processo civil e sim o art. 40, *caput*, da Lei n. 6.830/80, *ex vi* do estatuído no art. 889 da CLT. Acerca do assunto pudemos lançar breves considerações no Capítulo XXII, *retro*. Desejamos, agora, esquadrinhar melhor o tema.

Pela letra do art. 40 da Lei n. 6.830/80, o juiz suspenderá o curso da execução sempre que: a) o devedor não for localizado; ou b) não forem encontrados bens sobre os quais possa recair a penhora (e nesses casos, diz a norma, não correrá o prazo prescricional).

Um reparo: se o devedor não for localizado, *mas* existirem bens penhoráveis, não haverá qualquer razão jurídica para se determinar o trancamento da execução, pois o devedor será citado ou intimado *por edital*, prosseguindo-se na prática dos demais atos executórios, incluindo-se aí a regular expropriação judicial dos seus bens (CPC, art. 824), mediante adjudicação, alienação, ou apropriação de frutos rendimentos (CPC, art. 825).

O sobrestamento da execução será inevitável, contudo, se, embora presente o devedor, inexistirem bens *passíveis de penhora*; realçamos a expressão em virtude do veto legal à impenhorabilidade de determinados bens impresso no art. 833 do CPC.

Transcorrido o prazo máximo de um ano, sem que tenham sido encontrados bens sobre os quais pudesse incidir a penhora, o juiz ordenará o arquivamento dos autos (Lei n. 6.830/80, art. 40, § 2.º); esse arquivamento será provisório, porquanto, encontrados que sejam, a qualquer tempo, bens penhoráveis, os autos serão desarquivados, dando-se prosseguimento à execução (*ibidem*, § 3.º).

Não vemos empecilho à aplicação, ao processo do trabalho, da regra disposta no art. 922 do CPC, de acordo com a qual, "convindo às partes, o juiz declarará suspensa a execução durante o prazo concedido pelo exequente, para que o executado cumpra voluntariamente a obrigação", contanto que não haja, nisso, algum vício na manifestação da vontade do credor.

Suspensa a execução, por que motivo seja, torna-se defeso às partes a prática de qualquer ato processual, conquanto possa o juiz determinar a realização de providências urgentes: este é o comando que parte do art. 923 do álbum processual civil, e que constitui reiteração tópica do que dá conteúdo ao art. 314 do mesmo Código, onde se esclarece que a adoção dessas providências visa a "evitar dano irreparável".

Dentre as medidas urgentes que o juiz pode ordenar durante a suspensão da execução podemos citar as concernentes à guarda, conservação ou mesmo alienação antecipada dos bens penhorados (por serem, *v. g.*, perecíveis; estarem avariados; correrem risco de acentuada desvalorização, etc.). A própria produção antecipada de provas poderia ser determinada pelo magistrado, mesmo que sobrestada a execução, desde que ocorressem quaisquer das hipóteses compreendidas pelo art. 381, do CPC. Comete-se, enfim, ao juiz a faculdade de ordenar a realização de providências urgentes — cautelares ou não —, com o objetivo de evitar danos irreparáveis aos bens apreendidos, ou aos interesses gerais das partes, mantendo-se, no mais, paralisada a execução até que desapareça a causa suspensiva.

Por outro lado, na vigência do CPC de 1973 sempre sustentamos a possibilidade de a execução ser suspensa por força de medida cautelar inominada concedida em caráter incidental à ação rescisória. O assunto gerou intensa polêmica na doutrina e na jurisprudência.

Basicamente, dois empecilhos legais poderiam comprometer a opinião que estávamos a manifestar. O primeiro era representado pelo art. 5.º, XXXVI, da CF, que impõe à própria lei o respeito à *coisa julgada;* por mais forte razão — dizia-se — esse acatamento deveria ser exigido do Poder Judiciário, a quem compete não apenas aplicar a norma legal aos casos concretos, mas, sobremodo, velar pela supremacia constitucional. O segundo repousava no art. 489 do CPC, que declarava não possuir a ação rescisória eficácia paralisante da execução.

Examinando, todavia, com espírito científico e zetético o alcance dos preceitos normativos mencionados, chegamos à conclusão de que o obstáculo, que se imaginou estar neles materializados, era na realidade mais aparente do que real. O exato entendimento dessa assertiva só seria possível mediante a conscientização de que a *res iudicata* material não era, como se vinha proclamado com certo traço retórico, algo absolutamente intangível e imutável. Os que dissentiam de nosso parecer, em regra, não conseguiam desvencilhar-se da aporia de justificar o fato de o mesmo texto constitucional — que ordena o respeito à coisa julgada — fazer expressa referência à *ação rescisória*, que, como sabemos, foi introduzida em nosso ordenamento processual com o escopo específico de desconstituir os efeitos da coisa julgada (art. 102, I, "j").

Ninguém haveria, por certo, de sentir-se à vontade para afirmar que o art. 489 do CPC — sede ordinária de ação rescisória — era contrastante com a letra da Suprema Carta Política; a rescisória, bem ao contrário, estava inscrita na Constituição.

Logo, a autoridade que se esplende da coisa julgada não era – nem é — absoluta nem perpétua, nem havia colisão do art. 489 do estatuto processual civil com a norma constitucional.

É razoável supor que se viesse a redarguir que a concessão de providência acautelatória inominada, com a finalidade de sobre-ser a execução, equivaleria a atribuir ousada preeminência a um simples *fumus boni iuris,* em confronto com a coisa julgada material; como se poderia, afinal, reconhecer, no processo cautelar, uma "aparência" de direito do autor se o réu possui, em seu benefício, a *certeza* do direito consubstanciada no pronunciamento jurisdicional passado em julgado e, por isso mesmo, transmutado em título executivo?

Uma tal objeção, conquanto judiciosa, não seria insuperável.

Sem embargo, é axiomático que: a) a *res iudicata,* por princípio, tem superioridade jurídica em face de qualquer outro ato, seja da administração, da legislatura ou do próprio Poder Judiciário, que a ela se contraponha; b) o fenômeno jurídico da coisa julgada encontra a sua razão de ser nos textos legais em motivos de ordem política. Daí a inveterada eficácia que se lhe atribui, de transformar o branco em negro e o quadrado em redondo (*facit de albo nigrum et de quadratum rotundum,* segundo o vetusto brocardo de origem romana).

Não menos verdadeira, contudo, é a exacerbada exaltação da autoridade da coisa julgada, feita pela doutrina, a ponto de conferir-lhe uma auréola quase sacrossanta, que tem sido responsável, em grande parte dos casos, não só pela adoção de uma atitude nimiamente dogmática em face da viabilidade da emissão de medidas acautelatórias destinadas a trancar execução, como pelo prejudicial entrave ao desenvolvimento dos estudos científicos acerca do notável universo cautelar.

Chamávamos a atenção de todos para um ponto fundamental da questão que estávamos a examinar. Sabemos que o fundamento *político* da coisa julgada material é a estabilidade das relações sociais e jurídicas, entre os indivíduos e as coletividades. Destarte, formada a *res iudicata,* não mais se poderá — em nome dessa estabilidade — discutir, na mesma relação processual, as matérias aí decididas. Para que a coisa julgada se revista dessa autoridade e dessa imutabilidade, entrementes, pressupõe-se que ela se haja constituído *de conformidade com a lei.* Assim, o respeito à *res iudicata* traduz, *ipso facto,* o respeito às normas legais. Todavia, quando a coisa julgada se forma *contra a lei* (lembrando-se que a Constituição figura como a maior das Leis), ela fica destituída da autoridade moral que deve ostentar em face não só das partes, como de toda a coletividade, surgindo, em razão disso, a necessidade de sua desconstituição que se liga, diretamente, à necessidade de ser preservada a supremacia da ordem legal — violada que foi por ato jurisdicional.

Em situações como esta, era imperativa a suspensão da execução que se fundava em um pronunciamento jurisdicional agressivo da ordem legal.

Na percuciente observação de Pimenta Bueno, "É sem dúvida de mister consagrar a autoridade da coisa julgada, mas não é menos essencial consagrar o império da verdade e da justiça, quando se patenteia tal que não se pode dele duvidar" ("Apontamentos", 3.ª ed., p. 256).

Vetar, portanto, com extremada intransigência, a possibilidade de serem concedidas — diante de determinadas situações concretas especiais — providências de acautelamento atípicas, com o objetivo de suspender a execução da sentença rescindenda, implicaria não apenas fazer imprudente abstração da realidade prática (onde a incidência de medidas dessa natureza se tornava, às vezes, vital) e dos particularismos que ela apresenta, como também sufocar as salutares razões teleológicas dos provimentos cautelares.

Estávamos serenamente convencidos de que o nosso pensamento não agredia o art. 489 do CPC, com a redação vigente na altura, pois o que provocaria o sobrestamento da execução não era a ação rescisória e sim a medida cautelar obtida em processo próprio.

Confortava-nos a certeza de não estarmos insulados em nosso entendimento, porquanto essa era também a opinião de Galeno Lacerda, segundo revelavam as suas palavras: "Portanto, se, no curso da ação rescisória, o réu, vencedor na ação originária, aliena ou destrói a 'res' objeto da mesma ação originária, pratica ato lesivo que frustra o possível êxito do juízo rescisório. *É quanto basta para o inegável cabimento e pertinência da ação cautelar, embora se trate de sequestro ou arresto, ou medida inibitória inominada*" ("Comentários ao Código de Processo Civil", 2.ª ed., Rio de Janeiro: Forense, 1981, vol. III, tomo I, p. 66) — destacamos.

Não estávamos a preconizar, como se pudesse supor, a utilização sistemática, indiscriminada e até mesmo abusiva das providências cautelares inominadas como instrumento de investidas contra a irrecusável autoridade da coisa julgada; o que estávamos pretendendo demonstrar era a possibilidade jurídica de serem emitidas, em situações especiais, medidas dessa natureza, tendentes a suspender a execução. Em reforço aos argumentos que até àquela quadra alinhávamos, acrescentávamos que o atual CPC ampliara, de maneira considerável, o campo de atuação da rescisória, fazendo-o como "compensação ao rigor com que semeou presunções, em especial na revelia, presunções que, como é notório, com acelerar a solução do litígio, propiciam, de outra parte, maior frequência no erro, na injustiça e na ilegalidade das sentenças" (Galeno Lacerda, obra cit., p. 63).

Isso significava, em termos objetivos, que o elastecimento das causas de rescisão dos julgados deveria ser interpretado como uma espécie de contrapeso à profusão com que o legislador deitara presunções ao longo do texto do CPC vigente; por outra forma de expressão, esse fato representava, sem dúvida, uma implícita redução do grau de autoridade da *res iudicata*, que a contar desse álbum processual se tornara suscetível de ataque mais amplo pela via rescisória, na exata proporção em que resultou alargada a possibilidade de ser derivante de decisões injustas ou mesmo ilegais.

Temos, ainda, vivo na memória um caso concreto em que a outorga de medida cautelar, com o propósito de suspender a execução, se fazia imprescindível para impedir que a má-fé, a velhacada de uma das partes, prevalecesse e, acima de tudo, para preserver o inalienável conteúdo ético do processo e a própria dignidade do Poder Judiciário. Tratava-se de um empregado que teve rejeitada pela sentença a integralidade dos pedidos postos na inicial (aviso prévio, férias, 13.º salário e o mais) e da qual deixou de interpor recurso. Pouco tempo depois, quando ocorrera o trânsito em julgado daquela decisão, ele, desprezando esse fato, ingressou em juízo, novamente, *com os mesmos pedidos*, tendo a inicial sido distribuída para Junta diversa da que proferira a sentença passada em julgado. Citado, o réu (um pequeno estabelecimento) deixou de responder à ação, imaginando que o instrumento de citação que recebera pelo correio dissesse respeito a alguma comunicação judicial pertinente à primeira ação, em que saíra vitorioso. Realizado o julgamento à sua revelia e presumidos verdadeiros os fatos alegados pelo autor, os pedidos deste foram agora acolhidos (consumando-se, com isso, e sem culpa do Judiciário, um ato de manifesta má-fé, que beneficiou a quem lhe deu causa). Intimado dessa sentença, o réu deixa de exercer a pretensão recursal a que tinha direito, pensando, uma vez mais, que tal intimação fosse relativa à causa anterior. Com avidez, o empregado (agora convertido em credor) dá início à execução (por quantia certa), quando, então, o devedor, ao ser citado, pôde perceber a impudicícia do adversário. Diante disso, constitui advogado e afora uma ação rescisória — tangido pelo desespero de os seus bens estarem na iminência de serem penhorados e remetidos à expropriação judicial, pois a rescisória, como declara a lei (CPC, art. 489), não tem eficácia suspensiva da execução.

A situação processual, naquela oportunidade, era, portanto, esta: de um lado, um litigante de má-fé (o credor), na virtualidade de ver-se bem-sucedido em seu ato desonesto, consistente em desrespeitar a coisa julgada (sentença anterior, que lhe rejeitara os pedidos); de outro, o devedor, aflito por não possuir, ao seu alcance, um remédio jurídico que lhe possibilitasse impedir a constrição de considerável parcela de seu patrimônio e — o que era pior — a inevitável expro-priação. A consequência foi que, algum tempo depois, ao ver acolhida, pelo tribunal, a ação rescisória que ajuizara, o devedor não teve motivos para regozijar-se disso, porquanto os seus bens já haviam sido arrematados, por terceiro, tendo sido o produto entregue ao credor, que em seguida se mudou para localidade ignorada. Por absoluta falta de condições financeiras, o devedor nem sequer pôde remir a execução.

Houvesse, no entanto, esse devedor ingressado, incidental ou antecedentemente à rescisória, com uma ação cautelar inominada, visando a obter o sobrestamento da execução, e possuísse o relator sensibilidade jurídica suficiente para conceder, *in limine*, a providência, é certo que não teria sofrido os danos patrimoniais irreparáveis que teve de suportar em decorrência da alienação de seus bens, nem teria a Justiça do Trabalho sido utilizada como instrumento a serviço de objetivos torpes do credor.

E pensar que havia aqueles que se sobressaltavam com a possibilidade jurídica de o relator emitir medida acautelatória atípica dirigida ao trancamento da execução fundada na sentença rescindenda... A esses, a advertência de que o direito não deve ser algo fossilizado, monolítico, e sim um organismo vivo, maleável, que se deve amoldar, sem perda de sua respeitabilidade, a determinadas realidades práticas para atender a necessidades que estas reclamam. O direito será, por certo, aquilo que os intérpretes dele puderem legitimamente extrair.

Embora o princípio legal (CPC, art. 796) fosse de que as medidas de asseguração poderiam ser solicitadas antes do ajuizamento da ação principal (o que não as tornava "preparatórias", ao contrário do que declarava a norma legal citada, em indisfarçável deslize doutrinário), as singularidades da situação de que nos estamos a ocupar recomendavam que a cautela fosse requerida *incidentalmente*, vale dizer, após o ajuizamento da ação rescisória, pois desse modo o autor estaria ensejando a que o relator ou o tribunal (conforme fosse a competência deste ou daquele), tendo diante de si os autos da rescisória, pudesse deles retirar certos elementos essenciais à formação do seu convencimento jurídico quanto à necessidade de ser concedida a cautela impetrada. Não estávamos a sustentar que, em nenhuma hipótese, a providência de acautelamento pudesse ser outorgada antes do ajuizamento da ação rescisória, a despeito de reconhecermos que a conveniência estivesse na inversão cronológica desses atos.

Seja como for, ficaria sempre reservado ao prudente arbítrio do relator conceder, ou não, liminarmente, a medida cautelar destinada a suspender a execução. Um critério objetivo, pelo qual deveria orientar-se no exercício desse poder discricionário, haveria de ser o fundamento legal e as razões de fato em que se apoiava o pedido cautelar, articulados às particularidades do caso concreto.

O que não seria admissível era que o próprio juízo da execução concedesse (ainda que a pedido do credor) uma providência acautelatória para sustar a execução; aí sim configurar-se-ia desassombrada afronta à autoridade da coisa julgada material.

Sendo a medida outorgada pelo tribunal (acórdão) ou pelo relator (despacho), *in limine*, teríamos, pois, mais um caso de suspensão do processo executivo.

Todas essas nossas ponderações e argumentações, que já haviam sensibilizado setores importantes da doutrina e da jurisprudência trabalhistas, parecem ter chegado aos ouvidos do legislador civil. Assim afirmamos porque a Lei n. 11.280/2006 deu nova redação ao art. 489, do CPC de 1973, para dispor: "O ajuizamento da ação rescisória não impede o cumprimento da sentença ou acórdão rescindendo, *ressalvada a concessão*, caso imprescindíveis e sob os pressupostos previstos em lei, *de medidas de natureza cautelar ou antecipatória de tutela*" (destacamos). O legislador de 2006 não só consagrou a possibilidade de a execução ser suspensa por meio de medida cautelar (inominada, derivante do poder geral de cautela do magistrado: CPC, art. 798), como permitiu que a suspensão seja obtida mediante antecipação dos efeitos da tutela (CPC, art. 273). A este respeito, deve ser destacada a regra inserta no § 7.º do ar. 273, do CPC, de acordo com a qual se o autor, a título de antecipação dos efeitos da tutela, requerer medida de natureza cautelar, poderá o juiz, desde que presentes os respectivos pressupostos, "deferir a medida cautelar em caráter incidental do processo ajuizado".

O CPC de 2015, dentro dessa linha de entendimento, arduamente construída pela doutrina ao longo dos anos, estabelece, no art. 969, que o ajuizamento da ação rescisória não impede o cumprimento da decisão rescindenda, *"ressalva a concessão de tutela provisória"* (destacamos). A suspensão da decisão rescindenda, que, no sistema do CPC de

1973, era obtida por meio de medida cautelar inominada ou de antecipação dos efeitos da tutela, passou a ser obtenível, no CPC de 2015, mediante o manejo de tutela provisória de urgência. Consta, com efeito, do *caput* do art. 300, do CPC: "A tutela de urgência será concedida quando houver elementos que evidenciem a probabilidade do direito e o perigo de dano ou de risco ao resultado útil do processo".

1.5. Se a alienação dos bens penhorados não se realizar por falta de licitantes e o exequente, em quinze dias, não requerer a adjudicação nem indicar outros bens penhoráveis

Sendo a licitação negativa, vale dizer, não havendo licitantes, e o exequente, no prazo de quinze dias, não requerer a adjudicação (CPC, arts. 876 a 878), nem indicar outros bens penhoráveis (CPC, art. 835), a execução será suspensa. Caso o credor requeira a adjudicação ou indique outros bens a serem penhorados, o juiz deverá decidir a respeito.

1.6. Quando concedido parcelamento previsto no art. 916

Se o devedor, no prazo para oferecimento de embargos à execução, reconhecer o crédito do exequente e comprovar o depósito de trinta por cento do valor em execução, acrescido de custas e honorários advocatícios (quando for o caso), poderá requerer que o saldo seja pago em até seis parcelas mensais, corrigidas monetariamente e acrescidas dos juros legais. Nesta hipótese, a execução será suspensa, devendo o credor ser intimado para manifestar-se sobre o requerimento do devedor, cumprindo o juiz proferir decisão em cinco dias (CPC, art. 916, § 1.º).

2. Extinção

O processo de execução será extinto quando: 1) a petição inicial for indeferida; 2) o devedor satisfizer a obrigação; 3) o devedor obtiver, por qualquer outro meio, a extinção total da dívida; 4) o credor renunciar ao crédito; V – ocorrer a prescrição intercorrente (CPC, art. 924, I a V).

Examinemos essas causas extintivas da execução, sob a perspectiva do processo do trabalho.

1) Indeferimento da petição inicial. A incidência dessa norma legal só se justifica na execução fundada em título *extrajudicial* (CLT, art. 836, *caput*), pois somente aqui é que se poderá cogitar da *petição inicial* de que tratam os arts. 798, I, e 924, I, do CPC. Na execução baseado em título judicial não há petição inicial executiva.

2) O devedor satisfizer a obrigação. Teleologicamente, a execução busca obter — inclusive mediante o emprego de meios coercitivos — o adimplemento da obrigação consubstanciada no título executivo em que ela se funda; dessa forma, quando o devedor satisfaz, plenamente, a obrigação, a execução perde o seu objeto essencial, a sua razão de ser, ensejando, assim, o encerramento do correspondente processo.

Dissemos *plenamente* porque nos casos em que o devedor satisfaz apenas *em parte* a obrigação a execução prosseguirá pelo saldo. Não tem sido raro, *e. g.*, no processo do trabalho o devedor pagar as quantias constantes do mandado executivo quando decorrido já longo tempo desde a data em que esses cálculos foram confeccionados; diante disso, embora ele pague os valores expressos no mandado, não o fará em rigor, de maneira *integral*, tanto que o credor poderá requerer a atualização da conta e o prosseguimento da execução, e assim sucessivamente, até que, em dado momento, nada mais reste a ser exigido.

De outra parte, ainda que o devedor satisfaça, em sua integralidade, o crédito do exequente, a execução poderá ter seguimento para ele receber as custas, os emolumentos e outras despesas processuais inscritas no título executivo ou dele juridicamente decorrentes.

É sem se perder de vista singularidades como essas que devem ser interpretadas as disposições do inciso II do art. 924 do CPC.

3. O devedor obtiver, por qualquer outro meio, a extinção total da dívida

Dentre os *outros meios* pelos quais a execução pode ser extinta, no processo do trabalho, avulta-se a *transação*. É relevante elucidar, contudo, que nem sempre essa modalidade de negócio jurídico bilateral extingue a execução. É certo que, se o devedor pagasse, no ato, os valores que foram objeto da transação, esta ficaria dotada de eficácia extintiva da execução (exceto se houvesse despesas processuais a serem satisfeitas); em diversos casos, no entanto, a obrigação assumida pelo devedor desdobra-se em diversas prestações sucessivas (a serem satisfeitas, digamos, mensalmente), de sorte que a transação, considerada em si mesma, não dará causa ao encerramento do processo de execução, pois para que isso ocorra há necessidade de que o devedor realize a última prestação, no modo, forma e prazo preestabelecidos. Tanto isso é verdadeiro que, se ele deixar de cumprir uma só das prestações, as demais se vencerão automaticamente, dando ensejo à sequente execução forçada, aí computada a cláusula penal que se tenha instituído (CLT, art. 891).

4. O exequente renunciar ao crédito

A *renúncia*, pelo exequente, ao seu crédito é admitida pelo processo civil como causa de dissolvência da execução. Somos de parecer de que apenas em situações extremamente excepcionais o processo trabalhista deverá acolher essa causa extintiva. Chamemos a atenção ao fato de que não se trata, na espécie, de simples *desistência da execução* (faculdade que o art. 775 do CPC atribui ao credor) e sim de *renúncia* ao crédito que constitui objeto da execução (art. 924, IV).

O processo do trabalho não pode fazer desatinada abstração do princípio da irrenunciabilidade dos direitos subjetivos do trabalhador, pelo qual se rege o direito material correspondente, sob pena de frustrar a vocação protetiva desse direito e de tornar vãos todos os pronunciamentos doutrinários e jurisprudenciais que, plenos de razão, se empenham em realçar, como virtude, a índole tuitiva do ordenamento jurídico material.

Haverão de redobrar-se os cuidados do magistrado quando tiver diante de si *renúncia* ao crédito manifestada pelo credor que se encontra postulando em juízo *pessoalmente*, ou se, mediante o patrocínio de advogado, o instrumento de renúncia não vier assinado por este. É algo que, acima de tudo, repugna ao bom senso ter o empregado se sujeitado às vicissitudes e aos riscos de uma demanda judicial (processo de conhecimento), para, depois, portando um título executivo (sentença transitada em julgado ou homologatória de transação), *renunciar*, por motivos às vezes imperscrutáveis, ao crédito daí proveniente. É algo como nadar, nadar, e acabar morrendo na praia — desculpada a pobreza da imagem.

De qualquer sorte, a extinção da execução somente produzirá os efeitos que lhe são próprios quando declarada por *sentença* (CPC, art. 925). Daí a enorme responsabilidade que se assenhoreará o juiz que, perfilhando entendimento diverso do nosso, tiver à sua frente um caso de renúncia ao crédito externada pelo credor. Ainda que ele se decida pela homologação do ato, fundamental regra de prudência alvitra que procure saber do renunciante o *motivo* que o levou a isso, caso a petição seja omissa, no particular. Nenhum juiz pode desconhecer que, em determinadas situações, o verdadeiro motivo da renúncia se encontra subjacente ao que foi revelado pelo credor; e a aceitação da causa inverídica pode provocar profundo abalo, a um só tempo, na autoridade da coisa julgada material, na dignidade do Poder Judiciário e na substância ética do process

5. Ocorrer a prescrição intercorrente

Sobre a prescrição intercorrente no processo do trabalho dedicamos todo o Capítulo XXII, *retro*, ao qual, *brevitatis causae*, tomamos a liberdade de remeter o estimado leitor.

A sentença declaratória da extinção da execução poderá ser redigida de maneira lacônica, não sendo necessário, portanto, que se subordine aos requisitos dos arts. 832 da CLT e 489 do CPC. O que dela se exigirá é que seja *fundamentada* (CF, art. 93, IX).

Anota José de Moura Rocha ("Comentários ao Código de Processo Civil", 2.ª ed., São Paulo: Revista dos Tribunais, 1976, vol. IX, p. 355/356) ser importante verificar-se o *momento* em que a extinção ocorre; se isso se verificar antes da arrematação ou da adjudicação, a sentença declarativa deverá conter a ordem de levantamento da penhora, conquanto isso não signifique haver necessidade de ser determinado o cancelamento do registro da penhora; tal providência incumbirá ao *interessado*, bastando, para isso, que apresente cópia ou certidão da sentença declarativa da extinção ao oficial do Registro competente.

Capítulo XXV

Nulidade da Execução

1. Comentário

Estabelece o art. 803 do CPC serem causas nulificantes da execução: a) a ausência de liquidez, certeza e exigibilidade do título (I); b) irregularidade da citação do devedor (II); c) se promovida antes de verificada a condição ou ocorrido o termo (III).

Passemos a examiná-las.

2. Título

Consta do art. 793, do CPC, que a execução para a cobrança de crédito deverá fundar-se, sempre, em título de obrigação "certa, líquida e exigível" (*sic*), requisito ao qual também faz menção o inciso I do art. 803, do mesmo Código, ao versar sobre nulidade da execução. Essa dicção das normas processuais civis está a merecer uma corrigenda de ordem técnica, pois o que importa, para a eficácia executiva do título, é a *liquidez* e *exigibilidade* da obrigação. Assim dizemos, porque o Código Civil revogado (art. 1.533), em disposição que fora tacitamente recepcionada pelo atual, considerava *líquida* a obrigação que fosse *certa* (quanto à sua existência) e *determinada* (quanto ao seu objeto). Isso correspondia a afirmar que os elementos de *certeza* e *determinação* integravam, automaticamente, o conceito legal da *liquidez*. Em virtude dessa particularidade, percebia-se existir certo vício tautológico (ou pleonástico) na expressão título "líquido e certo", utilizada pelo legislador ao escrever o art. 586 do CPC de 1973, em sua redação original, porquanto os requisitos de *certeza* e de *determinação* estavam implícitos na *liquidez;* bastaria, pois, que fizesse referência apenas a esta.

O fato é que o CPC de 2015 fez apenas uma correção parcial em relação ao CPC anterior, consistente em referir-se não a *título* líquido e certo, e sim, a título de *obrigação* certa e líquida – além de exigível.

Título executivo judicial que não corresponda a obrigação certa e líquida é *inexigível*, cabendo ao devedor denunciar essa falha na oportunidade dos seus embargos (CPC, arts. 525, § 1.º, III e 917, I; CLT, art. 884).

Contendo o título condenação *ilíquida*, a sua execução será necessariamente precedida de liquidação (CPC, arts. 509 a 512; CLT, art. 879). Quando, entretanto, na sentença, houver uma parte líquida e outra ilíquida, poderá o credor promover, a um só tempo, a execução daquela e a liquidação desta (CPC, art. 509, § 1.º).

Vale lembrar que, no processo do trabalho, são títulos executivos: a) judiciais, a sentença condenatória (ou o acórdão) transitada em julgado e a sentença homologatória de transação; b) extrajudiciais, o termo de conciliação firmado no âmbito das Comissões de Conciliação prévia e o termo de ajustamento de conduta celebrado com o Ministério Público do Trabalho (CLT, art. 876).

3. Citação

3.1. Citação irregular

Nas edições anteriores deste livro expusemos o entendimento de que o art. 741, I, do CPC de 1973 era inaplicável ao do trabalho, argumentando, dentre outras coisas, que os sistemas próprios de ambos os processos continham certas peculiaridades essenciais, que impediam fossem referidos sistemas mesclados ou imbricados, sob pena de graves distorções da estrutura lógica em que se apoiavam. Como corolário dessa afirmação, procuramos mostrar que, enquanto no processo civil o réu revel não era intimado da sentença, pois o princípio legal é de que os prazos, contra ele, fluíam independentemente de cientificação quando não possuísse advogado constituído nos autos (CPC, art. 322), no do trabalho havia exigência expressa de que o revel fosse sempre intimado da sentença (CLT, art. 852).

Não abandonamos aquela opinião; o que faremos, nas linhas subsequentes, nada mais será do que reexaminar a matéria, agora sob o pano de fundo da separação que realizamos, entre *citação nula* e *inexistência de citação*, separação que não fizemos naquele ensejo.

3.2. Citação nula

Quando falamos em citação nula, estamos pressupondo uma citação que existiu, que houve, a despeito de ter sido realizada com violação de norma tuteladora de interesse público, do que decorre a *invalidade* do ato. Se, por exemplo, o réu foi citado quando estava participando de ato de culto religioso (e a citação não tenha ocorrido para evitar o perecimento do direito), o ato processual, embora tenha sido realizado (logo, *existiu*), o foi em desacordo com a lei (CPC, art. 212), sendo, em razão disso, nulo. Apesar disso, não há negar que o réu tomou conhecimento da existência da ação, devendo, portanto, comparecer a juízo, para arguir a nulidade.

Sob esse aspecto, parece haver incidido em erro sistemático o estatuto de processo civil, ao permitir que o devedor, em seus embargos, alegue a nulidade do processo de conhecimento (onde foi revel) em decorrência da *nulidade da citação* (CPC, art. 525, § 1.º), uma vez que esse vício deveria ter sido por ele denunciado no próprio processo cognitivo, na medida em que, bem ou mal, ficou ciente da existência da ação.

Essa é, a nosso ver, a solução que deve ser dada ao problema também no processo do trabalho. Devemos acrescentar que, sendo indiscutível o fato de o nulo transitar em julgado (basta ver que o art. 966 do CPC prevê o uso da rescisória para desfazer sentenças nulas, como patenteiam os incisos I, II, III, IV, V, VIII), fica difícil admitir a ideia de que o devedor possa, em sede de embargos à execução, alegar a invalidade do processo de conhecimento, em que a citação foi feita, conquanto de maneira irregular. Em muitos casos, aliás, nem se tratará de nulidade, mas de simples anulabilidade, como quando a citação for realizada mediante *forma* diversa da prescrita em lei (CPC, art. 277).

3.3. Citação inexistente

Como tal, consideramos a que *não foi realizada,* seja porque o seu instrumento nem sequer chegou a ser expedido, seja porque, se regularmente expedido, o ato teve como destinatária pessoa diversa daquela que deveria ser citada.

O que nos parece essencial assinalar, para efeito de caracterizar a *inexistência* jurídica da citação, é a particularidade de o réu não haver, efetivamente, tomado conhecimento da existência da ação — e poder produzir a correspondente prova disso.

Nesse quadro, é absolutamente compreensível que se lhe dê oportunidade para alegar a *falta* (= inexistência) do ato quando oferecer embargos à execução, pois terá sido esta a primeira vez que soube da ação. O assunto, porém, não se esgota com esse concluimento. Dentro, ainda, do tema da *inexistência* de citação, no processo cognitivo, que faz gerar a revelia do réu, duas variantes devem ser colocadas em pauta para estudos.

Uma coisa é o réu não haver sido citado para o processo de conhecimento nem intimado da sentença, e outra, haver sido intimado da sentença.

a) No primeiro caso, é perfeitamente justificável que se conceda a ele a possibilidade de arguir, nos embargos que vier a oferecer à execução, a inexistência do próprio processo cognitivo, pela *falta* de citação, porquanto, como destacamos há pouco, somente ao ser citado *para a execução* é que ficou sabendo do ajuizamento da ação. É elementar que, inexistindo o processo, inexistirá tudo o que nele tenha sido produzido, como o (aparente) título executivo, representado pela sentença condenatória. Essa situação tem sido apreciada, com certa constância, pela jurisprudência trabalhista, que acabou por estabelecer a orientação de que o (suposto) devedor, citado para a execução, pode interpor recurso ordinário da sentença, em que postulará, perante o tribunal, o reconhecimento da inexistência do processo, excluída a petição inicial. Referida construção jurisprudencial, nada obstante venha sendo acatada por quase todos, traz, em si, um indisfarçável traço de ilogismo. Assim asseveramos porque, se o processo não tem existência (é o não ser), o réu (suposto devedor), ao ser citado para o que se imaginava ser a execução da sentença, deveria alegar a inexistência do processo cognitivo perante o próprio juízo de primeiro grau, que poderia, se fosse o caso, acolher a arguição e pronunciar a inexistência daquele processo.

Poder-se-á objetar, no entanto, que a nossa opinião esbarra no art. 494 do CPC, de acordo com o qual, publicada a sentença, o juiz somente poderá alterá-la em virtude de embargos declaratórios ou para corrigir-lhe inexatidões ou erros de cálculo. Diante disso, devemos redarguir, em caráter proléptico, que essa norma do processo civil só é aplicável às sentenças *válidas* ou *nulas*, jamais às *inexistentes*. O próprio processo civil, como vimos, permite ao devedor alegar a nulidade do processo de conhecimento perante o juízo da execução, em que pese ao fato de o art. 525, § 1.º, I, do CPC, prever como objeto dessa arguição, além da *falta* (o que é correto) de citação, a *nulidade* (o que é errado) desta. De qualquer forma, a referência a esse processo serve para demonstrar que não deve ser recebida como extravagante a ideia de poder o devedor alegar, na execução trabalhista, perante o juízo por onde ela se processa, a inexistência do processo cognitivo, por falta de citação.

Julgamos ser necessário que a doutrina trabalhista se convença, de uma vez para sempre, que os conceitos de sentença nula e de sentença inexistente são absolutamente inconfundíveis e que tal dessemelhança justifica a diversidade dos meios adequados à invalidação de uma e de outra e das competências jurisdicionais para decretar a nulidade ou declarar a inexistência.

b) No segundo caso, todavia, em que o réu não foi citado para o processo de conhecimento, mas foi intimado da sentença, não se pode admitir que venha a alegar, somente nos embargos à execução, a falta daquele ato, pois o momento oportuno para fazê-lo era o do recurso ordinário, que interpôs ou deveria ter interposto da mencionada sentença.

Embora o processo seja, também aqui, inexistente, pela falta de citação, deveria o réu ter alegado o vício em grau de recurso, porquanto foi intimado da sentença proferida à sua revelia. Não nos parece ser por outro motivo que a lei exige a intimação do revel, conforme já afirmamos (CLT, art. 852). Convém insistir neste ponto: por que razão o processo do trabalho, ao contrário do processo civil, determina que o réu revel seja intimado da sentença, a não ser, exatamente, para que possa, em grau de recurso ordinário, alegar a inexistência do processo cognitivo? Por aí se vê ser inconciliável com o processo do trabalho a regra do art. 525, § 1.º I, do CPC, que concede ao devedor o direito de alegar, em seus embargos, a "nulidade" (*rectius*: inexistência) do processo de conhecimento por *falta* de citação. Essa norma só se harmoniza com o sistema do processo civil, onde, como se sabe, o revel *não* é intimado da sentença (CPC, art. 322), de tal maneira que, em princípio, ele só vem a ter ciência da ação no momento em que for citado para a execução.

4. Resumo

O caráter multifário do tema que constitui objeto deste Capítulo sugere-nos formular, com efeito didático, uma síntese do quanto expusemos a respeito. É o que faremos, a seguir:

a) ato processualmente nulo é o que, embora exista no mundo jurídico, foi praticado mediante violação de norma legal tuteladora de um interesse público; a nulidade não se convalida, podendo ser decretada, *ex officio*, pelo juízo competente, e arguida pelas partes, em qualquer tempo ou grau de jurisdição;

b) ato anulável é, igualmente, o que existe, do ponto de vista jurídico, mas foi realizado com ofensa a norma protetiva de interesses puramente privados; a anulabilidade deve ser alegada pela parte (que não lhe tenha dado causa), na primeira vez em que tiver de falar nos autos ou em audiência, sob pena de preclusão temporal (CLT, art. 795, *caput*);

c) ato inexistente é o que só existe materialmente, pois a sua existência jurídica é, apenas, aparente; assim como o ato nulo, o inexistente pode ser declarado de ofício, pelo juiz, ou alegado pelas partes, em qualquer tempo, exceto em situações excepcionais;

d) a sentença nula passa em julgado, podendo, por isso, ser rescindida; a rescisão das sentenças (em sentido amplo) não pressupõe, contudo, como elemento imprescindível, a presença de nulidade;

e) as sentenças inexistentes, por não produzirem coisa julgada material, devem ser objeto de ação declaratória, cujo exercício do direito é imprescritível; a declaração de inexistência pode ser feita, em alguns casos, *incidenter tantum*, ou seja, independentemente do ajuizamento de ação específica, como, *e. g.*, em grau de recurso;

f) sentença sem dispositivo não é nula, e, sim, inexistente;

g) as sentenças podem ser *nulas* ou *inexistentes*, em decorrência de duas classes de vícios: 1) *endógenos*, quando instalados na própria sentença; é esta, pois, que os origina; 2) *exógenos*, quando nascidos fora da sentença, contaminando-as gravemente;

h) no que toca, particularmente, à possibilidade de o devedor alegar, nos embargos à execução, a nulidade do processo de conhecimento, que se formou e se desenvolveu à sua revelia, devem ser observadas as seguintes regras: 1) tratando-se de citação *nula*, ou seja, que *foi feita,* embora em desacordo com a lei, não será possível ao devedor alegá-la, nos embargos, pois, como dissemos, em nosso sistema jurídico o nulo transita em julgado; logo, a nulidade deve ser desfeita por meio de ação rescisória da sentença emitida no processo de conhecimento; 2) cuidando-se de *falta* de citação, deve ser verificado se o réu foi intimado da sentença proferida à sua revelia ou se não o foi.

No primeiro caso, não poderá alegar, nos embargos, o vício, porque, ao ser intimado da sentença, deveria tê-la impugnado mediante recurso ordinário, oportunidade em que postularia, perante o tribunal, a declaração da inexistência do processo cognitivo como um todo. Ao não recorrer da sentença, permitiu que esta, em situação verdadeiramente extraordinária, passasse em julgado (pois a inexistência, ao não ser alegada no momento oportuno, fez gerar, excepcionalmente, a preclusão). Logo, poderá fazer uso da ação rescisória para desconstituir a *res iudicata* material.

No segundo, será lícito ao devedor alegar a inexistência do processo de conhecimento, por falta de citação, pois somente ao ser citado *para a execução* foi que tomou conhecimento da existência da ação (demanda) — lembrando-se que não havia sido intimado da sentença condenatória.

A inexistência deverá ser declarada, sempre que for o caso, pelo próprio juízo da execução, pois a norma proibitiva, que se esplende do art. 494 do CPC, só se justifica em face das sentenças válidas ou nulas, nunca das inexistentes.

5. Promovida antes de verificada a condição ou ocorrido o termo

Ao requerer a execução incumbe ao credor provar, já na inicial, que se verificou a condição ou ocorreu o termo. Se a execução for promovida antes de verificada a condição ou o termo será nula por faltar-lhe o requisito da exigibilidade do cumprimento.

O art. 212, do CC, considera *condição* "a clúsula que, derivando exclusivamente da vontade das partes, subordina o efeito do negócio jurídico a evento futuro e incerto".

Se a eficácia do negócio jurídico ficar subordinada à condição suspensiva, enquanto esta não se verificar não se terá adquirido o direito a que ela visa (CC, art. 125). Caso a condição seja resolutiva, enquanto esta não ocorrer vigorará o negócio jurídico, "podendo exercer-se desde a conclusão deste o direito por ela estabelecido" (*ibidem*, art. 127).

O art. 135, do mesmo Código, esclarece que se aplicam ao termo inicial e final, no que couberem, as disposições pertinentes às condição suspensiva e resolutiva.

Estará, portanto, contaminada por nulidade a execução que vier a ser promovida sem que antes se verifique a condição ou ocorra o termo (CPC, art. 803, III); a nulidade emana da desobediência ao comando do art. 514 do mesmo Código, de acordo com o qual, se o juiz decidir relação jurídica subordinada a condição (CC, arts. 121 a 137) ou termo (*ibidem*, art. 135), o credor não poderá executar a sentença sem provar, previamente, que se realizou a condição ou se operou o termo.

À risca, aliás, sentença cuja execução penda de condição ou de termo corresponde a título inexigível, motivo por que essa causa de nulidade da execução — indicada pelo art. 803, III, do CPC — já está abrangida pelo inc. I do mesmo artigo, que fala da *exigibilidade* do título como requisito essencial para instaurar-se a execução. Ao legislador, quem sabe tenha parecido conveniente destacar essa causa de nulidade, introduzindo-a em inciso específico (III).

Ao credor cumpre provar, pois, haver adimplido a contraprestação, que lhe corresponde, ou que lhe assegura o cumprimento, se o devedor não for obrigado a adimpli-la senão mediante a contraprestação daquele. Não nos parece correto, por isso, haver o art. 917, § 2.º, IV, do CPC considerado como *excesso de execução* o fato de o credor, sem satisfazer a prestação que lhe cabe, exigir o cumprimento da que está afeta ao devedor, pois o que — a nosso ver — a situação espelha é um caso de nulidade da execução por inexigibilidade do título em que se funda (CPC, art. 803, III). Exceto, se pensarmos em *excesso de execução* como causa de *nulidade* da execução.

No processo do trabalho, quaisquer das causas legalmente indigitadas como nulificantes da execução (ausência de liquidez e exigibilidade do título; falta ou nulidade do ato citatório do devedor; execução promovida antes de verificada a condição ou ocorrido o termo, etc.) apenas podem ser alegadas na oportunidade dos embargos (CLT, art. 884, *caput*); nunca antes disso, pois não garantida, ainda, a execução, pela penhora de bens do devedor (CLT, arts. 882/884).

Capítulo XXVI

Desistência da Execução

1. Comentário

A regra nuclear, derivante da norma legal, é de que os atos praticados pelas partes, consistentes em declarações unilaterais ou bilaterais, produzem, de imediato, a constituição, a modificação ou a extinção de direitos processuais (CPC, art. 200, *caput*).

Caso, porém, já houvesse decorrido o prazo para o oferecimento de resposta (tendo esta sido apresentada, ou não), pelo réu, somente com o consentimento deste o autor poderia desistir da ação (CPC, art. 485, § 4.º), cujo ato apenas produziria os efeitos jurídicos pretendidos se homologado pelo juiz, mediante sentença (art. 200, parágrafo único).

Concede a lei, por outro lado, ao credor a faculdade de *desistir* da execução ou de algumas medidas executivas (CPC, art. 775); a desistência da execução, entretanto, não se confunde com a *renúncia* desta (matéria de que nos ocupamos no Capítulo XXIV, *retro*), conforme demonstraremos a seguir.

A desistência da execução ou de algumas medidas executivas traduz *faculdade* do credor, que a exercerá segundo os critérios de oportunidade e conveniência.

Nos termos do parágrafo único do art. 775, do CPC, na desistência da execução, observar-se-á o seguinte:

I – serão extintos a impugnação e os embargos que versarem apenas sobre questões processuais, pagando o exequente as custas processuais e os honorários advocatícios;

II – nos demais casos, a extinção dependerá da concordância do impugnante ou do embargante.

A regra nuclear, derivante da norma legal, é de que os atos praticados pelas partes, consistentes em declarações unilaterais ou bilaterais, produzem, de imediato, a constituição, a modificação ou a extinção de direitos processuais (CPC, art. 200, *caput*).

Por outro lado, o autor poderá desistir da ação (processo de conhecimento); essa desistência, todavia, somente será possível mediante o consentimento do réu, se este já tiver sido citado (CPC, art. 485, § 4.º).

Nessa mesma linha, a lei concede ao credor a faculdade de *desistir* da execução ou de algumas medidas executivas (CPC, art. 775, *caput*); a desistência da execução, entretanto, não se confunde com a *renúncia* desta, conforme demonstraremos ao comentarmos o parágrafo único do art. 775.

A desistência da execução ou de algumas medidas executivas traduz *faculdade* do credor, que a exercerá segundo os critérios de oportunidade e conveniência.

Em síntese: se os embargos do devedor disserem respeito, exclusivamente, a questões de ordem *processual,* a desistência da execução (pelo credor, obviamente) independerá da concordância do devedor (embargante). Se, ao contrário, os embargos tiverem como objeto o direito *material,* vale dizer, o *mérito,* a desistência da execução estará condicionada ao prévio assentimento do embargante.

Quanto à desistência de algumas *medidas executivas* (e não da execução, como um todo), estamos convencidos de que poderá ser manifestada (e produzir os correspondentes efeitos jurídicos) e homologada pelo juiz sem que o devedor deva ser chamado a pronunciar-se, ainda que tenha oferecido embargos.

Há uma indagação que, a esta altura, se faz imprescindível: ambas as espécies de desistência (da execução ou de apenas providências executivas) são admissíveis no processo do trabalho? A resposta exige extrema cautela.

Ainda que nos tornemos vulneráveis a críticas, abalançamo-nos a opinar que o empregado-credor poderá desistir da *execução* desde que: a) indique ao juiz os motivos por que o faz; b) o juiz esteja convencido de que inexistiu qualquer vício nessa manifestação volitiva do credor; c) o instrumento formal de manifestação de desistência (quando este for o caso) não esteja contaminado por alguma nulidade perceptível, ou que possa juridicamente declarar de ofício.

Para que não sejamos mal interpretados, devemos insistir em que a desistência da *execução* não importa *renúncia ao crédito* que deu origem à pretensão executiva. Sendo assim, embora desistindo da execução, o credor poderá vir a promovê-la, novamente, pois a extinção do processo executivo se dera sem resolução do "mérito" (CPC, art. 486). Essa nossa conclusão está lastreada no art. 771, parágrafo único, do CPC, a teor do qual são aplicáveis à execução, em caráter supletivo, as disposições regentes do processo cognitivo; entre outras disposições se encontra a do art. 486, a declarar que a extinção do processo — sem julgamento do mérito — "não obsta a que a parte proponha de novo a ação".

A desistência da execução não impedirá que ela tenha curso para efeito de cobrança das custas, emolumentos, honorários e outras despesas processuais devidas.

Assim como no processo civil, no do trabalho deverá ser permitida a desistência de algumas medidas executivas, sem que, para isso, haja necessidade de concordância do devedor, mesmo que tenha embargado a execução. Ao juiz ficará reservada, em todo o caso, a faculdade de indeferir o requerimento do credor, sempre que estiver convencido — com base nos fatos e demais circunstâncias dos autos — ser essa a melhor solução.

No tocante à *renúncia ao crédito,* em que se funda a execução, somente em casos excepcionais deverá o Juiz do Trabalho homologá-la, não apenas porque a tanto o autoriza o princípio da irrenunciabilidade dos direitos subjetivos dos trabalhadores, mas também porque, nessa hipótese, o processo seja extinto *com* resolução do mérito (CPC, art. 924, IV), impedindo, com isso, que o credor possa voltar a juízo para deduzir pretensões fundadas no mesmo título executivo.

Como dissemos algures, não é concebível pelo senso-comum que um trabalhador, após se submeter aos riscos de uma demanda judicial (processo de conhecimento), venha, mais tarde, já vencedor, simplesmente *renunciar* ao crédito pelo qual tanto lutou.

Naquelas situações — raras, conquanto não impossíveis — em que o empregador figura como *credor* (e não como devedor-exequente) do empregado não incidirão as restrições, que até aqui sugerimos, quanto à possibilidade de o juiz homologar a desistência da execução ou a renúncia ao crédito em que esta se baseia, uma vez que tais atos do empregador (credor) podem ser benéficos ao devedor (empregado).

Capítulo XXVII

Liquidação da Sentença

1. Nótula introdutória

O Código Civil anterior, em seu art.1.533, dizia ser líquida a obrigação que se apresentasse *certa* quanto à sua existência, e *determinada* no tocante ao seu objeto. Ainda que o Código atual não tenha reproduzido o aludido conceito, este deve ser preservado. A propósito, como vimos no Capítulo anterior, o próprio CPC faz menção aos requisitos de *certeza* e determinação da obrigação contida no título executivo, para este possua eficácia executiva.

Em um plano ideal, as obrigações consubstanciadas em títulos executivos judiciais deveriam ser sempre *líquidas*, ou seja, conter todos os elementos necessários à sua imediata execução, porquanto a *certeza* do credor, em relação ao montante do seu crédito — e, em contrapartida, a do devedor, quanto ao total da dívida —, propiciaria uma execução rápida, livre, e boa parte dos incidentes que a entravam, dentre os quais se incluem os respeitantes à determinação do *quantum debeatur* (a Lei n. 9.957/2000, que acrescentou as letras A a H ao art. 852 da CLT, para instituir o procedimento sumaríssimo, exige que nas ações sujeitas a esse procedimento o valor dos pedidos conste da inicial). Não estamos afirmando, com isso, que há, na prática, sentenças que se revelam *incertas* quanto à *existência* do crédito, pois semelhante anomalia corresponderia à não sentença, ao *nihil* jurisdicional, sabendo-se que, em nosso sistema de processo, o provimento emitido pelo juiz deve ser sempre *certo*, mesmo quando resolva relação jurídica condicional (CPC, art. 492, parágrafo único). Nula será, conseguintemente, a sentença que subordinar o acolhimento dos pedidos formulados pelo autor à *eventualidade* de ser constatada, na fase de liquidação, a existência do direito por ele alegado.

Com o advento do estatuto processual civil de 1973 deixou de haver lugar, em nosso meio, para as sentenças *incompletas*, ou condicionais, a que Valentin Carrion dedicara proveitosa monografia ("As Sentenças Incompletas", Universidade de Madrid, 1971).

A incerteza, pois, que se possa irradiar da sentença exequenda liga-se exclusivamente ao montante, ao *quantum* da dívida, situação que exigirá a prática de certos atos antecedentes à execução propriamente dita — e dela preparatórios —, destinados à quantificação do valor a ser exigido ao devedor. A esse conjunto de atos dá-se o nome de *liquidação* — que, em rigor, não é da sentença, e sim da *obrigação*, nela contida.

São múltiplos os fatores que impedem o juiz de proferir, no procedimento comum, sentenças contendo obrigações líquidas: ora decorre da própria natureza do pedido; ora da absoluta ausência de elementos nos autos (máxime da inicial e na contestação); ora da vasta quantidade de pedidos deduzidos pelos litigantes; ora das próprias circunstâncias em que a sentença foi prolatada (em audiência, *e. g.*, quando o juiz possuía pouco tempo para compulsar, detidamente, os autos, com o objetivo de encontrar elementos que ensejassem uma condenação líquida), etc. Não é de grande interesse, para este livro, investigarmos as causas que conduzem ao proferimento de sentenças ilíquidas (obrigações ilíquidas), e sim estudarmos o procedimento judicial a ser observado quando isso acontece.

2. Conceito

Em sentido genérico, o verbo *liquidar* sugere a acepção de averiguar, tornar líquido, tirar a limpo; na terminologia processual, entretanto, o substantivo *liquidação* indica o conjunto de atos que devem ser praticados com a finalidade de estabelecer o exato valor da condenação ou de individualizar o objeto da obrigação. Como assinala Moacyr Amaral Santos, pela liquidação se visa a estabelecer o valor, a quantidade ou a espécie de obrigação, vale dizer, o *que* ou *quanto* é devido (obra cit., p. 2396); Edson Baccaria a tem como "a operação pela qual atingimos um valor absoluto". ("Liquidação da Sentença Trabalhista", São Paulo: Ed. Cargine, 1974, p. 20).; para Affonso Fraga, ela representa o "ato judicial pelo qual se determina o objeto da condenação"("Teoria e Prática na Execução das Sentenças", São Paulo: 1922; Pontes de Miranda a vê como "o processo pelo qual se torna líquido o objeto ilíquido do pedido da condenação" ("Comentários...", p. 510); José da Silva Pacheco afirma que "sentença ilíquida é aquela que não fixa o valor da condenação nem lhe individua o objeto" ("Execução", Rep. Enc. do Dir. Bras., Rio de Janeiro: Ed. Borsoi, vol. 21, p. 183).

Pela nossa parte, conceituamos a liquidação como (a) a fase preparatória da execução, (b) em que um ou mais atos são praticados, (c) por uma ou por ambas as partes, (d) com a finalidade de estabelecer o valor da condenação (e) ou de individuar o objeto da obrigação, (f) mediante a utilização, quando necessário, dos diversos meios de prova admitidos em lei.

Examinemos, a seguir, individualmente, os elementos componentes do conceito que enunciamos.

(a) *Fase preparatória da execução*. Embora a liquidação, no processo do trabalho, do ponto de vista sistemático, integre a execução, sob o aspecto lógico ela figura como fase destinada a *preparar* a execução, a tornar exequível a obrigação contida no título judicial, seja precisando o valor da condenação ou individuando o objeto da obrigação. A liquidação possui, portanto, caráter não apenas *quantificante*, mas também *individuante*. Título judicial, cuja execução se promova sem prévia liquidação — sempre que esta fosse imprescindível —, é legalmente inexigível, rendendo ensejo a que o devedor argua a falta, em seus embargos (CPC, art. 525, § 1.º, III).

(b) *Em que um ou mais atos são praticados*. Este elemento da definição que elaboramos tem o propósito de chamar a atenção ao fato de que embora, no geral, credor e devedor pratiquem diversos atos convenientes aos seus interesses, na liquidação há casos em que, às vezes, o escopo da liquidação é atingido mediante a prática de um só ato pela parte (o credor apresenta artigos de liquidação que não são impugnados pelo devedor).

(c) *Por uma ou por ambas as partes.* Nada obstante o devedor tenha sido colocado em um ontológico *estado de sujeição* (ao comando sancionatório, que se esplende da sentença condenatória exequenda) pelo legislador, não se deve tirar desse fato a equivocada conclusão de que ele não possua, na liquidação, direito a praticar atos necessários a fazer com que a execução não transborde do título executivo em que se funda, ou que não se afaste do devido procedimento legal.

Tanto é verdadeira a assertiva que o Código lhe permite opor-se à execução, via embargos (CLT, art. 884); contestar os artigos de liquidação (CPC, art. 509, II), e o mais.

(d) *Com a finalidade de estabelecer o valor da condenação.* Cuida-se aqui de execução por quantia certa contra devedor solvente (CPC, art. 824), que tem na expropriação judicial de bens do devedor o seu objeto (*ibidem*). Bens atuais ou futuros (CPC, art. 789). Via de regra, as liquidações trabalhistas tendem a quantificar o valor da condenação, pois o que mais se costuma pedir, no âmbito da Justiça do Trabalho, é a emissão de provimentos condenatórios do réu ao pagamento de certa quantia.

(e) *Ou de individuar o seu objeto.* Em alguns casos — algo infrequente no processo especializado — o que se busca, na fase de liquidação, não é definir o *quantum debeatur* e sim individuar o objeto da obrigação a ser adimplida pelo devedor, ou seja, "qualidades e espécies, como nas ações universais, nas alternativas e condicionais..." (Leite Velho, "Execução de Sentenças", Rio: 1985, p. 294, nota 1). Em situações como essas, a atividade que as partes deverão desenvolver, nessa fase preparatória da execução, concentra-se na fixação do *gênero* e da *qualidade* do objeto obrigacional

(f) *Mediante a utilização, quando necessário, dos diversos meios de prova admitidos em lei.* Determinadas liquidações reclamam a abertura de fase voltada a provar certos fatos que são relevantes ou mesmo imprescindíveis para definir-se o montante da condenação. Esse momento probatório é comum na liquidação *por artigos*, notadamente porque o CPC dispõe que, nessa modalidade de liquidação, será observado o procedimento *comum* (art. 509, II). Daí vem a possibilidade de as partes requererem a produção de provas, segundo os meios especificados em lei (ou desde que moralmente legítimos, como adverte o art. 369 do CPC).

Torna-se despiciendo fazer constar da definição que apresentamos a ressalva de que os atos praticados pelo credor e pelo devedor, na espécie, estariam sob a fiscalização do juiz, pois essa vigilância do magistrado não constitui particularidade dessa fase de quantificação do débito, se não que traço marcante do processo moderno, que se manifesta em todos os momentos e em todas as espécies de procedimento.

Impende registrar que a necessidade de apurar-se a liquidez da obrigação, estampada no título executivo, decorre de norma legal imperativa, segundo a qual a execução, visando à cobrança de crédito, deve lastrear-se em título líquido, certo e exigível (CPC, art. 586, *caput*), sob pena de o desrespeito a esse mandamento conduzir à virtual declaração de nulidade da execução (CPC, art. 803, I).

3. Natureza jurídica da liquidação

Na vigência do CPC de 1939, alguns estudiosos consideravam a liquidação um processo *incidente* no de execução. Pontes de Miranda, p. ex., entendia haver aí "Duas ações, fundadas em duas pretensões diferentes, uma a liquidar e outra a executar, dois processos metidos num só, o que explica a diferença de tratamento na liquidação pelas duas proposições do art. 917" ("Comentários...", 2.ª ed., Rio de Janeiro: Forense, 1961, vol. XIV, p. 163). Dispunha o mencionado texto legal do passdo "Proferida a sentença de liquidação, a execução prosseguirá, independentemente de nova citação pessoal. Parágrafo único. Quando a liquidação for promovida pelo executado, far-se-á o depósito da quantia liquidada, se o exequente se recusar a recebê-la". Observa, porém, Alcides de Mendonça Lima que o festejado jurista adaptou essa mesma ideia do regime do diploma processual civil de 1973 (obra cit., p. 645). Lê-se, com efeito, nos "Comentários" relativos a esse Código: "Duas ações: a) a de liquidação e a de execução. O que há, na espécie, é acessoriedade preparatória, sem que isso afaste poder qualquer credor ou devedor pedir, em ação de plena autonomia, a liquidação da dívida: o que era ilíquido passou a ser líquido, para a eficácia da relação jurídica".

A doutrina predominante vê a liquidação como uma fase *preparatória* da execução (Amílcar de Castro (obra cit., p. 118); Alcides de Mendonça Lima (obra cit., p. 645); Moacyr Amaral Santos (obra cit., p. 257); José Carlos Barbosa Moreira ("O Novo Processo Civil Brasileiro", p. 14); Wagner Giglio (obra cit., p. 371 e segs.); *Amauri Mascaro Nascimento* (obra cit., p. 267); Tostes Malta (obra cit., p. 565/566). Frederico Marques, embora perfilhe esse entendimento, assevera que "a liquidação constitui incidente não do processo de execução, mas 'post-decisório' (...) do processo de conhecimento, ou se configura como processo condenatório complementar (...) para que se forme o título executivo judicial" (obra cit., p. 67). Esta é, também, a nossa opinião, pois a liquidação foi instituída, finalisticamente, para tornar possível a execução da obrigação expressa no título executivo judicial; daí o sentido *preparatório* de que ela se reveste. A liquidação, em muitos casos, é pressuposto essencial à execução. Laboram em erro, por isso, os que sustentam ser a liquidação um processo *incidente* no de execução. Como dissemos, a liquidação não se apresenta como processo autônomo, se não que como fase preparatória daquela. Logo, a liquidação antecede à execução, a despeito de reconhecermos que do ponto de vista sistemático ela integra o processo de execução. *Stricto sensu*, a liquidação pode ser entendida como uma espécie de elo entre a sentença exequenda e a execução propriamente dita.

Conquanto a nulidade da execução calcada em sentença contendo obrigação ilíquida deva ser alegada, em princípio, nos embargos (CPC, art. 525, § 1.º, III;CLT, art. 884), pensamos que o devedor possa denunciar a irregularidade antes mesmo da fase de embargos, hipótese em que se deverá valer do mandado de segurança, porquanto é líquido e certo o seu direito de ver a execução processar-se com base em título que se caracterize pela *liquidez* da obrigação (CPC, arts. 783, 786 e 803, I). Exigir que o devedor deva aguardar o momento dos embargos, para arguir a nulidade da execução, seria criar-lhe, não raro, graves embaraços, pois para tanto teria de efetuar a garantia do juízo, mediante o oferecimento de bens à penhora; daí sugerirmos o manejo do mandado de segurança. Neste tema, aliás, vamos além: entendemos que no processo do trabalho o juiz possa declarar *ex officio* a nulidade da execução lastreada em título ilíquido, dada a imperatividade da regra insculpida no art. 803, I, do CPC. Afinal, se a obrigação se apresenta ilíquida, como poderia o órgão jurisdicional *exigir* ao devedor o correspondente adimplemento, se este nem sequer sabe quanto deve pagar? Nenhum juiz, por certo, incorreria na falta contra o senso lógico, consistente na emissão de mandado executivo em que o valor da condenação (em pecúnia) não estivesse determinado. Daí estarmos convencidos de que o juiz pode — e *plusquam* deve — pronunciar, por sua iniciativa, a nulidade da execução em situações como a que estamos a perlustrar.

Silenciando o magistrado a respeito, abre-se ao devedor a oportunidade de alegar a nulidade da execução, antes mesmo da fase de embargos, valendo-se, para isso, como afirmamos, do mandado de segurança, porquanto não nos parece justo que deva fazê-lo apenas nos embargos, com prévia garantia do juízo, nem jurídico que se lhe permita embargar sem realizar esse garantimento.

Uma outra oportunidade que se concede ao devedor, nesta hipótese, é a de fazer uso da *exceção de pré-executividade*, mediante a qual poderá defender os seus legítimos interesses fora do processo de embargos, vale dizer, sem o constrangimento de realizar, de modo prévio, o garantimento patrimonial da execução forçada. Sobre essa exceção discorremos, mais a fundo, no Capítulo VII do Livro II.

4. Finalidade

A liquidação, como capítulo preparatório da execução, encontra a sua razão teleológica no estabelecimento do valor exato da condenação, ou na individuação do objeto obrigacional, conforme seja o caso; ela se destina, por outros termos, a tornar líquida a obrigação oriunda do título executivo judicial, como requisito imprescindível à exigibilidade deste (CPC, arts. 783, 786 e 803, I).

Seria desejável que, no processo do trabalho, onde o princípio (ou mero anseio, nos dias de hoje?) da celeridade do procedimento tem importância quase vital — em virtude da natureza das lides que ele visa a compor —, a sentença contivesse, sempre que possível, mesmo no procedimento ordinário, condenação *líquida*, de modo que permitisse que ato contínuo ao trânsito em julgado tivesse início a pertinente execução; com isso, se evitaria a instauração da fase de liquidação, onde o devedor encontra, muitas vezes, ensejo para a prática de atos procrastinatórios e tumultuários do procedimento, em que pese à particularidade de o ato pelo qual o juiz fixa o valor da liquidação estar assinalado pelo veto legal da irrecorribilidade imediata e autônoma (CLT, art. 884, § 3.º).

Cumpre ao juiz, pois, empenhar-se em ir tornando certos e determinados — no curso da instrução do processo de conhecimento — os elementos de que mais tarde se utilizará caso venha a proferir sentença condenatória do réu (valor do salário do empregado; número de horas extras diárias; período de vigência do contrato, etc.). A preocupação de que a sentença contivesse sempre o valor da condenação levou o Dep. Freitas Nobre à propositura de emenda (n. 291) ao projeto do CPC de 1973, quando de sua tramitação pela Câmara Federal, para efeito de, entre várias alterações, introduzir no então art. 463, parágrafo único, norma drástica, no sentido de que "A sentença conterá obrigatoriamente o valor da condenação, respondendo o juiz pelas custas da liquidação em caso contrário". Essa Emenda, contudo, foi rejeitada, embora o seu espírito sobreviva nos dias de hoje como uma espécie de advertência aos juízes.

A prática tem demonstrado que a economia de tempo que o juiz consegue obter com o aceleramento da instrução processual acaba, quase sempre, se tornando inútil, pois esse açodamento na coleta da prova traz o inconveniente de colocá-lo, no momento em que deve proferir a decisão de mérito, diante de fatos não suficientemente provados, de elementos imprecisos e dubitativos, impedindo-o, com isso, de emitir sentença líquida e compelindo-o, por outro lado, a remeter a quantificação dos valores à fase liquidatária — onde haverá grande consumo de tempo e de atividade jurisdicional.

Seria muito cômodo, entretanto, atribuir somente ao juiz a responsabilidade pelo fato de os autos do processo não possuírem elementos que permitam o proferimento de sentença condenatória expressa em valores líquidos; essa responsabilidade está afeta, acima de tudo, às partes em geral, e ao autor em particular, pois este, como beneficiário de eventual provimento condenatório, tem indiscutível interesse em introduzir nos autos (já com a inicial ou posteriormente a ela) elementos capazes de dispensar o futuro título executivo de submeter-se à fase de liquidação.

Lancem-se, em razão disso, oportunas observações admonitórias àqueles autores que se descuram de providências dessa ordem, com imaginarem que o juiz do trabalho — na qualidade de diretor do processo — esteja obrigado a suprir por sua iniciativa semelhantes incúrias.

De modo geral, a liquidação apenas deveria ser admitida em relação às sentenças condenatórias que encerrassem obrigações *ilíquidas* (CLT, art. 879, *caput*) decorrentes da formulação de pedidos genéricos (CPC, art. 324, § 1.º). Em alguns casos especiais, todavia, será lícito ao juiz emitir sentença abrigando condenação ilíquida, nada obstante o autor tenha deduzido pedidos certos ou determinados. Devemos esclarecer que a *certeza* do pedimento feito em juízo concerne à sua *existência* (embora a própria lei consagre, em alguns casos, a presença de pedidos *implícitos* — CPC, art. 322) e a *determinação*, à sua quantidade ou objeto.

Estaria eivada de nulidade *absoluta*, ou meramente *relativa*, a sentença que, devendo espelhar obrigação *líquida*, a apresenta de maneira *ilíquida*? Ressalvadas as hipóteses em que a iliquidez da obrigação consubstanciada no provimento condenatório esteja autorizada pelas circunstâncias do caso concreto, julgamos que a infração à norma legal precitada a impregnará de nulidade apenas *relativa*. Isso significa que, se nenhuma das partes impugná-la por esse motivo, o órgão jurisdicional *ad quem* não poderá conhecer, *ex officio*, da nulidade, em virtude de recurso interposto por outro motivo. Se os pedidos do autor forem acolhidos, e este impugnar, mesmo assim, a sentença favorável (e possuirá, sem dúvida, *interesse* processual para tanto), caberá ao tribunal — se der provimento ao recurso — fixar o valor da condenação, valendo-se, para isso, dos elementos dos autos; o mesmo procedimento deverá ser observado na hipótese de, tendo o autor interposto recurso da sentença que lhe negou os pedidos formulados, o tribunal prover o apelo: competirá ao órgão *ad quem* estabelecer o *quantum* condenatório.

Sentença que deixa de fixar o valor da condenação, sendo líquido o pedido (e desde que o tenha acolhido), é *omissa*; sendo assim, a falta poderá ser suprida, mediante a utilização, pelo interessado, dos embargos declaratórios. É elementar que inexistirá omissão se o pedido for ilíquido, ou, sendo líquido, a sentença não o acolher por inteiro, de sorte a tornar necessária a quantificação, em fase própria, do montante concedido pelo órgão jurisdicional.

5. Excesso de liquidação

Destinando-se a liquidação a tornar concreta a expressão pecuniária da sentença condenatória, ou a individuar o objeto da obrigação a ser cumprida, torna-se evidente que nessa fase não se poderá ir além — nem ficar aquém — do que o provimento jurisdicional concedeu; à liquidação está, pois, reservada a incumbência de traduzir, mediante elementos certos e determinados, o preceito condenatório que dá conteúdo ao título executivo judicial. Nesse mister, ela deve ser extremamente fiel à sentença, que lhe constitui o pressuposto da existência como capítulo preparatório da execução.

Estabelece, por isso, o art. 879, § 1.º, da CLT que, "Na liquidação, não se poderá modificar, ou inovar a sentença liquidanda, nem discutir matéria pertinente à causa principal". O CPC possui regra semelhante (art. 509, § 4.º).

A mencionada disposição da CLT está a merecer alguns escólios.

A nosso ver, há certa superfetação no texto citado, ao referir-se à proibição de *modificar* ou *inovar* a sentença liquidanda, pois, em substância, um e outro vocábulos significam a mesma coisa, isto é, fixam a regra da *inalterabilidade* — qualitativa ou quantitativa — do julgado. O CPC de 1973, mais preciso, cogitava apenas da *modificação* da sentença (art. 610, revogado), estando aí compreendida, como é lógico, a inovação. O art. 475-G, do mesmo Código, passou a aludir à proibição de "discutir de novo a lide ou modificar a sentença que a julgou" — expressão que foi, literalmente, reproduzida pelo art. 509, § 4.º, do CPC de 2015.

Representando a liquidação uma projeção concreta do comando sancionatório que se irradia da sentença exequenda, não pode ela, em consequência, extravasar os limites fixados pelo decreto judicial condenatório, que indicam o perfil da obrigação a ser adimplida pelo devedor.

O art. 879, § 1.º, da CLT, por outro lado, torna defeso discutir-se, na liquidação, "matéria pertinente à causa principal"; o veto é necessário, a fim de evitar que as partes procurem afrontar a coisa julgada material, como qualidade da sentença (CF, art. 5.º, XXXVI). A locução *causa principal*, utilizada pelo legislador, está a indicar, sob outro prisma, que ele considerou a liquidação como fase acessória da sentença, tendo a acessoriedade, aqui, o sentido de complementaridade. O caráter complementar da liquidação, aliás, é reconhecido por Frederico Marques (obra cit., p. 67).

É a autoridade da coisa julgada material (CPC, art. 502) que constrange a liquidação a curvar-se, até mesmo, diante de certos erros crassos da sentença ou de injustiças manifestas, por ela perpetradas. Tais erros ou injustiças deveriam ter sido objeto de censura em sede de recurso ordinário, interposto com o objetivo de escoimá-los; permitir-se, pois, que assuntos dessa natureza possam ser debatidos na liquidação implica transvertê-la em modalidade canhestra de impugnação às resoluções jurisdicionais passadas em julgado, ou, em situações mais graves, atribuir-lhe eficácia desconstitutiva da *res iudicata*, usurpando, com isso, a finalidade que as leis processuais reconhecem apenas à ação rescisória.

Mesmo no caso de execução provisória — que pressupõe a interposição de recurso recebido no efeito meramente "devolutivo" —, impõe-se o acatamento à regra do art. 879, *caput*, da CLT, não porque haja aqui a inflexão do fenômeno da coisa julgada material, e sim em virtude do sentido teleológico da própria liquidação, que reconhecidamente reside na fiel interpretação do conteúdo condenatório da sentença liquidanda.

É necessário distinguir-se, entretanto, quando a liquidação estará, realmente, modificando a sentença exequenda e quando essa modificação é apenas aparente, pois determinadas parcelas estavam implícitas no provimento jurisdicional.

Podemos relacionar, como exemplos típicos de modificação da sentença liquidanda: a) quando esta houver condenado o réu ao pagamento de horas extras e, na liquidação, computar-se também o repouso semanal remunerado; b) quando o acréscimo relativo às horas extras houver sido fixado em 50% e na liquidação elaborarem-se os cálculos correspondentes com o acréscimo de 55%, ainda que este fosse o previsto em instrumento normativo da categoria; c) quando a sentença houver omitido a apreciação do pedido de compensação e na fase de liquidação pretender o devedor compensar certas quantias pagas; d) quando o adicional de insalubridade deva ser calculado com base no salário mínimo e se adotar, como objeto da incidência, o piso salarial da categoria a que pertença o autor (credor), etc.

Inexistiria, porém, qualquer alteração da sentença se na liquidação viessem a ser computados a correção monetária e os juros da mora, ainda que não previstos no título executivo. É que ambos são considerados implicitamente contidos no pedido — e, conseguintemente, na condenação. A estes últimos faz referência específica o art. 322, § 1.º, do CPC.

No que respeita aos honorários advocatícios, somos dos que entendem devam estar expressos na sentença condenatória, sob pena de não poderem ser incluídos na execução. Esses honorários, ainda que fossem legalmente exigíveis, não integram a classe daquelas parcelas que se reputam embutidas, de forma implícita, no decreto judicial exequendo. Se a sentença não se pronunciar sobre esse pedido, incumbirá ao autor retornar à presença do órgão de proferimento e, manejando o instrumento dos embargos de declaração, solicitar-lhe que supra a omissão detectada, a fim de complementar a entrega da prestação jurisdicional.

A jurisprudência ainda se manifesta vacilante quanto à possibilidade de serem efetuados, na liquidação, descontos de valores pertinentes ao Imposto de Renda, à Previdência Social e o mais, não expressamente determinados pela sentença, embora requeridos pelo réu, em sua contestação. Os que defendem a liceidade de tais descontos argumentam com o fato de eles decorrerem de imposição legal, sendo dispensável, por esse motivo, que a sentença tenha deles se ocupado. Dissentimos, *data venia*, dessa opinião. Ora, aquilo que não está na sentença não pode estar na execução (ressalvados os pedidos implícitos a que há pouco aludimos). Sendo assim, se a sentença liquidanda não ordenou a subtração dos valores de que estamos a tratar, é elementar que tais descontos não poderão ser efetuados; caso contrário, a ofensa ao art. 879, *caput*, da CLT será frontal. Não é apenas pelo raciocínio lógico que se chega a essa conclusão, mas acima de tudo por uma adequada leitura do texto legal. Com efeito, estatui o art. 141 do CPC que o juiz deverá compor a lide nos limites em que foi proposta, sendo-lhe defeso conhecer de questões não suscitadas; aplicado, analogicamente, à liquidação, esse mandamento da lei traduz a proibição de o juiz, nessa fase, conhecer de questões que não foram suscitadas no processo de conhecimento, ou, se o foram, a sentença não as apreciou e a omissão não foi sanada via embargos declaratórios. Insistamos na assertiva de que, na liquidação, não se pode modificar a sentença liquidanda, nem discutir matéria relativa ao processo cognitivo (CLT, art. 879, *caput*), vale dizer, não podem as partes, aqui, discutir novamente a lide.

Pelo quanto até este ponto expusemos, acreditamos ser inadmissível que na liquidação sejam efetuados descontos (previdenciários a título de imposto de renda, etc.) que não tenham sido expressamente determinados pela sentença, pena de arrostar-se, com incrível desabrimento, as normas legais mencionadas. Digno de encômios, por isso, o acórdão tirado, na vigência do CPC de 1973, pelo extinto Tribunal Federal de Recursos, em ementa assim enunciada: "Liquidação. Inclusão nos cálculos de descontos não previstos na decisão exequenda. Impossibilidade (CPC, art. 610). Descontos obrigatórios previdenciários e do imposto de renda na fonte. Sua exigência na fase de liquidação, impedida pelo disposto nos arts. 2.º, 128, 463, *caput*, e 610 do CPC. Ressalva quanto à possibilidade de exigência autônoma, se cabível. Sentença de liquidação confirmada" (Proc. AP n. 80276, Bahia, rel. Min. Evandro Gueiros Leite, de 7-4-1983, *in* DJU de 14-4-1983, p. 4559/4560).

"Sentenças" de liquidação que deferiram descontos dessa natureza por suposto não se deram conta de que estavam desrespeitando a coisa julgada material, porquanto, em derradeira análise, *modificaram* a sentença liquidanda, revolveram matéria pertinente ao processo de conhecimento e discutiram, uma vez mais, a lide. A elas, o remédio do agravo de petição, no momento oportuno.

Conquanto matérias como transação e pagamento devam ser alegadas pelo devedor no ensejo dos embargos que oferecer à execução (CLT, art. 884, § 1.º), nada impede que o sejam na própria fase de liquidação (ou até mesmo antes disso), contanto que a transação ou o pagamento tenham ocorrido posteriormente ao proferimento da sentença exequenda (se o fato se deu antes da omissão da sentença, é óbvio que deveria ter sido por ela apreciado). Razões de ordem lógica, adjungidas às de cunho prático, recomendam, por isso, que matérias como as referidas sejam admitidas na liquidação (mediante exceção de pré-executividade), sem receio de ofensa ao art. 884, § 1.º, da CLT. A exigência de que o devedor somente possa alegar transação, pagamento, etc. em seus embargos acarreta-lhe o ônus iníquo de efetuar a garantia do juízo mesmo estando a obrigação plenamente satisfeita — e disso tendo feito prova idônea nos autos.

É certo que, se o credor não reconhecer, na liquidação, o pagamento ou a transação alegados pelo devedor, não deverá o juiz proferir decisão sobre o incidente, nessa fase, reservando-se para fazê-lo quando do julgamento dos embargos, já garantido o juízo. O efeito prático da possibilidade de o devedor poder *antecipar* para a fase de liquidação as matérias em questão está em que, admitindo-as o credor, o processo poderá ser extinto ato contínuo ao pagamento das custas, emolumentos e outras despesas processuais acaso existentes, com o que se evitará, além de tudo, um dispêndio inútil de atividade jurisdicional.

O *excesso de liquidação*, em rigor, não se confunde com o *excesso de execução*, a despeito de um e outro se caracterizarem pelo transbordamento dos limites objetivos da sentença exequenda. O excesso de liquidação, quando oportunamente extirpado, impede que a execução seja contaminada por essa falha. Incumbe, por isso, ao devedor alegá-lo, na própria fase de liquidação, desde que lhe tenha sido concedida oportunidade para tanto. Assim dizemos porque o princípio inscrito na CLT (art. 884, § 3.º) é o de que somente nos embargos poderá o devedor manifestar contrariedade aos cálculos que deram origem à liquidação e à consequente sentença homologatória (V. Capítulo XXVII). Em todo caso, impelido por certas conveniências justificáveis, o juiz do trabalho às vezes abre ensanchas para que o devedor se manifeste a respeito dos cálculos confeccionados pelo contador — quando então deverá denunciar o excesso de liquidação que entenda existir. De qualquer forma, como demonstraremos no tempo oportuno, eventual silêncio do devedor em face dos cálculos elaborados pelo contador não trará efeito preclusivo, porquanto, conforme advertimos, não há norma legal *trabalhista* que o obrigue a pronunciar-se acerca de tais cálculos, ainda no período de liquidação.

Preclusão poderia haver, isto sim, se o devedor deixasse de responder aos *artigos de liquidação* apresentados pelo credor, pois nessa hipótese incidiria o art. 509, II, do CPC, que, combinado com o art. 344 do mesmo álbum processual, autorizaria a presunção de veracidade dos *fatos apresentados* pelo credor na peça de liquidação.

6. Liquidação mista

Com *mista* queremos significar a liquidação que se processa, a um só tempo, por mais de uma das modalidades previstas em lei (cálculos, artigos, arbitramento). Digamos que a sentença tenha acolhido os pedidos do autor, relativos ao aviso prévio e à indenização, mandando liquidá-los por simples cálculos do contador, mas rejeitado o pertinente às horas extras. Da sentença recorre o autor, e o tribunal, provendo o recurso, acresce à condenação as horas extras que haviam sido negadas pelo órgão de primeiro grau; como inexistem nos autos elementos que permitam ao tribunal quantificar, desde logo, o número de horas extras, este ordena que a liquidação seja feita por artigos. Dessa maneira, a liquidação, na hipótese, se processará sob duas espécies: cálculos, quanto ao aviso prévio e à indenização, e artigos, quanto às horas extras.

Para que a liquidação se efetive por mais de uma forma, aliás, não há necessidade de que tenha havido interposição de recurso: basta que a própria sentença exequenda haja previsto essa duplicidade, atendendo a certos aspectos singulares das matérias resolvidas.

Seria desarrazoado imaginar-se que a liquidação da sentença devesse processar-se, invariavelmente, só por uma das modalidades legais; ora, a cumulação dessas espécies estará autorizada toda vez que a adoção de apenas uma delas revelar-se inadequada para estabelecer o *quantum* das diversas parcelas que integram a condenação. O elenco heterogêneo dos pedidos que soem ser formulados no juízo trabalhista constitui a mais expressiva justificativa para a existência, na prática, de liquidações mistas.

É possível, até mesmo, que uma só verba seja objeto de liquidação por mais de uma forma. Recordamo-nos de um caso concreto em que o autor postulava, exclusivamente, horas extras — cujo pedido foi acolhido. O seu contrato de trabalho havia vigorado por, mais ou menos, vinte meses, sendo que em todos eles houve prestação de horas extras. A inicial, entretanto, não especificara o início e o término da jornada, alegando-se aí somente a realização de horas excedentes às ordinárias. A prova testemunhal produzida, embora não fornecesse elementos para o juiz fixar, na sentença, a quantidade de horas extras devidas, demonstrou que estas eram realizadas desde o princípio da vigência contratual. Com relação aos seis últimos meses, a prova dessas horas estava materializada nos cartões-ponto trazidos aos autos. Considerando que as testemunhas declararam que o número de horas extras, antes de serem instituídos os cartões-ponto, era superior àquele expresso nos referidos documentos, a sentença determinou que o *quantum* abrangente dos primeiros catorze meses fosse apurado mediante *artigos*, devendo as horas extras concernentes aos seis últimos meses ser apuradas via *cálculo*, com base nos cartões-ponto juntados aos autos.

A duplicidade de espécies de liquidação, no caso, atendeu às inomitíveis peculiaridades da prova produzida, não se podendo inquiná-la de irregular pelo fato de dizer respeito a um mesmo pedido (horas extras).

7. Execução parcial

Via de regra, a execução pressupõe que todas as parcelas integrantes da condenação já tenham sido liquidadas, de tal arte que o título executivo judicial é exigível em sua plenitude. Se, contudo, a sentença possuir uma parte líquida e outra ilíquida, permite-se ao credor promover, de modo simultâneo, a execução daquela e, em autor apartados, a liquidação desta. Essa é a *faculdade* que decorre do § 1.º do art. 509 do CPC, de aplicação supletiva ao processo do trabalho, onde tal execução parcial convém, muitas vezes, aos interesses do credor, máxime quando a liquidez (que permite a imediata execução parcial do título) compreende valores significativamente elevados, em cotejo com os que deverão ser apurados em liquidação.

8. Liquidações autônomas

Quando, por força do título executivo judicial, as partes estiverem obrigadas a realizar prestações *recíprocas* — e desde que derivantes de atos jurídicos distintos — poderá, cada qual, promover a liquidação independentemente da outra; essas liquidações se processarão de maneira simultânea, ou não, mas sempre lado a lado. Discorrendo sobre o assunto, Pires Chaves cita o exemplo do empregado que pleiteia o recebimento de indenização, em processo onde o empregador reconvém para pedir a devolução do imóvel ocupado por aquele, em virtude do contrato de trabalho. No tocante à ação do empregado, a sentença condena o empregador ao pagamento da indenização pretendida; quanto à reconvenção, o trabalhador é condenado a devolver o imóvel, ou a pagar o valor dos aluguéis que se forem vencendo após a sentença, "mediante fixação do Juízo da liquidação" ("Da Execução Trabalhista", 2.ª ed., Rio de Janeiro: Forense, 1964, p. 59).

Em que pese ao fato de o exemplo apontado pelo ilustre jurista encontrar-se correto, do ponto de vista de sua ideação teórica, entendemos que, na hipótese, a Justiça do Trabalho não teria competência para estabelecer o valor dos aluguéis a serem pagos pelo empregado, enquanto este não efetuar a devolução do imóvel. Sem embargo, se a ocupação do imóvel era a título de salário-habitação, não se haveria de cogitar de aluguel, mesmo que a desocupação deixasse de ocorrer no prazo fixado; se essa relação fosse, desde o início, entre locador e locatário, evidenciada estaria a incompetência *ratione materiae* da Justiça do Trabalho.

Pelo que temos observado, rareiam na prática os casos em que a sentença enfeixa condenações recíprocas, de modo a possibilitar que, mais tarde, cada parte venha a promover a execução que lhe corresponde. De qualquer forma, o que importa é assinalar a possibilidade de, também no processo do trabalho, a sentença encerrar condenações de ambas as partes, individualizadamente, contanto que respeitada a competência do juízo trabalhista.

Situação que não se confunde com as anteriormente examinadas é a da sentença que reconhece ao devedor o direito de compensar certos valores com o montante da condenação que lhe foi imposta; caberia ao credor, aqui, proceder à liquidação das obrigações a serem satisfeitas pelo devedor, e este, por sua vez, dar início, em petição autônoma, à liquidação das quantias relativas à compensação que lhe foi referida, porquanto seria ilógico exigir-se *do credor* a prática de atos destinados a quantificar as importâncias que constituem crédito (compensável) *do devedor*.

Tratando-se de liquidação de obrigações que se interpenetram, mas de inegável autonomia quanto à titularidade, é recomendável que sejam apresentadas em peças separadas, a despeito de virem a ser apreciadas por uma única sentença.

9. Liquidação das obrigações alternativas

Nas obrigações alternativas em a escolha caiba ao devedor, é necessário que a liquidação seja precedida da citação deste para que se manifeste, no prazo de dez dias (ou no que for aplicável, segundo a lei, o contrato ou a sentença), sobre quais das obrigações deseja cumprir. Somente após a opção do devedor é que se poderá dar início à correspondente liquidação; se este deixar de se pronunciar no prazo assinado, a escolha será devolvida ao credor, que, exercitando-a, franqueará o caminho à liquidação (CPC, art. 800, § 1.º).

Nos casos em que a escolha da obrigação esteja a cargo exclusivo do credor, este deverá manifestá-la ao juiz logo na petição inicial, ou mediante termo nos autos, conforme seja a hipótese (*ibidem*, § 2.º).

Não é lícito ao devedor, entretanto, obrigar o credor a receber parte em uma prestação e parte em outra (CC, art. 252, § 1.º).

Se uma das prestações não puder ser objeto de obrigação, ou se tornar inexequível, subsistirá o débito quanto à outra (CC, art. 253).

Reputamos serem admissíveis no processo do trabalho — com pequenas adaptações — as seguintes normas do Código Civil, referentes ao tema de que estamos a nos ocupar:

a) se, por culpa do devedor, não for possível o adimplemento de nenhuma das obrigações, não competindo ao credor a escolha, aquele ficará obrigado a pagar o valor da que por último se impossibilitou, sem prejuízo das perdas e danos exigíveis (art. 254);

b) cabendo a opção ao credor e uma das prestações se tornar impossível por culpa do devedor, o credor terá direito de exigir ou a prestação subsistente ou o valor da outra, com perdas e danos (art. 255);

c) se, por culpa do devedor, ambas as prestações se tornarem inexequíveis, faculta-se ao credor pedir o valor de qualquer das duas, cumulado com a indenização por perdas e danos (art. 255, parte final);

d) ocorrendo de todas as obrigações se tornarem impossíveis, sem culpa do devedor, extinguir-se-á a obrigação (art. 256).

10. Assistência na liquidação

Pareceu a Tostes Malta e a Silva Júnior ser cabível, na fase de liquidação, a assistência de que tratam os arts.119 e seguintes do CPC, "porquanto o assistente do devedor, entre outras hipóteses que se podem imaginar, terá interesse em que o *quantum* da condenação seja fixado no mínimo possível" ("Você Conhece Execução Trabalhista?", Rio de Janeiro: dit. Rio, 1976, p. 22).

Somos compelidos, todavia, a discordar do argumento de que se aperceberam os ilustres juristas, com vistas a justificarem a possibilidade de alguém intervir, na liquidação, como assistente do devedor. O *interesse* (uma das condições da ação: CPC, art. 17), capaz de permitir a assistência no processo do trabalho *em geral*, e na liquidação em particular, não deve ser meramente econômico, como no exemplo que estamos a refutar, mas, sobretudo, *jurídico*. O *interesse jurídico* figura, a propósito, no texto do art. 119, *caput*, do CPC como pressuposto essencial à admissibilidade de qualquer assistência; demais disso, "A intervenção assistencial, simples ou adesiva, só é admissível se demonstrado o interesse jurídico e não meramente econômico", consoante a manifestação jurisprudencial cristalizada na Súmula n. 82 do TST.

É imprescindível, portanto, que o assistente demonstre, com clareza, ser o seu interesse em intervir a favor do devedor de foro eminentemente *jurídico*, pois se o for de índole apenas econômica deverá o juiz indeferir o requerimento, ainda que ninguém apresente impugnação a esse pedido (CPC, art. 120, *caput*).

Tostes Malta e Silva Júnior parecem não haver atentado a essas particularidades da matéria.

Voltemos ao art. 120 do CPC para verificarmos o procedimento a ser observado diante de um requerimento de assistência.

A pretensão do interessado é manifestada, à evidência, nos próprios autos da causa em que deseja intervir. Não havendo impugnação, no prazo de cinco dias, o pedido do assistente será acolhido; se qualquer das partes alegar que falta ao assistente *interesse jurídico* para intervir em prol do assistido, o juiz deverá decidir o incidente, sem suspensão do processo. No sistema do CPC de 1973 (art. 51), o juiz:

a) ordenaria, sem suspensão do processo, o desentranhamento da petição e da impugnação, a fim de serem autuadas em *apenso* (I);

b) permitiria a produção de provas (II);

c) resolveria o incidente dentro de cinco dias (III).

Conquanto o art. 120, do CPC de 2015, afirme que se houver alegação de falta de interesse processual o juiz deverá decidir o incidente, sem suspender o processo, pensamos que, em determinadas situações, será lícito ao magistrado adotar o procedimento que era estabelecido pelo art. 51, incisos I a III, do CPC de 1973, até porque o juiz do trabalho possui ampla liberdade na direção do processo (CLT, art. 765).

A assistência poderá ter lugar no processo de conhecimento, no cautelar e mesmo no de execução (inclusive na fase de liquidação). O sindicato representativo da categoria profissional do credor poderia, *v. g.,* ter interesse jurídico em que determinada matéria, suscitada na liquidação pelo devedor, fosse decidida em prol do assistido, considerando a repercussão que a sentença provocaria no universo da categoria.

Não estamos, com estes comentários, a estimular uma desenfreada assistência nas liquidações trabalhistas, até porque isso provocaria danosas situações tumultuárias do procedimento, com impedir a sua celeridade e simplicidade. Estamos, tão só, pretendendo deixar registrada a nossa opinião de que, atendido o critério estampado na Súmula n. 82 do TST, não deve constituir óbice à admissão da assistência, no processo do trabalho, a circunstância de pedido dessa natureza vir a ser apresentado na fase de liquidação — nada obstante estejamos cientes de que, na larga maioria dos casos, pouco interesse de ordem prática terá o terceiro em intervir nos autos a bem de um dos litigantes. Dá-se que a incerteza quanto ao direito, que caracterizou o processo de conhecimento, já se encontra desfeita, na execução, em virtude da autoridade da *res iudicata*, que se esplende como qualidade expressiva da sentença exequenda; sendo assim, na liquidação o império da coisa julgada material deixa um espaço extremamente diminuto à atuação adminicular do assistente.

Estivemos a refletir, até esta parte, sobre a assistência *simples* (também dita *adesiva*), na qual não há nenhuma relação jurídica (material) entre o assistente e o assistido, ou entre aquele e a parte oposta à assistida. É uma assistência apenas *adiuvandum tantum*, para cuja configuração é suficiente que os efeitos reflexos da sentença "tragam prejuízo *ou vantagem para o interesse do assistente tutelado pelo direito*" (*Hélio Tornaghi*, "Comentários ao Código de Processo Civil", São Paulo: Revistaq dos Tribunais, 1976, vol. 1, p. 224).

Na assistência *litisconsorcial* (ou *qualificada*), regida pelo art. 124, do CPC, os efeitos do provimento jurisdicional emitido na causa em que se deu a assistência atuam sobre a relação jurídica havida ou existente entre o assistente e o adversário do assistido, que poderá ser o autor ou o réu. Digamos que o sindicato esteja atuando na qualidade de substituto processual dos integrantes da categoria (legitimidade anômala); qualquer empregado (vinculado à entidade sindical) poderia intervir nos autos, a bem do substituto, porquanto a sentença poderia gerar efeitos no círculo das relações jurídicas que ele, empregado, desenvolve com o seu empregador. O titular do direito material, reconhecido pela sentença condenatória, é, aliás, o empregado, figurando o sindicato — por questões de política processual — apenas como um seu substituto, sem que esse fenômeno de natureza jurídica altere a titularidade do direito material disputado (conhecimento) ou já reconhecido e agora exigido coativamente (execução).

A declaração do art. 121 do CPC, de que o assistente atuará como auxiliar da parte principal, exercendo os mesmos poderes que este e sujeitando-se a idênticos ônus processuais, só faz sentido quanto à assistência simples (ou adesiva), nunca à *litisconsorcial* (ou qualificada), na medida em que a esta é inerente estar o assistente vinculado aos mesmos direitos e obrigações afetos ao assistido, embora — salvo disposição em contrário — os litisconsortes sejam considerados, em seu relacionamento processual com a parte adversa, como litigantes distintos, razão por que, exceto no litisconsórcio unitário, os atos e omissões de um não prejudicarão o outro, embora o possaa beneficiar (CPC, art. 118).

A assistência simples tem caráter *adesivo*, daí por que não impede que o assistido reconheça a "procedência" (*sic*) do pedido; desista da ação ou transija acerca de direitos controvertidos; em tais casos, findo o processo, ficará sem objeto a intervenção do assistente (CPC, art. 122).

Transitando em julgado a sentença, na causa em que atuou o assistente, este não poderá, em processo ulterior, discutir a justiça da decisão, exceto se provar que: a) pelo estado em que recebera o processo, ou pelas declarações e atos do assistido, fora impedido de produzir provas suscetíveis de influírem na formação do convencimento do juiz; b) desconhecia a existência de alegações e de provas de que o assistido, por dolo ou culpa, não se valeu (CPC, art. 123 e incisos).

11. "Sentença" de liquidação. Natureza jurídica

A doutrina parece andar ainda às turras, no que respeita à definição da natureza jurídica da "sentença" de liquidação. Desde logo, contudo, devemos denunciar a impropriedade dessa expressão legal, pois, segundo a definição contida no § 1.º do art. 203 do CPC, adaptada ao processo do trabalho, sentença é o ato pelo qual o juiz põe fim ao processo de conhecimento, examinando, ou não, o mérito da causa, ou extingue a execução. Ora, o ato pelo qual o juiz define os valores da execução não se destina a dar fim ao processo, e sim a tornar líquida a obrigação contida no título executivo, para que este se torne exigível. Logo, esse ato jurisdicional, nem mesmo por antonomásia, poderá ser classificado, tecnicamente, de *sentença*. Trata-se, na verdade, de uma *decisão de caráter interlocutório* (CPC, art. 203, § 2.º). Tanto é esta a sua natureza que o próprio art. 884, § 3.º, da CLT, a despeito de utilizar a expressão "sentença de liquidação", declara não ser este ato jurisdicional impugnável de imediato e de forma autônoma, mas, somente, na oportunidade dos embargos à execução. A inimpugnabilidade das decisões interlocutórias está prevista, de modo genérico, no art. 893, § 1.º, da CLT: "Os incidentes do processo serão resolvidos pelo próprio Juízo ou Tribunal, admitindo-se a apreciação do merecimento das decisões interlocutórias somente em recurso da decisão definitiva".

O que a lei, a doutrina e a jurisprudência costumam designar, portanto, de "sentença de liquidação" nada mais é, sob o rigor da técnica, do que uma *decisão interlocutória liquidatária* — expressão cuja adoção sugeriríamos, não fosse o seu manifesto traço de pernosticismo.

Colocando ao largo essas questões puramente terminológicas, vejamos agora qual a natureza jurídica da "sentença de liquidação".

Para Frederico Marques ela é condenatória "e se destina a completar a anterior condenação, para fazê-la título executivo líquido e certo" ("Manual...", p. 70) ; Alcides de Mendonça Lima a tem como "constitutiva negativa" ("Comentários...", vol. IV, parte II, p. 605, nota 495), no que coincide com *Pontes de Miranda* ("Comentários...", vol. VI, p. 139).

Apesar do respeito que devam merecer sempre os pareceres dos ilustres juristas mencionados, não vemos como se possa sustentar ser de natureza *constitutiva* a "sentença" de liquidação, sabendo-se que ela não visa a produzir um estado jurídico novo, ou que antes inexistia, e sim a interpretar, traduzir, refletir fielmente o preceito sancionatório da sentença exequenda, revelando-lhe, em termos concretos, o teor condenatório.

Condenatória não é também a sua natureza, pois a condenação *preexiste* a ela e sua sede natural é a sentença convertida em título executivo judicial. Divergimos, por isso, de Frederico Marques quando afirma que "A sentença que fixa o *quantum debeatur* é condenatória porque torna concreta a *sanctio iuris* abstrata da lei, e impõe ao devedor a obrigação de satisfazê-la" (obra cit., p. 70); ora, tanto a condenação quanto a obrigação têm existência *anterior* à sentença de liquidação — que, teleologicamente, está limitada à tarefa de apenas quantificar o valor da condenação, ou a individuar o objeto da obrigação, conforme seja a hipótese. A "sentença" de liquidação, por si mesma, *não condena, não obriga*: somente torna líquida a obrigação e exigível o título que a emoldura.

A natureza declarativa dessa espécie de decisão fora captada pela argúcia de Liebman, como revelam estas suas palavras: "Consequência da natureza meramente *declarativa* da liquidação, que em si não altera a situação jurídica em favor de uma ou outra parte, é o fato de poder ser promovida pelo executado" ("Processo de Execução", p. 117.); a particularidade de, na liquidação por artigos, a sentença ser antecedida, muitas vezes, de uma fase de conhecimento (interrogatório das partes; inquirição de testemunhas; produção de prova pericial, etc.) não retira dessa sentença a declaratividade que lhe é inerente; sob certo aspecto, chega mesmo a realçá-la.

Podemos concluir, portanto, que a natureza jurídica da "sentença" de liquidação não é constitutiva, nem condenatória, e sim substancialmente *declaratória*, portanto tende a declarar o *quantum debeatur*, sendo-lhe defeso, nesse mister, modificar a sentença liquidanda, ou revolver matéria resolvida na causa principal e já tornada definitiva pelo fenômeno jurídico da coisa julgada material (CLT, art. 879, parágrafo único). Admitimos, porém, que em casos excepcionais a sentença de liquidação poderá ter visos de *declaratória-integrativa,* pois, segundo anota Amílcar de Castro, ela poderá preencher lacuna formal do título, sendo certo que, em essência, "a sentença ilíquida não é lacunosa, nem pode ser integrada, só podendo ser esclarecida" ("Comentários...", p. 128)

Por ser ato de extraordinária importância para o processo — o seu coroamento por assim dizer —, a sentença emitida no processo *de conhecimento* está rigidamente submetida ao imperativo da *forma* (CLT, art. 832; CPC, art. 489).

12. Irrecorribilidade da "sentença" de liquidação

No processo do trabalho, a denominada (impropriamente) sentença de liquidação poderia ser impugnada, de imediato, pelo recurso de agravo de petição. Esta possibilidade, contudo, foi supressa pela Lei n. 2.244, de 23 de junho de 1954, em atitude do legislador que está a merecer elogios ainda nos dias da atualidade. A contar da vigência da precitada norma legal, "somente nos embargos à penhora (*sic*) poderá o executado impugnar a sentença de liquidação, cabendo ao exequente igual direito e no mesmo prazo" (CLT, art. 884, § 3.º).

Está no senso lógico presumir que o legislador de 1954, ao tolher a possibilidade de impugnação autônoma da "sentença" de liquidação, colocou à frente a necessidade de evitar que o devedor, muito à vontade por não precisar garantir o juízo, passasse a discutir, já na liquidação, o *quantum* da condenação que seria chamado a adimplir.

Destarte, se o devedor pretender manifestar contrariedade à "sentença" de liquidação, deverá aguardar o momento dos embargos à execução, quando, realizado o garantimento patrimonial, poderá impugnar aquela decisão; nota-se, pois, que a própria lei dispensou à "sentença" de liquidação, neste particular, tratamento semelhante ao dado às decisões *interlocutórias*, pois tanto lá como aqui erigiu, em relação a elas, o veto à impugnação autônoma (CLT, art. 893, § 1.º) — ou melhor, porque, como dissemos, a "sentença" de liquidação traduz, na verdade, uma decisão interlocutória.

A redação imperfeita do § 3.º do art. 884 da CLT parece indicar, à primeira vista, que o credor apenas poderá impugnar a "sentença" de liquidação *se* o devedor oferecer embargos à execução. Não há dúvida de que esta é a interpretação que a literalidade da norma legal está a sugerir. Devemos advertir, contudo, que nem sempre a expressão literal de um preceito constitui o caminho mais seguro para compreender-se o seu verdadeiro sentido e alcance. Teria rendido culto à insensatez o legislador caso houvesse, efetivamente, pretendido condicionar o exercício do direito de uma das partes (impugnação, pelo credor) à prática de determinado ato por outra (embargos à execução, pelo devedor). Isso equivaleria a negar, na prática, o direito daquele. É axiomático, por isso que, mesmo deixando o devedor de embargar a execução, o credor não terá renteado o seu direito de divergir da "sentença" de liquidação.

O enunciado do § 3.º do art. 884 da CLT, em verdade, é produto da (inadvertida) pressuposição do legislador de que o devedor sempre ingressaria com embargos, daí por que fixou para esse momento — por uma questão de economia processual — a oportunidade para o credor externar contrariedade à decisão de quantificação ou de individuação obrigacional, dispondo, inclusive, que ambos os atos praticados pelas partes serão apreciados por uma só sentença (§ 4.º).

Daí vem que, mesmo deixando o devedor de apresentar embargos, caberá ao juiz resguardar o direito de o credor impugnar a "sentença" de liquidação, proferindo despacho que lhe abra essa oportunidade; caso contrário, a lesão desse direito renderá ensejo a que o credor argua, no primeiro momento em que tiver de falar nos autos (ou em audiência), a nulidade do processo, a partir do instante em que a providência judicial deixou de ser adotada. Ocorreria, na espécie, enfim, característico *error in procedendo* por parte do magistrado.

Mesmo que o juiz faça uso da faculdade que lhe defere o art. 879, § 2.º, da CLT, a "sentença" de liquidação será irrecorrível.

13. Modalidades de liquidação

Como pudemos demonstrar, a liquidação constitui requisito essencial para que a sentença condenatória se torne exequível (ou exigível, como título executivo), pois é por intermédio daquela que se irá determinar o *quantum* da condenação, ou individuar o objeto da obrigação a ser cumprida pelo devedor.

Daí a relevância e a imprescindibilidade dessa fase (preparatória) de quantificação da dívida ou da individuação obrigacional, sempre que a sentença exequenda não possuir elementos que permitam ao interessado promover, desde logo, a pertinente execução.

A liquidação figura, portanto, como formalidade indispensável para que o credor formule uma pretensão executiva e, por outro lado, para que o devedor saiba o quanto terá de pagar, ou qual a prestação que deverá realizar.

A falta de liquidação, quando esta for necessária, torna a execução *nula*, em face da inexigibilidade do título em que se funda (CPC, art. 803, I); eis a razão por que, sendo o título executivo sentença que contenha condenação genérica, a correspondente execução será antecedida pela liquidação, pois só assim o título se torna "líquido, certo e exigível" (*ibidem*, I). A regra da imperatividade da liquidação é reiterada pelo art. 509, do CPC.

Preveem os sistemas processuais existentes em nosso país, em regra, três modalidades de liquidação: mediante

1) cálculos;

2) arbitramento; e

3) artigos (CLT, art. 879, *caput;* CPC, art. 509, I, II e § 2.º), cujas espécies serão agora examinadas.

Equivocou-se Amauri Mascaro Nascimento, ao supor que a Lei n. 8.432, de 11 de junho de 1992 (art. 49, que deu nova redação ao art. 879 da CLT), teria eliminado a liquidação por artigos e por arbitramento, limitando-a à por cálculos (Revista LTr, 56-07/786). Por mais que o festejado jurista tenha procurado justificar as razões de seu heterodoxo entendimento (Revista LTr, 56-08/909 a 910), parece-nos elementar que a lei em referência *não revogou o "caput" do art. 879 da CLT*, ainda que de maneira implícita.

O que essa norma legal fez foi nada mais do que modificar, em parte, o procedimento pertinente aos cálculos do contador (art. 2.º), sem alterar, contudo, o *caput* do art. 879, que, em virtude disso, segue a viger na plenitude de suas disposições. A liquidação, portanto, processar-se-á, como dito, mediante artigos, cálculos ou arbitramento, conforme exigir o caso concreto.

A admitir-se, aliás, que a liquidação somente possa ocorrer via cálculos ficariam sem solução adequada, inegavelmente, as inúmeras situações práticas em que inexistem, nos autos, elementos capazes de permitir ao juiz verificar, por exemplo, o valor do salário do empregado, que servirá como base de cálculo de todas as parcelas integrantes da condenação; o número de horas extras realizadas; os dias em que ele trabalhou em domingos e feriados, etc.

Data venia do entendimento de Amauri Mascaro, devemos dizer que a Lei n. 8.432/92 não eliminou — nem pretendeu, em momento algum, eliminar — a liquidação por meio de artigos ou de arbitramento, o que seria, obviamente, desarrazoado, diante da realidade que se esplende, rica em dificuldades, da prática forense cotidiana.

13.1. Cálculos

Far-se-á a liquidação por cálculos quando o montante da condenação depender de simples operações aritméticas (CPC, art. 509, § 2.º). Nesse caso, a sentença abriga em seu interior todos os elementos necessários à fixação do *quantum debeatur*, destinando-se essa fase, em virtude disso, apenas a revelar a exata *expressão pecuniária* desses elementos, o que será feito por meio de cálculos do contador.

Nas edições anteriores deste livro, levando em consideração as normas legais vigentes, dissemos:

> "Uma nótula necessária: em princípio, os cálculos devem ser elaborados por um contador do juízo; não havendo, caberá ao magistrado designar um contador *ad hoc* (a que se tem, por força da praxe, denominado *perito*), não pertencente aos quadros do Judiciário, desde que legalmente habilitado ao exercício da função, cujos honorários serão pagos pelo vencido no objeto dos cálculos."

E prosseguíamos:

> "Com certa frequência, contudo, os juízes vêm determinando que as próprias partes apresentem cálculos. Esse procedimento, conquanto útil em alguns casos, não está previsto na lei trabalhista. Como dissemos, historicamente, os cálculos sempre foram elaborados por um contador. É preciso advertir, porém, que, se uma das partes não se pronunciar, no prazo assinado, sobre os cálculos oferecidos pela outra, isso não lhe acarretará efeito preclusivo. A preclusão só se justifica quando o cálculo é confeccionado pelo contador, como sujeito *desinteressado* do processo. O § 2.º do art. 879 da CLT, a propósito, assim o demonstra ao estatuir que o juiz poderá abrir vista *às partes*, pelo prazo sucessivo de dez dias. Ora, se a lei menciona *as partes,* é evidente que os cálculos foram efetuados pelo contador. Dissesse a precitada norma legal que *a parte contrária* deveria manifestar-se a respeito dos cálculos, não estaríamos aqui a afirmar que somente haverá preclusão se os cálculos forem obra do contador."

Concluindo:

> "Insista-se: nada impede que o juiz ordene que as partes apresentem cálculos. Essa providência tem o sentido prático de permitir-lhe verificar a eventual diferença existente entre um cálculo e outro e os critérios que foram utilizados para elaborá-los. Muitas vezes, essa diferença não é de grande monta, o que tem levado as partes a transacionarem, em regra, por instância do magistrado. O que não se concebe é que haja preclusão pelo fato de o cálculo do adversário não haver sido impugnado. *Data venia,* temos lei (CLT, art. 879, § 2.º). Nem se trata, na espécie, de processo de conhecimento (CPC, art. 302)."

Todavia, a Lei n. 8.432, de 11 de junho de 1992, alterou a redação do § 2.º do art. 879, da CLT, para facultar ao juiz a concessão de prazo para que as partes se manifestem sobre os cálculos do contador.

Mais tarde, a Lei n. 12.405, de 16-5-2011, introduziu no art. 879, da CLT, o § 6.º, para permitir que juiz nomeie perito sempre que os cálculos de liquidação forem complexos. Embora o dispositivo legal estabeleça que o juiz, depois da elaboração do trabalho, fixará o valor dos respectivos honorários, mediante o atendimento, entre outros, dos critérios de razoabilidade e proporcionalidade, é necessário observar que ao magistrado incumbirá, antes disso, fixar o prazo para a entrega do próprio trabalho (cálculos).

13.1.1. Processamento

Antes da vigência da Lei n. 8.432/92, que deu nova redação ao § 2.º do art. 879 da CLT, elaborados os cálculos pelo contador, incumbia ao juiz homologá-los ou mandar refazê-los, segundo fosse o caso. Por isso, nas edições anteriores deste livro divergíamos do procedimento adotado por alguns juízes, consistente em conceder prazo (fosse comum ou sucessivo) às partes, para que se manifestassem sobre os cálculos. Argumentávamos que esse procedimento, previsto no art. 605 do CPC de 1973, em sua redação primitiva, não poderia ser utilizado no processo do trabalho, pois este possui norma própria, representada pelo art. 884, § 3.º, da CLT.

De acordo com esse dispositivo da lei processual trabalhista, qualquer impugnação aos cálculos ou à "sentença" de liquidação somente poderá ser feita na oportunidade dos embargos à execução, sejam oferecidos ou não. Sempre consideramos essa norma como uma das mais talentosas e eficientes da execução trabalhista, por exigir do devedor, como pressuposto para a discussão a respeito dos cálculos, a integral garantia da execução, mediante o oferecimento de bens à penhora ou o depósito, em dinheiro, do valor correspondente. O art. 884, § 3.º, da CLT traduz, mesmo, um dos raros momentos de autonomia axiológica do processo do trabalho diante do processo civil.

Com o advento da Lei n. 8.432/92, que, como dissemos, impôs nova redação ao § 2.º do art. 879, da CLT, houve profunda alteração do sistema tradicional, pois o juiz passou a ter a *faculdade* de conceder o prazo sucessivo de dez dias para que os litigantes se pronunciem acerca dos cálculos.

Posteriormente, essa norma da CLT voltou a ter a sua redação alterada, desta feita, pela Lei n. 13.467/2017. A partir daí, o prazo: a) deixou de ser sucessivo, passando a ser comum; b) deixou de ser de dez dias, passando a ser de oito dias.

Examinemos, a seguir, as duas atitudes que o juiz pode adotar assim que sejam juntados aos autos os cálculos de liquidação. Antes, porém, cumpre-nos esclarecer que, nas edições anteriores deste livro, nos sentíamos à vontade para argumentar que os cálculos deveriam ser elaborados *pelo contador* e não pelas partes. Chegávamos a essa inferência não apenas em nome da tradição, mas porque o próprio § 2.º do art. 879 da CLT assim deixava clarificado, ao dizer que o prazo seria concedido *às partes*. Não estava na lei, portanto, nenhuma determinação ou faculdade para que o juiz abrisse prazo para que uma das partes apresentasse cálculos, ou para que ambas o fizessem. Entrementes, já não podemos sustentar essa antiga opinião, porquanto houve expressiva alteração legislativa quanto à matéria. Realmente, por força da Lei n. 10.035/2000, que inseriu os §§ 1.º-B e 3.º, no art. 879, da CLT, o juiz passou a estar autorizado a permitir que as próprias partes ofereçam cálculos de liquidação.

Deste modo, atualmente, os cálculos podem ser elaborados: 1) pelo contador; ou 2) pelas partes. No primeiro caso, o juiz deverá dar vista às partes. Em qualquer caso, a União deverá ser intimada, por via postal, a fim de pronunciar-se, no prazo de dez dias, acerca dos cálculos, sob pena de preclusão (CLT, art. 879, § 3.º).

Vejamos, a seguir, o procedimento a ser observado pelo juiz, conforme os cálculos tenham sido elaborados pelo contador, pelas partes ou pelo perito.

a) Cálculos pelo contador (CLT, art. 879, § 2.º)

Outrora, confeccionados os cálculos pelo contador, o juiz tinha diante de si três opções, a saber: a) conceder prazo sucessivo de dez dias, às partes; b) homologar, de plano, os cálculos ou b.a.) mandar refazê-los, segundo as diretrizes que fixasse.

Com a nova redação dada ao § 2.º do art. 879, da CLT, pela Lei n. 13.467/2017, o juiz já não pode homologar, de plano os cálculos: impõe-se-lhe conceder às partes o prazo comum de oito dias, para que se manaifestem a respeito.

A concessão desse prazo constitui, portanto, *dever* do juiz. Ao aludir à concessão do prazo comum de oito dias *às partes* o § 2.º do art. 879, da CLT, permite concluir que os cálculos foram elaborados *pelo contador*. A norma não afirma que, elaborada a conta, o juiz deverá abrir vista *à parte contrária*.

A concessão de prazo às partes implicará profundos distúrbios no procedimento e na lógica do sistema, como veremos.

Realmente, se o devedor impugnar os cálculos, e o juiz, apesar disso, homologá-los, poderá aquele oferecer embargos à execução, tendo como objeto os cálculos homologados? Se isso for possível, não estaremos diante de *duas* impugnações, *perante o mesmo juízo*, tendo como núcleo a *mesma matéria*: uma, pertinente à "sentença" de liquidação; outra, à sentença resolutiva dos embargos do devedor? Conquanto seja perturbadora dos princípios a possibilidade de haver duas impugnações dos cálculos, pensamos que o devedor, embora haja manifestado contrariedade a estes, no prazo de dez dias, assinado pelo juiz, poderá oferecer embargos à execução, para, dessa forma, interpor agravo de petição da sentença resolutiva desses embargos. A não se permitir que apresente embargos à execução, ter-se-á de reconhecer o seu direito de recorrer, autonomamente, da "sentença" de liquidação, o que será ainda mais perturbador dos princípios, além de implicar manifesta transgressão à regra do § 3.º do art. 884, da CLT.

Do ponto de vista técnico, essa dupla impugnação, a que aludimos, se justifica segundo a diversidade de objetos (não, de objetivos). Em um primeiro momento, o objeto serão os cálculos do contador; num segundo momento, será a "sentença" homologatória desses cálculos.

Maiores serão as dificuldades de ordem prática, entretanto, se o devedor *não* se pronunciar sobre os cálculos do contador, no prazo legal, fazendo com que se forme a preclusão temporal. Nesse caso, preclusa a matéria, ele não poderá oferecer embargos à execução. Logo, a solução, para a espécie em exame, não poderá ser idêntica à sugerida para a hipótese anterior, em que ele falou sobre os cálculos, impugnando-os. Conquanto o assunto esteja aberto a controvérsias intensas, pensamos que a preclusão impedirá o devedor de submeter a matéria concernente aos cálculos ao exame do tribunal, em grau de recurso. Afinal, se de preclusão se trata, isso corresponde a fazer descer um denso véu sobre o tema, exceto se o pronunciamento jurisdicional ensejar o exercício de pretensão rescisória. Em suma, a preclusão inibirá o reexame da matéria na mesma relação processual.

A entender-se de modo diverso, indaga-se: se, a despeito da preclusão, o devedor puder submeter o assunto à apreciação do tribunal, de que decisão ou sentença irá recorrer? Se houve preclusão, é certo que não pôde oferecer embargos à execução, visando a discutir os cálculos; logo, a única decisão recorrível seria, em tese, a "sentença" de liquidação. A possibilidade de fazê-la recorrível, como estratagema destinado a permitir que o devedor submeta à consideração do tribunal o tema relativo aos cálculos de liquidação, não deixa de ser, também, perturbadora do sistema, pois tal "sentença" não passa de decisão interlocutória — à qual o processo do trabalho pespegou, sábia e prudentemente, o rótulo da irrecorribilidade autônoma (CLT, art. 893, § 3.º).

Resumindo o quanto dissemos, até esta parte: a) se o devedor *impugnar* os cálculos, no prazo comum concedido pelo juiz, e estes vierem a ser homologados, caberá ao devedor oferecer embargos à execução, para, com isso, provocar a emissão de uma sentença (e aqui se trata, verdadeiramente, de sentença: CLT, art. 884, § 4.º), da qual interporá agravo de petição, com a finalidade de submeter a matéria alusiva aos cálculos a reexame pelo tribunal; b) se, ao contrário, ele *deixar* de pronunciar-se a respeito dos cálculos, operar-se-á, contra si, a preclusão temporal, de tal modo que ficará impedido de discutir o assunto na mesma relação processual, seja perante o juízo de primeiro grau, seja, mesmo, perante o tribunal.

b) Cálculo da parte (CLT, art. 879, §§ 1.º-B e 3.º)

O juiz pode ordenar que: 1) uma das partes apresente cálculos: ou 2) que ambas o façam, simultaneamente. Seja qual for o procedimento adotado, isto é certo: a parte contrária terá o direito de manifestar-se quanto aos cálculos, no prazo de oito dias. A possibilidade de o juiz homologar, de plano, os cálculos (vale dizer, sem contraditório prévio) só ocorrerá se estes forem confeccionados pelo contador ou por qualquer outro órgão auxiliar da Justiça do Trabalho. Fere os princípios e o bom senso qualquer homologação imediata de cálculo apresentado por uma das partes. Ditos cálculos, por serem parciais (= elaborados por quem é parte) não podem ser confiáveis, sob a perspectiva da neutralidade jurisdicional. O mesmo não se pode dizer dos cálculos feitos pelo contador, pois este é mero sujeito (e não parte, do latim: *pars, partis*: elemento fragmentário de um todo, que é a lide) do processo. Sujeito *desinteressado*, quanto ao objeto do litígio, esclareça-se.

Se a parte deixar de manifestar-se, sem qualquer justificativa jurídica plausível, sobre os cálculos do adversário, no prazo legal, haverá preclusão, particularidade que a inibirá de impugnar os cálculos na mesma relação processual. No caso específico do devedor, consumada a preclusão "temporal", este não poderá impugnar os cálculos, mesmo em sede de embargos à execução, conquanto possa, garantido o juízo, oferecer estes embargos para arguir outras matérias, como, por exemplo, a nulidade da execução, o excesso de penhora, etc. É necessário elucidar, contudo, que a preclusão diz respeito, apenas, à parte, não ao juiz. Deste modo, embora aquela não possa questionar os cálculos, em decorrência da preclusão, o juiz pode determinar o refazimento dos cálculos, agora pelo contador, sempre que estiver serenamente convencido de que estes transbordam dos limites objetivos da coisa julgada material — ou, de qualquer modo, do título executivo. Nunca é inútil recordar a sensata regra, contida no § 1.º do art. 879, da CLT, de que na liquidação não se poderá modificar nem inovar a sentença liquidanda, nem revolver matéria concernente à causa principal. Refeitos os cálculos, tudo sugere que sejam homologados, de plano, pois a concessão de prazo para o devedor manifestar-se a respeito implicaria uma forma de desfazer, em benefício deste, a preclusão derivante do silêncio diante dos primitivos cálculos do adversário. Permitir que somente o credor se pronunciasse sobre os cálculos do contador seria atitude pouco recomendável, por apresentar visos de parcialidade.

Os cálculos elaborados pelas partes devem abranger também as contribuições previdenciárias devidas (CLT, art. 879, § 1.º-B).

c) Cálculo pelo perito (CLT, art. 879, § 6.º)

Se os cálculos forem de extrema complexidade, de tal forma que não possam ser elaborados pelas partes ou pelo contador, o juiz poderá (faculdade) nomear perito para que os confeccione. Elaborados os cálculos, caberá ao juiz fixar o valor dos respectivos honorários, mediante a observância, dentre outros critérios, dos de razoabilidade e de proporcionalidade.

Tivemos conhecimento de um caso concreto em que os cálculos, merecê de sua complexidade e de exigirem conhecimentos específicos, foram elaborados por perito. Tratava-se de verificar a repercussão econômica, em favor da empresa-executada, de um invento de autoria do empregado-exequente.

13.2. Arbitramento

Far-se-á por arbitramento a liquidação sempre que:

a) assim houver sido determinado pela sentença ou ajustado pelas partes;

b) o exigir a natureza do objeto da liquidação, como prescreve o art. 509, I, do CPC.

Há casos em que a liquidação, a despeito de não reclamar a prova de *fatos novos*, também não pode ser efetuada por mero cálculo do contador, pois a quantificação ou a individuação de seu objeto dependem de conhecimentos especializados, de perito — pessoa que possui cognição técnica ou científica de certos assuntos que não podem ser satisfatoriamente captados pela percepção sensória comum das pessoas em geral. Surge, então, a necessidade de a liquidação ser realizada por meio de *arbitramento*.

O arbitramento consiste, portanto, em exame ou vistoria pericial de pessoas ou coisas, com a finalidade de apurar o *quantum* relativo à obrigação pecuniária que deverá ser adimplida pelo devedor, ou, em determinados casos, de individuar, com precisão, o objeto da condenação.

A perícia visa não apenas à verificação de certos fatos, mas à própria *apreciação* desses fatos pelo experto; podemos afirmar, assim, que o laudo contém sempre um parecer técnico do perito acerca do objeto do exame realizado. Com base no laudo — mas não necessariamente em obediência a ele — o juiz formará o seu convencimento jurídico a propósito da matéria. É sempre apropriado ponderar que o perito funciona como um auxiliar do juiz, contribuindo, sob compromisso, com o seu conhecimento técnico para a apuração de fatos que interessam à causa; porque somente auxiliar o é, não substitui ao juiz em suas funções jurisdicionais — supre-lhe, tão só, a insciência ou a cognição imperfeita sobre fatos de natureza técnica ou científica.

Dentre as hipóteses de arbitramento, relacionadas no art. 509, I, do CPC, a mais frequente, no processo do trabalho, é que se refere a haver a própria sentença estabelecido a forma pela qual a liquidação se processará. Exemplifiquemos com o provimento condenatório que, reconhecendo a existência da alegada relação de emprego, condena o réu (empregador) a pagar os salários devidos ao autor durante a vigência do contrato, não havendo nos autos, porém, quaisquer elementos que permitam à sentença fixar, desde logo, o valor desses salários. Convencendo-se o juiz de que esse objetivo seria igualmente frustrado, na hipótese de remeter a liquidação aos artigos, a solução estaria no *arbitramento*, devendo o perito observar, no desempenho de suas funções, o quanto possível, a regra do art. 460 da CLT, conforme a qual "Na falta de estipulação do salário ou não havendo prova sobre a importância ajustada, o empregado terá direito a perceber salário igual ao daquele que, na mesma empresa, fizer serviço equivalente, ou do que for habitualmente pago para serviço semelhante".

Remota é a presença de *convenção das partes*, elegendo a liquidação por arbitramento; e insólita a possibilidade de a natureza do objeto da condenação trabalhista exigir que a liquidação se efetue por essa forma.

13.2.1. Processamento

Requerida (ou determinada) a liquidação por arbitramento, o juiz:

1) nomeará perito habilitado;

2) facultará que as partes, no prazo comum de cinco dias, indiquem assistente técnico e apresentem quesitos (CPC, art. 465, § 1.º, II e III). Wagner Giglio deixou-se impressionar pelo fato de a lei não fazer expressa referência à possibilidade de as partes poderem apresentar quesitos e indicarem assistentes técnicos na liquidação por arbitramento; no que tem, *data venia*, a nossa discordância.

c) fixará prazo para a entrega do laudo (CPC, art. 465).

Apresentado o laudo e ordenada a sua junção aos autos, mandará intimar as partes para que sobre ele se manifestem no prazo comum de quinze dias (CPC, art. 477, § 1.º), após o que:

a) proferirá sentença, fixando o *quantum* da execução; ou

b) designará audiência de instrução e julgamento, se assim entender necessário (CPC, art. 477, § 3.º).

À liquidação por arbitramento se aplicam, no que couberem, as disposições dos arts. 464 a 480 do CPC.

Como dissemos há pouco, o juiz não fica, umbilicalmente, submisso ao laudo pericial, podendo formar a sua convicção jurídica com apoio em outros elementos, fatos ou circunstâncias que possa com legitimidade invocar, ainda que não tenham sido alegados pelas partes. Queremos com isso dizer que também na execução atua o princípio da persuasão do julgador (ou do livre convencimento motivado), concebido, pela doutrina alienígena, como síntese dos anteriores (prova legal e livre convicção) e hoje consagrado pelo processo civil brasileiro, como revela o art. 371, do respetivo Código, combinado com o art. 765, da CLT.

Por sua iniciativa, ou a requerimento do interessado, poderá o juiz determinar a realização de nova perícia, sempre que entender não estar a matéria suficientemente elucidada. A segunda perícia terá por objeto os mesmos fatos sobre que recaiu a primeira e se destinará a corrigir eventual omissão ou inexatidão dos resultados a que esta conduziu (CPC, art. 480). A segunda perícia, contudo, não substitui a anterior, cumprindo ao juiz apreciar, com liberdade, o valor de uma e de outra (*ibidem*, § 3.º). A respeito do exame pericial, como meio probante, pudemos discorrer, com maior amplitude, no livro "A Prova no Processo do Trabalho" (11.ª ed., São Paulo: LTr Editora, 2017), ao qual remetemos os estimados ledores.

13.3. Artigos

Havendo necessidade de serem alegados e provados fatos novos, para efeito de quantificar o valor da condenação, ou de individuar o seu objeto, estará aberto o (muitas vezes inóspito) caminho à liquidação *por artigos* (CPC, art. 509, II).

Denomina-se *por artigos* a essa modalidade de liquidação porque incumbe à parte (em geral, o credor) *articular*, em sua petição, aquilo que deve ser liquidado, ou seja, indicar, um a um, os diversos pontos que constituirão objeto da quantificação, concluindo por pedir, segundo *Leite Velho*, "quantia, quantidade e qualidade certas" (obra cit., p. 290, art. 410). Provecta, todavia, a lição de *Pontes de Miranda* de que "Se só se falou de liquidação por artigos sem se lançarem os artigos, não há senão a interpretação de que o autor da ação supôs ser supérflua a articulação, de modo que, se o juiz tem dúvida a respeito dos itens tidos por implícitos, deve fazer intimar o autor para que preste os esclarecimentos suficientes, para que se prove o fato alegado, ou se provem os fatos alegados. A falta daria ensejo à nulidade não cominada" (obra cit., p. 539/540).

Sem embargo, se a parte, ao requerer a liquidação por artigos, não os especificar, como seria de sua atribuição, cumprirá ao juiz, diante dessa negligência do interessado, ordenar que *precise* aquilo que deseja ver liquidado, ou seja, *articule*, de maneira individualizada, os fatos sobre os quais incidirá a atividade probatória. Descumprindo a parte o despacho judicial, a sua petição deverá ser indeferida, por inepta, extinguindo-se, em razão disso, a liquidação, sem pronunciamento acerca do mérito (CPC, arts. 485, I, e 511). O indeferimento da peça inaugural não terá, contudo, efeito preclusivo (como é elementar), podendo o interessado propor, outra vez, a liquidação (CPC, art. 486, *caput*), cuidando, desta feita, de fazê-lo com eficiência, assim entendida a precisa articulação dos fatos probandos.

Esse procedimento deve ser observado, o quanto possível, pelo processo do trabalho, ainda que o credor esteja litigando pessoalmente em juízo (CLT, art. 791, *caput*), pois a particularidade de estar no exercício de um *ius postulandi*, que lhe outorga a norma legal, não deve constituir motivo ou pretexto para que se abandone a exigência — ditada pelo senso lógico — de que a peça de liquidação contenha a especificação dos fatos a serem provados.

O que se deve tomar, afinal, em sede de liquidação via artigos, por *fatos novos*?

Essa locução, em que pese à circunstância de estar consagrada pela doutrina, pela jurisprudência e pela própria norma processual (CPC, art. 509, II), é dubitativa, possuindo senso imperfeito, servindo apenas para conduzir a distorcidas interpretações, nos planos prático e acadêmico. Em rigor, a impropriedade está não na expressão em si, mas no adjetivo *novo,* que se pespegou ao substantivo *fato.* Com efeito, o que se deve provar na liquidação não são *fatos novos* e sim fatos que a sentença exequenda, à míngua de elementos concretos nos autos, não pôde *precisar.* Tendo a sentença condenado, *e. g.,* o réu ao pagamento de horas extras e determinado que o número dessas horas fosse apurado em liquidação, por artigo, as atividades a serem desenvolvidas nessa fase preparatória da execução terão como objeto o *mesmo fato* (horas extras) sobre o qual se pronunciara favoravelmente a sentença liquidanda, inexistindo, portanto, qualquer *novidade* a ser posta à tona no capítulo da liquidação. Nem mesmo pode ser considerado fato *novo* o número de horas extras, uma vez que estas constituem, ao contrário, fato antigo (pois apreciado pela sentença), que necessita agora ser definido em sua expressão quantitativa.

O adjetivo *novo*, a que se refere a lei (CPC, art. 509, II), é de inadequação capaz de conduzir certos intérpretes à suposição de que entrariam nesse conceito até mesmo os fatos que nem sequer tenham sido alegados na inicial ou na contestação — e sobre os quais, em consequência, não se pronunciou a sentença exequenda. Tal ilação seria desrespeitosa ao comando que emana do art. 879, *caput*, da CLT, e afrontosa à autoridade da coisa julgada material, razão por que bem agirá o juiz que der cobro a semelhantes propósitos, ainda que por sua incoação.

Parece-nos, assim, aconselhável o abandono à inveterada locução *fato novo*, para substituí-la por outra, que reflita, com maior fidelidade, o verdadeiro objeto da atividade provativa a ser desenvolvida no curso da liquidação mediante artigos; algo como traduzir a expressão concreta do fato essencial reconhecido pela sentença (no caso, as horas extras).

A liquidação por artigos figura, por assim dizer, como a modalidade clássica, tradicional (nada obstante os seus inconvenientes de ordem prática), daí por que, se a sentença deixar de indicar a forma pela qual a liquidação será processada, deverá entender-se que o será por intermédio de artigos, salvo se a parte interessada demonstrar que outra deverá ser a espécie a adotar-se, segundo os argumentos que tenha para aduzir.

A oportunidade nos sugere deitar considerações críticas às sentenças que deixam de apontar a forma pela qual a liquidação haverá de ser realizada, pois essa omissão tem sido causa de exacerbada disputa pelos litigantes, com resultados danosos ao próprio processo. Realmente, ao credor interessa que a liquidação seja efetuada mediante simples cálculos do contador, do mesmo modo como o interesse do devedor está em que a liquidação se processe por artigos — modalidade mais morosa que a anterior.

Sendo assim, ocorrendo o trânsito em julgado da sentença condenatória, o credor geralmente ingressa com os seus cálculos (ou solicita que os autos sejam encaminhados ao contador para esse fim), ao que reage o devedor, alegando que a liquidação deve ocorrer por artigos; essa controvérsia só é possível porque a sentença deixou de indigitar a espécie de liquidação adequada ao caso concreto.

Não se deve também poupar censura às sentenças que costumam conter expressões como "as parcelas condenatórias serão objeto de regular liquidação" e quejandas, pois essa disposição do provimento jurisdicional, em realidade, é vaga, imprecisa, conduzindo à mesma situação de conflitualidade a que nos referimos, quando discorremos sobre as sentenças que omitem a indicação da forma de quantificação do julgado.

É sumamente necessário, por isso, que a sentença especifique sempre por que meio a liquidação deverá ser realizada; o fato de a CLT (art. 832, *caput*) e o CPC (art. 489) não incluírem, no elenco dos requisitos essenciais para a validade dos decretos jurisdicionais, a indicação da forma de liquidação, não deve ser brandido como argumento contrário ao nosso pensamento. Como dissemos, a providência que estamos a preconizar — e a defender — é imprescindível para que não se estabeleça, antes mesmo do início dessa fase de quantificação do conteúdo condenatório da sentença, uma perniciosa controvérsia acerca da modalidade à qual ela deverá submeter-se.

Silente a sentença a respeito da forma de liquidação, caberá a qualquer das partes retornar ao juízo de proferimento para, mediante o manejo dos embargos declaratórios, solicitar-lhe que supra a omissão, pronunciando-se sobre o assunto; acolhidos os embargos, complementa-se a prestação jurisdicional, originariamente omissa, e se afasta da liquidação qualquer dissenso respeitante à modalidade que a irá presidir.Precisamente por ser a liquidação mediante artigos a espécie mais usual é que a lei determina seja ela realizada com observância do procedimento comum (CPC, art. 509, II). No processo do trabalho os procedimentos são ordinário ou sumaríssimo, este último previsto nos arts. 852-A a 852-I, da CLT. Há quem reconheça na Lei n. 5.584/70 a presença de um procedimento sumário (arts. 1.º a 13).

Em decorrência do disposto no art. 509, II, do CPC, será possível, na liquidação por artigos, entre outras coisas:

a) o indeferimento da petição, contendo os articulados (CPC, art. 485, I);

b) a *extinção da liquidação*, pelas demais causas previstas nos incs. II a X do mesmo artigo (sem julgamento do mérito), ou no art. 487, I a III (com exame do mérito);

c) a revelia do devedor (CPC, art. 344);

d) a suspensão e a *extinção da liquidação* (CPC, arts. 313 e 485);

e) o julgamento antecipado da liquidação (CPC, art. 355);

f) a produção de todas as provas em direito admitidas (CPC, art. 369);

g) a designação de audiência, para a coleta de prova oral (CPC, art. 368), etc.

Não cabe aqui, entretanto, a reconvenção (CPC, art. 343), em virtude da coisa julgada material, que a obsta, e do veto estampado no art. 16, § 3.º, da Lei n. 6.830/80, que alcança, por extensão, essa fase preparatória da execução.

A liquidação por artigos *supõe conhecimento*, pois há (ou pode haver) produção de provas, apreciação destas e julgamento, embora a particularidade realçada não subverta a natureza dessa fase de quantificação do conteúdo obrigacional. Convém lembrar que, no terreno processual, o vocábulo *cognição* significa a relação que se estabelece entre o juiz (ser cognoscente) e os fatos da causa (objeto cognoscível). Lê-se, a propósito, em *Couture*: "La naturaleza cognoscitiva de esta etapa de liquidación no le quita su calidad ejecutiva. No existe incompatibilidad alguna en la inserción de una etapa declarativa o cognoscitiva en el proceso de ejecución"(. (209) "Fundamentos del Derecho Procesal Civil", Buenos Aires, Depalma, 1974, p. 458, n. 300). O ilustre e saudoso jurista uruguaio tem a seu lado a razão, ao sustentar a mencionada incompatibilidade, pois o conhecimento que caracteriza o capítulo da liquidação por artigos é, em substância, diverso do que é próprio do processo em que foi emitida a sentença exequenda. Além disso, a liquidação não tem por finalidade produzir uma sentença *condenatória* — porquanto esta constitui pressuposto da liquidação e da execução —, mas, sim, meramente *declaratória do "quantum debeatur"*.

Insistamos em alertar quanto à necessidade de serem evitadas, no processo do trabalho, as liquidações por artigos, com sua cognição incidental que só contribui para o retardamento da execução; para tanto, cabe ao interessado e ao próprio juiz propiciar condições, no curso do processo de conhecimento, a que a quantificação da sentença condenatória se dê mediante simples cálculo do contador, com seu procedimento mais simplificado e, em consequência, mais rápido que os relativos aos artigos.

Não podemos deixar de repreender, por isso, aquelas petições iniciais que apresentam, propositadamente, pedidos ilíquidos, não porque inexistissem elementos concretos para oferecê-los em quantidade e qualidade certas, mas com o escopo sub-reptício de surpreender, mais tarde, ao réu (devedor), na fase de liquidação, quando esses valores se tornarão de grande monta. A deslealdade do autor, na hipótese, está em que, ao deixar ilíquidos os seus pedidos e atribuir à causa um valor irrisório, faz supor a réus incautos e inscientes das regras procedimentais que o valor da causa seja o do pedido e, dessa maneira, se descuidem de promover, com eficiência, a sua defesa (contestação). Daí o motivo de havermos falado em serem *surpreendidos* na liquidação, pelos efeitos desse ato caviloso do autor.

O curioso, nisso tudo, é que, quando a sentença condenatória determina que a liquidação se realize por meio de artigos, o autor se rebela, pretendendo que o seja via cálculos... exatamente ele, que omitiu, com má-fé, na peça inaugural, a indicação de elementos que ensejassem a liquidação pelo modo que agora está a desejar...

Inadmissível seria, entrementes, que o juiz, invocando a necessidade de a liquidação processar-se — em determinado caso — via cálculos, fixasse, de maneira arbitrária, certos elementos para esse fim (valor do salário, número de horas extras, etc.), quando tudo estivesse a indicar que tais elementos somente poderiam ser obtidos por intermédio de artigos. É certo que o juiz, em situações *especiais*, pode variar a *forma* de liquidação (de artigos para cálculos, vice-versa e o mais), contanto que essa variação não implique prejuízo aos legítimos interesses das partes e que as circunstâncias do caso concreto justifiquem essa convolação *ex officio*. Digamos, p. ex., que a sentença ordenou a liquidação via cálculos e chegando o momento oportuno se constatasse que não havia nos autos elementos capazes de propiciar a liquidação por essa forma. Ora, a exigir-se absoluto acatamento à parte dispositiva da sentença, no particular, estar-se-ia, na realidade, fazendo com que a execução jamais tivesse início (ou, quando menos, que este ficasse sobremaneira retardado), em virtude da falta de elementos imprescindíveis à quantificação do débito. Dentro dessa mesma faculdade judicial, seria lícito converter para cálculos a liquidação a princípio fixada por artigos, sempre que os autos contivessem os elementos bastantes para isso.

Ficará o juiz, porém, atento para que a parte não altere — por sua iniciativa e sem relevantes motivos jurídicos e de ordem prática — a forma de liquidação determinada pela sentença, máxime se essa modificação acarretar prejuízos à parte contrária. Temos visto, amiúde, o credor apresentar cálculos, quando o *decisum* falava em artigos. A irregularidade, na espécie, é, aliás, dupla: em primeiro lugar, às partes, por princípio, não incumbe a elaboração de cálculos — e sim ao contador (do juízo ou *ad hoc*); em segundo, essa transmutação tem o grave inconveniente de suprir a fase de conhecimento, própria dos artigos, e necessária, no exemplo citado, para revelar, de modo preciso, os elementos quantificantes da obrigação a que o devedor será chamado a adimplir.

Perceba-se que não estamos defendendo a liquidação por artigos como forma ideal; ao contrário, já pudemos dizer, em linhas pretéritas, dos inconvenientes dessa modalidade. O que procuramos demonstrar, na situação ideada, é a impossibilidade de a parte modificar, a seu exclusivo alvedrio, a forma de liquidação, como se detivesse o *dominus litis*, como se fosse o *senhor do processo*.

13.3.1. Processamento

Apresentada a petição, contendo, articuladamente, os fatos em relação aos quais incidirá a prova, e a indicação dos meios probantes de que se pretende valer o credor, o devedor será citado para manifestar-se no prazo de quinze dias (CPC, art. 335). A despeito de a doutrina e a jurisprudência se terem inclinado pela aceitação do prazo de quinze dias, para que o devedor se pronuncie acerca dos artigos, entendemos que a elasticidade desse prazo é injustificável diante do entendimento esposado pela Lei (Decreto-lei n. 779/69, art. 1.º, inciso II), pela doutrina e pela jurisprudência, de que o prazo estabelecido pelo art. 841, § 1.º, da CLT se destina ao oferecimento de resposta, por parte do réu, no processo de conhecimento. Esclareçamos. Se o réu possui, por força dessa norma consolidada, o prazo (embora *mínimo*) de cinco dias para formular a sua resposta à ação aforada pelo autor, soa algo ilógico conceder-se-lhe o prazo de *quinze* dias para manifestar-se sobre os artigos. É nossa opinião, por isso, que se deveria adotar, também no caso da liquidação mediante artigos, o prazo de cinco dias, pois este é o prazo que preside o processo de conhecimento, trabalhista, sendo desarrazoado, pois, o seu elastecimento justamente na execução, em que a celeridade se torna um princípio ainda mais instante. Se o processo civil fixou em quinze dias o prazo para que o devedor se pronuncie acerca dos artigos, é porque esse também é o prazo que preside o oferecimento da resposta do réu no processo cognitivo. O que estamos a propugnar aqui, portanto, é a adoção, pelo processo do trabalho, do mesmo critério lógico e uniforme, perfilhado pelo estatuto processual civil: cinco dias para responder à ação (conhecimento) e cinco dias para manifestar-se quanto aos artigos (liquidação). Essa simetria é, a nosso ver, indispensável.

Determinada a citação do devedor, em decorrência dos artigos de liquidação apresentados pelo credor, um leque de hipóteses se abre: a) citado, não contesta; b) citado, contesta; b.a) contestando, os artigos são julgados "provados"; b.b) os artigos são julgados "não provados".

a) *Não contesta.* A citação para a liquidação não precisa ser efetuada por oficial de justiça (CLT, art. 880, § 2.º) — esta reservada para a execução, propriamente dita; far-se-á, portanto, mediante registro postal (CLT, art. 841, § 1.º), como se dá no processo de conhecimento.

A circunstância de estarmos falando em citação (e não de simples intimação) não deve ser interpretada como renúncia ao nosso entendimento de que a execução constitui mera fase sequente e lógica do processo de conhecimento; decorre, apenas, de nossa concordância com o conceito legal dessa comunicação de ato processual (CPC, art. 238), pois a citação, também na liquidação por artigos, destina-se a propiciar ao devedor a oportunidade para *defender-se*, sem que nisso possa perpetrar ofensa à coisa julgada material.

Caso o devedor não seja localizado, uma de duas consequências haverá: a) considerar-se-á realizada a citação, porque ele, tendo mudado de endereço (pressupondo-se que este seja o caso), deixou de fornecer o novo à secretaria ou à escrivania do juízo, incidindo, então, a regra do art. 106, *caput*, I e II, e §§, do CPC, de aplicação subsidiária ao processo do trabalho; b) será citado por edital, se por essa mesma forma o foi no processo de conhecimento. Se, por outro lado, ele não for encontrado (embora permaneça residindo no mesmo local), poderá o juiz adotar a solução ditada pelo art. 880, § 3.º, da CLT, fazendo, inclusive, com que as diligências (infrutíferas) sejam realizadas por oficial de justiça.

Deixando o devedor de atender à citação, reputar-se-ão verdadeiros os fatos articulados pelo credor (CPC, art. 344); tratando-se de mera presunção *iuris tantum*, é elementar que o juiz não estará obrigado a subordinar a ela a formação do seu convencimento jurídico sobre os fatos postos na peça de liquidação, podendo, conseguintemente, interrogar o credor a respeito, inquirir testemunhas e o mais. Devemos ponderar que eventual incúria do devedor, quanto ao exercício do seu direito de pronunciar-se acerca da liquidação, não deve constituir pretexto para que se consinta ao credor praticar lesão ao princípio ético do processo, pretendendo obter mais do que o próprio título executivo lhe concedeu.

Demais, a *ficta confessio* corresponde a simples regra pragmática, instituída pelos ordenamentos processuais, não tendo autoridade para obstar a que o juiz persiga, sempre que julgar necessário, a verdade *real*, afastando-se da *presumida*.

b) *Contesta*. A autoridade da *res iudicata* material impede o autor de oferecer, em sede de liquidação, exceção e reconvenção; a única modalidade de resposta aqui admissível é, portanto, a contestação – exceto se o devedor admitir a exatidão dos cálculos. Poderá ocorrer, dessa maneira, de o devedor, citado, vir aos autos para dizer que concorda (reconhece a "procedência", na linguagem imperfeita da lei) com os cálculos apresentados pelo credor, hipótese em que caberá ao juiz considerá-los provados, mediante decisão fundamentada.

Caso o réu, ao contestar os artigos, deixe de impugnar um ou mais dos fatos articulados, a consequência, por princípio, será a presunção de veracidade dos fatos em relação aos quais não houve contrariedade. Esse é o efeito prático do princípio da impugnação especificada dos fatos, de que se ocupa o art. 341 do CPC, e cuja incidência não está circunscrita aos processos de conhecimento e cautelar, atingindo, por igual, o de execução — aí compreendida a liquidação. Ressalvemos, contudo, que o juiz, *ad instar* do que aconteceria se o devedor deixasse de responder à integralidade dos artigos, não estaria obrigado a prosternar-se diante dessa verdade presumida (*ficta confessio*), podendo, ao contrário, tomar a iniciativa de ouvir o credor, inquirir testemunhas, ordenar a realização de exame pericial e o que mais necessário fosse para a formação do seu convencimento jurídico a respeito dos fatos articulados, pois a tanto o autorizam a CLT (art. 765) e o CPC (art. 370).

Ao prudente arbítrio do magistrado ficará reservado deliberar quando será conveniente impor ao liquidante a produção de provas (mesmo que os artigos não tenham sido impugnados) e quando será suficiente a presunção derivante do ato omissivo do devedor.

De outra parte, a impugnação *genérica* dos fatos, porque vaga e imprecisa, não atende à exigência legal da contrariedade específica do conjunto factual; o processo civil moderno, como demonstra o art. 341 do CPC, não admite a contestação por negativa geral, muito em voga ao tempo em que estava a viger o Código revogado. Modernamente, a impugnação genérica equivale à ausência de contestação, do ponto de vista de seus efeitos concretos. Assim o é porque o litigante deve indicar ao juiz as razões de fato e de direito em que funda a sua discordância quanto aos fatos articulados pelo credor e, estabelecido por esse meio o contraditório e o antagonismo de posições, possa o juiz extrair desse embate seguros elementos para convencer-se acerca dos fatos entre si contrapostos.

A ausência de impugnação aos artigos, aliás, coloca o juiz em situação de extrema delicadeza, pois, se de um lado ele não está constrangido a proclamar, desde logo, as consequências processuais desse silêncio do devedor, de outro, eventual incoação sua, no que concerne a buscar a verdade real (mediante interrogatório do credor, inquirição de testemunhas, exame pericial, etc.), pode parecer que esteja promovendo — com ruptura do seu ontológico dever de neutralidade — a defesa dos interesses do devedor negligente. Daí a prudência com que o magistrado deve agir sempre que tiver de optar por esta ou por aquela solução nos casos concretos.

Contestando o devedor os artigos oferecidos pelo outro demandante, verificará o juiz quanto à necessidade de serem produzidas provas, em audiência ou não, sendo recomendável que sempre consulte as partes sobre isso; tal consulta não subtrai do juiz, todavia, o poder de indeferir diligências inúteis, ou meramente procrastinatórias (CPC, art. 370). Desnecessária que seja a produção de provas, proceder-se-á ao julgamento antecipado da liquidação, conhecendo o juiz diretamente do pedido e emitindo a decisão correspondente (CPC, art. 355, *caput* e inciso I). Poderá o credor solicitar ao juiz que intime o devedor a exibir certos documentos que são úteis à comprovação dos fatos articulados; trata-se da *exibição incidental*, que é disciplinada pelos arts. 396 e seguintes do diploma processual civil. A petição inicial deverá: a) individualizar, de modo tão completo quanto seja possível, o documento que se deseja ver exibido; b) especificar a finalidade da prova, indicando os fatos que se relacionam com o documento; c) apontar as circunstâncias em que o requerente se baseia para afirmar que o documento existe e se encontra em poder do devedor (CPC, art. 397). Este oferecerá resposta no quinquídio que se seguir à intimação (CPC, art. 398); se alegar que não possui o documento, o juiz abrirá oportunidade para que o credor prove, por todos os meios previstos em lei, e por outros mais, desde que moralmente legítimos (CPC, art. 369), não ser verdadeira a assertiva do devedor (CPC, art. 398). O juiz não admitirá a recusa se: 1) o devedor estiver legalmente obrigado a efetuar a exibição; 2) o devedor aludiu ao documento, nos autos do processo, com o objetivo de constituir prova; 3) o documento, por seu conteúdo, for comum às partes (CPC, art. 399, I a III).

Deixando o devedor de realizar a exibição ordenada; não formular qualquer declaração no mencionado quinquídio; tiver a sua recusa reputada ilegítima, a consequência processual será admitir o juiz, na decisão, como verdadeiros, os fatos que o credor pretendia comprovar por intermédio dos documentos que o devedor se negou a exibir (CPC, art. 400).

A regra firmada pelo art. 400 do CPC tem-se revelado de invulgar utilidade prática, no plano do processo do trabalho, dispensando, em muitos casos, a designação de audiência destinada à produção de provas orais sempre que o fato sobre o qual seriam inquiridas as testemunhas esteja expresso no documento que o devedor se recusou a apresentar em juízo. Para a atuação dos efeitos previstos nessa norma do processo civil é indispensável que o devedor seja *intimado* a efetuar a exibição e se recuse, de maneira injustificada, a fazê-lo. Não basta, pois, que haja na petição do credor requerimento nesse sentido, sem que o juiz o tenha apreciado favoravelmente. Muitos credores se têm deixado pilhar nesse equívoco, pois pedem a aplicação do disposto no art. 400 do CPC sem se darem conta de que o requerimento feito nem sequer fora apreciado pelo juiz. Sem a intimação judicial não se há de cogitar, consequentemente, de recusa pelo devedor.

Estando o documento em poder do *terceiro*, este será *citado* para responder em dez dias ao pedido de exibição (CPC, art. 401); negando a obrigação de exibir ou a posse do documento, o juiz marcará audiência especial, colhendo-lhe o depoimento, assim como o das partes, e, se necessário, de testemunhas (CPC, art. 402). Em seguida, proferirá sentença (*ibidem*).

Se o terceiro, sem justo motivo, se recusar a exibir, o juiz mandará que efetue o depósito do documento na secretaria do órgão, ou em outro local indicado, no prazo de cinco dias. Julgamos incompatível com o processo do trabalho a disposição do art. 403, *caput, do* CPC, segundo a qual deverá o requerente embolsar o devedor das despesas que tiver de realizar em virtude da exibição.

Descumprida a ordem de exibir, o juiz fará expedir mandado de busca e apreensão, requisitando, se necessário, força policial, tudo sem prejuízo da responsabilidade do terceiro por crime de desobediência (CPC, art. 403, parágrafo único; CP, art. 330).

Entendemos que as singularidades e os princípios que informam o processo do trabalho alvitram que o incidente de exibição de documento ou coisa, quando se referir a *terceiro*, seja processado apartadamente, pois acolhê-lo nos autos principais seria propiciar a instauração de um tumulto do procedimento da liquidação, com graves repercussões aos objetivos essenciais desta.

Levando em conta que, na liquidação, o exame quanto à incidência, ou não, dos efeitos previstos pelo art. 400 do CPC (presunção de veracidade dos fatos que o credor pretendia provar por meio dos documentos que o devedor se negou a exibir) é realizado no momento do proferimento da sentença de liquidação (não há, pois, sentença específica), temos que eventual discordância da parte, quanto àquela decisão, apenas poderá ser manifestada no ensejo do agravo de petição que vier a interpor da sentença resolutória dos embargos à execução ou da impugnação à sentença de liquidação (CLT, art. 884, § 3.º). Seria insensato pensar que deveriam ser, na hipótese, prolatadas *duas sentenças*: uma pertinente à exibição e outra à liquidação. Nada proíbe — ao contrário, tudo aconselha — que uma só sentença aprecie ambas as questões, com sensível economia de atividade jurisdicional e de incontestáveis benefícios à própria execução, que se processa no interesse do credor (CPC, art. 797).

Solucionamento diverso, entretanto, recomendamos no caso de a recusa na exibição ser manifestada *por terceiro*; nessa hipótese, as consequências de tal atitude de rebeldia à ordem judicial deverá ser declarada por sentença *específica*, e não pela relativa à liquidação, sob pena de se introduzir, nesta última, interesses de quem não é parte na relação jurídica processual, e conceder-se, com isso, ao terceiro o direito de interpor agravo de petição, o que seria, quando menos, canhestro, esdrúxulo, para não dizermos desaconselhável ou mesmo insólito. De tal arte, proferida em separado, a sentença contendo interesses do terceiro poderá ser por este impugnada autonomamente, via agravo de petição, deixando-se assim desobstruído o curso da execução (ao menos neste aspecto). O mandado de segurança é incabível na espécie, justamente porque o *writ* não pode ser concedido quando haja recurso apto à impugnação do ato judicial (Lei n. 12.016/2009, art. 5.º, II). O recurso, como dissemos, é o de agravo de petição, nada obstante não se exija do terceiro o depósito pecuniário, ou a garantia do juízo, de que falam os arts. 899, § 1.º, e 884, *caput*, da CLT.

O tratamento do problema ora apresentado, como se nota, é semelhante ao dispensado para o terceiro que oferece *embargos*, nessa qualidade (CPC, art. 674), uma vez que também aqui a sua impugnação à sentença que rejeitar os embargos deverá ser exteriorizada via agravo de petição, que é a modalidade recursal específica para atacar as decisões emitidas na execução (CLT, art. 897,"*a*"), em que pese à circunstância de o juízo estar aqui garantido (ou aparentemente garantido, pois o terceiro pode alegar serem de sua *propriedade* os bens penhorados).

Em acatamento ao princípio insculpido no art. 764, *caput*, da CLT, e à recomendação que emana do § 1.º dessa norma legal, poderá o juiz, na liquidação por artigos, formular propostas tendentes a conduzir as partes à conciliação (transação), buscando, por essa forma, a extinção da execução (CPC, art. 924, III). A falta de propostas visando a esse fim não será, contudo, causa de nulidade da liquidação, pois a *exigência legal* de que o magistrado empregue os seus bons ofícios e persuasão, com o escopo de obter uma solução negociada do litígio, só atua no processo de conhecimento (CLT, arts. 847, *caput*, e 850, *caput*, parte final).

É sempre proveitoso lembrar que as partes podem transigir mesmo depois de encerrado o "juízo conciliatório" (CLT, art. 764, § 3.º), vale dizer, também na execução ou na fase que a prepara (liquidação).

Encerrada a instrução (caso tenha sido designada audiência para a produção de provas orais), aduzidas razões finais e renovada a proposta de conciliação, o juiz proferirá a sentença de liquidação, acolhendo ou rejeitando, no todo ou em parte, os pedidos formulados pelo credor — sendo de predileção da doutrina e da jurisprudência as expressões "julgando provados" (ou não), "julgando procedentes" (ou não) os artigos. Ambas, contudo, pecam pela falta de caráter científico, notadamente a última, que, em rigor, nada expressa como resultado da atividade desenvolvida pelo liquidante. Na decisão, será fixado o valor exato da condenação e, em consequência da execução, incumbido ao juiz ordenar a remessa dos autos à secretaria ou à contadoria do órgão, a fim de ser elaborada a conta geral e computados a correção monetária e os juros da mora, caso haja.

A praxe, adotada em alguns juízos, de exigir que o credor, já em sua petição de liquidação, apresente os valores acrescidos da correção monetária e dos juros moratórios é absolutamente inútil, pois em sede de liquidação por artigos não se pode cogitar da presença, naquela peça apresentada pelo credor, de valores líquidos, na exata medida em que o objetivo da liquidação radica na quantificação do conteúdo condenatório da sentença exequenda. Além disso, até que seja emitida a "sentença" de liquidação, longo período de tempo terá decorrido, fazendo com que os índices de correção monetária e o montante dos juros já não sejam os que se encontram lançados na peça de liquidação. Este último argumento é aplicável até mesmo às liquidações que se processam por meio de simples cálculos, onde a integração da correção monetária e dos juros deve ser realizada somente após o proferimento da "sentença" de liquidação. Fora disso, é, no mais das vezes, consumir-se em vão um tempo em regra precioso.

Feita a prova dos fatos articulados e elaborada a conta geral, o juiz determinará a expedição de mandado de citação, penhora e avaliação (exceto se devedora for a Fazenda Pública, hipótese em que a citação será, exclusivamente, para oferecer embargos), a ser cumprido por oficial de justiça (CLT, art. 880, *caput*), inaugurando, assim, a fase de execução propriamente dita. Se os artigos não forem provados, a sentença terá caráter declaratório-negativo, o que não inibirá o credor de retornar com nova petição articulada, empenhando-se, desta feita, em ter êxito no encargo probatório que a norma legal lhe comete (CLT, art. 818).

Poderia o credor, contudo, interpor agravo de petição da decisão que considerasse "não provados" os *artigos que apresentou?*

Campos Batalha entende ser "óbvio que a sentença que julga improcedente (*sic*) a liquidação comporta imediato recurso de agravo de petição" (obra cit., p. 868), conquanto não indique as razões jurídicas que motivaram a sua convicção. Russomano, nada obstante se alie aos que sustentam o não cabimento de recurso, na espécie em análise, procura chamar a atenção para "o absurdo da lei em vigor" — no caso, o art. 884, § 3.º, da CLT —, argumentando com o seguinte exemplo: "o empregado requer a liquidação da sentença e só obtém o acolhimento parcial dos artigos. Como irá ele, mais tarde, discutir a matéria em embargos à penhora (*sic*), já que a execução será requerida, normalmente, pelo próprio empregado, nos termos da sentença de liquidação?" ("Comentários...", p. 952). E prossegue o emérito jurista: "pior do que isso, como se poderá falar em embargos à penhora (*sic*), por exemplo, se, proferida a sentença de liquidação, o empregador com ela se conformar, prontificando-se a pagar o que lhe for reconhecido judicialmente?" (*idem, ibidem*), para concluir que "Ficará, portanto, o exequente na dura situação de não ter ao seu alcance meios de pedir o reexame da matéria dirimida pelo juiz da liquidação, que assume, dessa forma, o papel saliente de prolatar sentenças irrecorríveis" (*ibidem*).

Somos forçados a dissentir da opinião de ambos os juristas citados.

Data venia do pensamento de Campos Batalha, se algo de óbvio há em relação à sentença que considera "não provados" os artigos de liquidação é a sua *irrecorribilidade*, pois a rejeição desses artigos não acarreta nenhum efeito preclusivo, motivo por que o credor poderá, como afirmamos, apresentá-los outra vez.

Quanto ao "absurdo" que Russomano vislumbrou na disposição do § 3.º do art. 884 da CLT, é meramente imaginário. Três classes de preocupação teriam influído nessa opinião do eminente jurista gaúcho: a) como iria o empregado, mais tarde, impugnar a sentença de liquidação, nos embargos à execução, se esta seria por ele próprio requerida?;

b) como se poderia cogitar de embargos à execução se o devedor se prontificasse a pagar o que foi determinado pela sentença?; c) ficaria o empregado na dura situação de não ter ao seu alcance meios de pedir o reexame da matéria decidida na liquidação.

Ora, o fato de: a) ser de iniciativa do credor a execução; e b) vir o devedor a pagar a dívida, segundo os valores expressos no mandado, não subtrai do credor o direito de impugnar a "sentença" de liquidação e, se mantida, interpor o recurso de agravo de petição. Como esclarecemos em linhas anteriores, a particularidade de o legislador haver reservado para a fase de embargos à execução o ensejo para a impugnação — inclusive pelo credor — à "sentença" de liquidação foi ditada por uma elogiável política de economia processual, porquanto o legislador pressupôs que esses embargos seriam *sempre* oferecidos pelo devedor. Sendo assim, uma só sentença resolveria esses embargos e a impugnação à decisão de liquidação. Mesmo, contudo, que o devedor deixe de embargar a execução, permanecerá íntegro o direito de o credor externar contrariedade à "sentença" de liquidação, devendo o juiz, por isso, abrir-lhe oportunidade ao exercício de tal direito. Logo, c) teria o credor — ao contrário do imaginado por *Russomano* — à sua disposição um meio eficaz para solicitar, ao próprio juiz da execução, um reexame da matéria apreciada na liquidação.

A prevalecer a intelecção de que o credor poderia recorrer, ato contínuo (= de maneira autônoma), da decisão que rejeitasse os artigos de liquidação, chegaríamos, na prática, a situações processualmente esdrúxulas, como no caso de, havendo a referida decisão de liquidação rejeitado *parte* dos artigos, dessa parte recorresse o credor, para, um pouco depois, o devedor — cujos embargos foram rechaçados, e que pretendiam ver modificado o capítulo dos artigos que a "sentença" de liquidação acolhera — também interpor recurso, de tal modo que ficariam *dois agravos de petição* para serem julgados pelos órgãos *ad quem*: o primeiro, interposto pelo credor da parte da mencionada sentença de liquidação que rejeitou os seus artigos de liquidação; o segundo, interposto pelo devedor da sentença resolutiva dos embargos à execução, que tinham como objeto a exclusão da outra parte dos artigos, acolhida pela "sentença" de liquidação.

De resto, a impressão manifestada por Russomano de que, a prevalecer a regra do art. 884, § 3.º, da CLT, o juiz assumiria o papel de prolator de sentenças irrecorríveis é, com o devido respeito, falsa, pois essa irrecorribilidade é apenas tópica, momentânea, já que, como vimos, o credor poderá atacar a "sentença" de liquidação na *oportunidade* dos embargos à execução, tenham estes sido apresentados ou não. Além disso, há norma legal (Lei n. 5.584, de 26-6-1970, art. 2.º, § 4.º) estabelecedora de irrecorribilidade *definitiva* das sentenças proferidas nas causas de valor até duas vezes o do salário mínimo (exceto se contrastantes com a letra ou com o espírito do texto constitucional), de tal modo que a ninguém deve causar sobressaltos a particularidade de a "sentença" de liquidação ser caracterizada por uma irrecorribilidade simplesmente *transitória*.

A propósito, conforme havíamos dito anteriormente, no sistema peculiar do processo do trabalho, o ato pelo qual o juiz julga a liquidação traduz decisão de traço interlocutório, particularidade que justifica o veto legal à sua impugnação imediata e autônoma.

Mesmo na liquidação (principalmente nela, diríamos) não incide o princípio da identidade física do juiz, anatematizado do processo trabalhista por obra da orientação jurisprudencial cristalizada na Súmula n. 136 do TST (antigo Prejulgado n. 7). Inexistirá nulidade, portanto, se a instrução da liquidação por artigos houver sido presidida por um juiz e a correspondente decisão vier a ser emitida por outro. A rejeição do mencionado princípio atende ao anseio de celeridade do procedimento trabalhista, que não deixa de existir na fase de quantificação do conteúdo obrigacional da sentença exequenda.

Destaquemos, por derradeiro, que o comportamento do devedor, consistente em opor-se, injustificada e maliciosamente, à liquidação (qualquer que seja a modalidade), mediante ardis e outros meios artificiosos, poderá configurar o ato atentatório à dignidade da justiça, de que trata o art. 774 do CPC, com as sanções previstas no parágrafo único do mesmo dispositivo legal. Observemos que a liquidação *integra* a execução, a despeito de, teleologicamente, ter sido instituída para prepará-la. Daí, a possibilidade de tais atos do devedor, praticados na liquidação, poderem caracterizar afronta à dignidade do Poder Judiciário (CPC, art. 774, II).

Livro II

Das Espécies de Execução

Capítulo I

Execução Para a Entrega
de Coisa Certa

1. Generalidades

O Código de Processo Civil de 1939, mantendo uma tradição que vinha desde o famoso Regulamento n. 737, de 1850 (na verdade, um Código de Processo Comercial, instituído pelo Governo do Império e que passou a ser aplicado às causas civis, por força do Decreto n. 763, de 19-9-1890, emitido pelo Governo Republicano Provisório), continha, no Título IV do Livro III, disposições a respeito "Da execução por coisa certa, ou em espécie" (*sic*). Essa expressão legal se encontrava, contudo, comprometida pelo substantivo *espécie*, que não estabelecia a necessária correlação lógica com o adjetivo *certa*.

O diploma processual civil de 1973, rompendo com essa imprecisa tradição terminológica, denominou o Capítulo II do Título II do Livro II de "Execução para a Entrega de Coisa", falando em *coisa certa* na Seção I e *coisa incerta* na Seção II.

O CPC de 2015 reservou os arts. 806 a 810 para disciplinar a execução para a entrega de coisa certa, e os arts. 811 a 813, para a coisa incerta.

Diz-se *certa* a coisa que se encontra perfeitamente individuada, que se identifica segundo as suas características, não sendo, por isso, confundível com qualquer outra; *incerta* é a coisa que se determina apenas por seu gênero e quantidade, não possuindo traços distintivos capazes de identificá-la.

Por princípio, a coisa *certa* é sempre *infungível*, do mesmo modo como são *fungíveis* (ou seja, substituíveis por outras, da mesma espécie, qualidade e quantidade: CC, art. 85) as *incertas*.

A execução destinada à entrega de coisa corresponde às obrigações de *dar* (*ad dandum*) em geral, pouco importando que o direito a ser tornado efetivo seja de natureza *real* ou *pessoal*. Conforme leciona Alcides de Mendonça Lima, a finalidade da execução para a entrega de coisa se revela mediante três modalidades de prestação, que constituem espécies distintas da *entrega*: dar, prestar e restituir. "Na ideia de *dar*, não se trata, evidentemente, de transferir o domínio, sendo o termo usado em sentido amplo. O bem, pela obrigação assumida pelo devedor ou pela condenação imposta, já passou a ser do credor ou já foi reconhecido o direito que esse sobre o mesmo tinha. O devedor deverá apenas entregar o que não é seu, embora com ele sempre estivesse. *Prestar* tem o sentido

EXECUÇÃO NO PROCESSO DO TRABALHO **317**

de ser feita uma coisa para, ao concluí-la, entregar ao credor. E, finalmente, *restituir* corresponde a devolver o que já é do credor, mas que cedeu a posse ao devedor, sem que esse se resolva a entregar a coisa a seu dono" ("Comentários", vol. VI, tomo II, p. 762).

Não visa a execução em exame, todavia, à expropriação dos bens patrimoniais do devedor e sim a fazer com que este entregue a coisa, certa ou incerta, a que foi condenado a realizar; caso o devedor não cumpra a obrigação, não se cogitará de penhora — ato constritivo próprio da execução por quantia certa. O CPC de 1973, em seu art. 625, dispunha que, nessa hipótese, seria expedido mandado: a) de imissão na posse, se o bem fosse imóvel; ou b) de busca e apreensão, se fosse móvel. Embora o CPC de 2015 não haja reproduzido essa regra, entendemos que a recepcionou de maneira tácita.

Cumpre indagar, nesta quadra de nossa exposição, se a execução para a entrega de coisa certa é cabível no processo do trabalho, sabendo-se que a CLT é, rigorosamente, omissa a respeito da matéria. A resposta a isso está ligada de maneira íntima ao problema da competência da Justiça do Trabalho para apreciar as ações possessórias previstas no CPC. Não estamos nos referindo aos embargos de terceiro, ação de natureza caracteristicamente possessória, hoje admitida, de maneira pacífica, neste processo especializado, e sim à manutenção e reintegração de posse e ao interdito proibitório (CPC, arts. 560 a 568).

As controvérsias doutrinárias e jurisprudenciais acerca do tema são ainda intensas, conquanto se perceba uma tendência no sentido de reconhecer-se à Justiça do Trabalho competência para apreciar ações possessórias. Pela nossa parte, entendemos que, se a pretensão dessa índole estiver diretamente relacionada com o contrato de trabalho, ou decorrer de cláusula deste, aberta estará a possibilidade de a Justiça do Trabalho examiná-la, sem que isso implique transvazamento dos limites de sua competência, estabelecidos constitucionalmente (art. 114). Em muitos casos, *e. g.*, o empregado ocupa determinado imóvel, pertencente ao empregador, que lhe é cedido não a título de locação, mas sim de prestação salarial *in natura* (CLT, art. 458); em tantos outros, o empregado tem os seus instrumentos de trabalho (ferramentas, mostruários, etc.) retidos arbitrariamente pelo empregador (em regra, após a terminação da vigência contratual); nas situações ora enunciadas — e em diversas outras, reveladas pelo dinamismo da realidade das relações jurídicas subjetivas que soem ser estabelecidas entre empregados e empregadores —, a parte legalmente legitimada poderá deduzir, na Justiça do Trabalho, pretensão de natureza possessória, destinada a reaver o bem, móvel ou imóvel, indevidamente retido pela outra.

Transitando em julgado a sentença condenatória do réu, o autor, agora transmudado em credor, estará habilitado a promover a consequente execução para a entrega de coisa certa (se este for o caso), perante o mesmo órgão jurisdicional que emitiu o título exequendo.

No plano da doutrina do processo civil, alguns autores admitem que a execução de que estamos a nos ocupar se funde em título *extrajudicial*, materializado em documento público assinado pelo devedor e subscrito por duas testemunhas, do qual conste obrigação de entregar coisa fungível (CPC, art. 784, II). É o caso de Pontes de Miranda, Alcides de Mendonça Lima, José Carlos Barbosa Moreira e Moacyr Amaral Santos, dentre outros.

2. Procedimento

O procedimento legal referente à execução para a entrega de coisa certa, se confrontado com o da execução por quantia certa contra devedor solvente, revela a sua simplicidade; essa simpleza é comprovada pelo fato de o CPC não lhe haver dedicado mais do que cinco artigos (806 a 810).

Ocorrendo o trânsito em julgado da sentença condenatória, o devedor será citado para, no prazo de quinze dias, satisfazer a obrigação (entregar a coisa individuada). O art. 806, *caput*, ao contrário do que dispunha o art. 621, do CPC de 1973, não prevê a possibilidade de o devedor oferecer embargos, como alternativa à sua opção em não satisfazer a obrigação. A despeito disso, estamos convencidos de que, no processo do trabalho, o devedor poderá oferecer embargos à execução. A não se entender desse modo, como ele poderia opor-se, juridicamente, aos atos executivos?

Cabe, aqui, um escólio essencial. O art. 621, do CPC de 1973, em sua antiga redação, dispunha que a obrigação deveria constar de *título executivo* — que poderia ser judicial ou extrajudicial. Com as alterações impostas no sistema daquele CPC pela Lei n. 10.444/2002, a execução para a entregade coisa se tornou executiva. Assim, a sentença condenatória do réu a uma obrigação de fazer não mais necessitou ser submetida ao clássico processo de execução, pois ela, em si mesma, já possuía efeito executivo (CPC, art. 461-A). Por este motivo, a nova redação dada ao art. 621, *caput*, do CPC, passou a fazer alusão, apenas, ao título executivo *extrajudicial* — o mesmo ocorrendo com o art. 806, do CPC de 2015.

Citado para o cumprimento de obrigação de entregar coisa certa, o devedor, no prazo legal, poderá praticar alguns destes atos: a) cumprir a obrigação; ou b) oferecer embargos à execução.

Até este ponto, o procedimento não difere do que é caracterísitico da execução trabalhista por quantia certta (CLT, arts. 880 a 884).

Ao despachar a inicial, o juiz poderá fixar multa por dia de atraso no cumprimento da obrigação, cujo valor poderá ser alterado, caso se revele insuficiente ou excessivo (CPC, art. 806, § 1.º).

Em regra, é o credor quem, na medida de seu interesse, promove a execução; nada obsta, porém, a que, no processo do trabalho, o próprio devedor, sendo de sua conveniência, requeira ao juiz que mande citar (intimar) o credor, a fim de vir receber a coisa certa. Essa iniciativa do devedor, na execução em estudo, estava autorizada pelo art. 570 do CPC de 1973, hipótese em que este assumia "posição idêntica à do exequente" (*ibidem*). O fato de este dispositiovo haver sido revogado pela Lei n. 11.232/2005 não obsta a que, no processo do trabalho, o devedor tome a iniciativa da execução, pois — é conveniente rememorar — a legitimidade para promovê-la é de "qualquer interessado", nos termos do art. 878, *caput,* da CLT.

Do mandado executivo deverá constar ordem para imissão na posse, tratando-se de bem imóvel, ou de busca e apreensão, se o bem for móvel (CPC, art. 806, § 2.º). Caso o devedor não cumpra a obrigação no prazo que lhe foi concedido, o cumprimento do mandado ocorrerá de imediato (*idem, ibidem*).

Como se trata de coisa *certa*, o devedor apenas se liberará da obrigação contida no título executivo se entregar exatamente o bem que se encontra individuado nos autos; essa nota de infungibilidade impede que a coisa seja substituída por outra, ou mesmo pela caução, real ou fidejussória. Feita a entrega — da qual se lavrará o respectivo termo — extingue-se a execução, exceto se deva prosseguir para o pagamento de frutos ou ressarcimento de prejuízos, se houver (CPC, art. 807).

Reiteremos: não sendo a coisa entregue ou depositada, nem admitidos embargos suspensivos da execução, o juiz mandará expedir, em prol do credor, mandado de: a) imissão na posse, sendo o bem imóvel; b) busca e apreensão, se for móvel (CPC, art. 806, § 2.º).

Pode ocorrer de a coisa vir a ser alienada quando já litigiosa; diante disso, incumbirá ao juiz emitir mandado contra o terceiro adquirente, que apenas será ouvido depois de depositá-la (CPC, art. 808). Em rigor, a alienação do bem, quando sobre ele as partes já se encontravam envolvidas em disputa judicial, caracteriza o ilícito da *fraude de execução*, de que cuida o art. 792, do CPC. É despiciendo investigar-se, em concreto, se houve má-fé por parte do devedor, na alienação, pois a má-fé, aqui, é legalmente presumida, ao contrário do que se passa na fraude contra credores, onde a intenção fraudatória do devedor deve ser provada, pois não entra no senso comum presumi-la. Como a venda, a doação, etc. realizadas em fraude de execução *são ineficazes* (e não nulas), consideram--se como não efetuadas, motivo por que, na execução por quantia certa, a penhora recai sobre os bens por esse modo alienados, e, na destinada à entrega de coisa certa, o juiz faz expedir mandado contra o adquirente do bem, para que deposite a coisa em juízo. Caso o terceiro pretenda defender os seus interesses em face dessa execução, poderá opor-lhe embargos. Como o álbum processual civil é omisso quanto ao procedimento a ser observado, nessa hipótese, pensamos que, por analogia, deva ser o dos *embargos de terceiro* (CPC, art. 674), naquilo que couber, porquanto acarretaria falta contra a lógica e os princípios admitir-se que o adquirente devesse vir a juízo com embargos próprios *do devedor*.

A literalidade do art. 809, do CPC, evidencia, entretanto, que o credor não está compelido a estender ao terceiro adquirente a execução, com o fito de fazer com que ele deposite o bem; tanto é certa a assertiva, que a norma legal antedita assegura ao credor o direito de receber, além de perdas e danos, o valor da coisa. quando esta:

a) não lhe for entregue;

b) se deteriorar;

c) não for encontrada; ou

d) não for reclamada do poder do terceiro adquirente.

Pertence à *faculdade* do credor, conseguintemente:

a) solicitar ao juiz que ordene o depósito da coisa, pelo adquirente; *ou*

b) receber o valor desse bem, sem prejuízo de serem apuradas eventuais perdas e danos.

Não se imagine, pois, que este último pedido somente poderá ser formulado se o terceiro adquirente deixar de fazer o depósito da coisa.

O valor da coisa e os prejuízos serão apurados em liquidação (CPC, art. 809, § 2.º).

Em alguns casos, a convolação da execução para a entrega de coisa (certa ou incerta) para execução por quantia certa (contra devedor solvente) pode esbarrar na competência constitucional da Justiça do Trabalho, na medida em que nem sempre se encontrará, no âmbito do direito material correspondente, disposições que fundamentem o pedido de imposição ao devedor do pagamento do *valor da coisa* e de perdas e danos. De qualquer forma, quando a aplicação ao processo do trabalho da regra estampada no art. 809 do CPC não provocar transbordamentos dos lindes constitucionais fixadores da competência da Justiça do Trabalho, o valor da coisa que deveria ter sido depositada e das perdas e danos será apurado na liquidação da sentença (CPC, 809, § 2.º) resolutória da execução.

Depara-se-nos, todavia, inaplicável a esse processo especializado a dicção do art. 810 do CPC, de que existindo benfeitorias indenizáveis, realizadas na coisa pelo devedor ou por terceiro, de cujo poder ela houver sido tirada, "a liquidação prévia é obrigatória". Nosso ponto de vista não se prende à circunstância de a norma legal fazer referência à liquidação prévia, e sim ao fato de que a indenização de benfeitorias feitas na coisa escapa à competência da Justiça do Trabalho, ainda que o saldo seja favorável ao credor (*ibidem*). A essa organização judiciária não compete apreciar questões pertinentes ao direito de retenção, por benfeitorias, assim como os efeitos derivantes da exceção dilatória desse direito.

Capítulo II

Execução para a Entrega de Coisa Incerta

1. Generalidades

Anota Vittorio Denti que "La migliore dottrina ha infatti distinto la obbligazione non è ancora determinata nella sua individualità, ma soltanto secondo i carateri del genere, della obbligazione di quantità, in cui le varie cose della massa sono fungibili e l'atto di individuazione consiste non in una scelta, bensì in una attività diretta a pesare, misurare, numerare" ("L'Esecuzione Forzata in Forma Specifica", Milão: 1953, p. 82, n. 29). Incorporando esse ensinamento do ilustre jurista italiano, o atual Código de Processo Civil de nosso país se refere a coisas "determinadas pelo gênero e quantidade" (art. 629); o Código Civil estabelece, aliás, que a coisa incerta será indicada, no mínimo, pelo gênero e quantidade (art. 243).

A coisa certa, como vimos no Capítulo anterior, é a que se encontra individuada, ou seja, perfeitamente identificada segundo os elementos que lhe são característicos; a coisa incerta, porém, não se apresenta com traços que permitam a sua individualização, sendo, sim, indicada por seu gênero e quantidade. Ao aludir à entrega de *coisa incerta*, no entanto, o CPC não o faz no sentido de ser o bem "não certo, duvidoso, variável, pouco seguro, vacilante, mal definido" (Pontes de Miranda, "Comentários ao Código de Processo Civil, 1939", 2.ª ed., Rio de Janeiro: Forense, 1963, vol. X, tomo II, p. 396, n. 403), se não que levando em conta uma determinação que se opera à luz da generalidade e da quantidade. Afirma-se, por isso, que a execução para a entrega de coisa incerta é *genérica*, em contraposição à que tem por objeto coisa certa.

2. Procedimento

Prescreve o art. 811, *caput*, do CPC que, quando a execução incidir em coisas determinadas pelo gênero e quantidade, o devedor será citado para entregá-las individualizadas, se lhe couber a escolha; se ao credor, este deverá indicá-la já na peça inicial (*ibidem*, parágrafo único)

No geral, as coisas incertas são *fungíveis*, dada a sua inespecificidade; em alguns casos particulares, porém, elas poderão ser assinaladas pela *infungibilidade*, como quando, p. ex., o empregado (credor) pretende que lhe seja entregue certa ferramenta de sua propriedade, que utilizava em serviço; não qualquer ferramenta, mas de determinada *marca*. Assim sendo, o devedor não satisfará a obrigação se entregar ferramenta que, embora pertença ao mesmo gênero da reclamada pelo credor, não é da mesma *marca* por este indicada, na peça inaugural, caso a escolha lhe caiba. Estando a escolha a cargo do devedor, a citação que lhe for feita servirá para abrir-lhe oportunidade de individuar a coisa. O prazo para que o faça é de dez dias, em decorrência da permissão do art. 813, do CPC, para que se aplique à execução para a entrega de coisa incerta "as disposições da Seção I deste Capítulo", na qual se localiza o art. 806.

A parte terá o prazo de quinze dias para impugnar a escolha efetuada pela outra; caso isso ocorra, o juiz decidirá de plano, ou, se necessário, ouvindo perito de sua nomeação (CPC, art. 812).

No correto apontamento de Mendonça Lima, a impugnação da escolha provém da necessidade de estabelecer-se singelo contraditório entre as partes, no que toca à questão, com a finalidade de evitar que o arbítrio de uma cause danos a outra, pesando que tudo se contém no princípio de que a obrigação deve ser cumprida de modo a não criar ônus injustificado para o devedor, nem vantagem adicional ao credor (obra cit., p. 804).

Citado, o devedor deverá escolher (= definir) com que bem pretende satisfazer a obrigação; cabendo a escolha ao credor, este, como dissemos, indicará, já na petição inicial da execução, a coisa de sua preferência dentre as várias que integram o mesmo gênero.

Tendo a eleição do bem sido realizada pelo devedor, isto não significa que ao credor só reste anuir a esse ato; ao contrário, a norma legal (CPC, art. 812) lhe permite discordar da escolha — conforme as razões que tenha para apresentar —, após o que incumbirá ao juiz decidir *in limine* ou com prévia audição de perito. Um dos motivos que o credor poderá alegar, como fundamento de sua discordância quanto à escolha feita pelo devedor, será o desrespeito deste à regra insculpida no art. 244 do CC, de acordo com a qual, embora o devedor não esteja obrigado a prestar a coisa melhor, "não poderá dar a coisa pior". Situação delicada poderia surgir na hipótese de haver, unicamente, coisa *pior* ou coisa *melhor* do que a que deveria ser prestada. Diante dos termos do art. 244 do CC, o devedor não teria como adimplir a obrigação, uma vez que o oferecimento da primeira poderia ensejar séria objeção, pelo credor, sendo que, por outro lado, legalmente não estaria compelido a prestar a segunda. O solucionamento dessa aporia, sob a óptica dos preceitos jurídicos, consistiria em postular o credor o pagamento do valor da coisa, dada a impossibilidade da prestação *in natura* (Alcides de Mendonça Lima, obra cit., p. 804).

O direito de impugnar a escolha do bem, todavia, não é exclusivo do credor, haja vista a referência a "qualquer das partes" feita pelo art. 812 do CPC.

Objetada a escolha, estabelece-se uma controvérsia sobre o ato, que deverá ser dirimida pelo juiz. Com a locução *de plano* quer o Código (art. 812) dizer que o juiz poderá solucionar o incidente sem que para tanto haja necessidade de ser realizada audiência, ou praticado qualquer outro ato adminicular, de natureza instrutória. Muitas vezes, contudo, os autos não possuem elementos que propiciem uma decisão imediata. Admitamos que a discussão se refira ao valor do bem a ser prestado: não tendo o juiz,

EXECUÇÃO NO PROCESSO DO TRABALHO **323**

à sua disposição, elementos que lhe permitam conhecer, desde logo, esse valor, poderá nomear perito, com a finalidade de suprir essa falta. O princípio da *persuasão racional* (ou do livre convencimento motivado), consagrado pelo art. 371, do CPC, congeminado com o art. 765, da CLT, autoriza, entretanto, que o juiz forme a sua convicção jurídica sem que para isso tenha de basear-se, necessariamente, no laudo pericial. Na prática, porém, os juízes *tendem* a decidir em consonância com as conclusões impressas no laudo, por motivos mais ou menos óbvios: é que, sendo pressuposto da realização de exame pericial a falta de conhecimentos *técnicos* do magistrado acerca do objeto da perícia, fica difícil para o juiz demonstrar os fundamentos jurídicos que o levaram a decidir em contraste com o laudo.

Manifestação tópica, aliás, do preceito genérico que se irradia do art. 371 do CPC é a contida no art. 479 do mesmo texto processual, que não subjuga a formação do convencimento jurídico do magistrado ao laudo pericial, "levando em conta o método utilizado pelo perito".

Convém lembrar que o juiz poderá ordenar, por sua iniciativa ou a requerimento da parte, a elaboração de nova perícia, sempre que a matéria não lhe parecer suficientemente esclarecida (CPC, art. 480). A segunda perícia terá por objeto os mesmos fatos sobre que incidiu a primeira, e sua finalidade será a de reparar eventual omissão ou imprecisão dos resultados a que esta conduziu (*ibidem*, § 1.º); de qualquer modo, a segunda perícia não substitui a anterior, incumbindo ao juiz apreciar, com liberdade, o merecimento de uma e de outra, sopesando-os (*ibidem*, § 3.º);.

Em que pese ao fato de a decisão proferida pelo juiz no incidente de impugnação da escolha realizada ter caráter interlocutório, dela caberá o recurso de agravo de petição, pois esse ato judicial se insere na previsão genérica do art. 897, "*a*", da CLT.

Conforme afirmamos, o art. 813 do CPC autoriza a aplicação, em caráter supletivo, das disposições contidas no mesmo Código acerca da execução para a entrega de coisa certa (arts. 806 a 810). Daí vem que, adaptadas essas normas às singularidades da execução para a entrega de coisa *incerta*, temos que:

a) o devedor terá o prazo de quinze dias para indicar a coisa que pretende entregar;

b) de igual prazo disporá para fazer o depósito do bem, caso tencione embargar a execução;

c) deverá ser elaborado um termo de entrega da coisa, não havendo impugnação da outra parte, quanto à escolha; havendo, o juiz decidirá a respeito (art. 812);

d) será expedido mandado de imissão na posse ou de busca e apreensão (conforme se trate de bem imóvel ou de bem móvel), caso o devedor se recuse, de maneira injustificada, a fazer a entrega (art. 806, § 2.º);

e) poderá ser expedido mandado contra o terceiro adquirente, se a coisa foi alienada quando já litigiosa, embora se faculte ao credor convolar essa modalidade para a de execução por quantia certa;

f) o credor terá direito a receber, além de perdas e danos, o valor da coisa, quando esta não lhe for entregue, foi deteriorada, não for encontrada ou não for reclamada do poder do terceiro adquirente (art. 809), hipótese em que a execução se converterá em por quantia certa.

Relativamente à regra legal (CPC, art. 810) que prevê a indenização pelas benfeitorias feitas na coisa pelo devedor ou por terceiros, de cujo poder ela houver sido tirada, embora seja aplicável, em sentido supletório, na execução para a entrega de coisa *incerta*, não incide no processo do trabalho, pelas razões expostas no Capítulo anterior (I).

Capítulo III

Execução das Obrigações de Fazer

1. Generalidades

Alguns autores não admitem qualquer diferenciação entre as obrigações de *dar* e de *fazer*, afirmando uns que a segunda é o gênero da qual a primeira figura como simples espécie, e outros que essa distinção é destituída de qualquer utilidade prática.

Não negamos que as obrigações de *dar*, sob certo aspecto, também são de *fazer*, na medida em que participam da natureza desta. Examinadas, porém, ambas as modalidades obrigacionais com maior rigor técnico, verificaremos que as diferenças entre elas são significativas, justificando, com isso, o fato de serem disciplinadas, legalmente, em capítulos diversos, no sistema do CPC. Com efeito, um dos traços distintivos mais nítidos está na *prestação* a ser realizada: enquanto nas obrigações de dar consiste na entrega de uma coisa, seja certa ou incerta, na de fazer essa prestação se traduz num ato, serviço ou atividade por parte do devedor.

Em termos concretos, portanto, devemos levar em conta se o devedor, para satisfazer a obrigação de *dar* (ou entregar), não precisa, antes, elaborá-la, produzi-la, ou, se, ao contrário, haverá necessidade de a coisa ser previamente elaborada; no primeiro caso, a obrigação será tipicamente de *dar*; no segundo, de *fazer*.

Mais ainda. Nas obrigações de *dar*, faz-se despicienda, por princípio, a pessoa física do devedor, porquanto o adimplemento da obrigação se dá com a entrega da coisa em si, independentemente de quem tenha efetuado essa entrega; já nas de *fazer* (que pressupõem, como dissemos, um *facere*), o que se põe à frente são certas qualidades, atributos, ou particularidades do devedor, razão por que o cumprimento da obrigação exige que ele próprio faça (= *confeccione*) a coisa. Nesta última espécie obrigacional há, pois, uma nota de pessoalidade (*intuitu personae*) quanto ao devedor, que impede ser a obrigação adimplida por terceiro.

No processo do trabalho, as obrigações de fazer mais frequentes são as de anotar a carteira de trabalho; entregar as guias para o saque do FGTS; reintegrar empregado estável e efetuar promoção funcional.

2. Procedimento

Transitando em julgado a sentença que impôs ao devedor uma obrigação de fazer, este será citado para cumprir o julgado no prazo assinalado pelo juiz, se outro já não estiver fixado (CPC, art. 815). A citação é obrigatória, tanto nas execuções que tenham como objeto obrigações *fungíveis* quanto nas que se baseiem em obrigações infungíveis. Não é comum, no processo do trabalho, a sentença fixar o prazo e as condições para que a obrigação seja cumprida, a despeito da regra imperativa do art. 832, § 1.º, da CLT. No geral, os provimentos trabalhistas dispõem que a obrigação deverá ser satisfeita no "prazo legal"; em concreto, isso equivale a dizer que o prazo será de 48 horas, por força da incidência do art. 880, *caput*, da CLT. Nada obsta, porém, a que o juiz, levando em conta as particularidades do caso concreto e a dificuldade no cumprimento da obrigação fixe prazo maior.

O fato de o art. 815 do CPC estabelecer que o devedor será citado para *satisfazer a obrigação* poderia conduzir à ilação de que este não teria oportunidade para opor embargos. É evidente, porém, que o devedor será citado não apenas para adimplir a obrigação, mas — se for o caso — para opor embargos, no prazo legal; caso a obrigação de fazer esteja conjugada com a de pagar quantia certa (salários vencidos, no caso de reintegração de empregado estável) há necessidade de ser efetuada a garantia do juízo (CLT, art. 884, *caput*). É relevante observar que o art. 536, § 4.º, do CPC, estabelece que no cumprimento da sentença que reconheça a exibilidade de obrigações de fazer ou não fazer será aplicado o art. 525, no que couber. O *cumprimento da sentença*, a que se refere a norma legal citada, corresponde, no processo do trabalho, aos *embargos à execução*. O art. 525 do CPC traça o procedimento a ser observado. Todavia, conforme dissemos, no processo do trabalho o devedor deverá apresentar embargos à execução, embora seja desnecessária a garantia do juízo, em decorrência da natureza da obrigação imposta (fazer ou não fazer). Se, todavia, a obrigação convolar-se para *quantia certa* será indispensável a garantia do juízo.

Deixando o devedor de, no prazo legal, cumprir a obrigação ou oferecer embargos, permite o art. 816 do CPC que o credor:

a) requeira;

b) nos próprios autos;

c) seja a obrigação executada à custa do devedor. Essas declarações da norma processual civil devem ser entendidas em harmonia com as singularidades do processo do trabalho. Assim, neste, embora também o credor possa requerer a execução em tela, não se pode negar a iniciativa *do juiz* nesse campo; estamos asseverando, pois, que a execução das obrigações de fazer podem ser promovidas *ex officio* pelo magistrado, que a tanto estará autorizado pelo art. 878, *caput*, da CLT. De outra parte, no processo do trabalho, as execuções se processam, via de regra, nos mesmos autos em que foi emitida a sentença, agora convertida em título executivo judicial pelo fenômeno da *res iudicata* material. Por fim, a locução "à custa do executado" não significa que a execução ficaria a expensas do devedor apenas quando este deixasse de cumprir a obrigação; o que essa locução legal está a ressaltar é que a prestação poderá ser realizada *por terceiro*, mas (e aí sim) *à custa do devedor* (CPC, art. 817).

EXECUÇÃO NO PROCESSO DO TRABALHO **327**

De tal arte, se o devedor não satisfizer a obrigação (nem apresentar embargos), terá o credor, diante de si, duas alternativas:

a) manifestar ao juiz a sua vontade no sentido de que a prestação seja realizada por terceira pessoa, à custa do devedor (nessa hipótese, mantém-se a obrigação de *fazer*, cujo cumprimento, porém, ficará a cargo de quem não integrou a relação jurídica processual). Entretanto, a obrigação não poderá ser prestada por terceiro quando for personalíssima, *intui tu personae*, vale dizer, quando deva ser realizada, exclusivamente, pelo devedor;

b) solicitar que a execução se convole para a modalidade "por quantia certa", hipótese em que buscará obter, do próprio devedor, reparação pelas perdas e danos provenientes do inadimplemento deste à obrigação original, que era *de fazer* (CPC, art. 816, parte final). O valor das perdas e danos será apurado mediante liquidação, seguindo-se a execução por quantia certa (*ibidem*, parágrafo único).

A escolha, pelo credor, por qualquer das duas soluções acima indicadas entra no grupo dos seus direitos *potestativos*, não dependendo, por isso, da concordância do devedor.

Pensamos não ser impossível — conquanto de remota probabilidade — a aplicação, no processo do trabalho, dos arts. 816 e 817 do CPC, que cuidam da prestação do fato por intermédio de terceiro, à custa do devedor, desde que, como ressaltamos, essa prestação não tenha caráter pessoal — o que segundo a definição dessa espécie obrigacional é algo raro.

Prestado o fato (por terceiro), o juiz ouvirá as *partes* no prazo de dez dias; considerar-se-á cumprida a obrigação caso inexista impugnação; havendo, o juiz sobre ela decidirá (CPC, art. 818). Se o fato for prestado pelo próprio devedor, o juiz ouvirá o credor no mesmo prazo.

Acontecendo de o contratante não prestar o fato, no prazo legal, ou fazê-lo de maneira incompleta ou defeituosa, poderá o credor solicitar ao juiz, no prazo de quinze dias, que o autorize a concluí-lo ou a repará-lo, por conta do contratante (CPC, art. 819); ouvido este em quinze dias, o juiz mandará avaliar o custo das despesas e condenará o contratante a pagá-lo (*ibidem*, parágrafo único).

Caso o credor pretenda executar, ou mandar executar, debaixo de sua direção e vigilância, as obras e trabalhos necessários à prestação do fato, terá preferência, em igualdade de condições de oferta, ao terceiro (CPC, art. 820, *caput*); esse direito será exercido no quinquídio que se seguir à apresentação da proposta pelo terceiro (*ibidem*, parágrafo único).

Nas obrigações de fazer, quando for convencionado que o devedor a faça *pessoalmente* — ou quando essa exigência decorrer de norma legal —, o credor poderá requerer ao magistrado que lhe fixe prazo para cumpri-la (CPC, art. 821, *caput*); havendo mora ou recusa do devedor, a obrigação pessoal converter-se-á em perdas e danos, sem despreso do disposto no art. 816 do mesmo álbum processual civil.

Essa pessoalidade, como afirmamos no início do Capítulo, representa elemento característico das obrigações de fazer, diferençando-as das de dar. Dela já se ocupava o direito antigo, como demonstra este trecho do Digesto: "entre os artífices há muita diferença no engenho, na natureza e doutrina, e no modo de instruir, pelo que se alguém prometeu fabricar uma nave, uma casa ou um fosso, e se tratou expressamente que ele o havia de fazer por si, ainda que o faça o seu fiador, não consentindo o que estipulou, não se livrará o devedor" (L. 46, T. III, 31).

3. Execução das obrigações de fazer típicas das relações trabalhistas

3.1. Entrega de guias para a movimentação do FGTS

Fixados, por sentença ou por acordo, o dia, o horário e o local para a entrega, pelo empregador, das guias supracitadas, devidamente preenchidas e assinadas, e vindo este a inadimplir a obrigação, dar-se-á início à correspondente execução, a requerimento do credor ou por iniciativa do juiz (CLT, art. 878, parágrafo único), sendo o devedor citado para cumprir a obrigação (CLT, art. 880, *caput*); caso pretenda, poderá oferecer embargos, efetuando, antes, a garantia do juízo (CLT, art. 884, *caput*).

Será lícito ao juiz, independentemente de requerimento do credor, impor multa diária ao devedor, pois a sentença pertinente às obrigações de fazer ou de não fazer será cumprida de acordo com os arts. 497 a 501, do mesmo Código.

Se o devedor não opuser embargos, nem solver a obrigação, a praxe forense, aplicando a cominação estampada na sentença ou nos termos do acordo, tem permitido a "execução direta" dos valores que deveriam ter sido liberados por meio das referidas guias, inclusa, se for o caso, a multa diária prevista no art. 536, § 1.º, do CPC. Cabe examinar se esse procedimento é correto. Primeiramente, devemos esclarecer que não ocorre, aqui, o fenômeno da fungibilidade, porquanto a obrigação, que era de fazer, é substituída *por outra, de espécie diversa*. O que há, pois, é conversão de uma modalidade em outra. Esse convolar, por outro lado, não apenas é doutrinariamente justificável (uma vez que as execuções das obrigações de dar e de fazer, sendo específicas, devem, em face de dificuldades à sua realização concreta, converter-se em por quantia certa, dado o sentido genérico destas: CPC, art. 816), como necessário, em alguns casos. Realmente, se, na situação de fato em pauta, o devedor se recusa a efetuar a entrega das guias para o saque dos valores relativos ao FGTS (= fazer), constitui providência imprescindível não somente para assegurar a efetiva satisfação do direito do credor, mas também para preservar a dignidade do Poder Judiciário, que emitiu a sentença exequenda, que a execução se transforme em por quantia certa.

Sendo assim, denunciando o credor o inadimplemento da obrigação, requererá ao juiz a conversão obrigacional, com a prévia remessa dos autos ao contador, para efeito de confecção dos cálculos e da conta geral, após o que o devedor será citado para solver a obrigação. Poderá o próprio credor elaborar os cálculos pertinentes ao FGTS, remetendo-se, depois, os autos à contadoria (ou à secretaria do órgão de primeiro grau) para o cálculo de custas, emolumentos e de outras despesas processuais existentes.

Estamos nos ocupando em defender a possibilidade legal de a execução da obrigação de entregar as guias do FGTS (*facere*) convolar-se para por quantia certa; nada impede, entretanto, que circunstâncias extraordinárias levem o juiz a expedir *alvará* destinado ao levantamento das quantias relativas ao FGTS depositadas na conta do credor, sempre que forem desaconselháveis: a) a conversão da execução original em por quantia certa; b) a insistência para que as mencionadas guias sejam entregues pelo devedor. Entendemos ser extremamente difícil apresentar o processo do trabalho situações que permitam ao credor solicitar ao juiz que a prestação seja — no exemplo em foco — realizada *por terceiro*, à custa do devedor, pois a assinatura deste é indispensável como requisito para a validade das guias do FGTS.

3.2. Reintegração de empregado estável

Passando em julgado a sentença que impôs ao empregador a reintegração de empregado estável — ou inadimplido o acordo, por força do qual assumiu, espontaneamente, a obrigação—, este será citado para satisfazê-la. Para tanto, o empregado comparecerá ao local de trabalho, acompanhado por oficial de justiça, a quem incumbirá cumprir o mandado nos termos em que se contém. O oficial de justiça lavrava o correspondente auto de reintegração, entregando uma das vias ao empregador; outra via será juntada aos autos do processo.

Negando-se o devedor a proceder à reintegração, diverge a doutrina quanto à forma pela qual o credor e o direito reagirão a essa recusa. Wagner Giglio defende a possibilidade de reintegração à força (*manu militari*), embora reconheça a violência e as dificuldades que isso acarreta: "Acompanhado de soldados e do exequente, o oficial de justiça encarregado da diligência instalará o empregado, se necessário arrombando as portas da empresa (*sic*), em sua bancada de trabalho, e certificará o fato nos autos. Assim procedendo, dar-se-á por cumprido o mandado judicial" (obra cit., p. 419). Coqueijo Costa entende que, obstada a reintegração, não cabe realizá-la *manu militari*, pois neste caso o empregado continuará a receber salários sem trabalhar, "sendo-lhe facultado reclamar por despedida indireta, ou pelos salários não pagos, ou a indenização dobrada se a empresa ou o estabelecimento se extinguiu" (obra cit., p. 663). Essa opinião é perfilhada por C. P. Tostes Malta (obra cit., p. 613). Antônio Lamarca nega a possibilidade de reintegração forçada, sustentando que o devedor "pode deixar de cumprir a obrigação" (obra cit., p. 486), argumentando que "A lei instituiu a compensação pecuniária para o inadimplemento" (obra cit., p. 486), referindo-se às *astreintes*, de que fala o art. 729 da CLT.

Em que pese aos transtornos de ordem prática que a execução possa acarretar, acreditamos que o empregado estável deva, por princípio, ser reintegrado *manu militari*, caso o empregador se recuse a satisfazer a obrigação. Discordamos de Antônio Lamarca, quando praticamente vislumbra no art. 729 da CLT um "direito" de o devedor recusar-se à reintegração determinada pelo título executivo. Primeiramente, porque não está claro que a penalidade pecuniária, mencionada nessa norma trabalhista, corresponda às *astreintes* do direito francês — como afirma o eminente jurista —, pois nada demonstra ser o empregado o beneficiário dessa penalidade. A interpretação dos arts. 729 e 746, "g", da CLT permite até mesmo concluir pela competência da Procuradoria-Geral da Justiça do Trabalho (CLT, art. 746, "g"). Em segundo lugar, mesmo que se admita — apenas para argumentar — que a pena pecuniária em questão seja aplicada em prol do empregado estável (*astreinte*, portanto), isto não responde à necessidade imperiosa de se fazer com que as decisões proferidas pelo Poder Judiciário sejam cumpridas de acordo com a vontade soberana do órgão jurisdicional, a fim de que esse Poder tenha preservada a sua autoridade e a sua dignidade. Por esse motivo, seguimos sustentando a viabilidade jurídica de executar-se, mediante o emprego de força policial, a obrigação de reintegrar empregado estável, por ser esse, precisamente, o comando que se esplende da sentença exequenda.

A particularidade de o empregado ficar recebendo salários sem trabalhar não justifica o veto de alguns autores à reintegração *manu militari*, porque permanece o desrespeito do devedor a uma decisão judicial passada em julgado — algo que não deve ser estimulado, mesmo que ele tenha certos encargos, como o de pagar salários a quem não lhe está prestando serviços.

De outra parte, a dissolução (dita indireta) do contrato, com o pagamento em dobro das indenizações devidas, pode constituir solução que não consulte aos interesses do empregado, que, a despeito da polpuda quantia que em virtude disso possa receber, terá perdido uma das garantias fundamentais que a sua classe possui: a estabilidade no emprego.

O nosso parecer sobre o assunto *sub examen* é, pois, o seguinte: a) por princípio, a recusa do empregador em reintegrar o empregado ensejará a requisição de força policial, para que o ato se realize por essa forma; em nome do prestígio e da dignidade do Poder Judiciário, deve-se fazer com que o ato de vontade jurisdicional seja respeitado, ainda que, para tanto, o devedor seja compelido a fazê-lo *manu militari*; b) enquanto a reintegração não se realizar, o empregado terá direito aos salários do período e à multa prevista no art. 729 da CLT, na hipótese de entender-se que ela se reverte em seu benefício; c) se, por alguma razão particular ponderosa, convir ao empregado, a obrigação de reintegrar poderá ser convertida em de indenizar (execução por quantia certa), sem prejuízo do disposto na letra anterior. Equivoca-se Tostes Malta ao pensar que, com vistas a isso, o empregado deverá ajuizar outra ação, na medida em que tal procedimento seria não apenas contrário ao caráter alternativo da obrigação, mas atentatório ao princípio da celeridade na plena satisfação dos julgados trabalhistas. Ora, estabelecendo o art. 496 da CLT que o órgão judicante poderá *converter* a obrigação de fazer (= reintegrar) em por quantia certa (= pagar as indenizações legais em dobro), não faz sentido, *data venia*, cogitar-se de ajuizamento de nova ação, para que a indenização se torne possível. Wagner Giglio declara que essa convolação só seria permitida se a sentença exequenda contivesse obrigações alternativas (obra cit., p. 420). Conquanto se possa imaginar inatacável a posição assumida pelo grande jurista de São Paulo — que merece a nossa irrestrita admiração —, porquanto o art. 492 do CPC torna defesa a prolação de sentença, a favor do autor, de natureza diversa da pedida, assim como a condenação do réu em objeto diverso do que lhe foi demandado, cumpre-nos ponderar que as obrigações de fazer mereceram do legislador um tratamento peculiar, que autoriza o afastamento tópico da norma referida.

Efetivamente, estatui o art. 248 do CC — que delas se ocupa — que, se a prestação do fato se impossibilitar *por culpa do devedor*, este responderá por *perdas e danos*, regra que é iterada pelos arts. 816, *caput*, e 821, *caput*, do CPC, sendo certo que a execução por perdas e danos (indenização) se processa nos mesmos autos em que foi emitido o título executivo contendo a obrigação de fazer (reintegrar).

Em tema de obrigação envolvendo um *facere*, não há, pois, exigência legal de que a sentença advirta ao devedor de que eventual inadimplemento fará com que ela se converta em por quantia certa (indenização), uma vez que essa alternatividade, sendo preceito de lei (CPC, arts. 816 e 821), está implícita no decreto jurisdicional condenatório. Afaste-se, assim, qualquer suspeita de ofensa à coisa julgada material, decorrente dessa conversão.

De resto, sendo as indenizações trabalhistas em regra previamente tarifadas, torna-se dispensável a apuração de perdas e danos, bastando que sejam aplicados os critérios legais incidentes (CLT, arts. 477, 496 e 497).

A resolução que estamos a alvitrar ao problema não está circunscrita à *recusa* do empregador em reintegrar o empregado estável; o converter a obrigação de fazer em por quantia certa deverá ser realizado também nos casos em que houver sido declarada a falência do devedor; o estabelecimento já não existir; a atividade empresarial houver cessado; enfim, sempre que se tornar *impossível* a reintegração do empregado.

3.3. Anotações na Carteira de Trabalho

São encontradiços, no processo do trabalho, os casos em que a obrigação de fazer consiste em anotar o contrato de trabalho na CTPS do empregado. Essa modalidade de obrigação não oferece maiores dificuldades de ordem prática, pois, inadimplida que seja, o devedor será chamado a efetuar as anotações necessárias na Carteira de Trabalho, conforme os elementos constantes dos autos em que foi proferida a sentença condenatória ou realizada a transação descumprida.

Feitas as anotações, a obrigação estará solvida, ocorrendo, em consequência, a extinção do processo (CPC, art. 924, II), salvo se a execução dever prosseguir para obter-se a satisfação de outras obrigações oriundas do título judicial. Se, porém, o devedor se recusar a fazer as anotações na Carteira de Trabalho, ou estiver procrastinando quanto a isso, o ato será realizado pela secretaria do órgão proferidor da sentença exequenda, sem prejuízo de comunicação à autoridade administrativa competente (Delegacia Regional do Trabalho), para efeito de aplicação da multa cabível (CLT, art. 39, § 1.º).

Considerando as particularidades dessa espécie de obrigação, torna-se recomendável que o juiz fixe dia, hora e local para o seu cumprimento. Tem sido praxe a eleição, pelas partes, da secretaria da Vara para esse fim, o que é proveitoso por permitir uma verificação imediata quanto ao solvimento, ou não, da obrigação; neste último caso, poderá o credor solicitar, ato contínuo, mediante termo nos autos, a consequente execução, ficando dispensado, portanto, de apresentar petição letrada.

Não merece ser estimulado o hábito — posto em prática por alguns juízos — de determinar que a CTPS seja anexada aos autos, nos quais permanecerá até a data em que a obrigação deva ser satisfeita, pois isso poderá causar certos transtornos ao credor, que talvez venha a necessitar desse documento justamente no período em que se encontra apensado aos autos. O ideal, por isso, é que este compareça, no dia e horário designados, ao local onde a obrigação deverá ser cumprida, portando a sua Carteira de Trabalho e apresentando-a ao devedor para que nela faça os assentamentos necessários.

Capítulo IV

Execução das Obrigações de Não Fazer

1. Generalidades

O conteúdo da obrigação de não fazer é a abstenção de um ato, um *non facere*, pelo devedor, acarretando, conseguintemente, uma *prestação negativa* por parte deste.

Determinado segmento doutrinário não reconhece, todavia, um objeto nessas obrigações, por faltar-lhes algo concreto, perceptível; não nos parece correto esse entendimento, porquanto a abstenção a que o devedor está obrigado, *ex vi* de norma legal ou de disposição contratual, constitui, igualmente, um *fato*, sendo relevante observar que ela o submete a certo comportamento, que, na espécie, é *negativo* (= não fazer). Ato humano que é tal abstenção, nada inibe o seu reconhecimento como *prestação* do devedor.

As obrigações em questão podem ser classificadas como: a) instantâneas; e b) permanentes. As primeiras são as que, uma vez inadimplidas, impedem o seu ulterior cumprimento; as segundas são aquelas que devem ser satisfeitas para sempre ou durante algum tempo; lá, o que cabe ao credor é exigir o pagamento de indenização, a título de perdas e danos; aqui, solicitar ao juízo que o ato praticado pelo devedor seja desfeito, também com indenização pelas perdas e danos que forem apuradas.

Via de regra, as obrigações de não fazer trabalhistas são do tipo *permanente*: não transferir o empregado para localidade diversa daquela em que foi contratado ou está prestando serviços, etc.

Da prestação negativa instantânea trata o art. 822, do CPC, onde se encontra embutida a pressuposição de que o devedor já praticou o ato em relação ao qual deveria abster-se. Não sendo possível, em situações como esta, fazer-se com que as coisas retornem ao *status quo ante*, a solução legal é impor ao devedor o pagamento de indenização. As prestações negativas da espécie permanente são reguladas pelos arts. 822 e 823 do mesmo estatuto processual.

2. Procedimento

Variará o procedimento conforme a obrigação de não fazer, que dá conteúdo à execução, seja *instantânea* ou *permanente*; sendo assim, é conveniente separarmos as espécies:

a) Na obrigação negativa permanente, ocorrendo o seu inadimplemento, incumbirá ao credor solicitar ao juiz que assine ao devedor prazo para que este desfaça o ato, a cuja abstenção se obrigara, com aplicação da penalidade pecuniária que acaso tenha sido estipulada pela sentença exequenda. Havendo recusa ou mora do devedor, requererá o credor ao juiz que mande desfazer o ato à sua custa, hipótese em que o devedor responderá por perdas e danos (CPC, art. 823, *caput*). Não sendo possível o desfazimento do ato, a obrigação se resolverá em perdas e danos (*ibidem*, parágrafo único).

Pensamos, contudo, que a indenização por perdas e danos, derivante da recusa do devedor ou da impossibilidade de desfazer-se o ato por ele praticado, deva ser evitada, o quanto se puder, no processo do trabalho, procurando-se, ao contrário, encontrar soluções que se conciliem com esse processo e com o direito material correspondente. No exemplo, há pouco mencionado (de transferência do empregado contra a letra da lei ou cláusula contratual), não sendo possível, por qualquer motivo, o desfazimento do ato, com o retorno ao *status quo ante,* não se deverá pensar em perdas e danos e sim em incorporação do adicional de 25% ao salário do empregado-credor, ainda que o devedor tenha alegado o caráter de *definitividade* da remoção.

b) Sendo a obrigação de não fazer do tipo *instantâneo*, a execução se converterá em por quantia certa (para apurar as perdas e danos) sempre que se tornar impossível desfazer-se o ato realizado pelo devedor, mediante ruptura da cláusula de abstenção. As perdas e danos serão quantificadas por intermédio de liquidação, a menos que as partes tenham instituído, no negócio jurídico de que participaram, multa compensatória para o caso de descumprimento da obrigação. A imposição de multa ao devedor inadimplente deverá estar expressa na sentença condenatória (CPC, art. 537).

Como a lei não aponta critérios para a fixação do valor da multa pecuniária, parece-nos lícito concluir que isso ficará reservado ao prudente arbítrio do magistrado. O valor da multa poderá ser majorado ou reduzido, conforme se revele insuficiente ou excessivo, respectivamente.

Deverá a sentença que compuser a lide definir a data a partir da qual a multa diária se tornará devida. Sendo omissa a sentença, no particular, incumbirá ao juiz, por despacho, fixar essa data. Nunca é inútil observar que tal cominação somente incidirá se o devedor deixar de cumprir a obrigação, no prazo assinado pelo provimento jurisdicional ou no contrato. Enquanto a obrigação de fazer ou de não fazer não for satisfeita, a pena pecuniária será devida; cessará a multa, ainda, se, não sendo possível desfazer-se o ato, a obrigação se resolver em perdas e danos (CPC, art. 643, parágrafo único). Em quaisquer desses casos, o credor poderá promover execução por quantia certa, a fim de receber o montante da multa.

Repitamos o que dissemos em relação à obrigação de fazer: o art. 536, § 4.º, do CPC, estabelece que no cumprimento da sentença que reconheça a exibilidade de obrigações de fazer ou *não fazer* (como é o caso) será aplicado o art. 525, no que couber. O *cumprimento da sentença,* a que se refere a norma legal citada, corresponde, no processo do trabalho, aos *embargos à execução.* O art. 525 do CPC traça o procedimento a ser observado. Todavia, conforme dissemos, no processo do trabalho o devedor deverá apresentar embargos à execução, embora seja desnecessária a garantia do juízo, em decorrência da natureza da obrigação imposta (fazer ou não fazer). Se, todavia, a obrigação convolar-se para *quantia certa* será indispensável a garantia do juízo.

3. À guisa de sugestão

Ao versarmos sobre a execução destinada a reintegrar empregado estável (= de fazer), pudemos externar nossa opinião de que a multa (de 1/5 a um valor-de-referência por dia) prevista no art. 729, *caput*, da CLT não é, em rigor, similar à *astreinte* do direito francês, pois, ao inverso desta, não tem como beneficiário o prejudicado pela recusa do devedor em cumprir a obrigação. A pena pecuniária criada por nossa legislação trabalhista possui natureza fiscal, constituindo crédito da Fazenda Pública Federal, sendo, por isso, objeto de execução forçada, perante a Justiça Federal, segundo o procedimento ditado pela Lei n. 6.830/80.

O direito laboral pátrio, na verdade, consagrou a *astreinte* apenas em um caso isolado; referimo-nos ao art. 137, § 2.º, da CLT, no qual está escrito que a sentença deverá cominar pena diária de 5% do salário mínimo ao empregador que deixar de conceder as férias no prazo fixado por esse decreto jurisdicional, penalidade que atuará enquanto a obrigação não for satisfeita. É conveniente observar, *en passant*, que a fixação dessa penalidade pecuniária com base em salário mínimo malfere a regra contida no art. 7.º, inciso IV, da Constituição Federal, que veda a vinculação do salário mínimo "para qualquer fim". No caso da ação rescisória, o art. 836, da CLT, não esclarece se o depósito de 20% do valor da causa será devido ao réu no caso de insucesso do autor. A Instrução Normativa n. 31, de 27-9-2007, do TST, procurou suprir essa lacuna legislativa, dispondo que esse valor "será revertido em favor do réu, a título de multa, caso o pedido deduzido na ação recisória seja julgado, por unanimidade de votos, improcedente o inadmissível". Isto significa, por outro lado, que se a votação for por *maioria* de votos o valor do depósito será restituído ao autor, ainda que a ação tenha sido considerada inadmissível, ou o pedido formulado na inicial tenha sido rejeitado. Um retoque gramatical: ao contrário do que consta da Instrução Normativa n. 31, do TST, há pouco mencionada, caso o pedido formlado na ação rescisória seja rejeitado por unanimidade de votos, o valor depositado não será *revertido* ao réu; *reverter* significa retornar ao lugar ou ao ponto de origem; como o depósito foi realizado *pelo autor* (origem), o valor será *transferido* ao réu.

Já a multa mencionada no art. 536 § 1.º, do CPC se identifica com as *astreintes* francesas, pois o direito de reclamá-la pertence àquele que figura como credor na execução da obrigação de fazer a que o devedor se nega a cumprir.

A finalidade intimidatória e mesmo coativa dessa medida leva-nos a sugerir que, *de lege ferenda,* ela seja largamente utilizada pelo direito material do trabalho, notadamente nas obrigações de fazer e de não fazer, como providência necessária para evitar que o devedor se recuse, sem qualquer justificativa plausível, a satisfazer obrigações dessa espécie. Com vistas a isso, é aconselhável que examinemos, agora, com maior profundidade, as *astreintes* consagradas em França, descortinando-lhes certos aspectos essenciais — que até hoje não foram adequadamente percebidos pela doutrina trabalhista (e pela própria jurisprudência) de nosso país.

Uma das dificuldades iniciais que se depara a quem estude essa figura concebida pela língua e pela jurisprudência francesas assenta na inexistência de um vocábulo português que lhe corresponde em significação. O que temos, dicionarizado, é o verbo *estringir*, significante de comprimir muito, apertar em demasia; constringir ("Dicionário Houaiss da Língua Portuguesa", Editora Objetiva, Rio de Janeiro: 2001, 1.ª ed., p. 1265). A *astreinte* (do latim *astringere*, de *ad* e *stringere*), sugere a ideia de *coação*, de *compulsão*, de *pena* (pecuniária) imposta a alguém (devedor).

No conceito liebmaniano a *astreinte* surge como "a condenação pecuniária proferida em razão de tanto por dia de atraso (ou qualquer unidade de tempo, conforme as circunstâncias), destinada a obter do devedor o cumprimento de obrigação de fazer pela ameaça de uma pena suscetível de aumentar indefinidamente" ("Processo de Execução", São Paulo: 1946, p. 337, n. 97). A definição elaborada por Liebman amolda-se ao art. 461, § 4.º, do CPC, no qual está evidenciado o objetivo moralizador e coativo da medida, aplicável toda vez que o devedor se recusar a cumprir obrigação de fazer ou de não fazer.

Alcides Mendonça Lima a define como "uma coação de caráter econômico, no sentido de influírem no ânimo do devedor, psicologicamente, para que cumpra a prestação de que se está esquivando" (Enciclopédia Saraiva de Direito, vol. 8, p. 353, verbete Astreintes).

Segundo Santiago Sentis Melendo "Se llama conminatoria, o pena judicial (la denominada ejecución procesal indirecta), la condena pecuniaria (en el derecho francés, astreinte), pronunciada por el juez, a razón de un tanto por día (o semana, o mes, o año) de retardo en el cumplimiento; esto, con la finalidad de ejercitar una presión sobre el deudor e inducirlo al cumplimiento de una obligación de hacer (o de no-hacer). El deudor es siempre libre de no-cumplir; pero sabe que, si no cumple, deberá sufrir la consecuencia antes señalada" ("Manual de Derecho Civil y Comercial". Buenos Aires: 1955, tomo IV, p. 343, § 119.9).

Embora o direito do trabalho, *de lege lata*, desconheça as perdas e danos (as indenizações, aqui, como afirmamos, são previamente tarifadas), amplamente admitidas pelo civil, convém ao nosso propósito (de formular sugestões visando à futura elaboração legislativa) destacar ser perfeitamente possível a coexistência, em um mesmo ordenamento jurídico, das *astreintes* (ou qualquer outra denominação que se lhes venha a dar, em nosso meio) com as perdas e danos, pois os *fins* de uma e de outra não coincidem. Enquanto esta tende a obter a reparação de prejuízos ocasionados pelo devedor ao credor, aquela se caracteriza por um sentido fortemente coativo, constritivo, do devedor recalcitrante. Ademais, as perdas e danos (que incluem os prejuízos efetivos e os lucros cessantes) mantêm proporção aos prejuízos sofridos pelo credor (CC, art. 403),

EXECUÇÃO NO PROCESSO DO TRABALHO **337**

ao passo qe as *astreintes* (ou multa, como queiram) possuem, quanto a isso, certo traço de arbitrariedade em seu valor, porquanto não se prendem a uma equivalência com o montante do dano.

Por outro ângulo, podemos asseverar que as perdas e danos, uma vez apuradas, são *definidas* (logo, também *definitivas*) em relação à sua monta, embora as *astreintes* sejam exigíveis até o momento em que o devedor se demover de sua atitude de resistir ao cumprimento da obrigação, podendo, em face disso, exceder ao limite da própria obrigação. O diploma processual civil brasileiro denota a possibilidade de *cumulação* das duas medidas, como se infere pela interpretação articulada dos arts. 537, e 823).

Ainda: as perdas e danos, do ponto de vista teórico, correspondem à execução direta da obrigação inadimplida; tanto isto é certo, que devem ser proporcionais a esta; já a execução das *astreintes* se faz por via oblíqua, indireta, porquanto, ao responder por elas, o devedor não se está eximindo da obrigação em si, a que será chamado a cumprir, nos mesmos autos, exceto se esta se resolver em perdas e danos. Percebe-se, assim, que o escopo das *astreintes* se resume na *garantia* da execução da obrigação (nunca, como advertimos, na asseguração desta). Calham com oportunidade, pois, as palavras de Liebman sobre o assunto, de que as *astreintes* buscam "conseguir o adimplemento da obrigação pela prestação do próprio executado compelido a cumpri-la, para evitar as pesadas sanções que o ameaçam" (obra cit., p. 339, n. 97).

Em diversos casos de execução de obrigações de fazer ou de não fazer, no processo do trabalho, como para entrega de guias do FGTS e anotações na Carteira de Trabalho, tem-se visto o devedor sentir-se à vontade para esquivar-se ao cumprimento da obrigação, justamente por inexistir, nos direitos material e processual do trabalho, qualquer medida cominatória, que iniba esse procedimento ou o torne sobremaneira gravoso ao devedor. É evidente que a ausência de penalidades pecuniárias específicas estimula a prática de tais atos de recalcitrância e de desrespeito à coisa julgada. Ainda que se pudesse alegar que no caso de reintegração de empregado estável essa multa exista, o argumento não tem a relevância que se possa imaginar, seja porque o produto dessa multa não pertence ao credor, e sim ao Estado, seja porque ficam sem semelhante proteção as demais execuções de fazer (anotar na CTPS, entregar guias do FGTS, etc.) e de não fazer (transferência do empregado, etc.). Por este motivo, nas edições anteriores deste livro sugerimos que essa lacuna fosse suprida *de lege ferenda*, de maneira que sejam abarcadas pelas *astreintes* todas as situações de recusa injustificada ao cumprimento das obrigações trabalhistas dessa natureza. Enquando não for adota esta providência legislativa, caberá ao interessado e ao próprio juiz, em casos como de entrega das guias liberatórias de FGTS, de anotações na CTPS, etc., invocar, em caráter supletivo (CLT, art. 769), os arts. 536, § 1.º, e 537, do CPC, para efeito de aplicação da multa diária aí prevista.

Conquanto, por força da tradição, as *astreintes* se vinculem às obrigações de fazer e de não fazer, a realidade prática trabalhista recomenda que elas sejam, em futuro, legalmente instituídas como medida necessária também para fazer com que se assegure o adimplemento das obrigações de *pagar quantia certa*, uma vez que a simples atualização do débito e a incidência dos juros moratórios (e, em determinados casos, da cláusula penal estipulada) não atende a esse anseio dos credores. O caminho para isso tem sido aberto por alguns instrumentos normativos (máxime os acordos e as convenções coletivas de trabalho), nos quais a multa é estabelecida — quase sempre por dia de atraso no solvimento das obrigações previstas nesses instrumentos. O êxito dessa experiência trazida pelas próprias categorias antagônicas reforça a nossa sugestão para que o legislador introduza no direito material trabalhista algo equivalente às *astreintes* francesas; seria improfícuo dirigirmos esse apelo à jurisprudência, em virtude da regra estampada no art. 5.º, II, da Constituição da República, conforme a qual alguém somente poderá ser compelido a fazer ou a deixar de fazer alguma coisa em decorrência de lei. As *astreintes*, aliás, constituem criação da jurisprudência francesa; a diferença está em que, naquele país europeu, a Suprema Carta não contém disposição análoga à inserida no art. 5.º, II, da brasileira.

Poder-se-ia, até mesmo, fazer com que a multa pecuniária trabalhista, a ser instituída um dia, dispensasse o cumprimento *manu militari* da obrigação, evitando, assim, infligir ao devedor certa violência física; nessa hipótese, seria de renunciar-se à exigência de acatamento à decisão judicial como compensação ao fato de a multa vir em benefício direto e exclusivo do credor, a quem seria preferível recebê-la a insistir em um cumprimento *manu militari* da obrigação, que lhe poderia trazer embaraços indesejáveis. A multa não isentaria o devedor, porém, de satisfazer a obrigação ou de pagar eventual indenização prevista em lei ou no contrato. A *astreinte*, repetimos, não constitui um fim em si mesma, e sim um meio eficaz de garantir o cumprimento da obrigação.

Capítulo V

Execução da Obrigação de Emitir Declaração de Vontade

1. Generalidades

Declara, o art 501, do CPC que, "Na ação que tenha por objeto a emissão de declaração de vontade, a sentença que julgar procedente o pedido, uma vez transitada em julgado, produzirá todos os efeitos da declaração não emitida".

Disposição semelhante a essa constava do art. 1.006 do CPC de 1939: "condenado o devedor a emitir declaração de vontade, será esta havida por enunciada logo que a sentença de condenação passe em julgado". Esta última norma foi introduzida em nosso sistema processual por influência do § 894 da ZPO alemã, como demonstra a literalidade desse preceito estrangeiro: "Se o devedor houver sido condenado à emissão de uma declaração de vontade, esta se considerará emitida ao passar em julgado a sentença".

No CPC de 1973, a matéria era tratada nos arts. 466-A, a 466-C. O CPC de 2015, conforme dissemos, cuida do assunto no art. 501, que integra a Seção pertinente às prestações de fazer e de não fazer.

O enunciado desse artigo suscita, contudo, uma dúvida: considerando que o adimplemento da obrigação contida na sentença só pode ser exigido após o trânsito em julgado desta, parece não fazer sentido a condenação imposta ao devedor, pois a sentença, como diz a lei, tanto que passada em julgado, produzirá (automaticamente) todos os efeitos da declaração volitiva que o devedor se recusou a emitir. O que se deve entender, portanto, é que o devedor não é condenado a *manifestar* a sua vontade, e sim que a sentença o substitui nesse ato, vale dizer, o provimento jurisdicional funciona como sucedâneo da vontade que o devedor deixou de expressar, estando a isso obrigado.

Aceita a classificação doutrinária das sentenças em declaratórias, condenatórias e constitutivas (deixemos de lado, para este efeito, as mandamentais e as executivas), de que natureza seria a que substitui a manifestação de vontade do devedor?

Declaratória não nos parece ser, pois essa categoria de sentença tem como objeto a existência ou a inexistência de relação jurídica e a autenticidade ou falsidade de documento (CPC, art. 19); ao tomar o lugar do devedor, no que respeita à manifestação volitiva que este deixou de emitir, o decreto jurisdicional não possui carga declarativa, pois não entram em jogo os motivos legais que autorizam o proferimento de sentença dessa classe.

Condenatória também não é. Como vimos em outro momento, a sentença não *condena* o devedor a emitir declaração de vontade; ela, na realidade, o *substitui* nesse ato. Reconhece, por assim dizer, o dever que ele tinha de fazer a declaração volitiva e, verificando que esse dever não foi atendido, toma o lugar dele para impedir que o credor sofra danos em seu círculo jurídico em consequência da omissão da parte contrária.

Resta investigar se a sentença de que estamos a cuidar não possui conteúdo *constitutivo*. Se estivermos atentos à regra de que às sentenças ditas constitutivas (que podem ser dotadas de carga inferior de declaratividade) ficou reservada a tarefa de criarem, modificarem ou extinguirem estados jurídicos, haveremos de concluir que os provimentos jurisdicionais que substituem o devedor quanto à sua manifestação de vontade não têm, em rigor, índole constitutiva.

Nas edições anteriores deste livro dissemos que a prevalecer o resultado da investigação que empreendemos acima, a respeito da natureza da sentença impositiva de obrigação de emitir declaração de vontade ficaríamos diante de situação inusitada em que certa categoria de pronunciamento judicial não integraria nenhuma das classes consagradas pela tradição doutrinária. Como o problema não poderia ficar sem solução, acreditávamos ser possível destacar uma carga mais intensa de *constitutividade* em tais sentenças, nada obstante reconhecêssemos que se trataria de sentença constitutiva *sui generis*. O que importava, — prosseguíamos —, entretanto, era a particularidade de a sentença em pauta possuir eficácia jurídica para fazer *surgir* (= constituir) o direito alegado pelo autor, cujo nascimento estava sendo impedido pela omissão da parte adversa.

Melhor refletindo sobre o tema, acabamos por abandonar nossa antiga opinião.

Pensamos que a sentença, no caso do art. 501, do CPC, seja *executiva*, embora *sui generis*. Assim afirmamos, porque ela independe de execução. Esta sentença já atribui, *per se*, o resultado prático buscado pelo autor, uma vez que, transitada em julgado, "*produzirá todos os efeitos da declaração não emitida*" (destacamos). Justamente por isso, aliás, é que não se justifica a fixação de prazo para o seu cumprimento.

Uma outra pergunta se impõe: haveria lugar para as *astreintes* na obrigação de emitir declaração de vontade? Nada nos diz sobre isso o art. 501 do CPC. Levando em conta que essa peculiar modalidade obrigacional integra a classe das *de fazer*, seríamos levados a opinar pelo cabimento de multa pecuniária (ainda que em tese) sempre que o devedor deixasse de emitir a declaração volitiva a que estava obrigado. Para tanto, deveria o autor indicar, já na peça inicial, a cominação da pena pecuniária a ser suportada, mais tarde, pelo devedor. Se a topologia do art. 501, do CPC, nos permite tirar ilação nesse sentido, não podemos deixar de admitir que há, nessa espécie de execução, uma particularidade essencial que nos obriga a pensar de maneira diversa.

Com efeito, se, como acentuamos em outra página, a sentença alcançada com fulcro no referido normativo do álbum processual civil não *condena* o devedor a emitir declaração de vontade, mas apenas o *substitui* para esse efeito, é coerente que afirmemos não haver espaço para a aplicação da multa, lá prevista, pois não se poderá pensar, aqui, em atraso no cumprimento de uma obrigação que foi substituída pelo provimento jurisdicional, dotado de eficácia imediata ao trânsito em julgado. Antes de a sentença passar em julgado não se pode exigir que o devedor emita a dicção volitiva; depois disso, o ato do devedor se torna dispensável em decorrência da intervenção estatal.

Embora possam rarear, na prática, os casos em que o empregado tenha de vir a juízo para pedir uma sentença substituinte da vontade não manifestada pelo empregador, não devemos ver nisso um motivo para negarmos a aplicação, nesse processo especializado, do art. 501, do CPC.

Imaginemos um desses casos.

O empregador celebra, com certo organismo sediado em outro país, convênio pelo qual um empregado daquele seria escolhido, mediante concurso interno, para realizar um estágio profissional nas dependências deste, durante determinado tempo. Do convênio consta cláu-sula obrigando o empregador a comunicar ao organismo internacional, no prazo máximo de sessenta dias da data da assinatura desse instrumento, o nome do empregado que seria escolhido para estagiar, sob pena de perda desse direito. Tal comunicação é imprescindível para que o citado organismo possa ultimar as providências necessárias à efetivação do estágio. Feita a seleção, o empregado sobre o qual recaiu a escolha fica sabendo que o empregador, descontente com o resultado do concurso, não fará a comunicação no prazo estipulado, acarretando, com isso, prejuízo aos seus interesses. Comprovada a recusa do empregador, poderia o empregado em questão ingressar em juízo, impetrando a emissão de sentença substitutiva da vontade (= comunicação) que o empregador se recusa a manifestar. É indubitável a competência da Justiça do Trabalho para apreciar pretensão que tal, bem como a compatibilidade do art. 501, do CPC — em que o pedido se funda — com o processo do trabalho.

2. Procedimento

É bastante simplificado o procedimento concernente à execução das obrigações envolvendo promessa de emitir declaração de vontade (CPC, art. 501).

Antes de demonstrá-lo, registremos que desde o Código processual de 1939 se encontra anatematizado o entendimento, até então predominante, de que as obrigações mencionadas, sendo infungíveis, apenas poderiam ser prestadas pelo próprio devedor; seriam, pois, personalíssimas. Prevalece hoje a opinião de que essa fungibilidade é unicamente jurídica e não substancial (ou essencial), haja vista as disposições específicas do Código em vigor (art. 501).

Transitando em julgado a sentença substitutiva da manifestação de vontade do devedor, a sua execução, no processo do trabalho, se inicia e se exaure nesse ato de proferimento, pois a sentença obtida produz os mesmos efeitos do contrato a ser firmado ou da declaração não emitida. Nenhum outro ato executivo, portanto, deve ser, por princípio, praticado posteriormente a isso. No processo civil, em alguns casos, a sentença deve ser registrada, via mandado judicial, para poder produzir efeito *erga omnes*.

Sintetizando: no caso do art. 501, do CPC, a sentença passada em julgado representa a própria execução, numa singular fusão de meio e de fim. Por isso, entendemos que a sentença possui natureza *executiva*, ainda que *sui generis*, uma vez que atribui, sem necessidade de outro processo (de execução), ao autor o resultado prático por ele pretendido.

Como é de nosso parecer que nas obrigações de emitir declaração de vontade não há lugar para as *astreintes*, fica afastada qualquer objeção à nossa assertiva de que a sentença que supre essa omissão do devedor não enseja execução ulterior, na medida em que ela traz em si eficácia executiva.

Capítulo VI

Execução por Quantia Certa

1. Generalidades

A Lei n. 11.232/2005 introduziu revolucionária alteração no sistema do processo civil, ao trazer para o processo de conhecimento a clássica execução por quantia certa, fundada em título judicial (arts. 475-A a 475-R no CPC de 1973) — fato que levou a doutrina do período a aludir a um *sincretismo processual* realizada pela sobredita norma legal. Em decorrência disso, instituiu-se o procedimento do *cumprimento da sentença*, e foram reformulados tradicionais conceitos inscritos no texto original daquele CPC como se deu, em particular, com o de sentença (art. 162, § 1.º). Em termos práticos, esse sincretismo significou que, transitando em julgado a sentença condenatória — para cogitarmos, apenas, da execução definitiva —, o devedor não mais passou a ser citado para o processo de execução, senão que intimado para, no prazo de quinze dias, cumprir, de maneira espontânea, a sentença, sob pena de a condenação ser acrescida, de forma automática, em dez por cento (CPC, art. 475-J).

O CPC de 2015 manteve a técnica do *cumprimento da sentença* (arts. 513 a 518), reservando o *processo de execução* para a que se fundar em título extrajudicial, aí incluída a Fazenda Pública (arts. 771 a 925). Conforme já deixamos consignado em linhas anteriores, o processo do trabalho não prevê o procedimento do *cumprimento da sentença*, mas, apenas, o de *execução*, seja para títulos judiciais, seja para títulos extrajudiciais.

Por esse motivo, estaremos a falar, neste Capítulo de execução por quantia certa.

Pressuposto específico dessa execução é, portanto, a existência de *quantia certa*, assim entendida a prestação pecuniária a que o devedor está obrigado, por força do título executivo judicial. Estabelece, a propósito, o art. 783 do CPC que a execução para cobrança de crédito se fundará sempre em "título de obrigação certa, líquida e exigível", sob pena de vir a ser declarada nula (CPC, art. 803, I), acrescentamos. Como pudemos advertir, em Capítulo anterior (Primeira Parte, XI), a expressão legal "líquida e certa" é marcada por injustificável superfetação, porquanto se considera *líquida* a obrigação que seja *certa*, quanto à sua existência, e *determinada*, no que toca ao seu objeto; sendo assim, para atender ao rigor jurídico, bastaria dizer-se que o título exequendo deveria ser *líquido*, pois o conceito de *certeza* está compreendido no de *liquidez*.

Caso a obrigação se apresente *ilíquida*, há necessidade de inaugurar-se uma fase preparatória da execução propriamente dita, destinada a quantificar o conteúdo obrigacional, sem o que o título executivo será declarado *inexigível*.

O objetivo da execução por quantia certa é expropriar bens do devedor, a fim de satisfazer o direito do credor (CPC, 824), pois o primeiro responde, com seu patrimônio (presente ou futuro), para o cumprimento das obrigações (CPC, art. 789). A convergência dos atos executivos para a expropriação judicial dos bens do devedor foi a sensata solução que os modernos sistemas processuais encontraram para substituir alguns meios largamente postos em prática, no passado, em que a execução recaía, muitas vezes, na pessoa física do devedor. Pela *manus iniectio* do direito romano, p. ex., o inadimplemento do devedor gerava para o credor o direito de aprisioná-lo, vendê-lo como escravo ou mesmo assassiná-lo. Em respeito à dignidade humana do devedor, portanto, a legislação — fortemente influenciada pela doutrina cristã — evoluiu para a responsabilidade apenas patrimonial deste, anatematizando as práticas infamantes outrora consagradas. Modernamente, pois, a execução por dívidas perdeu o seu caráter corporal de outrora, para tornar-se, exclusivamente, patrimonial ou real.

Em nosso meio, o próprio texto constitucional — mantendo uma tradição elogiável — proíbe a prisão civil por dívida, exceto "a do responsável pelo inadimplemento voluntário e inescusável de obrigação alimentícia e a do depositário infiel" (art. 5.º, LXVII) — em que pese ao fato de a Súmula Vinculante n. 25, do STF, declarar ser "ilícita a prisão civil de depositário infiel, qualquer que seja a modalidade do depósito", cujo teor, aliás, vem do Tema com Repercussão Geral n. 60. O STF baseou-se no pacto de San José da Costa Rica. O art. 13 do CPC de 2015 parece legitimar essa posição do Excelso Pretório. Tão somente, parece.

Justifiquemo-nos.

Mesmo anteriormente à Súmula Vinculativa n. 25, o Supremo Tribunal Federal vinha entendendo que a prisão civil do depositário infiel estaria em confronto com o § 7.º, do art. 7.º, da Convenção Americana de Direitos Humanos (adotada e aberta à assinatura na Conferência Especializada Interamericana sobre Direitos Humanos, em San José de Costa Rica, em 22 de novembro de 1969 e ratificada pelo Brasil em 25 de setembro de 1992), motivo por que declarou ser ilegal essa prisão (RE n. 466.343-1-SP, rel. Min. Cezar Peluso, DJE de 5-6-2009).

Discordamos, *data venia*, desse entendimento. O § 7.º, do art. 7.º (que trata do direito à liberdade pessoal), da mencionada Convenção dispõe: "*Ninguém deve ser detido por dívidas. Este princípio não limita os mandatos de autoridade judiciária competente expedidos em virtude de inadimplemento de obrigação alimentar*" (pusemos em destaque). Está claro, portanto, que essa norma consagrou o princípio de que ninguém poderá sofrer prisão civil **por dívida**, salvo o inadimplente de prestação alimentar. Esse mesmo princípio está enunciado no art. 5.º, inciso LXVII, da Constituição da República Federativa do Brasil, assim como a referida exceção. Ocorre que o nosso texto constitucional, para além disso, permite a prisão civil do *depositário infiel* – prisão que, em rigor, *não é motivada por dívida*, e sim, pela *violação a deveres legais*. Efetivamente, o depositário, como auxiliar da justiça (CPC, arts. 149 e 159), possui, dentre outros deveres, os de guardar e conservar a coisa que lhe foi confiada e o de entregá-la a quem o juiz determinar. O depositário não é *devedor*, senão que auxiliar do juízo; logo, ao tornar-se *infiel*, a sua prisão será ordenada não pelo fato de haver deixado de pagar alguma *dívida*, mas por haver perpetrado violação a *deveres legais*. Por outras palavras, a prisão do depositário infiel em nada contravém o § 7.º, do art. 7.º, do Pacto de San José da Costa Rica. Ademais, a prisão do depositário infiel sempre funcionou, na prática — e nos raros casos em que isso se impôs — como eficiente instrumento judicial de pressão, fazendo com que este entregasse os bens que lhe haviam sido confiados, ou o equivalente em dinheiro. Sem este instrumento, o depositário fiel haverá de sentir-se em boa sombra, pois eventual ação civil destinada a fazê-lo reparar os prejuízos acarretados a terceiros consumirá longo tempo. A nosso ver, o STF, interpretou mal a regra o § 7.º, do art. 7.º, do Pacto de San José da Costa Rica, ao cotejá-la com o art. 5.º, inciso LXVII, da Constituição Federal.

O STJ, na mesma linha da Súmula Vinculante n. 25, do STF, adotou, em 2010, a Súmula n. 419, assim enunciada: *"Depositário Infiel – Prisão Civil – Descabimento. Descabe a prisão civil do depositário judicial infiel"*. Ao fazê-lo, incidiu no mesmo erro do STF.

Em decorrência dessas Súmulas — devemos reiterar —, os juízes perderam um eficaz instrumento coercitivo destinado a fazer com que os depositários infiéis restituíssem os bens que haviam ficado sob sua guarda e conservação, ou apresentassem o equivalente em dinheiro. Com isso, as perdas foram de grande espectro, pois: a) perdeu o arrematante a oportunidade de ter a posse do bem em pouco tempo; b) perdeu a Justiça um instrumento eficaz para constringir o depositário infiel a honrar o seu encargo; c) perdeu o Processo a efetividade e, talvez, o próprio prestígio.

A execução por quantia certa, de outro lado, pode ser convertida em sucedâneo lógico e jurídico das execuções para a entrega de coisa certa, de fazer ou de não fazer, sempre que for impraticável obter-se o cumprimento das obrigações mencionadas; essa conversão é necessária para evitar que o credor não veja o seu direito, reconhecido pelo pronunciamento jurisdicional passado em julgado, precipitar-se no vazio, em decorrência da impossibilidade de exigir a sua satisfação concreta (*sanctio iuris*).

Qual seria, porém, o objeto da penhora judicial: o domínio ou a posse dos bens penhorados? Nenhuma coisa nem outra. A penhora não retira do devedor a propriedade ou a posse dos bens; dessa maneira, o que o Estado expropria, na verdade, é a faculdade de o devedor dispor dos seus bens, transferindo-a ao juiz, que a exerce no interesse do credor (CPC, art. 797). Nesse sentido, a lição de Amílcar de Castro: "O juiz, que é a pessoa a quem se transfere a faculdade de dispor, não adquire, portanto, o direito que é objeto da disposição: adquire somente a *faculdade de dispor*; mas a adquire como a sua. O direito continua a pertencer ao titular, e o juiz, que ao titular se une e contrapõe, exercita em nome próprio faculdade relativa ao direito alheio. Além disso, a expropriação não se opera no interesse do titular, nem com o concurso de sua vontade; opera-se ainda contra a sua vontade, no interesse da função jurisdicional, e por isso é que o juiz, titular da faculdade de disposição, não age em nome do titular do direito, age sim em nome próprio" ("Comentários ao Código de Processo Civil", 2.ª ed., São Paulo: Revista dos Tribunais, 1976, vol. XVIII, p. 192).

Observa, ainda, o eminente jurista que nem mesmo a faculdade de disposição é inteiramente subtraída ao devedor, ficando este apenas impedido de valer-se dela em detrimento da execução, daí por que se o devedor vender os bens penhorados, antes da alienação judicial, e com o produto da venda pagar a dívida e as despesas processuais, "essa venda não pode deixar de ser válida".

2. Mandado executivo

Na linguagem técnica do processo, o vocábulo *mandado* (do latim *mandatum*, de mandar) designa a ordem, emanada do juiz, para que seja realizada determinada diligência. A especificação do mandado é ditada pelo conteúdo da ordem; daí a existência de mandados de citação, de busca e apreensão, de prisão, de arresto, de sequestro, de penhora, de segurança, etc.

Interessa-nos, em particular, o mandado *citatório*, em sua versão executiva, vale dizer, o mandado executivo. Antes de passarmos ao exame deste ato judicial, queremos ressalvar a nossa opinião, manifestada em páginas anteriores, de que, sendo a execução trabalhista *de lege lata* mera fase sequente ao processo de conhecimento, ela se iniciaria com a intimação (não citação) do devedor, para cumprir a obrigação contida no título executivo. Apenas para não rompermos com a nomenclatura tradicional é que continuaremos a falar em mandado "citatório", na execução.

Esse mandado constitui ato compósito, sendo integrado por dois momentos distintos, cada qual com finalidade específica: o primeiro se destina a dar ciência ao devedor de que a execução se iniciou (o mandado, por si só, já é ato executório); o segundo contém a ordem para que o devedor atenda ao comando da sentença transitada em julgado, sob pena de apresamento de seus bens, quantos bastem para satisfazer a obrigação. (CLT, art. 883).

Dispõe o art. 880, § 1.º, da CLT que o mandado deverá conter a "decisão exequenda ou o termo de acordo não cumprido". Embora a adequada interpretação literal desse preceito conduza, inevitavelmente, à conclusão de que do mandado deverá constar a íntegra da sentença condenatória exequenda ou o teor do acordo (transação) inadimplido, a praxe forense acabou por entender que a vontade da norma legal estaria atendida com a simples reprodução, no mandado, do *dispositivo* (*decisum*) da sentença. Considerando que, em regra, o devedor recebe cópia da sentença, quando dela é intimado, no processo de conhecimento, e que, mesmo na execução, pode retirar os autos em carga — para efeito de obter elementos necessários à elaboração da petição de embargos —, não vemos como ele possa arguir, com êxito, a nulidade da execução em virtude de o mandado não conter a íntegra da sentença exequenda ou do acordo inadimplido (CLT, art. 794).

No processo do trabalho, quase sempre, a execução baseada em título judicial é precedida de uma fase de liquidação (CLT, art. 879); neste caso, a sentença (*rectius*: decisão) correspondente deverá acompanhar, em cópia, o mandado citatório, ou ser nele reproduzida — hipótese mais frequente, em virtude do caráter sumário desse ato jurisdicional de quantificação da dívida.

É imprescindível, também, que o mandado identifique, com exatidão, as partes (credor e devedor), o juiz que o emitiu e o assinou, o número dos autos de que foi extraído, bem como especifique o valor do principal e acessórios e das despesas processuais (custas, emolumentos, honorários advocatícios e perícias, etc.) a serem satisfeitas pelo devedor.

3. Citação

O devedor será citado para, em 48 horas, solver a obrigação (e, com isso, extingui-la) pecuniária expressa no título judicial ou nomear bens à penhora, caso pretenda opor embargos (CLT, art. 880, *caput*); como o prazo é estabelecido por hora, deveria o oficial de justiça certificar, no mandado, o exato momento (hora, minuto) em que a citação foi realizada, em face da diversidade dos critérios legais adotados para a contagem dos prazos fixados por hora, em relação aos estabelecidos por dia. Disposição neste sentido constava, aliás, do art. 652, § 1.º, do CPC de 1973, em sua redação primitiva: "O oficial de justiça certificará, no mandado, a hora da citação". A Lei n. 11.382/2006, contudo, eliminou essa exigência, que era de inegável aplicação supletória ao processo do trabalho. Na prática, entretanto, os oficiais de justiça limitam-se a certificar o *dia* em que o devedor foi citado, motivo por que, na verdade, esse prazo acaba sendo superior às 48 horas previstas em lei. Essa praxe — é forçoso reconhecer — recebeu o beneplácito dos juízes, e não há notícias de que os próprios credores costumem insurgir-se contra ela.

Ao contrário da citação alusiva ao processo de conhecimento, a pertinente à execução é *pessoal*; isso significa que a validade desse ato está subordinada à sua realização na pessoa do devedor, ou daquele que se encontre dotado de poderes expressos para recebê-la. Não vigora aqui, portanto, o princípio da "citação impessoal", implícito no art. 841 da CLT, que é característica do processo de conhecimento. Há razões de ordem lógica para essa dessemelhança de critérios legais: no processo cognitivo, a citação, por ser efetuada, em princípio, pelo correio (CLT, art. 841), impossibilita a pessoalidade do ato; no processo de execução, como a citação é feita por oficial de justiça, torna-se possível a sua pessoalidade. Devemos ponderar, entretanto, que o requisito da citação pessoal, para a execução, vem sendo abrandado pela jurisprudência, que somente tem admitido a nulidade do ato se ficar demonstrado que a quebra do princípio da pessoalidade acarretou manifesto prejuízo ao devedor (CLT, art. 794)

A citação, como pudemos ver, constitui ato processual complexo, que se desdobra em duas fases: na primeira, o oficial de justiça efetua a citação, certificando-a, retendo o mandado, pelo prazo de 48 horas, à espera de que o devedor satisfaça, espontaneamente, a obrigação, ou resista à execução, ofertando embargos (CLT, art. 882); na segunda, decorrido o prazo de 48 horas, sem que o devedor solva a obrigação ou nomeie bens à penhora, o oficial de justiça realiza o apresamento de bens deste, tantos quantos sejam suficientes para o integral cumprimento da obrigação (CLT, art. 883), após o que disso dará ciência ao devedor, a fim de que, desejando, oponha os embargos que lhe são próprios (CLT, art. 884).

Se o devedor, procurado por duas vezes, no espaço de 48 horas, não for encontrado (CLT, at. 880, § 3.º), cumprirá ao oficial de justiça certificar o fato, devolvendo o mandado à secretaria da Vara. Neste caso, a citação do devedor será realizada por edital, publicado no jornal oficial, ou, na falta deste, afixado na sede da Vara ou juízo durante cinco dias (*ibidem*).

Omitiu-se a CLT no que respeita ao prazo do edital a ser publicado no jornal oficial (os cinco dias concernem, apenas, à sua afixação na sede do juízo, quando inexistir jornal oficial). Entendemos incompatível com o processo do trabalho o prazo de trinta dias, determinado pelo art. 8.º, IV, da Lei n. 6.830/80; ora, se, na sede do juízo, o edital deve ser afixado durante *cinco* dias, não faz sentido ampliar-se para trinta dias esse prazo pelo simples fato de a citação editalícia operar-se por intermédio de jornal oficial. Devem a doutrina e a jurisprudência, por isso, empenhar-se em argumentar quanto à necessidade de esse prazo ser também de cinco dias, quando o edital for publicado no referido jornal. Uniformiza-se, dessa forma, o prazo, e, com isso, evita-se que o processo do trabalho seja escoriado pela incidência de norma forânea elaborada com vistas a uma outra realidade (Lei n. 6.830/80).

Uma nota relevante — conquanto breve — sobre o assunto de que estamos a nos ocupar. O prazo de 48 horas, para que o devedor cumpra, *sponte sua*, a obrigação, ou indique bens à penhora, somente passará a fluir após a exaustão do prazo de *cinco dias*, alusivo à publicação ou à afixação do edital citatório. A razão é elementar: o prazo de cinco dias é para que o devedor tome *ciência* do teor do edital; o de 48 horas, para que pratique quaisquer dos atos descritos no art. 880, *caput*, da CLT. Não se suponha, pois, que as 48 horas se encontrem embutidas nos cinco dias; aquelas, na realidade, *sucedem* a estes.

Estabelece o art. 830, *caput*, do CPC que o oficial de justiça, não encontrando o devedor, "arrestar-lhe-á tantos bens quantos bastem para garantir a execução". Essa norma seria aplicável ao processo do trabalho? Julgamos que sim. Dessa maneira, conciliando-se o art. 830, do CPC, com o art. 880, § 3.º, da CLT, temos que, não sendo encontrado o devedor, caberá ao oficial de justiça: a) certificar a respeito das diligências empreendidas para localizá-lo; b) arrestar-lhe bens em valor suficiente para solver a obrigação; c) devolver o mandado à secretaria do juízo, para os efeitos do art. 880, § 3.º, da CLT, dispensando-se as providências de que trata o § 1.º do art. 830 do CPC (o oficial de justiça, nos dez dias subsequentes ao do arresto, procurará o devedor duas vezes em dias distintos). Esgotado o prazo do edital, o devedor terá 48 horas para cumprir a obrigação; caso não o faça, o arresto se converterá em penhora (CPC, art. 830, § 2.º).

Entendemos que mesmo tendo sido citado por edital, o devedor deverá ser intimado da penhora, para efeito de início da contagem do prazo destinado ao oferecimento de embargos à execução.

Convém observar que, segundo está no art. 615, III, do CPC, cumpre ao credor, ao requerer a execução, "pleitear medidas acautelatórias urgentes". Essa medida acautelatória é solicitada na própria inicial da execução e não à parte, como ocorre no plano do processo cautelar. Na expressão legal "medidas acautelatórias urgentes" se compreendem o arresto, o sequestro e a busca e apreensão; no caso de execução por quantia certa — modalidade que estamos a examinar —, a providência cautelar mais utilizada é o arresto. É importante ressaltar, entretanto, que, mesmo deixando o credor de requerer, na forma do art. 799, VIII, do CPC, medidas urgentes, poderá (melhor: deverá) o oficial de justiça (se o devedor não for encontrado) arrestar-lhe os bens necessários para satisfazer a execução, em virtude do caráter imperativo do art. 830, do CPC.

Em resumo, o arresto liminar, referido pelo art. 830, do CPC, não precisa ser requerido pelo credor, pois é realizado por iniciativa do juízo, em atendimento ao comando que se irradia dessa norma legal.

4. A questão da multa prevista no art. 523, § 1.º, do CPC

Alguns mandados executivos, expedidos por Varas do Trabalho, têm feito constar que se o devedor não cumprir a obrigação, ou seja, não pagar, no prazo legal, o valor ali fixado, incidirá, de maneira automática, a multa de dez por cento sobre o montante da execução, sendo certo que a garantia do juízo, para efeito de oferecimento de embargos à execução, deverá compreender o valor dessa multa.

Seria legalmente correto esse procedimento adotado por alguns juízes do trabalho; ou melhor: a multa prevista no art. 523, § 1.º, do CPC, seria aplicável ao processo do trabalho?

Entendemos que não.

Demonstremos as razões que nos conduzem a essa conclusão.

4.1. O cumprimento da sentença, no CPC

Nomeadamente nos anos de 2005 e 2006 – quando estava a viger o CPC de 1973 — foram publicadas diversas leis, que introduziram consideráveis alterações no sistema do processo civil, com o objetivo de torná-lo mais célere, mediante as políticas de simplificação, deformalização e democratização.

Dentro dessa estratégia devotada à celeridade processual, merece destaque a Lei n. 11.232, de 22 de dezembro de 2005 (DOU de 23 do mesmo mês e ano). Esta norma legal – derivante do projeto de Athos Gusmão Carneiro —, dentre outras coisas, deslocou para o processo de conhecimento as disciplinas da liquidação (arts. 475-A a 475-H) e da execução por quantia certa, contra devedor privado, calcada em título judicial (arts. 475-I a 475-R).

Em consequência desse revolucionário sincretismo processual (cognição-execução):

a) o processo autônomo de execução foi substituído pelo procedimento do "Cumprimento da Sentença";

b) os clássicos embargos do devedor foram convertidos em *impugnação*;

c) o conceito de sentença (art. 162, § 1.º) foi alterado, porquanto este ato jurisdicional nem sempre será causa de extinção do processo, sem ou com resolução do mérito (arts. 267 e 269, respectivamente).

A propósito, ainda na vigência do CPC de 1973, semelhante sincretismo processual já havia sido estabelecido em relação às obrigações de fazer e de não fazer (art. 461) e de entregar coisa (art. 461-A, acrescentado pela Lei n. 10.444/2002).

Em suma, no processo civil a efetivação das obrigações de fazer, não fazer, entregar coisa e pagar quantia certa, contidas na sentença, deixou de ser objeto de execução autônoma, passando a ser realizada no próprio processo de conhecimento (*sine intervallo*), como fase subsequente à emissão da sentença condenatória. Na verdade, as obrigações de pagar quantia certa, embora já não se submetam, como dissemos, a processo autônomo de execução, passaram a ser *executadas* sob o título de "cumprimento da sentença".

O CPC de 2015 preservou o procedimento do *cumprimento da sentença*, conforme revelam os arts. 513 a 538.

É oportuno ressaltar que a peculiaridade de, no processo do trabalho, a *execução* processar-se nos mesmos autos em que foi produzido o título executivo judicial (sentença ou acórdão) — tal como agora se passa no processo civil sob a forma de *cumprimento da sentença* —, não configura o sincretismo realizado no plano deste último, uma vez que, do ponto de vista sistemático-estrutural, os processos de conhecimento e de execução, normatizados pela CLT, continuam sendo *autônomos*, vale dizer, não foram aglutinados pelo texto legal. Daí, a razão pela qual o art. 880, *caput*, da CLT, alude à *citação* do executado, e não, à sua *intimação*. Neste processo, portanto, o sincretismo cognição-execução é, apenas, *aparente*. É como a imagem de um objeto refletida na superfície de um lago: o que aí se vê é o reflexo do objeto e não o objeto real. É, por assim dizer, o fenômeno da *Fata Morgana*, das lendas bretãs, a quem se atribui a faculdade de distorcer as imagens formadas na superfície dos lagos.

Nos termos do art. 523, do CPC, o procedimento do "Cumprimento da Sentença", em caráter definitivo, consuste, em traços gerais, no seguinte:

a) O cumprimento definitivo da sentença será efetuado a requerimento do exequente (art. 523, *caput*), que deverá ser instruído com demonstrativo discriminado e atualizado do crédito (art. 524), e cuja petição inicial deverá atender aos requisitos estabelecidos pelos incisos I a VII, no mencionado preceptivo legal;

b) se o devedor não pagar, voluntariamente, no prazo de quinze dias, a quantia constante da sentença condenatória ou fixada em liquidação, esse montante será, de modo automático, acrescido da multa de dez por cento e de honorários de advogado, também de dez por cento (*ibidem*, § 1.º). Se o pagamento for parcial, a multa e os honoráros incidirão sobre o restante (§ 2.º). Nota-se, pois, que essa penalidade pecuniária foi instituída com a finalidade de estimular o devedor ao cumprimento *espontâneo* da obrigação;

c) em seguida, será expedido mandado de penhora e avaliação, seguindo-se os atos de expropriação (§ 3.º).

d) decorrido o prazo revisto no art. 523, sem que tenha ocorrido o cumprimento voluntário da obrigação, inicia-se o prazo de quinze dias para que o executado, "independentemente de penhora ou nova intimação", apresente, nos próprios autos, a sua impugnação (CPC, art. 525), podendo, nessa oportunidade, alegar as matérias especificados nos incisos I a VII dessa norma legal (*ibidem*, § 1.º).

Não interessa ao escopo deste nosso estudo o exame das demais enunciações dos arts. 525 e seguintes, do CPC.

Pois bem. Certos setores da doutrina e da própria magistratura trabalhista do primeiro grau de jurisdição vêm entendendo que as disposições alusivas ao *cumprimento da sentença*, contidas no CPC, são aplicáveis ao processo do trabalho, especialmente, as pertinentes à imposição da multa de dez por cento, de que trata o § 1.º do art. 523, desse Código.

Os fundamentos dessa corrente de pensamento são de diversas colorações, algumas de natureza acentuadamente político-ideológica; em essência, contudo, apresentam certos pontos-comuns, como as afirmações de que:

a) a CLT é *omissa* quanto à matéria;

b) a aplicação do procedimento do "cumprimento da sentença" contribui para o atendimento à cláusula constitucional da "razoável duração do processo" (CF, art. 5.º, inciso LXXVIII).

Examinemos, ainda que com brevidade, esses fundamentos.

4.1.1. Omissão da CLT

A corrente de opinião que estamos a examinar costuma invocar, em defesa de seu ponto de vista, a lição de Norberto Bobbio a respeito das *lacunas* da lei, particularmente aquelas que este notável jurista classifica de *lacunas objetivas*. Estas, segundo ele, decorrem da dinâmica das relações sociais, das novas invenções, de fenômenos econômicos supervenientes, de progressos tecnológicos, enfim, de todos aqueles fatores que provocam o *envelhecimento* dos textos legais. *Esse envelhecimento normativo* autorizaria o magistrado a buscar, em outros sistemas processuais, normas capazes de conceder maior efetividade ao processo que a ele incumbe aplicar, ainda que este não seja tecnicamente lacunoso. A lacuna seria, por assim dizer, não formal, mas, *ideológica*.

Essa corrente de pensamento traz, assim, implícita, a afirmação de que determinadas normas da CLT, regentes da execução, podem ser *substituídas* por normas do processo comum — especialmente, o civil —, em nome da necessidade de tornar o primeiro mais célere e mais efetivo.

Em última análise, essa doutrina, embora reconheça que a CLT contenha regras estruturadoras do processo de execução e, em particular, reguladoras dos *embargos do devedor* (art. 880), sustenta ser possível a incidência de dispositivos do CPC, segundo o critério da *comparação valorativa* dos sistemas normativos e do resultado que disso decorra. Ou seja, cotejando-se as disposições da CLT com as do CPC e verificando-se que estas são mais eficientes do que aquelas, aplicam-se as do CPC. Percebe-se, assim, que a pretexto de dar ao art. 769, da CLT, uma interpretação mais consentânea com a realidade, essa doutrina acaba por negar vigência à referida norma legal ao colocar de lado o pressuposto fundamental da omissão, nela estampado.

Não somos adeptos e, quanto menos, defensores do positivismo jurídico, que sói desaguar no dogma da *completude* do processo do trabalho legislado, vendo-o, por isso, como um sistema ocluso, impenetrável por normas de outros sistemas. E, a despeito de termos grande admiração a Bobbio, a Claus-Wilhelm Canaris, a Karl Engisch e a tantos outros juristas de nomeada, entendemos que o pensamento destes escritores não serve à causa daqueles que, ao contrário de nós, sustentam a aplicação do art. 523, § 1.º, do CPC, ao processo do trabalho.

Temos plena consciência da *incompletude* do processo do trabalho legislado; essa existência lacunosa, aliás, foi antevista pelo próprio legislador, como evidencia a regra integrativa inscrita no art. 769, da CLT. Em decorrência disso, o processo do trabalho vem adotando, há décadas, em caráter supletório, normas do processo civil para colmatá-lo, para torná-lo *completo* e, deste modo, prover-se de meios e condições para atingir os fins a que se destina — movido, sempre, nesse afanoso mister, pelo combustível da celeridade.

Não há necessidade de referir, nesta altura de nossa explanação, os inúmeros dispositivos do CPC que têm sido aplicados, costumeiramente, ao processo do trabalho.

É importante observar, isto sim, que a adoção supletiva de normas do processo civil não pode acarretar alteração do *sistema* (procedimento) do processo do trabalho, que é a espinha dorsal deste, pois se sabe que essa adoção só se justifica como providência necessária para atribuir maior eficácia ao sobredito *sistema* e não, para modificar-lhe a *estrutura* em que se apoia.

No *sistema* do processo do trabalho a execução constitui *processo autônomo*, regulado pelos arts. 876 a 892, da CLT. O fato de o CPC haver deslocado a liquidação e a execução por quantia certa, fundada em título *judicial*, para o processo de conhecimento não torna o processo do trabalho, *só por isto*, omisso ou *lacunoso*. Sob este aspecto, é importante reiterar a observação de que o *sistema* próprio do processo do trabalho possui a figura dos *embargos à execução* (art. 884), pelo qual o devedor poderá, em processo autônomo, resistir, juridicamente, aos atos executivos. Esses embargos constituem, portanto, elemento *estrutural* do sistema de execução do processo do trabalho — e, como tal, indispensável e irretocável, exceto por norma legal dirigida *ao próprio sistema*.

Se as novas disposições do CPC, atinentes ao "Cumprimento da Sentença", são mais eficazes do que as da CLT, alusivas ao processo autônomo de execução, é algo de que se pode cogitar no plano teórico ou erístico. O que não se pode afirmar é que o processo do trabalho seja *omisso* quanto à matéria.

Portanto, no que diz respeito, estritamente, à atitude do devedor diante do título executivo judicial e de sua resistência jurídica aos atos que daí derivam, o processo do trabalho é *completo* – ou seja, não é omisso — repelindo, por isso, a aplicação supletória do art. 523, § 1.º, do CPC. A concessão única que se pode fazer, neste assunto, é quanto às *matérias* que o devedor possa alegar em seus embargos, uma vez que a realidade prática demonstrou serem insuficientes as enumeradas no art. 884, § 1.º, da CLT. Neste caso, porém, a adoção supletiva da norma do processo civil não implica *alteração estrutural* do *sistema* próprio do processo do trabalho, e sim, aprimoramento deste.

Não sendo, pois, o *sistema* próprio do processo do trabalho omisso ou lacunoso quanto à figura pela qual o devedor pode opor-se à execução, a aplicação, neste processo, das normas do processo civil, regentes do "Cumprimento da Sentença" (especialmente, o art. 523, *caput*, § e 1.º), implica, a nosso ver, a um só tempo:

- indisfarçável transgressão aos arts. 769 e 889, da CLT, que estadeiam a *omissão* como requisito fundamental para a adoção supletiva de norma do processo comum pelo do trabalho, não se podendo considerar configurado esse pressuposto pelo simples fato, por exemplo, de o CPC haver sido dotado de *novas* disposições;

- arbitrária derrogação dos dispositivos da CLT que disciplinam o processo de execução (notadamente, os arts. 880 e 884), como se fosse juridicamente possível, *lege lata,* normas editadas com vistas ao processo civil deitarem por terra expressas disposições da CLT, que, como é óbvio, são *específicas* do processo do trabalho.

A este respeito é oportuno observar que tramitava na Câmara Federal o *Projeto de Lei n. 7.152/2006,* apresentado pelo, então, Deputado Luiz Antonio Fleury, que acrescentava ao art. 769, da CLT, o parágrafo único, com a seguinte redação:

> "Parágrafo único. O direito processual comum também poderá ser utilizado no processo do trabalho, inclusive na fase recursal *ou de execução,* naquilo em que permitir maior celeridade ou efetividade de jurisdição, *ainda que existente norma previamente estabelecida em sentido contrário.*" (destacamos)

Lia-se na Justificação desse Projeto de Lei:

> "O art. 769 da Consolidação das Leis do Trabalho – CLT determina que se apliquem ao processo do trabalho as normas do processo civil, de modo subsidiário, quando houver omissão sobre o tema na legislação trabalhista. *Porém, quando há disposição celetista sobre o tema, nos termos do referido artigo, fica impedida a utilização, no processo do trabalho, das normas do processo civil, ainda que propiciem maior celeridade e efetividade de jurisdição".* Esta limitação legal, todavia, não teria razão de existir, pois gera uma estagnação do processo do trabalho em relação aos *avanços* patrocinados no âmbito do processo civil". (...) O texto ora proposto, ainda, elimina eventual controvérsia sobre futuras alterações do próprio processo do trabalho, *de modo a que as normas do processo civil poderiam ser aplicadas apenas em relação às disciplinas pré-existentes* (sic). Assim, se o processo do trabalho resolver disciplinar de modo diferente uma determinada situação, ainda que em confronto com a celeridade por todos buscada, esta solução, por mais recente, é que irá prevalecer." (destacamos)

Aí está: somente por *lei futura (de lege ferenda)* é que se poderia *afastar* determinadas normas da CLT, para, em seu lugar, introduzirem-se normas do CPC. É importante ressaltar, ainda, o fato de o mencionado Projeto de Lei ser *posterior* à Lei n. 11.232/2005, que realizou a denominado *sincretismo* no sistema do CPC de 1973 — sincretismo que foi mantido pelo CPC de 2015 —: enquanto esta foi publicada em 23 de dezembro de

2005, aquele foi elaborado em 30 de maio de 2006. Com base nessa cronologia, é razoável afirmar que esse Projeto de Lei traduzia um reconhecimento expresso de que o art. 769, *caput*, da CLT, *como está*, não autorizava a incidência, no processo do trabalho, das disposições da Lei n. 11.232/2005, pertinentes ao "Cumprimento da Sentença". Aliás, o trecho desse Projeto, que transcrevemos, deixa isso muito evidente.

Não vem ao caso examinar se o objetivo e o conteúdo do referido Projeto de Lei eram bons ou maus. O que importa é ressaltar que ele constituía patente demonstração do equívoco em que vinham incorrendo todos aqueles que sustentavam a possibilidade, *de lege lata*, de serem aplicadas normas do processo civil ao processo do trabalho, *mesmo quando este possuísse expressas disposições acerca do procedimento que lhe é próprio, vale dizer, não fosse omisso.* Poder-se-ia objetar esta nossa conclusão com o possível argumento de que, por exemplo, o art. 373, do CPC, vem sendo aplicado ao processo do trabalho, em que pese ao fato de a CLT possuir norma própria (art. 818). Se assim vier-se a alegar, é necessário redarguir, em caráter proléptico, que o argumento é imperfeito, pois a incidência da referida norma do CPC no processo do trabalho tem sido admitida à guisa de *complementação* ou de *detalhamento* da regra estampada no art. 818, da CLT. Logo, a adoção do art. 373, do CPC, pelo processo do trabalho, não se faz em *substituição* ao art. 818, da CLT, e sim, a título de sua *colmatação*.

Sem que o Projeto n. 7.152/2006 se convertesse em Lei, portanto, toda *substituição* de norma do processo do trabalho por norma do processo civil seria arbitrária; mais do que isso, seria transgressora do preceito estampado no art. 769, da CLT — e de outros mais, conforme se demonstrou. O fato de esse Projeto haver sido, mais tarde, arquivado, não infirma, nem anatematiza, os nossos argumentos, pois: a) estes são calcados em outros dispositivos da CLT, que seguem a viger; b) o arquivamento do Projeto de Lei n. 7.152/2006 *não traduziu um ato isolado*, nem derivou de imaginária discordância dos parlamentares quanto ao seu conteúdo; esse arquivamento foi realizado mercê um critério de ordem técnica, em conjunto com diversos outros Projetos, em decorrência do descumprimento do prazo para a sua votação, previsto no regimento interno da Câmara Federal.

Ademais, ainda que se admitisse, apenas *ad argumentandum*, que a CLT fosse omissa acerca da matéria, nem por isso se estaria autorizado a adotar as normas do CPC, porquanto, nos termos do art. 889, da CLT, quando o texto trabalhista for lacunoso, em tema de execução, a incidência supletiva será dos dispositivos "que regem o processo dos executivos fiscais" — ou, para atualizarmos essa dicção normativa, dos dispositivos da Lei n. 6.830/80, que versa sobre a execução judicial da dívida ativa da Fazenda Pública. E, nesta Lei, a resistência jurídica do devedor aos atos executivos se faz mediante a figura tradicional dos *embargos* (art. 16). Seria algo irônico asseverar que a mencionada Lei também é lacunosa no tocante à multa a ser imposta ao devedor que não cumprir, voluntariamente, a obrigação de pagar quantia certa, na forma do art. 523, § 1.º, do CPC — sabendo-se que, aqui, de modo geral, o devedor é o contribuinte.

Ada Pellegrini Grinover, escrevendo sobre a Lei n. 11.232/2005, concluiu, com acerto: "Parece, assim que a Lei n. 11.232/2005 eliminou quase por completo, do processo civil brasileiro, a categoria das chamadas *sentenças condenatórias puras,* ou seja, *aquelas que demandavam um processo de execução autônomo"* (...) "Não sobra espaço, pois, no âmbito do novo sistema processual civil brasileiro para as sentenças condenatórias puras, *restritas agora ao processo trabalhista e ao processo de execução contra a Fazenda Pública, que têm disciplina própria"* (*In*: "Mudanças Estruturais no Processo Civil Brasileiro", Revista IOB de Direito Civil e Processual Civil, São Paulo, n. 44, nov.-dez. 2006, p. 35/55). Destacamos.

No que tange, em particular, aos magistrados que vêm aplicando o art. 523, § 1.º, do CPC, ao processo do trabalho, a nota característica tem sido a falta de uniformidade procedimental, porquanto:

1) alguns aplicam *por inteiro* as disposições dessa norma forânea, adotando, assim, o procedimento nela descrito: 15 dias para o devedor cumprir, de maneira espontânea, a obrigação, sob pena de multa de dez por cento sobre o montante da dívida, e 15 dias para impugnar a sentença, desde que garantida a execução;

2) outros as aplicam de maneira *parcial*, fragmentada, fazendo constar, por exemplo, do mandado executivo que o devedor disporá de cinco, de oito, de dez ou de quinze dias para pagar a dívida, sob pena de o montante ser acrescido da multa de dez por cento (CPC, art. 523, § 1.º,). Neste caso, não estabelecem que, após a garantia patrimonial da execução, o devedor terá o prazo de quinze dias para *impugnar* o título executivo (como estatui o art. 523, § 1.º, do CPC, e sim, de cinco dias para oferecer *embargos à execução*, nos termos do art. 880, *caput*, da CLT.

Data venia, esse insólito hibridismo processual, mais do que surrealista, revela traços de autêntica teratologia, por gerar um *terceiro procedimento* (*tertius genus*), resultante da imbricação arbitrária de normas do processo civil com as do trabalho, sem que se possa ver, nisso, a configuração do *devido processo legal*, assegurado pela Constituição da República (art. 5.º, LIV). Ademais, esse hibridismo infunde uma inquietante *insegurança jurídica* no espírito dos jurisdicionados, por deixá-los à mercê do entendimento pessoal e idiossincrático de cada magistrado. Num Estado Democrático *de Direito*, como é este em que se funda a República Federativa do Brasil (CF, art. 1.º, *caput*), é fundamental que as pessoas *em geral* (CF, art. 5.º, *caput*) possuam um mínimo de *segurança jurídica*.

Ademais — *the last bus not the least* —, é necessário reiterar a absoluta diversidade de *sistemas* estabelecidos no CPC e na CLT, a respeito do *procedimento* a ser observado com a finalidade de conduzir o devedor ao adimplemento da obrigação de pagar quantia certa, consubstanciada no título executivo judicial: enquanto, no processo civil, conforme vimos, o devedor é intimado para solver essa obrigação, no processo do trabalho ele é citado. A razão dessa diversidade é justificável: enquanto, lá, o cumprimento da sentença é apenas uma fase do processo cognitivo, aqui, a execução traduz processo autônomo. No sistema do CPC, se o devedor, intimado, deixar de satisfazer a obrigação no prazo de quinze dias, o débito será acrescido de dez por cento (523, § 1.º); no processo do trabalho, o devedor, citado, poderá optar por uma destas duas atitudes previstas no art. 880, *caput*, da CLT, significa dizer, no *devido processo legal* (CF, art. 5.º, LIV):

a) pagar a dívida, ou b) nomear bens à penhora, com o objetivo de embargar a execução (CLT, art. 884). É, portanto, inadmissível que o devedor trabalhista, usando de uma das faculdades previstas em lei, qual seja, a de não pagar a dívida e nomear bens à penhora, venha a ser punido com a multa de dez por cento, prevista em outro sistema (523, § 1.º).

Nosso entendimento sobre o tema não derivou de nenhuma influência ideológica, senão que de uma interpretação, além de técnica, também, política. Neste último caso, nossa preocupação foi a de evitar que fosse lançado por terra o requisito da *omissão*, desde sempre estampado no art. 769, da CLT, fazendo, em razão disso, com que o processo do trabalho perdesse a sua última linha de defesa em relação aos avanços empreendidos pelo processo civil, com o escopo de cooptar o processo do trabalho e de eliminar-lhe a autonomia. Como corolário, refira-se o art. 15, do CPC, por meio do qual se tentou anatematizar o requisito da *compatibilidade*, para facilitar a infiltração de normas daquele Código no processo do trabalho.

4.1.2. Duração razoável do processo

É certo que o inciso LXXVIII, do art. 5.º, da Constituição Federal — introduzido pela Emenda n. 45/2004 — assegura, tanto no âmbito judicial quanto no administrativo, a "razoável duração do processo e os meios que garantam a celeridade de sua tramitação" — embora fosse mais apropriado à técnica que se cogitasse, na alusão ao âmbito administrativo, de *procedimento*.

Entretanto, ao contrário do que têm sustentado alguns estudiosos, as disposições do CPC pertinentes ao "cumprimento da sentença", em especial a que prevê a multa de 10% sobre o valor da condenação, caso o devedor não efetue o pagamento do montante no prazo de quinze dias (523, § 1.º), não estão jungidas à cláusula constitucional da "razoável duração do processo".

Se assim estivessem, ficaria difícil explicar a razão pela qual:

1) se fixou o prazo de quinze dias para o pagamento da dívida (art. 523, *caput*) e de outros quinze dias para a impugnação do título executivo (*ibidem*, § 1.º), quando, antes, o devedor dispunha, apenas, de dez dias para oferecer embargos à execução (CPC de 1973, art. 738);

2) se facultou ao juiz a possibilidade de atribuir efeito suspensivo à impugnação (art. 525, § 6.º).

Logo, temos sérias dúvidas se a aplicação dessas disposições do CPC ao processo do trabalho – possibilidade que admitimos, apenas, *ad argumentandum* — traria algum efetivo benefício ao credor, em termos de celeridade, na hipótese de o devedor pretender *impugnar* o título executivo.

4.2. A multa

Poder-se-ia, contudo, perquirir se não seria lícito adotar, no processo do trabalho, apenas, o disposto no *caput,* do art. 523, do CPC, que prevê a *multa* de dez por cento, caso o executado não pague a dívida no prazo de quinze dias — aplicando-se, no mais, as normas da CLT, inclusive, as concernentes aos embargos do devedor. Este procedimento, como vimos, vem sendo adotado por alguns juízes do trabalho.

Conquanto, neste caso, devamos reconhecer não se verificar a *substituição* do *sistema* do processo trabalhista dos *embargos à execução* pelo nupérrimo procedimento da *impugnação* do processo civil, senão que a incorporação àquele de parte deste, em rigor, essa possibilidade, mesmo assim, esbarraria na Lei e na Lógica.

Com efeito, o processo civil (CPC, art. 475-J, *caput*), conforme sabemos, concede ao devedor, *no processo de conhecimento*: a) num *primeiro momento*, o prazo de quinze dias para praticar um *único* ato: pagar a dívida. Nada mais lhe é dado fazer, nesta fase. Não sendo paga a dívida, será acrescida da multa de dez por cento; b) num *segundo momento*, a possibilidade de, também em quinze dias, *impugnar* o título judicial. No processo do trabalho, entrementes, o art. 880, *caput*, da CLT, defere ao devedor a faculdade de, *no processo autônomo de execução* e no prazo de 48 horas que se seguir à citação, *em momento único*, realizar um destes *dois* atos: a) pagar a dívida; ou b) garantir a execução, caso pretenda a ela opor-se. Sendo assim, enquanto, no processo civil, a via é única (pagar), no do trabalho é *alternativa* (pagar *ou* garantir a execução). A conjunção alternativa *ou*, utilizada na redação do art. 880, *caput*, da CLT, é extremamente clara e elucidativa. Logo, se este é o *sistema* próprio do processo do trabalho, ou seja, o devido processo legal (*due process of law*), que possui sede constitucional (CF, art. 5.º, LIV), violaria essa garantia inscrita na Suprema Carta Política de nosso País qualquer ato judicial que:

a) eliminasse do devedor a *faculdade* de, no prazo de 48 horas, nomear (ou indicar) bens à penhora, para resistir, juridicamente, à execução, por meio dos *embargos* que lhe são característicos;

b) *antes disso*, lhe impusesse a *obrigação* de pagar a dívida, sob pena de aplicação da referida multa.

Afinal, se o sistema do processo do trabalho atribui ao devedor, como afirmamos, a faculdade de optar pela resistência jurídica à execução, por meio de embargos e mediante prévia garantia patrimonial do juízo, não é justo, nem jurídico, nem lógico, que se lhe imponha qualquer sanção pecuniária, pois, em última análise, ele estaria sendo punido *por exercer um inequívoco direito*. "Irrisão" — haveria de exclamar, indignado, o jovem Hamlet.

Nem se objete que essa multa teria a finalidade de desestimular resistências procrastinatórias à execução; esse argumento só teria algum prestígio nos sítios do processo civil, em atenção ao qual a sanção pecuniária foi instituída e em cujo sistema se justifica, por haver sido anatematizado o antigo processo autônomo de execução, passando os atos executivos a ser praticados no processo de conhecimento. Impô-la, todavia, no processo do trabalho, onde a execução continua a ser autônoma, seria agredir o próprio art. 769, da CLT, pouco importando as razões pelas quais se desejou efetuar essa imposição, além de violentar a *estrutura* de um *sistema* que está a viger há mais de sessenta anos, e cuja solução para combater o seu envelhecimento será a edição de normas legais dirigidas a ele, especificamente.

Não é despropositado lembrar que a precitada regra trabalhista:

a) é absolutamente translúcida ao exigir a *omissão* da CLT como pressuposto para a incidência supletória de normas do processo civil – e que a CLT contém preceptivos definidores da estrutura da execução, vale dizer, não é lacunosa, neste aspecto;

b) está intimamente ligada ao princípio da *legalidade* ou da *reserva legal*, inscrito no inciso II, do art. 5.º, da Constituição Federal — que constitui, sem dúvida, a viga-mestra de sustentação de nosso Estado Democrático de Direito.

Além disso, a exigência de plena garantia patrimonial da execução já funciona, no processo do trabalho, como poderoso desestímulo ao oferecimento de embargos à execução providos de intuito protelatório. Nem ignoremos que tem sido aplicada, ainda, ao processo do trabalho, em caráter subsidiário, a regra do art. 774, do CPC, que considera atentatório à dignidade da Justiça a prática, pelo devedor, de determinados atos enumerados por esse dispositivo legal, dentre os quais se insere a oposição maliciosa à execução, com o emprego de ardis e de meios artificiosos (inciso II); e que a sanção prevista se traduz na multa que pode chegar a 20% do valor atualizado do débito em execução, sem prejuízo de outras penalidades de natureza processual ou material (*ibidem*, parágrafo único).

O que não se dizer, então, dos casos — muito frequentes, na prática — em que o juiz homologa, de plano, os cálculos do contador, ou seja, sem conceder vista às partes? Esse procedimento, conquanto revestido de inegável legalidade (CLT, art. 884, § 3.º), será causa de injustificável constrangimento do devedor nos casos em que este, além de não concordar com o valor dos cálculos, por haver, digamos, manifesto excesso de execução, tiver de realizar a garantia patrimonial da execução com o acréscimo dos 10% previsto no art. 523, § 1.º, *do CPC*, para poder oferecer os *embargos* que são inerentes ao sistema do processo do trabalho.

4.3. A medida judicial apropriada para afastar a aplicação do art. 523, do CPC, no processo do trabalho

É momento de indagarmos: de que medidas judiciais disporá o devedor trabalhista que desejar impedir que a execução se processe com fulcro no art. 523, do CPC, máxime quanto à multa de 10%? (§ 1.º).

A resposta dependerá de qual seja a fase processual em que se haja imposto a incidência dessa norma do processo civil.

Se não, vejamos.

a) *Sentença.* Tem-se visto alguns juízes inserirem na própria sentença condenatória, proferida no processo de conhecimento, a declaração de que a execução desta se submeterá ao procedimento estabelecido pelo art. 523, do CPC, ou de que somente a multa será aplicável. Neste caso, a insurgência do réu deve ser manifestada, desde logo, em sede de recuso ordinário, a fim de evitar que a vinculação da futura execução à precitada norma do CPC se submeta ao fenômeno da coisa julgada (CPC, art. 502; CF, art. 5.º, inciso XXXVI).

Não fica fora de possibilidade, no entanto, o oferecimento, antes, de embargos declaratórios, com a finalidade de fazer com que o juiz indique as *razões jurídicas* (CF, art. 93, inciso IX) pelas quais submeterá a futura execução àquela norma do CPC — quando a sentença for omissa neste ponto.

b) *Mandado executivo*. Sendo a referência ao procedimento traçado pelo art. 523, do CPC, feita, apenas, no mandado executivo, a jurisprudência trabalhista — pelo que se pode observar — vem entendendo que a discussão sobre o tema somente poderá ser estabelecida em sede de embargos à execução, contanto que seja previamente realizada a garantia patrimonial exigida pelos arts. 882 a 884, da CLT

Em um primeiro lançar de olhos, essa opinião revela-se correta, por refletir a manifestação do próprio sistema do processo do trabalho. Direito, contudo, também é bom-senso. Exigir que o devedor somente possa suscitar a questão da multa prevista no art. 523, do CPC, no ensejo dos embargos à execução soa como algo absurdo, porquanto o que este deseja, justamente, é submeter, *de maneira prévia*, ao juízo, os argumentos pelos quais entende ser a referida sanção pecuniária incabível no processo do trabalho.

Não se trata, aqui, pois, de tentativa do devedor de discutir matéria antiga, exaustivamente apreciada pelo juízo em inúmeros processos anteriores, senão que de matéria *nova*, nascida no processo civil e transportada ao processo do trabalho por mero ato de particular interpretação do magistrado; de matéria, acima de tudo, polêmica, que está a agitar tanto os sítios da doutrina quanto o da jurisprudência trabalhista.

Nesse concerto, que refoge do ordinário, daquilo que usualmente acontece, não nos parece justo, nem sensato, vedar ao devedor a possibilidade de discutir, *previamente*, o cabimento, ou não, da sobredita multa.

Por esse motivo, entendemos que o caráter *extraordinário* e *controverso* do tema autoriza o devedor a questioná-lo em juízo: a) sem o constrangimento da sanção pecuniária de 10%, prevista no art. 523, § 1.º, do CPC; e b) perante órgão jurisdicional diverso daquele que impôs essa multa. O produto destes dois fatores aponta para a ação de mandado de segurança, uma vez que a figura da exceção de pré-executividade não atende ao segundo item.

Assim dizemos, porque o que está em causa, na espécie, não é uma simples decisão lançada no processo de execução, idêntica a tantas outras já proferidas pelo mesmo magistrado, e sim, uma decisão constitucionalmente qualificada pela transgressão de "direito líquido e certo" do devedor, subsumido nos arts. 769, da CLT, e 5.º, inciso LIV, da Suprema Carta Política de nosso País, dentre outras normas legais.

É oportuno registrar o fato de próprio TST vinha admitindo o emprego da ação mandamental contra decisões que, em tese, ensejariam impugnação pela via estreita dos embargos do devedor ou do agravo de petição, mas que, em concreto, se revelavam, manifesta ou potencialmente, violadoras de direito líquido e certo da parte. Valha, como corolário, a sua Súmula n. 417, III (ex-OJ n. 62, da SBDI-II), cuja redação era a seguinte, ao tempo em que estava a viger o CPC de 1973: "Em se tratando de execução provisória, *fere direito líquido e certo do impetrante* a determinação de penhora em dinheiro, quando nomeados outros bens à penhora, pois o executado tem direito a que a execução de processe da forma que lhe seja menos gravosa, nos termos do art. 620 do CPC". O inciso III da referida Súmula, todavia, foi cancelado.

Na situação-tipo, objeto da Súmula reproduzida, a decisão do juiz, consistente em ordem de apreensão de dinheiro do devedor, em execução provisória, deveria — segundo o formalismo do modelo legal — ser impugnada por meio de embargos à penhora (espécie do gênero embargos à execução), ou de agravo petição (CLT, art. 897, *"a"*). Considerando, entretanto, que, em ambos os casos, o devedor teria de desfalcar parcela de seu patrimônio para poder discutir o assunto em juízo, o TST, com elevado descortino jurídico, admitiu o exercício da ação constitucional de mandado de segurança (CF, art. 5.º, inciso LXIX), por ver, na espécie, ofensa a direito líquido e certo do devedor.

Isso não significa dizer que o TST teria abandonado o seu entendimento quanto a ser admissível a impetração de mandado de segurança na execução, como no caso de imposição da multa prevista no art. 523, § 1.º, do CPC.

É necessário, portanto, que a doutrina e a jurisprudência trabalhistas se convençam da existência de certas situações *extraordinárias*, que, por sua natureza, justificam o manejo da ação de mandado de segurança, e não de outras medidas previstas no figurino legal, como providência destinada a permitir, desde logo, o restabelecimento do direito líquido e certo que se alega lesado. Se, efetivamente, esse direito existe, ou não, é algo que não pode ser erigido como obstáculo intransponível ao *exercício* da ação mandamental; se o direito não existe, ou, existindo, não se manifeste "líquido e certo", o caso será de *denegação* da segurança, seja liminarmente ou em julgamento final, e não de indeferimento da petição inicial, em nome de um suposto *não cabimento* da ação. Os que sustentam esse *não cabimento* se convertem em meros leguleios, presos à literalidade do art. 5.º inciso II, da Lei n. 12.016/2009, numa atitude dogmática produzida pela influência do positivismo jurídico, que peca, dentre outras coisas, pela falta de sensibilidade diante da dinâmica dos fatos da vida. A propósito, se há momento para pensar-se em *envelhecimento* de determinadas normas legais, esse momento é o da leitura do inciso II, do art. 5.º, da Lei n. 12.016/2009. O curioso é que as pessoas que defendem, com entusiasmo, uma interpretação *ideológica* do art. 769, da CLT, são, de modo geral, as mesmas que se recusam a conferir ao inciso II, do art. 5.º, da Lei n. 12.016/2009 uma interpretação que não seja a meramente *gramatical*. O inverso, a nosso ver, seria o desejável, sob uma perspectiva democrática.

Para que nossa opinião quanto à possibilidade de ser exercida ação de mandado de segurança com a finalidade de impugnar decisão judicial que, na execução, comina ao devedor a multa de 10%, prevista no art. 523, do CPC, caso não pague a dívida no prazo assinado, devemos chamar a atenção ao fato de a expressão legal "direito líquido e certo" não possuir, em rigor, o sentido que a doutrina clássica lhe vem atribuindo. Ocorre que os atributos de *liquidez* e *certeza* não se referem ao direito em si, senão que ao *fato afirmado* pelo impetrante e do qual se origina o seu direito. Imaginar que a liquidez e a certeza se referissem ao *direito* seria incorrer na aporia de ter de justificar por que motivo,

EXECUÇÃO NO PROCESSO DO TRABALHO **361**

em diversos casos, o mesmo relator, que havia concedido a liminar, mais tarde, por ocasião do julgamento do mérito da ação mandamental, denega a segurança por entender inexistente o direito líquido e certo. Onde, no caso, a liquidez de a certeza *do direito*?

Por outro lado, vem da doutrina e da jurisprudência o reconhecimento expresso de que a liminar característica das liminares próprias das ações mandamentais possui natureza *cautelar*. Desse reconhecimento derivam duas conclusões:

a) para efeito de concessão da liminar, o relator haverá de satisfazer-se com a simples *verossimilhança*, porquanto o juízo em sede cautelar não é de certeza, de convicção, e sim de probabilidade; por isso, a cognição não é exaustiva, mas, superficial;

b) somente no julgamento final, pelo colegiado, é que se irá investigar sobre a existência de *liquidez* e de *certeza*, sabendo-se que estas concernem não ao direito em si, mas, com se disse, ao *fato* de que se origina o direito. Justamente por isso, é que a prova, no âmbito da ação mandamental, é sempre pré-constituída e materializada em documento. Repugna à estrutura e à finalidade dessa ação a possibilidade de o impetrante produzir, ordinariamente, provas fora da petição inicial.

Além disso, a ação mandamental, com sua inalienável vocação democrática, permite ao impetrante submeter o ato do juiz da execução (multa de 10%) à apreciação de órgão jurisdicional diverso e hierarquicamente superior (TRT). Os embargos do devedor, como salientamos, trazem o grave inconveniente de: a) submeter o ato impugnado à apreciação do mesmo juiz que o proferiu; b) não ser dotado, em princípio, de eficácia suspensiva dos efeitos do precitado ato. Por essa via, somente muito mais tarde — e, às vezes, tarde demais — é que a matéria chegará à cognição do Tribunal, sob o envoltório de agravo de petição.

É momento de encerrarmos este Capítulo.

Sendo assim, é preciso chamar a atenção ao fato de que o que está em causa, nos debates que se estabelecem acerca da incidência, ou não, no processo do trabalho, das novas disposições do CPC — em especial, as atinentes ao "cumprimento da sentença" — é algo muito mais profundo e inquietante do que se possa imaginar. Está em causa a inércia de todos os operadores do direito processual do trabalho, que não tomam a iniciativa de encetar um movimento de atualização *legislativa* deste processo, que atenda às exigências da atualidade, ditadas pela dinâmica das relações de trabalho e dos fatos da vida em sociedade. Confortados por esse comodismo histórico, preferem ver o processo do trabalho sobreviver das migalhas dos frequentes banquetes que o processo civil promove em seus domínios, a empenharem-se em fazer com que o processo do trabalho se sustente por meios e princípios próprios. Já não é aceitável que este processo se satisfaça em iludir-se com as glórias de outrora, sem dar-se conta de que o tempo passou, de que o mundo mudou, de que a realidade subjacente é outra e, acima de tudo, de que ele, processo do trabalho, vem, gradualmente, perdendo a sua identidade ao converter-se em simples caixa de ressonância dos eventos do processo civil.

Não menos inaceitável é que esse espaço criado pela letargia dos operadores do direito seja ocupado por doutrinas que, a pretexto de atribuírem maior efetividade ao processo do trabalho, não hesitem em preconizar a adoção de normas do CPC, *mesmo que a CLT contenha disposições próprias* — ainda que o preço a ser pago por essa atitude seja, para além do excesso de interpretação do art. 769, da CLT, o sacrifício da *segurança jurídica* daqueles que estão ou estarão a demandar em juízo. Esse "apetite de segurança", de que nos falou Paul Durant, é absolutamente essencial à preservação do Estado Democrático de Direito em que se funda a República Federativa do Brasil (CF, art. 1.º, *caput*).

A propósito, já se ouvem vozes a preconizar a submissão *integral* das lides trabalhistas ao processo civil, com revogação das normas processuais da CLT. Será a rendição total, sem aquela resistência tenaz e heróica dos sertanejos de Canudos — até porque estes não se renderam. Não só "Navegar é preciso, viver não é preciso" (Fernando Pessoa): "Resistir é preciso, render-se totalmente ao CPC não é preciso".

Se nada fizermos, no sentido de conceber um Código de Processo do Trabalho, é provável que este processo especializado venha a desaparecer, engolfado pelo CPC. Caso isso venha a acontecer, talvez nossos filhos, nossos netos, nossos amigos, enfim, quem quer que seja, venham nos perguntar porque deixamos o processo do trabalho desaparecer; então, teremos que dar a eles uma resposta: a resposta que nos envergonhará.

4.4. Conclusões:

4.4.1. A aplicação do art. 523, do CPC, em *substituição* aos dispositivos da CLT que regulam os *embargos do devedor* (quando esta estiver fundada em título judicial e for promovida em face de devedor privado), implica manifesta e injustificável ofensa:

a) ao art. 769, da CLT, que só autoriza a adoção de normas do processo civil quando a CLT for *efetivamente*, omissa, não sendo juridicamente razoável cogitar-se de omissão pelo simples fato de o CPC haver sido dotado de *novas* disposições, como se o processo do trabalho fosse um *alter ego* deste;

b) ao art. 889, da CLT, que atribui preeminência supletiva à Lei n. 6.830/80, em relação ao CPC, em tema de execução, sabendo-se que esta norma legal também prevê a figura dos embargos do devedor;

c) à garantia constitucional do devido processo legal (*due process of law*), materializada no inciso LIV, do art. 5.º, da CF; e

d) ao princípio da legalidade, inscrito no inciso II, do art. 5.º, da Suprema Carta Política de nosso País.

4.4.2. Somente por *lei futura* será possível o afastamento de normas do processo do trabalho, para serem colocadas, em seu lugar, normas do CPC.

4.4.3. Se a menção à incidência do *caput* e do § 1.º, do art. 523, do CPC, for efetuada na sentença proferida no processo de conhecimento, o réu deverá manifestar contrariedade a isso no recurso ordinário. Caso a referência a essa norma do CPC constar, apenas, do mandado executivo, os embargos do devedor constituirão, em princípio, o meio adequado à impugnação desse ato judicial. Não é desarrazoado, entrementes, em certos casos, o uso da ação de mandado de segurança, no lugar dos embargos, pois o que estará em causa, na espécie, não é uma simples decisão emitida, como tantas outras, no processo de execução, e sim, uma decisão manifestamente transgressora de "direito líquido e certo" do devedor em não ver a execução processada com fundamento no *caput* e no § 1.º, do art. 523, do CPC, senão que nos estritos termos das disposições próprias da CLT, que configuram o devido processo legal, no âmbito desta Justiça, *ainda* Especializada.

5. Penhora e avaliação

5.1. Nótula introdutória

Conforme pudemos deixar assinalado em Capítulo anterior (VII), outrora a execução forçada possuía nítida feição corporal, pois incidia na própria pessoa do devedor; a *manus iniectio* romana pode ser mencionada como exemplo significativo desse período. Modernamente, contudo, essa modalidade de execução possui caráter *patrimonial*, como está nas declarações contestes dos arts. 789 e 824 do CPC, que penetram, com amplitude, o processo do trabalho, em cujo âmbito atuam com a mesma eficácia que possuem no plano do ordenamento processual de que se originam. Dessa forma, eventual desaparecimento do devedor, no curso da execução, em nada a empecerá, porquanto a satisfação do direito do credor será realizada mediante uma inflexão do Estado sobre os *bens* do devedor; a este a lei assegura, apenas, o direito de ser intimado da constrição, a fim de que se inaugure o prazo para o oferecimento dos embargos que lhe são inerentes (CLT, art. 884).

A intromissão estatal no patrimônio do devedor decorre não de um vínculo dos bens à relação jurídica material estabelecida entre empregado e empregador, ou entre autor e réu em geral, antes do ingresso em juízo (processo de conhecimento), e sim da necessidade de tornar concreta a sanção que se esplende do título executivo, como forma de salvaguardar a soberania da ordem jurídica e a autoridade da coisa julgada. Se a lei não atribuísse ao Estado poderes para apreender bens do devedor — com o escopo de submetê-los, no momento oportuno, à expropriação judicial —, as sentenças condenatórias estariam, hoje, convertidas em meras peças literárias e, o que é mais, em instrumentos de desprestígio das decisões emitidas pelo Poder Judiciário.

De modo geral, a doutrina fragmenta-se em quatro opiniões a respeito dos motivos que legitimam a atuação do Estado sobre o patrimônio do devedor:

a) aplicar a sanção;

b) realizar, forçadamente, o cumprimento da obrigação;

c) fazer valer o conteúdo do título executivo;

d) substituir a atividade privada.

Em rigor, essas razões, se consideradas isoladamente, são insuficientes para justificar a imisão estatal no patrimônio do devedor; o apresamento de bens e a posterior expropriação encontram seu fundamento no conjunto das razões em exame, pois, ao praticar atos executivos que tais, o Estado torna concreta a sanção, ínsita ao título executivo; tende ao cumprimento forçado da obrigação espelhada nesse título; destina-se a realizar-lhe o conteúdo obrigacional; visa a substituir a atividade do credor. É bem verdade que este último fundamento não constitui particularidade da execução, figurando, mesmo, como um traço característico de nosso sistema normativo, que impede, via de regra, a realização da justiça por mãos próprias; o veto à autotutela de direitos encontra-se estampado no art. 345 do Código Penal.

Vista sob o aspecto do conceito, a penhora representa o ato material que o Estado realiza com o objetivo de ensejar a expropriação e a consequente satisfação do direito do credor. É um típico ato de *imperium* do juízo da execução.

A penhora não é medida acautelatória, e sim ato executivo, que, dentre outras coisas:

a) limita o poder de disposição dos bens apreendidos;

b) implica a sub-rogação, pelo Estado, do poder de dispor;

c) está a serviço da execução, a quem está vocacionada a satisfazer;

d) traduz-se em ato de coerção.

No elenco das finalidades desse ato executivo devem ser destacadas as de:

a) individualizar (e, por certo, apreender) os bens necessários ao atendimento do escopo da execução;

b) manter e conservar esses bens, para que não se deteriorem, não se desvalorizem, nem sejam desviados;

c) instituir a preferência para o credor, sem que isso acarrete prejuízo às prelações de direito material estabelecidas anteriormente (Theodoro Júnior, obra cit., p. 244).

Individualização. Com isso se quer dizer que a penhora produz a separação de alguns dos bens integrantes do patrimônio do devedor, reservando-os aos fins da execução. Esse ato de individualização se aperfeiçoa com a descrição minuciosa dos bens e com a indicação dos seus elementos característicos (marca, modelo, cor, ano de fabricação, dimensões, número de registro ou de matrícula, etc.), cujas providências devem ser tomadas pelo oficial de justiça, ao elaborar o correspondente auto (CPC, art. 838, III).

Essa individualização não apenas define, precisa e quantifica os bens em relação aos quais se estabelecerá a sua indisponibilidade, pelo devedor, e fixa a preferência, para o credor, como dá ao arrematante ou ao adjudicatário a certeza de não virem a receber bens diversos daqueles que foram objeto da apreensão judicial e que se encontram especificados no edital de praça e leilão.

Manutenência e conservação. Os bens, considerados em sua expressão econômica, interessam à execução, pois é com o produto do ato expropriatório que o crédito do exequente será satisfeito. Daí, a necessidade de que esses bens, depois de apreendidos e individualizados, sejam mantidos e conservados, sob pena de se deteriorarem ou serem desviados, em detrimento da plena realização da finalidade do processo executivo. Esse encargo incumbe, legalmente, ao *depositário*, nomeado pelo oficial de justiça (CPC, art. 838, IV), que atua como auxiliar do Poder Judiciário (CPC, arts. 149 e 159).

O depositário (ou administrador) responde pelos prejuízos que, por ato derivante de dolo ou culpa, causar à parte, além de perder a remuneração que em seu benefício havia sido arbitrada pelo juiz, conquanto a lei lhe assegure o direito de receber o que legitimamente tenha despendido no exercício do encargo (CPC, art. 161).

Como atende aos interesses da execução que os bens penhorados sejam mantidos e conservados, a norma processual permite que, em nome desse mesmo interesse, os bens sejam alienados antecipadamente sempre que houver risco de se deteriorarem ou se depreciarem (CPC, art. 852, I), *ou* sempre que essa alienação implicar "manifesta vantagem" para a execução (*ibidem,* II). Alienação antecipada significa a realização do ato expropriatório antes do momento previsto, de ordinário, em lei (CLT, art. 888).

Preferência. Não há nenhum impedimento legal quanto à incidência de mais de uma penhora sobre o mesmo bem; não são raros, na Justiça do Trabalho, os casos em que isso ocorre. O importante a destacar-se é que a ordem cronológica desses atos de constrição judicial estabelece, no universo dos credores, a ordem de satisfação dos seus direitos expressos nos respectivos títulos executivos.

A multiplicidade de penhoras ainda mais se justifica quando o devedor comum possui um único bem — capaz de responder, com plenitude, a todas as execuções promovidas, em processos distintos, pelos diversos credores.

Entendemos que a ordem de prelação se constrói segundo o critério de *registro* ou *inscrição* da penhora, a ser efetuado pelo oficial de justiça (Lei n. 6.830/80, art. 7.º, IV): a) no Ofício próprio, sendo o bem imóvel ou a ele equiparado; b) na repartição competente para emissão de certificado, se for veículo; c) na Junta Comercial, na Bolsa de Valores e na sociedade comercial, se forem ações, debêntures, parte beneficiária, cota ou qualquer outro título, crédito ou direito societário nominativo (*ibidem*, art. 14, I a III).

Insistamos: havendo, *e. g.,* duas penhoras incidentes num só bem, mas tendo a última sido registrada ou inscrita em primeiro lugar nos órgãos supracitados, a *preferência* fixa-se em favor desta, não daquela. Acontecendo de as inscrições serem feitas na mesma data, a solução será atribuir-se preferência à primeira penhora; se, em situação especial, constatar-se que as penhoras foram realizadas e registradas na mesma data, a preferência será da que o foi em primeiro lugar.

Afirma Alcides de Mendonça Lima que a prioridade da penhora, por sua índole, atribui ao credor um direito real, pois passa a ser oponível *erga omnes* (obra cit., p. 713). Não pensamos assim. A precedência na inscrição da penhora — estamos cogitando de bens imóveis —, sem traduzir direito real, apenas gera a eficácia *erga omnes*, derivante da preferência assegurada pelo art. 797 do CPC.

Essa prelação, aliás, já era encontrada nas Ordenações Filipinas, como demonstra o § 5.º, Título 97, do Livro III:

> "E nós vista a dita Ley com as ditas declaraçoens, adendo com ella Dizemos, que se dous Credores ouverem Sentenças contra huum devedor, quer um huum Juizo, quer em desvairados Juizos, aquelle, que primeiramente fazer execuçam per sua Sentença, precederá ó outro, que depois que quizer fazer execuçam em esses beens executados por o outro Credor, ainda que esse, que postumeiramente quer fazer execuçam, pertenda ter auçam real contra o devedor, e primeiramente ouver Sentença contrelle; porque segundo a tençam da Ley, aquelle que primeiro fez execuçam per sua Sentença, deve em todo caso preceder todo-los outros negligentes, que depois quiserem fazer execuçam em esses beens, que há pelo outro credor primeiramente forem executados: salvo se esse, que primeiro ouve sua Sentença, foi embarguado de algum embarguo lidimo, e tam necessario, per que nam pode executar sua Sentença; ca em tal caso nom lhe deve, nem pode ser imputado, que assy nom poder fazer a dita execuçam ao tempo, que devia, pois nam foi em culpa de a nam fazer por o Embarguo, que assi ouve, como dito he: assy como, honde aquelle, que tinha sua obriguaçam real primeiramente, por ser embarguado per absencia, ou per outro qualquer necessario embarguo, nam demandou seu devedor durante o dito embarguo, pode embarguar a execuçam, que o outro credor postumeiro fez per a Sentença, que ouve no tempo, que o primeiro era embarguado, segundo he contheudo na dita Leu de El Rey Dom Diniz."

Disposição algo semelhante continham as Ordenações Manuelinas, segundo a qual, havendo mais de um credor, o que por primeiro realizasse a execução teria preferência em relação aos demais:

> "(...) posto que elle que mais tarde requere execuçam ouvesse primeiro sua sentença contra o devedor, e posto que fosse primeiro creedor, e ainda que pertenda teer auçam real; salvo se o que primeiro ouve sentença, e primeiro foi creedor, teve alguu legitimo, e tam necessario impedimento, por que nom pode executar sua sentença; porque em tal caso, pois nom foi negrigente, nom lhe será imputado por nom fazer a execuçam ao tempo que devia, pois a nom pode fazer pelo impedimento que lhe sobreveo. E posto que já fosse entregue o preço que se ouve polos bens arrematados a aquelle que primeiro fez execuçam, poderá requerer sua execuçam no dito preço, provando o dito impedimento." (Livro III, Título 74, § 2.º)

Preservando o princípio da preferência, consagrado pelos textos anteriores, as Ordenações Filipinas declaravam que:

> "Se dois credores houverem sentença contra um devedor, ou em juízo, ou em diversos, o que primeiro fizer a execução, ou penhora, por sua sentença, precederá o outro, que depois quiser fazer execução nos bens, em que é já feita a penhora pela sentença do outro credor, posto que este, que mais tarde

requer execução, houvesse primeiro sua sentença contra o devedor, e posto que fosse primeiro credor, e ainda que pretenda ter ação real." (Livro III, Título 91, § 1.º)

A preocupação de conferir prelação ao credor que, por primeiro, obtivesse a penhora de bens do devedor sempre esteve presente, portanto, nas legislações do passado, nas quais se inspiraram as do presente. A preferência de que estamos a ocupar-nos somente se estabelece no caso de cobrança de dívida quirografária, vale dizer, da que é destituída de garantia. Como faz notar Mendonça Lima(obra cit., p. 716), se a execução é promovida por credor hipotecário, pignoratício ou anticrético, e se efetua a penhora de bem sobre o qual incide quaisquer dos referidos direitos reais, o privilégio se origina do próprio gravame e não da penhora.

No processo trabalhista, toda vez que o valor dos bens penhorados não for bastante para responder às várias execuções, mantém-se, a prelação da primeira penhora. Dessa maneira, os bens serão levados à expropriação, cujo produto será utilizado para a satisfação do crédito daquele que teve a precedência na penhora ou na inscrição desta (quando houver necessidade disso); havendo sobra, passar-se-á a efetuar o pagamento aos demais credores concorrentes, respeitado, sempre, o critério da anterioridade das penhoras. Eventual disputa entre os credores deverá, por isso, ficar circunscrita ao direito de preferência e à anterioridade da penhora. A despeito da dicção do art. 114 da Constituição da República, o juiz do trabalho tem competência para solucionar conflito estabelecido *entre* os diversos credores (em regra, empregados), pelas mesmas razões que, remansadamente, se lhe reconhece competência para solver controvérsias, p. ex., entre credor e terceiro, em sede de embargos opostos por este. De certa maneira, esta nossa opinião acabou sendo reforçada pela nova redação dada ao art. 114, da Constituição Federal, pela Emenda n. 45/2004, que ampliou a competência da Justiça do Trabalho.

Complementando a regra insculpida no *caput* do art. 797 do CPC, estatui o seu parágrafo único que, "Recaindo mais de uma penhora sobre o mesmo bem, cada exequente conservará o seu título de preferência". Interpretando o conteúdo dessa norma legal, temos que a prelação dos credores quirografários decorre da ordem de realização das penhoras, ao passo que, em se tratando de credores privilegiados — que possuem preeminência em face dos quirografários —, a prelação atenderá à prioridade do direito real constituído em seu benefício.

Os créditos trabalhistas, contudo, preferem, no pagamento, ao de outros credores, inclusive hipotecários; o art. 1.422 do CC, a propósito, após firmar a preferência dos credores hipotecários quanto aos pertencentes a outras classes, ressalvou, no parágrafo único: "Excetuam-se da regra estabelecida neste artigo as dívidas que, em virtude de outras leis, devam ser pagas precipuamente a quaisquer outros créditos".

Dispõe, a propósito, o art. 28 da Lei n. 6.830/80 que o juiz, a requerimento das partes, poderá, por conveniência da unidade da garantia da execução, determinar a reunião de *processos* (sic) contra o mesmo devedor, hipótese em que os processos (sic) serão redistribuídos ao juízo da primeira distribuição.

A redação dessa norma legal está a reclamar, contudo, um reparo: é que não há, na espécie, reunião de processos e sim de *autos*. O conceito de processo, na ordem processual, é essencialmente assinalado por um traço de imaterialidade, pois, como tantas vezes já afirmamos, o processo nada mais é do que método ou técnica estatal de solução dos conflitos de interesses. Logo, não se há como reuni-los, exceto se desejarmos perpetrar agressão ao senso lógico.

Embora não o declare, o art. 28 da Lei n. 6.830 trata, em verdade, do fenômeno da *conexão* (e, em alguns casos, da continência), de que se ocupam os arts. 55 e 56 do CPC, em melhor técnica. Desse modo, caracterizando-se a multiplicidade de penhoras sobre um mesmo bem, o juiz *prevento* pode ordenar a reunião dos diversos autos de execução. A despeito de a Lei n. 6.830/80 condicionar essa reunião ao *requerimento* das partes, pensamos que o juiz poderá ordená-la *ex officio*, como autoriza o art. 57 do CPC, que melhor se harmoniza com o traço do impulso oficial que põe em destaque o processo do trabalho. Segue-se que atendida a regra da prevenção o juiz *pode* mandar reunir, por sua iniciativa, os diversos autos de execução cujas penhoras tiveram por objeto um mesmo bem. Ressalte-se, porém, que tanto na Lei n. 6.830/80 quanto no CPC a reunião em exame se insere no rol das *faculdades* do juiz. Com isso estamos asseverando que mesmo havendo *requerimento* das partes, nesse sentido, será lícito ao juiz recusar a pretendida reunião, como quando essa junção não atender ao pressuposto da unidade da garantia da execução.

Dissemos, em linhas anteriores, que a penhora produz, dentre outros efeitos jurídicos, o de limitar o poder de disposição, pelo devedor, dos bens nos quais ela incidiu. É útil aos propósitos deste Capítulo que retornemos ao assunto.

Sabendo-se que a penhora torna, realmente, indisponíveis, pelo devedor, os bens sobre os quais ela incidiu, devemos examinar a natureza jurídica dessa indisponibilidade. A doutrina é divergente quanto a isso. Certos autores entendem que ela traduz uma incapacidade (absoluta ou relativa) em relação ao devedor (Satta, Carnelutti, Alfredo Rocco, Pugliatti, apenas para nomearmos alguns); outros a incluem na perda da propriedade, no direito de crédito ou no direito real sobre o patrimônio. Como dissemos, porém, há pouco, a penhora parece não ter natureza de direito real; ela é típico ato executivo, pelo qual o Estado apreende e individualiza um ou mais bens do devedor, com o objetivo de assegurar a realização prática do preceito sancionatório contido no título exequendo. A penhora não torna os bens indisponíveis; fosse assim, nem mesmo o Estado poderia submetê-los à expropriação forçada. Verifica-se, portanto, que por força desse ato de apresamento o Estado se investe, automaticamente, da faculdade de disposição, que era inerente ao devedor. Logo, o poder de disposição dos bens, que a princípio tinha como titular o devedor, se transfere ao Estado no momento em que este efetua a penhora dos bens. Essa transferência da faculdade de dispor é indispensável para que o Judiciário possa atender ao princípio legal regente da execução por quantia certa, que reside na expropriação dos bens do devedor, para que o direito do credor, consubstanciado no título executivo, possa ser satisfeito (CPC, art. 824).

A expropriação forçada consiste:

a) na adjudicação em favor do exequente ou das pessoas indicadas no § 5.º do art. 876 do CPC;

b) na alienação por iniciativa partícula (CPC, art. 879, I);

c) em leilão judicial eletrônico ou presencial (CPC, art. 879, II).

Para concluir: a penhora não subtrai do devedor o direito de propriedade sobre os bens apreendidos pelo juízo da execução, no regular exercício do seu *imperium*; o que do devedor se retira e se transfere ao Estado-juiz é a faculdade de dispor desses bens. Tal veto à disponibilidade, de que era titular o devedor, se justifica plenamente diante da necessidade de que se reservem ou se separem bens deste, com o objetivo de permitir que a finalidade da execução seja atingida.

Na hipótese de o devedor alienar ou onerar os bens penhorados, cometerá o ilícito processual da fraude à execução, previsto no art. 792 do CPC, cuja consequência será a declaração judicial não de nulidade do ato, mas de sua ineficácia, o que é coisa diversa, como pudemos expor no Capítulo XVIII.

Na precisa asserção de José Alberto dos Reis, "a penhora paralisa o direito de propriedade do executado; e paralisa-o neste sentido: o executado não pode praticar, em relação aos bens, atos que comprometam ou prejudiquem os fins da execução" ("Processo de Execução", 1954, vol. II, p. 102).

5.2. Natureza jurídica

Tema que se enastra com o da indisponibilidade dos bens penhorados — que acabamos de examinar — é o concernente à natureza jurídica da penhora.

Vimos que, a despeito da apreensão judicial de seus bens, o devedor conserva a propriedade sobre estes; a posse passa a ser indireta. Estamos afirmando, com isso, que o devedor não perde, com a apreensão de seus bens, o seu direito dominial, conquanto sofram restrições os seus poderes diretos pertinentes à utilização dos bens. Desse modo, poderá o devedor vender, permutar ou doar seus *direitos* referentes aos bens penhorados, na medida em que, como anotou Carnelutti, o efeito dessa apreensão judicial não atua sobre o direito (substancial) do credor, nem, correlativamente, sobre a obrigação (substancial) do devedor, concernente a ele, mas sobre a *responsabilidade* do devedor, de maneira correlativa, sobre a ação (executiva) do credor, que pode continuar a ser exercida como se o devedor não houvesse alienado ou onerado os bens apreendidos ("Instituciones del Proceso Civil", Ed. EJEA, 1973, vol. III, n. 689, p. 25). Mostra, ainda, o eminente jurista italiano que a penhora atua em detrimento dos terceiros que, porventura, venham a adquirir um direito real ou pessoal ou ainda um privilégio relativo aos bens penhorados, pois, malgrado essa aquisição, o bem permanece sujeito à expropriação forçada, em prejuízo do terceiro e em benefício do credor(*idem*, ibidem).

Tem razão Artur Anselmo de Castro ao observar que a penhora acarreta um esvaziamento dos poderes jurídico-materiais que definem o gozo direto da coisa, passando o devedor a figurar na qualidade de nu-proprietário, representado pela detenção de mero poder jurídico de disposição do direito ("A Ação Executiva Singular, Comum e Especial", 1970, n. 35, p. 152/153.). O depósito decorrente da penhora provoca, portanto, a indisponibilidade *material* absoluta; no que toca à disposição *jurídica*, entretanto, o que aí vigora é o princípio da livre disponibilidade do direito, embora deva ser destacada a restrição da ineficácia dos respectivos atos, em face dos interesses do credor e da finalidade da execução. Por outras palavras: os atos de alienação, oneração, doação, etc. de bens penhorados são perfeitos e eficazes com referência às pessoas que dele se apresentam ineficazes (= como se não existissem).

Não se pode falar, portanto, na espécie *sub examen* em nulidade ou mesmo em anulabilidade da alienação dos bens, pelo devedor; o que há, nítida, é ineficácia, do ponto de vista da execução. É verdade que tal alienação constitui ato jurídico perfeito, no âmbito das relações estabelecidas entre o devedor e o adquirente dos bens. O acerto dessa afirmação pode ser constatado pelo fato de que, se o devedor vier a *remir* a execução, a venda ou a oneração dos bens penhorados será perfeita, destituída de qualquer vício jurídico que possa ser arguido para subtrair-lhe a validade. Vê-se que, se a alienação ou a oneração fossem nulas, nenhum efeito jurídico daí emanaria.

Houve autores, por outro lado, que viram na penhora um provimento acautelatório de índole executiva (Zanzuchi), ou providência de dupla finalidade: executiva e cautelar (Alfredo Rocco).

Não pensamos assim.

A penhora não participa da natureza e dos objetivos que sublinham as medidas cautelares; aquela, ao contrário destas, não tem como pressuposto a aparência de bom direito (*fumus boni iuris*) e o perigo na demora (*periculum in mora*), que conferem traço peculiar a grande parte das providências acautelatórias: a penhora está a serviço de um direito já reconhecido pela sentença exequenda. Não há aqui, pois, aparência, e sim certeza de um direito.

De outro ponto, enquanto as medidas de cautela visam, em alguns casos (como as de natureza patrimonial), a assegurar futura execução da sentença (caso típico do arresto), a penhora é *ato da execução*, que não provém de uma pretensão à segurança, e sim da necessidade de fazer valer o direito que dá conteúdo ao título executivo.

Nem há, na penhora, qualquer nota de provisoriedade e acessoriedade, presente em boa parte das providências cautelares. Não menos exato é que a penhora, por princípio, é definitiva, desaguando na expropriação forçada dos bens em que ela incidiu, ao passo que determinadas providências cautelares podem perder a eficácia (= caducidade) se a ação "principal" não for ajuizada no prazo estabelecido pelo art. 308 do CPC.

Enfim, por qualquer ângulo que seja analisada a penhora, não se encontrará nela nenhum sinal de cautelaridade, evidenciando-se, ao reverso, o seu caráter de *ato executivo* indispensável à individualização dos bens do devedor, que responderão à execução e à posterior satisfação do direito do credor, mediante expropriação forçada.

O equívoco dos que classificam a penhora como medida cautelar parece provir da particularidade de que tanto ela quanto o arresto — que é providência acautelatória nominada — incidem em bens, possuindo, portanto, índole patrimonial. Essa coincidência, contudo, é insuficiente para justificar, cientificamente, a natureza cautelar que se tem procurado atribuir à penhora. O que se deve atender não é ao objeto dessa apreensão e ao do arresto e sim à finalidade dos respectivos processos de que ambos se originam (cautelar e executivo).

5.3. Bens penhoráveis

A penhora tem como objeto os bens do devedor, presentes ou futuros (CPC, art. 789), pois a responsabilidade deste, no que respeita ao cumprimento das obrigações derivantes da sentença exequenda, é de caráter patrimonial (CPC, art. 824)

Apenas em casos excepcionais, previstos em lei, a execução por quantia certa incidirá em bens pertencentes a terceiro, como ocorre, v. g., no caso do fiador (CPC, art. 794), embora este possa nomear bens livres e desembargados do devedor. Os bens do fiador, mesmo nessa hipótese, ficarão sujeitos à execução se os do devedor forem insuficientes para a satisfação do direito do credor (*ibidem*).

O sócio também pode vir a ser chamado para responder a dívidas da sociedade a que pertença, nada obstante a norma legal lhe faculte — invocando o benefício de ordem — indicar bens livres e desembargados da sociedade (CPC, art. 795 e § 1.º).

A regra segundo a qual o patrimônio do devedor deve ser objeto da penhora impede, por princípio, que sejam apreendidos bens que se encontram em poder dele, mas pertencentes a terceiro. Isso se verifica, com certa frequência, quando o devedor é mero arrendatário, locatário, depositário, etc. dos bens. Realizada a penhora, caberá ao terceiro defender a propriedade dos bens, mediante os embargos que lhe são característicos (CPC, art. 674, § 1.º).

Para efeito de embargos, também é considerado terceiro o cônjuge ou companheiro quando defende a posse de bens dotais, próprios, reservados ou de sua meação, como declara o art. 674, § 2.º, I do CPC.

Podem, contudo, ser penhorados bens do devedor que se encontram na posse de terceiro, que assim os detém na qualidade de depositário, de arrendatário, locatário e o mais. Esclarece James Goldschmidt que se o terceiro exercer posse em nome próprio, sem a obrigação de restituir os bens, somente poderá ser objeto da penhora o *direito* à ação reivindicatória do devedor, para sub-rogar-se o credor no direito de ajuizá-la, nunca os bens considerados em si mesmos ("Derecho Procesal Civil", Barcelona: 1936, § 95, p. 637/638).

Não basta, porém, que a penhora incida em bens pertencentes ao devedor; os objetivos da execução exigem que esses bens sejam *transmissíveis*, pois não podemos nos esquecer que a execução por quantia certa visa à expropriação judicial dos bens apreendidos, a fim de que seja satisfeito o direito do credor (CPC, art. 824).

A penhora pode recair em bens corpóreos ou incorpóreos. Na primeira classe incluem-se, p. ex., dinheiro, pedras e metais preciosos, móveis, veículos, imóveis, navios, aeronaves; na segunda, títulos da dívida pública, que tenham cotação em Bolsa, títulos e valores mobiliários, direitos, ações, etc. — apenas para mencionarmos os bens descritos no art. 835 do CPC.

A dois princípios essenciais, dentre outros, deve atender a penhora, como ato executivo: a) deve incidir em tantos bens quantos bastem para o pagamento da dívida, aí computados a correção monetária, juros da mora, custas, emolumentos, honorários advocatícios e periciais, além de outras despesas processuais legalmente atribuídas ao devedor (CPC, art. 831); sendo assim, se a penhora for insuficiente, excessiva ou tiver como objeto bens de pouco valor, poderá o juiz, a requerimento do credor e ouvido o devedor (ou o terceiro, caso os bens pertençam a este), ampliá-la, reduzi-la, ou transferi--la para bens mais valiosos, respectivamente, como lhe faculta o art. 874, I e II, do CPC; b) a penhora não deverá ser efetuada quando for evidente que o produto da expropriação dos bens encontrados será integralmente absorvido pelo pagamento das custas da execução (CPC, art. 836, *caput*). Cuida-se, pois, de *penhora inútil*.

A doutrina tem entendido, por outro lado, que, em se tratando de bem imóvel *divisível*, será possível a penhora em parte do bem, desde que essa fração possa ser perfeitamente individualizada, com vistas ao depósito judicial (Amílcar de Castro, ("Comentários ao Código de Processo Civil", Rio de Janeiro: Forense. 1963, vol. X, n. 196, p. 191).

No caso de condomínio, só é viável a apreensão de cota ideal, em número suficiente para o pleno pagamento da dívida.

Acrescenta Andrioli que, quando a constrição judicial atuar sobre bem imóvel, este é considerado como unidade econômica, decorrendo daí o fato de serem igualmente atingidos os seus frutos e rendimentos (CC, art. 95). ("Commento al Codice di Procedura Civile", 1947, vol. XIII, p. 54), advertindo Frederico Marques que isso não obsta a que seja penhorada apenas coisa ou bem que integre o imóvel, como a safra pendente, ou já colhida, de propriedade agrícola ("Manual", vol. 4, p. 148).

O CPC de 1939, em disposição algo ampla, afirmava que a penhora poderia recair "em quaisquer bens do executado" (art. 930, *caput*); o Código atual, todavia, em atitude acertada, lança clara advertência de não se sujeitarem à execução forçada os bens que a lei considera impenhoráveis ou inalienáveis (art. 832).

A essa categoria de bens dedicaremos as próximas linhas.

5.4. Penhora de bem dado em garantia real

Embora, na execução de crédito com garantia real, a penhora deva recair na própria coisa dada em garantia (CPC, art. 855, § 3.º), ou seja, independentemente de nomeação, isso não significa que não possa haver penhora — decorrente de créditos trabalhistas — de bem dado em garantia real.

Em princípio, todos os bens podem ser objeto de constrição judicial, exceto aqueles que a lei declara inalienáveis (Cód. Civil, arts. 100, 1.717, 1.848 e 1.911 ; CPC, arts. 832 e 833, I). Inexiste norma legal que diga da impenhorabilidade de imóvel dado em garantia real; ao contrário, o art. 333, II, do Código Civil admite essa possibilidade.

O que se deve destacar é a particularidade de o direito real de garantia passar com o imóvel para o domínio do arrematante. Por outras palavras: a expropriação transfere o domínio do imóvel dado em garantia real, mas o gravame passa ao arrematante (*transit cum onere suo*). A arrematação só extinguirá a garantia (Cód. Civil, art. 1.499, VI) quando ocorrer na execução do próprio crédito garantido.

Admitida, portanto, a penhora de bem dado em garantia real, o que se deve observar é o *procedimento* legalmente estabelecido, com vistas à expropriação.

Em primeiro lugar, o credor deverá ser intimado da penhora (CPC, arts. 799, I, e 804). A contar daí, ele poderá, por exemplo, alegar e comprovar que o devedor possui outros bens, livres e desembargados, no qual a penhora poderá incidir.

Em segundo, o edital de expropriação deverá mencionar, dentre outras coisas, a existência de hipoteca, a gravar o bem penhorado (CPC, art. 886, VI). Se essa exigência legal não for cumprida, o arrematante poderá desfazer o ato expropriatório.

Em terceiro, o credor deverá ser também intimado, com antecedência mínima de cinco dias, das datas designadas para a praça e o leilão (CPC, art. 889). Se essa intimação não for realizada, considerar-se-á ineficaz a expropriação, relativamente a esse credor (CPC, art. 804), que, diante disso, poderá adotar uma destas medidas:

a) impedir a realização da praça ou do leilão (se houver tempo para isso), nos termos do art. 889 do CPC, podendo, inclusive, fazer uso dos embargos de terceiro, para essa finalidade (CPC, art. 674, IV). Nesta hipótese, como é elementar, o credor hipotecário não poderá invocar a posse ou domínio, pois não os detém; cumpre-lhe, portanto, somente prevenir a expropriação;

b) procurar manter o bem na posse do devedor, a fim de que a garantia real subsista;

c) conservar esse direito real perante o arrematante, caso não obtenha êxito na tentativa referida na letra anterior;

d) desconstituir a arrematação (CPC, art. 903, § 1.º).

Ao ser intimado da praça, o credor hipotecário poderá: a) cobrar a dívida, antes do seu vencimento (Cód. Civil, art. 333, II), extinguindo a garantia real; b) arrematar o bem (CPC, art. 890; CC, art. 1.499, VI).

Por outro lado, havendo arrematação, atender-se-á a estas regras:

a) se todo o produto da expropriação for consumido pelo crédito trabalhista, nada haverá a ser entregue ao credor com garantia real (CPC, art. 908);

b) havendo sobra, esta: b.a) se cobrir o total do crédito com garantia real, será entregue a esse credor, ficando extinta o ônus; b.b) se não cobrir, a cláusula da garantia real permanecerá pelo saldo, incumbindo ao credor demonstrar o valor do seu crédito remanescente.

Nunca é desútil lembrar que, se a garantia real for constituída *após* o ajuizamento da ação trabalhista, esse gravame poderá ser considerado em fraude à execução (CPC, art. 792, IV), sendo, por isso, ineficaz. Observe-se, entretanto, a Súmula n. 375, do STJ: "O reconhecimento da fraude à execução depende do registro da penhora do bem alienado ou da prova da má-fé do terceiro dquirente".

No que toca à possibilidade de haver penhora de bens vinculados a cédula industrial ou rural, conquanto haja intensa controvérsia, na doutrina e na jurisprudência, acerca do tema, entendemos que tais bens são penhoráveis, levando em conta, acima de tudo, o fato de os créditos trabalhistas serem dotados de um *superprivilégio* (CLT, art. 449, § 1.º, Lei n. 5.172, de 25-10-66, art. 186 — Código Tributário Nacional), capaz, inclusive, de sobrepô-lo aos próprios créditos tributários. Chegamos a essa ilação, aliás, a partir de uma interpretação adequada do art. 30 da Lei n. 6.830, de 22-9-1980, que dispõe sobre a cobrança da dívida ativa da Fazenda Pública, segundo o qual o patrimônio do devedor responderá pela dívida, aí incluídos os bens gravados por ônus real ou cláusula de inalienabilidade ou impenhorabilidade, "seja qual for a data da constituição do ônus ou da cláusula", excetuados apenas os bens que a lei declara impenhoráveis (CPC, art. 833) — e dentre os quais não se inserem os vinculados a cédulas rurais ou industriais. As normas legais que regulam os títulos de crédito rural ou industrial, enfim, não dizem da impenhorabilidade *absoluta* dos bens vinculados a essas cédulas.

5.5. Bens impenhoráveis

Como vimos no item anterior, o diploma processual civil de 1939 declarava, no seu art. 930, que a penhora poderia recair "em *quaisquer* bens do executado" (destacamos).

Já não é esse o princípio que vigora no Código atual — nem no CPC de 1973 —, no qual só é permitida a penhora de bens passíveis de transmissão e de alienação. Essa regra é de boa lógica, porquanto, residindo a finalidade da execução forçada na expropriação dos bens apreendidos, é elementar que a penhorabilidade se vincula, umbilicalmente, à alienabilidade. Os fins da execução seriam, por isso, frustrados se o ato de constrição judicial incidisse em bens que a norma legal reputa inalienáveis. Estabelece, a propósito, o art. 832 do CPC que não se submetem à execução "os bens que a lei considera impenhoráveis ou inalienáveis".

O móvel da impenhorabilidade pode localizar-se tanto no direito material quanto no processual, a despeito de essa causa residir, quase sempre, neste último.

A impenhorabilidade que deriva do direito material é denominada *substancial* e se classifica, sob o ponto de vista doutrinário, em *absoluta* e *relativa*. No primeiro caso situam-se os bens cuja intransmissibilidade é plena; no segundo, os que não se submetem, apenas, à transmissão forçada, como ocorre, *e. g.*, com as disposições de cláusulas testamentárias ou de doação, que declarem a impenhorabilidade dos bens, sem, contudo, considerá-los inalienáveis.

EXECUÇÃO NO PROCESSO DO TRABALHO **375**

A impenhorabilidade processual apresenta, de igual maneira, a bipartição em bens absolutamente impenhoráveis e relativamente penhoráveis. Naquela categoria se incluem os que a lei impede de serem objeto de apreensão judicial, em qualquer hipótese (CPC, art. 833); nesta, os que podem ser penhorados quando inexistentes outros bens do devedor (CPC, art. 834).

Conquanto o devedor responda, para o cumprimento de suas obrigações, com todos os seus bens, presentes e futuros (exceto as restrições previstas em lei), como afirma o art. 789 do CPC, não se pode pensar que, em nome desse mandamento legal, seja lícito ao Estado (e ao credor) retirar do patrimônio dele bens indispensáveis à sua sobrevivência e à da família; necessários ao exercício da profissão; vinculados ao sentimento de religiosidade, etc. Enfim, o fato de alguém ser devedor de outrem não é razão bastante para justificar a deflagração, contra ele, de atos executivos capazes de afrontar--lhe a dignidade, como ser humano, permitindo que todos se lancem a um tripúdio que não apenas o submete a essa degradação moral, mas que não se coaduna com o verdadeiro escopo da execução, enquanto método estatal destinado a obter o eficaz e pleno atendimento a um crédito.

Esses foram, por certo, os motivos que levaram o legislador a deixar alguns bens à margem da execução forçada. Essa preocupação legislativa, aliás, de preservar a dignidade do credor pode ser detectada no art. 805 do mesmo texto processual, a teor do qual, quando a execução puder ser promovida por diversos meios, "o juiz mandará que se faça pelo modo menos gravoso para o executado". Note-se que a norma não encerra mera *faculdade* do juiz, correspondendo, isto sim, a um comando imperativo ("mandará que se faça"), do qual, por princípio, ele não pode afastar-se.

A própria Constituição da República manifesta uma nítida consciência a respeito da necessidade de o devedor não ser confundido com um criminoso, ao enunciar o princípio de que inexistirá prisão civil por dívida — tirante os casos de inadimplemento *voluntário* e *inescusável* de obrigação alimentícia e do depositário infiel (art. 5.º, LXVII) e ressalvada, quanto a este, a Súmula Vinculante n. 25, do STF.

5.6. Impenhorabilidade absoluta

Poderia a norma processual — em tese — deixar reservada ao prudente arbítrio do juiz a tarefa de julgar penhoráveis ou impenhoráveis os bens do devedor, em cada caso concreto. Isso poderia conduzir, todavia, não só à consequente discricionariedade judicial, mas — o que é pior — a uma arbitrariedade que teria o efeito maléfico de submeter o devedor a um estado de aviltamento de sua condição humana.

Prudente, o atual Código de Processo Civil preferiu relacionar os bens considerados *impenhoráveis,* com o que evitou, até mesmo, disputas doutrinárias acerca do assunto. É proveitoso que efetuemos, a seguir, um exame individualizado de tais bens, na mesma ordem em que a eles se refere o art. 833 do CPC.

Inciso I. *Os bens inalienáveis e os declarados, por ato voluntário, não sujeitos à execução.* Constitui fato conhecido por todos que os bens públicos não podem ser penhorados, em virtude da inalienabilidade que lhes é imanente (CC, art. 100). Disto decorre a particularidade de, na execução por quantia contra a Fazenda Pública, esta ser citada não para oferecer bens à penhora (CLT, art. 880, *caput*) e sim para opor embargos à execução (CPC, art. 910).

O dispositivo legal que estamos a analisar também se ocupa da impenhorabilidade dos bens declarados, por ato de vontade, insuscetíveis de serem submetidos à execução. Essa manifestação volitiva pode ser unilateral ou bilateral. Como exemplos, podemos mencionar as doações e os testamentos, nada obstante essa espécie de impenhorabilidade seja de difícil ocorrência no processo do trabalho.

Inciso II. Os móveis, pertences e utilidades domésticas que guarnecem a residência do executado, salvo os de elevado valor ou que ultrapassem as necessidades comuns correspondentes a um médio padrão de vida.

A execução não pode constituir causa para o espezinhamento da dignidade do executado. Aliás, o inciso *sub examen*, em sua redação primitiva, no CPC de 1973 (art. 649), vedava a penhora das "provisões de alimento e de combustível, necessárias à manutenção do devedor e de sua família, durante um mês". Como essa impenhorabilidade estava implícita no sistema, o legislador alterou o conteúdo da norma, para aludir a móveis, pertences e utilidades que guarnecem a residência do executado. Fez-se, todavia, uma ressalva importante: a impenhorabilidade (absoluta) dos mencionados bens deixaria de existir em duas situações: a) se fossem de elevado valor; ou b) se excedessem às necessidades comuns correspondentes a um padrão de vida médio. Essa redação foi mantida pelo CPC atual. Neste último caso, o critério dará ensejo a certo subjetivismo judicial, pois nem sempre o juiz terá condições de definir o que seja um "padrão de vida médio", pois para isso terá de levar em conta o próprio padrão de vida da classe social a que pertence o executado.

Uma nótula histórica: O CPC de 1939 incluía entre os bens impenhoráveis "uma vaca de leite e outros animais domésticos, à escolha do devedor, necessários à sua alimentação ou à sua atividade, em número que o juiz fixará de acordo com as circunstâncias" (art. 942, IV). O silêncio do Código atual pode ser interpretado como permissão à penhora desses animais? Pensamos que não. A *vaca* ou outros animais considerados domésticos não poderão ser apreendidos judicialmente se: a) fornecerem ao devedor alimento indispensável à sua sobrevivência ou à de sua família; b) forem necessários ou úteis ao exercício da profissão do devedor (CPC, art. 833, V).

Inciso III. Os vestuários, bem como os pertences de uso pessoal do executado, salvo se de elevado valor.

As razões que motivaram o legislador a tornar absolutamente impenhoráveis os bens referidos neste inciso coincidem com as que o levaram a instituir essa mesma cláusula em relação aos bens descritos no inciso II. De igual maneira, aqui, se fez a ressalva quanto a serem de elevado valor esses bens, hipótese em que a penhora será lícita. O luxo, a ostentação, não pode receber privilégio legal, máxime quando se cuida de satisfazer um direito reconhecido por sentença.

EXECUÇÃO NO PROCESSO DO TRABALHO **377**

Inciso IV. *Os vencimentos, subsídios, soldos, salários, remunerações, proventos de aposentadoria, pensões, pecúlios e montepios; as quantias recebidas por liberalidade de terceiros e destinadas ao sustento do devedor e sua família, os ganhos de trabalhador autônomo e os honorários de profissional liberal, ressalvado o disposto no § 2.º.*

A impenhorabilidade, neste caso, decorre da presunção legal de que de todas as quantias mencionadas são imprescindíveis à subsistência do executado e de sua família.

Vencimento é o valor pago a funcionário público.

Subsídio é a quantia paga ao presidente da República, Ministros de Estados, Senadores, Deputados, Vereadores, pelo exercício do mandato. Magistrados também recebem subsídios, embora não estejam vinculados a mandato eletivo (CF, art. 93, V).

Soldo é a quantia paga aos militares.

Salário é toda quantia paga (em geral, diretamente) pelo empregador ao empregado, em decorrência do contrato de trabalho, estando nele compreendidas, também, as comissões, as percentagens, as gratificações, os prêmios, as diárias para viagem, os abonos (CLT, art. 457 e § 1.º) e, ainda, a alimentação, a habitação, o vestuário ou outras prestações *in natura* que a empresa, por força do contrato ou do costume, fornecer-lhe de maneira habitual (CLT, art. 458).

Remuneração. Compreende, além do salário, as gorjetas, assim consideradas não apenas as quantias dadas espontaneamente por clientes, como as que forem deste cobradas pelo empregador, como adicional nas contas, a qualquer título e destinadas à distribuição aos empregados (CLT, art. 457, § 3.º).

Proventos de aposentadoria são quantias pagas, por órgãos públicos ou entidades privadas, às pessoas que se aposentam. Embora o substantivo *provento* signifique, também, vantagem financeira que se obtém de alguma coisa, lucro, ganho, etc., somente os concernentes à *aposentadoria* é que são impenhoráveis.

Pensões, lato sensu, são as contribuições ou abonos periódicos devidos a uma pessoa, sem qualquer contraprestação de serviços, para que possa atender à manutenção pessoal ou familiar (alimentos, aposentadoria, invalidez); em sentido estrito traduzem a renda ou o abono periódico concedido aos herdeiros e cônjuges de funcionário civil ou militar, ou mesmo de empregado, para que possam satisfazer necessidades pessoais de mantença.

Pecúlio é a quantia paga pela previdência social ao segurado incapacitado para o trabalho ou ao aposentado que volta ao exercício de suas atividades.

Montepio é benefício, pecúlio ou pensão, que constitui objeto de instituição criada com a finalidade de os conceder, às pessoas que a ela se associam, mediante certa contribuição.

Liberalidades de terceiros são as contribuições, doações, etc. efetuadas por terceiro, com o escopo de auxiliar o devedor em seu sustento e no de seus familiares.

Honorários de profissionais liberais são quantias pagas a advogados, médicos, engenheiros, arquitetos, economistas, dentistas, contadores, contabilistas, enfim, a profissionais liberais, como contraprestação pelos serviços por estes prestados.

Quanto aos benefícios concedidos pela Previdência Social, o art. 114, da Lei n. 8.213, de 24 de julho de 1991, estatui: *"Salvo quanto a valor devido à Previdência Social e a desconto autorizado por esta Lei, ou derivado da obrigação de prestar alimentos reconhecida em sentença judicial, o benefício não pode ser objeto de penhora, arresto ou sequestro, sendo nula de pleno direito a sua venda ou cessão, ou a constituição de qualquer ônus sobre ele, bem como a outorga de poderes irrevogáveis ou em causa própria para o seu recebimento"* (ressaltamos).

O art. 649, inciso IV, do CPC de 1973, fazia expressa ressalva em relação ao disposto no seu § 3.º. Ocorre, todavia, que este parágrafo foi vetado pelo Sr. Presidente da República, cujo veto não foi rejeitado pelo Congresso Nacional. Constava desse § 3.º: "Na hipótese do inciso IV do *caput* deste artigo, será considerado penhorável até 40% (quarenta por cento) do total recebido mensalmente acima de 20 (vinte) salários-mínimos, calculados após efetuados os descontos de imposto de renda retido na fonte, contribuição previdenciária oficial e outros descontos compulsórios".

Foram estas as razões do veto:

O Projeto de Lei quebra o dogma da impenhorabilidade absoluta de todas as verbas de natureza alimentar, ao mesmo tempo em que corrige discriminação contra os trabalhadores não empregados ao instituir impenhorabilidade dos ganhos de autônomos e de profissionais liberais. Na sistemática do Projeto de Lei, a impenhorabilidade é absoluta apenas até vinte salários-mínimos líquidos. Acima desse valor, quarenta por cento poderá (sic) ser penhorado.

A proposta parece razoável porque é difícil defender que um rendimento líquido de vinte vezes o salário mínimo vigente no País seja considerado como integrante de natureza alimentar. Contudo, pode ser contraposto que a tradição jurídica brasileira é no sentido da impenhorabilidade, absoluta e ilimitada, de remuneração. Dentro desse quadro, entendeu-se pela conveniência de opor veto ao dispositivo para que a questão volte a ser debatida pela comunidade jurídica e pela sociedade em geral.

Essas razões, todavia, jamais nos convenceram. É inadmissível que um devedor, recebendo salário mensal equivalente, digamos, a duzentos salários-mínimos, não possa ter parte ínfima desse salário penhorada, uma só vez, para o pagamento de uma dívida equivalente, por exemplo, a dois salários mínimos.

Seja como for, *legem habemus*. Os altos salários ficaram gratos ao veto.

De qualquer maneira, a lei autoriza a apreensão de salários, vencimentos, soldos, proventos, etc. se a dívida for proveniente de prestação alimentícia (CPC, art. 833, § 2.º); trata-se, na verdade, de *desconto* salarial em favor de quem o juiz competente indicar. Nesse sentido, a disposição do art. 912, *caput*, do mesmo texto legal: "quando o devedor for servidor público, militar, diretor ou gerente de empresa, bem como empregado sujeito à legislação do trabalho", o juiz mandará incluir em folha de pagamento a importância da prestação alimentícia, esclarecendo o parágrafo único que a cientificação, para esse efeito, será feita à autoridade, à empresa ou ao empregador, por ofício, do qual deverão constar os nomes do credor, do devedor, a importância da prestação e o período de sua duração.

Inciso V. *Os livros, as máquinas, as ferramentas, os utensílios, os instrumentos ou outros bens móveis necessários ou úteis ao exercício da profissão do executado.*

O legislador, neste passo, procurou dar primazia à necessidade de tornar imune à execução forçada tudo aquilo que fosse efetivamente imprescindível ou útil ao exercício da profissão do devedor. Por outros termos, a lei procurou, no particular, garantir ao devedor as condições de trabalho, a fim de que ele pudesse prover os meios necessários à sua subsistência física e à de sua família. É evidente que essa proteção dispensada pelo Estado só se justifica nos casos de atividade *lícita*, uma vez que soa algo aberrante imaginar que, mesmo sendo *ilícita* a atividade, seriam impenhoráveis as máquinas, utensílios, instrumentos, etc. úteis ou necessários ao seu exercício. Pense-se em um traficante, em um contrabandista, invocando o art. 833, V, do CPC, para colocar a salvo da execução veículos, armas e o mais, que utilizam em suas "atividades...".

Não cremos que a declaração estampada no inc. XIII, do art. 5.º, da CF, possa ou deva ser interpretada como franquia absoluta ao exercício de qualquer atividade, até porque a norma constitucional faz inequívoca referência a *ofício* ou *profissão*, cujos conceitos não se confundem com o de mera *atividade*. O que está, aliás, no dispositivo processual ora sob comentário é *profissão*.

Requisitos indispensáveis para que os bens sejam impenhoráveis são o seu relacionamento *direto* e *atual* com a profissão exercitada pelo devedor. Destarte, se a máquina, o utensílio, o instrumento, etc. estão apenas *indiretamente* vinculados ao exercício de função atual, ou *diretamente* relacionados com profissão que o devedor já não exerce, nada obsta a que sejam penhorados.

Será sempre temerária qualquer empreitada tendente a fixar regras generalizantes e inflexíveis a respeito da impenhorabilidade de bens úteis ou necessários ao exercitamento de qualquer profissão; caberá ao magistrado, por esse motivo, verificar, em cada caso concreto, se os bens que se pretende apreender se quadram, efetivamente, à declaração legal, ditada pela preocupação do legislador em assegurar ao devedor os meios indispensáveis ou úteis à sua prática profissional.

O que também se deve levar em conta é que o bem, considerado em si mesmo, não constitui critério seguro para determinar a sua impenhorabilidade. Um automóvel, *v. g.*, em princípio, não é necessário ao exercício da profissão de bancário (= penhorável), embora possa ser imprescindível para o trabalho do vendedor-viajante (= impenhorável).

Uma derradeira nota: o senso do substantivo *profissão*, no texto legal (CPC, art. 833, V), é indissociável da ideia de pessoa física; sendo assim, determinado bem, conquanto necessário, poderá ser objeto de apreensão judicial se utilizado por pessoa *jurídica*. Estas, em rigor, não têm profissão e sim *atividade*.

Inciso VI. *O seguro de vida. A impenhorabilidade, neste caso, não é do dinheiro recebido pelos beneficiários indicados pelo devedor falecido e sim do direito (= expectativa) ao recebimento oportuno da soma pela qual se obrigou a companhia seguradora.*

A razão é explicável: estando vivo ainda o segurado, e sendo seu beneficiário o devedor, este possui apenas mera *expectativa* quanto ao recebimento da quantia estipulada na apólice; caso, porém, o segurado tenha falecido e o dinheiro sido entregue ao devedor-beneficiário, é elementar que tal soma, tendo sido incorporada ao patrimônio econômico do devedor, poderá ser penhorada (CPC, art. 835, I; Lei n. 6.830, art. 11, I). Afinal, esse valor, depois de pago, deixa de ser seguro, motivo por que não fica sob a proteção do inc. VI do art. 833 do CPC, que — convém sublinhar — prevê apenas a impenhorabilidade do *seguro* de vida.

Aliás, não só a quantia *recebida* pelo devedor, como beneficiário, escapa ao art. 833, VI, do CPC, como a soma que a seguradora *já deve*, porquanto, havendo aqui pretensão e ação, pode ser objeto de penhora, na época em que o pagamento for efetuado.

Inciso VII. *Os materiais necessários para obras em andamento, salvo se essas forem penhoradas.*

Os imóveis — exceto no caso do bem de família — podem ser penhorados; já os *materiais* destinados à obra em construção ficam protegidos, por princípio, pela cláusula legal da impenhorabilidade, exceto se a apreensão judicial recair na própria obra.

É importante destacar que os materiais somente são impenhoráveis em virtude de sua *destinação*. Isso quer dizer que, se eles não se destinarem à obra, ou dela se encontrarem separados, por não mais serem necessários, poderão ser penhorados.

Máquinas, equipamentos, ferramentas e congêneres, ainda que estejam sendo utilizados na construção da obra, não podem ser considerados como "materiais", para os efeitos do art. 833, VII, do diploma processual civil; logo, submetem-se à penhora.

Vale ser reproduzida, neste momento, a lição de Pontes de Miranda: "O pressuposto para a impenhorabilidade consiste em se tratar de material necessário para a obra em andamento. Se o pedido de penhora é da própria obra, cabe o deferimento, porque se trata de penhora global, dentro de cujo objeto estão os materiais. Surge o problema da ligação entre a obra e o terreno, se se trata de construção de edifício. Se a obra está sendo feita por empresa que apenas presta serviço e os materiais são fornecidos pelo titular do contrato com a construtora, tais materiais não podem ser penhorados por algum credor do contraente, mesmo o fornecedor dos materiais, ou de algum material. Isso não afasta a penhora da própria obra. Se os materiais são fornecidos pela própria empresa construtora, nenhum credor do outro contraente pode ir contra os materiais da construção, nem mesmo o credor da empresa construtora, que adquiriu os materiais. O que podem fazer os credores da construtora é pedir a penhora de outros bens da construtora, ou da própria obra. Daí, a grande relevância em se distinguir da dação de serviços à empreitada" (*Comentários ao Código de Processo Civil*. Tomo X, Rio de Janeiro: Forense, 1976. p. 188/189).

Inciso VIII. *A pequena propriedade rural, assim definida em lei, desde que trabalhada pela família.*

O preceito em exame atende à Constituição Federal, cujo art. 5.º, inciso XXVI, estabelece: "a pequena propriedade rural, assim definida em lei, desde que trabalhada pela família, não será objeto de penhora para pagamento de débitos decorrentes de sua atividade produtiva, dispondo a lei sobre os meios de financiar o seu desenvolvimento".

A impenhorabilidade da pequena propriedade rural veio dar ao trabalhador rural garantia semelhante à que a Lei n. 8.009/90 concedeu ao morador urbano. A norma é de inegável justiça, por preservar a função social da propriedade (CF, art. 5.º, XXIII).

Inciso IX. *Os recursos públicos recebidos por instituições privadas para aplicação compulsória em educação, saúde ou assistência social.*

Considerando que a educação, a saúde e a assistência social constituem "direito de todos e dever do Estado" (CF, arts. 205 e 208; 196 e 303/204), e essenciais ao pleno desenvolvimento da população, nada mais lógico e necessário do que impedir-se a penhora de recursos públicos entregues a instituições privadas, para aplicação *compulsória* nessas áreas.

Portanto, também aqui, o que define a impenhorabilidade de tais recursos é a sua *destinação*. Incumbirá ao executado a prova dessa destinação (CLT, art. 818), fato que, na prática, não haverá de acarretar-lhe maiores dificuldades, considerando-se que disporá de prova documental a respeito, emitida pelo Poder Público destinador dos recursos financeiros.

Inciso X. *A quantia depositada em caderneta de poupança, até o limite de quarenta salários-mínimos.*

Para preservar o interesse dos aplicadores em conta-poupança (popularmente denominada de *caderneta* de poupança), o legislador pespegou o rótulo da impenhorabilidade absoluta na quantia, aí depositada, até o limite de quarenta salários-mínimos. O que exceder a esse teto será penhorável.

A propósito, situação que poderá gerar algumas controvérsias, na prática, será aquela em que, comprovadamente, a totalidade dos depósitos existentes na conta-poupança do devedor for constituída por salários, por honorários, por proventos de aposentadoria, etc.: por força do disposto no inciso IV, do art. 833, essas quantias são absolutamente *impenhoráveis*; todavia, se ignorarmos a *origem* desses valores e os considerarmos como *depósito em conta poupança*, poderão ser penhorados naquilo que excederem a 40 salários-mínimos (inciso X, do mesmo artigo). A questão, portanto, é esta: até que momento os salários, os honorários, os proventos de aposentadoria, etc. conservam a sua natureza e, em consequência, a partir de que momento podem ser considerados como investimento ou como aplicação financeira, para efeito de penhora?

Se houve penhora da quantia *total*, existente na conta-poupança, o devedor poderá impetrar mandado de segurança, para presevervar o seu direito "líquido e certo" de ver liberado dessa constrição o equivalente a quarenta salários-mínimos. Em outra situação, caso tenham sido mantidos, por ocasião da penhora, os quarenta salários-mínimos, nenhuma outra penhora poderá incidir nesse saldo, pois o escopo da norma legal é o de permitir ao devedor manter esse valor mínimo em sua conta — provavelmente, para atender a futuras necessidades pessoais ou familiares. O tema, porém, apresenta maior complexidade do que possa parecer. Digamos que o devedor possua, em sua conta poupança, valor correspondente a cem salários-mínimos e que lhe seja penhorada quantia equivalente a sessenta salários-mínimos. Ficaram, portanto, quarenta salários-mínimos, que, conforme dissemos, não poderão ser penhorados. Se, todavia, o devedor depositar em sua conta poupança valor correspondete a duzentos salários-mínimos, essa quantia poderá ser integralmente penhorada, uma vez que ficará preservada a o valor equivalente a quarenta salários-mínimos.

Inciso XI. *Os recursos públicos do fundo partidário recebidos, nos termos da lei, por partido político.*

Visou o legislador, aqui, a atender aos interesses dos partidos políticos — sobrepondo-os aos interesses do credor. Com o que não concordamos. O argumento legislativo parece ser o de que esses recursos possuem natureza pública, considerando a sua destinação.

Inciso XII. *Créditos provenientes de alienação de unidades imobiliárias, vinculados à execução da obra. Esses créditos não podem ser penhorados quando as unidades imobiliárias se encontrarem sob o regime de incorporação.*

O rol do art. 833, do CPC, não é exaustivo, ao contrário do que possa aparentar. Assim afirmamos porque, por exemplo, também são impenhoráveis:

- o bem de família (Lei n. 8.009/90);

- os bens de uso comum dos condôminos de edifício, inclusos os elevadores (Lei n. 4.591/64, art. 3.º);

- os bens oferecidos em garantia de cédula de crédito rural (Decreto-lei n. 167/67, art. 69);

- os bens ofertados em garantia a cédula de crédito industrial (Decreto-lei n. 413/69, art. 57);

- os valores creditados nas contas do PASEP e do PIS (Lei Complementar n. 8/70, art. 7.º);

- os depósitos efetuados na conta vinculada do FGTS do trabalhador (Lei n. 8.036/90, art. 2.º);

- os depósitos que as instituições financeiras devem manter no Banco Central do Brasil na conta "reservas bancárias", exceto quanto ao próprio Banco Central (Lei n. 9.060/95, art. 68).

5.7. Nota particular sobre o bem de família

Queremos, aqui, enfatizar algumas considerações que expendemos em páginas anteriores, em face da importância do assunto.

Dispõe o art. 1.º da Lei n. 8.009/90 que "O imóvel residencial próprio do casal, ou da entidade familiar, é impenhorável e não responderá por qualquer tipo de dívida civil, comercial, fiscal, previdenciária ou de outra natureza, contraída pelos cônjuges ou pelos pais ou filhos que sejam seus proprietários e nele residam, salvo nas hipóteses previstas nesta Lei".

Como dissemos alhures, essa norma legal está em manifesto antagonismo com a Constituição da República, sob os aspectos *formal* e *material*.

a) *Aspecto formal*. A matéria pertinente à impenhorabilidade de bens (particulares, é elementar) não poderia ser objeto de Medida Provisória. Somente se justifica a edição de Medidas dessa natureza nos casos de *relevância* e *urgência*, nos termos do art. 62, *caput*, da CF. Ora, que relevância e que urgência havia para que o Presidente da República, usurpando a competência do Congresso Nacional, dispusesse sobre a impenhorabilidade do esdrúxulo "bem de família" compulsório por meio de Medida Provisória? Nenhuma, certamente. Afinal, aí não está em jogo o interesse público, senão que, exclusivamente, o particular.

Dir-se-á, talvez, que essa inconstitucionalidade *formal* da Medida Provisória n. 143/90 deixou de existir no momento em que se converteu na Lei n. 8.009/90, por ato do Congresso Nacional. Nada mais sofístico. Como se tratava de Medida Provisória, ela foi apreciada em sessão conjunta do Congresso (Câmara e Senado), o que impediu, de modo sutil, a atuação bicameral dessas Casas Legislativas. Se a matéria estivesse contida (como deveria estar) em projeto de lei, seria apreciada em sessões *separadas*, da Câmara e do Senado, o que permitiria, por exemplo, a este rejeitá-la, fazendo com que o projeto fosse arquivado. Como a Medida Provisória foi apreciada em sessão conjunta, isso enfraqueceu a atuação do Senado, cujos votos de seus membros, acima de tudo, são numericamente muito inferiores aos dos deputados.

Por isso, a particularidade de a malsinada Medida Provisória haver sido convertida em lei, pelo Congresso Nacional, não faz desaparecer, daquela, a eiva original, e, em razão disso, faz com que esta se contamine com as consequências desse vício, representado por uma inconstitucionalidade *formal*.

Ademais, a redação do art. 62, § 1.º, inciso I, letra "*b*", da CF, é inequívoca ao dispor ser vedada a edição de Medida Perovisória sobre direito processual civil.

b) *Aspecto material*. A Lei n. 8.009/90 faz, ainda, odiosa discriminação entre pessoas. Com efeito, a norma em questão permite a penhora do bem de família nas execuções de créditos de trabalhadores da própria residência; pelo titular do crédito decorrente do financiamento destinado à construção ou aquisição do imóvel; pelo credor de pensão alimentícia; para a cobrança de impostos, predial ou territorial, taxas e contribuições devidas em função do imóvel familiar e em outros casos mais, que menciona (art. 3.º, incisos I a VII). Em resumo: esse dispositivo estabelece um injustificável privilégio a determinados credores, em detrimento de outros; esse privilégio traduz, por sua vez, a odiosa discriminação, a que há pouco nos referimos. A propósito, essa discriminação é feita até mesmo entre os próprios empregadores, pois tratando-se de dívida pertinente a créditos de trabalhadores do prórpio imóvel, este poderá ser penhorado. Deste modo, o empregador doméstico — que, por definição legal, não visa a lucro — poderá ter o seu imóvel penhorado, ao passo que o empregador, cuja atividade tem como objetivo a obtenção de lucro, não poderá ter o seu imóvel penhorado, em decorrência de execução promovida por empregado de pessoa jurídica, de que era ou é sócio. Em quaisquer desses casos, há manifesta vulneração do art. 5.º, *caput*, da Constituição Federal, segundo o qual todos são iguais perante a lei, *sem distinção de qualquer natureza.*

Duas observações devem ser ainda formuladas, com vistas à impenhorabilidade absoluta de bens. Primeira: a impenhorabilidade não pode ser oposta à cobrança de crédito concedido para a aquisição do próprio bem (CPC, art. 833, § 1.º); segunda: a regra da impenhorabilidade de vencimentos, subsídios, soldos, salários, remunerações, proventos de aposentadoria, etc. é inaplicável no caso de penhora destinada ao pagamento de pensão alimentícia (*ibidem*, § 2.º).

5.8. Impenhorabilidade relativa

Inexistindo bens do devedor, passíveis de penhora (logo, não entra em conta o elenco de que trata o art. 833 do CPC), a lei autoriza a penhora de outros bens (CPC, art. 834). Essa apreensão judicial é realizada em caráter *excepcional*, pois somente será possível quando não se encontrarem no patrimônio do devedor bens que possam responder, naturalmente, à execução.

Os bens relativamente penhoráveis são os frutos e rendimentos dos bens inalienáveis(CPC, art. 834).

A norma, em sua redação anterior, à falta de outros bens, permitia a penhora "dos frutos e dos rendimentos dos bens inalienáveis, salvo se de destinados a alimentos de incapazes, bem como de mulher viúva, solteira, desquitada, ou de pessoas idosas".

A impenhorabilidade relativa dos frutos e das rendas dos bens inalienáveis vem do direito luso-brasileiro e hoje se encontra consagrada em nosso sistema processual. O princípio a ser atendido é o de que esses bens podem ser penhorados *se* não existirem outros, plenamente penhoráveis, salvo quando os frutos e rendimentos dos bens impenhoráveis forem destinados à satisfação de prestação alimentícia.

A norma anterior permitia, também a penhora excepcional de imagens e objetos do culto religioso, sendo de grande valor (inc. II).

Estava claro no enunciado da norma legal que, *por princípio*, as imagens e os objetos do culto religioso não poderiam ser penhorados. Essa proteção a elementos ícones era realizada, por suposto, em respeito aos sentimentos de religiosidade das pessoas, em geral, e do devedor, em particular. Sendo, contudo, tais objetos de elevado valor, tornavam-se penhoráveis. O valor, aqui, não era o religioso ou o afetivo e sim o *econômico*. Convém insistir na advertência de que, mesmo possuindo os objetos em apreço valor elevado, a sua apreensão só seria lícita se não houvessem outros bens sobre os quais pudesse incidir a execução.

Como vimos, o art. 834, do CPC, em sua atual redação, não incluiu as imagens e os objetos do culto religioso no rol dos bens *relativamente* impenhoráveis. Isto significa que essas imagens e objetos, doravante: a) podem ser penhorados, mesmo sendo de pequeno valor; b) não podem ser penhorados, independentemente do seu valor? Parece-nos que a intenção do legislador foi a fazer com que esses bens não possam ser penhorados, mesmo sendo de valor elevado.

Não importa a que espécie de religião se refiram as imagens ou os objetos, pois a Constituição Federal assegura o livre exercício dos cultos dessa natureza (art. 5.º, VI).

O Código de 1939 incluía no rol dos bens relativamente impenhoráveis "os fundos líquidos que possuir o executado em sociedade comercial" (art. 943, II). Como o de 1873 e o atual silenciaram a respeito do assunto, duas conclusões poderão ser daí tiradas, embora opostas: a) teria havido mera omissão do legislador, de tal modo que esses bens permanecem com a cláusula de impenhorabilidade relativa; b) foi intenção do legislador retirar-lhes essa cláusula, a fim de introduzi-los no universo dos bens ordinariamente penhoráveis.

Ficamos com a última conclusão.

Nada há, atualmente, que impeça a apreensão judicial dos lucros que se encontrem à disposição dos sócios, assim como da quota que for destinada a cada sócio na liquidação da sociedade. Essa é a opinião predominante na doutrina, conforme a qual a penhora deve abarcar não apenas os lucros ou créditos dos sócios, mas a própria quota social de que for titular (Amílcar de Castro, obra cit., vol. X, p. 231, n. 241).

Com grande descortino, entretanto, Amílcar de Castro mostra que a penhora da quota social não abre possibilidade à expropriação judicial da *qualidade* de sócio, que o devedor ocupa na sociedade; sendo o fundo adjudicado ao credor, este, como sub-rogado nos direitos do devedor, "pode requerer, no juízo competente, a dissolução e a liquidação da sociedade, nunca porém, substituir-se ao devedor, como se fosse, na qualidade de sócio, seu sucessor" (*ibidem*).

Por outro lado, é oportuno referir a disposição do art. 876, § 7.º, do CPC, conforme a qual "No caso de penhora de quota social ou de ação de sociedade anônima fechada, realizada em favor de exequente alheio à sociedade, esta será intimada, ficando responsável por informar aos sócios a ocorrência da penhora, assegurando-se a estes a preferência".

Como referência histórica, é interessante recordar que o art. 649, do CPC de 1973, com a redação imposta pela Lei n. 11.382/2006, continha um parágrafo único, assim redigido: "Também pode ser penhorado o imóvel considerado bem de família, se de valor superior a 1.000 (mil) salários mínimos, caso em que, apurado o valor em dinheiro, a quantia até aquele limite será entregue ao executado, sob cláusula de impenhorabilidade".

Esta norma, contudo, foi vetada pelo Sr. Presidente da República.

Foram estas as razões do veto:

"(...) O Projeto de Lei quebrou o dogma da impenhorabilidade absoluta do bem de família, ao permitir que seja alienado o de valor superior a mil salários mínimos, 'caso em que, apurado o valor em dinheiro, a quantia até aquele limite será entregue ao executado, sob cláusula de impenhorabilidade'. Apesar de razoável, a proposta quebra a tradição surgida com a Lei n. 8.009, de 1900, que 'dispõe sobre a impenhorabilidade do bem de família', no sentido da impenhorabilidade do bem de família independentemente do valor. Novamente, avaliou-se que o vulto da controvérsia em torno da matéria torna conveniente a reabertura do debate a respeito mediante o veto ao dispositivo."

Discordamos, naquela oportunidade, do veto. Pense-se em um devedor que vivia em um palácio, no valor de alguns milhões de reais, cujo bem não pudesse ser penhorado para pagamento de uma dívida correspondente a um ou dois salários mínimos, por ser o único pertencente a ele, e ver-se-á a quem o veto favoreceu.

5.9. Penhora de bens alienados fiduciariamente

Não se encontrando os bens alienados fiduciariamente incluídos no elenco dos absolutamente impenhoráveis (CPC, art. 833), nem entre os descritos pelo art. 834 do mesmo Código, pareceria lógico pensar que o devedor poderia oferecê-los à penhora. Nada mais inexato, contudo.

Na alienação fiduciária, o devedor é simples *possuidor direto e depositário* do bem, ficando com o credor o *domínio resolúvel* e a *posse indireta* (Lei n. 4.728, de 14-07-1965, art. 66, com a redação dada pelo Decreto-lei n. 911, de 1.º-10-1969). O devedor detém a coisa com todos os encargos que lhe incumbem de acordo com a legislação civil e penal, como adverte a precitada norma legal.

O proprietário (fiduciário) do bem é, pois, o *credor* e não o devedor; tanto isso é verdadeiro que: a) havendo inadimplemento da obrigação garantida, o proprietário fiduciário poderá vender a coisa a terceiros, aplicando o produto da venda no pagamento de seu crédito e das despesas decorrentes da cobrança, *entregando ao devedor o saldo que, porventura, houver* (*ibidem*, art. 66, § 4.º); b) se o devedor alienar, *ou der em garantia a terceiros*, o bem objeto de alienação fiduciária ficará sujeito à pena prevista no art. 171, § 2.º, inc. I, do CP (*ibidem,* § 8.º), ou seja, de reclusão de um a cinco anos e multa.

O que se pode penhorar ao devedor, em consequência, será o *saldo* acaso apurado na hipótese de o proprietário fiduciário efetuar a venda, a terceiro, da coisa móvel alienada.

É relevante anotar, ainda, que a *sentença* proferida na ação de busca e apreensão da coisa, ajuizada pelo credor, "*consolidará a propriedade e a posse plena e exclusiva nas mãos do proprietário fiduciário*" (destacamos) — a teor do art. 66, § 5.º, da antedita norma legal. Nem é despiciendo assinalar que na falência do *devedor* alienante assegura-se ao credor ou proprietário fiduciário o direito de pedir, na forma prevista em lei, a *restituição* do bem alienado fiduciariamente (*ibidem*, § 7.º).

Tudo isso demonstra, à saciedade, que o devedor nada mais é, como afirmamos, que mero *possuidor* (direto) e *depositário* da coisa, cuja *propriedade resolúvel* (e posse indireta) é do credor fiduciário.

A penhora de bens alienados fiduciariamente fará com que o proprietário fiduciário oponha embargos de terceiro, visando ao manutenimento ou restituição da posse indireta (CPC, art. 674, § 1.º).

5.10. Nomeação de bens

Sendo o título executivo líquido, certo e exigível (CPC, art. 783), o devedor será citado (*rectius*, intimado) para cumprir a obrigação (= pagar), no prazo de 48 horas (CLT, art. 880, *caput*), ou garantir a execução, mediante nomeação de bens à penhora (*ibidem*).

Como se cuida de prazo fixado por hora, incumbe ao oficial de justiça certificar, no mandado que porta, o horário em que efetuar a citação do devedor; reconhecemos, contudo, que essa providência não vem sendo adotada na Justiça do Trabalho, fato que tem levado à contagem desse prazo, na verdade, em *dias* (dois).

A nomeação de bens à penhora indica, na terminologia processual, a faculdade que a lei atribui ao devedor, no sentido de apontar ou escolher bens, integrantes de seu patrimônio, em valor suficiente para satisfazer o crédito do exequente; por esse motivo, referidos bens ficam vinculados ao processo de execução. Vindo o devedor a aliená-los ou a onerá-los, tais atos serão declarados fraudatórios da execução e, em consequência, *ineficazes*.

Essa nomeação traduz, a um só tempo, um direito e um encargo do devedor; assim afirmamos porque, se a norma legal lhe concede a oportunidade para indicar bens sobre os quais incidirá a penhora (direito), decorrido o prazo, sem que a nomeação ocorra, caberá ao oficial de justiça realizar a penhora, no local em que se encontrem (CPC, art. 845), sem que o devedor possa resistir ao ato (CPC, art. 846) ou julgar existente ainda o direito de efetuar a indicação; a esta altura, a ele caberá, somente, suportar a inflexão estatal sobre o seu patrimônio (encargo).

A nomeação sobre que estamos a versar decorre, ainda que obliquamente, da regra de ponderação, consagrada pelo art. 803 do diploma processual civil, conforme a qual o juiz mandará que a execução se faça pelo modo menos gravoso para o credor, quando por vários meios puder ser promovida.

Se o ato de nomear bens à penhora ficasse ao talante exclusivo do devedor, não há dúvida de que o grande prejudicado seria o credor, cujos interesses ficariam submetidos a graves riscos. Por esse motivo, a lei costuma estabelecer uma *ordem preferencial* de bens penhoráveis, tornando, inclusive, ineficaz a nomeação realizada com desobediência a essa ordem (CPC, art. 848, I).

O art. 655, do CPC de 1973, em sua redação anterior, considerava *ineficaz* a nomeação de bens à penhora (salvo se conviesse ao credor) que não obedecesse á ordem legal. Isto signficava que, desrespeitada essa ordem, a nomeação realizada pelo devedor era considerada *nenhuma*. Pois bem. O art. 835, do CPC de 2015, dispõe que "A penhora observará, *preferencialmente*" (destacamos), à ordem que indica. *Preferencialmente* não significa *obrigatoriamente*. Parece-nos ter havido, neste ponto, um abrandamento do rigor primitivo da norma, embora, em concreto, as consequências desse abrandamento sejam mínimas, pois se o devedor não obedecer à ordem legal, o credor poderá exigir que seja respeitada, apontando, inclusive, bens livres e desembargados do devedor, que se situem em posição de preeminência, relativamente ao por este nomeado.

Referida ordem, no plano do processo do trabalho, sofreu algumas alterações, de natureza histórica. Inicialmente, era fixada pelo art. 655 do CPC de 1973, em razão do disposto no art. 769 da CLT. Mais tarde, passou a ser a traçada pelo art. 11 da Lei n. 6.830/80, em decorrência do art. 889 da CLT, que manda aplicar à execução as regras regentes da cobrança da dívida ativa da Fazenda Pública. Por último, essa ordem voltou a ser a estabelecida pelo art. 655 do CPC, em virtude da nova redação do art. 882 da CLT, dada pela Lei n. 8.432/92. Atualmente, a referência realizada por esse artigo da CLT deve ser entendida como feita ao art. 835, do CPC de 2015.

5.11. Nulidade da penhora

Do quanto expusemos até esta parte, podemos concluir que para a validade da penhora, como ato executivo de constrição patrimonial, torna-se necessário o atendimento a, pelo menos, quatro requisitos essenciais:

a) a apreensão judicial dos bens deve ser realizada com rigorosa observância das normas processuais concernentes;

b) só podem ser objeto de penhora bens passíveis de expropriação judicial; dessa maneira, são insuscetíveis de apreensão, p. ex., os bens inalienáveis e os relacionados no art. 833, do CPC;

c) os bens devem, por princípio, pertencer ao patrimônio do devedor, a fim de atender-se à regra expressa pelo art. 824, do CPC;

d) a penhora deve estar amparada em título executivo, que, na Justiça do Trabalho, poderá ser judicial ou extrajudicial (CLT, art. 876).

Desrespeitados quaisquer desses requisitos, a penhora deverá ser declarada írrita, nula. A nulidade desse ato da execução poderá ser de caráter objetivo ou subjetivo. Pertencem à primeira classe, *v. g.*, a penhora de bens considerados por lei inalienáveis e a efetuada com quebra das formalidades legais; na segunda inclui-se, dentre outros casos, o de a constrição recair em bens não pertencentes ao devedor ou a quem se tenha responsabilizado pelo adimplemento da obrigação derivante do título.

De modo geral, a nulidade objetiva pode ser denunciada por petição dirigida pela parte ao juiz; já a subjetiva há de ser alegada em processo especial de embargos de terceiro (CPC, art. 674) (Theodoro Júnior, obra cit., p. 256).

5.12. Substituição da penhora

As situações previstas nos incisos I a VII do art. 848, do CPC, servem, a um só tempo: a) para declarar a *ineficácia* do ato de nomeação de bens à penhora; b) para fundamentar o requerimento de *substituição* do bem penhorado.

Vejamos, a seguir, quais são essas situações:

a) se a nomeação não atender à ordem legal;

b) se não versar sobre os bens designados em lei, contrato ou ato judicial para o pagamento;

c) se, havendo bens no foro da execução, outros hajam sido nomeados;

d) se o devedor, tendo bens livres e desembargados, nomear outros que não o sejam;

e) se os bens forem de baixa liquidez;

f) se fracassar a tentativa de alienação judicial do bem;

g) se o devedor não indicar o valor dos bens ou omitir qualquer das indicações previstas em lei, como as mencionadas no art. 847, do CPC.

A propósito, entendemos aplicável ao processo do trabalho a norma do § 2.º, do art. 847, do CPC, segundo a qual, requerida a substituição do bem penhorado, o executado deve indicar, no prazo assinado pelo juiz: a) onde se encontram os bens sujeitos à execução; b) exibir prova de sua propriedade; e c) se for o caso, certidão negativa de ônus; d) abster-se de qualquer atitude que dificulte ou embarace a realização da penhora. Essa atitude do executado pode configurar ato atentatório à dignidade da justiça (CPC, art. 774, II, III, IV e V).

Caso sejam respeitadas as determinações legais, a nomeação de bens, feita pelo devedor, será considerada *eficaz*, sendo reduzida a termo, valendo reiterar que essa eficácia também se configurará se, embora não atendidas as exigências legais, o credor concordar com a nomeação, como estava na antiga redação do art. 656, *caput*, do CPC de 1973 — tacitamente recepcionada pelo processo do trabalho.

Na hipótese de o credor discordar da nomeação ou esta vir a ser realizada fora do prazo legal, devolver-se-á ao credor o *direito à nomeação*, que o exercitará livremente. De qualquer forma, compete ao juiz da execução dirimir dúvidas ou conflitos emergentes da nomeação, tenha esta sido feita pelo devedor ou pelo credor. Levando em conta a peculiaridade do sistema recursal trabalhista, entendemos que dessa *decisão* do juiz caberá agravo de petição (CLT, art. 897, "*a*").

Perpetrará *error in procedendo* o Juiz do Trabalho que, nomeados os bens pelo devedor, deixar de ouvir o credor a respeito; ora, se este tem o direito de impugnar a nomeação (pois, se ele pode *convir* com esse ato, pode também dele discordar: Agindo o juiz dessa maneira, caberá ao credor manifestar, a qualquer tempo (desde que antes de consumada a expropriação judicial), a sua discordância quanto aos bens nomeados e apreendidos, e, no mesmo ato, apontar outros, livres e desembargados, de sua livre escolha. Recusando-se o juiz a acatar a indicação efetuada pelo credor (nas circunstâncias aqui consideradas), este poderá impetrar mandado de segurança do ato que lhe tolheu o direito de pronunciar-se a respeito da nomeação levada a efeito pelo devedor.

Se, por outro lado, o juiz abrir oportunidade para que o credor se manifeste sobre os bens nomeados pelo devedor, sem, contudo, fixar prazo para que o faça, entende-se que esse prazo será de cinco dias, em virtude da regra genérica enunciada pelo art. 185 do CPC.

A indicação de bens a serem penhorados — feita pelo devedor ou mesmo pelo credor — não necessita constar de petição (letrada) dirigida ao juiz; essa nomeação pode, perfeitamente, ser realizada em face do oficial de justiça, que formalizará a apreensão, lavrando o auto correspondente; em caso de dúvida, consultará o juiz.

Feitas essas considerações, é momento de indagar se, no processo do trabalho, o devedor pode requerer a substituição com fundamento no art. 848, do CPC, sabendo-se que a CLT é omissa quanto ao tema?

Há, de fato, omissão na CLT; não, porém, na Lei n. 6.830/90 (CLT, art. 889).

O art. 15, da precitada norma legal, faculta:

a) ao *executado* (devedor) substituir a penhora por *depósito em dinheiro* ou *fiança bancária* (I); e,

b) à Fazenda Pública (*exequente*) substituir por outros bens, independentemente da ordem enumerada no art. 11 (II).

Assim, por princípio, quanto à substituição requerida *pelo executado* (letra "*a*", *retro*) incide no processo do trabalho a regra do art. 15, da Lei n. 6.830/80 (CLT, art. 889), de tal maneira que a substituição ficará restrita a *dinheiro* depositado e à *fiança bancária*. Em ambos os casos, a substituição deverá corresponder a valor não inferior ao débito constante da inicial, acrescido de trinta por cento.

Dissemos: "por princípio", porque a jurisprudência trabalhista vem admitindo, ainda que com certa reserva, a possibilidade de, a requerimento do devedor, o bem penhorado ser substituído por seguro-garantia judicial, desde que compreenda o referido acréscimo de trinta por cento.

O mesmo não ocorre quanto à substituição desejada *pelo exequente* (alínea "*b*", *retro*). Passa-se que o art. 882, da CLT, faz expressa menção ao art. 655, do CPC (art. 835, do CPC de 2015). Com isto, fica afastada a possibilidade de incidência supletiva do inciso II, do art. 15 da Lei n. 6.830/80, que faz referência ao art. 11 da mesma Lei. O que estamos a dizer, em termos práticos, é que, no processo do trabalho, conquanto a ordem preferencial de bens penhoráveis seja a determinada pelo art. 835, do CPC — para efeito de *substituição* do bem penhorado, a requerimento do credor, essa ordem não precisa ser observada. Deste modo, embora prevaleça o *princípio* inscrito no inciso II, do art. 15, da Lei n. 6.830/80, qual seja, o de que a substituição pretendida pelo credor *independe* da ordem legal dos bens penhoráveis, essa ordem – que, reiteremos, não precisa ser observada —, por força do art. 882 da CLT, é a estabelecida pelo art. 835, do atual CPC.

Sempre que houver substituição do bem penhorado, será lavrado novo termo (CPC, art. 849). Na vigência do CPC de 1973, exigia-se que, requerida a substituição do bem, a parte contrária fosse previamente ouvida, no prazo de três dias (art. 657, *caput*). Conquanto o CPC de 2015 não tenha reproduzido a regra, nada obsta a que o juiz do trabalho, com fundamento no art. 765, da CLT, preserve essa regra.

5.13. A penhora por meio eletrônico

Dispõe o CPC:

"Art. 854. Para possibilitar a penhora de dinheiro em depósito ou em aplicação financeira, o juiz, a requerimento do exequente, sem dar ciência prévia do ato ao executado, determinará às instituições financeiras, por meio de sistema eletrônico gerido pela autoridade supervisora do sistema financeiro nacional, que torne indisponíveis ativos financeiros existentes em nome do executado, limitando-se a indisponibilidade ao valor indicado na execução.

§ 1.º No prazo de 24 (vinte e quatro) horas a contar da resposta, de ofício, o juiz determinará o cancelamento de eventual indisponibilidade excessiva, o que deverá ser cumprido pela instituição financeira em igual prazo.

§ 2.º Tornados indisponíveis os ativos financeiros do executado, este será intimado na pessoa de seu advogado ou, não o tendo, pessoalmente.

§ 3.º Incumbe ao executado, no prazo de 5 (cinco) dias, comprovar que:

I — as quantias tornadas indisponíveis são impenhoráveis;

II — ainda remanesce indisponibilidade excessiva de ativos financeiros.

§ 4.º Acolhida qualquer das arguições dos incisos I e II do § 3.º, o juiz determinará o cancelamento de eventual indisponibilidade irregular ou excessiva, a ser cumprido pela instituição financeira em 24 (vinte e quatro) horas.

§ 5.º Rejeitada ou não apresentada a manifestação do executado, converter-se-á a indisponibilidade em penhora, sem necessidade de lavratura de termo, devendo o juiz da execução determinar à instituição financeira depositária que, no prazo de 24 (vinte e quatro) horas, transfira o montante indisponível para conta vinculada ao juízo da execução.

§ 6.º Realizado o pagamento da dívida por outro meio, o juiz determinará, imediatamente, por sistema eletrônico gerido pela autoridade supervisora do sistema financeiro nacional, a notificação da instituição financeira para que, em até 24 (vinte e quatro) horas, cancele a indisponibilidade.

§ 7.º As transmissões das ordens de indisponibilidade, de seu cancelamento e de determinação de penhora previstas neste artigo far-se-ão por meio de sistema eletrônico gerido pela autoridade supervisora do sistema financeiro nacional.

§ 8.º A instituição financeira será responsável pelos prejuízos causados ao executado em decorrência da indisponibilidade de ativos financeiros em valor superior ao indicado na execução ou pelo juiz, bem como na hipótese de não cancelamento da indisponibilidade no prazo de 24 (vinte e quatro) horas, quando assim determinar o juiz.

§ 9.º Quando se tratar de execução contra partido político, o juiz, a requerimento do exequente, determinará às instituições financeiras, por meio de sistema eletrônico gerido por autoridade supervisora do sistema bancário, que tornem indisponíveis ativos financeiros somente em nome do órgão partidário que tenha contraído a dívida executada ou que tenha dado causa à violação de direito ou ao dano, ao qual cabe exclusivamente a responsabilidade pelos atos praticados, na forma da lei."

Comentemos essas disposições.

Caput. A matéria constava do art. 655-A do CPC revogado.

A norma disciplina a penhora de dinheiro, em depósito ou em aplicação financeira, prevista no inciso I, do art. 835.

Mal o art. 853 acabou de declarar que quando uma das partes requerer alguma das medidas previstas na Subseção IV "o juiz *ouvirá sempre* a outra", no prazo de três dias, antes de decidir, o art. 854 afirma, sem sentido contrário, que o juiz, "sem dar ciência prévia ao devedor" determinará às instituições financeiras que procedam do modo indicado por essa norma legal. Pode-se asseverar, diante disso, que o art. 853 abriga um princípio, que pode ser excepcionado, como no caso do art. 834.

Do texto legal em estudo depreende-se a existência de alguns requisitos e sugestões para a sua aplicação. Se não, vejamos: a) haverá necessidade de requerimento do interessado, vedando-se, assim, a possibilidade de o juiz atuar *ex officio*; b) o executado não terá ciência prévia do requerimento formulado pelo credor; c) a decisão do juiz, que deferir (ou indeferir) o requerimento deverá ser fundamentada (CF, art. 93, IX); d) a referida decisão deverá ser transmitida, de preferência, por meio eletrônico; e) a indisponibilidade deverá ficar limitada ao valor indicado na execução.

O conteúdo da decisão será a determinação para que a autoridade supervisora do sistema bancário (Banco Central do Brasil) torne indisponíveis os ativos financeiros existentes em nome do devedor ou do responsável pelo adimplemento da obrigação. Com vistas a isso, o juiz não dará ciência prévia ao executado. A indisponibilidade, reiteremos, será limitada ao valor do débito atualizado.

A penhora de dinheiro, a um só tempo: a) atende aos interesses do credor, pois transitando em julgado a sentença resolutiva dos eventuais embargos oferecidos pelo devedor, o juiz liberará a quantia em prol do credor; b) evita que o devedor faça uso de artimanhas, como, por exemplo, indicando à penhora bens de difícil expropriação, seja pelo mau estado de conservação, seja porque caíram em desuso, seja por que motivo for.

§ 1.º A contar da resposta, o juiz deverá, *ex officio*, no prazo de vinte e quatro horas, determinar o cancelamento de eventual indisponibilidade excessiva, devendo a instituição financeira cumprir a determinação judicial no mesmo prazo.

§ 2.º Uma vez tornados indisponíveis (até o limite do débito em execução, ressalte-se) os ativos financeiros do devedor, este deverá ser intimado na pessoa do seu advogado; não o tendo, a intimação será feita ao próprio devedor.

§ 3.º Dentro de cinco dias, contados da data de sua intimação, o devedor deverá adotar as providências mencionadas nos incisos I e II, ou seja, que as quantias tornadas indisponíveis são impenhoráveis e que ainda remanesce indisponibilidade excessiva de ativos financeiros.

§ 4.º Sendo acatados quaisquer das arguições a que se referem os incisos I e II do § 3.º, o juiz determinará o cancelamento de eventual indisponibilidade irregular ou excessiva, cuja ordem deverá ser cumprida pela instituição financeira no prazo de vinte e quatro horas.

§ 5.º Se a manifestação do executado não for apresentada, ou for rejeitada, a indisponibilidade será convertida em penhora, sem necessidade de lavratura do correspondente termo. Caberá à instituição financeira respectiva transferir, no prazo de vinte e quatro horas, o montante penhorado para conta vinculada ao juízo da execução.

§ 6.º Efetuado o pagamento do débito por outro meio, a indisponibilidade deverá cancelada pela instituição financeira depositária, no prazo de vinte e quatro horas, contado da determinação judicial.

§ 7.º Deverão ser efetuadas via sistema eletrônico gerido pela autoridade supervisora do sistema financeiro nacional as transmissões das ordens de indisponibilidade, de cancelamento ou de determinação de penhora previstas no artigo em exame.

§ 8.º Se a instituição financeira: a) tornar indisponíveis ativos financeiros em valor superior ao indicado na execução ou pelo juiz; b) ou deixar de cancelar a indisponibilidade no prazo legal ou no que lhe foi assinado pelo juiz, responderá pelos prejuízos acarretados ao executado.

§ 9.º Tratando-se de execução contra partido político, o juiz, a requerimento do exequente, requisitará, por meio de sistema eletrônico gerido pela autoridade supervisora do sistema bancário, determinará que as instituições financeiras tornem indisponíveis ativos financeiros unicamente em nome do órgão partidário que tenha contraído a dívida executada ou que tenha dado causa à transgressão do direito ou ao dano, ao qual cabe, com exclusividade, a responsabilidade pelos atos praticados, nos termos da legislação aplicável.

Uma indagação inevitável: as disposições do art. 854 do CPC, são aplicáveis ao processo do trabalho? Vejamos.

Em março de 2002, o Tribunal Superior do Trabalho firmou, com o Banco Central do Brasil, um "Convênio de Cooperação Técnico-Institucional", com o objetivo de permitir o aceso, via *Internet*, ao Sistema de Solicitação do Poder Judiciário ao Banco Central do Brasil — denominado de Convênio BACEN-JUD.

Um dos grandes debates doutrinários que a contar daí se estabeleceu foi em torno da investigação sobre se esse Convênio se tornou insustentável após a inserção do art. 655-A, no sistema do CPC de 1973. Assim dizemos porque já havia vozes sustentado a ilegalidade desse Convênio por dispor sobre normas processuais, para cuja elaboração a competência exclusiva é da União (CF, art. 22, I).

Temos entendimento divergente. O referido Convênio não instituiu normas processuais: surgiu, apenas, para *uniformizar* o procedimento destinado a efetuar bloqueio de numerário, que vinha, antes, sendo determinado segundo critérios pessoais de cada magistrado. Por outro lado, o fato de a CLT ser omissa sobre a matéria não significa, necessariamente, que devam ser adotadas as disposições do CPC. O Convênio BANCEN-JUD, posto em prática há alguns anos, vem demonstrando a sua eficiência. A aplicação do art. 854, do CPC, poderia implicar um retrocesso na política de busca da efetividade da execução trabalhista.

O que preconizamos é aplicação *subsidiária* do art. 854, do CPC, naquilo em que não conflitar com as disposições do mencionado Convênio, como, por exemplo, a que atribui ao executado o ônus de provar que as quantias depositadas em conta corrente são impenhoráveis (§ 2.º).

Na vigência do CPC de 1973 lançamos as seguintes considerações sobre o convênio BACEN-JUD:

"I – Introdução

A contar de certo momento de um passado não muito distante, alguns Juízes do Trabalho puseram-se a expedir ofícios, dirigidos a gerentes de agências bancárias e instituições financeiras localizadas em qualquer ponto do território nacional, para que procedessem ao bloqueio de numerário existente em conta corrente ou convertido em aplicações do devedor, significa dizer, daquele que estava sendo executado na Justiça do Trabalho.

Essa praxe provocou intensa reação, não só por parte dos devedores, mas, também, de determinados setores da doutrina, cujas críticas se concentravam em duas consequências desse procedimento adotado pelos juízes: a) a prática de atos processuais fora da jurisdição; b) a superposição de bloqueios (duplos, triplos, quádruplos), pois, de modo geral, os gerentes de estabelecimentos bancários, que realizavam os bloqueios por ordem judicial, não se comunicavam entre si, nem havia um órgão central que controlasse a realização desses diversos bloqueios.

Visando, de um lado, a dar cobro a essa praxe judiciária, e, de outro, a não deixar os Juízes do Trabalho destituídos de um instrumento eficaz para assegurar o sucesso da execução definitiva por quantia certa, o Tribunal Superior do Trabalho, em março de 2002, firmou, com o Banco Central do Brasil um "Convênio de Cooperação Técnico-Institucional", com o objetivo de obter acesso, via Internet, ao Sistema de Solicitação do Poder Judiciário ao Banco Central do Brasil — denominado de BACEN-JUD.

Por força desse convênio, o TST e os Tribunais Regionais do Trabalho signatários de Termo de Adesão passaram a poder, dentro das respectivas jurisdições, encaminhar às instituições financeiras e demais entidades autorizadas a funcionar pelo BACEN, ofícios eletrônicos, contendo: a) solicitações de informações sobre a existência de contas correntes e aplicações financeiras; b) determinações de bloqueios e desbloqueios de contas envolvendo pessoas jurídicas clientes do Sistema Financeiro Nacional (além de outras), que figurem como executadas em processos da competência da Justiça do Trabalho.

Não tardou para que a doutrina e a jurisprudência, com os olhos postos nesse convênio, passassem a aludir à "penhora *on-line*" — expressão, hoje, tão consagrada quão equívoca.

Assim dizemos, por haver impropriedade técnica nessa denominação, pois o que se tem, em rigor, é mero bloqueio *on-line*. Com efeito, o que, na prática, se puseram a fazer os Juízes do Trabalho foi expedir, às instituições financeiras e outras, autorizadas a funcionar pelo Banco Central do Brasil, ordens de bloqueio eletrônico de valores existentes em contas correntes ou em aplicações financeiras dos devedores (executados). Em decorrência desse bloqueio, os referidos valores — até o limite do débito — se tornaram indisponíveis, por seus titulares. É de extrema relevância jurídica, todavia, chamar-se a atenção ao fato de o bloqueio não se confundir com a penhora, nem a substituir. Na verdade, o bloqueio, considerado em si mesmo, não é uma figura prevista na legislação processual, civil ou trabalhista. É produto do mencionado convênio e funciona como uma providência antecedente à penhora. Sob este aspecto, é possível classificar-se o bloqueio como modalidade *sui generis* de medida cautelar inominada, devotada ao êxito do processo de execução. Seja como for, incorrem em grave deslize técnico os magistrados que se limitam a obter o bloqueio de numerário, sem convertê-lo, formalmente, em penhora, esta sim, prevista tanto no processo do trabalho (CLT, arts. 882 e 883) quanto no processo civil (arts. 659 a 685). Vale dizer, efetivado o bloqueio, incumbirá ao juiz convolá-lo para penhora, mediante a estrita observância das normas processuais incidentes, sob pena de transgressão da garantia constitucional do devido processo legal (art. 5.º, inciso LIV).

A este respeito, é oportuno lembrar que a Comissão Mista de Reforma Trabalhista, considerando a existência do Projeto de Lei n. 2.597/2003 — pelo qual se procurava eliminar a utilização do bloqueio *on-line* —, entregou ao Deputado Tarcísio Zimmermann, então presidente da Comissão de Trabalho, Administração e Serviço Público, da Câmara Federal, uma nota, da qual constavam, entre outras, esta afirmação: '*O Poder Judiciário somente se envolve na omissão do devedor e, como não poderia ser diferente, observa a ordem sequencial de bens penhoráveis. O sistema (BACEN JUD) faz exatamente isso: consulta a existência de dinheiro; se houver, apenas bloqueia a quantia, informando ao juiz para que, querendo, proceda a penhora pela forma prevista em lei...*' (destacamos).

Considerando que, mesmo na vigência do convênio BACEN JUD, continuaram a ocorrer: a) a expedição de ofícios, pelos juízes do trabalho, contendo determinação para a prática de atos processuais fora da respectiva jurisdição; b) bloqueios múltiplos nas contas de um mesmo devedor, o Ministro Corregedor-Geral da Justiça do Trabalho editou os Provimentos ns. 1/2003 (DJU de 1.º-7-2003) e 3/2003 (DJU de 26-09-2003, republicado em 23-12-2003). Pelo primeiro, dispôs que: "*os juízes devem abster-se de requisitar às agências bancárias, por ofício, bloqueios fora dos limites de sua jurisdição, podendo fazê-lo apenas mediante o sistema Bacen Jud.*" (art. 5.º). Destacamos. Pelo segundo, ser "*facultado a qualquer empresa do país, desde que de grande porte, e que, em razão disso, mantenha contas bancárias aplicações financeiras em várias instituições financeiras do país, solicitar ao TST o cadastramento de conta especial apta a acolher bloqueios* on-line *realizados por meio do sistema bacen jud, pelo juiz do trabalho que oficiar no processo de execução movido contra a empresa*" (art. 1.º). (ressaltamos)

A observar-se, ainda, a norma do art. 4.º, do sobredito Provimento n. 1/2003, segundo a qual: "constatado que as agências bancárias praticam o delito de fraude à execução, os juízes devem comunicar a ocorrência ao Ministério Público Federal, bem como à Corregedoria Regional e à Corregedoria-Geral da Justiça do Trabalho, e relatar as providências tomadas".

O referido provimento, *data venia*, comete uma escorregadela técnica ao afirmar haver, aí, 'fraude à execução'. Ora, para chegar a essa conclusão, o provimento se funda no fato de gerentes de agências bancárias adotarem a prática de "alertar o correntista, exortando-o a retirar os valores da conta corrente a ser bloqueada". Entretanto, seja do ponto de vista do Direito Penal (Código Penal, art. 179) ou do direito processual (CPC, art. 593), a fraude à execução é ato exclusivo do devedor, e não de terceiro. Seria, portanto, absurdo imaginar que um ato praticado por gerente de estabelecimento bancário, na qualidade de terceiro, configurasse o ilícito da fraude à execução — como modalidade do gênero "ato atentatório à dignidade da justiça" (CPC, art. 602, inciso I) — e, em razão disso, autorizasse o magistrado a impor, ao devedor, multa não excedente a 20% do valor atualizado do débito em execução (CPC, art. 601, *caput*). O crime que o gerente de agência bancária cometeria, no caso, seria o de desobediência (Código Penal, art. 330), pressupondo-se que haveria descumprimento a uma ordem judicial (de bloqueio). Esse ato ilícito do gerente, entretanto, não se comunicaria ao devedor, nem geraria repercussão no patrimônio econômico deste. É inaplicável à espécie, portanto, a norma do art. 932, III, do Código Civil, segundo a qual são também responsáveis pela reparação civil: 'III – o empregador ou comitente, por seus empregados serviçais e prepostos, no exercício do trabalho que lhes competir, ou em razão dele', pois, na situação em exame, o gerente não é empregado do devedor, mas, como se disse, terceiro — ou preposto de terceiro. Fica afastada, por essa mesma razão, a incidência da Súmula n. 341, do STF.

A Justiça do Trabalho, portanto, a contar da assinatura do convênio BACEN JUD, passou a contar com um sistema em tempo real de garantia da execução por quantia certa, qual seja, o bloqueio *on-line*.

Os Provimentos ns. 1/2003 e 3/2003, da CGJT, foram consolidados em 2006 (Consolidação dos Provimentos da CGJT, arts. 52 a 64).

II – Pressupostos

Em nosso ver, para que o bloqueio *on-line* se revista de regularidade, é imprescindível o atendimento a alguns pressupostos, que os classificamos em: 1) pressupostos para a emissão da ordem judicial de bloqueio; 2) pressupostos para a concretização do bloqueio. No primeiro caso, os pressupostos são: 1.1.) Tratar-se de execução definitiva; 1.2.) Deixar, o devedor, de indicar bens à penhora, ou fazê-lo em desobediência à ordem preferencial estabelecida pelo art. 655 (atual 670), do CPC; no segundo: 2.1.) A proporcionalidade do bloqueio; 2.2.) A utilidade do bloqueio; 2.3.) A convolação para penhora.

Justifiquemos essa classificação.

1. Pressupostos para a emissão da ordem judicial

Para que o bloqueio *on-line* se justifique, não é bastante que o juiz faça alusão ao convênio BACEN-JUD, porquanto, se assim fosse, estar-se-ia, por certo, estimulando decisões arbitrárias, como tais entendidas as transbordantes do próprio objetivo do mencionado convênio.

1.1. Execução definitiva. O primeiro desses pressupostos é o de tratar-se de execução definitiva, vale dizer, que se processa com fulcro em sentença ou acórdão transitado em julgado ou em título extrajudicial. Cuidando-se de execução provisória (ou incompleta), não se admitirá o bloqueio *on-line*.

O próprio Provimento n. 1/2003, da Corregedoria-Geral do TST, ressalta o caráter definitivo da execução; '*art. 1.º tratando-se de execução definitiva, o sistema Bacen Jud deve ser utilizado com prioridade sobre outras modalidades de constrição judicial*'. Salientamos.

Todavia, ao menos no terreno da execução provisória, a Súmula n. 417, do TST, pareceu haver consagrado o entendimento estribado na preeminência do art. 655, do CPC, conforme permitia concluir o seu inciso III: " em se tratando de execução provisória, fere direito líquido e certo do impetrante a determinação de penhora em dinheiro, quando nomeados outros bens à penhora, pois o executado tem direito a que a execução se processe da forma que lhe seja menos gravosa, nos termos do art. 620 (atual art. 805) do CPC". Sempre colocamos em dúvida o acerto dessa Súmula, pois o art. 655, do CPC de 1973 — que estava a viger à época da edição da Súmula — não fazia distinção entre execução provisória e definitiva, para efeito de atendimento à ordem preferencial dos bens penhoráveis, na qual o dinheiro ocupava o primeiro lugar. Tempos depois, contudo, o TST alterou a redação da referida Súmula, que passou a ser a seguinte: "MANDADO DE SEGURANÇA. PENHORA EM DINHEIRO. (Alterado o item I, atualizado o item II e cancelado o item III, modulando-se os efeitos da presente redação de forma a atingir unicamente as penhoras em dinheiro em execução provisória efetivadas a partir de 18/3/2016, data de vigência do CPC de 2015).

I – Não fere direito líquido e certo do impetrante o ato judicial que determina penhora em dinheiro do executado para garantir crédito exequendo, pois é prioritária e obedece à gradação prevista no art. 835 do CPC de 2015 (art. 655 do CPC de 1973).

II – Havendo discordância do credor, em execução definitiva, não tem o executado direito líquido e certo a que os valores penhorados em dinheiro fiquem depositados no próprio banco, ainda que atenda aos requisitos do art. 840, I, do CPC de 2015 (art. 666, I, do CPC de 1973)".

1.2.) Deixar, o devedor, de indicar bens à penhora, segundo a ordem estabelecida pelo art. 655, do CPC. Conquanto a faculdade de o devedor nomear bens à penhora tenha sido supressa no sistema do CPC, ela permanece íntegra no processo do trabalho, conforme evidencia o *caput* do art. 880, da CLT.

Para que a determinação de bloqueio *on-line* se legitime, é necessário que o devedor tenha deixado de indicar bens passíveis de penhora, ou tenha efetuado essa indicação sem obediência à ordem preferencial, estampada no art. 655 (atual 835), do CPC, ao qual o art. 882, da CLT, faz expressa remissão integrativa. É importante destacar, neste momento, a regra outrora inserta no art. 656, do CPC de 1973 — mas que foi incorporada ao processo do trabalho —, segundo a qual seria ineficaz a penhora (exceto se convier ao credor) quando "não obedecer à ordem legal".

Conseguintemente, agirá de maneira arbitrária o magistrado que, sem oferecer oportunidade ao devedor para indicar bens penhoráveis, determinar a realização de bloqueio de numerário existente em conta corrente ou de aplicações financeiras, deste.

2) pressupostos para a concretização do bloqueio

Respeitados os requisitos para a determinação do bloqueio, a concretização deste ato judicial terá a sua regularidade condicionada ao atendimento dos pressupostos a seguir indicados.

2.1.) A proporcionalidade do bloqueio

Conquanto o bloqueio *on-line*, conforme já alertamos, não se confunda com a penhora, nem a substitua, não se pode deixar de considerar as disposições contidas nos arts. 646 (atual 824), do CPC, e 883, da CLT, pertinentes a esta última. Estabelece a primeira: "a execução por quantia certa tem por objeto expropriar bens do devedor, a fim de satisfazer o direito do credor"; e, a segunda, que se o devedor, citado, não pagar, nem garantir a execução, seguir-se-á a penhora de bens, *"tantos quantos bastem para o pagamento da importância da condenação, acrescida de custas e juros de mora..."*(destacamos). O CPC possui regra semelhante, constante do art. 659 (atual 831). A expressão legal "tantos (bens) quantos bastem" deixa claro que a penhora não deve ir além do necessário para atender ao conteúdo do título executivo, com as verbas que o integram, corrigidas monetariamente e acrescidas dos juros da mora, quando for o caso.

Segue-se, que, assim como a penhora, o bloqueio *on-line* não pode ir além desses limites; se o fizer, configurará excesso, cuja anomalia, no sistema do processo do trabalho, poderá ser extirpada, em princípio, por meio de agravo de petição e, em situações excepcionais, de mandado de segurança, a fim de ajustar-se o tanto de penhora ao quanto necessário à satisfação integral do processo de execução. Não se descarta, inclusive, a possibilidade de a eliminação do excesso ser obtida em sede de ação rescisória, com fundamento no inciso V, do art. 485 (atual 966), do CPC.

Fala-se, pois, na doutrina, em proporcionalidade da penhora, para referir essa adequação entre a quantidade de bens a serem judicialmente constritos e o montante do valor devido pelo executado. Logo, pela mesma razão jurídica, pode-se aludir à proporcionalidade do bloqueio *on-line* e elevá-la à categoria de pressuposto para a concretização regular desse ato judicial.

2.2.) A utilidade do bloqueio

A penhora (assim como o bloqueio) deve ser útil ao escopo da execução, qual seja, o de expropriar bens do devedor, para satisfazer, plenamente, o direito do credor.

Deste modo, se a quantia depositada em conta corrente deste, ou por ele aplicada, não for suficiente, nem mesmo, para o pagamento das custas processuais, o juiz deverá abster-se de ordenar o bloqueio, porquanto este será inútil. Esta é a regra inscrita no art. 659, § 2.º (atual 836) do CPC. Aliás, em situações como esta, a tendência será de o juiz intimar o credor para que "requeira o que entender de direito". Ora, tivemos oportunidade de denunciar, em outro sítio deste livro, que tal procedimento judicial é equivocado. Com efeito, se considerarmos que o devedor deixou de indicar bens passíveis de penhora (cuja omissão motivou o juiz a ordenar o bloqueio *on-line*), intimar-se o credor para requerer o que for cabível será atribuir a este a solução de um problema a que não deu causa. Será, por outras palavras, fazer com que o credor seja levado a diligenciar para encontrar bens do devedor, suscetíveis de penhora, enquanto este se coloca em boa sombra, só assistindo às atribulações do adversário. Por isso, sempre sustentamos que se o oficial de justiça certificar a inexistência de bens penhoráveis (ou o juiz verificar que não há dinheiro sobre o qual possa incidir o bloqueio *on-line*), o magistrado deverá intimar o próprio devedor, para que indique bens a serem penhorados.

O efeito prático do procedimento que estamos a alvitrar (e que sempre utilizamos, quando integrávamos a Justiça do Trabalho) não é somente o de livrar o credor desse encargo, mas, acima de tudo, caracterizar ato atentatório à dignidade da justiça, perpetrado pelo devedor (CPC, art. 600, III, atual 774, IV), caso este deixe de atender ao despacho judicial. A consequência dessa atitude do devedor ser-lhe-á a aplicação de multa, em benefício do credor, em montante não excedente a 20% do valor atualizado do crédito em execução (*ibidem*, parágrafo único). É razoável supor que o risco de sofrer essa considerável penalidade pecuniária faça com que o devedor se preocupe em indicar bens suscetíveis de penhora — ou, de qualquer modo, se dirija ao juízo, para prestar alguma satisfação. O que não é tecnicamente correto, nem moralmente justo, é atribuir-se ao credor a tarefa de descobrir bens do devedor, para efeito de fazer, nestes, incidir a penhora. Quem sabe onde se encontram os seus bens é o próprio devedor, que, por isso, não pode ser premiado por sua omissão em indicá-los ao juízo da execução.

2.3.) A convolação para penhora.

Dissemos, em linhas anteriores, por mais de uma vez, que o bloqueio *on-line* não se confunde com a penhora, nem a substitui. Pois bem. Sendo assim, efetivado o bloqueio, o passo seguinte, a ser dado pelo juiz, consistirá em converter esse bloqueio em penhora, a fim de que se preserve a garantia constitucional do devido processo legal (art. 5.º, inciso LIV).

Com vistas a isso, o magistrado cumprirá, no que couberem, as disposições do art. 665 (atual 838), do CPC. Formalizada a penhora do dinheiro, mandará citar o devedor, para oferecer embargos à execução, no prazo de cinco dias (CLT, art. 884). Nesses embargos, o devedor poderá alegar todas as matérias enumeradas nos arts. 475-L (atual 525, § 1.º) e 745-A (atual 917), do CPC, que complementam, por assim dizer, a regra do art. 884, § 1.º, da CLT.

Legalidade

Asseveramos, há pouco, que o bloqueio *on-line*, como figura jurídica, não está previsto em norma legal. Isto significaria afirmar que esse procedimento seria ilegal? Entendemos que não. Para que nossa opinião seja adequadamente compreendida, é necessário investigarmos, ainda que em vôo breve, a natureza jurídica desse bloqueio.

Se pusermos à frente o fato de o bloqueio ser uma providência antecedente ao ato formal da penhora, e que se destina, de maneira imediata, a assegurar a futura satisfação dos direitos do credor, não teremos dificuldade em perceber o traço cautelar, que assinala esse ato judicial. Cuida-se, pois, de medida cautelar inominada, derivante do poder geral de cautela dos magistrados em geral, e cuja incidência não se restringe ao processo de execução, conforme possa fazer supor uma interpretação equivocadamente restritiva do vocábulo lide, utilizado na redação dessa norma legal.

Estamos a asseverar, portanto, que: a) o poder geral de acautelamento pode ser exercido, também, no terreno da execução; b) o bloqueio *on-line* traduz medida cautelar inominada, ainda que *sui generis*. Logo, em princípio, não há ilegalidade nesse bloqueio, exceto, é evidente, se a sua realização implicar extravasamento dos próprios limites impostos pelo convênio Bacen Jud, ou pelo título executivo.

Inconstitucionalidade

Não são poucos os escritores que viram no bloqueio *on-line* uma transgressão a determinadas garantias constitucionais, em especial, as: a) da ampla defesa; b) do contraditório; c) do devido processo legal; d) da isonomia; e e) do sigilo bancário.

Discordamos dessa opinião.

A) ampla defesa. O princípio em foco significa que os sistemas processuais devem permitir às partes (não somente ao réu, como, às vezes, se supõe) a utilização de todos os meios lícitos, necessários para promover a defesa judicial dos seus direitos ou interesses. O bloqueio *on-line* não fere essa garantia, expressa no inciso LIV, do art. 5.º, da Constituição Federal. Em primeiro lugar, porque o bloqueio somente deve ser realizado, como vimos, se o devedor deixar de indicar bens penhoráveis, no prazo que lhe for assinado, ou fazer essa indicação mediante desrespeito ao art. 655 (atual 835), do CPC; em, segundo, porque, efetivado o bloqueio *on-line*, e convertido em penhora, o devedor terá, nos embargos que lhe são próprios, a oportunidade para submeter à apreciação judicial todos os argumentos e documentos que reputar essenciais à sua defesa, ficando, deste modo, preservada a garantia constitucional que estamos a examinar.

B) contraditório. Este princípio se enastra com o da ampla defesa; certamente por isso, a sua sede também está no inciso LIV do art. 5.º, da Constituição. O contraditório, em sede processual, significa a imposição legal de audiência bilateral (*audiatur et altera parte*), ou, como já se disse, a 'ciência bilateral dos atos contrariáveis'. Sob certo aspecto, o princípio do contraditório também se entrelaça com o da igualdade de tratamento (Constituição Federal, art. 5.º, *caput*), porquanto ao juiz incumbe dar oportunidade para que cada parte se manifeste a respeito de ato processual praticado ou a ser praticado pelo adversário ou por terceiro, ou determinado pelo próprio juiz.

No caso do bloqueio *on*-line não há transgressão à garantia constitucional em foco, seja porque se concedeu ao devedor oportunidade para nomear bens à penhora (foi, portanto, ouvido), seja porque o contraditório, em rigor, não se aplica quando for o caso de ordem, de determinação judicial.

C) devido processo legal. Uma nótula histórica oportuna: a cláusula do devido processo legal (*due process of law*) teve origem na *Magna Charta Libertarum*, do rei João Sem-Terra, de 1215 (art. 39). Inicialmente, a garantia de um 'julgamento regular', referida nessa carta, fora denominada *law of the land*, expressão mais tarde substituída, no *Statute of Westminster of the Liberties of London*, de 1354, de Eduardo III, por *due processo of law*.

Entre nós, essa garantia está inscrita no inciso LIV, do art. 5.º, da Constituição Federal.

Na verdade o "devido processo legal "constitui um superprincípio, do qual, em certa medida, todos os outros derivam, dentre os quais: da citação regular; do julgamento público; da produção de provas em geral; do contraditório; da ampla defesa; de não ser processado por lei retroativa; de ser processado por autoridade competente; da igualdade de tratamento; de não ser acusado ou condenado com base em provas obtidas por meios ilícitos; de obter sentença fundamentada; da assistência judiciária gratuita.

O bloqueio *on-line*, contudo, não viola o princípio do "devido processo legal", inclusive, no que respeita aos (sub)princípios do contraditório e da ampla defesa, conforme procuramos demonstrar. É necessário repisar a observação de que esse bloqueio: a) só se deve realizar se o devedor deixar de indicar bens passíveis de penhora, ou indicá-los mediante desrespeito à ordem preferencial estabelecida no art. 655 (atual 835), do CPC; b) traduz medida cautelar inominada, que não substitui a penhora, como ato formal do processo de execução.

D) isonomia. Como vimos há pouco, o princípio da igualdade de todos perante a lei está materializado no *caput* do art. 5.º, da Constituição da República, irradiando-se, no plano infraconstitucional. Não se nega a relevância desse princípio nos Estados Democráticos de Direito, como é o caso do Brasil. Daí, porém, a afirmar-se que o bloqueio *on-line* acarreta violação do princípio da isonomia vai distância abissal. Assim dizemos, porque o juiz, de modo algum, estará ministrando ao devedor um tratamento anti-igualitário, no que diz respeito ao credor. Além disso, não podemos ignorar a regra do art. 612 (atual 797), do CPC, conforme a qual a execução se processa no interesse do credor. Justamente por isso, é que se declarou, na Exposição de Motivos do CPC de 1973, que na execução o credor possui preeminência jurídica, no tocante ao credor, que, em decorrência disso, fica ontologicamente colocado em um estado de sujeição ao comando que se esplende do título executivo e dos atos judiciais necessários para alcançar o objetivo do processo de execução.

No processo cognitivo, o tratamento igualitário que o juiz deve subministrar às partes é pleno e incondicional, pois, antes da sentença, não se pode precisar com qual delas está o direito disputado; na execução, ao contrário, bem ou mal, já houve um pronunciamento jurisdicional acerca do direito, com trânsito em julgado, tendo o direito sido reconhecido em benefício do autor. Por este motivo, a igualdade de tratamento judicial às partes (que deixaram de ser autor e réu, e se converteram em credor e devedor) há que se operar sob o influxo da preeminência jurídica que a própria lei atribui ao credor. É, de certo modo, uma igualdade dentro da desigualdade.

E) sigilo bancário. O bloqueio *on-line* não implica quebra de sigilo bancário das partes em litígio e de nenhum usuário do sistema financeiro.

Aos magistrados é vedado incursionar pelas contas bancárias dos devedores, para obter informações que não atendam aos estritos interesses e objetivos da execução. Não podemos imaginar que os juízes passem a fazer uso do convênio Bacen/Jud com a exclusiva finalidade de bisbilhotar as contas correntes e as aplicações financeiras dos devedores, ou seja, por um simples ato de curiosidade inconsequente. É evidente que se o fizessem com esse propósito estariam malferindo os incisos X e XII do art. 5.º da Constituição Federal, que asseguram o direito à intimidade e à vida privada, bem como a inviolabilidade do sigilo de dados. Esta tem sido a posição da jurisprudência, como revela ementa de acórdão do TST, a seguir transcrita: 'RECURSO DE REVISTA– EXECUÇÃO — PENHORA — LEGITIMIDADE DO BLOQUEIO DE CONTA PELO BANCO CENTRAL — a ordem dada ao Banco Central para o bloqueio de contas de sócios da executada emana de juízo trabalhista competente e, pois, não viola diretamente a literalidade do art. 5.º, LIV, da Constituição Federal. Não obstante tratar-se de matéria de *lege ferenda*, a situação apresenta analogia com a da incipiente penhora *on-line*, no sentido de que, mediante ordem de rastreamento de contas e bloqueio preventivo pelo órgão federal tecnicamente aparelhado para executá-lo, o juízo culmina por inserir-se em jurisdição virtual, que não admite fronteiras. Além do mais, há o privilégio desbravador do crédito trabalhista, assegurado na legislação (Lei n. 6.830/80 e art. 186 do Código Tributário Nacional) e particularmente pelo art. 449 da CLT. Incidência do art. 896, § 2.º, da CLT. Recurso de revista não conhecido'. (TST — RR 60822 — 3.ª t. — Rel.ª Min.ª convocada Wilma Nogueira de A. Vaz da Silva — DJU 03-10-2003) JCF.5 Liv JCTN.186 JCLT.449 JCLT.896 JCLT.896.2

Conclusão

O bloqueio *on-line*, considerado segundo as estritas disposições do convênio BACEN JUD, não é ilegal, nem inconstitucional. Cuida-se de uma forma singular de exercício do poder geral de cautela dos magistrados em geral — poder que não se exaure no processo de conhecimento, alcançando, de igual modo, o de execução.

Entendemos tratar-se de medida cautelar inominada *sui generis* porque, em rigor, o pressuposto do *periculum in* mora nem sempre será exigido. Por outro lado, mais do que simples *fumus boni iuris*, o título executivo refletirá uma certeza quanto ao direito do credor, sendo importante lembrar, nesta altura, que o bloqueio *on-line* só será lícito quando for o caso de execução definitiva.

Justamente pelo fato de o aludido bloqueio somente ser possível nas execuções definitivas é que a sua utilização coloca em evidência a regra do art. 612 (atual 797), do CPC, de acordo com a qual a execução se processa no interesse do exequente. E, não há negar, a este interessa bloquear numerário do devedor, como ato antecedente ou preparatório da penhora, pois, por meio dessa providência, o credor se livra dos inúmeros incidentes que soem caracterizar a fase de expropriação (discordância quanto à avaliação; quanto ao estado de conservação; embargos de terceiro, etc.) quando a penhora incide em bens de outra classe (móveis, imóveis).

Vista, portanto, sob o ângulo pragmático do devedor, e ético, da Justiça, o bloqueio *on-line* constitui procedimento capaz de, a um só tempo, assegurar a celeridade e o sucesso da execução forçada, por quantia certa, e de fazer respeitar o prestígio da coisa julgada material e do pronunciamento jurisdicional que a gerou.

É elementar, entretanto, que as regras de comedimento, que norteiam a atuação do magistrado, como reitor soberano do processo, não podem ser ignoradas em tema de bloqueio *on-line*. Para que se tenha ideia do que estamos a ponderar, basta mencionar o fato de o bloqueio *on-line* vir a ser realizado antes mesmo de dar-se oportunidade ao devedor, para cumprir a obrigação consubstanciada no título executivo; ou ser efetuado em valor muito superior ao necessário (excesso de bloqueio ou bloqueios múltiplos); ou tornar inviável a própria sobrevivência do devedor, pessoa física ou jurídica, colocando em risco, assim, o emprego de diversos trabalhadores, por este remunerados; ou, ainda, o bloqueio tiver como objeto dinheiro depositado na conta corrente de estabelecimento hospitalar (devedor), que, em razão disso, fique impossibilitado de adquirir medicamentos essenciais para o tratamento ou — o que será pior — a sobrevivência dos pacientes nele internados.

Enfim, como dissemos, o magistrado deverá ter sensibilidade e descortino suficientes para perceber quando o bloqueio *on-line* será necessário e quando será dispensável; para perceber que esse bloqueio não foi instituído com a finalidade de espezinhar a dignidade humana dos devedores, nem de tornar--lhes impossível a continuidade das atividades empresariais. Todo magistrado tem diante de si uma linha sutil, traçada pelo Direito, que separa o arbítrio da arbitrariedade. Respeitar essa linha traduz, mais do que um ato de bom--senso, um dever fundamental do magistrado.

É oportuno lembrar, aliás, que se o juiz agir com arbitrariedade e, com isso, causar danos ao devedor, a União (no caso da Justiça do Trabalho) responderá por perdas e danos, com fulcro no art. 37, § 6.º, da Constituição Federal, que adotou a teoria da responsabilidade objetiva — no caso, sob a forma de risco administrativo. Dispõe a referida norma constitucional: "As pessoas jurídicas de direito público e as de direito privado prestadoras de serviços públicos responderão pelos danos que seus agentes, nessa qualidade, causarem a terceiros, assegurado o direito de regresso contra o responsável nos casos de dolo ou culpa".

A propósito, ouvem-se, a todo momento, devedores a reclamar que bloqueio pode acarretar, para o devedor, prejuízos muito mais sérios do que próprio bloqueio. Este fato — como diria o poeta — seria irônico, se não fosse trágico."

Adaptados os dispositivos do CPC de 1973 aos seus correspondentes no CPC em vigor, o nosso estudo sobre o convênio BACEN JUD permanece atual.

A Lei n. 11.491, de 28 de maio de 2009, em um de seus dispositivos, estabelecia que o bloqueio *on-line* das micros, médias e pequenas empresas somente poderia ocorrer após o esgotamento dos outros meios de garantia da dívida em discussão, fosse ela trabalhista, fiscal ou civil. Houve intensa pressão da Associação Nacional dos Magistrados do Trabalho para que esse dispositivo da Lei fosse vetado pelo Presidente da República. O veto efetivamente ocorreu, de tal maneira que as referidas empresas estão sujeitas ao bloqueio *on-line*.

5.14. Nomeação de bens na execução provisória

Cabe, aqui, uma nótula acerca da nomeação de bens à penhora, pelo devedor, cuidando-se de execução *provisória*. Embora tenhamos tratado desse assunto anteriormente, é interessante voltarmos a ele, neste momento.

Afirmamos, há pouco, que se o devedor, ao oferecer bens à penhora, não atender à ordem preferencial estabelecida pelo art. 835, do CPC, a nomeação que vier a efetuar será ineficaz, fazendo, desse modo, com que seja transferido ao credor o direito de indicação dos bens a serem penhorados. Essa regra, entrementes, segundo o entendimento jurisprudencial predominante na vigência do CPC de 1973, só se aplicaria às execuções *definitivas*. Tratando-se de execução meramente *provisória*, não seria exigível a incidência do art. 835, do CPC. O fundamento desta opinião não deixava de ser razoável: como faltava ao título executivo judicial o atributo da *definitividade*, por estar pendente de recurso, não se justificava a promoção da correspondente execução forçada pelo modo *mais gravoso* ao devedor, pois isso contraria a regra inscrita no art. 620 daquele CPC (art. 805, do CPC de 2015). Logo, este, ao ser citado para a execução provisória, poderia indicar bens sem observância da ordem estabelecida pelo art. 655 do CPC. A Súmula n. 417, III, TST, aliás, chegou a afirmar a existência de um *direito líquido e certo* do devedor em não se submeter ao comando do referido art. 655, quando fosse o caso de execução provisória. A despeito da razoabilidade desse entendimento, o fato concreto é que o art. 655, do CPC de 1973, não estabelecia nenhuma distinção entre ser a execução provisória ou definitiva, para efeito de observância de suas disposições. Vigente o CPC de 2015, todavia, o TST cancelou o item III de sua Súmula n. 417, deixando transparecer haver abandonado o antigo entendimento.

5.15. Bens situados fora da comarca

Como vimos, os bens devem ser penhorados no lugar em que se encontrem, ainda que sob a posse, detenção ou guarda de terceiros (CPC, art. 845). Estando, entretanto, situados fora da jurisdição do juízo da execução: a) a penhora deverá ser realizada mediante precatória dirigida ao juízo de situação dos bens, pois "Será expedida carta para a prática de atos fora dos limites territoriais do tribjnal, da comcarca, da seção ou da subseção judiciárias, ressalvadas as hipóteses previstas em lei" (CPC, art. 236, § 1.º); b) o credor poderá requerer que não só a penhora, mas a execução como um todo, se processe no juízo do local em que se encontram os bens penhoráveis ou no atual domicílio do devedor (CPC, art. 516, parágrafo único).

De qualquer modo, será no juízo deprecado, conseguintemente, onde ocorrerá a apreensão, a avaliação, o depósito e a expropriação judicial dos bens, conforme determina o art. 845, § 2.º, do CPC.

Examinemos ambas as situações.

5.15.1. Execução mediante carta

Uma observação prévia: nada obstante as regras legais citadas, será lícito — segundo cremos — ao devedor fazer a *nomeação* de bens perante o juízo da execução, onde também assumirá o encargo de depositário, se for o caso, lavrando-se nos autos principais o correspondente *termo*; nessa hipótese, a carta precatória deverá ser expedida unicamente para efeito de avaliação e remessa dos bens à expropriação.

São requisitos essenciais à regularidade da carta precatória:

a) a identificação dos juízos de origem (deprecante) e de cumprimento do ato processual (deprecado);

b) o teor da petição, do despacho judicial e do instrumento de mandado outorgado ao advogado;

c) a indicação do ato processual, que lhe constitui o objeto;

d) o encerramento com a assinatura do juiz deprecante (CPC, art. 260, I a IV).

O juiz determinará o traslado, na carta, de quaisquer outras peças, bem como instruí-la com mapa, desenho ou gráfico, sempre que estes documentos tiverem de ser examinados, na diligência, pelas partes, peritos ou testemunhas (*ibidem*, § 1.º).

Se o objeto da carta for exame pericial de documento, o original deste deverá ser remetido ao juízo deprecado ou rogado, permanecendo nos autos reprodução fotográfica (*ibidem*, § 2.º).

As cartas deverão, preferencialmente, ser expedidas por meio eletrônico, caso em que a assinatura do juiz deverá, também, ser eletrônica, na forma da lei (CPC, art. 263).

Estabelece o art. 261 do mesmo Código que em todas as cartas o juiz deprecante fixará o prazo dentro do qual deverão ser cumpridas, "atendendo à facilidade das comunicações e à natureza da diligência". Esse prazo não tem, segundo se possa imaginar, como destinatário o juiz deprecado e sim a parte interessada no objeto da precatória. Não faria sentido pensar que, entre autoridades judiciárias pertencentes a um mesmo grau de jurisdição, uma — só por ser deprecada — devesse ficar subordinada à outra, deprecante. Nada disso ocorre, na realidade. O juízo deprecante atua na qualidade de colaborador do deprecado, não de seu subordinado. Somente na carta de ordem é que há a subordinação hierárquica do juiz que a deva cumprir (em relação ao Tribunal de que ela emanar: CPC, arts. 236, § 2.º, e 237, I).

As cartas — aí incluída a precatória-executória — têm caráter itinerante; sendo assim, tenha, ou não, sido proferido o despacho determinando o cumprimento, poderá ser apresentada a juízo diverso do que dela consta, a fim de ser praticado o ato indicado (CPC, art. 262). A remessa da carta a outro juízo deverá ser, imediatamente, comunicada ao órgão expedidor, ao qual incumbirá intimar as partes (*ibidem*, parágrafo único).

A carta precatória (assim como a de ordem) poderá ser transmitida por meio eletrônico, telefone ou telegrama, devendo conter, em resumo substancial, os requisitos mencionados pelo art. 250, máxime no que diz respeito à aferição da autenticidade (art. 264). O secretário do tribunal, o escrivão ou o chefe de secretaria do juízo deprecante transmitirá, por telefone, a carta de ordem ou a carta precatória ao juízo em que houver de se cumprir o ato, por intermédio do escrivão do primeiro ofício da primeira vara, se houver na comarca mais de um ofício ou de uma vara, observando-se, quanto aos requisitos, o disposto no art. 264 (art. 265). O escrivão ou o chefe de secretaria, no mesmo dia ou no dia útil imediato, telefonará ou enviará mensagem eletrônica ao secretário do tribunal, ao escrivão ou ao chefe de secretaria do juízo deprecante, lendo-lhe os termos da carta e solicitando-lhe que os confirme (§ 1.º) Sendo confirmada, o escrivão ou o chefe de secretaria submeterá a carta a despacho (§ 2.º).

Os atos requisitados por meio eletrônico e por telegrama serão executados *ex officio*, embora deva a parte interessada depositar, na secretaria do juízo deprecante (quando este for o caso), quantia correspondente às despesas que serão efetuadas no juízo deprecado (art. 266).

Permite a lei que o juiz recuse cumprimento à carta precatória, devolvendo-a com despacho motivado, toda vez que: a) não estiver revestida dos requisitos legais; b) quando lhe faltar competência em razão da matéria ou da hierarquia; c) quando tiver dúvida acerca de sua autenticidade (art. 267, I a III).

Após cumprir a precatória, o juiz deprecado a devolverá ao deprecante, no prazo de dez dias, independentemente de traslado, pagas as custas ou outras despesas processuais legalmente exigíveis (art. 268).

Tratando-se de carta rogatória, observa Moniz de Aragão, com apoio em Amílcar de Castro, que de duas formas pode comportar-se qualquer país, diante do tema que estamos a discorrer: a) praticar o ato processual por meio de seus agentes diplomáticos; ou b) invocar a cooperação jurisdicional do Estado em cujo território deva ser realizado ("Comentários", vol. II, p. 162), concluindo que, ao optar por esta última forma, o país oferece maior eficácia e tranquilidade às partes, "pois a justiça estrangeira dispõe de todos os meios necessários à realização dos atos rogados, o que não sucede com os agentes diplomáticos, e ainda afasta o risco da negativa de homologação à sentença que vier a ser proferida, a que está sujeita a atuação desenvolvida diretamente pelos primeiros" (*ibidem*).

A remessa da carta rogatória por *via diplomática* consiste em ser a carta encaminhada pelo representante diplomático do país de onde ela é originária ao Ministério das Relações Exteriores, a quem incumbirá transmiti-la ao da Justiça e Negócios Interiores, para que este, depois de lhe conceder o necessário *exequatur*, a encaminhe ao juiz federal que a deve cumprir (Arthur Briggs, "Cartas Rogtórias Internacionais", Rio: 1913, p. 151).

Como proceder, todavia, no caso de a rogatória dever ser cumprida em país com o qual o Brasil não mantém relações diplomáticas? O problema é, sem dúvida, delicado e de difícil solução prática. Fechado o acesso à via consular, pensamos — como *Arthur Briggs* — que a carta deva ser remetida *diretamente*, ou seja, de um governo para o outro. Não havendo êxito nessa providência, cremos que a aporia pode ser desfeita *em parte*, com o uso da citação por edital (CLT, art. 880, § 3.º); é evidente, contudo, que persistirá a dificuldade quanto à penhora de bens e a consequente expropriação.

5.15.2. Execução no foro de situação dos bens ou do domicílio do devedor

O art. 475-P, parágrafo único, do CPC de 1973, inovou ao permitir que, a requerimento do exequente, a execução se processasse no local onde se encontravam os bens sujeitos à expropriação ou no do atual domicílio do réu. Conquanto a norma legal aludisse ao *exequente* (que pode ser o próprio devedor), pensávamos que esse vocábulo tivesse sido aí utilizado como sinônimo de *credor*. Assim entendíamos porque o escopo desse preceito legal era o de atender aos interesses do credor e não, do devedor (CPC, art. 797). A matéria é tratada, no CPC de 2015, no art. 516, parágrafo único. Não vemos razão para alterarmos o nosso ponto de vista sobre o tema.

Por outro lado, observação contida nesse dispositivo, de que "a remessa dos autos do processo será solicitada ao juízo de origem", permite concluir que a execução será requerida no juízo de situação dos bens ou do domicílio do devedor, ao qual caberá solicitar ao "juízo de origem" a remessa dos autos.

De qualquer modo, a competência territorial para promover a execução, que outrora era absoluta, passou a ser *relativa*, por força do art. 516, parágrafo único, do CPC tornando-se, assim, *concorrente*.

5.16. A atuação do oficial de justiça

No processo do trabalho, ao contrário do civil, só em casos *excepcionais* o oficial de justiça será chamado a atuar no processo *de conhecimento*, no qual a própria citação é efetuada mediante registro postal (CLT, art. 841, § 1.º). Isso significa que, em princípio, a execução é a sede natural de atuação do oficial de justiça; conquanto ele realize, aqui, diligências de ordens diversas, interessa-nos, neste momento, a respeitante à penhora de bens do devedor.

Como dissemos em página anterior, o mandado executivo, no processo do trabalho, possui tríplice finalidade: a) citação; b) penhora (estando aqui compreendida a designação de depositário); e c) avaliação dos bens.

Citado o devedor, inicia-se o prazo de 48 horas para que pague o principal, acrescido da correção monetária, juros da mora e de outras despesas processuais, ou garanta a execução, mediante o oferecimento de bens à penhora, em valor suficiente para atender, por inteiro, à execução (CLT, art. 880, *caput*).

Não pagando a dívida, nem garantindo a execução, incumbirá ao oficial de justiça efetuar a penhora de bens, tantos quantos bastem ao pagamento da dívida, com os acréscimos já mencionados (CLT, art. 883); essa apreensão será realizada no lugar onde quer que se encontrem os bens, ainda que sob a posse, detenção ou guarda de terceiros (CPC, art. 845).

Devemos realçar que, após a citação do devedor (para que cumpra a obrigação ou garanta a execução), o mandado não é devolvido pelo oficial de justiça; permanece em seu poder, para efeito de permitir a prática dos outros dois atos subsequentes: a penhora e a avaliação. Desse modo, o mandado apenas será restituído à secretaria, a fim de ser juntado aos autos, quando integralmente cumprido. É manifesto que, se o devedor, citado, cumprir a obrigação, o mandado ficará restrito à primeira das três finalidades que lhe são características.

Normalmente, a penhora é efetuada apenas por um oficial, que, após certificar o fato nos autos, solicitará ao juiz ordem de arrombamento (CPC, art. 846). Deferido o pedido, o mandado de arrombamento deverá ser cumprido por *dois* oficiais de justiça, que de tudo lavrarão auto circunstanciado, que deverá ser assinado por duas testemunhas, presentes à diligência (CPC, art. 846, §1.º). O auto de resistência deverá ser também lavrado por dois oficiais de justiça, sendo uma das vias entregues ao diretor da secretaria, que a juntará aos autos, e outra à autoridade policial, a quem couber a apuração criminal dos eventuais delitos de desobediência ou de resistência (*ibidem*, § 3.º).

A oposição do devedor ao cumprimento do mandado executivo configura o crime previsto no art. 329 do CP ("Opor-se à execução de ato legal, mediante violência ou ameaça a funcionário competente para executá-lo ou a quem lhe esteja prestando auxílio"), cuja pena, que é de detenção, variará de dois meses a dois anos; se o ato não puder ser executado, em virtude da resistência oferecida pelo devedor, a pena será de reclusão, variando de um a três anos, penas que serão aplicáveis sem prejuízo das correspondentes à violência (*ibidem*, §§ 1.º e 2.º).

Insta esclarecer que se o devedor fechar as portas da casa ou do estabelecimento, com o propósito de impedir a realização da penhora, o oficial de justiça não poderá, por sua iniciativa, lançar-se ao arrombamento, sob pena de praticar o crime de violação de domicílio, de que trata o art. 150, § 2.º, do CP. Daí, a necessidade de que certifique nos autos o fato e peça ao juiz autorização para proceder ao arrombamento. Não nos esqueçamos de que a Constituição Federal declara no art. 5.º, XI, ser a casa o "asilo inviolável do indivíduo, ninguém nela podendo penetrar sem consentimento do morador, salvo em caso de flagrante delito ou desastre, ou para prestar socorro, ou, durante o dia, *por determinação judicial*" (destacamos).

5.17. Auto de penhora e depósito e termo de nomeação

O auto de penhora representa o instrumento de documentação ato executivo de constrição do patrimônio do devedor. O auto é, pois, um documento a ser juntado aos autos do processo, pelo qual se constará se a penhora foi efetuada segundo as formalidades estabelecidas em lei.

Incida a penhora em bens corpóreos ou incorpóreos, dela se lavrará auto. Como a penhora acarreta a retirada dos bens da posse direta e a inibição da livre disponibilidade destes pelo devedor, o Código considera efetivado esse ato executivo mediante a apreensão e o depósito dos bens, sendo lavrado um só auto se as diligências forem concluídas num mesmo dia (art. 839); havendo mais de uma penhora, o oficial de justiça lavrará, para cada qual, auto específico (*ibidem*, parágrafo único).

São requisitos essenciais do auto de penhora:

a) a indicação do dia, mês, ano e lugar em que foi realizada;

b) a identificação nominal do credor e do devedor;

c) a descrição dos bens apreendidos, com os seus elementos característicos;

d) a nomeação do depositário (CPC, art. 838, I a IV).

Entende Theodoro Júnior que o depositário também deverá assinar o auto de penhora; não pensamos assim. O inc. IV do art. 838 do CPC faz referência exclusiva e inequívoca à *nomeação* do devedor; dessa maneira, basta que o oficial de justiça *nomeie* o depositário, para que a regra legal seja plenamente satisfeita. Eventual exigência de que o depositário devesse também *assinar* o auto não apenas estaria em desacordo com a lei, como poderia causar certos transtornos processuais sempre que ele se recusasse a lançar seu autógrafo nesse instrumento. Nem mesmo a fé pública, de que são dotadas as certificações feitas pelos oficiais de justiça, justificaria a manutenção do entendimento de que o devedor deva assinar o auto. Acima de tudo, está a lei --que dessa assinatura não cogita.

Caso o devedor *ofereça* bens à penhora (CLT, art. 880, *caput*), não se lavrará *auto*, uma vez que este pressupõe a apreensão por oficial de justiça; redigir-se-á, isto sim, um *termo* de nomeação lavrado na secretaria do juízo, com o que serão considerados penhorados os bens. Esse termo será assinado pelo devedor e juntado aos autos. Em seguida, abrir-se-á prazo ao credor para que se manifeste sobre a nomeação; este poderá recusar os bens oferecidos, alegando, *e. g.,* que a nomeação desrespeitou a ordem ditada pelo art. 835 do CPC; o devedor possuía bens livres e desembargados, tendo nomeado outros, que não o são; os bens são insuficientes para atender à integridade do crédito, etc. Nessas hipóteses, a nomeação será julgada ineficaz, devolvendo-se *ao credor* o direito de apontar bens do devedor que atendam, com plenitude e eficácia, aos fins da execução. Como asseveramos em linhas transatas, ao efetuar a nomeação de bens a serem penhorados, cumprirá ao executado, no prazo assinado pelo juiz, fazer prova documental de sua propriedade dos bens oferecidos e, se for o caso, apresentar certidão negativa de ônus (CPC, art. 847, § 2.º).

Pensamos que o credor deva ser também intimado da juntada dos referidos documentos, para que se pronuncie a respeito de sua validade formal, de sua autenticidade e o mais; o prazo para que o faça será de cinco dias (CPC, art. 218, § 3.º), exceto se outro lhe for assinado pelo juiz.

Formalizada a penhora, com a elaboração do auto pertinente, o devedor será intimado para embargar a execução (CLT, art. 884, *caput*), no prazo de cinco dias (*ibidem*). Recaindo a penhora em bens imóveis ou em direito real sobre imóvel, dela será também intimado o seu cônjuge, exceto se forem casados pelo regime de separação absoluta de bens (CPC, art. 842).

Estabelece o § 9.º do art. 854, do CPC: "Quando se tratar de execução contra partido político, o juiz, a requerimento do exequente, determinará às instituições financeiras, por meio de sistema eletrônico gerido por autoridade supervisora do sistema bancário, que tornem indisponíveis ativos financeiros somente em nome do órgão partidário que tenha contraído a dívida executada ou que tenha dado causa à violação de direito ou ao dano, ao qual cabe exclusivamente a responsabilidade pelos atos praticados, na forma da lei". Esta norma, entretanto, não incide no processo do trabalho, no que se refere a atribuir ao exequente o encargo de formular o requerimento nela previsto. Ocorre que, com vistas à colmatação de lacunas existentes neste processo, a preeminência é da Lei n. 6.830/80 (CLT, art. 899), e não, do CPC. Pois bem. O art. 7.º, *caput*, da menciona-da Lei, dispõe: "O despacho do juiz que deferir a inicial importa em ordem para: (...); IV – registro da penhora ou do arresto, independentemente do pagamento de custas ou de outras despesas, observado o disposto no art. 14". Este artigo, por sua vez, declara cumprir ao *oficial de justiça* entregar contrafé e cópia do termo ou do auto de penhora ou arresto, com a ordem de registro, nos locais que especifica.

5.18. Expropriação antecipada

A responsabilidade do devedor, na execução, é de natureza eminentemente patrimonial (CPC, art. 789; os bens que lhe foram penhorados se destinam, por isso, a responder pelas obrigações oriundas do título executivo.

Quando a lei determina que a apreensão judicial incida em tantos bens quantos bastem para satisfazer os direitos do credor — agora tornados efetivos em virtude do fenômeno jurídico da coisa julgada material —, não apenas está a reafirmar a índole pa-trimonial da execução como deixando claro que há uma íntima relação entre o valor dos bens e o da execução (CPC, art. 831). Podemos dizer, pois, que o sucesso da execução por quantia certa depende da existência de bens, livres e desembargados, que a satisfa-çam; daí emana a necessidade de serem tais bens, depois de apreendidos, entregues a um depositário, que ficará responsável pela sua guarda e conservação. Esse encargo do depositário perdura, em regra, até a entrega dos bens ao arrematante, ao adjudicatário ou a quem o juiz assim determinar, ou se a execução se extinguir por um dos motivos previstos em lei (CPC, art. 924).

Pode acontecer, entretanto, de: a) os bens penhorados serem, por sua natureza ou constituição, suscetíveis de rápida deterioração ou depreciação; ou b) haver manifesta vantagem em que sejam alienados o quanto antes possível. Verificando-se quaisquer desses casos, o juiz permitirá que se realize a *expropriação antecipada*, sob pena de pere-cimento ou grave desvalorização dos bens, em prejuízo dos interesses do credor e, em sentido mais amplo, da própria execução.

Na primeira hipótese (a) a alienação apresenta expressivo traço de cautelaridade, podendo ser autorizada pelo juiz, *ex officio*, ou a requerimento de uma ou de ambas as partes, ou, ainda, do próprio depositário. É evidente que o depositário possui interesse e legitimidade para requerer a expropriação antecipada, porquanto a ele incumbe não só manter os bens apreendidos como *conservá-los*, vale dizer, mantê-los no estado em que os recebeu (CPC, art. 159); caso contrário, responderá pelos prejuízos que, por dolo ou culpa, vier a causar à parte, além de perder o direito à remuneração que lhe havia sido arbitrada (CPC, art. 161). O depositário infiel responde civilmente pelos prejuízos causados, sem prejuízo de sua responsabilidade penal e da imposição de sanção por ato atentatório à dignidade da justiça (*ibidem*, parágrafo único).

Segue-se que, presente um dos pressupostos do art. 852 do diploma processual civil, o depositário não apenas *pode*, mas, acima de tudo, *deve* pedir ao juiz a alienação antecipada dos bens que lhe foram confiados.

Na segunda (b), embora a doutrina do processo civil repute ser necessário o pedido de uma das partes (logo, o juiz não pode agir por sua incoação), para que a expropriação se efetue antes do momento processual oportuno, é de nosso parecer que, no processo do trabalho, sempre que houver *manifesta vantagem* aos propósitos da execução o juiz poderá ordenar, de ofício, a alienação antecipada. Cremos, até mesmo, que os doutrinadores do processo civil não se deram conta de que: a) a norma legal não veda a iniciativa do juiz, nessa matéria (CPC, art. 852); b) a entender-se que o magistrado somente pode autorizar essa alienação se o interessado a solicitar, isso poderia fazer com que, em muitos casos, ficassem preteridos os fins do processo de execução, que se desenvolve sob dois preceitos contrapostos mas imprescindíveis: de um lado, o de que a execução visa a atender ao direito do credor; de outro, o de que, podendo ser promovida por diversos meios, o juiz mandará que se faça pelo modo menos gravoso para o devedor (CPC, art. 805).

De qualquer sorte, quando a alienação antecipada for requerida por uma das partes, o juiz ouvirá a outra, no prazo de três dias, antes de decidir (CPC, art. 853, *caput*). Sendo a alienação solicitada pelo *depositário*, julgamos que o juiz deva ouvir ambas as partes a respeito, decidindo em seguida. Haveria imprudência do magistrado se deliberasse sem a audiência do credor e do devedor; e parcialidade se decidisse mediante consulta apenas a um dos contendores.

Nos casos expressos em lei, não havendo acordo entre os interessados sobre o modo como se deve realizar a alienação do bem, o juiz, de ofício ou a requerimento dos interessados ou do depositário, mandará aliená-lo em leilão, observando-se o disposto na Seção I deste Capítulo e, no que couber, o disposto nos arts. 879 a 903 (CPC, art. 730) .

5.19. Penhora de direitos

Entre os bens penhoráveis, relacionados pelo art. 835 do CPC, incluem-se os *outros direitos* (XIII). Compreendem-se nessa expressão as dívidas ativas, vencidas e vincendas, as ações reais, reipersecutórias ou pessoais para cobrança de dívidas, as quotas de herança em inventário, os fundos líquidos do devedor em sociedades civis e comerciais e todos os demais direitos similares (Liebman, obra cit., p. 102).

No processo do trabalho era frequente, p. ex., a penhora do direito de uso de terminal telefônico, de que o devedor era titular. Feita a penhora, o juiz determinava que a empresa concessionária desse serviço público fizesse o "desligamento" do terminal. Essa atitude dos juízes ensejou a impetração de mandado de segurança, pelos devedores, sob argumentos diversos, dentre os quais o de que o ato implicava violência ao direito de comunicação, além de, em alguns casos, ofender o art. 833, V, que declara impenhoráveis os instrumentos ou outros bens móveis necessários ou úteis ao exercício da profissão do executado.

O problema de o mencionado ato acarretar obstáculo a suposto direito de comunicação ou agressão ao art. 833, V, do CPC deverá ser examinado em cada situação concreta; interessa-nos verificar, neste instante, o *motivo* pelo qual o juiz ordenava o "desligamento" do terminal. Constatou-se, no passado, que muitos devedores, quando tinham penhorado o seu direito de uso de terminal telefônico, como represália aos interesses do credor passavam a efetuar inúmeras ligações, muito acima do que habitualmente faziam (algumas até mesmo para outros países), de tal maneira que, quando o bem era arrematado, ou mesmo adjudicado, os débitos existentes chegavam a ser superiores ao próprio valor da coisa, causando, com isso, graves transtornos ao arrematante, ao adjudicatário e ao próprio juízo da execução. Atentos a semelhantes velhacadas postas em prática por devedores, os juízes, como medida tendente a evitá-las, puseram-se a determinar o mencionado desligamento.

Cabe lembrar que a responsabilidade pelo pagamento das faturas telefônicas é do titular do direito de fruição do bem — titularidade que se transfere ao arrematante ou ao adjudicatário em decorrência da expropriação judicial e da correspondente carta que lhes é emitida pelo juízo.

A jurisprudência não vem, todavia, admitindo a penhora dos direitos do arrendatário de gleba rural, que emanem de contrato sinalagmático não transferível, bem como do direito real de usufruto, por pertencer à classe dos bens inalienáveis, segundo permite concluir o art. 868 do CPC. Tem sido autorizada, porém, a penhora do exercício do usufruto como um direito pessoal transferível e de valor econômico. Dentro dessa mesma linha de entendimento, consente-se a apreensão judicial de título de sócio de sociedade civil, desde que negociável, ou dos direitos provenientes do compromisso de compra e venda de imóvel.

5.20. Penhora de crédito e de outros direitos patrimoniais

É possível que o devedor seja credor de terceiro. Comprovado o fato, poderá o credor (exequente) requerer ao juiz que faça incidir a penhora nesse crédito (CPC, art. 855, *caput*).

A penhora de crédito representado por títulos creditórios (letra de câmbio, nota promissória, duplicata, cheque, etc.) efetivar-se-á pela *apreensão* do documento, encontre-se, ou não, em poder do devedor (CPC, art. 856). Enquanto não ocorrer a apreensão do título, a lei considera realizada a penhora pela intimação: a) ao terceiro, a fim de não pagar ao seu credor; b) ao credor do terceiro (entenda-se: o executado), para que não pratique ato de disposição do crédito (CPC, *ibidem* I e II).

Não sendo apreendido o título, mas confessando o terceiro a dívida, este será havido como depositário da importância (CPC, art. 856, § 1.º), de cujo encargo somente se liberará se depositar em juízo o total da dívida (*ibidem*, § 2.º). Vindo o terceiro a negar a sua dívida, em conluio com o devedor, a quitação, que este lhe der, será reputada em fraude de execução (*ibidem*, § 3.º).

Está no § 4.º do art. 856 do CPC que, *a requerimento do credor*, o juiz mandará que o devedor e o terceiro compareçam à audiência especialmente designada para tomar-lhes os depoimentos; a redação dessa norma legal sugere a interpretação de que o juiz não pode agir *ex officio* nesse caso. Essa primeira impressão, entretanto, é imperfeita, porquanto vem da declaração-princípio, estampada no art. 772, I, do mesmo diploma processual, que o juiz pode, em qualquer momento do processo, "ordenar o comparecimento das partes" — e de terceiros, sem a mínima dúvida. Não há razão jurídica para pensar-se de modo diverso.

Recaindo a penhora em direito e ação do devedor, e não tendo sido opostos embargos, ou sendo estes rejeitados, o credor fica sub-rogado nos direitos do devedor até a concorrência do seu crédito (CPC, art. 857, *caput*); assim, o credor poderá exercer, em face do terceiro, as ações que cabiam ao devedor. Não havendo interesse do credor na sub-rogação, permite-lhe a lei a expropriação judicial do direito penhorado, devendo manifestar a sua vontade, quanto a isso, no prazo de dez dias, contado da efetivação da penhora (art. 857, § 1.º).

A sub-rogação não impede ao sub-rogado (exequente), se não receber o crédito do devedor, prosseguir na execução, nos mesmos autos, requerendo a apreensão de outros bens deste (*ibidem*, § 2.º).

Quando o direito estiver sendo postulado em juízo, a penhora será averbada no *nos autos* (desde que o tenha por objeto, bem como as ações que lhe correspondem), para que se efetive nos bens que forem adjudicados ou vierem a caber ao devedor (CPC, art. 860).

Recaindo a penhora em dívidas de dinheiro a juros, de direito a rendas, ou de prestações periódicas, o credor poderá levantar os juros, os rendimentos ou as prestações, à medida que forem sendo depositadas, abatendo-se do crédito as quantias recebidas, segundo as regras da imputação em pagamento (CPC, art. 858).

Sendo penhorado direito que tenha por objeto prestação ou restituição de coisa determinada, o devedor será intimado para, no vencimento, depositá-la, correndo sobre ela a execução (CPC, art. 859).

Como bem acentua Liebman, a penhora em crédito ou direitos patrimoniais do devedor é efetuada, em regra, com intimação do terceiro obrigado para que somente satisfaça a obrigação em virtude de ordem judicial, com o que ele se torna, a contar desse momento, depositário judicial da coisa ou quantia devidas, preso às responsabilidades imanentes ao (en)cargo (obra cit., p. 135). É certo que o terceiro poderá livrar-se da obrigação e das responsabilidades de depositário efetuando o depósito do bem ou importância devidos, complementando o ilustre jurista italiano que "Se, depois de realizada a penhora, o terceiro entregar a coisa ou pagar a dívida ao executado, este ato ficará sem efeito em face da execução e não o libertará da obrigação, continuando na situação de obrigado e devendo cumprir novamente sua prestação" (*ibidem*).

5.21. Penhora no rosto dos autos

No geral, a penhora, como ato executivo, é realizada "onde quer que se encontrem os bens" (CPC, art. 845), lavrando o oficial de justiça o *auto* pertinente (CPC, art. 839);

em outra hipótese, o próprio devedor vem a juízo e indica um ou mais de seus bens, para que sejam objeto de apreensão judicial, cuja nomeação será reduzida a *termo* (CPC, art. 849).

Dispunha o art. 674, do CPC de 1973, que se a penhora recaísse em direito que o *devedor* estivesse pleiteando em juízo, seria averbada no *rosto dos autos* dessa ação, com a finalidade de vir a ser efetivada nos bens que fossem adjudicados ou coubessem ao devedor. Embora o art. 860, do CPC de 2015, não se refira à penhora no *rosto* dos autos, mas apenas, *nos autos*, nada obsta a que, mesmo na vigência do atual CPC, se proceda na forma prevista pelo art. 674, do Código revogado.

Com vistas a esse procedimento, o oficial de justiça lavrará o auto de penhora e intimará o escrivão para que a averbe no *rosto* dos autos — a que, vulgarmente, se tem denominado "capa" (trata-se, na realidade, da primeira *folha* dos autos, haja vista ser numerada).

A eficácia da penhora por essa forma realizada fica, por assim dizer, em estado *latente*, vindo a ser *ativada* (= deflagrada) no momento em que, nesses mesmos autos, os bens forem adjudicados ou entregues ao devedor; ocorrendo quaisquer desses fatos, a penhora incidirá com a eficácia e os efeitos que lhe são inerentes, uma vez que os bens já se encontram individualizados, livres e desembargados e com propriedade definida. Nesse aspecto, pode-se afirmar que os bens são liberados do processo em que o devedor os obteve, passando a vincular-se à execução em que ele figure como devedor.

5.22. Penhora de empresas e outros estabelecimentos

A *empresa*, como fenômeno ou entidade jurídica, é mera *abstração*; o seu conceito é marcado pela *imaterialidade*, pois traduz o exercício de uma *atividade* econômica organizada. Daí, o equívoco, em que o vulgo costumeiramente incorre, ao considerar sinônimos os vocábulos *empresa* e *estabelecimento comercial*. Ora, este último é uma entidade material, concreta, com existência física perceptível, ao passo que a empresa é algo impalpável, como a emoção, o sentimento, o caráter, etc., motivo por que não pode ser confundida com o estabelecimento.

Brunetti, aliás — citado por Rubens Requião —, já chamava a atenção ao fato de que "a empresa, se do lado político-econômico é uma realidade, do jurídico é *un'astrazione*, porque, reconhecendo-se como organização de trabalho formada das pessoas e dos bens componentes da *azienda*, a relação entre a pessoa e os meios de exercício não pode conduzir senão a uma *entidade abstrata*, devendo-se na verdade ligar à pessoa do titular, isto é, ao empresário" (obra cit., 1.º vol., p. 56).

Conseguintemente, a *empresa*, em rigor, não pode ser objeto de penhora, como supôs o legislador processual civil (art. 863); passível de apreensão judicial é, isto sim, o *estabelecimento* (comercial, industrial, etc.), como *base física* da empresa, que é integrado por elementos corpóreos e incorpóreos, aglutinados para o exercício de uma atividade empresarial produtiva.

Estabelecimento comercial e fundo de comércio podem ser consideradas, sob o aspecto vulgar, expressões equivalentes, sendo a última de origem francesa (*fond de commerce*). Tecnicamente, contudo, este último é o "conjunto de direitos que se estabelecem em favor do comerciante, nos quais se computam e se integram não somente os que possam representar ou configurar materialmente, mas toda a sorte de *bens*, mesmo *imateriais*, que se exibem como um *valor* a favor do comerciante" (De Placido e Silva, "Vocabulário Jurídico", Rio de Janeiro: Forense, 2005, 26.ª ed., p. 644).

Não possuindo, o devedor, bens penhoráveis, ou sendo estes de valor muito inferior ao da execução, o ato de constrição poderá incidir em estabelecimento comercial, industrial ou agrícola, a este pertencente, bem como em semoventes, plantações ou edifícios em construção: nesse caso, caberá ao juiz nomear um depositário, impondo-lhe a apresentação, no prazo de dez dias, do plano, sistema ou forma com que irá administrar os bens apreendidos (CPC, art. 862, *caput*). Após audiência das partes sobre o assunto, o juiz decidirá (*ibidem*, § 1.º).

Podem os próprios litigantes, contudo, estabelecer, entre si, a forma de administração, escolhendo, livremente, o depositário, incumbindo ao juiz homologar, por despacho, a indicação feita (*ibidem*, § 2.º). É elementar que, se as partes não chegarem a um acordo quanto ao modo de administrar os bens, a solução será o juiz nomear depositário, de quem exigirá a apresentação de um plano de gestão.

Foi prudente o legislador ao determinar a continuidade das atividades econômicas do estabelecimento penhorado (para falarmos apenas deste), pois a cessação de seu funcionamento poderia causar danos não só aos interesses do devedor como do credor. Demais disso, um estabelecimento é fonte de absorção de mão de obra, tem uma função social, e, por isso, a sua expropriação haveria de provocar malefícios em quase toda a comunidade. Melhor, pois, que aliená-lo de plano será possibilitar o seu funcionamento, sob a administração de um depositário, pois tal solução é a que melhor harmoniza os diversos interesses em jogo (do credor, que deseja ver atendido o seu direito; do devedor, que terá mantido em seu patrimônio o estabelecimento, dele retirando os meios necessários ao pagamento da dívida; da comunidade, que terá assegurado o emprego de muitos dos seus membros).

Atreveríamo-nos, mesmo, a identificar aí uma espécie de *solução* circunstancialmente *socialista*, que o legislador brasileiro encontrou para o problema.

Caso o estabelecimento funcione mediante concessão ou autorização do Poder Público, a penhora será realizada, conforme seja o valor do crédito, sobre a renda, sobre determinados bens, ou sobre todo o patrimônio, devendo ser nomeado como depositário, de preferência, um dos seus diretores (CPC, art. 863, *caput*).

Se o objeto da penhora for renda ou certos bens, o depositário apresentará ao juiz a forma de administração e o esquema de pagamento, devendo ser respeitadas, nessa hipótese, as disposições legais concernentes ao usufruto de imóvel, de que cuidam os arts. 716 a 720 do CPC (*ibidem*, § 1.º). Recaindo a apreensão judicial na integralidade do patrimônio, prosseguir-se-á na execução, ouvindo-se, antes da arrematação ou da adjudicação, o ente público outorgante da concessão (*ibidem*, § 2.º).

EXECUÇÃO NO PROCESSO DO TRABALHO **417**

A despeito do silêncio do Código, entendemos que o administrador faça jus a remuneração pelas funções que venha a exercer em decorrência desse encargo; na verdade, essa omissão existe apenas nos dispositivos legais específicos (arts. 862 e 863), que versam da matéria, porquanto o direito do administrador a essa remuneração está assegurado pelo art. 160 do mesmo diploma processual. A remuneração referida será arbitrada pelo juiz, levando em conta a situação dos bens, ao tempo da prestação dos serviços, e as dificuldades de sua execução — critérios que se encontram definidos no art. 160, *caput*, do CPC.

Oportuno trazer à baila o magistério de Amílcar de Castro, de que "o administrador não está sujeito à ação de depósito, mas a de *prestação de contas*, sujeitando-se, por esta, à pena de remoção, sendo sequestrados os bens sob sua guarda, e glosados quaisquer prêmios ou gratificações a que tenha direito" (obra cit., p. 267, n. 275).

5.23. Penhora de navio ou aeronave

A lei (CPC, art. 835, VIII) prevê a penhora de navios e aeronaves. Sensível ao fato de que a apreensão dessa espécie de bens, seguida de proibição quanto ao uso destes, poderia implicar danos de difícil reparação ao devedor, além de graves transtornos quanto aos planos de navegação, o legislador permite que navios e aeronaves penhorados continuem a navegar ou a operar, até que sejam expropriados (CPC, art. 864). É certo que esse prosseguimento quanto à navegação ou à operação deve ser expressamente autorizado pelo juiz da execução, pois deste será sempre a competência para dar esse consentimento, ainda que a penhora tenha sido determinada pelo juízo deprecado. Há mais. Para que o navio possa deixar o porto, e a aeronave o aeroporto, é imprescindível que, antes, o devedor contrate o seguro usual contra riscos (CPC, art. 864), juntando cópia da apólice nos autos, para efeito de atendimento a essa exigência legal.

Inomitível regra de prudência recomenda ao juiz ouvir o credor a respeito da apólice apresentada pelo devedor, pois aquele poderá ter interesse em suscitar alguma contrariedade (alegando, *e. g.,* que o valor segurado é muito inferior ao do bem e o mais que tenha para dizer).

5.24. Averbação da penhora

Entre os estudiosos do processo civil havia controvérsia acerca da necessidade da averbação ou inscrição da penhora do bem (imóvel), no registro próprio, após o advento do CPC de 1973. Sustentava-se, de um lado, que a averbação era requisito formal indispensável para a constitutividade e a eficácia *erga omnes* da penhora; de outro, que o atual Código não exigia a averbação, que era mesmo inútil, pois a penhora se efetivava com a apreensão e o depósito dos bens.

Embora partilhássemos o entendimento de que, sob o ponto de vista *doutrinário*, a averbação da penhora de bem imóvel chegava a ser inócua (efeito placebo), considerando-se que a tal apreensão judicial são inerentes a constitutividade do direito e a eficácia *erga omnes*, reconhecíamos que, no processo do trabalho, essa inscrição decorria de exigência legal.

Sem embargo, estabelece o art. 7.º, inc. IV, da Lei n. 6.830/80 (de notória incidência neste processo especializado, *ex vi* da regra de supletividade enunciada pelo art. 889 da CLT) que o despacho do juiz, ordenador da citação do devedor, importa em *ordem* para "registro da penhora ou do arresto, independentemente do pagamento de custas ou outras despesas, observado o disposto no art. 14". Diz o mencionado artigo: "O oficial de justiça entregará contrafé e cópia do termo ou do auto de penhora ou arresto, com a *ordem* de registro de que trata o art. 7.º, IV: I — no Ofício próprio, se o bem for imóvel ou a ele equiparado; II — na repartição competente para emissão de certificado de registro, se for veículo; III — (...)".

Mesmo nos domínios do processo civil a polêmica já não se justifica, pois o art. 844 determina que a penhora de bem imóvel seja sempre averbada (no correspondente registro). A diferença está em que, enquanto no processo civil incumbe *ao credor* providenciar a averbação no registro imobiliário competente, no processo do trabalho essa providência cabe *ao oficial de justiça*.

5.25. Alteração da penhora

Com essa expressão queremos designar todas as classes de modificações que possam ocorrer na penhora por autorização legal.

As alterações em pauta consistem, basicamente, em:

a) substituição de bens;

b) ampliação;

c) redução da penhora;

d) renovação da penhora.

a) Ressalvado o disposto no art. 848, do CPC (que trata da substituição, pelas partes, do bem penhorado), a *substituição* prevista no art. 847, do mesmo Código, traduz o exercício de uma faculdade que a lei concede ao devedor, segundo a qual este pode, no prazo de dez dias, contado da intimação da penhora, requerer a substituição do bem apreendido, desde que comprove que lhe seja menos onerosa e não trará prejuízo ao exequente.

Essa substituição não se confunde com a *remição* prevista no art. 826 do mesmo Código. Enquanto, por meio desta, o devedor visa a pagar ou a consignar a importância correspondente à dívida (acrescida de juros moratórios, correção monetária, despesas processuais), para efeito de extinguir o processo de execução (CPC, art. 924, II), por intermédio daquela simplesmente se substitui o bem penhorado por dinheiro, sem que isso implique a extinção do processo.

Tanto isso é certo, que será sobre o dinheiro assim dado em substituição que recairá a execução (CPC, art. 859).

O art. 15, I, da Lei n. 6.830/80, não só concede ao devedor idêntica faculdade como a amplia, permitindo-lhe substituir o bem penhorado não apenas por dinheiro, mas, também, por *fiança bancária*, caso em que se impõe ao devedor juntar aos autos a prova do depósito da quantia ou da fiança bancária oferecida (art. 9.º, § 2.º). Essa modalidade de fiança será prestada na forma determinada pelo Conselho Monetário Nacional (*ibidem*, § 5.º).

Adverte, a propósito, a antedita norma legal que unicamente o depósito em dinheiro (efetuado em consonância com seu art. 32) fará cessar a atualização monetária e os juros da mora (§ 4.º).

Em tese, a troca do bem apreendido por seu equivalente em dinheiro é ato que interessa não só ao devedor, mas, acima de tudo, ao exequente, que encontrará nisso condições de obter a satisfação de seu crédito com maior rapidez, pois dispensável, na hipótese, a expropriação judicial, com seu procedimento formalista e algo moroso.

Lembra-nos Theodoro Júnior da existência de outros casos, esparsos pelo CPC, onde se assegura, embora de maneira implícita, ao devedor a "substituição por bens diversos do dinheiro" (obra cit., p. 272). Isso se dá, p. ex., com o direito de retenção quando a penhora recair em bens distintos dos que o devedor retém (art. 793); com a penhora que não atende ao preceito legal de que a execução deve ser efetuada pelo modo menos gravoso ao devedor (art. 805), etc.

b) A *ampliação* da penhora, ou a sua transferência para outros bens, de maior valor, será possível toda vez que o dos bens penhorados for inferior ao do crédito (CPC, art. 874, II).

Trata-se, como se nota, de duas situações dessemelhantes (conquanto fronteiriças), aglutinadas em um mesmo inciso legal.

Na *ampliação,* os bens penhorados são mantidos, vindo somar-se a eles outros mais, a fim de que o direito do credor possa ser (embora em tese) plenamente atendido. Muitas vezes, os primeiros bens apreendidos são insuficientes para o pagamento da dívida, decorrendo daí a necessidade de serem penhorados mais alguns, para o fim já mencionado. Na *transferência*, o ato de constrição *deixa* de incidir nos bens inicialmente encontrados, para *deslocar-se* em relação a outros mais valiosos. O ponto de contacto entre a ampliação e a transferência reside no objetivo de permitir que o valor da dívida seja totalmente satisfeito — o que não seria viável se fosse mantida a penhora sobre os primeiros bens.

c) A *redução* está no polo oposto ao da ampliação, tanto no plano léxico quanto no processual.

A penhora deverá ser reduzida, ou transferida, a bens suficientes (CLT, art. 883) ao atendimento dos fins da execução sempre que o valor dos bens apreendidos for consideravelmente superior ao crédito do exequente, aí computados os acessórios (CPC, art. 874, I).

Na ampliação, o valor dos bens situa-se abaixo do da execução: daí a necessidade de a penhora ser alargada, para alcançar outros bens patrimoniais do devedor; na redução, ao inverso, a parcela do patrimônio, em que incidiu a penhora, possui valor excedente, em muito (*consideravelmente*, diz a lei), ao do crédito, sendo imperioso, por isso, adequar-se o valor patrimonial aos limites da dívida a que se destina solver. Este último caso configura o "excesso de penhora", a que fazem menção alguns estudiosos. Já o excesso *de execução* é coisa diversa, estando a sua caracterização submetida aos moldes do art. 917, § 2.º, I a V, do CPC.

Pelas considerações até aqui lançadas, pode-se perceber que a *transferência*, em si mesma, não apresenta sinonímia com a ampliação ou com a redução: encontra-se, isto sim, a serviço de uma e outra, conforme seja o caso. Destarte, se o valor dos bens apreendidos for *menor* que o do crédito, *transfere-se* a penhora para outros *mais valiosos*; se os bens penhorados possuírem valor acentuadamente *mais elevado* que o da execução, a *transferência* haverá de ser realizada para bens *menos valiosos* (mas suficientes para a satisfação do crédito).

A despeito de a *redução*, em princípio, dever ser solicitada pelo devedor na oportunidade dos embargos que opuser, não se lhe deve proibir de requerê-la mesmo antes desse momento — por simples petição —, uma vez que seria algo injusto sujeitar o seu patrimônio a uma constrição manifestamente mais ampla do que a necessária para garantir a solvência da dívida. Não se pode ver nesse pedido do devedor qualquer intuito procrastinatório e esquivo, pois, com a penhora, a execução está garantida — em excesso, diga-se.

Da parte do credor, é recomendável que revele o seu interesse de ver a penhora ampliada tão logo seja intimado para manifestar-se sobre a apreensão ou a nomeação feitas. Não ignoramos, porém, que causas supervenientes possam obrigá-lo a formular requerimento dessa natureza muito tempo depois de sua cientificação quanto à penhora realizada; caberá ao juiz, presidido pelo bom senso que no geral dele se exige no exercício das funções, apreciar a solicitação, acolhendo-a ou rejeitando-a, conforme se convença da necessidade ou desnecessidade da providência.

d) A *renovação* da penhora (a que a lei denomina *segunda penhora*) somente deve ser consentida em situações excepcionais, como as descritas no art. 851 do CPC, vale dizer, quando:

1 – A primeira penhora for anulada (por haver, *e. g.*, incidido em bens absolutamente impenhoráveis ou sido realizada com falta de observância das formalidades legais).

2 – Executados os bens, o produto da expropriação não bastar para o pagamento da dívida.

3 – O credor desistir da primeira penhora, por serem litigiosos os bens, ou estarem submetidos a constrição judicial (incs. I a III). Cumpre esclarecer que a desistência, aqui referida, provém do fato de os bens já se acharem penhorados ou arrestados *em outro processo,* de que o devedor não participa. Mesmo assim, cabe ressaltar que a circunstância de os bens se encontrarem apreendidos judicialmente não impede que venham a ser objeto de outras penhoras, quando, então, cada credor conservará o seu título de preferência (CPC, art. 797). O pressuposto da

desistência de que fala o art. 851, III, do CPC reside, pois, não no fato de os bens já estarem penhorados e sim na eventualidade ou virtualidade de o produto de sua expropriação ser insuficiente para satisfazer o direito do credor-desistente. Por outro lado, o *arresto* só motivará a desistência do credor quando obtido por terceiro; se o arrestante for o próprio devedor, não faz sentido jurídico pensar-se em desistência, sabendo-se que, julgada "procedente" (*sic*) a ação principal, o arresto — medida cautelar nominada — se resolve em *penhora* (CPC, art. 818).

Em que pese à particularidade de possuírem caráter excepcional os motivos relacionados em lei para o cabimento da renovação da penhora (CPC, art. 851), cremos que essa enumeração não é taxativa (*numerus clausus*), bastando argumentar com a *destruição* dos bens apreendidos, derivante de atos humanos ou de fatos naturais. Conquanto essa causa não esteja incluída no elenco legal, patenteia-se a sua admissibilidade como fundamento para que o credor postule a renovação do ato executivo (segunda penhora); a entender-se de maneira diversa, estar-se-á consagrando o absurdo de, em nome de um legulismo estrábico, impedir-se que o exequente possa obter a satisfação de seu crédito, embutido no título executivo.

É relevante destacar que se a nomeação de bens não foi consumada, em virtude de sua ineficácia (CPC, art. 848), fica fora de qualquer senso jurídico pensar em *renovação* desse ato; a segunda penhora só se justifica quando a anterior (da qual se tenha lavrado o termo, no caso de nomeação, ou o auto, se feito pelo oficial de justiça) é declarada nula (CPC, art. 851, I).

Para efeito de efetivação da segunda penhora — quando tenha sido deferida pelo juiz — deverão ser obedecidas as normas disciplinadoras da antecedente; enfim, as que regulam as penhoras em geral, como ato executivo. Como Pontes de Miranda, contudo, pensamos que, se a necessidade da realização da segunda penhora emanou de ato que possa ser legitimamente imputado ao devedor (culposo ou doloso), este ficará destituído do *ius eligendi* que lhe atribui o Código (art. 835); em consequência, a faculdade de apontar bens sobre os quais atuará a segunda penhora passa a ser do credor.

5.26. Depósito dos bens penhorados

Na afirmação de Teixeira de Freitas, a penhora deveria ser *real e filhada*, ou seja, "com efetiva e corporal apreensão dos bens e entrega deles à Justiça, ou a quem esta os mandar entregar" ("Comentários", 1976, tomo X, p. 285).

Salvatore Satta, por sua vez, anota que "o ato executivo da penhora, do ponto de vista formal, constitui-se da procura e da escolha do bem (suficiente para atender à execução), assim como de sua efetiva apreensão. Materialmente, porém, consiste na subtração do bem apreendido à administração do devedor, mercê da entrega a um depositário" ("Primeiras Linhas sobre Processo Civil", nota 737).

Incorporando os ensinamentos dos doutos, o atual CPC alerta que a penhora será considerada feita mediante a apreensão e *depósito* dos bens (art. 839, *caput*).

Sejam os bens móveis ou imóveis — desde que corpóreos —, impõe-se a sua retirada da posse do devedor e a consequente colocação sob a guarda de outra pessoa, a quem a lei chama de *depositário*. Esse procedimento é compreensível, porquanto, apreendidos os bens, por ordem judicial, estes devem ser subtraídos do poder do devedor, como medida tendente, sob um aspecto, a exercer sobre ele certa pressão, tendo em vista o fato de que, com isso, não poderá usar e gozar dos bens; sob outro, a evitar que tais bens se deteriorem, se percam, etc., em decorrência de ocasional desmazelo do devedor, no que toca à sua conservação.

A penhora acarreta, assim, a retirada dos bens da posse direta do devedor, fazendo com que o depósito figure como elemento constitutivo essencial do ato, que deverá, logo em seguida, ser materializado, para efeito de documentação, em *auto* (CPC, art. 839).

Na precisa doutrina de Gian Antonio Micheli, a penhora torna juridicamente ineficaz eventual transferência dominial do devedor sobre os bens apreendidos, a par de submeter, fisicamente, a coisa a uma custódia obrigatória, que pode ser atribuída a um terceiro, ao credor ou ao devedor, "mas que, em qualquer caso, investe o sujeito de particulares poderes (de caráter público), que o colocam, junto ao juiz, como seu auxiliar" ("Derecho Procesal Civil", Buenos Aires: 1970, vol. III, p. 162).

O depósito em questão é visto por Frederico Marques como ato executório material, provido de função conservativa, "e ainda com a de tornar concreta e mais efetiva a apreensão da coisa, para completar, dessa maneira, a operação preparatória com que se demarca a sujeição patrimonial do devedor ao processo de execução forçada" ("Manual, vol. 4, p. 163).

Merece ser também referida a síntese feliz, formulada por Celso Neves, para quem os requisitos contidos no art. 838 do CPC, relativos ao auto de penhora, têm a importante finalidade de estabelecer, pela data, o elemento cronológico determinante da prioridade; pelo nome das partes, a identificação subjetiva da relação jurídica executiva; pela descrição dos bens, a fixação da responsabilidade patrimonial; pela nomeação do depositário, a certeza e a garantia da conservação e da entrega, no momento processual oportuno ("Comentários ao Código de Processo Civil", Rio de Janeiro: Forense, vol. VII, 1975).

5.27. Depositário

O diploma processual civil vigente em nosso País inclui, expressamente, o depositário entre os *auxiliares da justiça* (CPC, art. 149). Essa atitude do legislador foi correta, pois, assim como o oficial de justiça, o depositário atua como uma espécie de *longa manus* do juízo, sendo, em razão disso, cumulado de poderes e de deveres no que respeita ao exercício das funções que lhe são legalmente reservadas.

O depositário não age, nessa qualidade, em decorrência de qualquer contrato, e sim por força de normas processuais, pertencentes que são ao ramo do Direito Público. Isso não significa, contudo, que o depósito é proveniente de contrato de direito público; ora, para que o depositário passe a figurar, formalmente, nos autos, basta que o oficial de justiça *o nomeie*, correspondendo a aceitação daquele como mera condição para a eficácia jurídica do ato de nomeação (Frederico Marques, obra cit., p. 163).

Essas nossas considerações em nada se alteram mesmo naqueles casos em que o próprio devedor fica como depositário dos bens que lhe foram apreendidos por ordem judicial. Embora, no geral, tudo aconselhe a que o depositário seja pessoa diversa da do devedor, nada impede que, em determinadas situações extraordinárias, essas duas qualidades sejam enfeixadas por uma só pessoa. É que, nessa hipótese, tais qualidades não se confundem, não se interpenetram, permanecendo disciplinadas pelas normas legais pertinentes a cada uma. Assim, se o devedor-depositário deixar de entregar os bens ao arrematante ou ao adjudicatário, poderá ser preso em decorrência de sua *infidelidade* quanto aos deveres ínsitos a essa atribuição de auxiliar da justiça. Dissemos, há instantes, que idealmente o devedor não deve ser nomeado depositário de seus próprios bens, porque os interesses característicos dessas qualidades díspares não são coincidentes, vale dizer, como devedor, o indivíduo procura resistir (juridicamente) à execução, opondo-se aos atos do juízo e às pretensões do credor (embargos, impugnação da conta de liquidação, etc.), ao passo que, como depositário, deve agir sempre em colaboração com o juízo, de quem é, afinal, auxiliar.

São qualidades, entre si, dificilmente conciliáveis.

Nem é despiciendo aditar que o depositário não é representante do devedor, do mesmo modo como não age em defesa dos interesses do credor; a sua atuação, em juízo, deve ser no sentido de ensejar a que os objetivos da execução sejam plenamente atingidos, naquilo que lhe afeta (guarda, conservação e entrega dos bens). O devedor, enfim, presta serviços ao processo (logo, à Justiça) e não ao credor.

O depositário — ainda que não seja o devedor —, só em casos excepcionais, consentidos pelo juiz, poderá fazer uso dos bens que se encontram sob sua guarda, como quando seja da natureza desses bens o permanente funcionamento, sob pena de avarias; em nenhuma hipótese, porém, será lícito ao depositário *dispor* dos bens. O que ele poderá fazer é solicitar ao juiz que os bens sejam antecipadamente expropriados, como providência destinada a evitar que se deteriorem ou depreciem (CPC, art. 852). Nunca poderá agir, mesmo aqui, por sua iniciativa.

A própria locação do bem penhorado não pode ser feita pelo depositário sem prévio consentimento judicial, sob pena de o ato ser desfeito.

5.27.1. Nomeação do depositário

Como dissemos no tópico anterior, embora o devedor possa ficar como depositário, isso é desaconselhável, pelo antagonismo dos interesses que se originam da mesma pessoa. Por esse motivo, o art. 840, *caput*, do CPC, declara que serão preferencialmente depositados: I – as quantias em dinheiro, os papéis de crédito e as pedras e os metais preciosos, no Banco do Brasil, na Caixa Econômica Federal ou em banco do qual o Estado ou o Distrito Federal possua mais da metade do capital social integralizado, ou, na falta desses estabelecimentos, em qualquer instituição de crédito designada pelo juiz; II – os móveis, os semoventes, os imóveis urbanos e os direitos aquisitivos sobre imóveis urbanos, em poder do depositário judicial; III – os imóveis rurais, os direitos aquisitivos sobre imóveis rurais, as máquinas, os utensílios e os instrumentos necessários ou úteis à atividade agrícola, mediante caução idônea, em poder do executado.

No caso do inciso II do *caput*, se não houver depositário judicial, os bens ficarão em poder do exequente (*ibidem,* § 1.º).

Os bens poderão ser depositados em poder do executado nos casos de difícil remoção ou quando anuir o exequente (*ibidem,* § 2.º).

As joias, as pedras e os objetos preciosos deverão ser depositados com registro do valor estimado de resgate. (*ibidem,* § 3.º)

Nada obstante essas regras do processo civil, relativas aos depósitos dos bens apreendidos, incidam no do trabalho, importa observar que, em se tratando de dinheiro, o depósito deverá ser efetuado, à ordem do juízo, em estabelecimento oficial de crédito, que assegure atualização monetária, por força do disposto no inc. I do art. 9.º da Lei n. 6.830/80. A garantia da execução, mediante o depósito pecuniário (ou fiança bancária), produz os mesmos efeitos da penhora (*ibidem,* § 2.º).

Reitere-se que, recaindo a penhora em estabelecimento que funcione sob concessão ou autorização do Poder Público, o juiz deverá nomear como depositário, de preferência, um de seus diretores (CPC, art. 863).

Se a apreensão judicial tiver por objeto crédito consubstanciado em letra de câmbio, nota promissória, cheque, duplicata, etc., que se encontram em poder de terceiro, e o título não for apreendido, este será havido como depositário do valor, bastando, para isso, que confesse a dívida que possui relativamente ao devedor (executado). Dessa obrigação o terceiro somente se exonerará se depositar em juízo a quantia confessada (CPC, art. 856, §§ 1.º e 2.º).

A requerimento do exequente, o juiz determinará o comparecimento, em audiência especialmente designada, do executado e do terceiro, a fim de lhes tomar os depoimentos (*ibidem,* § 4.º).

Sublinhando opinião já manifestada em páginas pretéritas desta obra, insistimos em que não há exigência legal de que o auto de penhora e depósito tenha a sua validade formal condicionada à assinatura, nessa peça, do depositário. Leia-se, com a devida atenção, o art. 838, IV, do CPC, e ver-se-á que o único requisito, no particular, é a *nomeação* (eleição, indicação) do depositário, inexistindo qualquer referência à sua *assinatura*; logo, é suficiente que o oficial de justiça o *nomeie*, embora nada proíba que o depositário também lance o seu autógrafo no auto.

5.27.2. Atribuições do depositário

Fundamentalmente, as atribuições legais do depositário se concentram na guarda e conservação dos bens penhorados, arrestados, sequestrados ou arrecadados (CPC, art. 159).

Aí se incluem as medidas necessárias para evitar o extravio ou deterioração da coisa apreendida.

A guarda e conservação dos bens variarão conforme seja a natureza destes. Sendo imóveis, cumpre ao depositário evitar que terceiros neles ingressem sem autorização judicial, seja para simples trânsito, seja para colher frutos, derrubar árvores e o mais; sendo móveis, deverão permanecer em local que os proteja da chuva, poeira, etc. É óbvio que o depositário haverá de manter tais bens em boas condições de uso; se forem animais, exige-se do depositário que os alimente, que lhes cuide da saúde, etc.

É conveniente rememorar que essas funções o depositário não exercita gratuitamente e sim mediante remuneração fixada pelo juiz (CPC, art. 160).

Do ponto de vista teleológico, no entanto, podemos reconhecer a existência de mais de uma espécie ou categoria de depositário. Se, de ordinário, a ele se atribui o encargo de guardar e conservar os bens do devedor, que serão, mais tarde, submetidos à expropriação judicial, em casos especiais a norma legal o investe na qualidade de verdadeiro *administrador*. Isso se verifica quando a penhora incide em estabelecimento comercial, industrial, agrícola, ou em semoventes, plantações e edifícios em construção, quando o depositário deverá apresentar ao juiz, no prazo de dez dias, *o plano de administração* (CPC, art. 862, *caput*). Há, portanto, um depositário-guardador e um depositário--administrador.

5.27.3. Direitos, deveres e responsabilidades do depositário

Como os indivíduos, o depositário possui direitos, deveres e responsabilidade estabelecidos em lei. Nem haveria motivo para ser de modo diverso. É claro que esses direitos e deveres estão diretamente relacionados com o exercício do *múnus público* que os caracteriza.

Um dos *direitos* do depositário reside no recebimento da remuneração que o juiz lhe fixar (CPC, art. 160); para esse fim, o magistrado levará em conta a situação dos bens, ao tempo dos serviços, e as dificuldades que o depositário terá no desempenho das funções (*ibidem*).

Dentre os seus *deveres*, citam-se:

a) guarda e conservação zelosas da coisa apreendida;

b) recebimento dos rendimentos e dos frutos dos bens;

c) prestação de contas, ao juiz;

d) apresentação dos bens móveis, quando lhe for exigida;

e) aluguel dos bens imóveis, mediante consentimento judicial.

A *responsabilidade* do depositário está em que responde pelo saldo devedor das contas que apresentar e também pela não apresentação dos bens, quando ordenada pelo juiz. Ademais, o depositário (ou o administrador) responde pelos prejuízos que, decorrentes de dolo ou culpa, causar a qualquer das partes (CPC, art. 161) — hipótese em que perderá o direito à remuneração que lhe fora arbitrada pelo magistrado (*ibidem*). Além disso, o depositário infiel responde civilmente pelos prejuízos causados, sem prejuízo de sua responsabilidade penal e da imposição de sanção por ato atentatório à dignidade da justiça (*ibidem*, parágrafo único).

Por outro lado, se o depositário se apropriar dos bens que lhe foram confiados, cometerá o crime de apropriação indébita, contido no art. 168 do CP, com a agravante mencionada em seu § 1.º.

Um outro *direito*, aliás, que deve ser reconhecido em benefício do depositário é o de receber o que legitimamente houver *despendido* no exercício do encargo, ainda que venha a perder o direito à remuneração por seu trabalho (CPC, art. 161, *caput*, parte final).

Não nos parece desarrazoado cogitar, também, de *faculdades processuais* do depositário; valha como argumento-exemplo a sua indicação de um ou mais *prepostos*, a serem nomeados pelo juiz (CPC, art. 160, parágrafo único). A faculdade em exame pressupõe, como demonstramos, a sua *indicação* de prepostos; se estes forem nomeados por ato exclusivo do depositário, a faculdade legal desaparece, para dar lugar à arbitrariedade, porquanto o exercício das funções de depositário somente pode ser delegado por ato do juiz. Mesmo que o magistrado aprove a indicação dos prepostos, realizada pelo depositário, este não se exonera do dever de guardar e de conservar a coisa apreendida; a aprovação judicial, como esclarece Pontes de Miranda, exclui apenas a culpa *in eligendo*, permanecendo, contudo, intacta a culpa *in vigilando* ou *in inspiciendo* do depositário (obra cit., tomo XIII, p. 305).

Dever a que especialmente o depositário está subjugado é o de entregar os bens ao arrematante ou ao adjudicatário, ou a quem o juiz determinar. Se o depositário se recusar, manifestamente, a isso, com assumir atitudes que permitam concluir que está em seu propósito esquivar-se, sub-repticiamente, ao cumprimento dessa obrigação, poderá o juiz da causa decretar-lhe a prisão civil, porquanto se tornou *infiel* (CF, art. 5.º, LXVII). Lamentavelmente, todavia, a Súmula Vinculante n. 25, do STF, colocou-se contra a lei ao declarar: "É ilícita a prisão civil de depositário infiel, qualquer que seja a modalidade do depósito".

A resistência do depositário à ordem emanada do juiz ensejará, até mesmo, o uso de força policial para que a diligência possa ser inteiramente realizada, como permite o art. 782, § 2.º, do CPC; essa resistência, configurando, de outro ângulo, um crime penalmente previsto, autoriza a prisão em flagrante do depositário, vale dizer, no ato em que manifesta oposição injustificada à ordem judicial.

O problema relativo à prisão do depositário infiel, no processo do trabalho, será objeto de considerações específicas, mais adiante.

Em regra, a lei prevê a maneira (*modus faciendi*) segundo a qual deverá o depositário prover a guarda, a conservação e a administração dos bens que lhe foram entregues (CPC, arts. 840 e 851). Para os casos em que não haja disposição legal disciplinadora, incumbirá ao depositário agir com a diligência característica do *bonus pater familias* (bom pai de família), de acordo com o prudente conselho formulado pela doutrina.

5.27.4. A extinta ação de depósito

No sistema do CPC de 1973, a restituição do bem depositado deveria ser objeto de ação de depósito, disciplinada pelos arts. 901 a 906.

O CPC de 2015, no entanto, aboliu essa ação, provavelmente em decorrência da Súmula Vinculante n. 25, do STF, assim enunciada: '*É ilícita a prisão civil de depositário infiel, qualquer que seja a modalidade do depósito*" (DJe n. 238, p. 1, em 23-12-2009; DOU de 23/12/2009, p. 1). Mesmo anteriormente a essa Súmula, o Supremo Tribunal Federal vinha entendendo que a prisão civil do depositário infiel estaria em confronto com o § 7.º, do art. 7.º, da Convenção Americana de Direitos Humanos (adotada e aberta à assinatura na Conferência Especializada Interamericana sobre Direitos Humanos, em San José de Costa Rica, em 22 de novembro de 1969 e ratificada pelo Brasil em 25 de setembro de 1992), motivo por que declarou ser ilegal essa prisão (RE n. 466.343-1-SP, rel. Min. Cezar Peluso, DJE de 5-6-2009). Discordamos, *data venia*, desse entendimento. O § 7.º, do art. 7.º (que trata do direito à liberdade pessoal), da mencionada Convenção dispõe: "*Ninguém deve ser detido por dívidas. Este princípio não limita os mandatos de autoridade judiciária competente expedidos em virtude de inadimplemente de obrigação alimentar*". Está claro, portanto, que esta norma consagrou o princípio de que ninguém poderá sofrer prisão civil *por dívida*, salvo o inadimplente de prestação alimentar. Esse mesmo princípio está enunciado no art. 5.º, inciso LXVII, da Constituição da República Federativa do Brasil, assim como a referida exceção. Ocorre que o nosso texto constitucional, para além disto, permite a prisão civil do *depositário infiel* — prisão que, em rigor, *não é motivada por dívida*, e sim, pela *violação a deveres legais,* como os enumerados no subitem 4.18.3, *retro*. Efetivamente, o depositário, como auxiliar da justiça (CPC, arts. 149 e 159), tem, dentre outros deveres, os de guardar e conservar a coisa que lhe foi confiada e o de entregá-la a quem o juiz determinar. O depositário não é devedor, senão que auxiliar do juízo; logo, ao tornar-se infiel, a sua prisão será ordenada não pelo fato de haver deixado de pagar alguma dívida, mas por haver perpetrado violação a deveres legais. Por outras palavras, a prisão do depositário infiel em nada contravém o § 7.º, do art. 7.º, do Pacto de San José da Costa Rica. Ademais, a prisão do depositário infiel sempre funcionou, na prática – e nos raros casos em que isso se impôs — como eficiente instrumento de pressão, fazendo com que este entregasse os bens que lhe haviam sido confiados, ou o equivalente em dinheiro. Sem este instrumento, o depositário fiel haverá de sentir-se em boa sombra, pois efetual ação civil destinada a fazê-lo reparar os prejuízos acarretados a teceiros consumirá longo tempo. A nosso ver, o STF interpretou mal a regra o § 7.º, do art. 7.º, do Pacto de San José da Costa Rica, ao cotejá-la com o art. 5.º, inciso LXVII, da Constituição Federal.

O STJ, na mesma linha da Súmula Vinculante n. 25, do STF, adotou, em 2010, a Súmula n. 419, assim redigida: "*Depositário Infiel – Prisão Civil – Descabimento. Descabe a prisão civil do depositário judicial infiel*".

Dirigimos à Súmula do STJ as mesmas críticas que fizemos à Súmula Vinculante do STF.

Em decorrência dessas Súmulas, os juízes perderam um eficaz instrumento coercitivo destinado a fazer com que os depositários infiéis restituam os bens que haviam ficado sob sua guarda e conservação, ou apresentem o equivalente em dinheiro.

5.27.5. Ação de exigir contas

Em sendo o depositário, também, *administrador*, ou seja, incumbido da prática de atos de *gestão* da coisa que lhe foi confiada, será passível (no que concerne a tais atos) de destituição, cumprindo ao juiz sequestrar os bens e glosar o prêmio ou gratificação a que teria direito (CPC, art. 553).

O CPC de 1973 previa a ação de *prestação* de contas (arts. 914 a 919). O CPC de 2015 passou a aludir à ação de *exigir* contas (arts. 550 a 553). Houve, portanto, inversão subjetiva na denominação dessa ação. Deu-se ênfase, não ao *dever* de alguém prestar contas, e sim, ao direito de alguém *exigir* que as contas lhe sejam prestadas.

Conforme dissemos, possui legitimidade (CPC, art. 17) para promover a ação apenas, aquele que possuir o direito de exigi-las (CPC, art. 550, *caput*).

Entre as pessoas que, sob a perspectiva do processo do trabalho, poderiam figurar como rés na ação de prestação de contas podemos referir: a) o advogado, pois este cometerá infração disciplinar se "recusar-se, injustificadamente, a prestar contas ao cliente de quantias recebidas dele ou de terceiros por conta dele" (Lei n. 8.906/94, art. 34, inciso XXI); b) o gestor de negócios (Código Civil, art. 861); c) o mandatário (Código Civil, art. 668), dentre outros.

A ação de exigir contas é bifronte. No processo do trabalho, tanto o empregado as poderá exigir quanto o empregador, embora seja mais frequente o segundo caso. Um empregado, por exemplo, que trabalhe como cobrador, como vendedor externo, etc. estará obrigado a prestar contas ao empregador, no tocante às quantias recebidas em decorrência do exercício das funções.

A finalidade da ação em estudo é compelir o devedor a exibir contas, com o objetivo de o credor inteirar-se dos valores por ele recebidos e de apossar-se, legitimamente, desses valores.

A pessoa que afirmar ser titular do direito de exigir contas deverá requerer a citação do réu para que, no prazo de quinze dias: a) as exiba; ou b) ofereça contestação (CPC, art. 550).

O autor, na petição inicial, deverá especificar, com detalhes, os motivos pelos quais está a exigir as contas, instruindo-a com documentos que comprovem a necessidade, caso existam (*ibidem*, § 1.º).

Prestadas as contas, o autor disporá de quinze dias para manifestar-se, após o que o processo prosseguirá na forma do Capítulo X, do Título I, Livro I, do CPC. No CPC revogado esse prazo era de cinco dias (*ibidem*, § 2.º).

O autor, ao impugnar as contas apresentadas pelo réu, deverá fazê-lo de maneira fundamentada e específica, referindo-se, expressamente, ao lançamento questionado. Não se admite, pois, impugnação genérica (*ibidem*, § 3.º).

Caso o réu não conteste o pedido, o juiz procederá ao julgamento antecipado do mérito, nos termos do art. 355 (*ibidem*, § 4.º).

A sentença que acolher o pedido condenará o réu a prestar as contas no prazo de quinze dias, sob pena de não poder impugnar as que o autor apresentar (*ibidem*, § 5.º).

Se o réu apresentar as contas no prazo de quinze dias, o processo prosseguirá na forma do Capítulo X, do Título I, Livro I, do CPC; caso contrário as contas serão apresentadas pelo autor, também em quinze dias. Se houver necessidade, o juiz determinará a realização de exame pericial — geralmente, contábil (*ibidem*, § 5.º).

As contas do réu serão apresentadas na forma adequada, especificando-se as receitas, a aplicação das despesas e os investimentos, se houver (art. 551, *caput*). O CPC revogado dispunha que as contas deveriam ser apresentadas sob a "forma mercantil". O Código atual fala da apresentação "na forma adequada". Parece-nos que ambas as expressões legais significam, em essência, a mesma coisa. O importante é que a prestação seja acompanhada de especificação das receitas, da aplicação das despesas e dos investimentos, caso existam.

Havendo impugnação específica e fundamentada pelo autor, o juiz estabelecerá prazo razoável para que o réu apresente os documentos justificativos dos lançamentos individualmente impugnados (*ibidem*, § 1.º). A norma está a expressar que o autor deverá impugnar de maneira específica e fundamentada as contas. Isto feito, o juiz fixará prazo razoável para que o réu junte os documentos justificativos dos lançamentos que foram individualmente impugnados. O preceito insinua que o réu não necessita juntar documentos quando apresentar as contas: isso somente será necessário se as contas forem impugnadas pelo autor (de maneira específica e fundamentada).

As contas do autor, para os fins do art. 550, § 5.º, serão apresentadas na forma adequada, já instruídas com os documentos justificativos, especificando-se as receitas, a aplicação das despesas e os investimentos, se houver, bem como o respectivo saldo (*ibidem*, § 1.º).

Nos termos do § 5.º, do art. 550, se o réu não prestar contas no prazo estabelecido pela sentença, não poderá impugnar as contas que o autor apresentar. Referidas contas deverão ser apresentadas de maneira adequada instruídas com os documentos que as justifiquem, cabendo ao autor, ainda, especificar as receitas a aplicação das despesas, os investimentos (se houver) e o respectivo saldo.

A sentença apurará o saldo e constituirá título executivo judicial (art. 552). A ação de exigir contas possui natureza dúplice. Isso significa que as partes poderão, uma em relação à outra, ser favorecidas por sentença com base na qual possam promover a cobrança do saldo acaso existente. No caso, a sentença constituirá título executivo consubstanciador do crédito do autor ou do réu. Pode-se afirmar, portanto, que a ação de exigir contas representa uma faca com dois gumes, podendo cortar tanto de um lado quanto de outro.

As contas do inventariante, do tutor, do curador, do depositário e de qualquer outro administrador serão prestadas em apenso aos autos do processo em que tiver sido nomeado (art. 553, *caput*). No caso das contas do inventariante, do tutor, do curador, do depositário e de qualquer outro administrador há uma particularidade, pois serão prestadas em apenso aos autos do processo em que essas pessoas tenham sido nomeadas, dispensando-se, assim, a propositura de ação autônoma de exigir contas.

Se qualquer dos referidos no *caput* for condenado a pagar o saldo e não o fizer no prazo legal, o juiz poderá destituí-lo, sequestrar os bens sob sua guarda, glosar o prêmio ou a gratificação a que teria direito e determinar as medidas executivas necessárias à recomposição do prejuízo (*ibidem*, parágrafo único). Se quaisquer das pessoas mencionadas no *caput* for condenada a pagar o saldo e deixar de fazê-lo, o juiz poderá destituí-la, sequestrar os bens que se encontram sob sua guarda, glosar o prêmio ou a gratificação a que faria jus, além de determinar as providências executivas necessárias à recomposição do prejuízo acarretado.

5.27.6. Responsabilidade civil do depositário

Assim como o escrivão (art. 152), o oficial de justiça (CPC, art. 150) e o perito (art. 156), o depositário e o administrador (art. 159) respondem pelos prejuízos que, por dolo ou culpa, causarem à parte. Além disso, perderão a remuneração que lhes foi arbitrada pelo juiz (art. 161), embora tenham o direito de receber o que legitimamente despenderam no exercício do encargo

Com efeito, adverte o art. 161, do CPC, que o depositário ou administrador responde pelos prejuízos que, por dolo ou culpa, causar à parte — além de perder a remuneração que lhe fora arbitrada pelo juiz.

Há mais: o depositário infiel responde civilmente pelos prejuízos causados, sem prejuízo de sua responsabilidade penal e da imposição de sanção por ato atentatório à dignidade da justiça.

Nem se omita o fato de que se o depositário ou administrador lesar interesses das partes ou desonrar, por que motivo seja, o encargo assumido deverá ser *destituído*.

Lamentavelmente, o STF editou a Súmula Vinculante n. 25, para dispor: "É ilícita a prisão civil de depositário infiel, qualquer que seja a modalidade de depósito". Essa Súmula, a nosso ver, está em manifesto antagonismo com o art. 5.º, LXVII, da Constituição Federal, assim redigido: "Não haverá prisão civil por dívida, **salvo** a do responsável pelo inadimplemento voluntário e inescusável de obrigação alimentícia **e a do depositário infiel**" (destacamos). Além disso, subtraiu dos juízes uma das mais eficazes medidas punitivas dos depositários descumpridores as suas obrigações legais. Não estamos convencidos do acerto dessa dessa Súmula; quanto menos, de sua constitucionalidade.

Pela nossa parte, entendemos que a Justiça do Trabalho somente possui competência para *destituir* o depositário ou o administrador — na situação em foco —, uma vez que a indenização pelos prejuízos causados ao credor, ao devedor ou ao terceiro deverá ser objeto de ação própria, a ser intentada na Justiça Comum.

A competência da Justiça do Trabalho, para apreciar de exigir contas justifica-se em nome dos interesses *da execução*, que essa ação visa a preservar; já com referência aos prejuízos sofridos pelo devedor, pelo credor ou por terceiro, em virtude de ato culposo ou doloso do depositário, é algo que unicamente *a eles* interessa.

5.28. Considerações sobre o bloqueio on-line

A contar de certo momento de um passado não muito distante, alguns Juízes do Trabalho puseram-se a expedir ofícios, dirigidos a gerentes de agências bancárias e instituições financeiras localizadas em qualquer ponto do território nacional, para que procedessem ao bloqueio de numerário existente em conta corrente ou convertido em aplicações do devedor, ou seja, daquele que estava sendo executado na Justiça do Trabalho.

Essa praxe provocou intensa reação, não só por parte dos devedores, mas, também, de determinados setores da doutrina, cujas críticas se concentravam em duas consequências desse procedimento adotado pelos Juízes: a) a prática de atos processuais fora da jurisdição; b) a superposição de bloqueios (duplos, triplos, quádruplos), pois, de modo geral, os gerentes de estabelecimentos bancários, que realizavam os bloqueios por ordem judicial, não se comunicavam entre si, nem havia um órgão central que controlasse a realização desses diversos bloqueios.

Visando, de um lado, a dar cobro a essa praxe judiciária, e, de outro, a não deixar os Juízes do Trabalho destituídos de um instrumento eficaz para assegurar o sucesso da execução definitiva por quantia certa, o Tribunal Superior do Trabalho, em março de 2002, firmou, com o Banco Central do Brasil um "Convênio de Cooperação Técnico--Institucional", com o objetivo de obter acesso, via Internet, ao Sistema de Solicitação do Poder Judiciário ao Banco Central do Brasil – denominado de BACEN JUD.

Por força desse convênio, o TST e os Tribunais Regionais do Trabalho signatários de Termo de Adesão passaram a poder, dentro das respectivas jurisdições, encaminhar às instituições financeiras e demais entidades autorizadas a funcionar pelo BACEN, ofícios eletrônicos, contendo: a) solicitações de informações sobre a existência de contas correntes e aplicações financeiras; b) determinações de bloqueios e desbloqueios de contas envolvendo pessoas jurídicas clientes do Sistema Financeiro Nacional (além de outras), que figurem como executadas em processos da competência da Justiça do Trabalho.

Não tardou para que a doutrina e a jurisprudência, com os olhos postos nesse convênio, passassem a aludir à "penhora *on-line*" – expressão, hoje, tão consagrada quão equívoca.

Assim dizemos, por haver impropriedade técnica nessa denominação, pois o que se tem, em rigor, é mero *bloqueio on-line*. Com efeito, o que, na prática, se puseram a fazer os Juízes do Trabalho foi expedir, às instituições financeiras e outras, autorizadas a funcionar pelo Banco Central do Brasil, ordens de bloqueio eletrônico de valores existentes em contas correntes ou em aplicações financeiras dos devedores (executados). Em decorrência desse bloqueio, os referidos valores — até o limite do débito — se tornaram indisponíveis, por seus titulares. É de extrema relevância jurídica, todavia, chamar-se a atenção ao fato de o bloqueio não se confundir com a penhora, nem a substituir. Na verdade, o bloqueio, considerado em si mesmo, não é uma figura prevista na legislação processual, civil ou trabalhista. É produto do mencionado convênio e funciona como uma providência antecedente à penhora. Sob este aspecto, é possível classificar-se o bloqueio como modalidade *sui generis* de medida cautelar inominada, devotada ao êxito do processo de execução. Seja como for, incorrem em grave deslize técnico os magistrados que se limitam a obter o bloqueio de numerário, sem convertê-lo, formalmente, em penhora, esta sim, prevista tanto no processo do trabalho (CLT, arts. 882 e 883) quanto no processo civil (arts. 831 a 875). Vale dizer, efetivado o bloqueio, incumbirá ao juiz convolá-lo para penhora, mediante a estrita observância das normas processuais incidentes, sob pena de transgressão da garantia constitucional do devido processo legal (art. 5.º, inciso LIV).

A este respeito, é oportuno lembrar que a Comissão Mista de Reforma Trabalhista, considerando a existência do Projeto de Lei n. 2.597/2003 — pelo qual se procurava eliminar a utilização do bloqueio *on-line* —, entregou, há algum tempo, ao Deputado Tarcísio Zimmermann, presidente da Comissão de Trabalho, Administração e Serviço Público, da Câmara Federal, uma nota, da qual constavam, dentre outras, esta afirmação: "O Poder Judiciário somente se envolve na omissão do devedor e, como não poderia ser diferente, observa a ordem sequencial de bens penhoráveis. O sistema (BACEN-JUD) faz exatamente isso: consulta a existência de dinheiro; se houver, *apenas bloqueia a quantia, informando ao juiz para que, querendo, proceda a penhora pela forma prevista em lei...*". (destacamos)

Considerando que, mesmo na vigência do convênio BACEN-JUD, continuaram a ocorrer: a) a expedição de ofícios, pelos Juízes do Trabalho, contendo determinação para a prática de atos processuais fora da respectiva jurisdição; b) bloqueios múltiplos nas contas de um mesmo devedor, o Ministro Corregedor-Geral da Justiça do Trabalho editou os Provimentos ns. 1/2003 (DJU de 1.º-7-2003) e 3/2003 (DJU de 26-9-2003, republicado em 23-12-2003). Pelo primeiro, dispôs que: "Os Juízes devem abster-se de requisitar às agências bancárias, *por ofício, bloqueios fora dos limites de sua jurisdição, podendo fazê-lo apenas mediante o sistema Bacen Jud.*" (art. 5.º). Destacamos. Pelo segundo, ser "facultado a qualquer empresa do país, desde que de grande porte, e que, em razão disso, mantenha contas bancárias aplicações financeiras em várias instituições financeiras do país, solicitar ao TST o cadastramento de conta especial apta a acolher bloqueios *on-line* realizados por meio do sistema BACEN JUD, pelo Juiz do Trabalho que oficiar no processo de execução movido contra a empresa" (art. 1.º). Ressaltamos.

A observar-se, ainda, a norma do art. 4.º, do sobredito Provimento n. 1/2003, segundo a qual: "Constatado que as agências bancárias praticam o *delito de fraude à execução*, os

Juízes devem comunicar a ocorrência ao Ministério Público Federal, bem como à Corregedoria Regional e à Corregedoria-Geral da Justiça do Trabalho, e relatar as providências tomadas".

O referido Provimento, *data venia*, comete uma escorregadela técnica ao afirmar haver, aí, "fraude à execução". Ora, para chegar a essa conclusão, o Provimento se funda no fato de gerentes de agências bancárias adotarem a prática de "alertar o correntista, exortando-o a retirar os valores da conta corrente a ser bloqueada" . Entretanto, seja do ponto de vista do Direito Penal (Código Penal, art. 179) ou do Direito Processual (CPC, art. 792), a fraude à execução é ato exclusivo *do devedor*, e não de terceiro. Seria, portanto, absurdo imaginar que um ato praticado por gerente de estabelecimento bancário, na qualidade de *terceiro,* configurasse o ilícito da fraude à execução — como modalidade do gênero "ato atentatório à dignidade da justiça" (CPC, art. 774, inciso I) — e, em razão disso, autorizasse o magistrado a impor, ao *devedor*, multa não excedente a 20% do valor atualizado do débito em execução (CPC, art. 774, parágrafo único). O crime que o gerente de agência bancária cometeria, no caso, seria o de desobediência (Código Penal, art. 330), pressupondo-se que haveria descumprimento a uma ordem judicial (de bloqueio). Esse ato ilícito do gerente, entretanto, não se comunicaria ao devedor, nem geraria repercussão no patrimônio econômico deste. É inaplicável à espécie, portanto, a norma do art. 932, III, do Código Civil, segundo a qual são também responsáveis pela reparação civil: "III- o empregador ou comitente, por seus empregados serviçais e prepostos, no exercício do trabalho que lhes competir, ou em razão dele", pois, na situação em exame, o gerente não é empregado do devedor, mas, como se disse, terceiro — ou preposto de terceiro. Fica afastada, por essa mesma razão, a incidência da Súmula n. 341, do STF.

A Justiça do Trabalho, portanto, a contar da assinatura do convênio BACEN-JUD, passou a contar com um sistema em tempo real de garantia da execução por quantia certa, qual seja, o bloqueio *on-line*.

5.28.1. Pressupostos

A nosso ver, para que o bloqueio *on-line* se revista de regularidade, é imprescindível o atendimento a alguns pressupostos, que os classificamos em: 1) *pressupostos para a emissão da ordem judicial de bloqueio*; 2) *pressupostos para a concretização do bloqueio*. No primeiro caso, os pressupostos são: 1.1.) tratar-se de execução definitiva; 1.2.) deixar, o devedor, de indicar bens à penhora, ou fazê-lo em desobediência à ordem preferencial estabelecida pelo art. 655, do CPC; no segundo: 2.1.) a proporcionalidade do bloqueio; 2.2.) a utilidade do bloqueio; 2.3.) a convolação para penhora.

Justifiquemos essa classificação.

a) Pressupostos para a emissão da ordem judicial

Para que o bloqueio *on-line* se justifique, não é bastante que o juiz faça alusão ao convênio BACEN JUD, porquanto, se assim fosse, estar-se-ia, por certo, estimulando decisões arbitrárias, como tais entendidas as transbordantes do próprio objetivo do mencionado convênio.

1.1. Execução definitiva. O primeiro desses pressupostos é o de tratar-se de execução *definitiva*, vale dizer, que se processa com fulcro em sentença ou acórdão transitado em julgado ou em título extrajudicial (CPC, art. 783). Cuidando-se de execução provisória (ou incompleta) não se admitirá o bloqueio *on-line*.

O próprio Provimento n. 1/2003, da Corregedoria-Geral do TST, ressalta o caráter definitivo da execução; "Art. 1.º – Tratando-se de execução *definitiva,* o sistema Bacen Jud deve ser utilizado com prioridade sobre outras modalidades de constrição judicial". Salientamos.

Ao contrário do que têm sustentado alguns escritores, entendemos que o veto à realização desse bloqueio, nos casos de execução *provisória*, não se funda no art. 805, do CPC, e sim no fato objetivo de estar-se diante de uma execução calcada em título judicial não definitivo, ou seja, que pode vir a ser profundamente modificado, ou, até mesmo, extinto, em decorrência do recurso que dele se interpôs. Imaginar-se que o referido art. 805 teria preeminência técnica e ideológica em relação ao art. 835, do mesmo Código, seria negar-se a razão de ser deste último.

1.2. deixar, o devedor, de indicar bens à penhora, segundo a ordem estabelecida pelo art. 655, do CPC.

Embora a faculdade de o devedor nomear bens à penhora tenha sido supressa no sistema do CPC, ela permanece íntegra no processo do trabalho, conforme evidencia o art. 880, da CLT.

Para que a determinação de bloqueio *on-line* se legitime, é necessário que o devedor tenha deixado de indicar bens passíveis de penhora, ou tenha efetuado essa indicação sem obediência à ordem preferencial, estampada no art. 835, do CPC, ao qual o art. 882, da CLT, faz expressa remissão integrativa (estamos atualizando essa referência, com vistas ao CPC de 2015). É importante destacar, neste momento, a regra inserta no art. 848, I, do CPC, segundo a qual as partes poderão requerer a substituição da penhora quando "não obedecer à ordem legal".

Conseguintemente, agirá de maneira arbitrária o magistrado que, sem oferecer oportunidade ao devedor para indicar bens penhoráveis, determinar a realização de bloqueio de numerário existente em conta corrente ou de aplicações financeiras, deste.

b) pressupostos para a concretização do bloqueio

Respeitados os requisitos para a determinação do bloqueio, a *concretização* deste ato judicial terá a sua regularidade condicionada ao atendimento dos pressupostos a seguir indicados.

b.1) a proporcionalidade do bloqueio

Conquanto o bloqueio *on oline*, conforme já alertamos, não se confunda com a penhora, nem a substitua, não se pode deixar de considerar as disposições contidas nos arts. 646, do CPC, e 883, da CLT, pertinentes a esta última. Estabelece a primeira: "A execução por quantia certa realiza-se pela expropriação de bens do executado, ressalvadas as execuções epsciais"; e, a segunda, que se o devedor, citado, não pagar, nem garantir a execução, seguir-se-á a penhora de bens, *"tantos quantos bastem* para o pagamento da importância da condenação, acrescida de custas e juros de mora..."(destacamos). O CPC possui regra análoga, constante do art. 831. A expressão legal "tantos (bens) quantos bastem" deixa claro que a penhora não deve ir além do necessário para atender ao conteúdo do título executivo, com as verbas que o integram, corrigidas monetariamente e acrescidas dos juros da mora, quando for o caso.

Segue-se, que, assim como a penhora, o bloqueio *on-line* não pode ir além desses limites; se o fizer, configurará *excesso*, cuja anomalia, no sistema do processo do trabalho, poderá ser extirpada, em princípio, por meio de agravo de petição e, em situações excepcionais, de mandado de segurança, a fim de ajustar-se o *tanto* de penhora ao *quanto* necessário à satisfação integral do processo de execução. Não se descarta, inclusive, a possibilidade de a eliminação do excesso ser obtida em sede de ação rescisória, com fundamento no inciso V, do art. 966, do CPC.

Fala-se, pois, na doutrina, em *proporcionalidade* da penhora, para referir essa adequação entre a quantidade de bens a serem judicialmente constritos e o montante do valor devido pelo executado. Logo, pela mesma razão jurídica, pode-se aludir à *proporcionalidade do bloqueio on-line* e elevá-la à categoria de pressuposto para a concretização regular desse ato judicial.

b.2) A utilidade do bloqueio

A penhora (assim como o bloqueio) deve ser útil ao escopo da execução, qual seja, o de expropriar bens do devedor, para satisfazer, plenamente, o direito do credor.

Deste modo, se a quantia depositada em conta corrente deste, ou por ele aplicada, não for suficiente, nem mesmo, para o pagamento das custas processuais, o juiz deverá abster-se de ordenar o bloqueio, porquanto este será inútil. Esta é a regra inscrita no art. 836, *caput*, do CPC. Aliás, em situações como esta, a tendência será de o juiz intimar o credor para que "requeira o que entender de direito". Ora, tivemos oportunidade de denunciar, em outro sítio deste livro, que tal procedimento judicial é equivocado. Com efeito, se considerarmos que o devedor deixou de indicar bens passíveis de penhora (cuja omissão motivou o juiz a ordenar o bloqueio *on-line*), intimar-se o credor para requerer o que for cabível será atribuir a este a solução de um problema a que não deu causa. Será, por outras palavras, fazer com que o credor seja levado a diligenciar para encontrar bens do devedor, suscetíveis de penhora, enquanto este se coloca em boa sombra, só assistindo às atribulações do adversário. Por isso, sempre sustentamos que se o oficial de justiça certificar a inexistência de bens penhoráveis (ou o juiz verificar que não há dinheiro sobre o qual possa incidir o bloqueio *on-line*), o magistrado deverá intimar o próprio devedor, para que indique bens a serem penhorados.

O efeito prático do procedimento que estamos a alvitrar (e que sempre utilizamos, quando integrávamos a Justiça do Trabalho) não é somente o de livrar o credor desse encargo, mas, acima de tudo, caracterizar ato atentatório à dignidade da justiça, perpetrado pelo devedor (CPC, art. 774, inciso V), caso este deixe de atender ao despacho judicial. A consequência dessa atitude do devedor ser-lhe-á a aplicação de multa, em benefício do credor, em montante não excedente a 20% do valor atualizado do crédito em execução (CPC, art. 774, parágrafo único). É razoável supor que o risco de sofrer essa considerável penalidade pecuniária faça com que o devedor se preocupe em indicar bens suscetíveis de penhora — ou, de qualquer modo, se dirija ao juízo, para prestar alguma satisfação. O que não é tecnicamente correto, nem moralmente justo, é atribuir-se ao credor a tarefa de descobrir bens do devedor, para efeito de fazer, nestes, incidir a penhora. Quem sabe onde se encontram os seus bens é o próprio devedor, que, por isso, não pode ser premiado por sua omissão em indicá-los ao juízo da execução.

b.3) a convolação para penhora.

Dissemos, em linhas anteriores, por mais de uma vez, que o bloqueio *on-line* não se confunde com a penhora, nem a substitui. Pois bem. Sendo assim, efetivado o bloqueio, o passo seguinte, a ser dado pelo juiz, consistirá em converter esse bloqueio em penhora, a fim de que se preserve a garantia constitucional do devido processo legal (art. 5.º, inciso LIV).

Com vistas a isso, o magistrado cumprirá, no que couberem, as disposições do art. 838, do CPC. Formalizada a penhora do dinheiro, mandará citar o devedor, para oferecer embargos à execução, no prazo de cinco dias (CLT, art. 884). Nesses embargos, o devedor poderá alegar todas as matérias enumeradas no art. 525, § 1.º, do CPC, que complementa, por assim dizer, a regra do art. 884, § 1.º, da CLT.

5.29. Legalidade

Asseveramos, há pouco, que o bloqueio *on-line,* como figura jurídica, não está previsto em norma legal. Isto significaria afirmar que esse procedimento seria ilegal? Entendemos que não. Para que nossa opinião seja adequadamente compreendida, é necessário investigarmos, ainda que em vôo breve, a natureza jurídica desse bloqueio.

Se pusermos à frente o fato de o bloqueio ser uma providência antecedente ao ato formal da penhora, e que se destina, de maneira imediata, a assegurar a futura satisfação dos direitos do credor, não teremos dificuldade em perceber o traço cautelar, que assinala esse ato judicial. Cuida-se, pois, de medida cautelar inominada, derivante do poder geral de cautela que o art. 301, do CPC, atribui aos magistrados em geral, e cuja incidência não se restringe ao processo de execução, conforme possa fazer supor uma interpretação equivocadamente restritiva do vocábulo *lide,* utilizado na redação dessa norma legal.

Estamos a asseverar, portanto, que: a) o poder geral de acautelamento pode ser exercido, também, no terreno da execução; b) o bloqueio *on-line* traduz medida cautelar inominada, ainda que *sui generis*. Logo, em princípio, não há ilegalidade nesse bloqueio, exceto, é evidente, se a sua realização implicar extravasamento dos próprios limites impostos pelo convênio BACEN JUD, ou pelo título executivo.

5.30. Inconstitucionalidade

Não são poucos os escritores que viram, no bloqueio *on-line*, uma transgressão a determinadas garantias constitucionais, em especial, as: a) da ampla defesa; b) do contraditório; c) do devido processo legal; d) da isonomia; e e) do sigilo bancário.

Discordamos dessa opinião.

a) Ampla defesa. O princípio em foco significa que os sistemas processuais devem permitir às partes (não somente ao réu, como, às vezes, se supõe) a utilização de todos os meios lícitos, necessários para promover a defesa judicial dos seus direitos ou interesses. O bloqueio *on-line* não fere essa garantia, expressa no inciso LV, da Constituição Federal. Em primeiro lugar, porque o bloqueio somente deve ser realizado, como vimos, se o devedor deixar de indicar bens penhoráveis, no prazo que lhe for assinado, ou fazer essa indicação mediante desrespeito ao art. 835, do CPC; em, segundo, porque, efetivado o bloqueio *on-line*, e convertido em penhora, o devedor terá, nos embargos que lhe são próprios, a oportunidade para submeter à apreciação judicial todos os argumentos e documentos que reputar essenciais à sua defesa, ficando, deste modo, preservada a garantia constitucional que estamos a examinar.

b) Contraditório. Este princípio se enastra com o da ampla defesa; certamente por isso, a sua sede também está no inciso LV, do art. 5.º, da Constituição. O contraditório, em sede processual, significa a imposição legal de audiência bilateral (*audiatur et altera pars*), ou, como já se disse, a "ciência bilateral dos atos contrariáveis". Sob certo aspecto, o princípio do contraditório também se entrelaça com o da *igualdade de tratamento* (Constituição Federal, art. 5.º, *caput*; CPC, art. 139, inciso I), porquanto ao juiz incumbe dar oportunidade para que cada parte se manifeste a respeito de ato processual praticado ou a ser praticado pelo adversário ou por terceiro, ou determinado pelo juiz.

No caso do bloqueio *on-line* não há transgressão à garantia constitucional em foco, seja porque se concedeu ao devedor oportunidade para nomear bens à penhora (foi, portanto, *ouvido*), seja porque o contraditório, em rigor, não se aplica quando for o caso de *ordem*, de *determinação* judicial.

c) Devido processo legal. Uma nótula histórica oportuna: a cláusula do devido processo legal (*due process of law*) teve origem na *Magna Charta Libertarum*, do Rei João Sem-Terra, de 1215 (art. 39). Inicialmente, a garantia de um "julgamento regular", referida nessa Carta, fora denominada *law of the land,* expressão mais tarde substituída, no *Statute of Westminster of the Liberties of London*, de 1354, de Eduardo III, por *due processo of law*.

Entre nós, essa garantia está inscrita no inciso LIV, do art. 5.º, da Constituição.

Na verdade o "devido processo legal "constitui um superprincípio, do qual, em certa medida, todos os outros derivam, dentre os quais: da citação regular; do julgamento público; da produção de provas em geral; do contraditório; da ampla defesa; de não ser processado por lei retroativa; de ser processado por autoridade competente; da igualdade de tratamento; de não ser acusado ou condenado com base em provas obtidas por meios ilícitos; de obter sentença fundamentada; da assistência judiciária gratuita.

O bloqueio *on-line*, contudo, não viola o princípio do "devido processo legal", inclusive, no que respeita aos (sub)princípios do contraditório e da ampla defesa, conforme procuramos demonstrar. É necessário repisar a observação de que esse bloqueio: a) só se deve realizar se o devedor deixar de indicar bens passíveis de penhora, ou indicá-los mediante desrespeito à ordem preferencial estabelecida no art. 835, do CPC; b) traduz medida cautelar inominada, que não substitui a penhora, como ato formal do processo de execução.

d) Isonomia. Como vimos há pouco, o princípio da igualdade de todos perante a lei está materializado no *caput* do art. 5.º, da Constituição da República, irradiando-se, no plano infraconstitucional, por meio do inciso I, do art. 139, do CPC, a teor do qual o juiz deve ministrar um tratamento igualitário às partes.

Não se nega a relevância desse princípio nos Estados Democráticos de Direito, como é o caso do Brasil. Daí, porém, a afirmar-se que o bloqueio *on-line* acarreta violação do princípio da isonomia vai distância abissal. Assim dizemos, porque o juiz, de modo algum, estará ministrando ao devedor um tratamento anti-igualitário, no que diz respeito ao credor. Além disso, não podemos ignorar a regra do art. 797, do CPC, conforme a qual a execução se processa *no interesse do credor.* Justamente por isso, é que se declarou, na Exposição de Motivos do vigente CPC, que na execução o credor possui preeminência jurídica, no tocante ao credor, que, em decorrência disso, fica ontologicamente colocado em um estado de sujeição ao comando que se esplende do título executivo e dos atos judiciais necessários para alcançar o objetivo do processo de execução.

Destarte, em que pese ao fato de a norma do art. 139, inciso I, do CPC, não ter a sua aplicação restrita ao processo de conhecimento, a sua incidência, na execução, se faz sob o pano-de-fundo do art. 797, do CPC. Dizendo-se por outro modo: no processo cognitivo, o tratamento igualitário é pleno e incondicional, pois, antes da sentença, não se pode precisar com qual das partes está o direito disputado; na execução, ao contrário, bem ou mal, já houve um pronunciamento jurisdicional acerca do direito, com trânsito em julgado, tendo o direito sido reconhecido em benefício do autor. Por este motivo, a igualdade de tratamento judicial às partes (que deixaram de ser autor e réu, e se converteram em credor e devedor) há que se operar sob o influxo da preeminência jurídica que a própria lei atribui ao credor. É uma igualdade dentro da desigualdade.

e) Sigilo bancário. O bloqueio *on-line* não implica quebra de sigilo bancário das partes em litígio e de nenhum usuário do sistema financeiro.

Aos magistrados é vedado incursionar pelas contas bancárias dos devedores, para obter informações que não atendam aos estritos interesses e objetivos da execução.

Não podemos imaginar que os juízes passem a fazer uso do convênio BACEN JUD com a exclusiva finalidade de bisbilhotar as contas correntes e as aplicações financeiras dos devedores, ou sejar, por um simples ato de curiosidade inconsequente. É evidente que se o fizessem com esse propósito estariam malferindo os incisos X e XII do art. 5.º da Constituição Federal, que asseguram o direito à intimidade e à vida privada, bem como a inviolabilidade do sigilo de dados. Esta trem sido a posição da jurisprudência, como revela a ementa de acórrdão do TST, a seguir transcrita:

> 130022697 – RECURSO DE REVISTA – EXECUÇÃO – PENHORA – LEGITIMIDADE DO BLOQUEIO DE CONTA PELO BANCO CENTRAL – A ordem dada ao Banco Central para o bloqueio de contas de sócios da executada emana de juízo trabalhista competente e, pois, não viola diretamente a literalidade do art. 5.º, LIV, da Constituição Federal. Não obstante tratar-se de matéria de *"lege ferenda"*, a situação apresenta analogia com a da incipiente penhora on-line, no sentido de que, mediante ordem de rastreamento de contas e bloqueio preventivo pelo órgão federal tecnicamente aparelhado para executá-lo, o Juízo culmina por inserir-se em jurisdição virtual, que não admite fronteiras. Além do mais, há o privilégio desbravador do crédito trabalhista, assegurado na legislação (Lei n. 6.830/80 e art. 186 do Código Tributário Nacional) e particularmente pelo art. 449 da CLT. Incidência do art. 896, § 2.º, da CLT. Recurso de revista não conhecido. (TST – RR 60822 – 3.ª T. – Rel.ª Min.ª conv. Wilma Nogueira de A. Vaz da Silva – DJU 03-10-2003) JCF.5 JCF.5.LIV JCTN.186 JCLT.449 JCLT.896 JCLT.896.2.

Conclusão

O bloqueio *on-line*, considerado segundo as estritas disposições do convênio BACEN JUD, não é ilegal, nem inconstitucional. Cuida-se de uma forma singular de exercício do poder geral de cautela, que o art. 301, do CPC, atribui aos magistrados em geral — poder que não se exaure no processo de conhecimento, alcançando, de igual modo, o de execução.

Entendemos tratar-se de medida cautelar inominada *sui generis* porque, em rigor, o pressuposto do *periculum in mora* nem sempre será exigido. Por outro lado, mais do que simples *fumus boni iuris*, o título executivo refletirá uma certeza quanto ao direito do credor, sendo importante lembrar, nesta altura, que o bloqueio *on-line* só será lícito quando for o caso de execução definitiva.

Justamente pelo fato de o aludido bloqueio somente ser possível nas execuções definitivas é que a sua utilização coloca em evidência a regra do art. 797, do CPC, de acordo com a qual execução se processa no interesse do credor. E, não há negar, a este interessa bloquear numerário do devedor, como ato antecedente ou preparatório da penhora, pois, por meio dessa providência, o credor se livra dos inúmeros incidentes que soem caracterizar a fase de expropriação (discordância quanto à avaliação; quanto ao estado de conservação; embargos de terceiro, etc.) quando a penhora incide em bens de outra classe (móveis, imóveis).

Vista, portanto, sob o ângulo pragmático do devedor, e ético, da Justiça, o bloqueio *on-line* constitui procedimento capaz de, a um só tempo, assegurar a celeridade e o sucesso da execução forçada, por quantia certa, e de fazer respeitar o prestígio da coisa julgada material e do pronunciamento jurisdicional que a gerou.

É elementar, entretanto, que as regras de comedimento, que norteiam a atuação do magistrado, como reitor soberano do processo, não podem ser ignoradas em tema de bloqueio *on-line*. Para que se tenha ideia do que estamos a ponderar, basta mencionar o fato de o bloqueio *on-line* vir a ser realizado antes mesmo de dar-se oportunidade ao devedor, para cumprir a obrigação consubstanciada no título executivo; ou ser efetuado em valor muito superior ao necessário (excesso de bloqueio ou bloqueios múltiplos); ou tornar inviável a própria sobrevivência do devedor, pessoa física ou jurídica, colocando em risco, assim, o emprego de diversos trabalhadores, por este remunerados; ou, ainda, o bloqueio tiver como objeto dinheiro depositado na conta corrente de estabelecimento hospitalar (devedor), que, em razão disso, fique impossibilitado de adquirir medicamentos essenciais para o tratamento ou — o que será pior — a sobrevivência dos pacientes nele internados.

Enfim, como dissemos, o magistrado deverá ter sensibilidade e descortino suficientes para perceber quando o bloqueio *on-line* será necessário e quando será dispensável; para perceber que esse bloqueio não foi instituído com a finalidade de espezinhar a dignidade humana dos devedores, nem de tornar-lhes impossível a continuidade das atividades empresariais. Todo magistrado tem diante de si uma linha sutil, traçada pelo Direito, que separa o arbítrio da arbitrariedade. Respeitar essa linha traduz, mais do que um ato de bom-senso, um dever fundamental do magistrado.

É oportuno lembrar, aliás, que se o juiz agir com arbitrariedade e, com isso, causar danos ao devedor, a União (no caso da Justiça do Trabalho) responderá por perdas e danos, com fulcro no art. 37, § 6.º, da Constituição Federal, que adotou a teoria da responsabilidade objetiva – no caso, sob a forma de risco administrativo. Dispõe a referida norma constitucional: "As pessoas jurídicas de direito público e as de direito privado prestadoras de serviços públicos responderão pelos danos que seus agentes, nessa qualidade, causarem a terceiros, assegurado o direito de regresso contra o responsável nos casos de dolo ou culpa".

A propósito, ouvem-se, a todo momento, devedores a reclamar que o *desbloqueio* (quando deferido pelo juiz da execução ou por força de mandado de segurança) não se realiza com a mesma rapidez com que se dá o bloqueio.

Deste modo, trate-se de liberação total das quantias bloqueadas, ou, apenas, do excesso, cumprirá ao magistrado fazer com que a liberação ocorra o mais rápido possível, sob pena de o Judiciário sofrer um certo desgaste político pela diferença dos critérios que determinam, de um lado, o bloqueio; de outro, o desbloqueio de quantias. Não é justo, nem ético, que a liberação fique retardada em virtude de questiúnculas burocráticas, seja do juízo, seja do estabelecimento bancário em que se deu o bloqueio. Não raro, a demora desse desbloqueio pode acarretar, para o devedor, prejuízos muito mais sérios do que próprio bloqueio. Este fato —— como diria o poeta — seria irônico, se não fosse trágico.

O art. 854, do CPC, permite a realização de penhora de dinheiro em depósito ou em aplicação financeira, a requerimento do exequente, sem dar ciência prévia do ato ao executado, cabendo ao juiz determinar às instituições financeiras, por meio de sistema eletrônico gerido pela autoridade supervisora do sistema financeiro nacional, que torne indisponíveis ativos financeiros existentes em nome do executado, limitando-se a indisponibilidade ao valor indicado na execução.

Essa norma não derroga o Convênio BACEN-JUD, embora possa servir-lhe de instrumento supletivo, como, por exemplo, quando afirma competir ao executado provar que as quantias depositadas em conta corrente se referem àquelas mencionadas no inciso IV, do art. 833, do mesmo Código, ou são, de qualquer forma, impenhoráveis.

5.31. Arrematação

5.31.1. Introdução

Sendo a responsabilidade do devedor de natureza *patrimonial* (CPC, art. 789), a finalidade da execução por quantia certa radica na *expropriação judicial* de seus bens, presentes ou futuros (*ibidem*), a fim de ser satisfeito o direito do credor (CPC, art. 646); daí, a necessidade de lhe serem penhorados tantos bens quantos bastem para o pagamento do principal, corrigido monetariamente, e acrescido dos juros da mora, das custas, dos honorários advocatícios e periciais e de outras despesas processuais (CPC, art. 824).

Afirma, o art. 825 do diploma processual civil, que a expropriação consiste:

I – na adjudicação;

II – na alienação (por iniciativa particular ou mediante leilão judicial);

III – na apropriação de frutos e rendimentos da empresa ou de estabelecimentos e de outros bens.

Fazendo um reparo ao texto, Amílcar de Castro opina que melhor teria sido o emprego da expressão "a expropriação resulta", em lugar de "a expropriação consiste", pois aquela sugere a ideia de *resultado*, de redundar em, como consequência do ato expropriatório (obra cit., vol.VII, p. 193).

Adjudicação (arts. 876 a 878) é o ato judicial pelo qual se transfere, de maneira coativa, para o patrimônio do credor, a requerimento deste, a propriedade de bens do devedor ou do responsável legal pelo adimplemento da obrigação contida no título executivo. A adjudicação constitui ato expropriatório; não possui natureza contratual nem de negócio jurídico, pois não há a manifestação da vontade do devedor ou do responsável em transferir a propriedade dos bens para o credor. Nem se trata de *datio in solutum*, porquanto a *dação* pressupõe o poder de o devedor *converter,* sendo que este, na verdade, já não detém esse poder desde o momento em que os seus bens foram apreendidos judicialmente. A adjudicação é disciplinada pelos arts. 876 a 878 do CPC.

Alienação (arts. 879 a 903). Compreende: a) a iniciativa particular; e b) o leilão judicial eletrônico ou presencial (CPC art. 879). A alienação por iniciativa particular traduz a venda e compra dos bens do devedor, para satisfação do crédito do exequente. O leilão judicial tem a mesma finalidade, podendo ser eletrônico ou presencial (clássico).

O CPC anterior aludia à *hasta pública,* arcaísmo injustificável. O vocábulo *hasta,* de origem latina, significava a *lança* que os romanos costumavam *hastear* no lugar em que seria efetuada a venda dos bens penhorados ao devedor. O procedimento da alienação é regido pelos arts. 879 a 903 do CPC.

Usufruto. O art. 647 do CPC anterior aludia ao *"usufruto de bem móvel ou imóvel".* O art. 825 do CPC em vigor refere a apropriação de frutos e rendimentos de empresa ou estabelecimento de outros bens — o que, em termos práticos, conduz ao mesmo resultado previsto no Código de 1973. A penhora de frutos e rendimentos de coisa móvel ou imóvel é regida pelo art. 867 a 869 do CPC atual.

Em livros anteriores, afirmamos que a expropriação judicial (ou processual) espelhava ato que o Estado pratica, por intermédio do juiz, com o fim de transferir, a outra pessoa, bens penhorados ao devedor, sem o consentimento deste, com o objetivo de satisfazer o direito do credor, consubstanciado no título executivo.

Sendo assim, era errado pensar que a expropriação constitua ato de direito privado, pelo qual o juiz tomaria o lugar do devedor para autorizar a alienação ou a transferência da coisa apreendida. Como ensina Frederico Marques, o que há aí, na verdade, é o ato processual, de natureza executiva: "O Estado, por intermédio do juiz, tira os bens do poder de seu titular e os transfere a outra pessoa, para que, com o produto dessa alienação, se satisfaça o credor. Trata-se de ato de *imperium* exercido através da tutela jurisdicional. O Estado, no exercício da jurisdição, desapropria os bens do devedor, para compor um litígio e dar a cada um o que é seu. A expropriação, portanto, é ato processual executivo, isto é, ato de tutela jurisdicional" (obra cit., vol. 4, p. 177).

Observávamos, ainda, Inexistir, no ato expropriatório, compra e venda ou cessão de direitos, pois o Estado não atuava na qualidade de representante do devedor, ou como seu substituto, e sim como prestador de uma tutela jurisdicional. Paula Batista já anotava, aliás, que o único ponto de contacto entre a arrematação e a venda estava no fato de verificar-se em ambas a alienação da propriedade, mediante o pagamento do preço equivalente em moeda: "mas a venda é um contrato, efeito do livre consentimento, que exprime a vontade dos contratantes, e a arrematação é uma desapropriação forçada, efeito da lei que representa a justiça social no exercício de seus direitos, e no uso de suas forças, para reduzir o condenado à obediência ao julgado; a ideia de que a entrega do ramo representa o consentimento do executado pela interposta pessoa do juiz, é uma ficção fútil e pueril" ("Compêndio de Teoria e Prática do Processo Civil Comparado com o Comercial", § 184, nota 1).

Posteriormente, a Lei n. 11.382/2006 altera a redação do art. 647, do CPC de 1973, para incluir no elenco das modalidades de expropriação, a alienação por iniciativa *particular,* a ser realizada em conformidade com o procedimento estabelecido pelo art. 685-C, do mesmo Código.

O CPC de 2015 manteve essa modalidade expropriatória, como revela o seu art. 879, inciso I.

Essa alienação pode ser feita pelo próprio devedor, corretor ou mediante corretor credenciado pelo juiz da causa. Sua natureza jurídica parece ser híbrida, *sui generis*, pois dela participam o devedor (ou o corretor) e o magistrado. A despeito disso, pensamos ficar inabalada a nossa opinião, segundo a qual a expropriação constitui ato estatal. Assim dizemos, porque, embora a alienação de que cuida o inciso I, do art. 879, do CPC, seja realizada por iniciativa paticular, este ato fica sob o rigoroso controle do Poder Judiciário, bastando observar, por exemplo, que competirá ao juiz, dentre outras coisas: a) fixar o prazo em que a alienação deve ser realizada; b) indicar a forma de publicidade do ato; c) estabelecer o preço mínimo; d) as condições de pagamento; e) as garantias; f) a comissão de corretagem (CPC, art. 880, § 1.º). Não se trata, pois, de um simples ato de venda e compra característico das relações tipicamente privadas. Aliás, a alienação por iniciativa particular depende, antes de mais nada, de autorização do juiz da execução.

Dito isto, indagamos: a alienação por iniciativa particular é admissível no processo do trabalho?

Entendíamos que não. Hoje, entretanto, estamos propensos a admiti-lo, levando em conta não só o interesse do credor, mas as diretrizes gerais estabelecidas pelo art. 880 do CPC e a possibilidade de os tribunais detalharem o procedimento (*ibidem*, § 3.º). Perceba--se que essa modalidade de leilão não é determinada *ex officio*, senão que depende de *requerimento* do exequente. Deste modo, se esse requerimento não estiver comprometido por algum vício de manifestação de vontade, o juiz do trabalho poderá deferi-lo — nomeadamente, se o exequente possuir advogado regularmente constituído nos autos.

A razão pela qual entendíamos não ser admissível no processo do trabalho a alienação por iniciativa particular era de natureza técnica: não havia – nem há — omissão na CLT. Efetivamente, nos termos do § 3.º, do art. 888, da CLT, não havendo licitante e não requerendo o exequente a adjudicação dos bens penhorados, "poderão os mesmos ser vendidos por leiloeiro nomeado pelo Juiz ou Presidente". Vale dizer, no processo do trabalho não há possibilidade de os bens serem expropriados por *iniciativa* do próprio credor ou exequente, ou mediante corretor credenciado. No mais, a utilizaçãodo verbo *vender* ("vendidos") apenas revela a falta de técnica do legislador trabalhista.

Destarte, embora reconhecêssemos que a alienação por iniciativa particular era mais rápida e menos formal do que a realizada por meio de praça e leilão, o § 3.º do art. 888, da CLT, conjugado com o art. 769, do mesmo texto legal, representava um expressivo obstáculo à incidência do art. 879, I, do CPC, no processo do trabalho.

Por sua vez, a Lei n. 6.830/80 estabelece, no art. 23, que "A alienação de *quaisquer* bens penhorados será feita em *leilão público*, no lugar designado pelo juiz" (destacamos). Como se percebe, também sob a perspectiva desta norma legal (CLT, art. 889) não haveria possibilidade de a alienação ser efetuada por iniciativa particular.

Em síntese, ainda que a CLT fosse omissa sobre o tema da expropriação, a incidência supletiva seria da Lei n. 6.830/80, que também não prevê a expropriação por iniciativa particular.

Em todo o caso, conforme esclarecemos há pouco, acabamos por modificar o nosso entendimento a respeito do assunto, para aceitar a possibilidade de haver alienação por iniciativa particular no processo do trabalho, desde que isso atenda à conveniência da execução e aos interesses do credor-exequente.

O objetivo da execução por quantia certa não é o de transferir os bens penhorados ao patrimônio do credor, e sim propiciar que este possa ter, com o produto da expropriação, atendido o seu direito (arrematação); em determinados casos, entretanto, poderá o credor solicitar que os bens sejam realmente transferidos ao seu patrimônio, desde que resguardados os direitos e interesses legítimos do devedor (adjudicação). De qualquer modo, tanto a arrematação quanto a adjudicação podem ser consideradas como modalidades típicas de alienação *forçada*, porquanto implicam a transferência da propriedade dos bens a terceiros, sem a anuência do devedor.

Não são apenas por essas duas formas que, no processo do trabalho, se satisfaz o direito do credor. Com vistas a esse escopo, o CPC permite que se conceda ao credor o *usufruto* sobre os bens apreendidos, caso em que este poderá usufruir dos bens até que lhe seja pago o principal, com os acréscimos legais.

Interessa-nos, contudo, neste tópico, o estudo da *expropriação*, considerada em si mesma.

5.31.2. Conceito e natureza jurídica

Em linhas gerais, a expropriação pode ser conceituada como o ato público de execução, que o Estado pratica por meio do juiz, visando a transferir ao patrimônio de outrem bens penhorados ao devedor, sem o consentimento deste, e a propiciar, com o produto pecuniário dessa transferência, a satisfação do direito do credor.

Examinado esse ato processual sob a óptica do devedor, ele se revela como característica *desapropriação*, levada a efeito de maneira coativa pelo Estado, com o objetivo de atender ao crédito do exequente; do ponto de vista do credor (na adjudicação) ou do terceiro, esse mesmo ato corresponde a um modo de aquisição da propriedade dos bens.

Estabelecido que a expropriação significa a transferência, em nome dos objetivos da execução, para outrem, dos direitos que o devedor possuía sobre os bens penhorados, independentemente de seu consentimento, cabe-nos investigar, agora, a *natureza jurídica* desse ato de *imperium* que o Estado pratica.

A doutrina via, outrora, nessa desapropriação um ato de compra e venda, realizado pelo juiz, que, agindo em lugar do devedor, supria a sua ausência de manifestação volitiva (Melo Freire, "Institutiones Juris Civilis Lusitani", Livro IV, Título 22, § XI). *Data venia*, de venda judicial não se trata, pois falta ao ato o elemento essencial à configuração da compra e venda, que é a *vontade*, o consentimento do transmitente. Refutando essa concepção privatista da expropriação, Liebman sustenta que ela se apoia sobre dupla ficção, uma vez que somente pode vender, por princípio, quem é proprietário; dessa maneira, deve-se fingir a vontade de vender, por parte do devedor, e a atribuição de representante ao órgão judicial (obra cit., p. 143). Esses dois elementos, porém, não existem, pois nem o devedor quer vender, nem outorgou ao Juiz o poder de manifestar, em seu nome, o consentimento (*ibidem*).

É bem verdade que Carnelutti, com o peso de seu prestígio, se empenhou em revigorar a doutrina de que a expropriação era modalidade de compra e venda, argumentando que o que é fundamental na posição do juiz, como representante legal do devedor, não é a vontade presumida ou fictícia do representado e sim o poder reconhecido ao representante de querer em nome daquele ("Lezioni", vol. 2, n. 279). Esqueceu-se, todavia, o eminente jurista italiano de um pormenor essencial: nos casos típicos de representação legal, o representante quer e age em proveito do representado, ao passo que na expropriação o juiz pratica atos contrários ao interesse do devedor, tanto que transfere ao patrimônio alheio bens que a este pertenciam. Como bem concluiu Chiovenda, na execução forçada o juiz não vende os bens do devedor para pagar débitos dele, como se fosse um procurador, "mas para conseguir, à custa do devedor, que não paga, os meios para preencher a sua função" ("Instituições", vol. 1, p. 411).

Outros autores entendem que o juiz, ao efetuar a expropriação da coisa apreendida, atua não como representante do devedor e sim do próprio credor. Alfredo Rocco, um dos expoentes dessa corrente doutrinária, pressupondo ser o credor titular de direito geral de penhor sobre os bens do devedor, arremata que quem vende, no caso, é o credor, no exercício do direito de vender, que lhe cabe em decorrência desse direito acessório. Para ele, o juiz não é, propriamente, representante do credor, embora possa concorrer como órgão do Estado na efetivação do direito de vender do credor (*ibidem*). O desacerto desse parecer de Alfredo Rocco foi demonstrado por Liebman, ao escrever que a relação obrigacional não atribui ao credor o suposto direito de penhor em relação aos bens do devedor e que o penhor não dá ao credor o direito de vender os bens apenhados: "seus efeitos se reduzem a assegurar a preferência em face dos outros credores e não influem nas relações diretas entre o credor e o devedor; é por isso mesmo que o credor deve dirigir-se ao órgão estatal" (*ibidem*, p. 145), indagando, por fim, como se explicaria a adjudicação em que o credor deveria vender a si mesmo (*ibidem*).

Encontram-se superadas, nos dias da atualidade, as doutrinas que viam na *expropriação* — genericamente considerada — um ato de compra e venda (ou melhor, de venda e compra) em que o juiz agia como representante, seja do credor, seja do devedor. Já não é possível, pois, a sobrevivência das opiniões que procuravam conciliar a natureza eminentemente privatística da compra e venda com a essencialmente pública da expropriação. Esta se inscreve, nos tempos modernos, como ato processual de soberania, de *imperium* do Estado. É autêntico ato executivo, logo, ato de direito público, a exemplo da desapropriação, nos outros casos em que o Estado se introduz no domínio privado por necessidade ou utilidade pública.

Seria inexplicável, portanto, a razão por que o exercício de uma função pública, onde o Judiciário se acha investido na mais elevada forma de autoridade, como é a administração da justiça, deveria, para cumprir sua missão, valer-se de ato que figura como forma típica de realização do comércio jurídico entre os particulares. Nem se poderia explicar por que, ao atingir o momento culminante dessa função, como é aquele em que se despoja uma das partes de seus legítimos direitos, deveria o órgão judicial solicitar-lhe, por empréstimo, o uso de sua faculdade de disposição, que nada mais é do que uma criação da lei para permitir aos indivíduos satisfazer seus interesses na vida em sociedade (Liebman, *ibidem*).

Prossegue Liebman: "Se a autoridade do órgão é suficiente para permitir-lhe desapropriar o executado de seu poder de disposição dos direitos, também deve ser suficiente para fazer diretamente o ato final de transferência do próprio direito, se assim o exigir a função de que está incumbido. Este ato se coaduna perfeitamente com o sentido e com o conteúdo da função; nada há nele que seja incompatível com a essência desta e que exija o recurso ao poder de vender, como instrumento para atingir um resultado que o órgão pode perfeitamente conseguir com os seus próprios meios. Seria este um rodeio lógico de todo dispensável, que é o maior defeito de todas as teorias contratuais" (*ibidem*).

Em resumo: a expropriação, constituindo ato imprescindível aos fins da execução forçada, cuja prática está a cargo do Estado — que o faz por intermédio do juiz —, há de ser, doravante e para sempre, reconhecida como ato público, ato de império, a representar algo como uma culminância do vínculo de direito público que nasce entre o devedor e o Estado, no instante em que este apreende bens daquele. Inexiste qualquer fragmento de contrato, nesse ato expropriatório, realizado unilateralmente, pelo juiz, que aí não atua como representante do devedor ou do credor, senão que como órgão estatal incumbido de conduzir, segundo as normas processuais, a transferência dos bens apreendidos ao patrimônio de outrem, sem o consentimento do devedor.

O fato de a expropriação poder ser realizada mediante alienação por iniciativa particular (CPC, art. 879, I) não lhe retira o caráter de ato de império, pois essa alienação será realizada com autorização do juiz e sob o rigoroso controle deste, conforme patenteia o § 1.º, do art. 879, do CPC.

5.31.3. Avaliação

No processo do trabalho, a avaliação dos bens penhorados deveria ser efetuada logo após a resolução dos embargos opostos pelo devedor, como evidencia o art. 886, § 2.º, da CLT ("julgada subsistente a penhora", diz a norma) — momento que também coincide com o previsto pelo processo civil (CPC, art. 870).

Provavelmente, contudo, por influência da Lei n. 6.830/80, firmou-se a praxe, no processo do trabalho, de proceder-se à avaliação ato contínuo à apreensão dos bens; dispõe, com efeito, o art. 7.º, V, da antedita Lei que o despacho do juiz que deferir a inicial importa em ordem para "avaliação dos bens penhorados", fixando o art. 13 o momento em que esta deverá ser realizada: "O termo ou auto de penhora conterá, também, *a avaliação dos bens penhorados*, efetuada por quem o lavrar" (realçamos).

Em rigor, esse *deslocamento* da oportunidade própria para fazer-se a avaliação é irregular, pois, sendo o processo do trabalho dotado de norma disciplinadora da matéria

(CLT, art. 887, § 2.º), não se poderia aplicar, em caráter supletivo, norma forânea (Lei n. 6.830/80), pois ausente o pressuposto medular da omissão do texto trabalhista (CLT, art. 769).

Não teria sido, contudo, o art. 886, § 2.º, da CLT derrogado pela Lei n. 5.442, de 24 de maio de 1968, que instituiu a figura do oficial de justiça avaliador? Certamente que não; a derrogação, provocada por essa Lei, foi, isto sim, do § 2.º do art. 887 da CLT, a teor do qual "Os servidores da Justiça do Trabalho não poderão ser escolhidos ou designados para servirem de avaliadores". Derrogação tácita, diga-se.

José A. Rodrigues Pinto, verberando contra a praxe de avaliarem-se os bens logo em seguida à sua apreensão, argumenta: "Não nos parece, igualmente, que o pretexto de maior celeridade processual, unindo num só momento um ato de constrição a outro de avaliação, corresponda ao mínimo ideal de bom senso e segurança para a própria execução" ("Execução Trabalhista", São Paulo: Editora LTr, 1984, p. 109/110). Pondera, ainda, o mencionado autor que, excetuados os casos de amplo desinteresse do devedor, que não constituem a regra nas relações de execução, cumulado com a ausência de impugnação do credor à sentença de liquidação, um lapso de tempo mais ou menos razoável decorre entre o julgamento da penhora e a efetiva expropriação dos bens apreendidos, sendo que, "Durante esse lapso, a situação dos bens e a natural mutação de valor, numa economia agudamente inflacionária, como a nossa, leva a um irremediável descompasso entre a avaliação prematuramente feita e a determinada pela legislação de processo trabalhista e civil" (*ibidem*).

Coloquemos um grão de sal no problema.

Se, de um lado, é certo que o longo período de tempo que sói mediar da penhora ao proferimento da decisão que a declara subsistente (CLT, art. 886, § 2.º) parece desaconselhar a manutenção da praxe de se avaliarem os bens muito antes do momento estabelecido em lei (*ibidem*), não menos exato é que uma tal avaliação antecipada é medida necessária para determinar se o valor dos bens apreendidos é bastante para propiciar plena satisfação do direito do credor, ou, antes mesmo, para permitir ao magistrado verificar se o juízo se encontra, efetivamente, garantido, como pressuposto indispensável à admissibilidade dos embargos que o devedor pretenda oferecer. É relevante observar, nesta altura, a declaração contida no art. 659, do CPC, de que a penhora deverá incidir "*em tantos bens quantos bastem para o pagamento do principal atualizado, juros, custas e honorários advocatícios*" (destacamos).

Pior, pois, do que se ter de reavaliar os bens após o julgamento da penhora será, sem dúvida, permitir-se que o devedor embargue a execução sem que esteja, verdadeiramente, garantido o juízo, como exige a lei (CLT, art. 884, *caput*).

Para que não nos deitem censuras pelo fato de estarmos preconizando, supostamente, um desrespeito ao § 2.º do art. 886 da CLT, e para que também não abdiquemos das opiniões aqui manifestadas, quanto ao risco de um apego ao legismo, sugerimos forma conciliatória, que, a propósito, adotávamos na prática: avaliam-se os bens no instante mesmo em que são penhorados (para que se possa saber se a execução está mesmo garantida) e, julgada subsistente a penhora, efetua-se a *reavaliação*, sempre que houver necessidade, cuidando-se de, por medida de equidade, mandar atualizar a conta geral da execução.

O prazo para que os oficiais de justiça cumpram, de modo geral, os mandados emitidos pelo juiz é de nove dias (CLT, art. 721, § 2.º); em se tratando, contudo, de *avaliação*, o prazo será de dez dias, em decorrência da remissão feita pelo § 3.º do art. 721 da CLT ao art. 888 do mesmo texto legal. Isso significa que se o oficial de justiça realizar a penhora e a consequente avaliação dentro de dez dias terá atendido ao prazo fixado para esta, mas excedido ao pertinente àquela.

Na falta ou impedimento de oficial de justiça avaliador, o juiz poderá cometer a realização do ato a qualquer serventuário (CLT, art. 721, § 5.º).

A CLT é omissa quanto à possibilidade de a avaliação ser impugnada pelo interessado (credor ou devedor); em face dessa lacuna normativa, pode-se invocar o art. 13, §§ 1.º e 2.º, da Lei n. 6.830/80 para preenchê-la. Desse modo, impugnada que seja a avaliação, o juiz, após ouvir a parte contrária, nomeará avaliador oficial para proceder à nova avaliação dos bens, no prazo de quinze dias; inexistindo, na jurisdição do juízo, avaliador oficial, ou se este não puder apresentar o laudo no prazo legal, será nomeada pessoa ou entidade habilitada, à livre escolha do magistrado. Apresentado o laudo, o juiz decidirá de plano sobre a avaliação (*ibidem*, § 3.º).

A impugnação da avaliação representa típico incidente da execução, da mesma forma como o é, no processo de conhecimento, a impugnação ao valor que o juiz arbitrou à causa (Lei n. 5.584/70, art. 2.º, §§ 1.º e 2.º).

O avaliador apresentará o laudo em dez dias, que conterá:

a) descrição dos bens, com os seus elementos característicos, e indicação do estado em que se encontram;

b) o valor dos bens (CPC, art. 872, I e II).

Se for imóvel suscetível de cômoda divisão, o avaliador, levando em consideração o crédito reclamado, o avaliará em suas partes, sugerindo-se, com a apresentação do memorial descritivo, os possíveis desmembramentos (*ibidem*, § 1.º). Realizada a avaliação e, sendo o caso, apresentada a proposta de desmembramento, as partes serão ouvidas no prazo de 5 (cinco) dias (*ibidem*, § 2.º).

O art. 871, do CPC, dispensa a avaliação quando: I – uma das partes aceitar a estimativa feita pela outra; II – se tratar de títulos ou de mercadorias que tenham cotação em bolsa, comprovada por certidão ou publicação no órgão oficial; III – se tratar de títulos da dívida pública, de ações de sociedades e de títulos de crédito negociáveis em bolsa, cujo valor será o da cotação oficial do dia, comprovada por certidão ou publicação no órgão oficial; IV – se tratar de veículos automotores ou de outros bens cujo preço médio de mercado possa ser conhecido por meio de pesquisas realizadas por órgãos oficiais ou de anúncios de venda divulgados em meios de comunicação, caso em que caberá a quem fizer a nomeação o encargo de comprovar a cotação de mercado.

No caso do inciso I, a incidência da norma legal não é absoluta, pois se houver dúvida fundada quanto ao real valor do bem, o juiz poderá determinar a avaliação (*ibidem*, parágrafo único).

De outro ponto, a avaliação apenas será *repetida* (CPC, art. 873, I a III) se:

a) qualquer das partes alegar, de maneira fundamentada, a existênca de erro na avaliação ou dolo do avaliador.

O Juiz do Trabalho deverá ser extremamente cuidadoso no caso de a parte requerer nova avaliação com base no inciso I, do art. 873, do CPC. Assim dizemos, porque, em rigor, a norma não exige que a alegação de erro ou de dolo do avaliador seja documentada e, sim (somente), *fundamentada*. Considerando, porém, a regra do art. 765, da CLT, nada impede que o Juiz do Trabalho, em determinados casos, exija a comprovação do motivo em que se funda a parte, para requerer nova avaliação dos bens penhorados.

b) constatar-se, ulteriormente à avaliação, que houve majoração ou diminuição do valor dos bens.

A norma é plenamente justificável, pois há situações em que a paridade entre o valor da execução e o dos bens penhorados deixa de existir, em virtude da extraordinária valorização destes últimos, que supera, em muito, o montante daquela, mesmo que atualizado monetariamente e acrescido dos juros da mora legais. Reavaliados os bens, alguns deles podem ser liberados da penhora, desde que os restantes sejam suficientes para atender ao objetivo da execução (CPC, art. 831). Se a penhora incidiu somente em um bem e este se tornou extremamente valorizado, uma das soluções será transferir a penhora para outro bem, cujo valor guarde equivalência com o da execução. Nesta hipótese, é aconselhável que o devedor, ao requerer a reavaliação do bem, requeira, também, a sua substituição (CPC, art. 847).

Conforme afirmamos, o valor dos bens apreendidos judicialmente deve ser suficiente para saldar a dívida, na qual se compreende, além do principal, a correção monetária, os juros moratórios, as custas processuais, os honorários advocatícios e periciais, etc. Há, portanto, uma íntima relação entre o valor dos bens penhorados e o da execução. Assim sendo, após a avaliação, poderá mandar o juiz, a requerimento do interessado e ouvida a parte contrária:

a) *reduzir* a penhora aos bens suficientes, ou transferi-la para outros que bastem à execução, se o valor deles for consideravelmente *superior* ao crédito do exequente e acessórios;

b) *ampliar* a penhora, ou transferi-la para outros bens mais valiosos, se o valor dos apreendidos for inferior ao crédito do exequente (CPC, art. 874, I e II).

Em ambos os casos, a redução ou a ampliação da penhora se justifica pelo desequilíbrio entre a necessária relação linear entre o valor da coisa penhorada e o da execução, a que ela se destina a atender.

c) o juiz tiver fundada dúvida sobre o valor atribuído ao bem na primeira avaliação.

O inciso em questão se refere aos casos em que o próprio juiz possui fundada dúvida quanto ao valor atribuído ao bem, na peimeira avaliação.

Nesta hipótese, o juiz poderá determinar nova avaliação, por oficial de justiça, ou, se este carecer de conhecimentos técnicos ou científicos, por avaliador *ad hoc* habilitado.

A situação prevista no inciso III, do art. 873, da CLT, não se confunde com aquela de que trata o parágrafo único, do art. 871, do memo Código. Enquanto, neste último caso, mesmo que uma das partes aceite a estimativa feita pela outra, o juiz pode ordenar a avaliação quando houver dúvida fundada sobre o real valor do bem, no primeiro caso, o bem foi avaliado, mas o juiz manifesta fundada dúvida quanto ao valor atribuído naquela oportunidade.

5.31.4. Edital de praça e leilão

O ato estatal de expropriação dos bens penhorados não prescinde da *publicidade*, que representa um dos fundamentais princípios informativos do processo moderno (CF, art. 93, IX; CLT, art. 770, *caput*; CPC, art. 189, *caput*); daí, determinar a CLT que, concluída a avaliação, a contar de dez dias da data da nomeação do avaliador, "seguir-se-á a arrematação, que será anunciada por edital afixado na sede do juízo ou tribunal e publicado no jornal local, se houver, com antecedência de vinte dias" (art. 888, *caput*).

Acerca da necessidade da publicação de edital de praça, disse Affonso Fraga: "Pelo direito pátrio, a alienação judicial dos bens penhorados ao executado não pode ter lugar fora da praça ou hasta pública, mas esta não mereceria este nome ou não corresponderia aos instintos da lei se não fosse armada de um meio que, revestindo-a de publicidade, pudesse garantir, com máxima plenitude, a livre concorrência dos pretendentes ou compradores. Esse meio, de vantagem indiscutível para garantir a tutela de todos os interesses envolvidos na execução e, particularmente, no ato supremo da alienação judicial, é fornecido pelo edital de praça, que pode-se definir: a peça judiciária que publica o dia, lugar e hora da arrematação dos bens penhorados. O edital, como peça integral do processo das execuções, jamais deverá ser omitido, pois a sua falta, retirando à transação judicial a livre concorrência e fazendo-a degenerar em venda particular, induz nulidade de todos os atos dependentes e consequentes, como a arrematação, adjudicação, etc., nulidade que pode ser alegada pela parte prejudicada em qualquer tempo e instância" (obra cit., p. 210).

O edital de praça é, portanto, em nosso sistema processual, requisito indispensável à regularidade do ato expropriatório, motivo por que a realização deste, sem aquele, será causa de nulidade — a ser arguida não somente pela parte, como está em Affonso Fraga, mas podendo ser decretada pelo juiz, *ex officio*. Não se concebe que, sendo a publicação do edital de praça requisito formal essencial à validade da expropriação, o juiz somente pudesse pronunciar a nulidade desta, decorrente da falta de publicação do edital, por iniciativa da parte.

A finalidade do edital é divulgar, tornar público, que, em determinado dia, horário e local, os bens descritos poderão ser, na forma da lei, arrematados (ou adjudicados). É também necessário que o edital individue os bens, indicando-lhes a quantidade, a qualidade, o estado de conservação e os demais elementos característicos, além do valor da avaliação, e esclareça se sobre eles existe algum ônus. Todas essas providências visam a permitir que os terceiros (embora o credor também possa arrematar, conforme veremos adiante) compareçam à praça e concorram, em igualdade de condições, na arrematação.

Certo segmento da doutrina brasileira ainda manifesta forte apego à locução *hasta pública*, sempre que pretende referir-se ao local em que se dá a expropriação dos bens penhorados ao devedor; nos dias atuais, contudo, já não se justifica o uso dessa expressão, oriunda do direito romano, onde a arrematação era, realmente, efetuada em praça, na qual se hasteava uma *lança* (*hasta*). Hoje, como sabemos, o ato expropriatório não é realizado em praça (no sentido de local ou espaço público aberto) e sim no átrio do edifício do fórum, e "sem se fixar no chão lança alguma" (Liebman, obra cit., p. 225).

Qual a diferença entre praça e leilão?

A dessemelhança substancial está em que, embora o processo civil se refira a *leilão* (CPC, art. 886, *caput*), na prática, traduz-me em *praça,* se considerarmos o fato de que, com vistas esse "leilão", o edital deverá mencionar "o preço mínimo pelo qual poderá sedr alienado" o bem penhorado (*ibidem*, II). No sistema do processo do trabalho, entretanto, como evidencia o art. 888, § 1.º, da CLT, os bens serão "vendidos" pelo *maior* lanço (primeiro leilão). Inexistindo requerimento de adjudicação, ou licitante, os bens serão submetidos a *segundo leilão* (CLT, art. 888, § 3.º).

O entendimento que estamos manifestando, acerca da diferença da praça em relação ao leilão, parte do pressuposto de que essa diferença essencial não está no *local* onde são realizados (átrio do edifício do fórum ou onde estiverem os bens), e sim, no *critério* para a alienação — que se baseia no *valor da avaliação*. Na praça, o valor do lanço deve atender ao *preço mínimo* pelo qual o bem será expropriado; no leilão, o bem será alienado em favor do *maior lanço*, mesmo que inferior ao valor da avaliação, e desde que não seja vil. Sob este aspecto é que dizemos não possuir, o processo do trabalho, praça e leilão, mas, *dois leilões,* haja vista as disposições dos §§ 1.º e 3.º, do art. 888, da CLT.

Com isto, reformulamos a nossa opinião sobre o assunto, exposta em obras anteriores, que se fundava no *agente* encarregado da expropriação: na praça, um seventuário do juízo; no leilão, um leiloeiro.

A Lei n. 6.830/80 trouxe um *tertius genus* de forma de expropriação, ao prescrever que esse ato será realizado *em leilão público*, no lugar designado pelo juiz (art. 23, *caput*). Não há aqui, portanto, praça, mas apenas leilão, tanto que caberá ao arrematante pagar a comissão devida ao leiloeiro, além de outras despesas apontadas no edital (*ibidem*, § 2.º). Essa norma legal não poderá ser invocada, em caráter supletório do processo trabalhista, uma vez que a CLT não é omissa a respeito do assunto (art. 769), como demonstra o seu art. 888.

Já deixamos assente que a arrematação, na Justiça do Trabalho, deve ser precedida de *edital*: vejamos, agora, alguns aspectos legais referentes a esse instrumento de anúncio da expropriação dos bens penhorados.

Quanto ao conteúdo do edital, o art. 886, incisos I a VI, do CPC, exige:

a) a descrição do bem penhorado, com seus elementos característicos; tratando-se de imóvel será indispensável a sua situação, as divisas e a transcrição aquisitiva e a remissão à matrícula e aos registros;

b) o valor pelo qual o bem foi avaliado. No processo do trabalho, segundo nosso entendimento, não há necessidade de ser indicado o *valor mínimo* pelo qual a expropriação será deferida, ressalvada a ocorrência de preço vil (CPC, art. 891).

c) o lugar onde se encontram os móveis, veículos e semoventes; no caso de direito e ação, os autos do processo em que foram penhorados;

d) o sítio, na rede mundial de computadores, e o período em que se realizará o leilão, salvo se este se der de modo presencial, hipótese em que serão indicados o local, o dia e a hora de sua realização;

e) a indicação de local, dia e hora de segundo leilão presencial, para a hipótese de não haver interessado no primeiro;

f) menção da existência de ônus, recurso ou processo pendente sobre os bens a serem leiloados.

Tratando-se de títulos da dívida pública e de títulos negociados em bolsa, deverá constar do edital o valor da última cotação (CPC, art. 886, parágrafo único).

No tocante à letra "f", *retro*, a regra pode ser aplicada ao processo do trabalho, diante da *incompletude* do art. 883, § 3.º, da CLT.

O edital deverá ser afixado na sede do juízo da execução e publicado no jornal local, se existir, com a antecedência de vinte dias (CLT, art. 888, *caput*). A antecedência, de que cogita o dispositivo legal mencionado, é *mínima;* com isso, sustentamos inexistir, como é óbvio, qualquer restrição da lei quanto à publicação do edital com antecedência *superior* a vinte dias. Será causa de nulidade do ato expropriatório, todavia, a publicação do edital em período inferior a vinte dias de sua realização. Com vistas a esse prazo, não deve ser observada a regra geral, insculpida na primeira parte do art. 775, *caput*, da CLT, porquanto não se trata de prazo com efeito citatório ou intimatório, e sim de mera cientificação a terceiros eventualmente interessados no ato de expropriação.

Por outro lado, atendendo ao valor dos bens e às condições da sede do juízo, o juiz poderá alterar a forma e a frequência da publicidade na imprensa, mandar publicar o edital em local de ampla circulação de pessoas e divulgar avisos em emissora de rádio ou televisão local, bem como em sítios distintos do indicado no § 2.º (CPC, art. 887, § 4.º).

Os editais de leilão de imóveis e de veículos automotores serão publicados pela imprensa ou por outros meios de divulgação, preferencialmente na seção ou no local reservados à publicidade dos respectivos negócios (*ibidem*, § 5.º).

Poderá o juiz, ainda, ordenar a reunião de publicações em listas pertinentes a mais de uma execução (*ibidem*, § 6.º).

Por força do disposto no art. 889, do CPC, serão cientificados da alienação judicial, com pelo menos 5 (cinco) dias de antecedência: a) o executado, por meio de seu advogado ou, se não tiver procurador constituído nos autos, por carta registrada, mandado, edital ou outro meio idôneo; b) o coproprietário de bem indivisível do qual tenha sido penhorada fração ideal; c) o titular de usufruto, uso, habitação, enfiteuse, direito de superfície, concessão de uso especial para fins de moradia ou concessão de direito real de uso, quando a penhora recair sobre bem gravado com tais direitos reais; d) o proprietário do terreno submetido ao regime de direito de superfície, enfiteuse, concessão de uso especial para fins de moradia ou concessão de direito real de uso, quando a penhora recair sobre tais direitos reais; e) o credor pignoratício, hipotecário, anticrético, fiduciário ou com penhora anteriormente averbada, quando a penhora recair sobre bens com tais gravames, caso não seja o credor, de qualquer modo, parte na execução; f) o promitente comprador, quando a penhora recair sobre bem em relação ao qual haja promessa de compra e venda registrada; g) o promitente vendedor, quando a penhora recair sobre direito aquisitivo derivado de promessa de compra e venda registrada; h) a União, o Estado e o Município, no caso de alienação de bem tombado (incisos I a VIII, respectivamente).

Sendo o executado revel e não tendo advogado constituído, não constando dos autos seu endereço atual ou, ainda, não sendo ele encontrado no endereço constante do processo, a intimação considerar-se-á feita por meio do próprio edital de leilão (*ibidem,* parágrafo único).

Caso o juiz tenha nomeado *leiloeiro* (como lhe faculta o art. 888, § 3.º, da CLT), a este caberá providenciar a publicação do edital, anunciando a expropriação (CPC, art. 884, I). Cumprirá ao leiloeiro, também: a) publicar o edital, anunciando a alienação; b) realizar o leilão onde se encontrem os bens ou no lugar designado pelo juiz; c) expor aos pretendentes os bens ou as amostras das mercadorias; d) receber e depositar, dentro de 1 (um) dia, à ordem do juiz, o produto da alienação; e) prestar contas nos 2 (dois) dias subsequentes ao depósito (CPC, art. 884, incisos I a V, nesta ordem).

O leiloeiro tem o direito de receber do arrematante a comissão estabelecida em lei ou arbitrada pelo juiz (*ibidem,* parágrafo único).

O que se deve entender por "jornal local", para os efeitos do art. 888, *caput*, da CLT? Se considerarmos que os arts. 841, § 1.º, e 880, § 3.º, falam em "jornal oficial" e o art. 888, *caput*, em "jornal local", haveremos de concluir não apenas que esteve na intenção do legislador fazer com que o edital de praça fosse publicado em jornal *particular*, mas também que haverá nulidade da praça se o edital, a ela concernente, for publicado no jornal *oficial*. Conquanto reconheçamos que a publicação em jornal local atenda ao objetivo nuclear do edital, que é anunciar, a um maior número possível de pessoas, a alienação dos bens penhorados, não vislumbramos nenhuma nulidade caso o edital receba publicação apenas em diário oficial, ainda que na sede da jurisdição haja *jornal particular*. Embora com menor intensidade, não se pode negar que o requisito da publicidade do ato foi atendido; logo, alguém dificilmente teria êxito na alegação de nulidade do ato, salvo se, em situação excepcional, provar a existência de prejuízo

(CLT, art. 794). Mesmo assim, só as partes poderiam alegar prejuízo, como se infere da expressão literal do precitado art. 794 da CLT. Como o credor (Lei n. 6.830/80, art. 22, § 2.º) e o devedor (CPC, art. 889, I) devem ser intimado do dia, hora e local de realização da praça, fica remota a possibilidade (= interesse) de alegarem prejuízo em decorrência de o edital haver sido publicado apenas em jornal oficial.

Nem ignoremos que, estando o credor recebendo o benefício constitucional (art. 5.º, LXXIV) da assistência judiciária gratuita (Lei n. 5.584/70, art. 14), a isenção prevista no inciso III, do art. 98, do CPC, só compreende as despesas com as publicações quando feitas na imprensa *oficial*. Desse modo, a publicação do edital em jornal particular poderia acarretar sérios transtornos ao credor, no tocante à referida isenção.

Não havendo jornal oficial, a publicação deverá ocorrer no jornal particular *local*. O substantivo *local* não quer significar que o jornal deva ser *impresso* na jurisdição do juízo da execução e sim que *aí circule*, com regularidade, com periodicidade certa, a fim de que se possa constituir, efetivamente, em instrumento eficaz de divulgação da praça judicial a ser realizada.

O edital de praça destina-se, como visto, a anunciar aos terceiros interessados que, em dia, horário e local nele mencionados, os bens serão submetidos à expropriação; não é de sua vocação, no entanto, servir como instrumento de intimação das partes, salvo se uma delas estiver em lugar incerto ou desconhecido (hipótese em que o edital *deverá* ser publicado em jornal oficial: CLT, art. 841, § 1.º). A comunicação às partes, quanto à expropriação, há de ser feita mediante intimação (pessoal, quando possível), por força da incidência supletória, no processo do trabalho, do art. 22, § 2.º, da Lei n. 6.830/80. Nada obsta a que as partes sejam intimadas (na pessoa de seus respectivos advogados) quando de seu ocasional comparecimento à secretaria do juízo. O importante é que elas tenham ciência prévia do dia, horário e local de ocorrência da praça, para que, caso desejem, aí possam exercer os direitos que a lei lhes assegura (o devedor, remir a execução; o credor, requerer a adjudicação ou atuar como licitante).

Não só o credor e o devedor, como partes, devem ser intimados da praça; a lei exige que igualmente o sejam certas pessoas que possuam interesse direto em relação aos bens penhorados, como é o caso do senhorio direto, do credor com garantia real ou com penhora anteriormente averbada, que devem ser intimados com cinco dias de antecedência (CPC, art. 889).

A imposição legal de que essas pessoas sejam previamente intimadas da expropriação demonstra, antes de mais nada, que os bens gravados com ônus hipotecário podem ser objeto de alienação judicial. O interesse de tais pessoas provém do fato de que, com a arrematação, não se transfere apenas a propriedade dos bens, mas o próprio gravame, pois este adere ao preço, porquanto se configura nisso a sub-rogação real. A arrematação dos bens hipotecados não gera só a sub-rogação real, mas a extinção da hipoteca, em virtude do pagamento do valor da dívida em cuja garantia ela foi constituída.

Seria nula a arrematação realizada sem prévia intimação das pessoas a que se refere o art. 889, do CPC? Certamente que sim. Se o CPC considera nula a intimação realizada quando feita sem observância das prescrições legais (art. 280), por mais forte razão há que se considerar nulo o ato expropriatório para o qual as pessoas mencionadas no art. 889, do mesmo Código, nem sequer foram intimadas.

5.31.5. O procedimento na arrematação

No dia, hora e local mencionados no edital, o serventuário do juízo ou o leiloeiro darão início ao pregão, anunciando os bens a serem expropriados e convidando os interessados a fazerem lanços. Impende sublinhar que, no processo do trabalho, os bens serão arrematados por quem der o maior lanço, mesmo que inferior ao da avaliação (CLT, art. 888, § 1.º).

Licitante é quem concorre, no ato expropriatório, com outros interessados, efetuando lanços destinados a adquirir os bens penhorados; embora o licitante seja, em geral, terceiro, permite a lei que o próprio credor atue nessa qualidade (CPC, art. 892, § 1.º). Já o arrematante é o autor do maior lanço ofertado — a quem, por isso, o juiz transferirá, no momento oportuno, a propriedade dos bens outrora integrantes do patrimônio do devedor.

Podem lançar todos os que estiverem na livre administração de seus bens, excluídos: I – dos tutores, dos curadores, dos testamenteiros, dos administradores ou dos liquidantes, quanto aos bens confiados à sua guarda e à sua responsabilidade; II – dos mandatários, quanto aos bens de cuja administração ou alienação estejam encarregados; III – do juiz, do membro do Ministério Público e da Defensoria Pública, do escrivão, do chefe de secretaria e dos demais servidores e auxiliares da justiça, em relação aos bens e direitos objeto de alienação na localidade onde servirem ou a que se estender a sua autoridade; IV – dos servidores públicos em geral, quanto aos bens ou aos direitos da pessoa jurídica a que servirem ou que estejam sob sua administração direta ou indireta; V – dos leiloeiros e seus prepostos, quanto aos bens de cuja venda estejam encarregados; VI – dos advogados de qualquer das partes (CPC, art. 890, I a VI, respectivamente).

Acentua Celso Neves que, por ser a arrematação ato jurídico, exige capacidade jurídica, bem como capacidade de exercício de direitos, por parte do licitante: "A aptidão para ser titular de direitos não basta; é necessária a legitimação para o seu exercício, que tanto pode ser própria, como alheia ou co-integrada. Esse o sentido da referência à *livre administração de seus bens*, que não impede o menor, púbere ou impúbere, de licitar, desde que o faça, ou assistido, ou representado. O essencial é que a licitação se dê pelo legitimado, segundo as circunstâncias de cada caso" (obra cit., vol. VII, p. 105).

Sendo ultrapassado o horário de expediente forense, o leilão prosseguirá no dia útil imediato, à mesma hora em que teve início, independentemente de novo edital (CPC, art. 900). Essa regra do processo civil deve ser articulada com o art. 770, *caput*, da CLT, de acordo com a qual os atos processuais serão realizados em dias úteis, no período das 6h às 20h.

Se o ato expropriatório não se realizar, por qualquer motivo, o juiz mandará publicar a transferência, observando o disposto no art. 887 (CPC, art. 888, *caput*). O escrivão, o chefe de secretaria ou o leiloeiro que culposamente der causa à transferência responderá pelas despesas da nova publicação, podendo o juiz aplicar-lhe pena de suspensão por cinco dias a três meses, medianate procedimento administr\ativo regular (CPC, art. 888, parágrafo único).

A arrematação será feita com dinheiro, devendo o licitante garantir o lanço com o sinal correspondente a, pelo menos, 20% do seu valor (CLT, art. 888, § 2.º); se o arrematante, ou seu fiador, não pagar (= complementar) dentro de 24 horas o preço da arrematação, perderá, em prol da execução, o sinal dado, retornando à praça os bens penhorados (*ibidem*, § 4.º).

O credor também pode arrematar os bens; ao contrário dos demais licitantes, não está obrigado a exibir o preço (CPC, art. 892, § 1.º); mas, se o valor dos bens penhorados exceder ao do seu crédito, deverá depositar, no prazo de três dias, a diferença, sob pena de desfazer-se a arrematação, hipótese em que os bens serão remetidos à expropriação, a expensas do credor-exequente (*ibidem*).

A propósito, há uma certa injustiça embutida no dispositivo legal mencionado, quanto ao exequente, pois enquanto este é obrigado a depositar, no prazo de três dias, a diferença (se houver) entre o seu crédito e o valor do bem, o terceiro, quando arrematar, poderá pagar o preço em prestações (CPC, art. 895).

O depósito a que o credor-arrematante está obrigado corresponde, no processo do trabalho, não à diferença entre o *valor dos bens* e o do seu *crédito*, e sim entre o *seu crédito* e o valor do *maior lanço* (vencedor).

Se a expropriação referir-se a diversos bens e houver mais de um lançador, terá preferência aquele que se propuser a arrematá-los englobadamente, oferecendo para os que não tiverem licitante preço igual ao da avaliação e para os demais o de maior lanço que, na tentativa de arrematação individualizada, tenha sido oferecido para eles (CPC, art. 893). O art. 23, § 1.º, da Lei n. 6.830/80 estabelece que "A Fazenda Pública e o executado poderão requerer que os bens sejam leiloados englobadamente ou em lotes que indicarem".

Suspender-se-á a arrematação assim que o produto da expropriação dos bens for suficiente para o pagamento da dívida, aqui incluídas as despesas de execução (CPC, art. 899).

5.31.6. Lanço vil

O art. 891, *caput*, do CPC, declara que não será aceito lanço que ofereça preço *vil*.

Melhor teria sido que legislador aludisse a preço *ínfimo*, como sinônimo de irrisório; o adjetivo *vil* significa, dentre outras coisas, que algo ou alguém é reles, abjeto, desprezível, sem dignidade, sendo, assim, polissêmico.

Essa disposição seria aplicável ao processo do trabalho, sabendo-se que a CLT é omissa a respeito do assunto?

Pensamos que sim. Quando o art. 888, § 1.º, do texto trabalhista declara que os bens penhorados serão vendidos a quem oferecer o *maior lanço* não está, como se possa supor, vetando a possibilidade da incidência supletiva do art. 891, do CPC. Podemos mesmo asseverar que ambos os dispositivos legais se complementam, em absoluta harmonia. Dessa forma, os bens serão arrematados por quem ofertar o melhor preço, contanto que o lanço não seja *vil.*

Consentir-se que os bens apreendidos judicialmente ao devedor possam ser arrematados por *lanço vil*, vale dizer, por preço irrisório, infinitamente inferior ao da importância da avaliação, será, a um só tempo:

a) Render ensejo ao surgimento e à proliferação de verdadeiros *ratos de arrematação*, ou licitantes profissionais, que comparecerão à praça para tirar proveito do infortúnio do devedor. Nem se diga que nossos argumentos ignoram o fato de que: 1) tais pessoas não são as únicas a comparecer à praça, motivo por que, se, concorrendo com as demais, vierem a oferecer o maior lanço, nada há que lhes impeça o objetivo de arrematar os bens; 2) o devedor pode, para evitar a arrematação por preço vil, remir a execução. Ora, no primeiro caso, parte-se do pressuposto falso de que à praça acorrem inúmeras pessoas, quando a realidade prática demonstra que, ao contrário, apenas umas poucas participam desse ato — exatamente aquelas que, afeitas à leitura de jornais que costumam publicar editais de praça e leilão, têm ciência do dia, hora e local em que será realizada; no segundo, pensar-se que o devedor possua condições financeiras ou econômicas para remir a execução é algo que peca por fazer tábua rasa da realidade prática, a que há pouco nos referimos, onde, não raro, muitos devedores se encontram à míngua, quase sem recursos materiais para prover a subsistência pessoal ou familiar; afinal de contas, vivemos no Brasil.

b) Fazer com que o Poder Judiciário seja utilizado como meio de propiciar aos arrematantes um enriquecimento fácil e imediato, que beira, muitas vezes, as fímbrias da locupletação. Esse enriquecimento cômodo não pode, por outro lado, ser dissociado da ideia de degradação moral e de depauperamento econômico-financeiro do devedor, porquanto, arrematados os bens por preço vil, nova penhora se seguirá, pois o produto da expropriação terá sido insuficiente para saldar a dívida (CPC, art. 851, II). Pense-se na sucessão de penhoras e de arrematações por preço vil, em relação a um mesmo devedor, na mesma execução, e ter-se-á uma nítida noção das consequências desastrosas para ele, advindas do predomínio da opinião de que o art. 891, do CPC é inaplicável, em sua parte final, ao processo do trabalho.

O CPC de 1973, em que pese ao fato dtambém vedar a expropriação mediante preço vil, não fornecia qualquer critério de natureza objetiva pelo qual se pudesse verificar, em cada caso concreto, se o preço ofertado seria vil, ou não. Essa lacuna da lei fez com que, em determinadas regiões do País, os juízes, preocupados, por suposto, com os efeitos tumultuantes — e mesmo injustos — dessa ausência de critério legislativo, convencionassem um *percentual mínimo*, relativamente ao valor dos bens, a que o lanço deveria atingir para que não fosse considerado vil (20%, 25% ou 30% da avaliação). A despeito dessa iniciativa dos juízes, o que de cocnreto se tinha é que não havia norma legal estabelecendo um critério para a definição do preço vil.

Felizmente, o CPC de 2015 veio suprir essa antiga lacuna do sistema, ao considerar *vil* o preço inferior ao mínimo estabelecido pelo juiz, no edital de expropriação, ou, se não houve essa fixação, o preço inferior a cinquenta por cento do valor da avaliação (CPC, art. 891, parágrafo único).

Se o juiz deixar de conceder a arrematação, por entender ser o preço oferecido vil, o interessado (seja terceiro ou o próprio credor que licitou) poderá impugnar essa decisão por meio de agravo de petição (CLT, art. 897, "*a*"); não há como negar, no caso, a legitimidade e o interesse do terceiro em interpor recurso dessa decisão judicial. Se o juiz deferir a arrematação por preço vil, o interesse será do devedor em fazer uso do agravo de petição. Decorrido, em branco, o prazo para a interposição desse recurso, o interessado poderá tentar obter, por meio de ação própria, a invalidação do ato expropriatório (CPC, art. 903, § 1.º, I).

A possibilidade, aliás, de o credor também poder arrematar os bens penhorados ao devedor reforça o nosso entendimento de que o preço vil deva ser sempre recusado pelo juiz, sem receio de ser equivocadamente interpretado como guardião do patrimônio alheio. Ao agir dessa forma, o magistrado estará, em verdade, preservando o conteúdo ético do processo, como método estatal de solução dos conflitos de interesses.

5.31.7. Auto de arrematação

A arrematação deverá ser documentada em *auto*, cuja lavratura deverá ser feita imediatamente à realização do ato expropriatório (CPC, art. 901, *caput*). Embora o art. 826, do CPC, assegure ao devedor o direito de remir a execução, *a todo tempo*, e o art. 876, do mesmo Código, declare que o credor pode requerer a adjudicação, cumpre esclarecer que esses atos devem ser praticados antes da assinatura do auto do leilão, pois, assinado que seja pelo juiz, pelo arrematante e pelo leiloeiro, a arrematação será considerada perfeita, acabada e irretratável, por força do disposto no art. 903, *caput*, do CPC — excetuados os casos previstos no § 1.º dessa mesma norma legal.

No ensinamento oportuno de Frederico Marques, o auto de arrematação figura como peça essencial à validade desse ato: "Sem o auto, a arrematação não se completa, porquanto se trata (na arrematação) de ato processual complexo, que só se perfaz quando praticados todos os atos que o compõem. Sem o auto, a arrematação, além de incompleta, fica sem a devida formalização. No auto, está a documentação procedimental da praça e da alienação. É ele o elemento em que se formaliza a arrematação e que, ao mesmo tempo em que a documenta, a faz completa e acabada" (obra cit., p. 192).

Retornemos ao exame do art. 903, *caput*, do CPC, na parte em que, após declarar que assinado o auto pelo juiz, pelo arrematante e pelo leiloeiro, a arrematação será considerada perfeita, acabada e irretratável, estabelece a resslava: ainda que venham a ser julgados procedentes os embargos do executado ou a ação autônoma prevista no § 4.º do mesmo dispositivo legal, assegurada, sempre, a possibilidade de reparação pelos danos sofridos.

Cabe, aqui, uma explicação. Poderia causar perplexidade a muitos o fato de a norma legal mencionada estar revelando a possibilidade de os embargos do devedor vierem a ser julgados *após* a arrematação.

Ocorre que, *ex vi* do art. 914, na execução fundada em título *extrajudicial* os embargos do devedor poderão ser opostos "independentemente de penhora, depósito ou caução", ou seja, sem garantia do juízo. Isto significa não haver vinculação entre os embargos do devedor e a penhora, de tal maneira que um pode ser realizado independentemente do outro: a) embargos sem penhora; b) penhora antes dos embargos. Em consequência, no sistema daquele processo os bens penhorados podem ser submetidos à expropriação antes mesmo do oferecimento de embargos do devedor. É desta última situação que cogita o art. 903, *caput*, parte final, do CPC. Caso isto ocorra e os embargos venham a ser acolhidos, o devedor (executado) terá direito de receber do credor (exequente) reparação pelos danos sofridos (*ibidem*).

Entendemos, porém, que o *caput* do art. 903, do CPC, é incompatível com o processo do trabalho: a) em primeiro lugar, porque, aqui, os embargos do devedor soem ter efeito suspensivo, de tal arte que não poderão ser praticados quaisquer atos que impliquem expropriação dos bens penhorados. Recorde-se que no processo do trabalho o procedimento, tanto para a execução calcada em título judicial, quanto a estribada em título extrajudicial, é um só. O efeito suspensivo dos embargos do devedor está implícito no sistema do processo do trabalho, como se verifica, por exemplo, pelo art. 897, "*a*" e § 1.º, da CLT, conforme o qual o devedor, ao interpor agravo de petição, deverá delimitar, de maneira justificada, as matérias e os valores impugnados, "permitida a execução imediata da parte remanescente até o final, nos próprios autos ou em carta de sentença". O que a norma legal está a expressar, por outro modo, é que as matérias e os valores que forem objeto de impugnação não poderão ser executados de imediato, porque, quanto a elas, o agravo possui efeito suspensivo. Ora, seria ilógico imaginar-se que os embargos do devedor não possuíssem efeito suspensivo, mas o agravo de petição fosse dotado desse efeito; b) em segundo lugar, porque, no processo do trabalho, tanto na execução de título judicial, quanto na de título extrajudicial, há necessidade de prévia garantia do juízo, para efeito de oferecimento de embargos, pelo executado (CLT, art. 884); c) em terceiro, o art. 903, *caput*, do CPC, faz gerar uma ação incidental do devedor em face do credor, para que aquele obtenha a reparação pelos danos sofridos. Vale dizer, o executado se tornará credor do exequente. Não raro, o exequente – no mais das vezes um trabalhador – já não disporá do valor recebido, a fim de responder pela reparação dos danos sofridos por quem obteve a invalidação, a delaração de ineficácia ou a resolução do ato expropriatório, gerando, em decorrência disso: 1) penhora de bens do trabalhador ou boqueio *on-line* de numerário de que seja titular; ou 2) requerimentos, por parte do exequente, como: ofício à Receita Federal, para remeter cópia das declarações de bens do executado, ofício ao Departamento Estadual de Trânsito, para saber se há veículos em nome do executado, etc.; 3); além de outros incidentes, provocados por quaisquer das partes, com inevitável efeito tumultuário do procedimento.

5.31.8. Desfazimento da arrematação

Como vimos, assinado o auto pelo juiz, pelo arrematante e pelo leiloeiro, a arrematação se torna "perfeita, acabada e irretratável", como sentencia o art. 903, *caput*, do CPC.

Em caráter excepcional, todavia, a arrematação pode ser *desfeita* (mesmo após a assinatura do auto correspondente); efetivamente, nos termos do art. 903, I a III, do CPC, ela poderá ser: a) *invalidada*, quando realizada por preço vil ou com outro vício; b) *considerada ineficaz*, se não observado o disposto no art. 804; c) *resolvida*, se não for pago o preço ou se não for prestada a caução.

Examinemos essas situações:

a) *Invalidação*. Pressupõe: a.a.) preço vil ou a.b.) a ocorrência de outro vício.

a.a.) Preço vil. Há, aqui, uma curiosidade. O art. 891, do CPC, dispõe que *não será aceito* lanço (ou preço vil); contudo, o art. 903, § 1.º, I, permite a invalidação do expropriatório quando for *realizada* por lanço vil. Ora, se *não se aceita* lanço vil, como poderia a expropriação *ter sido feita*, ou seja, admitida? Se o auto foi imediatamente assinado, como determina a lei (CPC, 901, *caput*), isto significa que, para o juiz, o lanço, nesse momento, não parecia ser irrisório, ínfimo (vil). Caberá ao devedor, entretanto, demonstra que o juiz esteve errado em sua decisão.

De resto, a lei considera vil o preço que for inferior ao mínimo fixado pelo juiz no edital referente à expropriação, ou, não havendo a fixação desse mínimo, o preço inferior a cinquenta por cento do valor da avaliação do bem (CPC, art. 891, parágrafo único).

Vício. Cuida-se, aqui, de vício genérico. Sendo a praça realizada, *e. g.*, sem prévia intimação do credor (Lei n. 6.830/80, art. 22, § 2.º) ou do devedor (CPC, art. 889, I), ou se o arrematante se encontrar legalmente impedido de licitar (CPC, art. 890 I a VI), caracterizada estará a nulidade desse ato expropriatório, que, em consequência, poderá ser desfeito pelo interessado (credor, devedor, ou eventualmente terceiro). De modo geral, sendo a arrematação espécie do gênero ato jurídico processual — conquanto de natureza complexa —, o desrespeito aos mandamentos enunciados pelos arts. 794 a 798 da CLT, conjugados com os arts. 276 a 283 do CPC, conduzirá a virtual decreto de nulidade. Antes, porém, de declarar a nulidade, deverá o juiz consultar os princípios: 1) da *transcendência* (CLT, art. 794; CPC, art. 282, § 1.º), conforme o qual não há nulidade sem prejuízo; 2) da *instrumentalidade* (CPC, arts. 188, e 277), pelo qual mesmo que a lei prescreva determinada forma, sem a cominação de nulidade, valerá o ato se, praticado de forma diversa, atingir a mesma finalidade; 3) da *convalidação* (CLT, art. 795), que afirma poder a nulidade relativa ser sanada pelo consentimento da parte contrária, salvo se decorrer de falta de observância à norma pública, devendo, de qualquer modo, ser alegada na primeira vez em que o interessado tiver de falar nos autos ou em audiência, pena de preclusão temporal; 4) da *proteção* (CLT, art. 796, "*a*" e "*b*"; CPC, art. 276): só se acolhe a nulidade se não for possível suprir a falta ou repetir o ato, desde que não tenha sido arguida por quem lhe deu causa.

b) *Ineficácia*. O desfazimento do ato expropriatório, neste caso, está vinculado ao art. 804, do CPC, assim redigido: "A alienação de bem gravado por penhor, hipoteca ou anticrese será ineficaz em relação ao credor pignoratício, hipotecário ou anticrético não intimado. § 1.º A alienação de bem objeto de promessa de compra e venda ou de cessão registrada será ineficaz em relação ao promitente comprador ou ao cessionário não intimado. § 2.º A alienação de bem sobre o qual tenha sido instituído direito de superfície, seja do solo, da plantação ou da construção, será ineficaz em relação ao concedente ou ao concessionário não intimado. § 3.º A alienação de direito aquisitivo de bem objeto de promessa de venda, de promessa de cessão ou de alienação fiduciária será ineficaz em relação ao promitente vendedor, ao promitente cedente ou ao proprietário fiduciário não intimado. § 4.º A alienação de imóvel sobre o qual tenha sido instituída enfiteuse, concessão de uso especial para fins de moradia ou concessão de direito real de uso será ineficaz em relação ao enfiteuta ou ao concessionário não intimado. § 5.º A alienação de direitos do enfiteuta, do concessionário de direito real de uso ou do concessionário de uso especial para fins de moradia será ineficaz em relação ao proprietário do respectivo imóvel não intimado. § 6.º A alienação de bem sobre o qual tenha sido instituído usufruto, uso ou habitação será ineficaz em relação ao titular desses direitos reais não intimado".

c) *Resolução*. Deixando, o arrematante, de complementar o preço, no prazo de 24 horas, contado a partir do encerramento da praça, não só será desfeita a arrematação, como o arrematante perderá, em prol da execução (ou seja, do credor), o sinal de 20% que havia depositado para garantir o lanço (CLT, art. 888, § 4.º), retornando à praça os bens apreendidos (*ibidem*).

Lembremos que se o arrematante for o próprio credor, não estará obrigado a exibir o preço (CPC, art. 892, § 1.º).

Designada nova data parta a expropriação, em virtude do desfazimento da arrematação, nela estarão proibidos de lançar o arrematante e o fiador remissos (CPC, art. 897). É uma espécie de sanção moral, de que são destinatários, em razão de não haverem integralizado o preço no prazo legal.

Acontecendo de o fiador do arrematante pagar o valor do lanço e a multa, poderá requerer que a arrematação lhe seja transferida (CPC, art. 898).

Conforme vimos, o § 1.º do art. 903, do CPC, indica as situações que poderão cnduzir ao desfazimento da arrematação. Para essa finalidade, o interessado deverá dirigir-se ao juízo da execução no prazo de dez dias do aperfeiçoamento da arrematação (CPC, art. 903, § 2.º).

Decorrido o decêncio, sem que tenha havido alegação de qualquer das situações previstas no § 1.º, será expedida a carta de arrematação e, conforme o caso, a ordem de entrega ou mandado de imissão na posse (*ibidem* § 3.º).

Após a expedição da carta de arrematação ou da ordem de entrega, a invalidação da arrematação poderá ser pleiteada por ação autônoma, em cujo processo o arrematante figurará como litisconsorte necessário (*ibidem* § 4.º).

5.31.9. Desistência da arrematação

Dispõe o art. 903, do CPC, no § 5.º, que o arrematante poderá desistir da arrematação, caso em que lhe será devolvido, de imediato. o depósito que houver realizado. São estas as situações que justificam a devolução desse depósito ao arrematante: a) se o arrematante provar, nos dez dias subsequentes, a existência de ônus real ou gravame não mencionada no edital. Lembremos que entre os requisitos que o edital atinente à alienação dos bens penhorados deve conter está a menção de existência de ônus, recurso ou causa pendente sobre os bens a serem leiloados (CPC, art. 886, VI). Por esse motivo, entendemos que o arrematante poderá desistir da arrematação não apenas no caso de o edital omitir a existência de ônus real ou de gravame, mas, também, a existência de recurso ou de disputa judicial tendo como objeto os próprios bens penhorados. Se esses elementos tivessem constado do edital, é muito provável que o arrematante não possuísse interesse em adquirir os bens, ou fizesse lanço muito inferior ao oferecido; b) se o arrematante suscitar alguma das situações previstas no § 1.º. Para que essa desistência seja aceita, há necessidade de ser manifestada antes de expedida a ordem de entrega do bem ou a carta de arrematação. O ônus da prova, em princípio, é do arrematante desistente; c) quando citado para responder a ação autônoma de que cuida o § 4.º, contanto que manifeste a desistência no prazo para responder à precitada ação (CPC, art. 903, § 5.º, incisos I a III).

Na eventualidade de o devedor suscitar, de maneira infundada, a existência de vícios da arrematação, com o objetivo de fazer com que o arrematante dela desista, o seu ato será considerado atentatório à dignidade da justiça. Como consequência, o juiz poderá impor-lhe multa não superior a vinte por cento do valor atualizado do débito em execução, que verterá em benefício do credor. Outras sanções de natureza processual ou material também lhe poderão ser aplicadas (CPC, art. 774, parágrafo único), com indenização por perdas e danos (CPC, art. 903, § 6.º).

5.31.10. Carta de arrematação

Quando o juiz assina o *auto* de arrematação, está, implicitamente, declarando-a perfeita, acabada e irretratável (CPC, art. 903, *caput*); há, aqui, nítida *decisão*, que, em face disso, pode ser impugnada por intermédio de agravo de petição (CLT, art. 897, *"a"*).

Qual, entretanto, a natureza jurídica da *carta* de arrematação que sobrevém ao *auto*?

Sentença não é, seja pela forma ou pelo conteúdo, seja porque, necessariamente, não põe fim ao processo de execução (CPC, art. 203, § 1.º): nada obstante a assinatura da carta, a execução poderá prosseguir, sempre que o produto da expropriação não for suficiente para saldar a dívida (CPC, art. 851, II). Logo, a *carta* em exame, assim como o despacho judicial que ordena a sua expedição, não enseja a interposição de nenhum recurso, nem o ajuizamento de ação rescisória. A dissolução do ato (*carta de arrematação*) apenas será viável por meio da ação anulatória, com fundamento no art. 903, § 4.º do CPC, uma vez que a sua existência, nos autos, não decorreu (nem dependeu) de sentença.

Se a carta de arrematação não foi ainda assinada, poderá ser: a) *invalidada,* quando realizada por preço vil ou com outro vício; b) *considerada ineficaz,* se não observado o disposto no art. 804; c) *resolvida,* se não for pago o preço ou se não for prestada a caução

Não é a carta de arrematação, por outro lado, ato constitutivo do ato expropriatório; a constitutividade, no caso, vem do *auto.* Na transferência do domínio, derivante da arrematação, não devem ser confundidos o *ato* de expropriação, que é o título substancial, com o *auto,* que é título formal. O título dominial, por sua vez, não deve ser misturado, em sede de conceituação, com o modo de adquirir: "Título de domínio do arrematante é o ato da arrematação, mas este, por si só, não transfere o domínio: tratando-se de móveis, haverá necessidade de tradição da coisa arrematada do poder do depositário (detenção material) para o arrematante; e tratando-se de imóveis, será necessária a transcrição no registro geral. A tradição e a transcrição são modos de adquirir, não títulos. O direito brasileiro, conservando-se fiel à tradição romana, adotou o sistema que foi assim consagrado pelo Código austríaco (...). De tal sorte, tratando-se de arrematação de coisas móveis, bastará ordem escrita do juiz ao depositário para entregá-las ao arrematante, mas, em se tratando de bens imóveis, além dessa ordem, haverá necessidade de documento, para ser levado ao oficial do registro de imóveis. E esse documento judicial é a carta de arrematação" (Amílcar de Castro, obra cit., p. 337).

São requisitos indispensáveis à perfectibilidade formal dessa carta:

a) a descrição do imóvel, com remissão à sua matrícula e registros;

b) a cópiado auto de arrematação;

c) a prova de quitação do imposto de transmissão;

d) a indicação da existência de eventual ônus real ou gravame (CPC, art. 901, § 2.º).

Como se nota, a lei não exige que a carta de arrematação contenha a assinatura do juiz, embora, por apego à tradição os magistrados costumem assiná-la — supondo, até mesmo, que se não o fizerem a carta não terá validade. O que deve ser assinado pelo juiz é o *auto* de arrematação (CPC, art. 903, *caput*); como este deve ser integrado, por traslado, à referida carta, chega a ser ilógico (ou, quando menos, desnecessário) o lançamento do autógrafo do juiz nesta última. Devemos reconhecer, contudo, se, quanto a isso, exigência não há, é evidente que proibição inexiste.

A respeito da prova de quitação do imposto de transmissão, a que alude o art. 901, § 2.º, do CPC, cabe-nos esclarecer que só se compreende nesse requisito o mencionado tributo, que tem como fato gerador o próprio ato expropriatório. Os tributos relativos ao imóvel por essa forma alienado sub-rogam-se no preço da arrematação, como afirma o art. 130, parágrafo único, do Código Tributário Nacional.

5.31.11. Consequências jurídicas da arrematação

A arrematação, como ato jurídico expropriatório, praticado pela potestade estatal, acarreta repercussões na esfera jurídica não só do credor e do devedor, mas na de terceiro.

Em regra, são estas as consequncias mais comuns, oriundas da arrematação:

a) opera a transferência, ao arrematante, do domínio dos bens antes pertencentes ao devedor. A arrematação, como realçamos tantas vezes, é modo de aquisição da propriedade. Essa transferência dominial se realiza, contudo, com os gravames acaso existentes na coisa alienada, como usufruto, servidão, etc.;

b) transfere, também, ao arrematante o direito aos frutos pendentes, com a consequente obrigação de cobrir as despesas feitas com os mesmos;

c) faz nascer, para o depositário, a obrigação de transferir ao arrematante a posse dos bens expropriados;

d) provoca a extinção da hipoteca relativa à coisa arrematada, pois o gravame adere ao preço, ocorrendo a sub-rogação legal (CC, art. 1.499, VI). Para nós, todavia, a arrematação não extingue a hipoteca. Ainda que o atual Código Civil não haja reproduzido, expressamente, a regra contida no art. 677, do Código revogado, segundo a qual "Os direitos reais passam com o imóvel para o domínio do adquirente", nada há, no texto em vigor, que imponha o abandono de nossa opinião quanto ao tema. A propósito, se a arrematação extinguisse a hipoteca, por que motivo o inciso VI do art. 886 do CPC estaria a exigir que no edital de expropriação haja "menção da existência de ônus (...)" sobre o bem penhorado, sendo certo, também que um dos motivos para o desfazimento da arrematação reside, justamente, no fato de o edital não referir a existência de ônus real ou gravame sobre o imóvel arrematado?

e) desloca, para o preço depositado pelo arrematante, o vínculo da penhora, no respeitável comentário de Lopes da Costa: "O dinheiro pago toma, com efeito, o lugar dos bens arrematados, entra provisoriamente para o patrimônio do executado, mas no mesmo momento fica sujeito ao vínculo da penhora, porque deverá ser distribuído entre os credores depois de pagas as custas; o que sobrar eventualmente será devolvido à livre disposição do devedor" (obra cit., p. 186).

5.31.12. Evicção do arrematante

Sendo a arrematação ato translativo de domínio, o que ela transmite ao arrematante são apenas os direitos que o devedor possuía sobre os bens expropriados judicialmente; daí por que: a) se a coisa pertencia a terceiro, este não perde o seu direito à propriedade; b) o terceiro não perderá, também, os direitos reais parciais que, acaso, possuísse sobre a coisa.

Dúvida há, contudo, se o devedor responde pela evicção dos bens arrematados. Os autores que tomam a arrematação como *venda* não hesitam em asseverar que existe essa responsabilidade do devedor. Essa corrente de opinião se apoia, porém, em base falsa, pois, segundo pudemos demonstrar em páginas anteriores, a arrematação não é *venda*, e sim ato de império, de soberania do Estado, que *expropria* bens do devedor sem e contra o consentimento deste. Pensam outros que, constituindo a arrematação típico ato jurisdicional de transferência coativa do domínio, não se pode atribuir ao devedor a responsabilidade pela evicção da coisa arrematada. Surge, então, a aporia, a dificuldade doutrinária quanto à solução do problema ora posto. Judicioso nos parece, no entanto, o entendimento de Frederico Marques, que, invocando Micheli e Liebman, conclui não haver impossibilidade em admitir-se garantia contra a evicção, sem prejuízo da doutrina publicística da arrematação. Micheli chama a atenção ao fato de que o fundamento dessa garantia é um pouco diverso do adotado em relação à venda voluntária, argumentando que na arrematação incumbe ao devedor responder pela evicção, pois, sendo o seu patrimônio garantia comum de todos os credores, seria injusto que, não lhe pertencendo a coisa arrematada, terminasse o arrematante por ficar obrigado a arcar com o peso da execução, ensejando, com isso, aos credores "di lucrare un ingiustificado arrichimento", ou seja, um enriquecimento injustificado, uma vez que obtido à custa do que não era devido pelo adquirente ("Esecuzione Forzata", *in* Commentario del Codice Civile a cura si Scialoja e Branca, Libro Sesto, 1953, p. 477). Liebman, por seu turno, julga que a responsabilidade inicial pela reparação dos prejuízos sofridos pelo arrematante é do devedor, passando a ser, subsidiariamente, do credor. Ponderando que, a despeito de não se poder cogitar de garantia da evicção propriamente dita, tendo em conta que o devedor *não vendeu* os bens, é incontestável o direito do arrematante de ver-se reembolsado pelo que pagou sem causa: "Quem se enriqueceu indevidamente com o pagamento é o executado, que se livrou das dívidas à custa dos bens alheios; ele é obrigado, pois, a indenizar o arrematante. Mas, as mais das vezes, ele é insolvente; o arrematante poderá, então, repetir dos credores o que receberam, porque, embora tivessem direito ao pagamento, não o tinham a ser pagos pela alienação de bens de terceiros" (obra cit., p. 251).

Embora seja patente a incompetência *ratione materiae* da Justiça do Trabalho para apreciar ação de evicção, aforada pelo arrematante, onde figure como réu o devedor (e, eventualmente, o credor), com o objetivo de reaver o que pagou de maneira indevida, é sempre conveniente, mesmo no plano do processo do trabalho, o estudo do assunto, porquanto a evicção poderia dizer respeito ao próprio credor (um trabalhador), sabendo-se que este pode também lançar no ato expropriatório (CPC, art. 892, § 1.º).

Nessa linha de raciocínio, torna-se oportuno registrar que, configurando o ato expropriatório uma alienação coativa (estatal) dos bens — não decorrendo, portanto, de suposta venda —, o arrematante adquire a propriedade segundo as condições em que se encontram os bens, não lhe sendo lícito, por isso, insurgir-se ante a presença de eventuais vícios redibitórios.

5.31.13. Pagamento ao credor

O pagamento ao credor será feito:

a) pela entrega do dinheiro;

b) pela adjudicação dos bens penhorados (CPC, art. 904, I e II).

O art. 708, do CPC de 1973, previa também o usufruto de bem imóvel ou de empresa, como forma de pagamento ao credor.

Nossa área de atenção, neste momento, concentra-se na *entrega* do *dinheiro* ao credor, como uma das modalidades legais de pagamento.

O produto pecuniário da arrematação é depositado em conta à disposição do juízo competente, estando sujeito à atualização monetária (Lei n. 6.830/80, art. 32, § 1.º) e ao acréscimo de juros. Consumado o ato expropriatório, o juiz autorizará que o credor levante, mediante guia ou alvará, até a satisfação integral de seu crédito, a quantia depositada, quando:

a) a execução for promovida só a benefício do credor singular, a quem, por força da penhora, cabe o direito de preferência sobre os bens alienados (CPC, art. 905, I);

b) inexistir sobre os bens expropriados qualquer outro privilégio ou preferência instituído anteriormente à penhora (*ibidem*, II).

Em muitos casos, entretanto, o levantamento do valor depositado não é suficiente para a satisfação integral do crédito, segundo imagina a norma legal, como quando o lanço vencedor ficar muito aquém do montante do crédito, obrigando, com isso, a que o juiz ordene a realização de nova penhora (e novo ato expropriatório), com o intuito de fazer com que, efetivamente, o direito do credor venha a ser satisfeito em sua plenitude (CPC, art. 851, II).

Ao receber o mandado de levantamento, deverá o credor outorgar ao devedor, mediante termo nos autos, quitação da quantia por este paga (CPC, art. 906, *caput*). A expedição de mandado de levantamento poderá ser substituída pela transferência eletrônica do valor depositado em conta vinculada ao juízo para outra indicada pelo exequente (*ibidem*, parágrafo único).

Tendo sido, por esse modo, pago ao credor o principal, corrigido monetariamente e acrescido dos juros da mora, assim como os honorários advocatícios e periciais, se houver, e separado o valor referente às custas e emolumentos, o que sobrar será restituído ao devedor (CPC, art. 907).

Satisfeitos, integralmente, o direito do credor e as despesas processuais contadas, extinguir-se-á a execução (CPC, art. 924, II); para que a extinção produza os efeitos legais que lhe são inerentes, há necessidade de que seja declarada por sentença (CPC, art. 925).

Havendo vários credores, a concorrerem entre si, o produto da arrematação ser-lhes-á rateado e entregue consoante a ordem das respectivas preferências (CPC, art. 908, *caput*). Não havendo título legal à preferência, o dinheiro será distribuído entre os concorrentes, observando-se a anterioridade de cada penhora (*ibidem*, § 2.º). No caso de adjudicação ou alienação, os créditos que recaem sobre o bem, inclusive os de natureza *propter rem*, sub-rogam-se sobre o respectivo preço, observada a ordem de preferência (*ibidem*, § 1.º). A expressão latina *propter rem* traduz uma obrigação real; literalmente, significa "por causa da coisa". A obrigação *propter rem* adere àcoisa, por assim dizer, de tal modo que se transfere do antigo proprietário ao novo. Este, por isso, ao adquirir o bem, assume o dever de satisfazer a obrigação

As prelações podem ser, portanto, de duas ordens:

a) decorrente do título anterior à penhora;

b) oriunda da penhora. Pela penhora o credor adquire, como se sabe, o direito de preferência sobre os bens apreendidos (CPC, art. 797); e, como em inúmeras ocasiões pudemos frisar, incidindo mais de uma penhora nos mesmos bens, cada credor conservará o seu título de preferência (*ibidem*, parágrafo único).

A literalidade do art. 908, do CPC, deve ser, porém, adequadamente entendida, sob pena de graves distorções de seus objetivos verdadeiros. Assim, inexistindo título legal de prelação anterior à penhora, receberá por primeiro não o credor que, pura e simplesmente, *promoveu*, com precedência aos demais, a execução. O que a norma legal está a dizer é que ele será o primeiro a ter o seu crédito satisfeito em virtude de, tendo promovido a execução, a penhora ter sido realizada antes do que as outras; a preferência, que aí se estabelece, é, como se pode perceber, em razão da anterioridade da penhora (e não do ingresso da execução), tendo os demais concorrentes direito sobre a quantia porventura restante, respeitada a anterioridade de cada apreensão judicial dos bens.

É essencial à perfeita compreensão do instituto da concorrência singular de credores a observação de que o seu pressuposto fundamental reside no fato de serem os bens penhorados *comuns* às diversas execuções, nas quais figura o mesmo devedor. Dessa maneira, o art. 908 do CPC não encontrará campo à sua aplicabilidade prática toda vez que, embora existindo várias execuções (no mesmo juízo ou em juízos distintos), contra um mesmo devedor, as respectivas penhoras tenham recaído em bens não comuns a essas execuções.

A concorrência, de que estamos a nos ocupar, não traduz nenhum conflito de interesses entre os diversos credores e o devedor comum, se não que entre eles próprios; daí a afirmativa legal de que a cinca em que se encontram envolvidos resumir-se-á ao direito de preferência e à anterioridade da penhora (CPC, art. 909). Nas ponderáveis palavras de Amílcar de Castro, esse concurso instaura um novo juízo, autônomo, com objeto próprio, que não se confunde com o da execução em que o incidente se forma: "É lide privativa dos credores, em cujas relações processuais não pode intervir o executado. O concurso de preferentes não é processo de execução, nem causa de cobrança contra o devedor: é um juízo de mera *verificação*, de puro *conhecimento*, que nada tem de executivo" (obra cit., p. 394).

Não se trata, com efeito, de novo processo, e sim de uma ampliação subjetiva da execução, proveniente da pluralidade de credores, que acarreta, por esse motivo, "a reunião de mais de uma execução em processo cumulativo" (Frederico Marques, obra cit., p. 211). Partes, nesse incidente, não são apenas os credores concorrentes, mas também o devedor comum, derivando dessa nota característica a necessidade de que seja intimado para manifestar-se acerca das pretensões formuladas por aqueles.

Pelas razões lançadas, e notadamente porque o objeto da concorrência litisconsorciada dos credores não pode ir além da preferência e da anterioridade, é que reputamos compatível com o processo do trabalho esse regime estabelecido pelos arts. 908 e 909 do estatuto processual civil. Conhecem-se casos, na Justiça do Trabalho, em que, havendo mais de uma penhora sobre o mesmo bem, proveniente de execuções promovidas por credores diversos, mas tendo em comum o devedor, acaba por surgir uma disputa entre tais credores, tendo como núcleo, em regra, a anterioridade da penhora; com raridade essa controvérsia dirá respeito ao título legal de preferência, dada a peculiaridade de a execução trabalhista fundar-se em títulos que se situam, escatologicamente, em posição linear, equivale dizer, de igualdade.

Se as múltiplas execuções estiverem sendo promovidas em juízos diversos, tudo sugere que o *prevento* determine, por sua iniciativa, ou a instância do interessado, a reunião de todos os autos, como lhe faculta a Lei n. 6.830/80 (art. 28 e parágrafo único), a fim de poder exercer um controle mais eficaz quanto à distribuição e administração das preferências pela anterioridade.

Como estamos falando em *preferência* (e isso traz a correlação com outra figura, a do *privilégio*), torna-se conveniente que deixemos bem calcado o conceito e os contornos jurídicos de ambas. *Preferência* significa a modalidade de ação tendente a determinar que o crédito seja satisfeito com o valor de certo bem pertencente ao devedor (ou ao terceiro responsável, como o fiador); *privilégio* representa a espécie de ação destinada a fazer com que o crédito seja pago com prioridade em relação aos demais. Doutrina Carnelutti que a preferência e o privilégio não são qualidades do *crédito*, do direito subjetivo, e sim do direito processual do credor, uma vez que em face do devedor inexiste diferenciação entre créditos garantidos por preferência, privilegiados, ou não privilegiados, sendo obrigação deste pagar a todos de maneira *integral:* "E entre o credor preferente, ou privilegiado, não há, nem pode haver, qualquer relação juridicamente apreciável. Por conseguinte, a ação do credor preferente, ou privilegiado, é que tem mais valor que as ações dos outros credores não preferentes, ou não privilegiados. Por outras palavras — prossegue o notável jurista — do Estado, ou melhor, do juiz é que tem o credor preferente ou privilegiado direito de exigir mais garantia, ou melhor quociente" ("Diritto e Processo", *in* Studi per Chiovenda, Pádua: 1927, p. 307).

O Código de Processo Civil omitiu-se quanto à fixação do procedimento a ser observado no concurso (ou concorrência) de credores. Pensamos que, no processo do trabalho, o *modus faciendi* deve ser, em linhas de debuxo, o seguinte:

a) o concurso poderá ser instaurado *ex officio* (CLT, art. 765), ou a requerimento do interessado;

b) se as execuções (de que derivarem as diversas penhoras sobre os mesmos bens) estiverem sendo processadas em juízos distintos, incumbirá ao *prevento* (há de considerar-se, para esse efeito, o que ordenou, em primeiro lugar, a citação do devedor, se a execução fundar-se em título judicial; se basear-se em título extrajudicial, o critério será o da *distribuição* da inicial relativa à execução, mencionada pelo parágrafo único do art. 28 da Lei n. 6.830/80) solicitar que os outros lhe remetam os autos, reunindo-os em seguida;

c) abrirá o juiz prazo para que todos os credores formulem as suas pretensões (CPC, art. 909) e requeiram, se necessário, a designação de audiência, a fim de que sejam produzidas provas;

d) tornar-se-á desnecessária a realização da audiência se a totalidade dos credores (mais o devedor) concordar com a ordem cronológica de efetivação das penhoras e que, por despacho, o juiz ordene a remessa dos diversos autos ao contador (ou a quem lhe fizer, legalmente, as vezes), para que elabore o plano de pagamento — autorizando o juiz, depois disso, os respectivos pagamentos;

e) se a matéria ventilada for exclusivamente de direito, também não se designará audiência instrutória; desnecessária será a audiência, por outro lado, se a prova desejada pelos credores constar dos autos onde foram feitas as penhoras;

f) havendo audiência, o magistrado, ao final dela, abrirá oportunidade para debates orais proferindo, logo após, a decisão (CPC, art. 909, in fine); se a isso não se sentir habilitado, marcará audiência específica para julgamento. O ato pelo qual o juiz soluciona a controvérsia ocorrida entre os credores — e estabelece, segundo a ordem das penhoras, a cronologia dos pagamentos — não é, *data venia*, *sentença*, como supunha o legislador (CPC, art. 713, em sua primitiva redação), e sim *decisão interlocutória*, pois não é extintiva do processo de execução (CPC de 2015, art. 203, § 2.º). A apesar de seu traço de interlocutoriedade, essa decisão poderá ser impugnada por agravo de petição (CLT, art. 897, "a"), uma vez que, para esse fim, são inaptos o mandado de segurança e a correição parcial.

5.32. Adjudicação

A adjudicação é legalmente apontada como uma das formas de *pagamento ao credor* (CPC, art. 904, II); vista sob outro prisma, entretanto, é meio de aquisição da propriedade.

No direito romano, durante o período formulário, a *adjudicatio* constituía parte ordinária da fórmula característica dos juízos divisó-rios, que integravam as ações *communi dividundo familiae erciscundae* e *finium regundorum*; por essa *adjudicatio*, o juiz atribuía, a quem de direito, quinhão certo e exclusivo, decorrente da partilha da coisa comum. Nesse sentido, podemos reconhecer certa identidade, um ponto comum entre a adjudicação moderna e a existente no direito romano, pois em ambos os casos a ela se cometeu a finalidade de conceder às partes a propriedade exclusiva sobre quinhões oriundos da divisão. Em nosso meio, a adjudicação surgiu com a Lei de 20-6-1774, tendo Leite Velho anotado que "os praxistas antigos, quando se referem ao ato de ficar o credor com os bens penhorados, consideram isso uma arrematação e não uma adjudicação no sentido atual, tanto que na Ordenação, não aparece semelhante palavra" (obra cit., p. 163).

5.32.1. Conceito

Diversos foram os autores que formularam conceitos acerca da figura em estudo. Para Pontes de Miranda, a adjudicação, na execução, é a assinação de bem penhorado, ou dos bens penhorados, ao exequente (*sic*), ou ao credor hipotecário, ou ao credor concorrente, pelo juiz, que tem o poder de converter (obra cit., p. 427). Carvalho Santos a tem como "o ato judicial que assegura a determinadas pessoas mencionadas na lei o direito de ficarem com a propriedade dos bens, que deviam ser levados à hasta pública, ou, mesmo, foram arrematados por outrem, nos casos em que a realização da praça não pode ser dispensada" ("Adjudicação", *in* Repertório Enciclopédico do Direito Brasileiro, Rio de Janeiro: Editora Borsoi, vol. 2, p. 315). Liebman considera a adjudicação uma figura assemelhada à dação em pagamento, uma forma indireta de satisfação do crédito do exequente, que se opera pela transferência da própria coisa apreendida ao credor, para extinção de seu direito (obra cit., p. 165). Theodoro Júnior afirma ser "o ato de expropriação executiva em que o bem penhorado se transfere *in natura* para o credor, fora da arrematação" (obra cit., p. 321).

Não podemos concordar, *data venia*, com Liebman quando aproxima a adjudicação da *dação em pagamento*; ora, a adjudicação é ato de *imperium* do Estado, provindo de uma relação pública, que se estabelece no momento em que o bem é apreendido judicialmente. Nada tem, pois, de contratual; ao contrário, é institucional. Nesse ponto guarda certa identidade com a arrematação. Como meio de transferência coativa da propriedade não depende, para a sua eficácia, do consentimento do devedor; requer, tão só, o requerimento do credor, para que isso ocorra.

Com base nessas considerações, sentimo-nos à vontade para enunciar o seguinte conceito de adjudicação: é o ato judicial por intermédio do qual se transferem ao patrimônio das pessoas indicadas em lei, a requerimento destas e de modo coativo, bens penhorados ao devedor e que haviam sido levados à praça ou leilão. Breves escólios sobre esse conceito são recomendáveis.

Dissemos: *é o ato judicial* porque estamos a pressupor, exclusivamente, a adjudicação que se efetiva em virtude de execução judicial; *por intermédio do qual se transfere ao patrimônio das pessoas indicadas em lei*, porquanto beneficiário da adjudicação pode ser, não apenas, o credor, mas, tmbém, o credor com garantia real, os credores concorrentes que hajam penhorado o mesmo bem, o cônjuge, os descendentes ou ascendentes do executado, nos termos do art. 685-A, *caput*, e § 2.º, do CPC; *a requerimento destas*, pois o juiz não pode conceder *ex officio* a adjudicação; esta deve ser requestada pelas pessoas legalmente legitimadas. É oportuno rememorar que a adjudicação judicial obrigatória foi abolida, entre nós, pela Lei n. 3.272, de 5-10-1885 (art. 26), em disposição que foi reiterada pelo Reg. n. 9.549, de 23-1-1886 (art. 150); *de modo coativo*, para sublinhar que a transferência da propriedade sobre o bem apreendido se dá *sem* (e de certa forma *contra*) o consentimento do devedor; *e que haviam sido levados à praça ou leilão*, isto porque, conforme pretendemos demonstrar, mais adiante, no processo do trabalho não deve ser admitida a adjudicação *antes* da praça ou do leilão, se não que depois disso.

5.32.2. Natureza jurídica

Como deixamos dito no item pretérito, a adjudicação não possui natureza contratual; equivocaram-se, em larga medida, quantos nela viram um negócio jurídico. Nem de *datio in solutum* se pode cogitar, pois essa dação pressupõe o poder de o devedor *converter*, sendo que este, em rigor, já não o possui desde o instante em que os bens foram apreendidos pelo juízo.

Na adjudicação, há julgamento implícito quando o juiz assina o auto correspondente, pois, com isso, o ato expropriatório se torna perfeito e acabado (CPC, art. 877, § 1.º); o julgamento é expresso (sentença) quando há mais de um pretendente à adjudicação. Segundo Pontes de Miranda, o juiz, ao julgar a adjudicação, *constitui* porque transfere a propriedade da coisa; inexistindo interposição de recurso, a decisão transita em julgado: "De qualquer modo, a decisão que defere o requerimento de adjudicação (e melhor diríamos o pedido) é *sentença*, e não só aceitação" (obra cit., p. 429).

A transferência da propriedade da coisa ao exequente se faz a título de pagamento da dívida do executado. Na adjudicação não ocorrem os dois momentos que, em regra, estão presentes na arrematação: o ato jurídico de arrematar e o da sentença, que é a carta de arrematação; na adjudicação há um só momento: o juiz aceita adjudicar e adjudica. A carta de adjudicação — como conclui Pontes de Miranda (*ibidem*) — é apenas *traslado*.

5.32.3. Objeto da adjudicação

Controvertem, ainda, com certo fervor, os estudiosos do processo civil se a adjudicação pode ter como objeto bens *móveis* e *imóveis*, ou somente estes. Essa polêmica parece ter provindo do fato de os arts. 714 e 715 CPC de 1973 haverem disciplinado, apenas, a adjudicação de *imóveis*, silenciando a respeito dos *móveis*.

Essa polêmica ficou ainda mais acesa, em decorrência da revogação desses dois dispositivos legais pela Lei n. 11.382/2006.

O CPC de 2015 não lançou luzes sobre o assunto, embora possa inferir-se que permite a adjudicação tanto de bens móveis quanto imóveis, em face do sentido genérico da expressão: "É lícito ao exequente (...) requerer que lhe sejam adjudicados os bens penhorados".

Seja como for, estamos plenamente convencidos de que pelo sistema do processo do trabalho a adjudicação pode compreender tanto bens imóveis quanto móveis; basta ver que o art. 888, *caput*, da CLT dispõe possuir o credor preferência para a adjudicação, sem afirmar que esta deva ter como objeto exclusivo *coisa móvel*. Não é lícito ao intérprete distinguir onde a lei não o faz — adverte a vetusta parêmia de origem latina. Ainda que se pudesse alegar — apenas por amor ao argumento — que a CLT não é clara sobre a matéria (conquanto o seja), isso não autorizaria a adoção supletória do processo civil, porquanto tem preeminência em relação a esse estatuto a Lei n. 6.830/80 (CLT, art. 889), cujo art. 24 concebe à Fazenda Pública (leia-se: credor) a faculdade de *adjudicar* os bens penhorados, sem fazer qualquer restrição ou exclusão quanto aos móveis. Note-se que no elenco dos bens penhoráveis, estampado no art. 11 da precitada norma legal, se encontram diversos *móveis*.

A nosso ver, inexiste, no sistema do processo do trabalho, com referência ao assunto, o caráter dubitativo que tem marcado o do processo civil. De qualquer forma, alguns autores já admitem a adjudicação de bens móveis, no processo civil, como é o caso de Theodoro Júnior (obra cit., p. 323 e Paulo Restiffe Neto; pondera este último que "se é lícito ao credor (CPC de 1973, art. 714) requerer adjudicação de bem imóvel penhorado, e nenhuma proibição contém a lei quanto aos demais bens, não é *ilícito* pleitear, em iguais condições, a adjudicação de outros bens levados à alienação judicial com resultado negativo"("Adjudicação em Execução", *in* O Estado de S. Paulo, edição de 22-6-75, p. 89).

5.32.4. Requerimento de adjudicação

O juiz não pode conceder, por sua iniciativa, a adjudicação. A razão é explicável: sendo a adjudicação meio de aquisição da propriedade, é absolutamente indispensável que o exequente, ou as demais pessoas legitimadas (CPC, art. 876, § 5.º) manifestem o seu interesse, a sua vontade em adquirir a coisa apreendida, sob pena de o seu interesse e a sua vontade serem contrariados pela outorga da adjudicação por iniciativa exclusiva (= arbitrária) do magistrado.

A manifestação volitiva do exequente e dessas outras pessoas é, pois, *requisito* essencial para a adjudicação.

Qual, porém, o *momento* para a formulação de requerimento com essa finalidade?

A Lei n. 6.830/80 (CLT, art. 889) permite a adjudicação:

a) *antes* do leilão, pelo preço da avaliação (se a execução não for embargada ou os embargos houverem sido rejeitados);

b) *findo o leilão*:

1) pelo preço da avaliação, se inexistir licitante;

2) com preferência, em igualdade de condições com a melhor oferta (no prazo de trinta dias), havendo lançadores (art. 24, I e II).

Essas normas forâneas teriam incidência no processo do trabalho? Vejamos.

Estabelecendo o art. 888, § 1.º, da CLT que a arrematação será feita em dia, hora e lugar anunciados (por edital), sendo os bens arrematados pelo maior lanço *e tendo o credor preferência para a adjudicação*, fica evidenciado que, neste processo especializado:

a) o credor pode requerer a adjudicação mesmo que à praça não compareçam licitantes;

b) a adjudicação só poderá ser solicitada *após* a praça e não *antes* dela, rejeitando--se, com isso, a aplicação do art. 24, I, da Lei n. 6.830/80.

Admite-se, todavia, a atuação supletória da regra insculpida na letra *a* do inc. II do art. 24 da mencionada Lei, a teor da qual se não houver licitante na praça a adjudicação será feita pelo preço da *avaliação* dos bens. Quanto à letra "*b*" desse inciso, incide apenas em parte, ou seja, no tocante à hipótese de haver licitantes na praça, quando, então, com preferência, o credor requererá a adjudicação em igualdade de condições com a melhor oferta; o prazo, contudo, não deve ser de trinta dias, como determina essa Lei, pelos motivos que, logo a seguir, expenderemos.

Embora a Lei n. 6.830/80 tenha preeminência em relação ao CPC, no que concerne à aplicação supletiva ao processo do trabalho, ninguém haverá, por certo, de sentir-se em boa sombra para julgar compatível com este processo o prazo de trinta dias, fixado pela norma legal regente da execução judicial da dívida ativa da Fazenda Pública. Isso significa que a sobredita preeminência teleológica da Lei n. 6.830 deixa de existir em decorrência do prazo excessivamente longo que ela prevê. Outrora, sugeríamos a adoção do art. 715, § 1.º, do CPC de 1973, por ser de melhor compatibilidade com o processo trabalhista, cujo dispositivo previa o prazo de 24 horas o para o credor exercer o seu direito de postular a adjudicação dos bens penhorados. Essa norma do CPC, no entanto, como dissemos, foi revogada pela Lei n. 11.382/2006. Entendemos, porém, que o processo do trabalho possa, mediante recepção implícita, seguir adotando o prazo de 24 horas, que constava do revogado art. 715, § 1.º, do CPC.

Para resumir: no processo do trabalho a adjudicação:

a) deve ser requerida pelo exequente ou pelas demais pessoas mencionadas no art. 876, § 5.º, do CPC, sendo defesa a sua concessão *ex officio* (o mesmo se passa no processo civil);

b) esse direito do credor não pode ser exercido *antes* da praça (ou do leilão) e sim *depois* dela, vale dizer, no prazo de 24 horas que seguir ao encerramento do ato — mas sempre antes da assinatura do auto correspondente;

c) a adjudicação pode ser requerida mesmo que à praça não tenham comparecido licitantes; nesse caso, o preço não será inferior ao do edital;

d) havendo licitantes, o credor pedirá a adjudicação, no prazo mencionado, com preferência e em igualdade de condições com a melhor oferta;

e) podem ser objeto da adjudicação bens móveis ou imóveis.

Já dizíamos, outrora, que os estudiosos do processo do trabalho não se deveriam impressionar com as opiniões da doutrina do processo civil de que a supressão, feita pelo Código, da faculdade de o credor requerer adjudicação quando inexistirem lançadores na praça representou "providência moralizadora". Em primeiro lugar, nada havia de ilícito ou de imoral nesse ato, pois, de um lado, era até provável que se terceiros não se interessaram em comparecer à praça foi porque os bens não eram de fácil comercialização; de outro, não se poderia ignorar que o devedor, se pretendesse manter esses bens em seu patrimônio, poderia solicitar a remição da execução. Em segundo, como enfatizamos antes, o art. 888, § 1.º, da CLT não condiciona o pedido de adjudicação à presença de lançadores na praça.

5.32.5. Legitimidade para requerer a adjudicação

Por princípio, a legitimidade para pleitear a adjudicação da coisa apreendida por ato judicial é do credor, que está a promover a execução por força da qual houve a penhora. Encontram-se, contudo, legalmente legitimados para agir como adjudicatários o credor com garantia real, os credores concorrentes que hajam penhorado o mesmo bem, o cônjuge, o companheiro, os ascendentes e os descendentes do executado, além das pessoas mencionadas nos incisos II a VII, do art. 889, do mesmo Código (CPC, art. 876, § 5.º).

Havendo um só pretendente à adjudicação, o juiz, após deferir o pedido, assinará o auto, fazendo com que esse ato expropriatório se torne perfeito e acabado (CPC, art. 877, § 1.º), independentemente de sentença. Sendo a adjudicação requerida por mais de um credor, incumbirá ao juiz proceder à licitação entre eles; em igualdade de oferta, terá preferência o cônjuge, o companheiro, o descendente ou o ascendente, nesta ordem (CPC, art. 876, § 6.º).

Particularidade a ser reiterada é a de que, havendo um só pretendente à adjudicação, esta ser-lhe-á deferida independentemente de sentença, bastando a assinatura do auto e, depois, da carta; se houver pluralidade de pretendentes, a adjudicação será concedida, em rigor, por *decisão*, uma vez que este ato judicial não se conforma ao conceito de sentença, inscrito no § 1.º, do art. 203, do CPC.

Foi, certamente, com vistas à primeira situação que o TST adotou a Súmula n. 399, cujo inciso I estabelece: "É incabível ação rescisória para impugnar (*sic*) decisão homologatória de adjudicação ou arrematação".

5.32.6. O preço

O exequente pode requerer a adjudicação dos bens penhorados, oferecendo, para isso, preço não inferior ao da avaliação — embora não necessite exibir esse preço (CPC, art. 876, *caput*). Se, no entanto, o preço da avaliação dos bens ou o valor da melhor oferta exceder ao do crédito do exequente, a adjudicação somente será deferida se a diferença for depositada, pelo pretendente, à ordem do juízo, no prazo de trinta dias (Lei n. 6.830/80, art. 24, parágrafo único). Não se aplica, pois, no processo do trabalho, o disposto no art. 876, § 4.º, I, do CPC, que determina o depósito *imediato* da diferença.

5.32.7. Auto e carta de adjudicação

O *auto de adjudicação* — a exemplo do de arrematação — constitui o instrumento de documentação formal desse ato expropriatório.

É recomendável que o juiz aguarde por 24 horas, para assinar o respectivo auto; esse prazo se destina a permitir que o devedor requeira a remição da execução (CPC, art. 826). Sobre a remição discorremos mais adiante.

Havendo um só pretendente à adjudicação, esta ser-lhe-á concedida independentemente de sentença, sendo suficiente, para isso, a lavratura do *auto*, que será assinado pelo juz, pelo adjudicatário, pelo escrivão ou chefe de secretaria e, se estiver presente, pelo executado (CPC, art. 877, § 1.º). Tratando-se de bem imóvel, será, posteriormente, expedida *carta*; se o bem for móvel, será expedido *mandado de entrega* ao adjudicante.

Caso compareçam à praça diversos licitantes, caberá ao juiz procederà licitação entre eles; havendo igualdade, terá preferência o cônjuge, o companheiro, o descendente ou o ascendente, nesta ordem (CPC, art. 876, § 6.º).

No caso de penhora de quota social ou de ação de sociedade anônima fechada realizada em favor de exequente alheio à sociedade, esta será intimada, ficando responsável por informar aos sócios a ocorrência da penhora, assegurando-se a estes a preferência (*ibidem*, § 7.º).

Decorrido o o prazo de cinco dias, contado da última intimação, e decididas eventuais questões, o juiz determinará a lavratura do auto de adjudicação (CPC, art. 877, *caput*).

Considera-se perfeita e acabada a adjudicação com a lavratura e a assinatura do auto pelo juiz, pelo adjudicatário, pelo escrivão ou chefe de secretaria, e, se estiver presente, pelo executado, expedindo-se (*ibidem*, § 1.º):

a) a carta de adjudicação e o mandado de imissão na posse, quando se tratar de bem imóvel;

b) a ordem de entrega ao adjudicatário, quando se tratar de bem móvel (incisos I e II, respectivamente).

A *carta de adjudicação* é o documento pelo qual o adjudicatário prova a sua propriedade sobre os bens nela descritos; é com essa carta que ele irá aperfeiçoar a transferência da propriedade da coisa para seu nome, transcrevendo-a no Registro de Imóveis ou registrando-a nas repartições ou órgãos a que faz menção o art. 14, II e III, da Lei n. 6.830/80.

São requisitos da carta de adjudicação:

a) a descrição do imóvel, com remissão á sua matrícula e registros;

b) cópia do auto de adjudicação;

c) a prova de quitação do imposto de transmissão (CPC, art. 877, § 2.º).

Pensamos que quando a adjudicação for oriunda de licitação entre os credores que a pretendiam, a carta de adjudicação deverá conter, também, a decisão que a concedeu.

No caso de penhora de bem hipotecado, o executado poderá remi-lo até a assinatura do auto de adjudicação, oferecendo preço igual ao da avaliação, se não tiver havido licitantes, ou ao do maior lance oferecido (CPC, art. 877, § 3.º).

§ 4.º Na hipótese de falência ou de insolvência do devedor hipotecário, o direito de remição previsto no § 3.º será deferido à massa ou aos credores em concurso, não podendo o exequente recusar o preço da avaliação do imóvel (*ibidem*, § 4.º).

De que remédio jurídico dispõe o interessado para postular o *desfazimento* da adjudicação? O núcleo da pergunta é ocupado pela pressuposição de que o *auto* já se encontra assinado, isso porque, se assinado ainda não está, o credor pode, simplesmente, *desistir* na adjudicação, na medida em que a esta não se colara o veto legal à retratação, implícita no *caput* do art. 877, § 1.º, do CPC.

É necessário separar, agora, os casos em que a adjudicação é concedida por *decisão*, daquelas em que *decisão* formal inexiste.

a) Haverá necessidade de *decisão*, quando ocorrer licitação entre os pretendentes à adjudicação (CPC, art. 876, § 6.º); inexistirá decisão, mas mero ato de homologação, quando se apresentar, apenas, um pretendente.

Desde livros anteriores sustentamos a opinião de que a *decisão* poderia ser impugnada mediante agravo de petição; e, se já transitada em julgado, somente poderia ser desconstituída por meio de ação rescisória. Dir-se-á que este nosso entendimento é contrário à Súmula n. 399, do TST, segundo a qual "I – É incabível ação rescisória para impugnar decisão homologatória de adjudicação ou arrematação" (destacamos). Nada mais inexato. A Súmula referida cuida, especificamente, do ato judicial *homologatório* da adjudicação, caso em que o seu desfazimento deve ser buscado por meio de ação declaratória. Se houve, porém, disputa (licitação) entre os pretendentes, o ato que solve esse conflito traduz decisão e, como tal, por gerar o fenômeno da coisa julgada material, somente pode ter os seus efeitos desconstituídos mediante ação rescisória, quando for o caso.

b) Se, entretanto, a adjudicação foi deferida em razão de haver um só pretendente, não há que se falar de *decisão* (sob os aspectos de forma e de conteúdo), e sim de carta de adjudicação, como simples ato judicial de documentação da transferência da propriedade do bem adjudicado. A carta de adjudicação representa o título de domínio dos bens. Nada além disso. Segue-se que, não dependendo, nessa hipótese, a adjudicação de decisão, a sua dissolução deverá ser buscada por intermédio de *ação anulatória*, como elucida o art. 966, § 4.º, do CPC.

5.32.8. Adjudicação e preço vil

Deve o juiz conceder a adjudicação, pelo preço do maior lanço, sendo este *vil*?

As mesmas razões relevantes que nos levaram a afirmar, em linhas transatas, que não se deve admitir a *arrematação* por preço vil agora nos animam a dizer que também para efeito de adjudicação deve o juiz rejeitar o requerimento do credor, se, embora havendo lançadores na praça, o preço correspondente à melhor oferta for irrisório, ínfimo — *vil*.

Feriria a lógica e o direito supor que o preço vil seria causa impediente da arrematação, mas não da adjudicação. Nenhum motivo verdadeiramente honesto haveria para sustentar-se semelhante incongruência. Há sempre uma linha de razoabilidade a presidir os atos humanos. Nada aconselha o afastamento dela apenas porque se está incursionando no campo processual. É insensato desprezar-se a intenção, o elemento subjetivo que impele alguém a ofertar preço manifestamente inferior ao da avaliação da coisa penhorada. Ao juiz, como reitor do processo, cumpre defender não o patrimônio do devedor (contra tais atos de terceiros ou do próprio credor), mas, acima de tudo, o componente ético, de que majoritariamente se faz provido o processo, enquanto método estatal de solução heterônoma dos conflitos de interesses ocorrentes entre os indivíduos; nesse sentido, o juiz é um guardião, a quem, aliás, a manutenção da própria dignidade do Poder Judiciário está confiada.

Dessa forma, se o credor solicitar a adjudicação pelo valor do maior preço, que é *vil*, deve o juiz: a) recusando o preço, denegar o pedido do pretendente, aguardando a nova expropriação ou designando outra, para ver se, desta vez, as ofertas se situam dentro dos limites do razoável conforme seja o caso; ou b) indagar ao credor se tem interesse em adjudicar o bem pelo valor da avaliação, a fim de que outro ato expropriatório não seja realizado. Com vistas a isto, é oportuno recordar a regra estampada no art. 24, parágrafo único, da Lei n. 6.830/80, conforme a qual se o valor do crédito for inferior aos dos bens, o adjudicante deverá depositar, no prazo de trinta dias, a diferença, que ficará à disposição do executado.

5.32.9. Tradição dos bens adjudicados

Entende Wagner Giglio que a atuação da Justiça do Trabalho se esgota com a *entrega* da carta de arrematação a quem de direito (obra cit., p. 456). É de supor-se que o renomado jurista mantenha a mesma opinião no que toca à carta de adjudicação. Segundo ele, esse ramo do Judiciário Federal "não está aparelhado para, além da propriedade do bem arrematado, transferir também sua posse efetiva ao arrematante" (*ibidem*).

Estamos, fora de dúvida, diante de uma opinião respeitável, mas, não menos exato, dogmática em excesso.

Se o depositário, *e. g.*, se recusa a entregar ao arrematante ou ao adjudicatário os bens que, por força da carta respectiva que portam, foram transferidos ao seu patrimônio, é indiscutível que podem e devem retornar ao juízo expropriatório para, denunciando o fato, dele solicitarem providências para que o depositário efetue a tradição dos bens (sendo imóveis), sob as penas da lei. Por outras palavras, está implícita na competência da Justiça do Trabalho a prática de atos que visem, em última análise, a fazer com que essa mesma competência possa ser, em concreto, exercitada em sua plenitude, aí entendida a imposição para que o depositário restitua os bens que lhe haviam sido confiados, para efeito de guarda e de conservação. Como argumenta Antônio Lamarca, a não se admitir essa possibilidade (= competência), estar-se-á imaginando que a Justiça do Trabalho deva executar a *sanctio iuris* pela metade: "Somente uma acanhada mentalidade 'civilista' pode negar à Justiça do Trabalho a faculdade de *entregar aquilo que vende*. Em absoluto deve o arrematante, que comprou de boa-fé, dirigir-se à Justiça Comum para a competente imissão de posse, sob o falso e pueril pretexto de que a competência, em tais questões, não seria da nossa Justiça: se esta pode 'vender', *ipso facto* poderá também entregar" (obra cit., p. 536).

Um pequeno reparo no argumento de Antônio Lamarca: na arrematação, o juiz não "vende", e sim expropria ou desapropria. Falar-se em venda é supor, com grande deslize doutrinário, que a arrematação (e mesmo se diga, *mutatis mutandis*, quanto à adjudicação) traduz atividade negocial, contratual, de índole privada, em que o juiz, supostamente, substitui o vendedor, no que se refere à outorga de consentimento para que a propriedade dos bens seja transferida ao arrematante ou ao adjudicatário. Em rigor, a arrematação e a adjudicação se inscrevem como típicos atos de império, de soberania do Estado, para cuja eficácia é perfeitamente dispensável o consentimento do devedor.

São, enfim, um e outro, em essência, atos executivos e decorrem de uma relação publi-cística que se instaura entre o Estado e o devedor, no instante em que ocorre a inflexão jurídico-institucional daquele sobre o patrimônio deste.

Os nossos argumentos incidem mesmo no caso de alienação por iniciativa par-ticular, porquanto esse ato fica sujeito à intervenção do magistrado, que, entre outras coisas, fixará o valor pelo qual a alienação poderá ser realizada, a forma de publicidade, o preço mínimo, as condições de pagamento, as garantias a serem oferecidas e, se for o caso, a comissão de corretagem (CPC, art. 880, § 1.º). Não há aqui, pois, a autonomia da vontade privada, que caracteriza os contratos típicos de venda e compra.

5.32.10. Penhora de frutos e rendimentos de coisa móvel ou imóvel

O juiz pode determinar a penhora de frutos e rendimentos de coisa móvel ou imóvel, desde que a considere mais eficiente para o recebimento do crédito e menos gravosa ao executado (CPC, art. 867).

São dois, fundamentalmente, os pressupostos para a constituição desse usufruto forçado:

a) ser eficiente para o recebimento da dívida; e

b) tornar-se menos gravoso ao devedor.

Em sentido inverso:

a) não se deferirá esse usufruto se, embora menos gravoso ao devedor, *não* for efi-ciente à satisfação do direito do devedor; ou

b) sendo eficiente para isso, representar a mais *gravosa* das formas pelas quais se pode promover a execução.

Esse usufruto coativo integra a classe dos atos judiciais expropriatórios, consistindo na instituição de um direito real temporário sobre o bem apreendido, com o objetivo de permitir que as rendas, por esse modo auferidas pelo credor, sejam eficazes e bastantes para pagar-lhe o principal, correção monetária, juros da mora, honorários de advogado; bem como satisfazer as demais despesas do processo (custas, emolumentos, honorários periciais, etc.).

Reformulando nosso pensamento manifestado em obra anterior ("Breves Apon-tamentos à Lei n. 11.382/06, sob a Perspectiva do Proceso do Trabalho", São Paulo: LTr Editora, 2007, p. 117), entendemos que o usufruto (assim como a adjudicação) depende de interesse do credor, que, para tanto, manifestará a sua vontade perante o juiz, no momento oportuno. Não pode o magistrado agir de ofício nessa matéria, pois o princípio a ser respeitado é o de que o credor possa ter interesse em que o seu direito seja satisfeito de modo mais rápido, mediante, *e.g.,* a apreensão de dinheiro existente em conta bancária do devedor (bloqueio *on-line*) ou de créditos que este possua em mãos de terceiro. A índole da execução forçada permite, contudo, ao juiz instituir esse usufruto *contra* a vontade do devedor, nos moldes do que se passa nas demais modalidades de expropriação (arrematação e adjudicação).

Nada obsta, contudo, a que credor e devedor concordem na instituição do usufruto, que será, assim, produto de transação, ou seja, de negócio jurídico bilateral, que deverá ser apenas homologado pelo juiz, para que produza os efeitos jurídicos buscados pelas partes.

O usufruto de bens móveis ou imóveis espelha uma modalidade mais aperfeiçoada da *adjudicação de rendimentos*, prevista no art. 982 do CPC de 1939, apresentando certos pontos de semelhança com a denominada arrematação *de real a real*, do antigo direito lusitano.

O usufruto de bem imóvel será constituído mediante registro no Cartório Imobiliário competente (CC, art. 1.391). Esclarece o art. 1.393 que o usufruto não pode ser transferido por alienação, embora o seu *exercício* possa ser cedido mediante título gratuito ou oneroso.

Em princípio, o usufruto estende-se aos acessórios da coisa e seus acréscimos (CPC, art. 1.392, *caput*).

De qualquer forma, ficará reservada ao prudente arbítrio do juiz a verificação quanto à utilidade do usufruto em face dos interesses da execução, sendo de todo recomendável que ele não o decrete sempre que possuir elementos seguros para argumentar que a renda propiciada pelos bens penhorados será irrisória, ou seja, *ineficiente* para saldar a dívida. Conforme assinalamos há pouco, a *eficiência* do usufruto é um dos pressupostos legais para a sua instituição (CPC, art. 867).

Com o decreto judicial de usufruto forçado, perde o devedor o gozo do bem, até que o credor seja integralmente pago do principal, correção monetária, juros moratórios, honorários advocatícios, custas e o mais (CPC, art. 868, *caput*); o credor, por força do usufruto de imóvel, fica investido de um direito real temporário.

O usufruto tem eficácia não apenas quanto ao devedor, mas também em relação a terceiro, a contar da publicação da decisão, que o institui, ou de sua averbação no registro imobiliário (CPC, art. 868, § 1.º). A eficácia é *erga omnes*. Caberá ao exequente providenciar a averbação no ofício imobiliário mediante a apresentação de certidão de inteiro teor do ato, independentemente de mandado judicial (*ibidem*, § 2.º)

Ao determinar a penhora de frutos e rendimentos, o juiz nomeará administrador-depositário, que será investido de todos os poderes que dizem respeito à administração do bem e à fruição dos seus frutos e rendimentos (CPC, art. 868 *caput*). O próprio credor poderá ser nomeado como administrador-depositário, desde que com isso concorde o devedor; não concordando, o juiz nomeará profissional qualificado para o desempenho da função (CPC, art. 869, *caput*). Havendo discordância entre as partes ou entre essas e o administrador, o juiz decidirá a melhor forma de administração do bem (*ibidem*, § 2.º).

O administrador submeterá à aprovação do juiz a forma de administração e a de prestar contas periodicamente (*ibidem*, § 1.º) e responderá pelos prejuízos que, por ato doloso ou culposo, acarretar à parte, perdendo a remuneração que lhe fora arbitrada (CPC, art. 161), conquanto não seja afetado o seu direito de receber o que legitimamente tenha despendido no exercício do encargo (*ibidem*).

Pensamos que a nomeação de administrador não seja necessária quando o imóvel estiver arrendado, pois, aqui, o inquilino deverá pagar o aluguel diretamente ao usufrutuário — exceto se houver administrador (CPC, art. 869, § 3.º).

O exequente usufrutuário ou o administrador poderá firmar contrato de locação do móvel ou imóvel, ouvido o executado (*ibidem,* § 4.º). As quantias recebidas pelo administrador serão entregues ao exequente, a fim de serem imputadas ao pagamento da dívida (*ibidem,* § 5.º).

Vejamos, agora, o procedimento pertinente ao usufruto de bens imóveis, sob o ponto de vista do processo do trabalho.

Requerido, pelo credor, o usufruto, nomeará perito (na forma dos arts. 156, 158, 465 a 480, do CPC), para avaliar os frutos e os rendimentos do bem e calcular o tempo necessário ao pagamento da dívida. Torna-se aconselhável que, antes da realização do exame pericial, seja elaborada a *conta geral,* aí compreendido não só o principal e acessórios como outras despesas processuais a cargo do devedor. Se, em determinada hipótese, credor e devedor estiverem de acordo quanto ao valor dos frutos e dos rendimentos do imóvel, haverá de ser dispensada a perícia.

Vindo o laudo aos autos, o juiz ouvirá as partes, Havendo concordância destas, ordenará a expedição de carta constitutiva do usufruto; se as partes não concordarem com o conteúdo do laudo, o juiz proferirá decisão. Sendo deferido o usufruto do imóvel, determinará a expedição de carta para averbação no registro imobiliáio competente (CPC, art. 868, § 1.º). A carta deverá conter: a) a identificação do imóvel; b) cópia do laudo; e c) cópia da decisão.

Não poderíamos fechar este título sem investigarmos se o usufruto — seja de estabelecimentos, plantações, semoventes, ou mesmo de imóveis — é instituído *pro soluto* ou *pro solvendo.*

Julgamos ser *pro solvendo,* pois o seu prazo de duração é *estimado* e não, *fixado.* Isso quer significar que o prazo estabelecido na decisão de constituição não é fatal, podendo, em consequência, ser prorrogado ou antecipado; no primeiro caso, vencido o prazo, os rendimentos auferidos não são suficientes para saldar por inteiro a dívida; no segundo, ao contrário, o direito do credor é satisfeito antes do prazo estimado para a duração do usufruto.

O usufruto não pode ser transferido por alienação, embora o seu exercício possa ser cedido a título gratuito ou oneroso (CC, art. 1.393).

5.33. Remição

5.33.1. Conceito

O substantivo *remição* apresenta significado múltiplo no plano jurídico; daí o caráter proteiforme que se lhe tem atribuído. Interessa-nos, em particular, a sua acepção na área do processo de execução; aqui, o vocábulo tem o senso técnico de *remir,* de *resgatar,* de *readquirir,* de *reaver,* de salvar algo.

Esse direito pode ser exercido tanto pelo devedor quanto por terceiro.

Evite-se, contudo, confundir o termo *remição* com a forma homófona *remissão*, esta significante de indulgência, misericórdia, compaixão. O art. 13 da Lei n. 5.584, de 26 de junho de 1970, incidiu, lamentavelmente, nesse equívoco. Valesse, pois, o sentido meramente literal do preceito, haveríamos de concluir, por absurdo, que no processo do trabalho é lícito ao devedor obter o *perdão* (= remissão) da dívida.

5.33.2. Remição da execução e remição da penhora

O art. 13, da Lei n. 5.584, de 26 de junho de 1970, prevê a *remição*, sem, contudo, fixar prazo para que seja requerida. Essa remição é da *execução*, e não dos bens penhorados. Há, contudo, um fato que merece reflexão: o art. 789-A, inciso I, da CLT, fixa critério objetivo para o cálculo das custas referentes aos autos de *remição*. Ora, sabe-se que na remição *da execução* não há necessidade de auto; este só é exigido na remição *de bens*. Isto quer dizer, portanto, que o art. 789-A, inciso I, da CLT, preveria, de maneira implícita, a possibilidade de haver *remição de bens*.

Desta maneira, no processo do trabalho seria possível sustentar-se, em um primeiro momento, a opinião de que: a) poderia haver remição de *bens* pelo cônjuge, ou descendente ou ascendente do devedor; b) essas pessoas não poderiam requerer a adjudicação de bens.

Todavia, o bom senso alvitra que a leitura do art. 789-A, inciso I, da CLT, seja feita em conjunto com o art. 876, § 5., do CPC, por forma a concluir-se que, no processo do trabalho: a) somente o devedor (ou alguém por ele) poderá remir os bens penhorados (CLT, art. 789, I); b) cabendo aos seu cônjuge, ascendente ou descendente (assim como os credores com garanti real e os credores concorrentes que houverem penhorado o mesmo bem) a faculdade de adjudicar os bens.

Na lição de Pontes de Miranda, a remição da execução é a "*cessação da ação de execução da sentença, pelo pagamento, pela solução da dívida e consequente liberação do devedor*" (obra cit., p. 331), ao passo que a remição *de bens em execução* representa "*a assinação do bem penhorado, ou dos bens penhorados, ao próprio executado, substituídos, na penhora, pelo valor da soma correspondente ao valor do bem ou dos bens*" (*ibidem*), considerando-a, no fundo, "*sub-rogação voluntária do objeto da penhora, de modo que se libera o bem e não se libera o devedor, satisfaz-se o juízo e não se solve a dívida*" (*ibidem*).

Na remição da execução ocorre, em regra, a extinção desse processo (CPC, art. 924, III), sendo que na remição de bens penhorados a relação processual executiva subsiste.

Definidos os contornos jurídicos de ambas as figuras *sub examen*, cabe verificar se o processo do trabalho admite a remição de *bens penhorados*.

5.33.3. Procedimento na remição da execução

A Lei n. 5.584/70 não definiu o momento em que esse direito deve ser exercido. É inevitável, em virtude disso, o recurso, *nesse ponto*, à supletividade circunstancial do processo civil.

Dispõe o art. 826 do CPC que *antes* de adjudicados ou aliendados os bens pode o devedor, *a todo tempo*, remir a execução. Devem ser harmonizados o adjetivo *antes* e o advérbio *a todo tempo*, utilizados na redação dessa norma legal. Considerando que a arrematação e a adjudicação só se tornam perfeitas e acabadas com a assinatura dos respectivos *autos* (CPC, art. 903, *caput*), temos que mesmo depois de encerrada a praça (ou o leilão) poderá o devedor requerer a remição da execução, contanto que o faça antes da assinatura do auto.

É evidente que, assim como a adjudicação, a remição deve ser *requerida* pelo legitimado; para esse efeito, dirigirá o credor ao juiz, no prazo legal, petição letrada, acompanhada do comprovante do depósito remidor, que deverá compreender não o valor *da condenação* (*stricto sensu*), como diz a lei, e sim o *da execução*, integrado pelo principal, atualizado monetariamente e acrescido dos juros da mora, honorários advocatícios e periciais, custas, emolumentos e outras despesas contadas nos autos, que sejam da responsabilidade do devedor. Só assim se configurará o cumprimento (integral) da obrigação, como causa extintiva da execução (CPC, art. 924, III). Note--se que a norma processual mencionada faz nítida referência à extinção *total* da dívida, requisito que também está (embora implicitamente) no art. 826, do mesmo Código. Na verdade, a norma alude, de maneira equivocada, à *remição*.

Como acentua Pontes de Miranda (obra cit., p. 199), no caso do art. 651 do CPC não se tem de indagar quem solve a dívida de custas e despesas, porque se põe termo ao processo executivo e o *devedor tem de consignar ou pagar*.

Para que a extinção da execução produza os efeitos legais de que é provida, é imprescindível que o juiz a declare por sentença (CPC, art. 925). Esse ato judicial é mesmo sentença (e não decisão), pois dotado de eficácia para dar fim ao processo executivo (CPC, art. 203, § 1.º).

Conquanto a Lei n. 5.584/70 (art. 13) só tenha feito alusão ao executado (= devedor), pensamos que a remição possa ser requerida por terceiros, porquanto, implicando a remição a entrega de dinheiro ao credor e representando esse ato incontestável forma de *pagamento* (CPC, art. 924, I), rege-se a espécie pelo art. 304 do CC, conforme o qual *"Qualquer interessado na extinção da dívida pode pagá-la, usando, se o credor se opuser, dos meios conduzentes à exoneração do devedor"* (realçamos). Na síntese objetiva de Amílcar de Castro, *"o credor não pode recusar o pagamento, qualquer que seja a pessoa que se proponha a pagar a dívida"*(obra cit., vol. VIII, p. 207).

5.33.4. Remição e adjudicação

Declara, o art. 888, § 1.º, da CLT, que a adjudicação *prefere* à arrematação; é omisso o processo do trabalho, contudo, no que respeita ao cotejo preferencial entre a adjudicação e a remição.

Tem a jurisprudência, em determinados momentos, afirmado que a adjudicação prefere à própria remição, conquanto não apresente sólidos fundamentos jurídicos para essa opinião algo aberrante e heterodoxa; nem se imagine que o § 1.º do art. 888 da CLT constitua a base legal de entendimentos que tais. A preferência, proclamada por esse dispositivo de lei, é, exclusivamente, da adjudicação em confronto com a arrematação.

A remição deve preferir à adjudicação na medida em que o princípio a ser observado é o de que, não implicando a penhora perda da propriedade do devedor em relação aos bens, deve-se permitir que este *resgate* tais bens, impedindo, com isso, de serem expropriados coativamente e transferidos ao patrimônio do credor. Nem se ponha de parte o fato de que a execução deve processar-se de modo menos gravoso ao devedor (CPC, art. 805), sendo que eventual preferência da adjudicação em face da remição poderia causar-lhe danos muito mais graves do que os decorrentes do pagamento do valor da execução, para fins de remi-la. A circunstância de o legislador haver permitido a penhora de frutos e rendimentos de coisa móvel ou imóvel (CPC, arts. 867 a 869) robustece os nossos argumentos de que o Estado não deve fazer com que, em determinadas situações, o processo se converta em causa de ruína dos devedores.

A remição prefere, pois, à adjudicação, do mesmo modo como esta, à arrematação.

Não é outra, aliás, a regra do art. 826, do CPC: "*Antes de adjudicados ou alienados os bens, o executado pode, a todo tempo, remir a a execução (...)*".

Capítulo VII

Protesto da Sentença

Dispõe o art. 883-A, da CLT:

"Art. 883-A. A decisão judicial transitada em julgado somente poderá ser levada a protesto, gerar inscrição do nome do executado em órgãos de proteção ao crédito ou no Banco Nacional de Devedores Trabalhistas (BNDT), nos termos da Lei, depois de transcorrido o prazo de quarenta e cinco dias a contar da citação do executado, se não houver garantia do juízo."

1. Justificativa do Projeto de Lei n. 6.787/2016

"Com esse dispositivo, instituímos um prazo de sessenta dias, contados da citação do executado, para que o seu nome possa ser inscrito em órgãos de proteção ao crédito ou no Banco Nacional de Devedores Trabalhistas.

Há que se ter em mente que a preocupação fundamental na execução trabalhista deve ser a satisfação da dívida. Contudo, caso o executado venha a ter o seu nome negativado, terá uma restrição automática de acesso a qualquer tipo de crédito, gerando um contrassenso, visto que ele não terá como honrar sua dívida."

A proposta confere ao executado um prazo razoável para que consiga os créditos necessários à satisfação da dívida. Não honrando o compromisso nesse prazo, aí sim poderão ser efetivadas as medidas necessárias para a inscrição do seu nome.

Desde 2005, o STJ vinha admitindo o protesto de sentença transitada em julgado, com fundamento na Lei n. 9.492, de 10 de setembro de 1997, que *"Define competência, regulamenta os serviços concernentes ao protesto de títulos e outros documentos de dívida e dá outras providências.*

Nos termos do art. 1.º dessa Lei, o protesto constitui *"ato formal e solene pelo qual se prova a inadimplência e o descumprimento de obrigação originada em títulos e outros documentos de dívida."*

2. A Lei n. 9.492/1997

Dentre as diversas disposições constantes da norma legal supracitada transcrevemos as seguintes:

Art. 9.º Todos os títulos e documentos de dívida protocolizados serão examinados em seus caracteres formais e terão curso se não apresentarem vícios, não cabendo ao Tabelião de Protesto investigar a ocorrência de prescrição ou caducidade.

Parágrafo único. Qualquer irregularidade formal observada pelo Tabelião obstará o registro do protesto.

Art. 12. O protesto será registrado dentro de três dias úteis contados da protocolização do título ou documento de dívida.

§ 1.º Na contagem do prazo a que se refere o *caput* exclui-se o dia da protocolização e inclui-se o do vencimento.

§ 2.º Considera-se não útil o dia em que não houver expediente bancário para o público ou aquele em que este não obedecer ao horário normal.

Art. 13. Quando a intimação for efetivada excepcionalmente no último dia do prazo ou além dele, por motivo de força maior, o protesto será tirado no primeiro dia útil subsequente.

Art. 14. Protocolizado o título ou documento de dívida, o Tabelião de Protesto expedirá a intimação ao devedor, no endereço fornecido pelo apresentante do título ou documento, considerando-se cumprida quando comprovada a sua entrega no mesmo endereço.

§ 1.º A remessa da intimação poderá ser feita por portador do próprio tabelião, ou por qualquer outro meio, desde que o recebimento fique assegurado e comprovado através de protocolo, aviso de recepção (AR) ou documento equivalente.

§ 2.º A intimação deverá conter nome e endereço do devedor, elementos de identificação do título ou documento de dívida, e prazo limite para cumprimento da obrigação no Tabelionato, bem como número do protocolo e valor a ser pago.

Art. 15. A intimação será feita por edital se a pessoa indicada para aceitar ou pagar for desconhecida, sua localização incerta ou ignorada, for residente ou domiciliada fora da competência territorial do Tabelionato, ou, ainda, ninguém se dispuser a receber a intimação no endereço fornecido pelo apresentante.

§ 1.º O edital será afixado no Tabelionato de Protesto e publicado pela imprensa local onde houver jornal de circulação diária.

Art. 16. Antes da lavratura do protesto, poderá o apresentante retirar o título ou documento de dívida, pagos os emolumentos e demais despesas.

Art. 17. Permanecerão no Tabelionato, à disposição do Juízo respectivo, os títulos ou documentos de dívida cujo protesto for judicialmente sustado.

§ 1.º O título do documento de dívida cujo protesto tiver sido sustado judicialmente só poderá ser pago, protestado ou retirado com autorização judicial.

§ 2.º Revogada a ordem de sustação, não há necessidade de se proceder a nova intimação do devedor, sendo a lavratura e o registro do protesto efetivados até o primeiro dia útil subsequente ao do recebimento da revogação, salvo se a materialização do ato depender de consulta a ser formulada ao apresentante, caso em que o mesmo prazo será contado da data da resposta dada.

§ 3.º Tornada definitiva a ordem de sustação, o título ou o documento de dívida será encaminhado ao Juízo respectivo, quando não constar determinação expressa a qual das partes o mesmo deverá ser entregue, ou se decorridos trinta dias sem que a parte autorizada tenha comparecido no Tabelionato para retirá-lo.

Art. 18. As dúvidas do Tabelião de Protesto serão resolvidas pelo Juízo competente.

Art. 20. Esgotado o prazo previsto no art. 12, sem que tenham ocorrido as hipóteses dos Capítulos VII e VIII, o Tabelião lavrará e registrará o protesto, sendo o respectivo instrumento entregue ao apresentante.

§ 2.º Aquele que fornecer endereço incorreto, agindo de má-fé, responderá por perdas e danos, sem prejuízo de outras sanções civis, administrativas ou penais.

Art. 38. Os Tabeliães de Protesto de Títulos são civilmente responsáveis por todos os prejuízos que causarem, por culpa ou dolo, pessoalmente, pelos substitutos que designarem ou Escreventes que autorizarem, assegurado o direito de regresso.

3. A matéria no CPC

O protesto da decisão judicial transitada em julgado também está previsto no art. 517, do CPC, assim redigido:

Art. 517. A decisão judicial transitada em julgado poderá ser levada a protesto, nos termos da lei, depois de transcorrido o prazo para pagamento voluntário previsto no art. 523.

§ 1.º Para efetivar o protesto, incumbe ao exequente apresentar certidão de teor da decisão.

§ 2.º A certidão de teor da decisão deverá ser fornecida no prazo de 3 (três) dias e indicará o nome e a qualificação do exequente e do executado, o número do processo, o valor da dívida e a data de decurso do prazo para pagamento voluntário.

§ 3.º O executado que tiver proposto ação rescisória para impugnar a decisão exequenda pode requerer, a suas expensas e sob sua responsabilidade, a anotação da propositura da ação à margem do título protestado.

§ 4.º A requerimento do executado, o protesto será cancelado por determinação do juiz, mediante ofício a ser expedido ao cartório, no prazo de 3 (três) dias, contado da data de protocolo do requerimento, desde que comprovada a satisfação integral da obrigação.

O art. 517, do CPC, é aplicável ao processo do trabalho (CLT, art. 769).

O motivo pelo qual o legislador civil facultou ao credor levar a protesto a decisão judicial passada em julgado foi o de exercer certa coerção ao devedor, com o objetivo de compeli-lo ao cumprimento da obrigação. O CPC prevê não apenas o protesto, mas, também, a requerimento do credor, a inclusão do nome do executado em cadastro de inadimplentes (art. 782, § 3.º). O cancelamento dessa inscrição somente será possível se o executado efetuar o pagamento da dívida, garantir a execução ou se esta for extinta por qualquer dos motivos previstos no art. 924, do CPC.

O protesto no processo do trabalho

O legislador trabalhista seguiu a mesma orientação; mas, além de autorizar o protesto, permitiu a inscrição do nome do devedor *"em órgãos de proteção ao crédito ou no Banco Nacional de Devedores Trabalhistas"* (CLT, art. 883-A). O precitado Banco Nacional (BNDT) foi criado pelo TST em decorrência da Lei n. 12.440, de 7 de julho de 2011, que inseriu na CLT o art. 642-A, instituindo a Certidão Negativa de Débitos Trabalhistas (CNDT). Esse Banco é centralizado no TST e alimentado por dados fornecidos pelos Tribunais Regionais do Trabalho. As certidões aqui mencionadas se tornaram necessárias por for força da Lei n. 8.666, de 21 de junho de 1993 ("Lei das Licitações"), que as exigiu àqueles que pretendessem participar do ato licitatório (arts. 27, IV, e 29, V).

É relevante observar que a realização do protesto não pressupõe o fato de o devedor estar a fazer uso de artimanhas para protelar ou esquivar-se ao cumprimento da obrigação consubstanciada no título executivo: essa faculdade que a lei atribui ao credor decorre do fato objetivo de o devedor, citado para a execução (CLT, art. 880), não satisfazer a obrigação, nem realizar a garantia patrimonial do juízo no prazo legal. Atente-se, porém: o prazo para o devedor cumprir a obrigação ou nomear bens à penhora é de quarenta e oito horas, a contar de sua citação (CLT, art. 880, *caput*); entretanto, o prazo para o credor requerer o protesto da sentença ou do acórdão, ou a inscrição do devedor nos órgãos de proteção ao crédito ou no Banco Nacional de Devedores Trabalhistas, é de quarenta e cinco dias (na redação anterior do Projeto, o prazo era de sessenta dias), contados da mencionada citação.

Os pressupostos legais para a realização do protesto são, portanto, estes:

a) *a existência de decisão judicial* (*sentença, acórdão*) *condenatória ao pagamento de quantia certa*. Não se prestam ao protesto, conseguintemente, as decisões apenas impositivas de obrigações de fazer e de não fazer, assim como as meramente constitutivas e as declaratórias;

b) *o trânsito em julgado dessa decisão*. Logo, não se admite o protesto quando se tratar de execução *provisória*. A propósito, o § 3.º do art. 782, do CPC, que se ocupa da inscrição do nome do devedor no cadastro de inadimples, adverte que esse ato só pode ser realizada na execução definitiva de título judicial;

c) *a citação do executado para o pagamento da dívida*. O mandado de citação deverá atender aos requisitos do art. 880, da CLT;

d) *o decurso do prazo de quarenta e cinco dias, sem que o devedor efetue o pagamento ou nomeie bens à penhora*. Esse prazo será contado em dias *úteis*, por força do disposto no art. 775, *caput*, da CLT. Se a sentença transitou em julgado, não entendemos porque teria sido fixado prazo tão logo (45 dias) para a realização do protesto, sabendo-se que esse prazo é contado da citação do executado;

e) *a expedição de certidão, pelo juízo da execução*. A certidão deverá ser fornecida no prazo de três dias e conter: 1) o nome e a qualificação do exequente e do executado; 2) o número do processo; 3) o valor da dívida; 4) a data do decurso, em branco, para pagamento voluntário ou garantia do juízo. O *valor da dívida* será aquele que foi homologado pelo juiz do trabalho e constante do mandado de citação do executado.

Pode ocorrer de o executado ingressar com ação rescisória do título executivo judicial. Nesta hipótese, ele poderá requerer, às suas expensas e sob sua responsabilidade, a anotação do ajuizamento da mencionada ação à margem do título judicial protestado. Pouco importa, para essa finalidade, se o executado obteve, ou não, na ação rescisória, medida cautelar suspensiva da execução (CPC, arts. 301 e 969).

O protesto poderá ser cancelado, por determinação do juiz, a requerimento do executado. Para isso, o juiz mandará expedir ofício ao cartório, no prazo de três dias, a contar da data do protocolo do requerimento, desde que seja comprovada a satisfação integral da obrigação.

As disposições do art. 517, do CPC, incidem no processo do trabalho, como demonstra o próprio art. 883-A, da CLT. Reiteremos esta observação importante: a norma trabalhista esclarece que o protesto, tal como a inscrição do nome do executado em órgãos de proteção ao crédito ou no Banco Nacional de Devedores Trabalhistas, nos termos da Lei, somente poderão ser realizados depois de transcorrido o prazo de quarenta e cinco dias, contados da citação do executado, se não houver garantia do juízo.

O que a norma está a expressar, por outras palavras, é que *se* houver garantia da execução *não* será permitido o protesto da decisão exequenda, nem a inscrição do nome do executado nos órgãos de proteção ao crédito ou no BNDT. Neste ponto, o art. 883-A, da CLT, diverge do art. 517, do CPC. Este último somente autoriza o protesto depois de transcorrido o prazo para pagamento voluntário previsto no art. 523. Consta do art. 523, *caput*: "*No caso de condenação em quantia certa, ou já fixada em liquidação, e no caso de decisão sobre parcela incontroversa, o cumprimento definitivo da sentença far-se-á a requerimento do exequente, sendo o executado intimado para pagar o débito, no prazo de 15 (quinze) dias, acrescido de custas, se houver*".

A doutrina e a jurisprudência deverão, no entanto, solucionar alguns pontos, algo nebulosos, do art. 883-A, da CLT. Apontemos alguns deles:

a) Levada a sentença ou o acórdão a protesto, e pretendendo o devedor pagar a dívida deverá fazê-lo nos autos do processo judicial que gerou o título executivo, ou no próprio cartório de protesto?

Mesmo que invoquemos, por analogia, o § 4.º, do art. 517, do CPC, a dúvida subsistirá. Consta desse preceptivo legal: "*A requerimento do executado, o protesto será cancelado por determinação do juiz, mediante ofício a ser expedido ao cartório, no prazo de 3 (três) dias, contado da data de protocolo do requerimento, desde que comprovada a satisfação integral da obrigação*". Referimo-nos à analogia, porque o texto legal reproduzido não diz respeito à *sustação* do protesto, e sim, ao seu *cancelamento*, que é coisa diversa. Seja como for, essa própria norma não esclarece onde terá sido realizado o pagamento da dívida; apenas exige que seja "*comprovada a satisfação integral da obrigação*".

Abalançamos a opinar que o pagamento poderá ser efetuado tanto no juízo da execução quanto no cartório encarregado do protesto. Se feito no cartório, o devedor deverá dirigir-se ao juízo, com o comprovante do pagamento, e requerer a extinção da execução (CPC, art. 924, II); se realizado no juízo, obterá certidão, com base na qual requererá ao cartório a sustação do protesto, pagando os emolumentos e demais despesas devidas a este.

b) Se o devedor desejar *sustar* o protesto — *sem o pagamento da dívida* —, por alguma razão jurídica que possa invocar, de que medida processual deverá valer-se?

Na vigência do CPC de 1973, consagrou-se o uso de medida cautelar inominada, derivante do poder geral de cautela do magistrado (art. 798), para essa finalidade.

Conquanto o CPC de 2015 tenha abandonado a sistematização das providências cautelares, estabelecida pelo Código de 1973, no Livro III, a sustação pode ser buscada por meio de tutela provisória de urgência, cautelar (art. 301), desde que atendidos os clássicos requisitos do *fumus boni iuris* (aparência do bom direito) e do *periculum in mora* (perigo na demora).

c) Qual o juízo competente para apreciar a medida processual mencionada na letra anterior: o trabalhista ou o cível?

A competência será do juízo da execução, vale dizer, da Justiça do Trabalho, porquanto o título executivo terá derivado de um conflito de interesses oriundo de relação de trabalho, *lato sensu* (CF, art. 114, I e IX).

Pelo mesmo fundamento, entendemos que a determinação para o *cancelamento* do protesto é da competência do juízo trabalhista da execução. Parece-nos exíguo, todavia, o prazo de três dias, previsto no § 4.º do art. 517, do CPC, para a expedição de ofício, pelo juízo, ao cartório. Esse prazo é contado do protocolo do requerimento feito pelo executado, e não, do despacho judicial determinante do cancelamento.

Enfim, doravante, os credores trabalhistas podem adotar as seguintes medidas:

a) destinada a assegurar o direito de preferência do seu crédito, por meio de *hipoteca judiciária*, mediante a apresentação de cópia do título executivo ao cartório de registro imobiliário competente (CPC, at. 495, *caput* e § 2.º). Esse registro independe de ordem judicial, de declaração expressa do juízo ou de comprovação de urgência (*idem*, *ibidem*);

b) tendente a compelir o devedor ao adimplemento do título executivo judicial transitado em julgado, levando o título a protesto e inscrevendo o nome do executado em órgãos de proteção ao crédito ou no Banco Nacional de Devedores Trabalhistas, com fundamento no art. 883-A, da CLT, e, supletivamente, no art. 517, do CPC.

Capítulo VIII

Embargos do Devedor

1. Introdução

A Lei n. 11.232/2005 introduziu diversas modificações no CPC de 1973, dentre elas, a que consistiu na eliminação dos embargos à execução promovida contra devedor privado, fundada em título judicial. A antiga execução passou a denominar-se "cumprimento da sentença", sendo deslocada para o Livro I, que tratava do processo de conhecimento (arts. 475-I a 475-R). No sistema naquele processo, caberia ao devedor oferecer, no prazo de quinze dias, *impugnação* (arts. 475-J, § 1.º e 475-L).

O cumprimento da sentença foi mantido pelo CPC de 2015 (arts. 513 a 538).

Esse sistema, consistente em um sincretismo entre cognição e execução, todavia, não pode ser adotado pelo processo do trabalho, uma vez que a CLT não é omissa quanto à matéria, como revelam os seus arts. 884 a 892. Logo, falta, para essa adoção supletiva do sistema do CPC, o pressuposto indispensável da omissão (CLT, art. 769). O que o processo do trabalho poderá fazer, isto sim, é, em suas lacunas, adotar, em caráter subsidiário, *algumas* dessas disposições do processo civil. Entrementes, o *sistema* do processo do trabalho, com seu procedimento específico, pertinente aos *embargos à execução* traçado pelos arts. 884 a 892, deve ser preservado, pelas razões já expostas. Afinal, não chegamos, ainda — e esperamos jamais chegar —, ao tempo em que normas legais, dirigidas ao processo civil, revoguem normas do processo do trabalho.

2. Generalidades

2.1. Execução de título judicial

No momento em que a sentença condenatória — dirimente do conflito de interesses — se submete ao fenômeno jurídico da coisa julgada material, encerra-se, em definitivo, o processo de conhecimento, com seus particulares atributos do contraditório dialético e da possibilidade de ampla defesa e no qual as partes se mantiveram em absoluta igualdade ontológica. A contar daí, desfeita a incerteza subjetiva quanto ao direito disputado — que marcou aquele processo —, o Estado outorga preeminência jurídica ao credor e coloca o devedor em estado de sujeição ao comando que se irradia da sentença passada em julgado — agora convertida em título executivo, do qual se origina a obrigação a que o devedor será coercitivamente chamado a adimplir.

Na sequência de atos processuais preordenados, tendentes a fazer com que o patrimônio do devedor responda pelo cumprimento da obrigação, deverá o juiz observar, contudo, os princípios legais de que: a) a execução deve processar-se pelo modo menos gravoso ao devedor (CPC, art. 805); b) certos bens são impenhoráveis (CPC, art. 833), embora, à falta de outros bens, possam ser penhorados os frutos e os rendimentos dos bens inalienáceis (CPC, art. 834); c) não devem ser realizadas apreensões patrimoniais inúteis, assim entendidas as que sejam suficientes apenas para o pagamento das custas e não do principal (CPC, art. 836, *caput*).

Na execução, por isso, o devedor será citado, não para contestar, e sim para cumprir a obrigação, no prazo e modo estabelecidos (CLT, art. 880, *caput*).

Embora o processo de execução não seja, profundamente, informado pelo princípio do contraditório — uma vez que o seu escopo reside na prática de atos coercitivos, destinados a levar o devedor a satisfazer o direito do credor, reconhecido pela sentença exequenda —, isso não significa que, em dado momento desse processo, não possa surgir controvérsia, suscitada pelo devedor, a respeito de fatos a que a lei atribui relevância jurídica. Permite a norma legal, conseguintemente, que o devedor se oponha, de maneira justificada, à execução; essa oposição, a ser manifestada no momento processual oportuno, tem como seu instrumento específico a figura dos *embargos do devedor*.

Na execução não pode o devedor, contudo, impugnar o título executivo, pois isso não se conforma à natureza e à estrutura desse processo; pondo à frente tais particularidades da execução, o legislador instituiu, na verdade, um outro processo, distinto do de execução, mas que a ele se vincula por uma íntima conexão. Os embargos do devedor representam, pois, processo que não se confunde com o de execução, conquanto tenha, neste, o seu pressuposto legal. Os embargos em exame traduzem característico processo cognitivo, que se dirige ao proferimento de uma sentença de índole constitutiva, apta a desfazer, total ou parcialmente, o título em que se funda a execução.

No processo dos embargos, o devedor assume a posição de autor (e não de contestante). Na execução não existirá, sempre, controvérsia — circunstância que motivou alguns pensadores italianos a considerá-la de "contraditório eventual". A eventualidade está, aí, a insinuar que o litígio não é inerente ao processo de execução, nada obstante esse litígio possa formar-se com o aparecimento dos embargos opostos pelo devedor.

Compreende-se o motivo por que a litigiosidade não é, em princípio, a marca do processo de execução: é que, estando o credor na posse de um título executivo, consubstanciado em sentença transitada em julgado, muito pouco ou quase nada tem a discutir com o devedor, no que respeita ao dever de este adimplir a obrigação. Como dissemos há pouco, a incerteza subjetiva quanto ao direito ficou sepultada no processo de conhecimento, de que se originou o título executivo. Na execução, o credor tem a *certeza* — que vem da declaração contida no pronunciamento jurisdicional exequendo — do direito, sendo justificável que invoque a tutela da jurisdição estatal para fazer com que o devedor seja chamado a cumprir, espontaneamente, a obrigação, sob pena de penhora e expropriação de bens. Daí, a assertiva de Amílcar de Castro de que, diante do título executivo e estando a penhora autorizada pelo juiz, o devedor pode tomar a iniciativa de instaurar outro procedimento contencioso, de cognição incidente, de verificação positiva, ou negativa, alegando fatos extintivos de sua obrigação, supressivos, modificativos ou elisivos do processo de execução: *"Por outras palavras, o exequente visa apenas à prática de atos processuais de execução; e o executado é que pretende entrar em processo de conhecimento"* (obra cit., p. 384).

Os embargos do devedor rendem, por isso mesmo, ensejo a uma fase de conhecimento, que lhe é própria, e que somente poderia ser chamada de *incidental* se levássemos em conta o fato de que essa fase se estabelece quando em curso a execução — mas não *no* curso da execução. Com efeito, pelo sistema adotado pelo diploma processual civil em vigor os embargos em apreço não criam mais os "parênteses de cognição", como se dava no texto revogado (Frederico Marques, obra cit., p. 228). O próprio processo de embargos do devedor não pode ser considerado como "incidente" da execução, pois se trata de processo específico, embora conexo com aquele.

Anota Frederico Marques que o título executivo, por ser processualmente abstrato, *"é suficiente para dar causa à instauração do processo de igual nome, embora sujeito, quando oferecidos embargos, à condição resolutiva, cujo implemento será a sentença constitutiva que julgar esses embargos procedentes (sic). Inadmitidos, no entanto, os embargos, ou julgados improcedentes (sic), não se registra o implemento da referida condição, pelo que a execução prosseguirá"* (ibidem).

Sobre a posição do embargante como *autor* dessa demanda, vale ser reproduzida a lição de Chiovenda: *"uma demanda em juízo supõe duas partes: aquela que a propõe (sic) e aquela em face da qual se propõe (sic). Temos, dessa forma, a posição do autor e a do réu. Característica do autor não é somente o fato de articular uma demanda, porque o réu também pode demandar a rejeição da demanda do autor; e, sim, a de fazer a primeira demanda relativa a determinado objeto (rem in iudicium deducens). É de importância ressaltar que a qualidade de autor ou de réu não depende necessariamente de nenhuma forma determinada de demanda judicial. Procedimentos há em que o réu é compelido a assumir parte ativa, sem por essa circunstância perder a figura e a condição de réu. Essa parte ativa recebe a denominação de oposição (equivalente aos nossos embargos) (...). É tarefa do intérprete indagar, nesses casos, se se trata de formas especiais de procedimento, em que o réu, embora conservando-se tal, deva tomar a iniciativa de provocar a decisão; ou se trata de atos com eficácia própria, que ao interessado caiba eliminar, caso em que será equiparado a verdadeiro autor (impugnação)"* ("Istituzioni di Diritto Processuale Civile", vol. 2, p. 215/216) (destacamos).

2.2. Execução de título extrajudicial

Por mais de meio século, o processo do trabalho conheceu, apenas, a execução baseada em título *judicial*, ou seja, em sentença ou acórdão — condenatórios ou homologatórios de transação. Ainda hoje, a esmagadora maioria dos pronunciamentos doutrinários e jurisprudenciais diz respeito a essa modalidade de execução. A Lei n. 9.958/2000, todavia, ao dar nova redação ao art. 876, *caput*, da CLT, introduziu significativa alteração no sistema do processo do trabalho, ao prever, também, a execução de título *extrajudicial*.

É necessário esclarecer, porém, que essa norma legal não prevê a possibilidade de serem executados os títulos extrajudiciais mencionados no art. 784, do CPC. Bem ao contrário, o art. 836, *caput*, da CLT, enumera, apenas, dois títulos ensejadores desse tipo de execução, quais sejam: 1) o *termo de conciliação*, firmado no âmbito das Comissões de Conciliação Prévia (CLT, art. 625-E); 2) o *termo de ajustamento de conduta*, assinado com o Ministério Público do Trabalho (Lei n. 7.347/85, art. 5.º, § 6.º).

Deste modo, deixando, o devedor, de cumprir a obrigação estampada em um desses dois títulos, o credor poderá promover a execução forçada na Justiça do Trabalho.

Embora não seja frequente, poderá ocorrer de o título extrajudicial conter obrigação ilíquida — particularidade que o tornará legalmente inexigível (CPC, art. 786).

Sendo ilíquida a obrigação, o devedor será citado para, no prazo de 48 horas, pagar ou nomear bens à penhora (CLT, art. 880, *caput*). Se o devedor não realizar nem uma coisa nem outra, ser-lhe-ão penhorados tantos bens quantos bastem para assegurar o sucesso da execução (CLT, art. 883).

Em termos gerais, a execução fundada em título *extrajudicial* não difere, substancialmente, da que caracteriza a execução de título judicial. Uma singularidade, entretanto, merece registro. Nos embargos à execução calcada em título *judicial*, o devedor somente poderá alegar as matérias previstas nos arts. 884, § 1.º, da CLT, e 525, do CPC. Tratando-se, porém, de embargos à execução lastreada em título *extrajudicial,* as matérias que o devedor possa alegar são muito mais amplas, pois, além de compreenderem as enumeradas nos dispositivos legais mencionados, incluem todas aquelas que ele poderia suscitar, como defesa, no processo de conhecimento (CPC, art. 917, VI). Sob esta perspectiva, não seria despropositado afirmar que os embargos do devedor, na execução de título *extrajudicial,* muito se aproximam da contestação que ele poderia ter oferecido no processo cognitivo, se este existisse. Dizendo-se por outras palavras: como a execução fundada em título *extrajudicial,* por definição, não pressupõe a existência de processo anterior, o legislador permitiu ao devedor alegar, nos embargos, matérias que seriam próprias de um processo cognitivo. Assim, dentre outras coisas, o devedor poderá suscitar, por exemplo, a própria autenticidade ou validade formal do título executivo, a existência de coação, de simulação, assim como preenchimento abusivo do título, etc. Enfim, no embargos à execução baseada em título *extrajudicial* a defesa do devedor é ampla, conforme se concluiu da expressão literal do art. 917, VI, do CPC.

3. Conceito

Para Goldschmidt, a ação de embargos à execução é o meio para conseguir a privação de força do título executivo, assumindo feição de uma ação de mandamento como contrapartida da executiva ("Derecho Procesal Civil", § 92, p. 615). Celso Neves observa que, conceitualmente, os embargos do devedor constituem ação: *"De seu exercício resulta, incidentalmente, processo de conhecimento, cuja lide específica provém de conflito de interesses no plano do juízo, embora seu escopo imediato seja conter a atividade jurissatisfativa peculiar ao processo de execução"* ("Comentários", vol. VII, p. 194). Theodoro

Júnior vê os embargos em questão como os incidentes mediante os quais o devedor (ou terceiro) procura defender-se dos efeitos da execução forçada, não só visando evitar a deformação dos atos executivos e o descumprimento de regras processuais, como resguardar os direitos materiais supervenientes ao título executivo capazes de neutralizá-lo ou de reduzir-lhe a eficácia, como pagamento, novação, compensação, remição, etc. (obra cit., p. 342). Bluteau considera os embargos como impedimento que se opõe à execução de alguma sentença (*apud* Frederico Marques, obra cit., p. 192). Viterbo, aludindo à palavra *embargamento*, empregada no Prazo das Salzedas (1277), a tinha como embargo, impedimento, dúvida, oposição e embaraço (*apud* Conselheiro Cândido de Oliveira, prefácio à "Teoria e Prática dos Embargos", de C. de Oliveira Filho). De Plácido e Silva os define como "*todo e qualquer impedimento, obstáculo ou embaraço posto em prática por uma pessoa, a fim de que evite que outrem possa agir ou fazer alguma coisa, que não é do seu interesse ou que lhe contraria o direito*" ("Vocabulário Jurídico", Rio de Janeiro: Forense, 1957, vol. II, p. 581).

Vê-se que o vocábulo *embargos* possui, na terminologia processual, sentido multifário, proteiforme: o seu uso no singular pode, inclusive, guardar sinonímia com *arresto* (Cândido de Oliveira Filho, obra cit., p. 5).

Pessoalmente, conceituamos os embargos em tela como a ação do devedor, ajuizada em face do credor, no prazo e forma legais, com o objetivo de extinguir, no todo ou em parte, a execução, desconstituindo, ou não, o título em que esta se funda.

Façamos um breve comentário acerca do conceito ora enunciado.

Ação do devedor, porquanto os embargos que estamos a examinar não constituem modalidade de contestação, e sim de típica ação incidental aforada pelo devedor, podendo haver aí fase de conhecimento; *ajuizada em face do credor*, porque: a) a ação, como direito subjetivo público de impetrar-se a tutela jurisdicional do Estado, tem como sujeito passivo o próprio Estado e não o réu (logo, não é proposta "contra" este, e sim *em face* deste); b) a referência ao credor serve para demonstrar que os embargos em foco pressupõem a existência de processo *de execução*, a que se liga aquele; *no prazo e na forma legais*, na medida em que, conforme veremos oportunamente, os embargos (como de resto os atos processuais em geral) devem ser praticados no prazo e na forma prescritos em lei, sob pena de preclusão temporal ou de invalidade. No requisito formal se introduz o da garantia do juízo, de que fala o art. 884, *caput*, da CLT: *com o objetivo de extinguir, no todo ou em parte, a obrigação*, pois os embargos podem ter como finalidade eliminar a obrigação, como um todo, ou somente parte dela, segundo sejam os fundamentos apresentados pelo embargante; *desconsti-tuindo, ou não, o título executivo*, uma vez que, em alguns casos, os embargos não impugnam o título em que a execução se funda, e sim, p. ex., a ilegitimidade *ad causam* do credor, a incompetência do juízo, etc., casos em que o acolhimento dos embargos não implicará o desfazimento do título.

4. Embargos à penhora

Entende José Augusto Rodrigues Pinto haver "visível diferença conceitual e finalística" entre os embargos à execução e os embargos à penhora: com os primeiros, ataca-se a pretensão ao recebimento forçado do crédito; pelos segundos, impugna-se apenas e diretamente o ato de constrição(obr cit., p. 92), concluindo que, *"Por isso, pode o executado embargar a execução e a penhora ou somente a esta, a exemplo dos casos de excesso de penhora (apresamento de bens de patrimônio cujo valor ultrapasse o necessário à garantia da execução), de apresamento de bens impenhoráveis, etc." (ibidem).*

Do ponto de vista doutrinário, essa separação realizada pelo ilustre autor é aceitável; sob o ângulo técnico, porém, revela-se cerebrina.

Os únicos embargos oponíveis pelo devedor (agindo nessa qualidade) são *à execução,* jamais à penhora, mero ato integrante do universo executivo. Nem a CLT nem o CPC prevêem, em sentido estrito, a figura dos *embargos à penhora.* Inexistem mesmo razões jurídicas para destacar tal modalidade de embargos, pois o que importa é o fato de que essa ação do devedor constitui, teleologicamente, oposição, impedimento, embaraço à execução, *como processo.* Fosse, aliás, de prevalecer o critério de nominarem-se os embargos oferecidos pelo devedor de acordo com o seu objeto, é certo que teríamos de admitir figuras tão esdrúxulas como as dos embargos do juízo (por incompetência), do juiz (por suspeição), modificativos, impeditivos, extintivos, de nulidade e o mais.

Se o devedor deseja alertar ao juiz quanto ao eventual *excesso de penhora,* basta que lhe dirija simples petição nesse sentido, para que a penhora seja reduzida aos limites da obrigação, sendo inadequado deixar para fazê-lo no prazo de oferecimento de embargos à execução e com o arrevesado *nomen iuris* de embargos à penhora.

Não interessa, pois, qual seja o objeto particular dos embargos do devedor, e sim o objeto geral, *a execução.* Nem se confunda o excesso de penhora com o excesso de execução. Aquele, como vimos, pode ser denunciado por petição *simplex,* ao passo que este deve ser alegado na oportunidade dos embargos à execução, como dispõe o art. 525, do CPC, aplicável supletivamente ao processo do trabalho.

O mesmo se afirme quando o devedor pretender livrar do ato de apreensão judicial bens que a norma legal declara impenhoráveis (CPC, art. 833): é suficiente que vá à presença do juiz da causa e, por petição, lhe dê ciência da irregularidade.

De resto, é elementar que houve inadvertência do legislador trabalhista ao fazer referência aos "embargos à penhora" (CLT, art. 884, § 3.º); prevalecem, por isso, os apropriados *embargos à execução,* com que ele denominou a Seção III do Capítulo V do Título X. Fosse, a propósito, de pensarmos que o legislador estaria, aí, colimando instituir os embargos *à penhora,* para colocá-los ao lado dos *à execução,* haveríamos de concluir que a sentença de liquidação somente poderia ser impugnada na oportunidade dos embargos *à penhora,* porquanto é (apenas) a estes que o art. 884, § 3.º, da CLT faz alusão.

O que se poderia admitir, isto sim, é a existência de *embargos do devedor, tendo como objeto exclusivo a penhora.* A figura jurídica dos *embargos à penhora,* contudo, é, sob o ponto de vista do rigor técnico, criação arbitrária da doutrina. Na execução *provisória,* por exemplo, não devem ser admitidos embargos do devedor, típicos, pois essa fase da execução detém-se com a penhora, nos precisos termos do art. 899, *caput,* da CLT. Todavia, mesmo nesse tipo de execução poderiam ser admitidos embargos do devedor que se destinassem, exclusivamente, a discutir a legalidade, ou não, da penhora. Essa discussão prévia seria necessária para determinar se o juízo estaria, efetivamente, garantido, ou não, com vistas à futura (e provável) execução definitiva.

5. Natureza jurídica

Os embargos não correspondem à suposta modalidade de *contestação* do devedor, ainda que muitos não tenham percebido a dissimilitude desses embargos em confronto com a resposta que o réu sói oferecer no processo de conhecimento.

A contestação é, efetivamente, uma das *respostas* que o réu pode oferecer ao autor e às pretensões por ele deduzidas em juízo; mas, enquanto o réu responde *dentro* da mesma relação jurídica processual, o devedor faz com que os seus embargos instaurem uma *nova* relação processual, em que pese ao fato de sabermos que os embargos se apresentam, em regra, *conexos* com a execução.

Não sendo os embargos em pauta forma de contestação, qual, enfim, a sua natureza jurídica? Ora, visando tais embargos a desconstituir o título executivo em que se funda a execução ou a impedir que esta prossiga até o seu ponto de culminância, parece-nos inevitável dizer que, do ponto de vista do devedor, esses embargos trazem o nítido perfil de uma *ação constitutiva*, incidente na execução. O mesmo elemento de constitutividade far-se-á presente, em virtude disso, na sentença que *acolher* os embargos, pois estará, com isso, extinguindo ou modificando o título executivo; quando não, subtraindo-lhe a eficácia e os efeitos.

6. Classificação

A doutrina tem classificado os embargos do devedor segundo tenham por objeto:

a) o direito de execução ("opposizioni all'esecuzione"); e

b) os atos de execução ("opposizioni agli atti esecutivi").

No primeiro caso, o devedor se opõe, diretamente, às pretensões do credor, alegando, *e. g.*, pagamento, novação, prescrição, etc.; a impugnação se dirige, aqui, ao direito de ajuizar a execução forçada.

No segundo, o devedor contesta a regularidade formal do título, da citação, ou de qualquer outro ato sucessivo do processo, bem como a sua oportunidade. Não são embargos de *mérito*, e sim de *rito* ou de *forma*, podendo ser subdivididos em: 1.º) *embargos de ordem*, que se destinam à anulação do processo (ausência do direito de postular, inexistência de título executivo, etc.); 2.º) *embargos elisivos, supressivos ou modificativos dos efeitos da execução*, tendo como centro a impenhorabilidade, o benefício de ordem, o excesso de penhora, a litispendência, o direito de retenção, etc. (José da Silva Pacheco, obra cit., p. 589).

Com respeito a esta última classificação, devemos dizer que só se pode pensar em embargos elisivos, supressivos e o mais, para simples efeito de realçar-se a sua finalidade, sem que isso autorize a chamar-se esses embargos por tais nomes; pouco importando quais sejam os fins a que persigam, esses embargos jamais perderão o denominativo legal com que se identificam na estrutura do processo: embargos à execução.

7. Legitimidade

A legitimidade para oferecer embargos à execução é do *devedor*, vale dizer, daquele que figura no polo passivo da relação processual executiva; em geral, o devedor é a mesma pessoa (física ou jurídica) em face da qual o credor atuou, no processo de conhecimento, no qual foi emitida a sentença exequenda (título executivo). Por outro modo de expressão: o legitimado para oferecer os embargos de que estamos a cuidar é o vencido na ação cognitiva, por força da sentença condenatória.

Quem possui legitimidade para responder, como réu, no processo de conhecimento também a tem para opor embargos, como devedor; assim, podem ser incluídos nesse grupo também: a) o Ministério Público, nos casos previstos em lei; b) o espólio, os herdeiros ou os sucessores do credor, sempre que, por morte deste, lhes for transmitido o direito decorrente do título executivo; c) o cessionário, quando o direito oriundo do título executivo lhe foi transferido por ato entre vivos; d) o sub-rogado, nos casos de sub-rogação legal ou convencional (CPC, art. 778, § 1.º, I a IV).

Enfim, o que escrevemos, na Seção IX, a respeito da legitimação passiva para a execução se aplica agora à legitimidade para ajuizar a ação constitutiva de embargos à execução; por esse motivo, remetemos o leitor àquele capítulo do livro.

Das considerações acima formuladas decorre a ilação de que o terceiro que não seja parte nesse processo nem responsável pelo adimplemento da obrigação não tem legitimidade para oferecer embargos, na qualidade de devedor; afinal, se *nada deve* falta-lhe não apenas legitimidade, mas também interesse processual (CPC, art. 17), devendo, por isso, ser declarado carecedor da ação. Não se está sustentando que se o terceiro tiver o seu patrimônio afetado por algum ato executivo (penhora) o ordenamento jurídico não lhe coloca ao alcance nenhum instrumento para promover a defesa dos seus direitos e interesses. Esse instrumento existe: são os denominados "embargos de terceiro" (CPC, arts. 674 a 681), procedimento especial de que nos ocuparemos mais adiante. O que pretendemos deixar claro é que, se esse terceiro sofrer turbação ou esbulho na posse de seus bens, incidirá em erro grosseiro se eleger a via inadequada dos embargos *do devedor*, exceto se, por uma razão essencialmente particular, entenda ser conveniente optar por esse remédio.

Em resumo, estão legitimados para oferecer os embargos previstos no art. 884 da CLT não só o *devedor*, em sentido estrito, mas todos aqueles que, por uma razão ou outra, sejam legalmente responsáveis pelo adimplemento da obrigação, embora possam não ter participado da relação jurídica de direito material, reconhecida pela sentença exequenda. O próprio mandado executivo de citação identifica o devedor, ao mesmo tempo em que define a sua legitimidade para efeito de opor-se, mediante embargos que lhe são característicos, à execução forçada. O auto de constrição de bens reafirma essa legitimidade.

O cônjuge, que não seja parte na execução, e que pretender defender a posse de bens dotais, próprios, reservados ou de sua meação, deve fazer uso não dos embargos do devedor e sim dos embargos de terceiro, como iremos demonstrar mais adiante.

8. Competência

No processo do trabalho, em princípio, será competente para realizar a execução forçada de título judicial o juízo que emitiu a sentença exequenda (CLT, art. 877), seja esta condenatória ou homologatória de transação, a que o réu deixou de cumprir (*ibidem*).

Incidiria, contudo, no processo do trabalho, a regra do art. 516, parágrafo único, do CPC, segundo a qual *"o exequente poderá optar pelo juízo do atual domicílio do executado, pelo juízo do local onde se encontrem os bens sujeitos à execução ou pelo juízo do local onde deva ser executada a obrigação de fazer ou de não fazer, casos em que a remessa dos autos do processo será solicitada ao juízo de origem"*? Em rigor, não, porquanto a CLT não é omissa sobre o tema, como vimos (art. 877). Entrementes, se isso for do interesse do credor e menos oneroso ao devedor, pensamos que a jurisprudência poderia admitir a incidência da precitada norma do processo civil.

Para a execução de título extrajudicial será competente o juízo em cuja jurisdição se situa a Comissão de Conciliação Prévia, na qual foi assinado o termo de transação; ou do juízo em que se situa a sede da Procuradoria Regional do Trabalho, em cujos autos do procedimento foi assinado o termo de ajustamento de conduta. A critério do credor, todavia, poder-se-ia adotar a regra constante dos incisos I a V, do art. 781, do CPC: "I – a execução poderá ser proposta no foro de domicílio do executado, de eleição constante do título ou, ainda, de situação dos bens a ela sujeitos; II – tendo mais de um domicílio, o executado poderá ser demandado no foro de qualquer deles; III – sendo incerto ou desconhecido o domicílio do executado, a execução poderá ser proposta no lugar onde for encontrado ou no foro de domicílio do exequente; IV – havendo mais de um deve-dor, com diferentes domicílios, a execução será proposta no foro de qualquer deles, à escolha do exequente; V – a execução poderá ser proposta no foro do lugar em que se praticou o ato ou em que ocorreu o fato que deu origem ao título, mesmo que nele não mais resida o executado". Flexibilizamos, assim, nosso entendimento manifestado no livro "Comentário ao Novo código de Processo Civil" (São Paulo, Editora LTr, 2.ª ed., 2016, p. 868).

Tema que provocou, entretanto, intensa convulsão na doutrina e na jurisprudência dizia respeito à competência para apreciar os embargos do devedor, na execução mediante carta precatória.

A origem da cinca estava na expressão anfibológica "juízo requerido", constante da primitiva redação do art. 747 do CPC de 1973, ao qual o legislador cometeu com-petência para decidir os embargos em questão. O que se deveria entender por "juízo requerido": aquele a quem o credor *solicitou* a execução do título, ou aquele a quem se *deprecou* a realização de certos atos executivos, como a penhora?

Na verdade, o estudo dos trabalhos legislativos que antecederam à edição da Lei n. 5.869, de 11 de janeiro de 1973, instituidora daquele Código de Processo Civil, revelava a indisfarçável intenção de atribuir-se ao juízo *deprecado* a competência para solucionar os embargos do devedor; tanto isto é certo que o art. 795 do anteprojeto dispunha: "*Na execução por carta, os embargos do devedor serão oferecidos, impugnados e decididos pelo juízo de situação da coisa*"; esse artigo fazia expressa remissão ao 705 do mesmo anteprojeto, que assim estatuía: "*se o devedor não tiver bens no foro da causa, far-se-á a execução por carta, penhorando-se, avaliando-se e vendendo-se os bens no foro da situação*". Essas redações foram alteradas pelo Congresso Nacional, que, retirando o adjetivo *deprecado*, colocou em seu lugar o dubitativo *requerido*, permitindo, com essa imprecisão terminológica, o estabelecimento de acirrada controvérsia doutrinária e jurisprudencial, cujas consequências repercutiam no processo do trabalho, que, diante da omissão da CLT sobre a matéria, invocava, em caráter supletório, o art. 747 do CPC de 1973.

Forremo-nos, entretanto, de revelar os argumentos em que se apoiavam as correntes de opinião contrapostas, no afã de demonstrar, uma, que a competência era do juízo *deprecante;* outra, que competia ao *deprecado* julgar os embargos do devedor. Sucede que essa polêmica deixou de apresentar qualquer relevância para o processo do trabalho com o advento da Lei n. 6.830/80, que dispôs sobre a cobrança judicial da dívida ativa da Fazenda Pública. Essa norma legal, de incidência neste processo especializado, *ex vi* do art. 889 da CLT, estabelece, em linguagem translúcida, que, "*Na execução por carta, os embargos do executado serão oferecidos no juízo deprecado, que os remeterá ao juízo deprecante, para instrução e julgamento*" (art. 20, *caput*). A contar da vigência dessa norma legal forânea, conseguintemente, definiu-se a competência para o julgamento dos embargos do devedor quando a execução se processa por meio de carta precatória: a) tais embargos devem ser oferecidos no juízo deprecado, que b) os encaminhará ao deprecante, para efeito de instrução e julgamento. Recebidos os autos, incumbirá ao deprecante, antes de instruir os embargos, intimar o credor para que os impugne no prazo de cinco dias (CLT, art. 884, *caput*).

Quando, porém, os embargos do devedor tiverem por objeto vícios ou irregularidades de atos praticados pelo próprio juízo deprecado, a este caberá, exclusivamente, o julgamento dessa matéria (Lei n. 6.830/80, art. 20, parágrafo único).

Constata-se, portanto, que a mencionada norma legal estabeleceu um *princípio* (compete ao juízo deprecante instruir e julgar os embargos do devedor, na execução mediante carta) e uma *exceção* (salvo se os embargos versarem sobre vícios ou irregularidades de atos do juízo deprecado, hipótese em que a instrução e o julgamento a este competirão). O princípio e a exceção, de que falamos, implicaram, por outro lado, uma indesejável fragmentação da competência, com repercussões práticas algo tumultuantes, pois, desejando o devedor impugnar não só o título executivo (se este for o caso), mas atacar certos atos procedimentais realizados pelo juízo deprecado, de duas uma: a) ou elabora apenas *uma* peça de embargos, contendo *ambas* as matérias, de tal modo que um dos juízos decidirá *parte* dos embargos, remetendo, após, os autos ao outro, a fim de que decida a parte restante; b) ou apresenta *dois* embargos, em peças distintas, permanecendo um no juízo deprecado, que os julgará, sendo outro encaminhado ao deprecante, para idêntica finalidade.

Não nos parece recomendável a adoção do primeiro procedimento (a), pois da sentença proferida pelo juízo deprecado — em relação à parte dos embargos que lhe competia — poderá ser interposto agravo de petição, fazendo com que o deprecante só venha a julgar a parte restante quando do trânsito em julgado do acórdão pertinente ao referido recurso. Situação não menos anômala seria remeter os autos ao juízo deprecante, logo após a prolação da sentença, pelo deprecado, que somente poderia ser impugnada mediante recurso na mesma oportunidade em que o fosse a proferida pelo juízo deprecante. Torna-se aconselhável, pelas razões apresentadas, que o devedor elabore (no exemplo de que estamos a cogitar) duas petições de embargos, levando em conta a diversidade de competência dos juízos, protocolando ambas no deprecado, que reterá a que encerrar matéria de sua competência (para instruir e julgar esses embargos), encaminhando ao deprecante a que disser respeito à competência deste. Com isso, serão contornadas as dificuldades que, inevitavelmente, decorreriam da apresentação de uma só peça de embargos, onde um dos juízos apenas poderia proferir decisão depois que o outro o fizesse. A diversidade de peças justificará a diversidade de sentenças e, acima de tudo, a possibilidade de uma ser executada independentemente da outra, exceto se houver, entre elas, um nexo que impeça essa autonomia executória.

O art. 20 da Lei n. 6.830/80 consagrou, aliás, a orientação jurisprudencial cristalizada na Súmula n. 32 do extinto Tribunal Federal de Recursos, depois convertida na Súmula n. 46, do atual STJ.

Posteriormente, a Lei n. 8.953/94 modificou a redação do art. 747 do CPC de 1973, dele expungindo o primitivo senso dubitativo, para clarificar que na execução mediante carta os embargos serão *oferecidos* no juízo deprecante *ou* no deprecado, mas a competência para *julgá-los* é do juízo deprecante (princípio), salvo se versarem unicamente sobre vícios ou defeitos da penhora, avaliação ou expropriação dos bens (exceção), hipótese em que competirá ao juízo deprecado o julgamento dessa matéria. Como se percebe, a redação deste dispositivo do CPC inspirou-se na do art. 20, da Lei n. 6.8309/80.

Essa linha de entendimento foi preservada pelo CPC de 2015, conforme demonstra o art. 914, § 2.º: "*Na execução por carta, os embargos serão oferecidos no juízo deprecante ou no juízo deprecado, mas a competência para julgá-los é do juízo deprecante, salvo se versarem unicamente sobre vícios ou defeitos da penhora, da avaliação ou da alienação dos bens efetuadas no juízo deprecado*".

A impugnação à sentença de liquidação (pelo credor ou pelo devedor) deverá, no entanto, ser sempre apresentada ao juízo *deprecante*, que a apreciará. Cabe a este, pois, providenciar para que tal direito das partes não seja tolhido quando a competência for, exclusivamente, do deprecado, no que atine ao julgamento dos embargos do devedor.

Vimos, até aqui, o problema da competência para apreciar embargos do devedor quando a execução se processe por intermédio de carta precatória. Cabe-nos perquirir, agora, quanto à competência para solucionar os embargos oferecidos *por terceiro*, na execução mediante carta.

Estabelece o art. 676, do CPC: 'Os embargos serão distribuídos por dependência ao juízo que ordenou a constrição e autuados em apartado. Parágrafo único. Nos casos de ato de constrição realizado por carta, os embargos serão oferecidos no juízo deprecado, salvo se indicado pelo juízo deprecante o bem constrito ou se já devolvida a carta".

Algumas nótulas se tornam necessárias, em face dessa dicção legal.

Por primeiro, sendo os embargos em apreço ação autônoma, de caráter incidental e de conteúdo cognitivo, implicaria ofensa à sua natureza e aos seus objetivos o serem introduzidos nos mesmos autos dos quais se originou o ato de apreensão judicial; daí por que o Código, respeitando essa especificidade onto-teleológica, impôs a sua distribuição por dependência e sua autuação em separado.

A autonomia desses embargos pode ser aferida, p. ex., pelo fato de eventual extinção do processo de execução, proveniente de desistência manifestada pelo credor (CPC, art. 775), não obstar a sobrevivência dos embargos, em seu escopo de obter um provimento jurisdicional que proteja a posse que está a ser molestada por ato judicial.

A distribuição dos embargos de terceiro, por dependência, justifica-se pela conexão existente entre eles e a ação principal (CPC, art. 55). Não são raros, a propósito, os casos em que o juiz, por força da sentença proferida nos embargos, se vê obrigado a reapreciar certos atos que praticara no processo principal, em virtude da repercussão aqui provocada por aquela decisão.

Por segundo, a assertiva legal de que tais embargos tramitarão perante o *juiz que ordenou a apreensão* poderia levar à inferência de que esses embargos apenas seriam oponíveis quando se verificasse a efetiva turbação ou esbulho da posse; conclusão nesse sentido seria equivocada, pois é bastante para o exercício desse direito de ação que haja um *iminente risco* de apreensão judicial de bens.

No mais, as disposições do *caput* do art. 676 do CPC devem ser conjugadas com o parágrafo único da mesma norma, de tal modo que, na execução mediante carta, os embargos de terceiro serão aforados no juízo deprecado, e aí distribuídos por dependência, exceto se os bens apreendidos tenham sido indicados pelo deprecante, hipótese em que os embargos serão ajuizados perante este e aí decididos.

É certo que isso poderá acarretar algumas dificuldades de ordem prática, como quando todos os bens forem penhorados pelo juízo deprecado, embora apenas parte deles tenha sido indicada pelo deprecante. Nesse caso, haveria, em rigor, dois embargos do mesmo terceiro: um, relativo aos bens apontados pelo juízo deprecante; outro, pertinente aos bens apreendidos pelo deprecado. Nada impede, entrementes, que a doutrina e a jurisprudência, em situações que tais, estabeleçam a regra de que os embargos deverão ser um só, abarcando, pois, a todos os bens constritos, sendo competente para apreciá-los, unicamente, o deprecado, porquanto esse é o princípio que se irradia da norma legal em exame. Com isso, evitar-se-ão certos transtornos de ordem prática, derivantes da oposição de dois embargos pelo mesmo terceiro, que poderão trazer consequências tumultuárias para o procedimento, além de retardar, sobremaneira, a satisfação do direito do credor-exequente.

9. Prazo

No sistema do processo do trabalho, é de cinco dias o prazo para o oferecimento de embargos. Na vigência do CPC de 1973, afirmamos que esse prazo seria aplicável, por igual, à Fazenda Pública, levando em conta as disposições aplicáveis à matéria.

Com o advento do CPC de 2915, no entanto, fomos levados a rever a nossa opinão. Realmente, seja para efeito de impugnar o cumprimento da sentença (CPC, art. 535), seja para oferecer embargos à execução fundada em título extrajudicial (CPC, art. 910), a Fazenda Pública passou a ter o prazo de trinta dias.

Esse é, também, o prazo a ser observado no processo do trabalho.

No processo do trabalho, o prazo para a apresentação de embargos, pelo devedor, passa a fluir da intimação da penhora. Sendo assim, o devedor terá o prazo de cinco dias para embargar a execução, passando o prazo a ser contado da intimação da penhora, pois o exercício do direito de opor-se à execução está condicionado à prévia garantia do juízo, ou ao apresamento judicial de bens, quantos bastem para o pagamento do principal e seus acréscimos, além de honorários, custas, emolumentos e de outras despesas processuais (CPC, art. 831).

O assunto está, no entanto, a exigir comentários mais detalhados, pois o critério para a fixação do *dies a quo* do quinquídio legal destinado ao oferecimento de embargos à execução não pode ser uniformemente formulado.

Com efeito, se o Estado apreende bens do devedor, no exercício do seu poder de império, o prazo para o ingresso dos embargos em exame, no processo do trabalho, fluirá da data em que o devedor for intimado da penhora. Se, contudo, os bens são *nomeados* pelo devedor, não há que se pensar em intimação da penhora, passando o prazo para os embargos a fluir da data em que for lavrado o correspondente *termo* de nomeação. Quando o devedor, por sua iniciativa, deposita (em conta de rendimento) o valor expresso no mandado executivo (não para efeito de pagamento), o prazo para o oferecimento de embargos é contado da data em que o depósito foi realizado, pois feriria o senso lógico imaginar que o devedor devesse ser intimado (= cientificado) de um ato que ele próprio praticou e do qual, por isso, tem ciência plena.

Na execução por carta, o prazo para embargar corre a partir da intimação da penhora (pelo juízo deprecado), e não da juntada da precatória aos autos da execução.

Havendo diversos devedores, num mesmo processo, e tendo sido penhorados bens, digamos, de apenas um deles, em valor suficiente para responder ao crédito do exequente, a intimação da penhora deverá ser feita somente a este devedor, ou também aos demais, aos quais o ato de apreensão não atingiu? O assunto é, deveras, controvertido. Poder-se-ia argumentar que os demais devedores também deveriam ser intimados, a fim de que também oferecessem embargos à execução, sem necessidade de nova garantia do juízo. O fundamento dessa opinião seria, por suposto, o art. 117, do CPC, segundo o qual os litisconsortes — exceto no regime unitário — serão considerados, em suas relações com a parte contrária, como litigantes distintos, de tal forma que os atos e as omissões de um não prejudicarão dos demais, *embora os possam beneficiar*. Pois bem. Para já, eliminemos a possibilidade de dessa norma do processo civil ser aplicada nos regimes litisconsorciais do tipo *simples* (que se opõe ao unitário). No sistema do processo do trabalho devemos repetir a incidência dessa norma também no litisconsórcio unitário. Aliás, para ser essa a disciplina do próprio CPC, a considerar o disposto no seu art. 915, § 1.º: "*Quando houver mais de um executado, o prazo para cada um deles embargas conta-se a partir da juntada do respectivo comprovante de citação* (...)". Não sendo, o devedor, proprietário dos bens oferecidos em garantia da execução, seria temerário aceitarem-se os seus embargos, isoladamente, pois estes poderiam consistir em mero pretexto para tumultuar a execução e procrastiná-la. Aceitarem-se embargos pelo devedor que não teve bens penhorados seria, em última análise, permitir que alguém resistisse à execução em atitude largamente privilegiada, em relação ao que sofreu a penhora, porquanto estaria dispensado do encargo de garantir o juízo. Estamos pressupondo que os devedores apresentem matérias distintas, a fundamentar os seus embargos, daí o caráter temerário de aceitar-se essa oposição por parte de quem não teve bens penhorados. Caso, porém, os diversos devedores ofereçam um argumento comum, podem ser admitidos os embargos opostos por aquele que teve o seu patrimônio intocado pelo Estado-Juiz.

O princípio a ser destacado, portanto, diz da autonomia dos embargos oferecidos, individualmente, pelos co-devedores, uma vez que, no geral, não se imbricam as matérias neles ventiladas; apenas em situações excepcionais é que se verifica esse entrelaçamento temático, ou mesmo a sua plena identidade.

Na bem elaborada resenha de Theodoro Júnior: 1) a ação de cada devedor é particular, não estando subordinada a regime litisconsorcial ou à concordância dos demais co--devedores; 2) o prazo para embargar é individual e surge, para cada devedor, a partir da intimação pessoal da penhora sobre seus bens; 3) o fato de não haverem sido citados todos os devedores é despiciendo, por não ser condição para o prosseguimento da execução sobre os bens dos demais, de modo que aquele que já sofreu a penhora tem de ajuizar logo seus embargos, sem levar em conta a situação dos outros co-devedores; 4) a autonomia dos embargos de cada devedor, e da particularidade de não se tratar de contestação, nem de simples fala nos autos, torna inaplicável à espécie a contagem de prazo em dobro quando vários são os devedores e diversos os seus advogados (CPC, art. 191). (obra cit., p. 349)

9.1. Pagamento da dívida no prazo para embargos

Estabelece o CPC:

Art. 916. No prazo para embargos, reconhecendo o crédito do exequente e comprovando o depósito de trinta por cento do valor em execução, acrescido de custas e de honorários de advogado, o executado poderá requerer que lhe seja permitido pagar o restante em até 6 (seis) parcelas mensais, acrescidas de correção monetária e de juros de um por cento ao mês.

§ 1.º O exequente será intimado para manifestar-se sobre o preenchimento dos pressupostos do *caput*, e o juiz decidirá o requerimento em 5 (cinco) dias.

§ 2.º Enquanto não apreciado o requerimento, o executado terá de depositar as parcelas vincendas, facultado ao exequente seu levantamento.

§ 3.º Deferida a proposta, o exequente levantará a quantia depositada, e serão suspensos os atos executivos.

§ 4.º Indeferida a proposta, seguir-se-ão os atos executivos, mantido o depósito, que será convertido em penhora.

§ 5.º O não pagamento de qualquer das prestações acarretará cumulativamente:

I – o vencimento das prestações subsequentes e o prosseguimento do processo, com o imediato reinício dos atos executivos;

II – a imposição ao executado de multa de dez por cento sobre o valor das prestações não pagas.

§ 6.º A opção pelo parcelamento de que trata este artigo importa renúncia ao direito de opor embargos.

§ 7.º O disposto neste artigo não se aplica ao cumprimento da sentença.

Comentemos essas disposições.

Caput. Há parcial correspondência com o art. 745-A do CPC de 1973.

A norma em tela constitui uma espécie de *moratória* para o devedor, pela qual poderá pagar em parcelas a dívida, desde que, no prazo de embargos à execução, a reconheça como devida. Optando por esse parcelamento, estará precluso (preclusão lógica) o seu direito de oferecer embargos à execução.

A medida é conveniente para o credor, que poderá receber o que lhe é devido muito antes do que receberia se o devedor embargasse a execução; ao devedor, porque lhe permite fazer uma programação para cumprir os seus compromissos financeiros em geral, sejam judiciais ou não. E, de certa forma, para o próprio juiz, que não terá de julgar embargos à execução.

A CLT é omissa sobre o tema.

O § 6.º, do art. 9.º, da Lei n. 6.830/80 estabelece que o executado *"poderá pagar parcela da dívida, que julgar incontroversa, e garantir a execução do saldo devedor"*. Não há, portanto, previsão para o *parcelamento* do débito. Tecnicamente (CLT, art. 889), inexiste espaço (lacuna) para a incidência do art. 916, do CPC, no processo do trabalho.

Entrementes, considerando que o parcelamento da dívida é algo que, conforme esclarecemos há pouco, possa interessar não apenas ao devedor, mas ao próprio credor (CPC, art. 797), e que, na prática, têm sido frequentes os casos em que as partes transacionam no processo de execução, pensamos ser possível aplicar-se ao processo do trabalho o art. 916, do CPC, a despeito do art. 9.º, § 6.º, da Lei n. 6.830/80. Embora o dispositivo em exame, do CPC, não condicione esse parcelamento à concordância do autor, é recomendável que, no processo do trabalho, o juiz fixe prazo para o credor manifestar-se acerca do parcelamento requerido pelo devedor, pois, em razão disso, o credor poderá fornecer ao magistrado elementos de convicção de que este se poderá valer como fundamento para deferir ou indeferir o requerimento. O contraditório, aliás, mais do que uma tradição em nosso meio, é uma garantia constitucional (CF, art. 5.º, inciso LV).

Desse modo, mesmo no processo do trabalho o devedor, no prazo para embargar: a) poderá reconhecer o crédito do exequente; b) deverá comprovar o depósito de trinta por cento do valor em execução, aqui incluídos os honorários do advogado, do perito, as custas e outras despesas constantes do mandado, após o que requererá que o pagamento do saldo seja efetuado em até seis parcelas mensais, corrigidas monetariamente e acrescidas dos juros da mora legais. O juiz ouvirá o credor a respeito, no prazo que lhe assinar, decidindo em seguida.

Duas observações complementares são necessárias: a) se o devedor reconhecer o crédito do exequente estará renunciando ao direito de oferecer embargos à execução, porquanto as duas atitudes são processualmente incompatíveis, sob aspecto lógico; b) por outro lado, a lei afirma que a manifestação do devedor deverá ser feita no prazo para a apresentação de embargos. Sendo assim, decorrido o prazo para embargar, o devedor já não poderá requerer o mencionado parcelamento. Aqui, no entanto, surge uma questão instigante: se o devedor deixar passar em branco o prazo para embargar não poderá, posteriormente, requerer o pagamento parcelado da dívida, máxime nos casos em que não disponha de bens penhoráveis? Se houver concordância do credor quanto a isso, não vemos razão insuperável para o juiz negar esse parcelamento, que atende ao interesse comum das partes.

A não se acatar a sugestão que formulamos, as disposições do art. 916 do CPC correrão o risco de ser transformadas em letra morta, pois dificilmente o devedor sentir-se-á motivado a reconhecer a dívida e a requerer o pagamento parcelado do saldo, se souber que se o seu requerimento for indeferido terá perdido o prazo para embargar a execução.

Cabe, aqui, um esclarecimento: o art. 916, *caput*, do CPC, estabelece que, no prazo para o oferecimento dos embargos, o devedor, que reconhecer a dívida, deverá efetuar o depósito correspondente a trinta por cento do valor da execução e requerer o pagamento parcelado do restante em até seis prestações mensais. Se esse requerimento for deferido, nenhum problema daí advirá, quanto aos embargos à execução, porque o executado, ao reconhecer a dívida, terá renunciado ao direito de resistir juridicamente aos atos executórios — hipótese em que levantará a quantia que havia depositado (*ibidem*, § 1.º). Problema haverá, contudo, se esse requerimento vier a ser *indeferido*: nesse caso, o devedor não poderá oferecer embargos à execução e terá de pagar a dívida de imediato? Por uma questão de justiça e de bom senso, entendemos que se o juiz indeferir o requerimento de pagamento parcelado do saldo devedor, deverá intimá-lo não apenas para dar-lhe ciência do fato, mas para que complemente a garantia do juízo (pois teria depositado, apenas, trinta por cento do valor desta) e, depois disso, ofereça embargos à execução, no prazo de cinco dias. Convém observar que, no caso de indeferimento do pedido de parcelamento, a quantia depositada pelo devedor será mantida, prosseguindo-se com a execução.

Esta é uma razão a mais para que o Juiz do Trabalho ouça, previamente, o credor, quando o devedor requerer o pagamento parcelado do débito.

Como se nota, não são apenas razões de ordem prática, mas, também, de foro *ético* que impõem ao juiz esse procedimento, sempre que indeferir o requerimento de pagamento parcelado da dívida, formulado pelo executado. Afinal, o art. 916 do CPC, não pode converter-se em uma esparrela armada pelo sistema para ludibriar devedores incautos, mas bem-intencionados.

§ 1.º Para efeito do disposto no *caput* do art. 916, o exequente será intimado para manifestar-se. Cumprirá ao juiz decidir o requerimento no prazo de cinco dias.

§ 2.º Enquanto não for apreciado o requerimento, o executado deverá depositar as parcelas vincendas, facultando-se ao exequente levantá-las.

§ 3.º Se o requerimento do devedor for acolhido, o juiz autorizará o exequente a levantar a quantia depositada e suspenderá o processo.

§ 4.º Se a proposta do devedor for rejeitada, o processo executivo retomará de imediato o seu curso e o depósito será convertido em penhora.

§ 5.º Se o devedor, sem justificado motivo legal, deixar de pagar quaisquer das prestações ocorrerão, de maneira cumulativa, os fatos enumerados nos incisos I e II.

Inciso I. O vencimento das prestações subsequentes e a continuidade do processo, com imediato início dos atos executivos. É oportuno recordar a regra constante do art. 891 da CLT: no caso de prestações sucessivas por prazo determinado, a execução pelo não pagamento de uma prestação compreenderá as que lhe sucederem.

Inciso II. Imposição de multa de dez por cento sobre o valor das prestações não pagas. Não se tratando, na espécie, de *transação*, a mencionada penalidade pecuniária não constitui aquela cláusula penal que é costumeiramente inserida nas transações realizadas no âmbito da Justiça do Trabalho e cujo percentual, conquanto possa ser superior a dez por cento, não pode exceder ao valor do principal (CC, art. 412).

§ 6.º Na vigência do CPC de 1973, tinha-se como *tácita* a renúncia ao prazo para embargar quando o devedor reconhecesse o crédito do exequente, para efeito de obter o pagamento parcelado da dívida. No sistema do CPC atual há norma expressa sobre o assunto: a opção do devedor pelo parcelamento da dívida implica renúncia ao direito de oferecer embargos à execução. Ressalve-se, todavia, o nosso entendimento de que se o requerimento for indeferido o juiz deverá permitir ao devedor complementar a garantia do juízo e, isso feito, intimá-lo para o oferecimento de embargos à execução. A não se pensar assim, o devedor estaria desestimulado a formular requerimento dessa natureza, fazendo com que, na prática, se tornasse letra morta o art. 916 do CPC.

§ 7.º As normas constantes do art. 916 não são aplicáveis ao cumprimento da sentença — embora sejam aplicáveis, no processo do trabalho, à execução por quantia certa.

10. Garantia do juízo

A garantia do juízo representa requisito indispensável ao regular exercício do direito de o devedor oferecer embargos à execução, como declara, em linguagem inequívoca, a norma legal (CLT, art. 884, *caput*). No processo do trabalho, somente estão dispensados desSe depósito a Fazenda Pública, a massas falida (TST, Súmula n. 86), e as entidades filantrópicas "e/ou aqueles que copõem ou compuseram a diretoria dessas insteituições" (CLT, art. 884, § 6.º).

Desejando, pois, o devedor opor-se à execução, por meio do instrumento adequado dos embargos, deverá, antes disso, segurar o juízo, vale dizer, garantir a execução, seja depositando, à ordem do juízo, a quantia expressa no mandado, seja nomeando à penhora bens livres e desembargados, suficientes ao pagamento da dívida, com os acréscimos legais, seja, ainda, mediante a apresentação de seguro-garantia judicial (CLT, art. 882).

Devemos manifestar, todavia, a nossa discordância de uma incipente corrente jurisprudencial, conforme a qual não há necessidade de a vigência da apólice referente ao seguro-garantia judicial ficar vinculada à duração do processo de execução. O argumento dessa linha de jurisprudência é de que a aludida vinculação não consta dos arts. 832 e 899, § 11, da CLT. *Data venia*, esse argumento soa a simplismo. A vinculação de que estamos a tratar decorre do bom senso: afinal, como a execução teria, efetivamente, assegurado o seu sucesso, se a apólice deixasse de viger muito antes de o credor receber o que lhe é devido? Como se pode admitir que a garantia cesse antes do adimplemento da obrigação que dá conteúdo ao título executivo? Em rigor, não haveria garantia alguma, mas, tão somente, uma *aparente* garantia. O bom senso de que falamos é o mesmo que fez com que, na interpretação do § 11 do art. 899, da CLT, a doutrina e a jurisprudência concluíssem que o depósito pecuniário, previsto nesse preceptivo legal, somente é exigível ao réu, nunca ao autor.

O art. 835, § 2.º, do CPC, também permite o oferecimento de seguro-garantia judicial, "desde que em valor não inferior ao do débito constante da inicial, *acrescido de trinta por cento*" (destacamos). O processo do trabalho, conforme vimos, não é omisso sobre o assunto: o art. 882, da CLT, prevê a possibilidade de oferecimento de seguro-garantia judicial – sem exigir, todavia, que corresponda ao valor do débito, acrescido de trinta por cento. Eventual exigência, por parte do juiz do trabalho, quanto a esse acréscimo, justificaráa impetração de mandado de segurança, pois estará satisfeito o pressuposto legal do "direito líquido e cert". É em vista de situações como essa que se deve afastar o agravo de petição para ceder espaço ao *mandamus*.

Não se aplica ao processo do trabalho, portanto, a regra dos arts. 525, *caput*, e 914, *caput*, do CPC, que, para efeito de impugnação à sentença e de embargos à execução, respectivamente, dispensam a garantia do juízo. No sistema do processo do trabalho, essa garantia será sempre exigível, pouco importando que se trate de execução calcada em título judicial ou extrajudicial (CLT, art. 884, *caput*).

Mesmo não sendo os embargos do devedor recurso (ou contestação), e sim *ação constitutiva*, justifica-se a exigência de garantia eficiente do juízo em virtude da autoridade e da força da coisa julgada material, subsumida na sentença exequenda. No processo de conhecimento, a lei não impõe ao réu — para efeito de admissibilidade da resposta que venha a oferecer — a garantia do juízo porque o direito está aí sendo *disputado* pelas partes, não sendo razoável (e quanto menos jurídico), por esse motivo, criar-se um encargo patrimonial a um dos litigantes, sem que existisse qualquer sentença condenatória, ou seja, declaratória de que o direito pertence à parte contrária. Proferida a sentença condenatória, o réu, caso tencione dela recorrer, deverá efetuar o depósito de que trata o art. 899, § 1.º, da CLT, embora limitado ao valor, periodicamente, fixado pelo TST. Na execução, o que se tem é um direito já reconhecido, definitivamente, em prol do credor e que se exterioriza sob a forma de dívida certa e quantificada, a que o devedor será chamado a solver no prazo legal. É precisamente essa certeza do direito e sua imutabilidade (na mesma relação jurídica processual) que justifica a exigência legal no sentido de que o devedor, colimando embargar a execução, garanta o juízo, mediante o depósito, à ordem deste, da quantia constante do mandado, ou indique bens a serem apreendidos pelo órgão judiciário competente.

Conquanto estes nossos argumentos hajam pressuposto a execução estribada em título *judicial* — que é a mais frequente no âmbito da Justiça do Trabalho —, a exigência de garantia da execução, quando fundada em título *extrajudicial*, vem, não apenas, da natureza do título que a legitima, mas, acima, de tudo, da inequívoca dicção do, várias vezes, mencionado art. 884, *caput*, da CLT, que impõe essa garantia, sem fazer qualquer distinção quanto ao título em que se baseia a execução.

Sendo os embargos acolhidos, o dinheiro será restituído ao devedor, ou a penhora levantada, conforme seja o caso.

Cremos que a locução "garantia do juízo" (ou da execução) deve ser sempre interpretada segundo a acepção que o seu senso literal sugere. Com isto, estamos afirmando que o juízo só estará realmente *garantido* se o valor depositado ou bens nomeados à penhora forem suficientes para satisfazer, de maneira *integral*, o direito do credor (principal, correção monetária, juros da mora, etc.), assim como as despesas processuais *lato sensu* (custas, emolumentos, honorários periciais, etc.). Desse modo, se o depósito ou o valor dos bens oferecidos for inferior ao da dívida e seus acréscimos, o juízo não estará, em rigor, *garantido*, motivo por que os embargos não devem ser admitidos. Pela mesma razão que a *penhora* deve ser *bastante*, como determina o art. 831, do CPC, deverá sê-lo o depósito ou o bem dado em penhora; diríamos até que, por mais forte razão, a garantia do juízo deve ser integral, porquanto é requisito *sine qua non* para o exercício do direito de resistir, juridicamente, à execução forçada. Certo segmento da jurisprudência vem, contudo, em atitude de perigosa tolerância, permitindo que o devedor embargue a execução mesmo que o valor do depósito ou dos bens penhorados não seja suficiente para satisfazer o direito do credor em sua plenitude. Pouco importa, em nossa opinião, que o devedor não possua outros bens para nomear à penhora, pois a *ação constitutiva* de embargos somente poderá ser por ele aforada, *segundo a lei vigente*, se o juízo estiver assegurado; e garantir o juízo significa, por outra forma de expressão, depositar dinheiro ou oferecer bens cujo valor seja bastante para atender ao direito do credor, abrigado no título executivo.

É por essa mesma razão que, conforme dissemos há pouco, havendo diversos devedores (em um mesmo processo), só deverão ser admitidos os embargos (individualmente oferecidos) daqueles em relação aos quais houve penhora ou garantia do juízo. Permitir, na situação em foco, que sejam admitidos os embargos dos devedores que não garantiram a execução seria não só perpetrar ofensa à letra e ao espírito da norma legal, como render oportunidade a que tenham êxito certas velhacadas postas em prática por maus devedores, consistente em opor-se, maliciosamente, à execução, sem o encargo de colocar parte de seu patrimônio à disposição do juízo. Além disso, o acolhimento dos embargos opostos por quem garantiu a execução faria com que fosse beneficiado aquele que a ela resistiu sem sofrer qualquer inflexão estatal em seu patrimônio.

Não se ignore que, no mais das vezes, os litisconsórcios que se estabelecem na execução são do tipo *facultativo*, e não *necessário*, em decorrência da heterogeneidade das situações que vinculam os co-devedores à sentença exequenda — heterogeneidade que, por sua vez, motivará a apresentação de diversos embargos e, em consequência, a separação deles para efeito não só de julgamento, mas, antes, de exigência (individual) da efetiva garantia do juízo.

Apenas, portanto, poderá embargar o devedor que haja garantido o juízo, salvo se, deixando de atender a esse requisito legal, embargue *em conjunto* com outro devedor, que tenha realizado a garantia da execução, e desde que a matéria por ambos brandida seja a mesma.

Não se deve permitir, por outro lado, que o devedor procure assegurar a execução mediante caução fidejussória, nota promissória ou qualquer outro título de crédito, *"pois seria um nunca acabar se, executado o fiador, este, por sua vez, embargasse a execução com outra caução fidejussória, e assim indefinidamente"* (Amílcar de Castro, obra cit., p. 386).

Na hipótese de o devedor indicar bens à penhora, com vistas a embargar a execução, deverá o juiz intimar o credor para que se manifeste sobre essa nomeação, no prazo que lhe fixar. Essa intimação não é gentileza do juízo e sim direito do credor, que poderá discordar da nomeação, alegando, *e. g.*, quaisquer dos fatos relacionados pelo art. 848 do CPC. Sendo aceita a nomeação (expressa ou tacitamente), incumbirá ao juiz ordenar que o devedor, dentro do prazo razoável que lhe assinar, indique onde se encocntram os bens; exiba a prova de propriedade destes; e, quando for o caso, apresente certidão negativa de ônus, assim como se abstenha de qualquer ato que dificulte ou embarace a realização da penhora. Cumpridas essas determinações, a nomeação será reduzida a *termo*, tendo-se por apreendidos os bens. Se o credor não concordar com a nomeação, caber-lhe-á apontar os bens do devedor em que a penhora deverá recair.

Ainda que o devedor exiba prova de propriedade da coisa oferecida à penhora, para efeito de oposição de embargos, não se pode afirmar, de maneira inflexível, que a execução estará verdadeiramente garantida, pois é possível que mesmo após a expropriação judicial (mas antes de assinada a respectiva carta) *terceiro* ingresse com os embargos que lhe são próprios (CPC, arts. 674 a 681). Acolhidos que sejam esses embargos, a execução não terá sido garantida pelo devedor. Idealmente, portanto, deve ser o depósito em dinheiro a forma pela qual o devedor se desincumbe desse encargo legal (CLT, art. 884, *caput*).

Essa afirmação nos conduz, aliás, a uma outra, que dela decorre: ficando provado nos autos que o devedor, embora possua dinheiro suficiente (depósito em conta corrente, em caderneta de poupança, etc.) para garantir a execução, venha a oferecer outros bens à penhora, não deverá o juiz admitir os embargos que opuser, exceto se, no prazo que lhe for estabelecido, substituir os bens por dinheiro. Não há fundamento jurídico para que se elimine, em sede de embargos, a preferência legal (CPC, art. 845) pelo dinheiro, em cotejo com outros bens em geral.

11. Efeito

A CLT é omissa quanto ao *efeito* em que os embargos do devedor devem ser recebidos.

Poder-se-ia imaginar, num primeiro momento, que essa omissão deveria ser suprida pelo art. 525, § 6.º, primeira parte, do CPC, segundo o qual a *impugnação* não impede a prática de atos executivos, inclusive os de expropriação. Entretanto, como já dissemos em linhas anteriores, o *sistema* do processo do trabalho segue sendo o dos *embargos do devedor*, não se admitindo, neste processo, a infiltração do *sistema* do CPC, que se baseia na *impugnação*.

O efeito suspensivo está implícito em duas disposições da CLT, a saber:

a) no art. 886, § 2.º, conforme o qual, julgada subsistente a penhora, o juiz determinará a avaliação dos bens penhorados. Na verdade, nos tempos atuais, essa avaliação não é realizada após a declaração judicial de subsistência da penhora, senão que imediatamente à penhora, até porque os oficiais de justiça trabalhista são, também, avaliadores. Não é este, porém, o motivo pelo qual fizemos menção a esse dispositivo legal. O que o art. 886 § 2.º, da CLT, está a revelar é o *princípio* de que somente após o julgamento dos embargos do deveodr é que o juiz ordenará o prosseguimento da execução. É nesse julgamento que o juiz dirá da subsistência, ou não da penhora. Em suma, os embargos do devedor suspendem a execução;

b) no art. 897, § 1.º, que, em sede de agravo de petição, autoriza a execução imediata e *definitiva* dos valores *não* impugnados pelo recorrente. Isto quer dizer que os valores *impugnados* não poderão ser objeto de execução definitiva, mas, apenas, provisória. Logo, se o agravo de petição, neste caso, possui efeito suspensivo, seria ilógico imaginar-se que os embargos do devedor não possuíssem o mesmo efeito, quanto às matérias e valores contestados, pois, com isso, estar-se-ia quebrando a harmonia do sistema.

Não havendo omissão da CLT, não se aplicam ao processo do trabalho, conseguintemente, os arts. 525, § 6.º, e 919, do CPC, assim como outros que se coloquem em antagonismo com a referida norma processual trabalhista.

Insta esclarecer que se suspende, em virtude dos embargos, o *curso da execução*, e não a força e a eficácia do título em que aquela se baseia; tal força e eficácia só se desfazem por obra da *sentença* que julga os embargos.

Apreciados os embargos do devedor, a execução retomará o seu curso no ponto em que foi interrompida, ou será declarada extinta, conforme a sentença rejeite ou acolha tais embargos.

12. Rejeição liminar

O art. 918, do CPC, determina a rejeição liminar embargos do devedor:

a) quando intempestivos (inciso I);

b) quando houver indeferimento da petição inicial ou rejeição rejeição liminar do pedido (inciso II);

c) quando manifestamente protelatórios (inciso III).

O parágrafo único do mesmo preceptivo legal considera conduta atentatória à dignidade da justiça o oferecimento de embargos à execução manifestamente protelatórios.

Examinemos essas situações.

Caput. Não se cuida aqui de faculdade, senão que de dever do magistrado. O texto legal tem caráter impositivo, conforme revela a expressão "O juiz *rejeitará*" (destacamos).

Inciso I. Quando intempestivos. No processo do trabalho, o prazo *ordinário* para o oferecimento de embargos à execução é de cinco dias (CLT, art. 884, *caput*); a Fazenda Pública, entretanto, possui o prazo extraordinário de trinta dias para embargar (CPC art. 910, *caput*). O art. 775 da CLT fixa o critério para a contagem dos prazos processuais. Dispõe, todavia, a Lei n. 11.419, de 19 de dezembro de 2006 (Lei da Informatização do Processo Judicial — LIPJ): "*Art. 10. (...) § 1.º Quando o ato processual tiver que ser praticado em determinado prazo, por meio de petição eletrônica, serão considerados tempestivos os efetivados até as 24 (vinte e quatro) horas do último dia*". Não podem os Tribunais, portanto, baixar normas que considerem intempestivos os atos processuais praticados por meio eletrônico antes das 24 horas.

Inciso II. Indeferimento da petição inicial e rejeição liminar da demanda.

Nos termos do art. 330 do CPC a petição inicial será indeferida quando:

I – for inepta;

II – a parte for manifestamente ilegítima;

III – o autor carecer de interesse processual;

IV – não atendidas as prescrições dos arts. 106 e 321.

Considera-se inepta a petição inicial quando:

I – lhe faltar pedido ou causa de pedir;

II – da narração dos fatos não decorrer logicamente a conclusão;

III – contiver pedidos incompatíveis entre si (*ibidem*, parágrafo único).

Por outro lado, o art. 332 afirma que o juiz deverá rejeitar, liminarmente, o pedido que contrariar:

I – enunciado de súmula do Supremo Tribunal Federal ou do Superior Tribunal de Justiça;

II – acórdão proferido pelo Supremo Tribunal Federal ou pelo Superior Tribunal de Justiça em julgamento de recursos repetitivos;

III – entendimento firmado em incidente de resolução de demandas repetitivas ou de assunção de competência;

IV – enunciado de súmula de tribunal de justiça sobre direito local.

Em todos esses casos, o juiz estará autorizado a indeferir, desde logo, a petição inicial dos embargos à execução, extinguindo o procedimento sem resolução do mérito (CPC, art. 485, I).

Inciso III. Quando manifestamente protelatórios. Conquanto a figura dos embargos em exame tenha sido legalmente instituída para propiciar ao devedor oportunidade de resistir, juridicamente, aos atos executivos, a mesma norma legal sanciona o devedor quando este fizer uso desses embargos com a manifesta intenção de procrastinar a execução. A sanção, no caso, constituirá na rejeição liminar dos embargos. O intuito manifestamente protelatório dos embargos do devedor deverá ser examinado em cada caso concreto; apesar disso, podemos dizer que, de modo genérico, esse intuito estará caracterizado quando, por exemplo, o devedor estiver desrespeitando a coisa julgada material — no caso de execução fundada em título judicial. Uma nótula importante: os embargos do devedor somente poderão ser rechaçados desde logo quando o intuito protelatório for *manifesto,* vale dizer, evidente, saltar aos olhos já em um primeiro exame. Na dúvida, o juiz não os deve rejeitar.

Por outro lado, o juiz, constatando que a inicial dos embargos do devedor não preenche os requisitos exigidos pelos arts. 319 e 320 do CPC, ou que apresenta defeitos e irregularidades capazes de dificultar o julgamento da causa, determinará que o embargante a emende, ou a complete, no prazo de quinze dias (CPC, art. 321 *caput*); não cumprida a diligência determinada, a inicial será indeferida (*ibidem*, parágrafo único).

Entendemos que a petição inicial de embargos à execução deva ser também indeferida, *in limine*, quando o devedor não indicar, fundamentadamente, os itens e valores objeto da discordância, por analogia ao art. 879, § 2.º, da CLT.

Uma palavra final sobre o poder (e dever) que o juiz tem de indeferir, *in limine*, a petição de embargos à execução.

É de sabença geral que o processo moderno não é, como o de outrora, coisa ou propriedade das partes (*sache der parteien*), razão por que dele não podem dispor do modo como melhor lhes aprouver. Sendo o processo método ou técnica estatal de solução dos conflitos de interesses existentes entre os indivíduos, a relação jurídica que em virtude dele enlaça as partes e o próprio juiz é de caráter *publicístico*, sendo infundado imaginar que possua índole contratual.

Nem é o juiz mero *convidado de pedra*, nessa relação jurídica, a assistir, passivamente, as partes a se digladiarem com liberdade para, afinal, limitar-se a proclamar o vencedor nessa pugna arbitrária. O juiz, hoje, se encontra investido na qualidade indeclinável de reitor, de diretor do processo, incumbindo-lhe não só dispensar às partes um tratamento isonômico; velar pela rápida solução do litígio; prevenir ou reprimir qualquer ato contrário à dignidade da justiça, como fazer com que as partes respeitem as regras relativas ao procedimento legal (*due process of law*) e pratiquem os atos processuais que lhes cabe, no prazo e *forma* prescritos em lei. Logo, se o devedor apresenta os seus embargos fora do prazo; não os fundamenta em quaisquer dos fatos enumerados pelo texto legal; elabora petição inepta; é parte ilegítima para exercer o direito de opor-se à execução ou dirige os seus embargos a quem é destituído de legitimidade para contestá-los; não possui interesse processsual; escolhe procedimento inconciliável com o da execução a que se opõe, etc., constitui dever do juiz rejeitar, no nascedouro, a petição inicial (CPC, art. 330).

No processo do trabalho, a sentença que indefere, liminarmente, a petição inicial de embargos pode ser impugnada por meio do recurso de agravo de petição (CLT, art. 897, "*a*"). Trata-se de sentença e não de decisão interlocutória, como se possa imaginar, uma vez que dotada de eficácia para dar fim ao processo de embargos, decidindo ou não o mérito (*ibidem*).

Parágrafo único. O executado possui o direito de resistir, juridicamente, aos atos executivos mediante embargos à execução. Caso, porém, esses embargos possuam intuito manifestamente protelatório estará configurada, por parte do embargante, conduta atentatória à dignidade da justiça, fazendo com que responda pela multa de vinte por cento do valor atualizado da dívida, em benefício do exequente, sem prejuízo de outras sanções de natureza processual ou material (CPC, arts. 77, §§ 2.º a 4.º, e 774, parágrafo único).

13. Matéria alegável

13.1. Execução de título judicial

Segundo o art. 884, § 1.º, da CLT, a matéria de defesa, nos embargos oferecidos pelo devedor, à execução fundada em título judicial "*será restrita às alegações de cumprimento da decisão ou do acordo, quitação ou prescrição da dívida*".

Antes de nos dedicarmos à apreciação individuada dessas matérias, é imprescindível verificarmos se as alegações do embargante, no processo do trabalho, devem ficar realmente *restritas* à previsão da norma legal citada, ou podem, por extensão, fundar-se nos arts. 525, § 1.º, e 917, do CPC.

Prevalecesse o senso exclusivamente literal do preceito normativo trabalhista, *sub examen*, haveríamos de concluir que ao embargante seria lícito, apenas, alegar cumprimento do acordo ou da decisão, quitação ou prescrição da dívida, porquanto *restringir* significa limitar, circunscrever. A interpretação literal é, no entanto, a mais pobre das técnicas hermenêuticas, seja no particular ou no geral. Seria insensato supor, p. ex., que ao embargante fosse defeso alegar a inexigibilidade do título, a ilegitimidade de parte, a incompetência do juízo, o impedimento ou a suspeição do juiz, o excesso de execução e o mais, como se esses fatos não existissem no mundo jurídico. A riqueza e a amplitude da realidade prática não podem ser confinadas nos estreitos limites da previsão do art. 884, § 1.º, da CLT, sob pena de perpetrar-se, com isso, odiosa ofensa a direitos legítimos do devedor. Se, para alguns, a particularidade de o legislador trabalhista haver pretendido limitar as matérias a serem suscitadas pelo embargante àquelas mencionadas no texto deveu-se à sua preocupação de permitir que a execução tivesse curso célere, para nós o fato deve ser atribuído a uma visão simplista (ou estrábica) da realidade em que o processo se desenvolve. O processo do trabalho pode ser simples sem ser simplório, assim como pode perseguir o ideal de celeridade sem sacrifício de certos direitos constitucionais essenciais à defesa dos interesses das partes.

A praxe, mais sábia do que o legislador, vem permitindo que o embargante alegue matéria não relacionada no art. 884, § 1.º, da CLT, mas de alta relevância para o processo e para o próprio Judiciário.

O que se pode admitir é que, para efeito de matérias a serem alegadas pelo devedor, em seus embargos, haja conjugação dos arts. 525, § 1.º, e 917, do CPC, embora este último diga respeito à *execução* fundada em título *extrajudicial*.

Estabelecido, a poder desses argumentos, que o antedito preceito legal não deve receber a interpretação que a estreiteza de sua letra sugere, vejamos, a seguir, os motivos legais (CLT e CPC) que o devedor pode alegar como fundamento dos seus embargos. Principiemos pela CLT.

a) *Cumprimento da decisão ou do acordo*. Se, ao ser citado, o devedor já cumprira, por inteiro, a obrigação que dá conteúdo ao título executivo (sentença condenatória ou homologatória da transação), esse fato deverá ser alegado na oportunidade dos embargos que opuser. Dada a natureza do ato (pagamento), a prova correspondente deverá ser, por princípio, documental, embora possa o juiz permitir que, em situações especiais, o devedor produza a prova necessária por outros meios legais, hipótese em que designará audiência para a instrução processual (CLT, art. 884, § 2.º) ou determinará a realização de exame pericial. Se o credor arguir a falsidade do documento mediante o qual o devedor pretende comprovar o cumprimento da obrigação, o incidente será processado na forma dos arts. 390 a 395 do CPC, ficando suspenso o processo de embargos (uma vez que a execução já se encontrava suspensa em decorrência dos embargos) até que se resolva o incidente.

b) *Quitação*. Na terminologia jurídica, é o ato pelo qual alguém se desobriga de pagar o que deve. Pode advir de causas diversas, dentre as quais está o próprio pagamento da dívida ou o cumprimento do acordo. O Código Civlil regula a matéria nos arts. 319 a 326. O poder de dar quitação, contudo, não se compreende na cláusula *ad iudicia*, devendo, por isso, estar expresso no mandato que for outorgado ao advogado (CPC, art. 38).

c) *Prescrição da dívida*. Ao aludir à prescrição liberatória da *dívida*, o legislador trabalhista deixou patenteado que essa *praescriptio* é a *intercorrente*, vale dizer, a que se forma no curso da ação, de permeio. A *dívida*, em rigor, só passa a existir, em sua conformação jurídica, após o trânsito em julgado da sentença condenatória ou da homologatória da transação, pois é a partir desse momento que o réu se converte em *devedor*. A prescrição consumada antes do proferimento da sentença exequenda não pode ser alegada em embargos, sob pena de desrespeito à coisa julgada material; tal prescrição deveria ter sido suscitada na oportunidade da contestação apresentada no processo de conhecimento.

A Súmula n. 114 do TST, ao proclamar ser *"inaplicável na Justiça do Trabalho a prescrição intercorrente"*, não atendeu à circunstância de que o art. 884, § 1.º, da CLT a *admite;* do entrechoque da Súmula com a norma legal, a prevalência é, sem dúvida, desta última. Lançando uma pá-de-cal sobre o assunto, a Lei n. 13.467/2017 inseriu na CLT o art. 11-A, para admitir, de modo expresso, ou seja, sem rebuços, a prescrição intercorrente no processo do trabalho.

Considerações mais aprofundadas sobre o problema da prescrição intercorrente no processo do trabalho foram feitas no Capítulo XXII do Livro I desta obra.

O processo civil apresenta uma divisão dicotômica quanto às matérias que o devedor possa alegar, conforme seja: a) no *cumprimento da sentença* (art. 525, § 1.º) ou b) nos *embargos à execução* (art. 917). Este último diz respeito à execução fundada em título *extrajudicial*.

Passemos, agora, à apreciação das matérias que o art. 525, § 1.º, do CPC permitem ser alegadas pelo embargante, a fim de opinarmos sobre a sua compatibilidade, ou não, com o processo do trabalho, observando que essas matérias se referem à execução lastreada em título executivo *judicial*.

a) *Falta ou nulidade de citação no processo de conhecimento, se a ação lhe correu à revelia* (I). O processo do trabalho não admite os embargos do devedor aviados por esse fundamento.

No processo civil, a regra é de que contra o revel, que não tenha advogado nos autos, os prazos fluirão independentemente de intimação, a contar da publicação de cadas ato decisório (art. 346). Isso quer dizer que ele não será intimado da sentença condenatória, emitida no processo cognitivo, nada obstante lhe seja consentido intervir no processo em qualquer fase, recebendo-o no estado em que se encontra (*ibidem*, parágrafo único). Assim sendo, é provável que o revel só venha a tomar conhecimento da existência de sentença condenatória na oportunidade em que for citado para a execução; esse é o motivo pelo qual o CPC lhe permite alegar, nos embargos, a nulidade ou a falta de citação, no processo cognitivo.

Na órbita peculiar do processo do trabalho, entretanto, o revel *deve* ser intimado da sentença que compôs a lide, por força do princípio embutido no art. 852 da CLT. Dessa maneira, se o revel pretender elidir esse seu estado processual, deverá fazê-lo em sede de recurso ordinário (CLT, art. 895, "*a*"), sendo inadmissível que se reserve para tentar anular o processo de conhecimento por ocasião dos embargos que oferecer à execução.

Note-se, assim, que ambos os sistemas — o do CPC e o da CLT — apresentam uma estrutura lógica e harmoniosa, segundo a óptica de suas individualidades; essa estrutura do processo trabalhista fica, porém, gravemente ameaçada quando se tenta nela introduzir elementos tirados à estrutura do processo civil; estas funcionam, nesse caso, como "rolhas redondas em orifícios quadrados".

A doutrina e a jurisprudência têm admitido, em construção razoavelmente aceitável, que o revel, citado para a execução, interponha recurso ordinário da sentença condenatória, pois foi nesse momento que teve ciência, pela primeira vez, da existência da referida sentença. Quer-nos parecer, contudo, que a melhor solução jurídica seria a que remetesse o revel à via rescisória, pois se sabe que o nulo também transita em julgado (CPC, art. 966, V). Se, porém, argumentamos com a *inexistência* do ato (citação relativa ao processo de conhecimento) e não com a sua nulidade, haveríamos de reconhecer que o revel, ao ser citado para a execução, deveria apresentar não recurso ordinário e sim *resposta* (exceção, contestação ou reconvenção), ou, quando menos, alegando a inexistência do ato, solicitar a designação de audiência para, nela, *responder* à ação.

Em páginas anteriores, tiramos as seguintes conclusões a respeito da possibilidade de o devedor alegar, nos embargos à execução, a nulidade do processo de conhecimento, que se formou e se desenvolveu à sua revelia: a) cuidando-se de citação *nula*, ou seja, que foi efetuada, embora em desacordo com a lei, não será possível ao devedor alegá-la nos embargos, pois em nosso sistema jurídico o nulo também se submete ao fenômeno da coisa julgada (material); dessa forma, a nulidade deve ser desfeita pela ação rescisória da sentença; b) tratando-se de *falta* de citação, deve ser verificado se o réu foi intimado, ou não, da sentença proferida à sua revelia.

No primeiro caso, não poderá arguir, nos embargos, o vício, porque, ao ser intimado da sentença, deveria tê-la impugnado mediante recurso ordinário, ocasião em que postularia perante o tribunal a declaração de *inexistência* do processo cognitivo, tirante a petição inicial. Ao não recorrer da sentença, permitiu que esta, em situação verdadeiramente extraordinária, passasse em julgado (uma vez que a inexistência, ao não ser alegada no momento oportuno, fez gerar a preclusão). Logo, poderá fazer uso da via rescisória para obter a desconstituição dos efeitos da coisa julgada.

No segundo, será permitido ao devedor (portanto, na execução) alegar a *inexistência* do processo cognitivo, por falta de citação, pois somente ao ser cientificado da execução da sentença foi que tomou conhecimento da existência da ação (demanda) — lembrando-se que não havia sido intimado da sentença condenatória.

A inexistência deverá ser pronunciada, sempre que for o caso, pelo próprio juízo da execução, porquanto a norma proibitiva, que se irradia do art. 494 do CPC, só se justifica diante das sentenças válidas ou nulas, nunca das inexistentes, que correspondem a uma espécie de *nihil* jurisdicional.

b) *Ilegitimidade de partes* (II). Nada há a impedir a aplicação, ao processo do trabalho, dessa norma do processo civil.

Comumente, encontram-se legitimados para compor a relação processual executiva as partes nominadas no título exequendo; sob esse aspecto, são raros os casos em que o devedor encontrará ensanchas para alegar a ilegitimidade (ativa ou passiva) de partes. Ocorrendo, todavia, alguma *novação subjetiva* do título, ou vindo a execução a ser dirigida a quem legalmente não pode ou não deve integrar a relação processual, terá o *executado* (não necessariamente o devedor), ao receber a citação, diante de si a oportunidade para alegar o fato. A legitimidade ativa para a execução está prevista no art. 778 do CPC, a passiva, no art. 779 do mesmo Código.

Na execução fundada em título extrajudicial haverá mais espaço para a alegação de ilegitimidade de parte.

Acolhidos os embargos, por esse fundamento, o exequente será declarado carecedor da ação (CPC, art. 485, VI).

c) *Inexequibilidade do título ou inexigibilidade da obrigação*(III). É plenamente conciliável com o processo do trabalho essa causa para oferecimento de embargos à execução.

Os textos legais anteriores aludiam à *inexigibilidade da obrigação*. O texto atual, doutrinariamente mais preciso, se refere à *inexequibilidade do título e à inexigibilidade da obrigação*, por serem coisas distintas.

Sobre a exigibilidade do título executivo discorremos no Capítulo II, Seção XII, Subseção II, *retro*. Queremos agora apenas sublinhar que, a teor do art. 783 do CPC, a execução para cobrança de crédito fundar-se-á, sempre, em título contendo obrigação líquida, certa e *exigível*. Essa locução legal comete, contudo, o deslize de imaginar que a obrigação em apreço reflita *três* qualidades (liquidez, certeza e exigibilidade), quando se sabe que, em rigor, se resumem a *duas*, pois a liquidez compreende a certeza. A obrigação, para fundar a cobrança de crédito, há de ser, portanto, líquida e exigível; e, com isso, se diz tudo.

A exigibilidade, por seu turno, exprime a ideia de que o credor poderá reclamar ao devedor a contraprestação que a este corresponde, sem que tenha, para tanto, de atender a quaisquer outras condições. Sentença pendente de recurso recebido no efeito apenas "devolutivo" é título inexigível.

d) *Penhora incorreta ou avaliação errônea*. Penhora incorreta é a realizada em desobediência às normas legais, como, por exemplo, à ordem preferencial estabelecida pelo art. 835 do CPC. Avaliação errônea haverá, *v. g.*, quando realizada em desacordo com o art. 872 do CPC (IV).

e) *Excesso de execução ou cumulação indevida de execuções* (V).

e.a) Há *excesso de execução*, conforme o art. 917, § 2.º do CPC, quando:

1) *O credor pleiteia quantia superior à do título*. Na sistemática do processo do trabalho, a sentença de liquidação não pode ser impugnada autonomamente, e sim

na oportunidade em que o devedor possa oferecer embargos à execução (CLT, art. 884, § 3.º). O mesmo direito é assegurado ao credor, tenham, ou não, sido opostos embargos (*ibidem*).

Dessa forma, se o credor está postulando quantia que excede à do título executivo, caberá ao devedor, ao embargar a execução, impugnar a decisão de quantificação da dívida, a fim de que o excedente seja extirpado. Note-se que o excesso de execução não implica nulidade do processo; logo, o que o juiz deve fazer, ao acolher os embargos do devedor, é cortar o que está sobejante do título e dar sequência à execução, agora pelo valor exato.

2) *Quando recai sobre coisa diversa daquela declarada no título.* Quando a execução estiver sendo realizada por coisa distinta daquela mencionada na sentença, incumbe ao devedor denunciar a irregularidade ao juiz, mediante a ação constitutiva de embargos.

A diversidade, referida no inc. II, § 2.º, do art. 917, do CPC, tanto pode ser em relação à quantidade quanto à qualidade das coisas devidas, nas obrigações de dar coisas certas ou incertas (arts. 806 e 811). Nesse caso, a sentença que acolher os embargos poderá sancionar essa desconformidade com a pena de anulação do processo, ou adequar a execução à quantidade espelhada no título.

3) *Quando se processa de modo diferente do que foi determinado na sentença.* As sentenças devem ser executadas mediante fiel observância ao seu comando e conteúdo. Logo, não se pode executar como obrigação de pagar a quantia certa aquela que tenha sido objeto de condenação à prestação de entregar coisa certa ou incerta; de igual modo, haverá desvio do conteúdo da sentença quando se executa a coisa *in natura*, tendo a sentença condenado o réu, apenas, a indenizar o equivalente.

Configura-se, também, excesso de execução (pela causa legal em exame) o promover--se a execução mediante cálculos, quando a sentença tenha ordenado que a quantificação se estabelecesse por meio de artigos.

4) *Quando o credor, sem cumprir a prestação que lhe corresponde, exige o adimplemento da do devedor.* Há, aqui, reiteração prática da regra contida no art. 787 do CPC, conforme a qual, *"Se o devedor não for obrigado a satisfazer sua prestação senão mediante a contraprestação do credor, este deverá provar que a adimpliu ao requerer a execução, sob pena de extinção do processo"*.

O inc. IV, § 2.º, do art. 917 do CPC revela uma típica exceção *non adimpleti contractus*, que é de natureza substancial. Não é lícito ao credor, pois, promover a execução para exigir o adimplemento da prestação do devedor, sem que tenha cumprido a que lhe corresponde.

Essa execução precipitada deverá ser resistida pelo devedor, via embargos; acolhendo-os, a sentença declarará o credor carecente da ação, por faltar-lhe *interesse processual*.

Cumprindo o credor a obrigação que lhe correspondia, poderá exigir, em nova execução, o adimplemento da que está afeta ao devedor.

5) *Se o credor não provar que a condição se realizou*. Reproduz-se, aqui, o princípio expresso no art. 514 do mesmo diploma processual, de que, quando o juiz decidir relação jurídica sujeita a condição ou termo, o credor não poderá executar a sentença sem provar que a condição se realizou ou o termo ocorreu.

A condição suspensiva, como é de sua índole, inibe a produção de efeitos inerentes ao negócio jurídico enquanto não sobrevier o acontecimento subordinante de sua eficácia (CC, art. 125).

Também aqui será declarado carecedor da ação o credor que promover a execução sem produzir prova de que a condição suspensiva se realizou.

e.b) Cumulação indevida de execuções. Permite o art. 780, do CPC, que, sendo o mesmo o devedor, o credor cumule várias execuções, ainda que estribadas em títulos diversos, contanto que para todas elas seja competente o juiz e idêntico o procedimento. Observados esses requisitos, a cumulação será considerada perfeita, ou seja, *devida*. Se o juiz não for competente para apreciar todas as execuções, ou o procedimento for heterogêneo, essa cumulação será declarada *indevida*; caberá ao devedor denunciá-la por ocasião dos embargos (CPC, art. 525, § 1.º, V).

Um outro exemplo de cumulação indevida pode ser identificado na execução de quantias *líquidas* e de quantias *ilíquidas*, a um só tempo, pois, embora aquelas se prestem à execução, estas devem ser previamente quantificadas (liquidadas); na espécie, o credor teria feito mau uso, ou uso propositadamente maldoso, da faculdade que lhe concedia o § 2.º, do revogado do art. 586, CPC — faculdade, todavia, que ficou inalterada no plano do processo do trabalho.

Caracterizada a cumulação indevida de execuções, no exemplo acima formulado, não deverá o juiz acolher, por inteiro, os embargos, e sim em parte, mandando extirpar da execução as quantias ilíquidas, e permitindo o prosseguimento pelas *líquidas*. Assim agindo, estará aplicando, com exatidão, a norma legal (*ibidem*).

f) *Incompetência absoluta ou relativa do juízo da execução*. VI). Tratando-se de execução fundada em título judicial, emitido por órgão da Justiça do Trabalho, escasseiam as situações em que o devedor poderá alegar a incompetência do juízo, seja relativa, seja absoluta. Uma desses raros casos ocorreria se, cuidando-se de execução por meio de carta precatória, esta for dirigida a juízo incompetente em razão do território.

g) *Qualquer causa impeditiva, modificativa ou extintiva da obrigação, como pagamento, novação, compensação com execução aparelhada, transação ou prescrição, desde que supervenientes à sentença* (VII). Do pagamento (cumprimento da decisão ou do acordo e quitação), da transação e da prescrição extintiva fala o § 1.º do art. 884 da CLT. De modo geral, porém, pode o embargante alegar qualquer causa capaz de modificar, impedir ou extinguir o direito do autor, desde que *superveniente* à sentença exequenda. Insere-se, nesse conceito, a novação; entendemos, contudo, ser remota a possibilidade de o embargante solicitar, no processo do trabalho, compensação com execução aparelhada.

De qualquer forma, a enumeração feita pelo inciso VI do § 1.º do art. 525, do CPC, não é *exaustiva*, permitindo-se ao embargante, em razão disso, alegar outros fatos que possam desfazer a execução. O advérbio *como*, empregado na redação da norma legal citada, desnuda o caráter meramente *exemplificativo* das causas ali descritas.

Como o embargante alega um fato modificativo, impeditivo ou extintivo do direito do credor, a ele incumbe o ônus da prova (CLT, art. 818).

O art. 525, § 1.º, do CPC, contém, nos §§ 2.º a 15, outras disposições acerca do tema. Façamos uma transcrição desses parágrafos, comentando-os, passo a passo.

> § 2.º A alegação de impedimento ou suspeição observará o disposto nos arts. 146 e 148.

No sistema do CPC, o impedimento ou a suspeição do magistrado deverão ser alegados não na impugnação, mas mediante o incidente de que cuida o art. 146. No processo do trabalho, tanto o impedimento quanto a exceção devem ser arguida por meio de *exceção* (CLT, arts. 799 a 802).

> § 3.º Aplica-se à impugnação o disposto no art. 229.

A aplicação do art. 229 significa que se houver mais de um executado com procuradores de escritórios de advocacia distintos os prazos para a impugnação serão contados em dobro, independentemente de requerimento. Remetemos o leitor aos comentários que fizemos ao art. 229.

> § 4.º Quando o executado alegar que o exequente, em excesso de execução, pleiteia quantia superior à resultante da sentença, cumprir-lhe-á declarar de imediato o valor que entende correto, apresentando demonstrativo discriminado e atualizado de seu cálculo.

Não basta ao executado alegar excesso de execução; é necessário que também aponte, desde logo, o valor que entende ser devido. Para isso, deverá apresentar demonstrativo discriminado e atualizado do seu cálculo. A norma é compatível com o processo do trabalho.

> § 5.º Na hipótese do § 4.º, não apontado o valor correto ou não apresentado o demonstrativo, a impugnação será liminarmente rejeitada, se o excesso de execução for o seu único fundamento, ou, se houver outro, a impugnação será processada, mas o juiz não examinará a alegação de excesso de execução.

Se o exequente não indicar o valor correto ou deixar de apresentar o demonstrativo, a impugnação deverá ser rejeitada *in limine,* caso o excesso de execução seja o seu único fundamento. Se houver outro fundamento, a impugnação será processada, mas o juiz não apreciará a alegação de excesso de execução.

> § 6.º A apresentação de impugnação não impede a prática dos atos executivos, inclusive os de expropriação, podendo o juiz, a requerimento do executado e desde que garantido o juízo com penhora, caução ou depósito suficientes, atribuir-lhe efeito suspensivo, se seus fundamentos forem relevantes e se o prosseguimento da execução for manifestamente suscetível de causar ao executado grave dano de difícil ou incerta reparação.

O oferecimento da impugnação não impede a realização de atos executivos, aqui incluída a própria expropriação de bens penhorados. Se o executado garantir o juízo com penhora, caução ou depósito suficientes, o juiz poderá atribuir efeito suspensivo à impugnação, desde que: a) os fundamentos desta sejam relevantes; e b) a continuidade da execução seja manifestamente suscetível de acarretar grave dano de difícil ou incerta reparação ao executado. No processo do trabalho, os embargos do devedor devem ser precedidos da garantia do juízo (CLT, art. 884) e suspendem a execução. São inaplicáveis ao processo do trabalho, por isso, as disposições dos §§ 6.º ao 10, deste artigo.

§ 7.º A concessão de efeito suspensivo a que se refere o § 6.º não impedirá a efetivação dos atos de substituição, de reforço ou de redução da penhora e de avaliação dos bens.

O efeito suspensivo, atribuído à execução nos termos do § 6.º, não obstará a prática de atos de substituição, reforço ou redução da penhora e de avaliação dos bens. Nota-se, portanto, que no sistema do CPC o efeito suspensivo não impede o prosseguimento da execução, servindo, apenas, para impedir atos de expropriação.

§ 8.º Quando o efeito suspensivo atribuído à impugnação disser respeito apenas a parte do objeto da execução, esta prosseguirá quanto à parte restante.

Se o efeito suspensivo concedido à impugnação referir-se a parte do objeto da execução, esta prosseguirá quanto à parte restante. Aqui, o legislador disse o óbvio. No processo do trabalho, conforme afirmamos, os embargos do devedor suspendem a execução.

§ 9.º A concessão de efeito suspensivo à impugnação deduzida por um dos executados não suspenderá a execução contra os que não impugnaram, quando o respectivo fundamento disser respeito exclusivamente ao impugnante.

O fato de o juiz conceder efeito suspensivo à impugnação apresentada por um dos executados não aproveitará os demais, que não impugnaram a execução. Para que isso ocorra, é necessário que o fundamento da impugnação diga respeito exclusivo àquele que a apresentou. Se ao contrário, a única impugnação oferecida contiver matéria que se refira a todos os executados, o efeito suspensivo que lhe vier a ser atribuído beneficiária a todos.

§ 10. Ainda que atribuído efeito suspensivo à impugnação, é lícito ao exequente requerer o prosseguimento da execução, oferecendo e prestando, nos próprios autos, caução suficiente e idônea a ser arbitrada pelo juiz.

Mesmo que tenha sido atribuído efeito suspensivo à execução, o exequente poderá requerer ao juiz que dê prosseguimento a ela, prestando, com vistas a isso, caução idônea e suficiente a ser arbitrada pelo juiz.

§ 11. As questões relativas a fato superveniente ao término do prazo para apresentação da impugnação, assim como aquelas relativas à validade e à adequação da penhora, da avaliação e dos atos executivos subsequentes, podem ser arguidas por simples petição, tendo o executado, em qualquer dos casos, o prazo de 15 (quinze) dias para formular esta arguição, contado da comprovada ciência do fato ou da intimação do ato.

As matérias supervenientes ao encerramento do prazo para a impugnação, assim com as relativas à validade e à adequação da penhora, da avaliação e dos atos executivos, poderão ser arguidas por meio de simples petição, que deverá ser apresentada em juízo, pelo executado, dentro do prazo de quinze dias, contado da comprovada ciência do fato ou da intimação do ato. Norma é aplicável ao processo do trabalho; o mesmo dizemos em relação aos §§ 12 a 15.

> § 12. Para efeito do disposto no inciso III do § 1.º deste artigo, considera-se também inexigível a obrigação reconhecida em título executivo judicial fundado em lei ou ato normativo considerado inconstitucional pelo Supremo Tribunal Federal, ou fundado em aplicação ou interpretação da lei ou do ato normativo tido pelo Supremo Tribunal Federal como incompatível com a Constituição Federal, em controle de constitucionalidade concentrado ou difuso.

Para efeito da inexequibilidade do título ou da inexigibilidade da obrigação, considera-se também inexigível a obrigação reconhecida a em título executivo judicial fundado em lei ou em ato normativo declarado inconstitucional pelo STF, ou baseado em aplicação ou interpretação de lei ou de ato normativo considerado pelo STF, em controle de constitucionalidade concentrado ou difuso, como incompatível com a Constituição da República.

Na vigência do CPC de 1973, doutrina e jurisprudência haviam firmado o entendimento de que apenas seria inexigível o título judicial calcado em lei ou ato normativo declarados inconstitucionais pelo STF, ou fundado em aplicação ou em interpretação de lei ou ato normativo considerados pelo STF como inconciliáveis com a Constituição Federal em controle *concentrado* de constitucionalidade. O CPC atual se refere aos controles *concentrado* e *difuso*.

Cabe aqui, todavia, uma indagação essencial: considerando-se o disposto no § 15, decorrido o prazo para o exercício da ação rescisória estaria consumada a preclusão para alegar-se a inexigibilidade da obrigação? Conquanto a doutrina e a jurisprudência tendam a responder de modo afirmativo a essa indagação, temos entendimento contrário, a partir de nossa convicção de nenhuma lei ou ato normativo contrário à Constituição pode ser objeto de preclusão, sob pena de colocarmos em grave risco a supremacia da ordem constitucional.

> § 13. No caso do § 12, os efeitos da decisão do Supremo Tribunal Federal poderão ser modulados no tempo, em atenção à segurança jurídica.

No caso do § 12, o STF, levando em consideração à segurança jurídica, poderá modular os efeitos de sua decisão. Essa modulação se destina a evitar, por exemplo, que possam vir a ser rescindidos pronunciamentos jurisdicionais transitados em julgado fundamentados em orientação jurisprudencial abandonada pelos tribunais. Em tema processual, o verbo *modular* significa a fixação de uma data a partir da qual a sentença ou o acórdão passarão a produzir os seus efeitos. A figura da modulação foi introduzida no sistema legal brasileiro pela Lei n. 9.868, de 10-11-1999, cujo art. 27 estabelece: "*Art. 27. Ao declarar a inconstitucionalidade de lei ou ato normativo, e tendo em vista razões de segurança jurídica ou de excepcional interesse social, poderá o Supremo Tribunal Federal, por maioria de dois terços de seus membros, restringir os efeitos daquela declaração ou decidir que ela só tenha eficácia a partir de seu trânsito em julgado ou de outro momento que venha a ser fixado*".

> § 14. A decisão do Supremo Tribunal Federal referida no § 12 deve ser anterior ao trânsito em julgado da decisão exequenda.

A decisão do STF, referida no § 12, deve *anteceder* ao trânsito em julgado da decisão exequenda.

§ 15. Se a decisão referida no § 12 for proferida após o trânsito em julgado da decisão exequenda, caberá ação rescisória, cujo prazo será contado do trânsito em julgado da decisão proferida pelo Supremo Tribunal Federal.

Se a decisão a que alude o § 12 for posterior ao trânsito em julgado da decisão exequenda, poderá ser objeto de ação rescisória. O prazo, para o exercício dessa ação, será contado do trânsito em julgado da decisão proferida pelo STF.

b) Execução de título extrajudicial

Quanto às matérias que possam ser alegadas pelo devedor, na execução lastreada em título extrajudicial (termo de transação firmado no âmbito das Comissões de Conciliação Prévia ou termo de ajustamento de conduta, celebrado com o Ministério Público do Trabalho), compreendem não apenas a previstas no art. 884, § 1.º, da CLT, mas, também, no art. 917 do CPC.

Em resumo: na execução calcada em título *extrajudicial*, o devedor poderá alegar, dentre outras matérias, as seguintes:

I – inexequibilidade do título ou inexigibilidade da obrigação;

II – penhora incorreta ou avaliação errônea;

III – excesso de execução ou cumulação indevida de execuções;

IV – retenção por benfeitorias necessárias ou úteis, nos casos de execução para entrega de coisa certa;

V – incompetência absoluta ou relativa do juízo da execução;

VI – qualquer matéria que lhe seria lícito deduzir como defesa em processo de conhecimento.

As matérias pertinentes: a) à inexequibilidade do título ou inexigibilidade da obrigação; b) à penhora incorreta ou avaliação errônea; c) ao excesso de execução ou cumulação indevida de execuções foram examinadas na oportunidade do comentário ao art. 525, § 1.º, do CPC, que versa sobre a execução fundada em título judicial.

Sendo assim, examinemos as matérias restantes, quais sejam:

1) retenção por benfeitorias necessárias ou úteis, nos casos de execução para entrega de coisa certa.

A execução para a entrega de coisa certa está regulada pelos arts. 806 a 810 do CPC. Se o devedor houver realizado benfeitorias necessárias ou úteis, poderá retê-las. Uma nótula importante: havendo benfeitoria indenizável, realizada pelo devedor ou por terceiros, de cujo poder ela houver sido tirada, a liquidação prévia é obrigatória (CPC, art. 810).

2) incompetência absoluta ou relativa do juízo da execução.

No item subsequente, veremos que o executado poderá alegar nos embargos toda matéria que lhe seria lícito arguir no processo de conhecimento. Sendo assim, pareceria dispensável o inciso V, que estamos a comentar. Ocorre, todavia, que este inciso cuida, especificamente da alegação de incompetência na execução e não no processo de conhecimento. Quanto à absoluta, não há dúvida de que pode ser alegada nesses embargos. Resta saber é se, no processo do trabalho, a arguição de incompetência *relativa* pode ser deduzida nos embargos à execução, ou deve ser objeto de exceção.

No sistema do CPC revogado, a incompetência relativa deveria ser arguida mediante exceção (art. 112) e a absoluta, como preliminar da contestação (art. 301, II). Destarte, no referido sistema, alegar-se a incompetência relativa como preliminar de mérito constituía erro tão crasso quanto alegar-se a incompetência absoluta por meio de exceção.

O art. 64 do atual CPC, rompendo essa tradicional dualidade de formas de arguição da incompetência, dispõe que tanto a relativa quanto a absoluta devem ser alegadas como preliminar da contestação.

Tecnicamente argumentando, esta disposição do CPC não incide no processo do trabalho, porquanto o art. 799, *caput*, da CLT, deixa claro que a incompetência (relativa) deve ser objeto de exceção.

Entretanto, não podemos deixar de reconhecer o caráter simplificador do procedimento, inscrito no art. 64 do CPC, que prevê a arguição de incompetência, absoluta ou relativa, como preliminar da contestação. Sendo assim, sentimo-nos à vontade para admitir, em nome da aludida simplificação do procedimento, que mesmo no processo do trabalho ambas as incompetências possam ser apresentadas como preliminar da contestação — senão como regra inflexível, ao menos como faculdade da parte.

Em resumo, as razões de ordem lógica, que justificaram, no passado, a exigência de que as exceções e a contestação, como modalidades de resposta do réu, fossem apresentadas em peças separadas, agora devem ceder lugar às razões pragmáticas, que recomendam a reunião dessas manifestações processuais em peça única, ainda que destacadamente.

Não se trata, aqui, de submissão ou de subserviência ao CPC, e sim de deferência ao bom senso e de respeito ao interesse das partes".

3) qualquer matéria que lhe seria lícito deduzir como defesa em processo de conhecimento.

Quanto às matérias que possam ser alegadas pelo devedor, na execução calcada no termo de transação firmado no âmbito das Comissões de Conciliação Prévia ou no termo de ajustamento de conduta, celebrado com o Ministério Público do Trabalho (CLT, art. 876, *caput*) compreendem não apenas as previstas no art. 884, § 1.º, da CLT e nos arts. 525, § 1.º e 917 do CPC, como todas as que poderia deduzir como matéria de defesa, no processo de conhecimento (art. 917, VI).

Em resumo: na execução baseada em título *extrajudicial*, o devedor poderá alegar, entre outras matérias, as seguintes:

a) ilegitimidade de parte;

b) incompetência do juízo;

c) impedimento ou suspeição do juiz;

d) inexigibilidade do título;

e) nulidade da execução até a penhora;

f) excesso de execução;

g) cumprimento da decisão;

h) cumprimento do acordo;

i) quitação;

j) prescrição intercorrente;

k) novação, etc.

O § 3.º do art. 16, da Lei n. 6.830, de 22 de setembro de 1980 — que dispôs sobre a cobrança judicial da dívida ativa da Fazenda Pública —, após declarar que as exceções deverão ser arguidas como preliminar dos embargos, *ressalva*, de maneira expressa, as de incompetência, impedimento e suspeição, que, em razão disso, devem ser alegadas mediante *exceção* (CLT, arts. 799 a 802).

Em síntese, embora, no processo civil, o devedor possa alegar, nos embargos à execução, a incompetência (inclusive, a relativa) do juízo, o impedimento e a suspeição do juiz, no processo do trabalho essas matérias devem ser objeto de exceção (CLT, arts. 799 a 802; Lei n. 6.830/80, art. 16, § 3.º).

Somente por força de jurisprudência derrogadora dessas normas legais é que se poderá admitir a possibilidade de a incompetência (relativa) do juízo, assim como o impedimento ou a suspeição do juiz serem arguidas em sede de embargos à execução — mesmo que a execução esteja estribada em título extrajudicial.

14. Procedimento

A disciplina dos embargos à execução, na CLT, é insatisfatória, pois deixou imersos em zonas nebulosas vários aspectos importantes do procedimento; daí a necessidade de invocação supletória da Lei n. 6.830/80 e do CPC. O que pretendemos empreender, a partir de agora, é uma sistematização harmônica das diversas normas legais incidentes no regime procedimental dos embargos do devedor.

a) A petição de embargos deverá ser elaborada com atendimento aos requisitos legais (CLT, art. 840, § 1.º).

b) Embora os juízes do trabalho tenham erigido a praxe de mandar juntar a petição nos próprios autos da execução, é aconselhável o abandono dessa prática, pois, sendo os embargos *ação* (de natureza constitutiva) do devedor, deveriam ser autuados *em apenso* aos autos do processo principal, como alvitram os ditames da ciência processual e ordena a norma legal (CPC, art. 914, § 1.º). Outrora, entendíamos que, prevalecendo a referida praxe, não faria sentido a distribuição por dependência, porquanto a inicial seria encaminhada ao juízo no qual processava a execução. Revemos essa opinião, para dizer que a inicial deverá ser distribuída (por dependência), atendendo-se, desse modo, à regra do art. 783, da CLT.

c) Não se aplica ao processo do trabalho o disposto nos arts. 525, *caput*, e 914, *caput*, do CPC, segundo os quais os embargos do devedor podem ser oferecidos "independentemente de penhora". A CLT exige a garantia patrimonial do juízo, pouco importando que se trate de execução calcada em título judicial ou extrajudicial (art. 884). Ainda que a CLT fosse omissa quanto ao tema, a regra a ser aplicada (CLT, art. 889) seria a do art. 16, § 1.º, da Lei n. 6.830/80, que estatui: *"Não são admissíveis embargos do executado antes de garantida a execução"*.

d) Nos embargos, o executado deverá alegar toda matéria útil à defesa (Lei n. 6.830/80, art. 16, § 2.º), que não se limita às alegações de cumprimento da decisão ou do acordo, transação e prescrição (CLT, art. 884, § 1.º), abrangendo, por isso, as matérias enumeradas nos arts. 525, § 1.º, ou 917, do CPC, conforme seja o caso. Caberá ao devedor, ainda, requerer provas e juntar aos autos documentos e rol de testemunhas (CLT, art. 884, § 2.º; Lei n. 6.830/80, art. 16, § 2.º). O número de testemunhas não deverá ultrapassar a três (CLT, art. 821).

Sempre que for o caso, deverá delimitar, de maneira motivada, as matérias e os valores impugnados, por força da incidência supletiva da Lei n. 8.432/92, que introduziu o § 2.º no art. 879 e alterou a redação do § 1.º do art. 897, ambos da CLT.

Com respeito às testemunhas, a propósito, a CLT, rompendo, em parte, com o princípio materializado no art. 825, exige que o embargante as *arrole* (art. 884, § 2.º), conquanto estas devam comparecer à audiência independentemente de intimação (art. 825, *caput*), sendo intimadas, *ex officio* ou a requerimento do interessado, as que deixarem de comparecer (*ibidem*, parágrafo único).

e) Não será admitida, em sede de embargos, reconvenção ou compensação (Lei n. 6.830/80, art. 16, § 3.º). No que toca à incompetência em razão do local, ao impedimento e à suspeição, deverão ser arguidas mediante *exceção* (Lei n. 6.830/80, art. 16, § 3.º; CLT, arts. 799 a 802).

f) Os embargos deverão ser liminarmente rejeitados nos casos previstos no art. 918, do CPC e, também, quando não houver delimitação motivada das matérias e valores impugnados.

g) Sendo recebidos os embargos, o juiz mandará intimar o credor, para impugná-los (Lei n. 6.830/80, art. 17), no prazo de cinco dias (CLT, art. 884, *caput*). E inaplicável, pois, ao processo do trabalho, o prazo de quinze dias, de que fala o art. 920, I, do CPC.

h) Não tendo sido arroladas testemunhas (CLT, art. 885), ou se os embargos versarem, exclusivamente, sobre matéria de direito, ou, ainda, sendo de direito e de fato, a prova for apenas documental (Lei n. 6.830/80, art. 17, parágrafo único), o juiz proferirá decisão, no prazo de cinco dias, julgando subsistente ou insubsistente a penhora (CLT, art. 885). Se houverem sido arroladas testemunhas, ou sendo necessária a produção de outras provas orais, o juiz designará audiência, no prazo de cinco dias (CLT, art. 884, § 2.º), após o que proferirá decisão (CLT, art. 886, *caput*). Nessa audiência, o juiz deverá tentar a conciliação (CPC, art. 740, *caput*).

i) Julgar-se-ão na mesma sentença os embargos à execução e a impugnação à "sentença" de liquidação (CLT, art. 884, § 4.º). Cabe, aqui, um escólio. Os arts. 885, *caput*, e 886, *caput* e § 1.º, falam em *decisão*, ao passo que o § 4.º do art. 884 alude a *sentença*; afinal, o ato da jurisdição que resolve os embargos oferecidos pelo devedor é *decisão* ou *sentença*? Pondo-se à frente o fato de que tais embargos têm a natureza de ação (constitutiva e incidental) do devedor, devendo, inclusive, ser autuados apartadamente, é inegável que são julgados por *sentença*, pois esse ato jurisdicional tem eficácia para pôr termo ao processo de embargos (CPC, art. 203, § 1.º). O estatuto processual civil, de melhor vocação científica que a CLT, se refere à *sentença* (art. 920,II).

j) Nos termos do parágrafo único do art. 918, do CPC, considera-se conduta atentatória à dignidade da justiça o oferecimento de embargos à execução manifestamente protelatórios. Poder-se-ia concluir que essa norma seria inaplicável ao processo do trabalho, pois, aqui, se exige a garantia da execução, ao passo que no sistema do CPC essa garantia não é imposta, conforme demonstram os arts. 525, *caput*, e 914, *caput*. Entrementes, o que se deve levar em conta é o fato de esses embargos protelatórios configurarem oposição maliciosa à execução, mediante "ardis e meios artificiosos" (CPC, art. 774, II), por forma a autorizar a aplicação da penalidade de vinte por cento do valor atualizado do débito em execução, nos termos do aparágrafo único da mencionada norma legal.

k) Da sentença as partes serão intimadas mediante registro postal (CLT, art. 886, § 1.º).

Estabelece o art. 18 da Lei n. 6.830/80 que se não forem oferecidos embargos o credor deverá manifestar-se acerca da garantia da execução. Pensamos, no entanto, que, no processo do trabalho, esse pronunciamento do credor deva ocorrer logo em seguida à formalização da garantia, não sendo prudente que se aguarde o decurso em branco do prazo para o oferecimento de embargos, para que o faça.

Aplica-se a este processo especializado, contudo, o disposto no inc. I do art. 19 da sobredita norma legal, de que se a execução não for embargada ou forem rejeitados os embargos, no caso de garantia prestada por terceiro, este será intimado, sob pena de contra ele prosseguir a execução nos mesmos autos, para, em quinze dias, remir o bem, se a garantia for real.

15. Das exceções, pelo embargante

Pudemos demonstrar, em item anterior, que no processo do trabalho — ao contrário do que se passa no processo civil — a incompetência do juízo, o impedimento e a suspeição do juiz devem ser arguidos e processados sob a forma de *exceção*. Discordamos, por isso, de Frederico Marques quando assevera que, *"Se o devedor não deseja instaurar o processo de embargos, mas quiser recusar o juiz, ou formular exceção de incompetência, ou a recusatio iudicis, tanto poderá apresentar a exceção como a recusa, sob a forma de embargos, como sob a forma de exceção"*(obra cit., p. 244). *Data venia* do perlustrado jurista, embargos são embargos e exceção é exceção. Se o devedor não deseja embargar, mas, por algum motivo justificado, pretende arguir a incompetência, o impedimento ou a suspeição, deverá fazê-lo pela via correta da *resposta excecional*, nunca por meio de embargos. Mesmo a Lei n. 6.830/80, que, em critério aberrante, determina sejam as exceções suscitadas como *matéria preliminar* (art. 16, § 3.º), *ressalva* as que tenham como objeto a incompetência, o impedimento ou a suspeição (*ibidem*).

Dificuldade, a ser agora enfrentada, relaciona-se com a formulação de exceções quando a execução se processa mediante carta precatória, pois aí são *dois* (ou mais) os juízos.

Segundo o art. 20 da Lei n. 6.830/80, compete ao juízo *deprecante* julgar os embargos do devedor na execução por intermédio de carta, exceto se os embargos versarem sobre vícios ou irregularidades praticados pelo juízo deprecado, hipótese em que a este caberá julgar os embargos, no que respeita a essa matéria (*ibidem*, parágrafo único). No caso de o devedor pretender arguir a incompetência *ratione loci*, o impedimento ou a suspeição (do juízo ou do juiz), deverá fazê-lo perante o *deprecado*, ao qual competirá julgar a exceção, observadas as prescrições ditadas pelos arts. 799 a 802 da CLT. Acentue-se que, oferecida a exceção, ficará suspenso não necessariamente o processo de execução, e sim, a série de atos que deverão ser praticados por meio da carta precatória. A despeito da exceção apresentada no juízo deprecado, o deprecante poderá, em vários casos, manter a fluência da execução, desde que, como é evidente, seja conciliável esse prosseguimento com a pendência do julgamento da exceção.

O próprio credor poderá oferecer, no juízo deprecado, exceção de incompetência, impedimento ou suspeição, pois arguição dessa ordem não é privativa do devedor. Em certas situações, poderá até mesmo ocorrer de serem oferecidas, em épocas coincidentes ou não, exceções no juízo deprecante e no deprecado, por uma só das partes ou por ambas. O oferecimento dessas exceções acarretará consequências múltiplas e muitas vezes imprevisíveis, no processo de execução, não raro tumultuárias. Daí o cuidado que devem ter os juízos (deprecante e deprecado) em evitar a deflagração de semelhantes distúrbios.

16. Revelia

Deixando o devedor de embargar a execução poderá ser considerado revel?

Tecnicamente não, pois, sendo o substrato do conceito processual desta figura a *ausência de contestação*, pelo réu (CPC, art. 344), não faz sentido cogitar-se de revelia do devedor, porquanto os seus embargos não traduzem contestação e sim, característica *ação incidenteal*, de natureza constitutiva.

O devedor não é citado para *responder*, se não que para *cumprir a obrigação*, ou garantir a execução (CLT, art. 880, *caput*). Além disso, o próprio credor, para obter a satisfação do seu direito, nada tem, por princípio, que provar, pois a existência desse direito está reconhecida pela autoridade soberana da coisa julgada material que dá estofo ao título executivo, ou pela existência do título extrajudicial. Nem se argumente que o parágrafo único do art. 771 do CPC manda que se apliquem à execução, em caráter subsidiário, as disposições regentes do processo cognitivo, a insinuar, com isso, que ao devedor que deixar de oferecer embargos devem ser aplicados os efeitos da revelia, previstos no art. 344 do mesmo Código. Tendo a execução norma própria sobre a atitude processual que deva o executado assumir em face da execução (art. 914) e sabendo-se que a audiência de instrução dos embargos (CPC, art. 920, II) somente será dispensada quando estes envolverem matéria de direito, ou sendo de fato e de direito a prova for exclusivamente documental, fica claro que não se pode dar concreção à subsidiaridade de que fala o parágrafo único do art. 771, do CPC, como forma de justificar a aplicação do art. 344 do mesmo diploma processual.

Saliente-se que, sendo a obrigação contida no título executivo (judicial) *líquida* e *exigível*, como impõe o art. 783, do CPC, extremamente escassos serão os fatos a serem provados pelas partes (em especial pelo devedor), dada a fonte jurisdicional do título. Por certo ângulo, pode-se dizer que o título sentencial corresponde à prova *pré-constituída* e bastante para tornar o direito do credor insuscetível de soçobrar diante de *fatos*.

Ainda que, em determinadas situações, haja fatos a serem provados, a estrutura peculiar do processo de execução repelirá a declaração do *estado de revelia* do devedor, quando este deixar de oferecer embargos. Repita-se que esses embargos não representam modalidade de resposta e sim ação, com acentuada carga de constitutividade; assim sendo, é filha do ilogismo a afirmação de que deverá ser considerado *revel* quem deixou, em última análise, de ajuizar *ação*. O que se poderia cogitar, na espécie, é de confissão, nos termos do art. 341, do CPC.

17. Reconvenção

Nas palavras de Calmon de Passos, proferidas na vigência do CPC de 1973: "*não poderá o réu executado formular contra o autor pedido cuja tutela reclame o processo de conhecimento; isso porque mesmo vistos os embargos do executado como uma ação de conhecimento, têm eles um procedimento especial, regulado pelo art. 740 do CPC, procedimento este incompatível quer com o procedimento ordinário, quer com o procedimento sumariíssimo, não sendo lícito ao executado embargante, na espécie, preferir o rito ordinário, porquanto seria opção em desfavor do credor exequente e embargado*" (obra cit., p. 430/431).

Não só pelas razões doutrinárias, que realçam a incompatibilidade do procedimento da reconvenção com o da execução, mas, sobretudo, pela vontade da lei, não se deve consentir que o devedor embargante reconvenha ao credor. Com efeito, o art. 16, § 3.º, da Lei n. 6.830/80 contém um veto peremptório à possibilidade de o devedor contra-atacar o credor, no mesmo processo — norma essa amplamente aplicável ao processo do trabalho, lacunoso nesse ponto.

Acrescentemos que, sendo a reconvenção ação do réu em face do autor, fica sem base lógica o argumento de que o devedor possa reconvir ao credor, sabendo-se que, no plano dos embargos, o credor não é réu e sim autor. Dessa maneira, teríamos a esdrúxula ocorrência de o *autor* (embargante) estar reconvindo ao "réu" (credor).

18. Sentença

Deixamos fincada, linhas atrás, a nossa opinião de que o pronunciamento jurisdicional dirimente dos embargos opostos pelo devedor é *sentença* e não *decisão*.

Caberá ao juiz apreciar, na mesma sentença, os embargos e a impugnação à "sentença" de liquidação, quando for o caso (CLT, art. 884, § 4.º). Havendo impugnação à liquidação, esta deverá ser apreciada por primeiro. Se, p. ex., a impugnação foi formulada *pelo credor*, e o juiz acolhê-la, mandará que se proceda ao reforço da penhora em decorrência da elevação do valor da quantia certa por que se processa a execução; em alguns casos, todavia, o valor do acréscimo obrigacional, por ser irrisório, não gera repercussão no relacionamento que há entre o valor da execução e o dos bens penhorados. Tendo sido a impugnação apresentada *pelo devedor*, o juiz, caso a acolha, deverá mandar que a penhora seja *reduzida* (CPC, art. 874, I), para adequá-la ao novo montante da execução, proveniente do acolhimento da impugnação à sentença de quantificação da dívida.

Superada a matéria concernente à impugnação à liquidação, passará o juiz a apreciar a que tenha sido suscitada nos embargos e na contestação (contraminuta) a estes; havendo preliminares, torna-se até tautológico dizer que deverão ser apreciadas precedentemente ao mérito.

A sentença será quase sempre de mérito quando o juiz acolher os embargos, ou rejeitá-los. Acolhendo-os, o provimento jurisdicional poderá afetar o título executivo ou somente o processo de execução. A sentença que lhe acolhe os embargos é de eficácia constitutiva — como o é a ação de embargos —, pois poderá dissolver ou modificar o título em que se funda a execução, ou eliminar-lhe os efeitos.

Caso a sentença acolha os embargos, com fulcro, v. g., no inciso I, § 1.º, do art. 525, e nos incs. IV e V do art. 917, do CPC, o título executivo permanecerá íntegro, porquanto os efeitos da sentença, na espécie, só alcançam o processo de execução; nessa hipótese, poderá o credor sanar a irregularidade que deu causa ao acolhimento dos embargos, ou, se isso não for possível, promoverá, outra vez, a execução, desta feita sem os vícios de fundo ou de forma que a comprometeram anteriormente. O novo ajuizamento da execução justifica-se pelo fato de a sentença extintiva do processo não produzir *res iudicata* material, mas apenas formal; o título executivo, como afirmamos, não é atingido pelos efeitos do pronunciamento jurisdicional extintivo.

De mérito será também a sentença que acolher os embargos lastreados em pagamento, quitação, cumprimento da decisão ou do acordo, prescrição, etc.

19. Recurso

A sentença resolutiva dos embargos do devedor poderá ser impugnada pelo recurso de agravo de petição (CLT, art. 897, "*a*"), qualquer que seja o resultado da prestação jurisdicional, e mesmo que os embargos tenham sido rejeitados liminarmente.

No sistema edificado pelo legislador trabalhista, o agravo de petição foi destinado a servir como instrumento de impugnação aos atos jurisdicionais, de conteúdo decisório, praticados na execução.

Embora o princípio geral seja de que os recursos trabalhistas possuem efeito meramente "devolutivo" (CLT, art. 899, *caput*), a CLT permitia que o juiz *sobrestasse*, quando reputasse conveniente, o andamento do feito até o julgamento do agravo de petição (art. 897, § 1.º). O conteúdo dessa norma legal, atualmente, é outro. Mesmo assim, pode-se concluir que o agravo de petição, em princípio, terá efeito suspensivo. Assim dizemos, porque os valores incontroversos poderão ser executados de imediato, até o final (em carta de sentença). Os valores controvertidos são os que foram objeto do agravo de petição, que, neste caso, terá efeito suspensivo.

Mesmo antes da Lei n. 10.035/2000, que deu nova redação ao art. 897, § 1.º, da CLT, já sustentávamos a opinião de que o agravo de petição deveria acarretar, sempre, a suspensão do processo de execução, pois, pressupondo-se que a sua interposição já encontraria bens penhorados ao devedor, de nada valeria atribuir-se-lhe efeito apenas "devolutivo", sabendo-se que a execução, sendo provisória, não poderia submeter esses bens à expropriação judicial.

A propósito, ao dispor que o agravo de petição *"só será recebido* quando o agravante delimitar, justificadamente, as *matérias* e os *valores* impugnados" (destacamos), o § 1.º do art. 897 da CLT, com a redação dada pela Lei n. 8.432/92, deixa claro que essa delimitação figura como pressuposto objetivo de *admissibilidade* do agravo de petição.

Desse modo, caberá ao próprio juízo *a quo* verificar se o agravante cuidou de atender a esse requisito. Convencendo-se de que não, deverá recusar admissibilidade ao agravo de petição, abrindo, com isso, oportunidade para que o devedor interponha agravo de instrumento da decisão denegatório.

A exigência legal de que haja delimitação motivada das matérias e valores impugnados traduz, indiscutivelmente, acertada e elogiável alteração introduzida pela Lei n. 8.432/92, porquanto, com essa providência, procurou permitir a execução imediata e definitiva das matérias e valores não delimitados ("permitida a execução imediata da parte remanescente até o final", diz o § 1.º do art. 879 da CLT). Anteriormente à Lei n. 8.432/92, o agravante, ainda que impugnasse parte da execução, impedia que esta pudesse ser realizada, quanto ao restante, pois os autos, em regra, eram encaminhados ao tribunal. Agora, a execução definitiva da parte não delimitada poderá ser feita nos autos principais (seguindo, portanto, o agravo de petição em autos apartados) ou mediante carta de sentença (sendo os autos principais encaminhados ao tribunal, para exame do agravo de petição).

É evidente, porém, que a exigência de impugnação fundamentada das matérias e valores, como pressuposto para a admissibilidade do agravo de petição, tem como destinatário exclusivo o devedor, não sendo, por isso, aplicável ao credor, por absoluta falta de senso lógico.

Aliás, como afirmamos há pouco, a expressão legal "permitida a execução imediata da parte remanescente até o final" está a demonstrar que a parte *impugnada* não poderá ser objeto de execução definitiva, *o que* significa afirmar, por outros termos, que o agravo de petição é dotado de efeito suspensivo.

Portanto, o Juiz do Trabalho já não tem a faculdade de sobrestar a execução, em face do agravo de petição interposto: a suspensão da execução passa a ser *automática*, no que tange à parte da sentença que foi impugnada por esse recurso.

20. Exceção de pré-executividade

Por força da regra inscrita no art. 884, *caput,* da CLT, o devedor, para opor embargos à execução, deve oferecer bens à penhora, vale dizer, garantir, patrimonialmente, o juízo. A mesma imposição é formulada pelo art. 16, § 1.º, da Lei n. 6.830/80, que dispõe sobre a cobrança judicial da dívida ativa da Fazenda Pública, a demonstrar que essa exigência constitui um ponto comum entre os diversos sistemas processuais.

Cabe lembrar que, no processo moderno, a execução por quantia certa tem natureza *patrimonial* (CPC, arts. 789), implementando-se na expropriação de bens, presentes e futuros, do devedor, com a finalidade de satisfazer o direito do credor (CPC, arts. 789 e 824). A observação é importante porque, em legislações do passado, a execução era *pessoal* e *corporal,* porquanto seus atos materiais incidiam na liberdade ou no próprio corpo do devedor, como nos dá trágico exemplo a *manus iniectio* romana.

Somente a Fazenda Pública não se submete à regra do garantimento patrimonial do juízo, como pressuposto para o oferecimento de embargos à execução, em decorrência da cláusula legal da impenhorabilidade dos bens públicos.

De algum tempo até esta data, entretanto, vem adquirindo certo prestígio, nos sítios da doutrina do processo civil, a tese da *exceção de pré-executividade,* que consiste, em sua essência, na possibilidade de o devedor alegar determinadas matérias, sem que, para isso, necessite efetuar a garantia patrimonial da execução.

Para que sejam convenientemente entendidas as razões doutrinais que eclodiam na elaboração dessa ideia, devemos rememorar que os embargos do devedor constituem ação autônoma incidental, de natureza constitutiva, motivo por que devem ser autuados em separado; logo se percebe não ser tecnicamente correto o procedimento adotado no processo do trabalho, onde esses embargos são juntados aos próprios autos da execução. Em todo o caso, não nos move, neste momento, nenhuma preocupação em formular críticas a essa praxe trabalhista — até porque o princípio da simplicidade, que informa o processo do trabalho, a autoriza. O que pretendemos dizer é que, no processo civil, a *exceção de pré-executividade* (também identificada, por alguns, como oposição pré-processual; objeção de executividade; exceção de executividade) tem o efeito prático de, não apenas, permitir ao devedor alegar determinadas matérias, sem a garantia patrimonial do juízo, mas fazê-lo nos próprios autos da execução, o que corresponde a asseverar, independentemente de embargos.

Cremos que a ideia dessa *exceção*, em rigor, haja surgido para subministrar providencial socorro ao *contribuinte*, quando figurando como devedor nas execuções fiscais promovidas pela Fazenda Pública; dispensado de oferecer bens à penhora, ele terá assegurado o seu direito de aduzir certas alegações ou objeções, capazes, por sua relevância, de dar cobro à execução.

O CPC de 2015, ao dispor que *"Todas as questões relativas à validade do procedimento de cumprimento da sentença e dos atos executivos subsequentes poderão ser arguidas pelo executado nos próprios autos e nestes serão decididos pelo juiz"* (art. 518; destacamos) está não apenas a permitr que essas arguições sejam formuladas por simples petição, como a insinuar que a petição possa ter a forma de *exceção de pré-executividade* ou de *objeção de não executividade*.

Reveladas essas razões, cumpre-nos, agora, formular a pergunta inevitável: a *exceção de pré-executividade* é compatível com o processo do trabalho?

Antes de nos dedicarmos à resposta, devemos esclarecer que a referida *exceção* se destina, fundamentalmente, a impedir que a exigência de prévio garantimento patrimonial da execução possa representar, em situações especiais, obstáculo intransponível à *justa defesa* do devedor, como quando pretenda alegar nulidade do título judicial; prescrição intercorrente, pagamento da dívida, ilegitimidade ativa e o mais. É importante assinalar, portanto, que a *exceção de pré-executividade* foi concebida pela doutrina para atender a situações verdadeiramente *excepcionais*, e não para deitar por terra, na generalidade dos casos, a provecta imposição legal da garantia patrimonial da execução, como pressuposto para o oferecimento de embargos pelo devedor.

A partir dessa perspectiva é que examinaremos a compatibilidade, ou não, da precitada *exceção* com o processo do trabalho.

Para logo, devemos observar que, se fôssemos levar à risca a expressão literal do art. 884, § 1.º, da CLT, as matérias que o devedor poderia alegar, em sede de embargos, estariam restritas ao cumprimento da decisão ou do acordo e à quitação ou prescrição (intercorrente) da dívida. Todavia, os fatos da realidade prática fizeram com que se permitisse ao devedor, por ocasião dos seus embargos, alegar, ainda, sempre que fosse o caso, nulidades, inexigibilidade do título, excesso de execução, novação, incompetência absoluta do juízo e o mais — enfim, muitas das matérias enumeradas nos arts. 525, § 1.º e 91, do CPC. Embora, como dissemos, a *exceção de pré-executividade*, no processo civil, seja apresentada fora dos embargos à execução, a referência ao art. 884, § 1.º, da CLT serve para demonstrar que o intérprete, muitas vezes, não deve ficar adstrito ao senso literal da norma, sob pena de voltar as costas à realidade que borbulha, dinâmica e suplicante, para além da insensibilidade das disposições normativas. Convém trazer à tona a prudente advertência de *Ripert* de que, *"Quando o Direito ignora a realidade, a realidade se vinga, ignorando o Direito"*.

Pois bem. Jamais nos abalançaríamos a negar que a exigência legal de garantimento patrimonial do juízo, como requisito para o oferecimento de embargos à execução, seja absolutamente necessária, enquanto providência tendente a evitar que o devedor empreenda manobras dotadas de intuito protelatório. Afinal, tautologia à parte, devedor é quem deve; e, por isso, a atitude que dele se exige é a de submeter-se, o quanto antes, ao comando que se irradia da coisa julgada material — que, não raro, consome muito tempo para constituir-se. Por outras palavras, que ele cumpra a obrigação, estampada no título executivo, realizando a correspondente prestação, de maneira voluntária ou coacta. Não é por acaso que o art. 797 do CPC declara que a execução se processa *no interesse do credor,* a evidenciar que este possui preeminência axiológica, cuja emanação prática se traduz sob a forma de sujeição jurídica do devedor.

Entretanto, não podemos ignorar a existência, também no processo do trabalho, de situações *especiais,* em que essa imposição de garantimento patrimonial da execução poderá converter-se em causa de gritante injustiça, como quando o devedor pretender arguir, digamos, *nulidade,* por não haver sido, comprovadamente, citado para a execução. Em muitos desses casos, o devedor poderá não dispor de forças patrimoniais para garantir o juízo, circunstância que o impossibilitará de alegar, na mesma relação processual, a nulidade da execução. É oportuno ressaltar que a necessária submissão do devedor à coisa julgada material, de que falamos há pouco, haverá de realizar-se segundo o "devido processo legal", de tal arte que seria antiético, de parte do Estado, condicionar a possibilidade de o devedor arguir a presença de vícios processuais eventualmente gravíssimos — e, por isso, atentatórios da supremacia da cláusula do *due process of law* —, ao oferecimento de bens à penhora, máxime se levarmos em conta o fato de que, em muitos casos, ele não disporá de patrimônio em valor suficiente para efetuar o garantimento do juízo. De igual modo, é relevante lembrar que a cláusula do "devido processo legal" possui, entre nós, sede constitucional (CF, art. 5.º, inciso LVI), significa dizer, está inserida no elenco dos *direitos* e *garantias* individuais.

Sendo assim, nada obsta a que o processo do trabalho, sem renunciar a seus princípios ideológicos e à sua finalidade, admita, em situações verdadeiramente extraordinárias, *independentemente de embargos* — e, em consequência, *de garantia patrimonial do juízo* —, alegações de: nulidade da execução; pagamento; transação; prescrição (intercorrente); novação — enfim, envolventes de outras matérias dessa natureza, capazes, muitas delas, de extinguir a execução, se acolhidas. Por outras palavras: as matérias que possam ser alegadas mediante a exceção de pré-executividade são, preponderantemente, aquelas consideradas *de ordem pública,* a cujo respeito o juiz poderia e deveria manifestar-se *ex officio, como, p. ex., as enumeradas* nos incisos IV, V e VI do art. 485 do CPC ou no art. 337 do *mesmo Código* (salvo, neste último caso, a convenção de arbitragem). Realmente, seria extremamente injusto exigir-se que o devedor, para alegar as matérias sobre as quais o juiz pode e deve pronunciar-se por sua iniciativa, devesse realizar a garantia patrimonial da execução. Essa exigência seria tanto mais injusta nas situações em que o devedor nem mesmo possuísse bens suficientes para oferecer em garantia ao juízo, pois o magistrado poderia esquecer-se de examinar, *ex officio,* tais matérias, acarretando, com isso, grandes prejuízos processuais ao devedor.

Conforme dissemos há pouco, as matérias que o devedor possa alegar por meio de exceção de pré-executividade são, de maneira preponderante — *mas não exclusivas* —, aquelas sobre as quais o juiz possa manifestar-se por sua iniciativa. Com isso, estamos a admitir a possibilidade de serem suscitadas outras matérias, que não se incluam no conceito de ordem pública, dentre as quais: pagamento, quitação, transação, novação, etc.

É elementar que tais alegações deverão ser cabalmente comprovadas, *desde logo,* sob pena de o uso da *exceção de pré-executividade,* contravindo as razões de sua concepção doutrinal, converter-se em expediente artificioso do devedor para evitar a penhora de seus bens. Com efeito, se o devedor desejar provar, mais adiante, os fatos em que funda a sua alegação, ou a matéria jurídica que pretenda suscitar exigir elevada reflexão, ou ser controvertida, então deverá valer-se dos embargos, a que faz referência o art. 884, *caput,* da CLT, pois este: a) comporta uma fase cognitiva incidental, que pode envolver *fatos* (CPC, art. 920, II); b) é o foro apropriado para reflexões mais aprofundadas.

Estamos a afirmar, portanto, que a *exceção de pré-executividade* só deverá ser aceita quando calcada em prova documental previamente constituída, à semelhança do que se passa em tema de ação de segurança, e desde que não exija, para a apreciação da matéria, investigações em altas esferas. A propósito, os requisitos de "liquidez" e "certeza", característicos da ação de segurança e que preconizamos sejam também subordinantes da *exceção de pré-executividade,* terão como objeto não o *direito,* e, sim, *o fato alegado.* Se o *direito* existe, ou não, é algo que somente o pronunciamento final da jurisdição poderá dizer. Líquida e certa, conseguintemente, deverá ser a *afirmação* sobre o fato.

Aliás, se bem refletirmos, veremos que os Juízes do Trabalho, há muito tempo, vêm aceitando uma certa prática que, em última análise, se traduz — sem que o saibam — em uma forma *sui generis* de exceção de pré-executividade, enfim, de uma exceção informal ou inominada. Demonstremos. Muitas vezes, iniciada a execução forçada, com a expedição do correspondente mandado, o devedor, citado, vem a juízo não para oferecer embargos, mas para comunicar que efetuou, digamos, transação com o credor, juntando, inclusive, o comprovante desse negócio jurídico bilateral. Diante disso, o juiz intima o credor para que se manifeste a respeito; este confirma a transação realizada, fazendo com que o juiz a homologue e ponha fim, por este modo, ao processo de execução. Ora, o que houve, no caso, foi o uso informal da exceção de pré-executividade, pois, em rigor, a alegação de transação, feita pelo devedor, deveria ter sido objeto de embargos à execução, ou seja, depois de garantida, patrimonialmente, a execução, nos termos do § 1.º do art. 884, da CLT. Note-se que a transação figura como uma das matérias que devam ser alegadas pelo devedor, nos embargos à execução. Apesar disso, o juiz admitiu que a transação fosse noticiada e comprovada por meio de simples petição, sem forma jurídica, e sem garantia da execução, vale dizer, mediante exceção de pré-executividade. Seria insensato negar-se ao devedor o acesso ao juízo por essa forma, impondo-lhe que o fizesse, apenas, mediante o manejo formal dos embargos e com prévio garantimento da execução. Situações como a que acabamos de descrever foram vividas, inúmeras vezes, pelos Juízes do Trabalho deste País — que, dessa maneira, estavam a consentir a prática de um ato, pelo devedor, que consistia, em sua essência, na exceção de pré-executividade.

Sejamos, no entanto, ainda mais prudentes: nos domínios do processo do trabalho, a aceitação da aludida *exceção* deverá ser feita sem prejuízo da eventual configuração de *ato atentatório à dignidade da justiça* (CPC, art. 774). Destarte, se, por exemplo, o devedor fizer uso dessa *exceção* com escopo visivelmente procrastinatório (por serem as suas alegações infundadas; por estarem desacompanhadas de prova documental, etc.), o seu gesto poderá tipificar a *oposição maliciosa à execução,* de que trata o inciso II do art. 774 do CPC, cuja consequência ser-lhe-á a imposição de multa correspondente a até vinte por cento do valor atualizado da execução, sem prejuízo de outras sanções de natureza processual ou material, que a situação esteja a reclamar (CPC, art. 774, parágrafo único). Se essa *oposição maliciosa* pode ser caracterizada nos próprios *embargos à execução* (CPC, art. 918, parágrafo único), quando o juízo já se encontra garantido, por mais forte razão haverá de ser configurada na *exceção de pré-executividade,* sabendo-se que o devedor, para formulá-la, estará dispensado desse encargo patrimonial.

Dessa maneira, a *exceção de pré-executividade,* de um lado, poderá ser utilizada no processo do trabalho, em situações excepcionais, como as descritas anteriormente, a fim de evitar que a exigência de garantia patrimonial do juízo torne impossível o direito de o devedor exercer a sua *justa defesa*; de outro, porém, sujeitará o devedor que a utilizar com objetivo procrastinatório ao pagamento de pesada multa pecuniária, em prol do credor. A possibilidade da incidência dessa multa funcionará, conforme se pode perceber, como uma espécie de contrapartida ao uso ocasionalmente distorcido da *exceção de pré-executividade,* ou seja, quando esta for produto de manobra artificiosa. Com essa penalidade, preservam-se, a um só tempo, os interesses do credor e o conteúdo ético do processo.

Tal *exceção,* de qualquer forma, não deverá ter, no processo do trabalho, autonomia quanto ao procedimento, cumprindo, pois, tratá-la, no que respeita ao devedor, como mero *incidente da execução.* O resultado prático dessa construção está em que o ato jurisdicional que a *rejeitar* terá natureza de *decisão interlocutória* (CPC, art. 203, § 2.º; CLT, art. 893, § 1.º), de tal modo que não poderá ser impugnado de maneira autônoma, corresponde a afirmar, por meio de agravo de petição, porquanto o juízo não estará, ainda, garantido. Segue-se que qualquer insatisfação do devedor, no tocante a essa decisão, somente haverá de ser manifestada na oportunidade dos embargos que vier a oferecer à execução — desde que esteja garantido, com bens, o juízo, nos termos do art. 884, *caput,* da CLT, sob pena de a petição de embargos ser indeferida in *limine* (CPC, art. 918). Da sentença resolutiva dos embargos à execução é que o devedor poderá interpor o recurso específico de agravo de petição (CLT, art. 897, "*a*").

Uma outra solução que se poderia adotar seria a de entender-se que o uso da exceção de pré-executividade implicaria, por parte do devedor, uma renúncia tácita à faculdade de oferecer embargos à execução. Nesta hipótese, como não lhe seria mais dado embargar, poder-se-ia reconhecer-lhe, em caráter excepcional, a possibilidade de impugnar a decisão resolutiva da exceção de pré-executividade mediante agravo de petição.

Se, todavia, a *exceção* for *acolhida,* o pertinente ato jurisdicional será, fora de qualquer dúvida razoável, *sentença,* porquanto estará pondo fim ao processo de execução (CPC, art. 203, § 1.º); logo, poderá ser impugnada, pelo credor, mediante agravo de petição (CLT, art. 897, "*a*").

Como o objetivo da *exceção de pré-executividade,* segundo sua elaboração doutrinária, é o de permitir (em situações excepcionais, insistamos) ao devedor expender alegações ou objeções eficazes, sem necessidade de garantir patrimonialmente o juízo, torna-se de elementar inferência que dessa *exceção* não se poderá valer a Fazenda Pública, em virtude da cláusula legal que declara a impenhorabilidade dos bens públicos. Sob esse aspecto, podemos afirmar, sem receio de erro, que a mencionada *exceção* não faz nenhum sentido, lógico ou prático, para a Fazenda Pública, sabendo-se que esta pode oferecer embargos à execução sem efetuar o aludido garantimento patrimonial. Em suma, faltaria à Fazenda Pública o indispensável interesse processual (CPC, art. 3.º) para fazer uso da exceção de pré-executividade.

Devemos dedicar algumas considerações acerca do prazo para o oferecimento da exceção de pré-executividade. Para sermos objetivos: o *dies a quo* será o do início do processo de execução (aqui incluída a fase de liquidação), e o *dies ad quem* o do término do prazo para oferecer embargos à execução. Assim, iniciada a fase de liquidação, poderá o devedor fazer uso da exceção de pré-executividade; terminado o prazo para o oferecimento de embargos do devedor terminará, automaticamente, o prazo para apresentação da exceção de pré-executividade.

Por outro lado, o oferecimento de exceção de pré-executividade não suspende o prazo para a oposição de embargos do devedor. Logo, é inteiramente do devedor o risco pelo uso da referida exceção. Na prática, aliás, esse risco inexistirá, levando-se em conta o fato de a exceção em estudo ser apresentada sem a garantia patrimonial da execução; sendo assim, rejeitada a exceção, o devedor deverá efetuar a garantia do juízo para poder oferecer os embargos que lhe são próprios.

De resto, é importante deixar assinalado o fato de a Súmula n. 397, do TST, haver consagrado o uso da exceção de pré-executividade no âmbito do processo do trabalho.

Conclusivamente:

1) A despeito de a exigência legal de garantia patrimonial do juízo, como pressuposto para o oferecimento de embargos à execução (CLT, arts. 882 a 884), ser, em princípio, necessária, a fim de desestimular a prática de atos proletatórios, por parte do devedor, certas situações verdadeiramente *extraordinárias* da vida, assinaladas por uma acentuada carga de dramaticidade, poderão autorizá-lo a formular determinadas alegações ou objeções sem realizar essa asseveração, e independentemente da figura formal dos embargos, de que fala o art. 884 da CLT.

2) A *exceção de pré-executividade* (ou oposição pré-processual ou exceção de executividade) poderá ser apresentada de modo informal, assim que o devedor for citado para a execução (ou mesmo já na fase de liquidação), e deverá fundar-se em prova documental (exceto se a matéria alegada for exclusivamente "de direito", como no caso

de prescrição intercorrente). Se os fatos que o devedor pretender alegar dependerem de prova oral, ou a matéria de direito que dá conteúdo a essas alegações for largamente controvertida, ou requerer alta reflexão, caber-lhe-á fazer uso dos embargos à execução — com prévia garantia do juízo, esclareça-se —, que constituem, naturalmente, o foro adequado para a coleta de provas, ou para o exame aprofundado dos argumentos expendidos pelas partes.

3) Se a referida *exceção* possuir evidente intuito protelatório, configurará a *oposição maliciosa à execução,* da qual se ocupa o inciso II do art. 774 do estatuto de processo civil, permitindo ao juiz, em face disso, aplicar multa ao devedor, não excedente a vinte por cento do valor atualizado da execução, que verterá em benefício do credor, sendo exigível nos mesmos autos (*ibidem,* parágrafo único).

4) É importante observar que, admitida a possibilidade da exceção de pré-executividade no processo do trabalho, os embargos do devedor não deixam de permanecer como o principal meio de defesa deste, pressupondo um direito já reconhecido no título executivo judicial ou expresso em documento apto a ensejar a execução que não se funda em título judicial. Todavia, quando o devedor pretender: a) atacar o próprio título executivo, em virtude de este não atender aos requisitos estabelecidos em lei para a sua validade e eficácia (como a falta de liquidez da obrigação, que a torna inexigível); b) invocar determinadas matérias de ordem pública (que poderiam e deveriam ser conhecidas *ex officio* pelo juiz); ou c) alegar matérias outras, que embora não se incluam no conceito de ordem pública sejam relevantes, como pagamento, transação, novação, etc., poderá fazer uso da exceção de pré-executividade, a ser formulada mediante simples petição e sem a necessidade de garantimento patrimonial da execução.

5) As matérias que deram conteúdo à exceção de pré-executividade não poderão ser repetidas nos embargos do devedor (neste caso, já garantido o juízo);

6) O ato jurisdicional que apreciar a *exceção* terá natureza dúplice: a) será *decisão interlocutória,* se a *rejeitar* (CLT, art. 893, § 1.º), motivo por que trará em si o veto à recorribilidade autônoma (pelo devedor). Este, contudo, poderá impugnar a mencionada decisão no ensejo do oferecimento dos embargos à execução, contanto que garantido o juízo. Note-se: nos embargos, o devedor não poderá alegar, novamente, as matérias suscitadas na exceção de pré-executividade, senão que impugnar a decisão que as apreciou. Da sentença resolutiva dos embargos caberá agravo de petição; b) será *sentença,* se a *acolher,* pois, com isso, estará dando fim ao processo de execução (CPC, art. 162, § 1.º); sendo assim, poderá ser objeto de agravo de petição, pelo credor (CLT, art. 897, "*a*").

7) A Fazenda Pública não pode fazer uso da *exceção de pré-executividade,* na medida em que possui a prerrogativa legal de oferecer embargos à execução sem necessidade de garantir o juízo; falta-lhe, por isso, o indispensável interesse processual (CPC, art. 17).

Capítulo IX

Invalidação, Ineficácia e Resolução da Arrematação

1. Comentário

No sistema do CPC de 1973, o devedor poderia oferecer embargos à expropriação (compreendendo a arrematação e a adjudicação), fundados em nulidade da execução, pagamento, novação, transação ou prescrição, "desde que supervenientes à penhora" (CPC, art. 746). Como ponderávamos, nas edições anteriores deste livro, melhor teria sido se o legislador falasse em superveniência ao *julgamento da penhora*, na medida em que, se o fato nulificante da execução, o pagamento, a novação, a transação ou a prescrição, etc. ocorreram *após* a penhora, mas *antes* do oferecimento dos embargos do *devedor*, de que cuida o art. 884 da CLT, deveriam ser arguidos no momento em que estes foram ajuizados e não quando do oferecimento dos embargos à expropriação.

O CPC de 2015 não prevê a figura desses embargos. O que se tem é o disposto no art. 903, § 1.º, conforme o qual a arrematação poderá ser: I – invalidada, quando realizada por preço vil ou com outro vício; II – considerada ineficaz, se não observado o disposto no art. 804; III – resolvida, se não for pago o preço ou se não for prestada a caução.

Examinemos esses incisos.

Inciso I. Invalidada quando realizada por preço vil ou por outro vício.

Há, aqui, uma curiosidade. O art. 891, do CPC, dispõe que *não será aceito* lanço (ou preço vil); contudo, o art. 903, § 1.º, I, permite o *desfazimento* da expropriação quando for *realizada* por lanço vil. Ora, se *não se aceita* lanço vil, como poderia a expropriação *ter sido feita*, ou seja, admitida? Se o auto foi imediatamente assinado, como determina a lei (CPC, 901, *caput*), isto significa que, para o juiz, o lanço, nesse momento, não parecia ser irrisório, ínfimo (vil). Caberá ao devedor, entretanto, demonstrar, em sede de invalidação da expropriação, ou de mandado de segurança, que o juiz esteve errado em sua decisão.

É conveniente e oportuno recordar ser legalmente considerado vil o preço que for inferior a cinquenta por cento do valor da avaliação — exceto se outro for o preço mínimo fixado pelo juiz para a expropriação do bem.

Por vício de nulidade. Sendo a "praça" realizada, *e. g.*, sem prévia intimação do credor (Lei n. 6.830/80, art. 22, § 2.º) ou do devedor (CPC, art. 889, I), ou se o arrematante se encontrar legalmente impedido de licitar (CPC, art. 890, I a VI), caracterizada estará a nulidade desse ato expropriatório, que, em consequência, poderá ser desfeito pelo interessado (credor, devedor, ou eventualmente terceiro). De modo geral, sendo a arrematação espécie do gênero ato jurídico processual — conquanto de natureza complexa —, o desrespeito aos mandamentos enunciados pelos arts. 794 a 798 da CLT, conjugados com os arts. 276 a 283 do CPC, conduzirá a virtual decreto de nulidade. Antes, porém, de declarar a nulidade, deverá o juiz consultar os princípios: 1) da *transcendência* (CLT, art. 794), conforme o qual não há nulidade sem prejuízo; 2) da *instrumentalidade* (CPC, art. 277), pelo qual mesmo que a lei prescreva determinada forma, sem a cominação de nulidade, valerá o ato se, praticado de forma diversa, atingir a mesma finalidade; 3) da *convalidação* (CLT, art. 795; CPC, art. 278), que afirma poder a nulidade relativa ser sanada pelo consentimento da parte contrária, salvo se decorrer de falta de observância à norma pública, devendo, de qualquer modo, ser alegada na primeira vez em que o interessado tiver de falar nos autos ou em audiência, pena de preclusão temporal; 4) da *proteção* (CLT, art. 796, "*a*" e "*b*"; CPC, art. 276, § 2.º): só se acolhe a nulidade se não for possível suprir a falta ou repetir o ato, desde que não tenha sido arguida por quem lhe deu causa.

Inciso II. A norma legal citada, ao fazer remissão ao art. 804, *caput*, veda a expropriação do bem penhorado sem que desse ato sejam cientificados, por qualquer meio idôneo, o senhorio direto, o credor pignoratício, hipotecário, anticrético ou usufrutuário. Se este preceito legal não for observado, a expropriação poderá ser desfeita.

Diz o art. 804, *caput* do CPC que a alienação de bem aforado ou gravado por penhor, hipoteca, anticrese ou usufruto será *ineficaz* em relação às pessoas por ele mencionadas. O conceito de *ineficaz*, como leciona Orozimbo Nonato, é bifronte: "válido em face de determinadas pessoas e ineficaz perante outras" (*Da coação como defeito do ato jurídico*, n. 114, p. 219, 1957).

Inciso III. Se não for pago o preço ou prestada a caução. Deixando o arrematante de complementar o preço, no prazo de 24 horas, contado a partir do encerramento da "praça", não só será resolvida a arrematação, como o arrematante perderá, em prol da execução (ou seja, do credor), o sinal de 20% que havia depositado para garantir o lanço (CLT, art. 888, § 4.º), retornando à praça os bens apreendidos (*ibidem*).

Lembremos que se o arrematante for o próprio credor, não estará obrigado a exibir o preço, embora fique sujeito às disposições do art. 892, § 2.º, do CPC.

Designada nova praça, em virtude do desfazimento da arrematação, nela estarão proibidos de lançar o arrematante e o fiador remissos (CPC, art. 897). É uma espécie de sanção moral, de que são destinatários, em razão de não haverem integralizado o preço no prazo legal.

Acontecendo de o fiador do arrematante pagar o valor do lanço e a multa, poderá requerer que a arrematação lhe seja transferida (CPC, art. 898).

As situações mencionadas no § 1.º deverão ser decididas pelo juiz se for provocado dentro do prazo de dez dias posteriores ao aperfeiçoamento da arrematação (*ibidem*, § 2.º).

Decorrido o prazo mencionado no § 2.º sem que tenha havido alegação de qualquer das situações referidas no § 1.º, será expedida a carta de arrematação e, quando for o caso a ordem de entrega ou o mandado de imissão na posse (*ibidem,* § 3.º).

Expedida a carta de arrematação ou a ordem de entrega a invalidação da arrematação poderá ser postulada mediante ação autônoma. Nesse processo o arrematante figurará como litisconsorte necessário (*ibidem,* § 4.º).

A lei faculta ao arrematante desistir da arrematação, com a consequente devolução do depósito que tiver realizado. As causas que justificam essa desistência estão previstas nos incisos a serem agora examinados (*ibidem,* § 5.º)

Inciso I. Se o arrematante provar, nos dez dias subsequentes, a existência de ônus real ou gravame não mencionada no edital. Lembremos que entre os requisitos que o edital atinente à alienação dos bens penhorados deve conter está a menção de existência de ônus, recurso ou causa pendente sobre os bens a serem leiloados (CPC, art. 886, VI). Por esse motivo, entendemos que o arrematante poderá desistir da arrematação não apenas no caso de o edital omitir a existência de ônus real ou de gravame, mas, também, a existência de recurso ou de disputa judicial tendo como objeto os próprios bens penhorados. Se esses elementos tivessem constado do edital, é muito provável que o arrematante não possuísse interesse em adquirir os bens, ou fizesse lanço muito inferior ao oferecido.

Inciso II. Um outro motivo legal que autoriza a desistência da arrematação ocorre se o arrematante suscitar alguma das situações previstas no § 1.º. Para que essa desistência seja aceita, há necessidade de ser manifestada antes de expedida a ordem de entrega do bem ou a carta de arrematação. O ônus da prova, em princípio, é do arrematante desistente.

Inciso III. O arrematante também poderá desistir da arrematação quando citado para responder a ação autônoma de que cuida o § 4.º, contanto que manifeste a desistência no prazo para responder à precitada ação.

Se o devedor suscitar, de maneira infundada, a existência de vícios da arrematação, com o objetivo de fazer com que o arrematante dela desista, o seu ato será considerado atentatório à dignidade da justiça. Como consequência, o juiz poderá impor-lhe multa não superior a vinte por cento do valor atualizado do débito em execução, que verterá em benefício do credor. Outras sanções de natureza processual ou material também lhe poderão ser aplicadas (CPC, art. 774, parágrafo único), com indenização por perdas e danos (*ibidem,* § 6.º).

Capítulo X

Embargos de Terceiro

1. Conceito

O objetivo da execução por quantia certa reside na expropriação forçada de bens do devedor, como medida tendente a satisfazer o direito do credor, subsumido na sentença condenatória, a que o fenômeno jurídico da coisa julgada material adjungiu a eficácia de título executivo (CPC, art. 824). Por esse motivo — e como tantas vezes destacamos neste livro — o devedor responde, legalmente, para o cumprimento de suas obrigações, com a integralidade de seu patrimônio, já constituído ou a constituir (CPC, art. 789).

Pode ocorrer, entretanto, que, na tarefa de tornar concretos os fins da execução, o órgão jurisdicional venha a apreender (mediante penhora, arresto, sequestro, depósito, etc.) bens pertencentes a *terceiro*, vale dizer, a quem não está obrigado a adimplir a obrigação derivante do título exequendo. Torna-se, pois, de grande interesse — não apenas do ponto de vista doutrinário mas também prático — que investiguemos, a seguir, o conceito jurídico de terceiro e procuremos definir os seus exatos contornos.

A muitos poderia parecer suficiente dizer, em grau de definição, que terceiro é todo aquele que não é parte na relação processual executiva. Semelhante conceito seria, contudo, algo simplório, na medida em que, conforme iremos demonstrar, mesmo sendo parte no processo de execução o indivíduo está autorizado, por lei, a praticar aí atos na qualidade de *terceiro*.

Basta ver que o diploma processual civil vigente equipara a terceiro a parte que, a despeito de estar figurando no polo passivo da relação processual executiva, deseja promover a defesa de bens que, pelo título de aquisição ou pela qualidade em que os possui, não podem ser alcançados pelo ato de apresamento judicial (CPC, art. 674, § 2.º). Mesmo no processo do trabalho, o devedor pode, *e. g.*, oferecer embargos de terceiro sempre que houver necessidade de colocar a salvo da execução determinados bens que possui na qualidade de locatário, arrendatário e o mais. Mesmo o cônjuge é considerado pela norma legal como *terceiro* toda vez que pretender defender a posse de bens dotais, próprios, reservados ou de sua meação (CPC, art. 674, § 2.º, I). Por aí se percebe a inconsistência jurídica do conceito segundo o qual deve ser havido como terceiro todo aquele que não integra a relação jurídica executiva.

Como ensina Liebman, para efeito de determinar se uma pessoa é, ou não, parte no processo, não é suficiente levar-se em conta a sua identidade física, devendo-se, ao contrário, considerar também a qualidade jurídica em que compareceu ao processo,

EXECUÇÃO NO PROCESSO DO TRABALHO **543**

concluindo que "Uma pessoa física pode ser simultaneamente parte e terceiro com relação a determinado processo, se são diferentes títulos jurídicos que justificam esse duplo papel que ela pretende representar, se são distintas as posições jurídicas que ela visa a defender" (Revista Forense, vol. CIX, p. 46).

Frederico Marques afirma que se deve entender como terceiro não a pessoa física ou jurídica que não tenha participado do processo, e sim "a pessoa titular de um direito outro que não tenha sido atingido pela decisão judicial" (obra cit., vol. V, p. 455).

Terceiro é, portanto, a pessoa que, sendo ou não parte no processo de execução, defende bens que, em decorrência do título aquisitivo ou da qualidade em que os possui, não podem ser objeto de apreensão judicial. O amor à clareza nos conduz a reafirmar que a configuração jurídica do terceiro não deve ser buscada no fato imperfeito de estar o indivíduo *fora* da relação processual executiva, e sim na particularidade fundamental de que, embora esteja eventualmente figurando como parte passiva nessa relação, colime praticar aí atos destinados não a opor-se ao título executivo, se não que a liberar bens de indevida constrição judicial — fazendo-o, nesse caso, com fundamento no título de aquisição ou na qualidade pela qual detém a posse de mencionados bens.

Importante regra de ordem prática se extrai dessa observação: se o terceiro desejar defender os seus bens, cuja posse tenha sido turbada ou esbulhada por ato judicial executivo, deverá valer-se dos embargos que lhe são próprios e imanentes (de terceiro); caso se valha de embargos à execução (ou do devedor), será declarado carecente da ação, por faltar-lhe, para tanto, a indispensável legitimidade.

É despiciendo, por outro lado, que o terceiro seja senhor e possuidor, ou somente possuidor dos bens apreendidos: em ambos os casos ele recebe, da norma legal, a necessária legitimidade para tencionar excluí-los da constrição judicial (CPC, art. 674, § 1.º).

Já os *embargos*, que o ordenamento processual lhe põe ao alcance, com vistas a esse desiderato, constituem ação de tipo especial e de caráter incidental, que se encontra submetida a procedimento sumário. O traço de incidentalidade desses embargos está em que não se quadra ao seu escopo teleológico o desfazimento da execução forçada, mas, apenas, o de afastar a turbação ou o esbulho quanto à posse dos bens, proveniente de ato judicial como a penhora, o arresto, o sequestro, o depósito, etc. Deles disse Pontes de Miranda: "são ação do terceiro, que pretende ter direito ao domínio ou outro direito, inclusive a posse, sobre os bens penhorados ou por outro modo constritos" (obra cit., vol. IX, p. 6). Paula Batista, por sua vez, vê nesses embargos uma "ação de intervenção", por meio da qual o terceiro exerce a defesa de seus bens contra execuções alheias" (*apud* Hamilton de Moraes e Barros, obra cit., p. 289).

2. Natureza jurídica e eficácia

No texto das Ordenações Filipinas, os embargos de terceiro apareciam como um incidente da execução (Livro 3.º, Título 86, § 17); o primeiro Código de Processo Civil unitário do País (1939) alargou o campo de aplicação desses embargos, permitindo a sua utilização não só em face de execuções judiciais, mas de outros processos, considerando-os, dessa forma, como integrantes da classe dos denominados *processos acessórios*. O art. 707 desse Código concedia a ação de embargos em exame não apenas aos que detinham a titularidade da posse, mas igualmente aos que eram titulares de *direitos*; como o legislador não precisou qual a espécie de lesão a direito que autorizava o manejo desses embargos, passou-se a entender que a sua utilização seria ampla, não mais circunscrita, portanto, à defesa da posse.

O art. 1.046 do estatuto processual civil de 1973 revelava, a nosso ver, a natureza *possessória* desses embargos, embora o § 1.º dessa norma, ao fazer expressa referência ao *senhor* (e não só ao possuidor) da coisa, permita concluir ser possível discutir-se, em sede desses embargos, questões relativas ao *domínio* do bem constrito. Acreditamos que isso somente será possível se o embargante for, além de senhor, possuidor da coisa — conquanto a simples posse seja suficiente para conceder-lhe legitimidade, com vistas ao uso desses embargos.

O CPC de 2015, por seu art. 674, também demonstra que esses embargos possuem traço possessório.

A afirmação de que os embargos de terceiro possuem natureza possessória não seria infirmada pelo fato de o CPC atual haver dedicado, no Título referente aos procedimentos especiais, o Capítulo III, dispondo sobre as ações possessórias (arts. 554 a 567), não incluindo aí os embargos de que estamos a nos ocupar? Pensamos que não. O que se deve investigar, para efeito de cabimento de embargos de terceiro ou das ações possessórias mencionadas nos arts. 554 a 567 do CPC, é a *origem* do ato que está a molestar a posse do indivíduo. Assim, se a turbação ou o esbulho decorrem de ato praticado por particular, ou pelo próprio Estado (sem que o faça no exercício da jurisdição), deverá o interessado (possuidor) valer-se das ações possessórias típicas; se, ao contrário, a moléstia à posse promanar de ato *da jurisdição*, cabíveis serão os embargos de terceiro e não as possessórias de manutenção, reintegração ou interdita.

Percebe-se, pois, que os embargos de terceiro se destinam à defesa da posse ameaçada, turbada ou esbulhada por *ato judicial*; essa particularidade justifica a sua existência, no Código atual, ao lado das ações possessórias de interdito, manutenção e reintegração de posse, dada a dessemelhança teleológica que há entre uma e outras.

Nos embargos de terceiro, aliás — e contrariamente ao que se passa no plano das ações possessórias típicas —, não se concede ao possuidor o direito de realizar o desforço físico em defesa da posse.

Não se confundem os embargos de terceiro com a oposição. Em primeiro lugar, enquanto o terceiro deseja, com seus embargos, promover a defesa da posse — e eventualmente da propriedade do bem —, o opoente intervém na causa para pretender, para si, a coisa ou o direito sobre que controvertem o autor e o réu (CPC, art. 682); em segundo, os embargos de terceiro pressupõem, sempre, um ato de apreensão judicial do bem (penhora, arresto, sequestro, depósito, etc.), sendo que a oposição se caracteriza pela mesma disputa, estabelecida entre as partes, acerca de determinado bem ou direito, em cuja lide o opoente intervém; em terceiro, os embargos instauram uma nova relação jurídica processual, tendo, pois, vida própria, e sendo julgados por sentença específica, enquanto, na oposição, o terceiro se mete de permeio na mesma relação jurídica processual estabelecida entre autor e réu, sendo as suas pretensões apreciadas juntamente com as das partes originárias.

Tomados por outro ângulo, os embargos de terceiro apresentam preponderante carga de constitutividade, porquanto visam a desconstituir o ato da jurisdição que está molestando a posse do legitimado, fazendo com que a situação retorne ao estado como se encontrava anteriormente à apreensão judicial.

3. Pressupostos

Os pressupostos objetivos dos embargos em estudo coincidem com os que são característicos das ações possessórias típicas, a saber: lesão da posse ou iminente possibilidade de lesão. Debaixo do aspecto subjetivo, contudo, há uma diferença essencial: os embargos de terceiro, como pudemos ver, pressupõem que o ato molestador da posse seja proveniente da jurisdição. No caso das ações possessórias mencionadas nos arts. 554 a 567 do CPC, os atos que as justificam são perpetrados por particular ou pelo Estado — sem que este último esteja no exercício de seu monopolístico poder-dever jurisdicional.

Taxinomicamente, os embargos de terceiro têm caráter: a) preventivo; ou b) repressivo, conforme procurem evitar a moléstia da posse, ou afastar a turbação ou o esbulho consumados.

4. Embargos de terceiro e embargos do devedor

Do ponto de vista finalístico, os embargos do devedor e os de terceiro são figuras processuais inconfundíveis, pois, enquanto os primeiros buscam, no geral, subtrair a eficácia do título executivo, os segundos limitam-se a evitar uma apreensão judicial de bens ou a afastar essa constrição.

Considerando-se, porém, que também pode agir como terceiro aquele que integra, como parte, a relação processual executiva, não seria juridicamente viável aplicar-se aqui o princípio da *fungibilidade* dos remédios judiciais, que informa, em especial, o sistema dos recursos? Por outras palavras: não seria possível admitir-se como embargos de terceiro os embargos a que o interessado venha, acaso, a denominar de *à execução* (ou do devedor)?

Se se tratar de mero equívoco quanto ao *nomen iuris* dado aos embargos, é elementar que esse erro de nomenclatura não deverá constituir obstáculo a que o juiz conheça como sendo embargos de terceiro aqueles a que a parte rotulou, impropriamente, de embargos do devedor. Caso, porém, os embargos ditos de terceiro contenham matérias próprias dos embargos à execução (para cujo exercício já se tenha operado a preclusão), incumbirá ao juiz indeferi-los liminarmente, em virtude da inadequação do objeto e da finalidade.

Em muitos casos concretos, de outra parte, são penhorados bens que se encontravam na posse do devedor, mas que a ele não pertenciam (detinha-os, digamos, na qualidade do locatário). Nessa hipótese, tanto o devedor quanto o proprietário poderão oferecer embargos de terceiro, com fulcro no art. 674, § 2.º, do CPC; o que não se admitiria é que o devedor ingressasse com embargos à execução, pretendendo, com isso, liberar os bens da constrição judicial. Não se poderia, aqui, conhecer desses embargos como sendo de terceiro (nada obstante o devedor estivesse legalmente legitimado a isso) em razão da absoluta diversidade de objetos entre ambos os embargos. Ademais, admitida que fosse a possibilidade, teríamos uma situação anômala em que, acolhidos os embargos "do devedor" e liberados os bens, este ter-se-ia oposto à execução sem efetuar, em rigor, a imprescindível garantia do juízo.

O caso concreto, que a seguir relataremos, espelha, com fidelidade, os riscos de não se efetuar uma exata captação dos fins díspares dos embargos à execução e dos embargos de terceiro.

Penhorados vários bens a certo devedor, este, em seus embargos, cientifica ao juízo que tais bens não lhe pertencem, pois os detinha na qualidade de arrendatário. Diante dessa expressa confissão, os embargos são rejeitados *in limine*, com fundamento no art. 918, do CPC; afinal, o juízo não estava seguro. Dessa decisão o embargante interpõe agravo de petição, a que o tribunal dá provimento e determina que o juízo *a quo* aprecie os embargos. Logo em seguida, porém, o proprietário dos bens oferece embargos *de terceiro*, que — diante da evidência das provas produzidas — são acolhidos, ordenando-se, em consequência, o levantamento da penhora que sobre eles recaía. Isso significou, em última análise, que o *devedor* pôde embargar, com sucesso, a execução, mesmo havendo desrespeitado a norma legal que impunha a prévia garantia do juízo para tanto. Se ele quisesse, efetivamente, "colaborar" com o juízo, como declarou ao informar que os bens penhorados não lhe pertenciam, deveria ter, no mesmo instante, nomeado outros à penhora. Não atentou o tribunal para essa particularidade e, em consequência, acabou consagrando, com perigosa inadvertência, a possibilidade de o devedor opor-se à execução sem qualquer constrição judicial de seu patrimônio.

Situação que merece particular exame diz respeito à situação do sócio que, em execução por quantia certa promovida contra a sociedade de que participa ou participava, tem os seus bens penhorados: neste caso, ele — entendendo não ter nenhuma responsabilidade pela dívida da sociedade —, deverá oferecer *embargos de terceiro* ou *embargos à execução*? Em princípio, os embargos adequados à sua tese seriam, sem dúvida, os *de terceiro*; o inconveniente destes embargos, entretanto, está em que, por sua estrutura e finalidade, não permitem discussão acerca de cálculos e de outros temas ligados ao mérito. Sendo assim, ele deverá apresentar embargos à execução, cuidando, todavia, antes de discutir o mérito, suscitar a preliminar de ilegitimidade passiva, com fundamento (por analogia) no art. 525, § 1.º, II, do CPC.

5. Legitimidade

Encontram-se legalmente legitimados para ajuizar a ação de embargos, na qualidade de terceiros:

a) quem, não sendo parte na relação processual executiva, sofrer turbação ou esbulho na posse de seus bens, decorrente de apreensão judicial (penhora, arresto, sequestro, etc.: CPC, art. 674, *caput*);

b) o cônjuge ou companheiro, quando defende a posse de bens próprios ou de sua meação, ressalvado o disposto no art. 843;

c) o adquirente de bens cuja constrição decorreu de decisão que declara a ineficácia da alienação realizada em fraude à execução;

d) quem sofre constrição judicial de seus bens por força de desconsideração da personalidade jurídica, de cujo incidente não fez parte;

e) o credor com garantia real para obstar expropriação judicial do objeto de direito real de garantia, caso não tenha sido intimado, nos termos legais dos atos expropriatórios respectivos (CPC, art. 674, § 2.º, I a IV, respectivamente).

Uma pergunta oportuna: poderia, determinado proprietário (senhor, na linguagem da lei), opor embargos de terceiro se ainda não fora investido na posse dos bens apreendidos por ato judicial? Em que pese ao fato de ser conveniente uma construção doutrinária e jurisprudencial que conclua pela resposta afirmativa ante a questão posta, não podemos deixar de reconhecer que, possuindo esses embargos, segundo a lei (CPC, art. 674), natureza possessória, faleceria, na hipótese suscitada ao proprietário, legitimidade para ingressar com embargos de terceiro, uma vez que jamais *possuiu* os bens constritos.

A indicação do *cônjuge*, como terceiro, foi novidade trazida pelo CPC de 1973. E a alusão ao *companheiro* foi o contributo do CPC de 2015. Registre-se que o cônjuge ou companheiro somente estará legitimado para manejar esses embargos quando pretender realizar a defesa da posse de bens próprios ou de sua meação. Há, todavia, certa tendência jurisprudencial em não se admitir ao cônjuge (mulher) a qualidade de terceiro sempre que for citado para a execução promovida contra o marido, tendo a penhora incidido em bem imóvel. O que se insinua nessa corrente de jurisprudência é a afirmação de que a mulher apenas poderia intervir como terceiro quando não fosse citada para a ação. Não concordamos, *venia permissa*, com essa opinião. Ora, se a mulher apenas pudesse embargar, como terceiro, quando não citada para a execução, não haveria necessidade (nem razão) para o legislador redigir o inciso I, do § 2.º, do art. 674, do Código, pois a legitimidade da mulher já estaria assegurada pelo *caput* do mesmo artigo. A prevalecer, portanto, o pensamento de que estamos a discordar, o inciso I, do § 2.º, do art. 674, do CPC, não passaria de mera regra tautológica e inútil — o que não é verdade. Queremos crer que o preceptivo legal em apreço levou em conta o fato de a mulher poder alegar em juízo a circunstância de não poder ser legalmente responsabilizada pelo adimplemento das obrigações afetas ao seu marido, motivo por que o legislador erigiu essa ausência de responsabilidade da mulher em causa para a defesa da posse de seus bens dotais, próprios, reservados ou de sua meação.

A respeito do assunto sobre o qual estamos a discorrer, estabelece o art. 842, do CPC: "*Recaindo a penhora sobre bem imóvel ou direito real sobre imóvel, será intimado também o cônjuge do executado, salvo se forem casados em regime de separação absoluta de bens*". Essa determinação está em harmonia com a regra contida no art. 1.647, do Código Civil, de acordo com a qual *"Ressalvado o disposto no art. 1.648, nenhum dos cônjuges pode, sem autorização do outro, exceto no regime de separação absoluta: I – alienar ou gravar de ônus real os bens imóveis. II – (...)"*.

É evidente que, se, em determinado caso, a mulher figurar como litisconsorte passiva do marido (tendo sido, inclusive, citada nessa qualidade), por serem ambos legalmente responsáveis pelo adimplemento da obrigação contida no título executivo, ela não poderá fazer uso dos embargos de terceiro. Estamos a referir-nos à hipótese do art. 73, § 1.º, III, do CPC, a teor do qual ambos os cônjuges serão necessariamente citados para a ação (leia-se: execução) *"fundada em dívida contraída pelo marido a bem da família"*. Nesse caso, intimada da penhora, ela deverá oferecer embargos à execução — atuando, pois, na qualidade de devedora e não de terceiro.

Quanto ao credor com garantia real, a legitimidade que a lei lhe atribui, para oferecer embargos de terceiro, não vai além da finalidade de impedir a expropriação judicial dos bens dados em hipoteca, penhor ou anticrese, como está claro na redação do art. 674, § 2.º, IV, do CPC, lembrando-se que contra esses embargos o devedor (embargado) apenas poderá dizer que: a) o devedor comum é insolvente (alegação incabível na Justiça do Trabalho, onde toda execução por quantia certa tem como pressuposto devedor solvente); b) o título é nulo ou não obriga a terceiro; c) outra é a coisa oferecida em garantia (CPC, art. 680, I a III).

O fato de havermos asseverado, em linhas anteriores, que os embargos de terceiro somente são oponíveis a atos de apreensão judicial poderia fazer supor que legitimado, passivamente, para contestá-los seria o juiz que ordenou a constrição. Nada mais inexato seria pensar assim. A legitimação, no caso, é do credor-exequente, pois será ele o beneficiário da expropriação judicial dos bens penhorados, arrestados, sequestrados, etc. Não se pode negar, contudo, legitimidade também ao devedor para impugnar os embargos. O seu interesse, na espécie, poderia advir, p. ex., do fato de haver indicado à penhora, como seus, os bens que agora um terceiro esteja a defender a posse. Entendemos que o ingresso do devedor, nos autos de embargos de terceiro, deveria ser na qualidade de assistente, acatando-se, assim, o procedimento traçado pelos arts. 119 a 124, do CPC.

6. Competência

Competente para apreciar os embargos de terceiro será o juízo que ordenou a apreensão dos bens (CPC, art. 676, *caput*), vale dizer, aquele que fez expedir o correspondente mandado.

Na execução mediante carta precatória, a competência será do juízo deprecado, exceto se o bem apreendido houver sido indicado pelo deprecante, ou já devolvida a carta (CPC, art. 676, parágrafo único).

É certo que essa dicotomia de competências poderá acarretar algumas dificuldades de ordem prática, como quando todos os bens forem penhorados pelo juízo deprecado, embora apenas parte deles tenha sido indicada pelo deprecante. Nesse caso, haveria, em rigor, dois embargos do mesmo terceiro: um relativo aos bens apontados pelo juízo deprecante; outro, pertinente aos bens apreendidos pelo deprecado. Nada impede, entrementes, que a doutrina e a jurisprudência, em situações que tais, estabeleçam a regra de que os embargos deverão ser um só, abarcando, pois, a todos os bens constritos, sendo competente para apreciá-los unicamente o deprecado, porquanto esse é o princípio que se irradia do parágrafo único do art. 676, do CPC. Com isso, evitar-se-ão certos transtornos de ordem prática, derivantes da oposição de dois embargos pelo mesmo terceiro, que poderão trazer consequências tumultuárias para o procedimento, além de retardar, sobremaneira, a satisfação do direito do credor-exequente.

Vale rememorar que, em matéria de *embargos do devedor*, a competência será do juízo *deprecante*, salvo se tiverem como objeto vícios ou irregularidades de atos praticados pelo deprecado, quando, então, a este caberá apreciar, exclusivamente, esse assunto. Esse é o critério estabelecido pelo art. 20 da Lei n. 6.830/80 e no art. 914, § 2.º, do CPC, e que difere do enunciado pela Súmula n. 46 do STJ, respeitante aos embargos *de terceiro*.

7. Prazo

Segundo a regra inscrita no art. 675, do CPC, os embargos de terceiro podem ser opostos: a) a qualquer tempo, no processo de conhecimento, desde que a sentença não tenha passado em julgado; b) no processo de execução, até cinco dias depois da adjudicação, da alienação por iniciativa particular ou da arrematação, enquanto não assinada a respectiva carta. Devemos lembrar que, de modo geral, no processo do trabalho a contagem dos prazos deve considerar somente os dias *úteis* (CLT, art. 775, *caput*).

Entende Hamilton de Moraes e Barros que melhor teria sido se o legislador houvesse fixado o prazo para a oposição dos embargos a partir da ciência do ato judicial molestador da posse, pois "*Isso acarretaria segurança e economia do juízo do processo principal, pois que o feito já marcharia expurgado de dúvidas e problemas que o poderiam até sepultar, ou apenas desfazer os atos processuais posteriores ao ato embargado e dele consequentes*" (obra cit., p. 299).

Discordamos desse parecer.

O critério segundo o qual o prazo para o oferecimento dos embargos de terceiro passaria a fluir da data em que o interessado tomasse conhecimento do ato jurisdicional atentatório à posse de seus bens seria de todo desaconselhável, pois marcado, quase sempre, por um subjetivismo que dificultaria a exata definição do dia em que isso ocorreu, rendendo ensejo, portanto, ao surgimento de intermináveis disputas acerca do assunto, no ano da realidade prática. Está a merecer encômios, pois, o critério adotado pelo atual CPC, uma vez que baseado em elementos objetivos, que, por sua natureza, permitem melhor constatação quanto à tempestividade, ou não, dos embargos em exame.

Infelizmente, certos setores da jurisprudência trabalhista vêm entendendo que o prazo de cinco dias, para o oferecimento de embargos de terceiro na execução, deve ser contado a partir do momento em que o terceiro teve ciência da penhora do bem. Esse entendimento, *data venia*, instaura uma desaconselhável *insegurança jurídica* em todos os jurisdicionados, uma vez que passa a prevalecer não a *lei*, em sua expressão literal, mas a *opinião* de alguns dos aplicadores da norma. Essa insegurança jurídica é desrespeitosa do Estado Democrático de Direito, em que se funda a nossa República (CF, art. 1.º). Não se está, aqui, a afirmar que o juiz deva ser sempre um mero leguleio, uma simples voz da lei, e sim que não se deve, em nome de certos rasgos hermenêuticos, lançar as pessoas em um estado de insegurança, no que toca à maneira de agir em juízo, porquanto a lei deixará de ser a referência segura para isso.

No processo cognitivo, consequentemente, a oportunidade processual para o terceiro oferecer embargos apenas cessa com o trânsito em julgado da sentença — o que corresponde a afirmar que, enquanto estiver em curso o prazo para impugná-la pelos meios recursórios previstos em lei, essa oportunidade para o manejo dos embargos ainda existirá. Pergunta-se, porém: se os autos já se encontrarem no tribunal, em grau de recurso, poderia o terceiro apresentar embargos? Em caso de resposta afirmativa, perante qual órgão jurisdicional.

Julgamos que, na hipótese aventada, os embargos não seriam possíveis, por, quando menos, duas razões. Em primeiro lugar, estando os autos no tribunal, o órgão de primeiro grau não pode praticar atos processuais, exceto quando expressamente autorizado por lei; em segundo, esses embargos não poderiam ser apresentados diretamente ao tribunal, pois competente para apreciá-los é sempre o juízo que ordenou a apreensão dos bens, como declara o art. 676, do CPC. Para compendiarmos tudo o que até esta parte dissemos, no processo de conhecimento: a) o trânsito em julgado da sentença que compôs a lide faz cessar a oportunidade para o oferecimento de embargos de terceiro; b) se o prazo recursal ainda está em curso, será possível a oposição desses embargos perante o juízo de primeiro grau, sendo distribuídos por dependência e autuados apartadamente (CPC, art. 676); c) estando os autos no tribunal, em grau de recurso, não serão admissíveis embargos de terceiro, seja porque o órgão de primeiro grau não pode praticar atos processuais, em virtude de a competência para apreciar a causa, como um todo, ser, naquele momento, do tribunal, seja porque o órgão de segundo grau não possui competência para julgar embargos de terceiro, como evidencia o art. 676, do CPC; afinal, o juízo que determinou a apreensão dos bens foi o de primeiro grau.

Relativamente ao processo de execução, como vimos, os embargos podem ser oferecidos até cinco dias após a adjudicação, a alienação por iniciativa particular ou a arrematação, contanto que a respectiva carta não tenha sido assinada (CPC, art. 675). Algumas dificuldades de ordem doutrinária podem surgir quando da aplicação prática desse preceito legal. Digamos, *e.g.*, que a carta venha a ser assinada *antes* dos cinco dias subsequentes à adjudicação, à alienação por iniciativa particular ou à arrematação: o terceiro teria, nesse caso, precluído o seu direito de oferecer embargos? Se, ao contrário, a carta vier a ser assinada *após* o decurso do quinquídio a que se refere o art. 675, do CPC, isso significa que o terceiro teria ampliado o prazo para a apresentação de embargos? Entendemos que o princípio a ser observado, em tema de embargos de terceiro, é o que fixa em até cinco dias depois da expropriação judicial ou da remição o prazo para o exercício desse direito. Com isso estamos afirmando que: a) se a carta vier a ser assinada *antes* desse prazo, não ocorrerá a preclusão do direito do terceiro, que poderá, portanto, embargar mesmo depois da assinatura da carta; não se veja nessa opinião uma ofensa à letra do art. 676 do CPC; como dissemos, o que se deve pôr à frente, nesta matéria, é o princípio representado pelo quinquídio que a lei concede ao terceiro para ajuizar a ação de embargos; valesse como *marco final inflexível* a assinação da carta, não haveria sentido para estabelecer-se o mencionado prazo de cinco dias: bastaria que o legislador declarasse que a oportunidade para a oposição dos embargos de terceiro iria até a assinatura dessa carta; b) se a carta vier a ser assinada após o quinquídio, não ocorrerá, como se possa imaginar, a dilatação do prazo para o ingresso em juízo dos embargos em estudo.

Examinamos, até aqui, o problema relativo ao momento final em que os embargos de terceiro podem ser aforados; é necessário verificar, agora, *a partir de que momento* essa ação poderá ser posta em juízo. A resposta depara-se-nos clara: a contar da existência do ato judicial que molestou a posse dos bens ou que está na iminência de molestá-la. Essa ilação traz duas consequências de ordem pragmática: a) inexistindo ofensa à posse, ou risco de ofensa, o terceiro deverá ser declarado carecedor da ação, por faltar-lhe interesse processual (CPC, art. 17); b) incumbe ao terceiro fazer prova (de preferência já na inicial) do ato atentatório à sua posse sem prejuízo de demonstrar, como exige a lei, a posse dos bens apreendidos e a qualidade de terceiro (CPC, art. 677, *caput*).

Pondera, por fim, Clóvis do Couto e Silva que, às vezes, determinados motivos de fato autorizam a considerar-se tempestivos os embargos apresentados após o decurso do prazo de cinco dias, a que alude a norma legal, como quando em execução ocorrer o extravio dos autos, tendo sido requerida a correspondente restauração para efeito de ser expedida carta de arrematação ("Comentários ao Código de Processo Civil", São Paulo: Revista dos Tribunais, 1982, vol. XI, tomo I, p. 465). É verdade que essa nota formulada pelo eminente jurista nada mais representa do que uma aplicação concreta da regra inserida no art. 221, do CPC, que diz da suspensão dos prazos em decorrência de obstáculo criado pela parte.

8. Distribuição

Determina o art. 676, *caput*, do diploma processual comum a distribuição por dependência dos embargos de terceiro, que correrão em autos distintos perante o juiz que ordenou o apresamento.

Várias nótulas se tornam necessárias, em face dessa dicção legal.

Por primeiro, sendo os embargos em apreço ação autônoma, de caráter incidental e de conteúdo cognitivo, implicaria ofensa à sua natureza e aos seus objetivos o serem introduzidos nos mesmos autos dos quais se originou o ato de apreensão judicial; daí por que o Código, respeitando essa especificidade ontoteleológica, impôs a sua distribuição por dependência e sua autuação em separado.

A autonomia desses embargos pode ser aferida, p. ex., pelo fato de eventual extinção do processo de execução, proveniente de desistência manifestada pelo credor (CPC, art. 775), não obstar a sobrevivência dos embargos, em seu escopo de obter um provimento jurisdicional que proteja a posse que está a ser molestada por ato judicial.

A distribuição dos embargos de terceiro, por dependência, justifica-se pela conexão existente entre eles e a ação principal (CPC, art. 55). Não são raros, a propósito, os casos em que o juiz, por força da sentença proferida nos embargos, se vê obrigado a reapreciar certos atos que praticara no processo principal, em virtude da repercussão aqui provocada por aquela decisão.

Nem se omita a declaração legal de que a decisão que recocnhecer suficientemente provado o domínio ou a posse dos bens do terceiro determinará a suspensão das medidas constritivas sobre os bens objeto dos embargos, bem como a manutenção ou reintegração provisória da posse, caso o embargante a tenha requerido.

Por segundo, a assertiva legal de que tais embargos tramitarão perante o *juiz que ordenou a apreensão* poderia levar à inferência de que esses embargos apenas seriam oponíveis quando se verificasse a efetiva turbação ou esbulho da posse; conclusão nesse sentido seria equivocada, pois é bastante para o exercício desse direito de ação que haja um *iminente risco* de apreensão judicial de bens.

9. Procedimento

a) Elaborando a sua petição com observância do disposto no art. 319 do CPC (embora, no processo do trabalho — procedimento ordinário —, não se exija que a peça inaugural mencione o valor da causa, é recomendável que esse requisito do processo civil seja atendido, a fim de evitarem-se certos incidentes futuros), caberá ao autor: a) fazer a prova sumária de sua posse ou do seu domínio e b) de sua qualidade de terceiro (CPC, art. 677).

Como afirmamos antes, deverá o embargante, já na inicial, produzir prova quanto à apreensão judicial realizada, ou que está precípite a ser feita, pois isso constitui pressuposto essencial para a admissibilidade dos embargos. Essa prova poderá ser realizada mediante certidão expedida pelo juízo que está a molestar a posse ou fotocópia autenticada do mandado correspondente. Não sendo produzida essa prova, a inicial deverá ser indeferida, pois desacompanhada de documento indispensável ao ajuizamento da ação (CLT, art. 787; CPC, arts. 320 e 330, IV).

Incumbirá ao embarganter, além de fazer a prova sumária de sua posse, oferecer documento e rol de testemunhas (CPC, art. 677, *caput*). O adjetivo *sumário* está a indicar que a prova da posse deve ser, por princípio, *documental*. O oferecimento de outros documentos necessários ou úteis à instrução processual, bem como da relação das testemunhas, liga-se ao sentido sumário do procedimento. Entendemos, por isso, que no plano dos embargos de terceiro, no processo do trabalho, não incide o preceito do art. 677, *caput,* do CPC, pois o art. 825, da CLT,não se consagrou a exigência de apresentação de róis de testemunhas.

EXECUÇÃO NO PROCESSO DO TRABALHO **553**

Se o embargante não possuir meio documental comprovativo de sua posse, poderá requerer ao juiz a designação de audiência preliminar, para nela produzir a prova necessária (CPC, art. 677, § 1.º). De modo geral, quando da realização dessa audiência preliminar o embargado não foi ainda citado, na medida em que o ato citatório pressupõe o recebimento dos embargos. Acontecendo, todavia, de — por alguma razão particular — o embargado ser citado antes da audiência preliminar, a ela poderá comparecer, para acompanhar a justificação da posse, conquanto entendamos não possa, nessa oportunidade, contraditar as testemunhas ou oferecer contraprova. Ao embargado se permitirá produzir provas documentais na contestação (CPC, arts. 434 e 307, parágrafo único) e testemunhais na audiência relativa à instrução oral do procedimento.

Permitir-se ao réu impugnar, na audiência preliminar, documentos e testemunhas oferecidos pelo embargante, seria antecipar, irregularmente, o contraditório próprio dessa ação; do ponto de vista do juiz, haveria inescusável *error in procedendo*, que desafiaria correição parcial, em decorrência da índole tumultuária do procedimento, de que se faz provido o seu ato.

O possuidor direto poderá alegar, com sua posse, domínio alheio (CPC, art. 677, § 2.º).

b) A citação do embargado será pessoal, caso este não possuir advogado constituído nos autos princiais (*ibidem*, § 3.º).

c) Sendo a posse julgada suficientemente provada, o juiz deferirá *in limine* os embargos e determinará a emissão de mandado de manutenção ou de restituição em favor do embargante. O juiz poderá condicionar a ordem de manutenção ou de reintegração provisória de posse à prestação de caução, pelo requerente, exceto se este for economicamente hipossuficiente (CPC, art. 678, parágrafo único).

A caução se destina a ressarcir os danos que, porventura, venha o credor a sofrer, em virtude da outorga do mandado de manutenção ou de restituição, em benefício do terceiro, quando os embargos destes vierem a ser rejeitados.

A referência legal à *posse julgada suficientemente provada* faz ressaltar aí a presença de uma *decisão judicial*, de caráter interlocutório, e não sentença, pois esse ato jurisdicional não é dotado de eficácia extintiva do processo (CPC, art. 203, § 1.º); logo, é irrecorrível, em consonância com o sistema imperante no processo do trabalho (CLT, art. 893, § 1.º).

A concessão liminar dos embargos apresenta um forte traço de cautelaridade, que se manifesta pela expedição de mandado tendente a prover a manutenção ou a restituição da posse, em prol do embargante, conforme tenha o ato jurisdicional molestador implicado turbação ou esbulho.

d) A decisão judicial, que admite, liminarmente, os embargos opostos por terceiro, produz, dentre outros efeitos processuais, os seguintes: 1) suspende a execução, no que toca aos bens sobre que versam os embargos, suspensão que perdurará até o proferimento da sentença de fundo; 2) conserva o embargante na posse dos bens;

3) exige que o embargante preste caução quanto ao valor e aos rendimentos dos bens; 4) faz litigiosos os bens objeto dos embargos (Hamilton de Moraes e Barros, obra cit., p. 309).

Impende destacar que o juiz, ao manter o embargante na posse dos bens, não está, com esse ato, permitindo-lhe alienar tais bens; a indisponibilidade da coisa decorre da litigiosidade que a envolve.

e) Versando os embargos sobre a totalidade dos bens, o juiz determinará a suspensão do curso do processo principal; caso tenham como objeto apenas alguns bens, o processo principal prosseguirá em relação aos bens não embargados. Inteligência do art. 678, *caput*, do CPC.

Se os embargos de terceiro suspendessem, invariavelmente, o processo principal como um todo, isso poderia estimular o terceiro a, em conluio com o devedor, oferecer embargos com a finalidade exclusiva de sobrestar, p. ex., a execução e, com esse expediente escuso, tirar proveito disso. De outro lado, a não admitir-se, em nenhum caso, a possibilidade de os embargos em questão suspenderem o processo principal, daí poderiam advir consequências danosas aos legítimos interesses do devedor. O art. 678, *caput*, do CPC, traz, implícito, um critério de equilíbrio entre essas situações, fazendo com que o curso do processo principal seja suspenso somente se os embargos tiverem por objeto a totalidade dos bens constritos; se versarem sobre parte dos bens apreendidos, o processo principal prosseguirá quanto aos que não foram embargados.

O efeito suspensivo dos embargos de terceiro não é, contudo, automático, vale dizer, não é liberado com o simples ajuizamento da inicial. Não há como negar, por certo, o caráter imperativo da declaração contida no art. 678, *caput*, do CPC; essa imperatividade quanto ao efeito suspensivo dos embargos pressupõe, à evidência, que estes tenham sido *admitidos* pelo juiz. Se forem rejeitados, *in limine* — por desrespeito, *v. g.,* ao art. 677, *caput*, do CPC, ou por não haver o embargante produzido prova em relação à moléstia judicial da posse — não se poderá pensar em suspensão do processo principal, a que tais embargos se ligam pelo elemento da conexidade.

Se, entretanto, o juiz *receber* os embargos, aí sim a suspensão do processo principal — no todo ou em parte — será automática; significa dizer, estará implícita no despacho de recebimento, embora seja sempre recomendável que o juiz explicite essa suspensão e mande juntar aos autos do processo principal cópia desse despacho. Tendo sido os embargos apresentados ao juízo deprecado, e aí recebidos, este deverá oficiar ao deprecante, a fim de que seja suspenso o curso do processo principal.

Transitando em julgado a sentença concernente aos embargos de terceiro, será destravado o curso do processo principal, hipótese em que a execução (para nos restringirmos a ela) prosseguirá sobre os mesmos bens (ou o ato expropriatório será consumado com a assinatura da carta correspondente) ou sobre outros bens, que venham a ser penhorados em substituição aos anteriores — conforme tenham sido os embargos rejeitados ou acolhidos. São múltiplas, enfim, as repercussões que o julgamento dos embargos sói acarretar no plano do processo principal. Seria estafante pretender enumerá-las.

f) Diz a norma legal que a parte contrária terá o prazo de quinze dias para contestar os embargos (CPC, art. 679). A contestação não é, contudo, a única modalidade de resposta que se admite em face desses embargos; poderá o embargado (que é o credor-exequente), p. ex., formular exceção de incompetência *ratione loci*, no prazo de quinze dias que se seguir à citação, caso em que terá o excepto 24 horas para manifestar-se sobre a exceção (CLT, art. 800). Tão curioso quão necessário observar é que a exceção de incompetência *suspenderá* o processo de embargos de terceiro (CLT, art. 799, *caput*), que, por sua vez, *suspenderá* o principal (CPC, art. 678).

Ao embargado não se permitirá, porém, formular reconvenção ou visar à obtenção de sentença declaratória incidental (CPC, art. 19), a despeito de ser-lhe lícito alegar fraude à execução (CPC, art. 792). O *concilium fraudis* pode ser perfeitamente arguido nos embargos de terceiro, em decorrência do caráter autônomo dessa ação aforada por este, relativamente à ação principal.

Não sendo contestados os embargos, presumir-se-ão aceitos pelo embargado, como verdadeiros, os fatos alegados pelo embargante (CPC, arts. 679 e 341), realizando-se, em consequência, o julgamento antecipado dessa lide (CPC, art. 335, II). Julgamento antecipado ocorrerá, também, quando a matéria ventilada nos embargos for unicamente de direito, ou sendo de direito e de fato não houver necessidade de produzir prova em audiência (*ibidem*, I).

Havendo contestação aos embargos, o juiz designará audiência de instrução e julgamento, desde que haja prova a ser nela produzida (CPC, art. 679).

g) Se a sentença acolher os embargos de terceiro, o juiz determinará que se expeça mandado de manutenção ou de reintegração, salvo se já houver sido concedido liminarmente. Neste último caso, cumprirá ao juiz, também, ordenar o levantamento da caução, acaso prestada pelo embargante (CPC, art. 678, parágrafo único).

Sendo rejeitados os embargos, a carta de arrematação, adjudicação ou remição será assinada, extinguindo-se a execução (CPC, art. 924), ou prosseguindo na hipótese de o valor da arrematação não ter sido suficiente para satisfazer, de maneira integral, o direito do credor (CPC, art. 851, II).

h) Diante dos embargos do credor com garantia real (pignoratícia, anticrética ou hipotecária), o embargado apenas poderá alegar que: 1) o devedor comum é insolvente; 2) o título é nulo e não obriga a terceiro; 3) diversa é a coisa dada em garantia (CPC, art. 680, I a III).

Credor, na espécie, não é o que figura no polo ativo da relação processual executiva, e sim aquele que possui, em seu benefício, uma garantia real; desse modo, agindo na qualidade de terceiro, pode oferecer embargos com o objetivo exclusivo de impedir a expropriação judicial dos bens sobre os quais incidiu a hipoteca, o penhor ou a anticrese (CPC, art. 674, IV).

i) Tendo sido oferecidos, ao mesmo tempo, embargos à execução e embargos de terceiro, a precedência, para o julgamento, deverá ser destes últimos, pois, em regra, acarretam reflexos jurídicos naqueles. Imaginemos, *e. g.*, que os embargos de terceiro sejam acolhidos, determinando o juiz, em consequência, o desfazimento do ato constritivo; nessa hipótese, a liberação dos bens apreendidos fará com que os embargos *do devedor* não sejam admitidos, em razão da falta de garantia do juízo (CLT, art. 884, *caput;* Lei n. 6.830/80, art. 16, § 1.º).

10. Recurso interponível

Da sentença proferida em embargos de terceiro opostos no processo de execução, seria cabível recurso ordinário, ou o de agravo de petição? Na procura da resposta, tanto a doutrina quanto a jurisprudência se fragmentaram em correntes internas, nitidamente opostas.

O argumento dos que, no passado, sustentavam ser interponível o recurso ordinário se concentrava na particularidade de constituírem os embargos de terceiro ação autônoma, incidental e de conteúdo cognitivo, tanto que pressupõem, em alguns casos, a realização de audiência destinada à coleta de provas, ou de audiência preliminar para a justificação da posse turbada ou esbulhada.

Nunca foi esse o nosso entendimento.

O art. 897, *"a"*, da CLT diz que das decisões proferidas na execução será interponível *agravo de petição* — sem fazer qualquer separação entre referir-se essa decisão aos embargos do devedor ou de terceiro. Não é lícito ao intérprete distinguir onde a lei não o faz. O que define, pois, sob a óptica peculiar do processo do trabalho, a modalidade recursal adequada para impugnar as decisões prolatadas na execução não é o tipo ou a natureza da ação em que o pronunciamento jurisdicional é emitido, e sim o *processo* em que isso ocorre. Tendo sido no *de execução*, o único recurso viável será, sem dúvida, o de agravo de petição (CLT, art. 897, *"a"*).

Além disso, o agravo citado atende, na espécie, ao princípio do duplo grau de jurisdição, porquanto o terceiro, que opôs embargos, poderá — no caso de estes virem a ser rejeitados — submeter a matéria a reexame, pelo tribunal, por intermédio daquele meio recursório específico.

A controvérsia, outrora estabelecida, acerca de qual o recurso interponível da sentença proferida em embargos de terceiro não seria, contudo, produto de meras cerebrações acadêmicas, destituídas, portanto, de interesses de ordem prática? Certamente que não. Na corrente de pensamento que preconizav o cabimento do recurso ordinário se insinuava, em verdade, o propósito de fazer com que matéria característica da execução pudesse ser submetida, sem maiores entraves, à apreciação do TST, via recurso de revista, contornando, por essa forma engenhosa, a vedação nitidamente insculpida no § 2.º do art. 896 da CLT. Em rigor, esse escopo algo sub-reptício não tem, nos dias de hoje, a mínima possibilidade de obter êxito. Justifiquemos. No passado, a sobrevivência (embora forçada) desse segmento de opinião era possível em face da primitiva redação da mencionada norma legal: *"Das decisões proferidas pelos Tribunais Regionais, ou por suas turmas, em execução de sentença, não caberá recurso de revista para o Tribunal Superior do Trabalho"*.

Dizia-se que a sentença lançada nos embargos de terceiro não era alcançada por esse preceito normativo, em virtude do caráter autônomo de tais embargos. Esse argumento, porém, já não possui a relevância que, acaso, pudesse ter, pois o art. 12, § 4.º, da Lei n. 7.701, de 21 de dezembro de 1988, impôs nova redação ao § 4.º do art. 896 da CLT, que passou a ser a seguinte: *"Das decisões proferidas pelos Tribunais Regionais do Trabalho, ou por suas Turmas, em execução de sentença, inclusive em processo incidente de embargos de terceiro, não caberá o Recurso de Revista, salvo na hipótese de ofensa direta à Constituição Federal"* (destacamos). Posteriormente, a Lei n. 9.756, de 17 de dezembro de 1998 (art. 2.º), deslocou a matéria para o § 2.º do art. 896 da CLT, dando-lhe a seguinte redação: *"Das decisões proferidas pelos Tribunais Regionais do Trabalho ou por suas Turmas, em execução de sentença, inclusive em processo incidente de embargos de terceiro, não caberá Recurso de Revista, salvo na hipótese de ofensa direta e literal de norma da Constituição Federal"* (destacamos).

A expressa referência aos embargos de terceiro colocou, como se nota, uma pá de cal na antiga polêmica a respeito de qual o recurso cabível da sentença aí proferida, quando os embargos tenham sido oferecidos no processo de execução.

Permitir-se, portanto, a interposição de recurso ordinário, nesse caso, seria, a um só tempo, perpetrar grave ofensa ao § 2.º, do art. 896 da CLT e criar ambiente propício ao retardamento da satisfação dos direitos do credor soberanamente abrigados no título executivo. Isso seria extremamente grave para um processo que fez da celeridade uma das suas pilastras de sustentação.

De lege lata, pois, a única possibilidade de ser interposto recurso, ao TST, das decisões tiradas em execução de sentença surgirá quando o pronunciamento jurisdicional acarretar ofensa direta e literal a norma da Suprema Carta Política do País (CLT, art. 896, § 2.º).

Livro III

Execução de Contribuições Sociais

Capítulo I

As Emendas Constitucionais ns. 20/98 e 45/2004

1. Comentário

Durante largo período, muito se discutiu, nos foros da doutrina e da jurisprudência, sobre a competência da Justiça do Trabalho para promover execuções relativas a contribuições previdenciárias e ao Imposto de Renda.

Encontrava-se no auge essa controvérsia quando adveio a Emenda Constitucional n. 20, de 15 de dezembro de 1998 (DOU de 16 do mesmo mês), que introduziu o § 3.º no art. 114 da Constituição Federal, com esta redação: "Compete ainda à Justiça do Trabalho executar, de ofício, as contribuições sociais previstas no art. 195, I, *a* e II, e seus acréscimos legais, decorrentes das sentenças que proferir".

A contar daí, a Justiça do Trabalho ficou dotada de competência para executar as contribuições sociais devidas à União. Essa competência, todavia, é *reflexa* ou *derivada*, uma vez que pressupõe a existência de sentença ou acórdão condenatório proferido pela Justiça do Trabalho. Assim, sem uma lide trabalhista preexistente, não se pode cogitar da competência desta Justiça Especializada para executar contribuições previdenciárias, ainda que estas possuam origem em um contrato de trabalho.

Passou-se a entender, também, que essa competência alcançava a execução das quantias devidas a título de imposto de renda, caindo por terra, em razão disso, a antiga controvérsia acerca do assunto.

Antes de nos pronunciarmos sobre a competência ou incompetência da Justiça do Trabalho para promover a execução de valores devidos a título de imposto de renda, devemos observar que, ao contrário do que sustentava certo setor da doutrina, o § 3.º do art. 114, da Constituição Federal, não traduzia norma de eficácia contida, de forma que, supostamente, careceria de regulamentação por ato legislativo infraconstitucional, a fim de fazer-se valer no plano da realidade prática. A referida norma, por versar sobre competência material, era auto-aplicável (*self-executing*), conquanto reconhecêssemos que a necessidade de aplicação uniforme do preceito estivesse a sugerir a edição, pelo TST, de ato, mesmo sem caráter normativo, com essa finalidade.

Examinemos o teor da Emenda Constitucional n. 20/98.

Para logo, duas observações devem ser efetuadas. Em primeiro lugar, a referência feita pela aludida Emenda ao art. 195 da Constituição deixava claro que essa ela se ocupara, unicamente, com as contribuições sociais devidas, por empregados e empregadores, à

União. Sendo assim, era razoável sustentar a opinião de que a Justiça do Trabalho continua destituída de competência para apreciar litígios versando sobre Imposto de Renda. Expliquemo-nos. Sempre entendemos que, anteriormente à precitada Emenda, a Justiça do Trabalho se encontrava desapercebida de competência para solucionar controvérsias pertinentes a contribuições previdenciárias e ao Imposto de Renda, pois essa competência não estava inscrita no art. 114 da Constituição Federal, em sua redação primitiva. Tanto estávamos certos em nosso ponto de vista, que foi necessário haver uma Emenda Constitucional (n. 20/98) para que a Justiça do Trabalho se visse provida de competência para solver lides envolvendo contribuições previdenciárias. Todavia, nenhuma Emenda foi ainda realizada no texto constitucional, atributiva a esta Justiça Especializada de competência para solver conflitos tendo como objeto valores relativos ao Imposto de Renda. Em todo o caso, doutrina e jurisprudência, pelo que se pode verificar, tendem a admitir uma tal competência. O tema, contudo, continua aberto a discussões. Em segundo lugar, de acordo com alguns intérpretes, se fôssemos levar à risca a literalidade da Emenda Constitucional n. 20/98, chegaríamos à conclusão de que ela, em rigor, não comete competência à Justiça do Trabalho para solucionar controvérsias atinentes, nem mesmo a contribuições previdenciárias. Assim sustenta essa corrente de opinião porque a competência que se atribuiu a esta Justiça foi para *executar* ditas contribuições, desde que "decorrentes das sentenças que proferir". Afirma-se, com isso, que a Justiça do Trabalho somente teria essa competência quando a determinação para serem deduzidas as contribuições previdenciárias constasse da sentença — pouco importando se o juízo trabalhista possuísse, ou não, competência para apreciar a matéria. Convenhamos, porém: estamos diante de um paralogismo, porquanto essa interpretação seria visivelmente forçada, postiça, e até perturbadora dos princípios, pois, além de a competência estar aflorada na redação da aludida Emenda, mesmo que assim não se entendesse, estaria, quando menos, aí logicamente implícita.

Por outro lado, o parágrafo único do art. 876, da CLT, determina que o juiz promova, *ex officio*, a execução das "contribuições sociais previstas na alínea a do inciso I e no inciso II do *caput* do art. 195 da Constituição Federal e seus acréscimos legais, relativas ao objeto da condenação constante das sentenças que proferir e dos acordos que homologar".

Sob o aspecto político, não podemos deixar de dizer que a Emenda Constitucional n. 20/98, queiramos ou não, acabou por transformar a Justiça do Trabalho em órgão arrecadador de contribuições previdenciárias; e os seus juízes, em agentes do Executivo — o que é algo preocupante, sob a perspectiva da clássica tripartição dos Poderes da República e da autonomia que a própria Constituição Federal assegura a cada um deles (art. 2.º). Não se pode deixar de considerar, ainda, nesse contexto, as jurídico-políticas que motivaram e justificaram a *especialização* desse ramo do Poder Judiciário, há mais de meio século. Lamentavelmente, porém, bem ou mal, *legem habemus*.

Posteriormente, em decorência da Emenda Constitucional n. 45/2004, a matéria foi deslocada para o inciso VIII, do art. 114, da Constituição, conforme o qual a Justiça do Trabalho possui competência para promover "a execução, de ofício, das contribuições sociais previstas no art. 195, I, *a*, e II, e seus acréscimos legais, decorrentes das sentenças que proferir".

1.1. A União e a relação processual

A muitos causou sobressalto a afirmação, feita por certos setores da doutrina, quanto a ser, a União, *parte* na execução tendente à cobrança das contribuições sociais que são devidas ao INSS. Essa perplexidade derivou da dificuldade de admitir-se a possibilidade de a União adquirir esse *status*, não tendo participado da relação jurídica processual originária, assim entendida a que se estabeleceu entre o empregado e o empregador.

Ora, o fato de a União não haver participado do processo, a que poderíamos denominar de originário e principal, não impede que venha a tornar parte no processo de execução, no que respeita às contribuições sociais. O vocábulo *parte* provém da forma latina *pars, partis*, a significar quinhão, porção, ou seja, elemento fragmentário de um *todo* — que, em tema processual, é a lide, o conflito intersubjetivo de interesses, tendo como objeto um bem ou uma utilidade da vida. Segue-se, que, embora a União não haja figurado como parte, na lide estabelecida entre empregado e empregador — até mesmo por falta de interesse processual imediato —, poderá, perfeitamente, tornar-se parte no processo de execução, no que toca às contribuições que lhe são devidas, sem que isso constitua motivo para sobressaltos no espírito da doutrina.

1.2. Título executivo

Conforme pudemos demonstrar em páginas anteriores, um dos requisitos legais essenciais para promover-se qualquer execução é a existência de título executivo, que, se disser respeito a cobrança de crédito, deve conter obrigação certa, líquida e exigível (CPC, art. 783). Desde o Direito Romano antigo, aliás, se concebeu o princípio de que a execução seria nula se não estivesse fundada em um título, que a legitimasse (*nulla executio sine titulo*).

Diante disso, cumpre-nos formular as seguintes indagações: a) qual seria o título executivo que autorizaria as Varas do Trabalho a promover a execução das contribuições previdenciárias públicas?; b) qual a natureza jurídica desse título?

1.2.1. Título

O título, autorizador da execução forçada de contribuições sociais, no âmbito da Justiça do Trabalho, é a sentença (ou o acórdão: CPC, art. 204) condenatória do empregador, ou homologatória de transação, emitida pelos órgãos competentes deste ramo do Poder Judiciário Federal especializado. Note-se que o art. 114, VIII, da Constituição Federal, alude à condenação "decorrente das sentenças que proferir". Esses pronunciamentos jurisdicionais devem, efetivamente, ter conteúdo condenatório, porquanto as decisões de cunho exclusivamente constitutivo não geram obrigações de efetuar recolhimentos previdenciários, tão certo como as decisões meramente declaratórias não são exequíveis. Estas últimas, a propósito, como esclarecia o art. 290, *caput*, do CPC de 1939, valiam como simples preceito: *"na ação declaratória, a sentença que passar em julgado valerá como simples preceito, mas a execução do que houver sido declarado somente poderá promover-se em virtude de sentença condenatória"*, acrescentando, ainda, o legislador daquela época: *"a sentença condenatória será pleiteada por meio de ação adequada à efetivação do direito declarado, sendo porém exequível desde logo a condenação nas custas"*. Embora a mencionada regra não tenha sido reproduzida, de maneira expressa, pelo Código atual, foi por este recepcionada, pela via tácita, a cuja inferência se chega mercê de uma interpretação sistemática dos dispositivos que compõem o texto em vigor.

1.2.2. Natureza jurídica

Ainda hoje, a doutrina vem se manifestando, em movimentos algo pendulares, acerca do tema: ora, afirma que o título executivo produzido pela Justiça do Trabalho possui natureza essencialmente administrativa, quanto às contribuições sociais; ora, que a natureza é exclusivamente judicial.

Em rigor, não se trata nem de uma coisa, nem de outra, consideradas individualmente — ou, de modo paradoxal, cuida-se de ambas, ao mesmo tempo. Justifiquemo-nos. Sob o ponto de vista *formal*, o título executivo, no caso, é *judicial*, porquanto produzido por órgão do Poder Judiciário (Justiça do Trabalho). É conveniente reiterar, neste passo, a regra do art. 114, VIII, da Constituição da República, segundo a qual compete à Justiça do Trabalho executar (de ofício, inclusive) as contribuições sociais "decorrentes das *sentenças* que proferir" (destacamos). Está claro, portanto, que o título executivo, no caso, somente pode ser *judicial*, ainda que se deva entender que a norma constitucional cumpre ser inteligida em conjunto com os arts. 204 e 1.008, do CPC, de modo que se conclua que o título executivo compreenda não apenas a sentença, em sentido estrito, mas, também, o acórdão. Analisado, todavia, o pronunciamento jurisdicional sob o aspecto *material*, logo revela o seu traço *administrativo*.

Os que se recusam em reconhecer a natureza judicial desse título soem argumentar que, anteriormente à sua constituição, inexistia lide tendo como objeto contribuições sociais. Assim sendo, prosseguem, a União somente se tornaria parte após o proferimento da sentença condenatória, que solucionaria o conflito de interesses estabelecido entre trabalhador e empregador. Não concordamos com essa opinião, *data venia*. O fato de a União somente vir a tornar-se parte, no que se refere à relação jurídica processual, após a emissão da sentença alusiva ao processo de conhecimento, não significa que o título não seja judicial. O que importa é o fato de essas contribuições figurarem como consequência natural da condenação imposta ao empregador. A propósito, o § 3.º, do art. 832, da CLT, exige que as sentenças, sejam cognitivas ou homologatórias de acordo, indiquem sempre a natureza jurídica das parcelas constantes da condenação ou do acordo homologado, *"inclusive o limite de responsabilidade de cada parte pelo recolhimento da contribuição previdenciária, se for o caso"*.

A não se reconhecer a natureza *judicial* do título executivo que fundamenta a execução das contribuições sociais, estar-se-á, a um só tempo: 1) cometendo o deslize de imaginar-se que os órgãos da Justiça do Trabalho, no exercício de sua função tipicamente *jurisdicional*, produzam títulos *administrativos*; 2) criando, arbitrariamente, uma terceira modalidade (*tertium genus*) de título executivo, pois esses títulos compreendem, apenas, duas categorias, a saber: judiciais ou extrajudiciais.

A questão pertinente à natureza jurídica do título, quanto às contribuições sociais, é semelhante à das custas processuais, pois, também aqui, não terá havido, antes do proferimento da sentença condenatória, lide entre uma das partes e a Fazenda Pública Federal, à qual as custas são devidas. No caso das contribuições sociais, conquanto inexista lide (pretensão resistida e insatisfeita, segundo o conceito carnelutiano) antes da sentença emitida no processo de conhecimento, essa lide poderá surgir ulteriormente, seja no recurso que a União venha a interpor da sentença, seja na fase de cálculos ou mesmo na execução, propriamente dita.

Pode-se asseverar, portanto, a existência de uma lide original e principal, tendo como partes autor e réu (empregado e empregador), de caráter amplo, e de outra, derivada e secundária, envolvendo a União, mais restrita, por ter como conteúdo material as contribuições sociais devidas pelo empregado ou pelo empregador.

A opinião de que o título executivo, na situação em exame, seria *fiscal,* não é satisfatória, por tangenciar a investigação quanto à natureza formal do título e ater-se ao seu conteúdo, ou seja, ao aspecto material ou substancial.

Em suma, o título que legitima a execução de contribuições sociais, no âmbito da Justiça do Trabalho, é, sob a óptica de sua origem *judicial* (porquanto produzido pelos órgãos competentes desta Justiça Especializada), embora, visto segundo seu *conteúdo,* exiba traços administrativos. Exclusivamente sob este último ângulo, poderíamos considerá-lo administrativo-fiscal.

1.3. Prescrição

Ainda é intensa a polêmica acerca da prescrição atinente às contribuições sociais.

Basicamente, sustenta-se que o prazo é: a) de cinco anos; b) de dez anos.

Cinco anos. Os autores que sustentam esse prazo argumentam com os arts. 173 e 174, do Código Tributário Nacional (Lei n. 5.172/66), e com o art. 146, inciso III, letra "*b*", da Constituição Federal. Menciona-se, ainda, a Súmula n. 108, do extinto Tribunal Federal de Recursos: "*A constituição do crédito previdenciário está sujetia ao prazo de decadência de 5 (cinco) anos*".

Dez anos. O fundamento desta opinião é o art. 45, da Lei n. 8.212, de 24 de julho de 1991, conforme o qual o direito de constituição de crédito da seguridade social extingue-se após dez anos.

Entendemos que o prazo prescricional seja de cinco anos. Em que pese ao fato de a Lei n. 8.212/91 (que, como vimos, cogita do prazo de dez anos) ser posterior à Constituição Federal vigente, é necessário chamar a atenção à particularidade de o art. 146, inciso III, alínea "*b*", desta, estatuir: "*Cabe à lei complementar: I – (...); III – estabelecer normas gerais em matéria tributária, especialmente sobre: a) (...); b) obrigação, lançamento, crédito, prescrição e decadência tributários*" (destacamos). Desta forma, mesmo que se reconheça a natureza tributária das contribuições devidas à União, isto não autorizará a incidêndcia do art. 45, da Lei n. 8.212/91, pois não sendo esta *lei complementar*, não está atendido o comando do art. 146, inciso III, letra "*b*", da Constituição. Como consequência, para que não se verifique um vazio legislativo, aplica-se o Código Tributário Nacional, cujo art. 174 prevê o prazo de cinco anos.

Uma nótula importante deve ser lançada: como estamos a versar sobre prescrição das contribuições sociais, devemos justificar esta nossa atitude, em face do disposto no art. 114, VIII, da Constituição Federal, que, ao permitir ao Juiz do Trabalho promover, *ex officio*, a execução dessas contribuições, parece estar repelindo a possibilidade de prescrição, no caso.

Na verdade, se os valores devidos à União forem, por alguma razão, líquidos e incontroversos, ao juiz incumbirá promover, por sua iniciativa, a execução forçada dessas contribuições. Se, ao contrário, a apuração de tais valores somente for possível mediante a prática de certos atos, pela União, e esta deixar de fazê-lo após o decurso do prazo de cinco anos, contados da data da respectiva intimação, configurada estará a prescrição. Não se cuida, em rigor, na espécie, de prescrição intercorrente, mas de prescrição *originária*, porquanto, como dissemos, a execução pertinente às contribuições sociais é autônoma, em relação à dos créditos do trabalhador, ainda que ambas se efetuem nos mesmos autos do processo. Essa autonomia se define segundo a legitimidade, o interesse e a matéria.

A observar-se, por fim, que, em virtude da nova redação imposta ao inciso II, do art. 487, do CPC, o juiz deverá pronunciar, por sua iniciativa, a prescrição.

1.4. Procedimento

O procedimento concernente à execução das contribuições sociais deverá ser o estabelecido pela CLT, ou o traçado pela Lei n. 6.830, de 22 de setembro de 1980, que disciplina a cobrança judicial da Dívida Ativa da Fazenda Pública?

Logo após a vigência da Emenda Constitucional n. 20/98, vozes doutrinárias preconizavam a aplicação da Lei n. 6.830/80 ao procedimento destinado à cobrança das contribuições sociais derivantes das condenações impostas pelos órgãos da Justiça do Trabalho. Esse ponto de vista tinha uma certa base jurídica, porquanto ditas contribuições passaram a ter natureza tributária, com o advento da Suprema Carta Política de 1988.

Entrementes, a Lei n. 10.035, de 25 de outubro de 2000, deitou por terra essa corrente de opinião, ao acrescentar: a) ao art. 876, da CLT, o parágrafo único (cuja redação foi alterada pela Lei n. 13.467/2017), b) o art. 878-A; c) ao art. 879, os §§ 1.º-A, 1.º-B, 3.º e 4.º; e d) ao art. 884, o § 3.º, além de haver alterado a redação do art. 880, *caput*.

Desta forma, a execução das contribuições sociais obedecerá ao estatuído nessas normas legais e nas disposições gerais da CLT. Sendo esta omissa, aplicar-se-ão, em caráter subsidiário (CLT, art. 889), as regras da Lei n. 6.830/80.

Capítulo II

As Leis ns. 10.035/2000, 11.457/2007 e 13.467/2017

1. Comentário

Com o escopo de disciplinar a aplicação das disposições contidas na Emenda Constitucional n. 20/98, foi publicada a Lei n. 10.035, de 25 de outubro de 2000, que introduziu alterações nos arts. 831, 832, 876, 878, 879, 880, 884, 889 e 897 da CLT.

Posteriormente, foram publicadas as Leis ns. 11.457, de 16 de março de 2007, e 13.467, de 13 de julho de 2017, que impuseram alterações a alguns desses dispositivos da CLT.

Apreciemos, uma a uma, essas modificações, ainda que em voo breve.

"Art. 831. (...)

Parágrafo único. No caso de conciliação, o termo que for lavrado valerá como decisão irrecorrível, salvo para a Previdência Social quanto às contribuições que lhe forem devidas."

O princípio da irrecorribilidade do termo de conciliação (ou melhor: da sentença homologatória desse negócio jurídico bilateral) sempre esteve no art. 831 da CLT. O que se fez, agora, foi introduzir uma ressalva, segundo a qual essa regra da irrecorribilidade ontológica não se aplica à União, no que diz respeito às contribuições sociais.

Doravante, portanto, teremos uma situação algo *sui generis*: empregado e empregador não poderão recorrer da sentença homologatória da transação, conquanto esta possa ser impugnada, mediante recurso, pela União, naquilo que for do legítimo interesse desta. Esse privilégio foi instituído, provavelmente, pelo fato de a União, não havendo participado da transação realizada entre as partes, não ter podido defender os seus interesses.

O recurso, no caso, será, em princípio, o ordinário, pois a sentença homologatória da transação encerra o processo de conhecimento (CLT, art. 895, "a") com resolução do mérito (CPC, art. 487, III, "b"). Todavia, se a transação for efetuada no processo de execução, o recurso será o agravo de petição (CLT, art. 897, "a", § 8.º).

Em qualquer hipótese, o prazo para recorrer será de dezesseis dias, por força do disposto no inciso III do art. 1.º do Decreto-lei n. 779, de 21 de agosto de 1969.

Como a sentença homologatória de transação implica exaustão do processo mediante resolução do mérito e, no sistema do processo do trabalho, sempre foi irrecorrível para as partes (transatores), estas dispõem da ação rescisória para desconstituir os efeitos da coisa julgada material (TST, Súmula n. 259). A União também poderá exercer a ação rescisória, desde que devotada à defesa dos seus interesses, que, em princípio, se circunscrevem às contribuições sociais. Nesta hipótese, a União atuará na qualidade de terceiro juridicamente interessado (CPC, art. 967, inciso II).

> "Art.832. (...)
>
> § 3.º As decisões cognitivas ou homologatórias deverão sempre indicar a natureza jurídica das parcelas constantes da condenação ou do acordo homologado, inclusive o limite de responsabilidade de cada parte pelo recolhimento da contribuição previdenciária, se for o caso.
>
> § 4.º A União será intimada das decisões homologatórias de acordos que contenham parcela indenizatória, na forma do art. 20 da Lei n. 11.033, de 21 de dezembro de 2004, facultada a interposição de recurso relativo aos tributos que lhe forem devidos."

A norma legal em exame exige que a sentença — seja condenatória ou meramente homologatória — indique a natureza jurídica das parcelas (títulos) objeto da condenação ou da transação, corresponde a dizer, esclareça se possuem natureza salarial ou indenizatória, pois, em princípio, não há incidência de contribuição previdenciária nesta última. Mais do que isso, a lei impõe a definição do limite de responsabilidade de cada parte, no que toca ao recolhimento das contribuições previdenciárias, pois, deixando a parte de recolher o montante que lhe cabe, será executada quanto a isso.

Anteriormente à edição da Lei n. 10.035/2000, costumavam as partes, com a anuência do Magistrado, atribuir natureza indenizatória a 90% ou até mesmo a 100% dos valores pagos em decorrência da transação estabelecida. Esse procedimento levou o INSS a autuar inúmeras empresas, por entender que havia, nisso, o escopo de se furtarem ao recolhimento de contribuições devidas à autarquia. A esse respeito, é assinalar o problema que daí advinha, pois as empresas, não raro, argumentavam que esse procedimento fora chancelado pela Justiça do Trabalho, mediante a emissão de sentença homologatória. Desta forma, opunham à autuação administrativa esse ato jurisdicional. Em verdade, o INSS, não havendo participado do processo que se extinguiu por transação, não tinha, na qualidade de terceiro, a sua esfera jurídica afetada pela sentença homologatória, em virtude do disposto na primeira parte do art. 506, do CPC, que estabelece os limites subjetivos da *res iudicata*: "*A sentença faz coisa julgada às partes entre as quais é dada, não prejudicando terceiros*".

Atualmente, o § 3.º do art. 832, da CLT, ordena que a sentença, seja condenatória do pagamento de quantia, seja a homologatória de transação, indique (ou seja, especifique, discrimine) a natureza jurídica de cada parcela (além de mencionar o limite de responsabilidade de cada litigante pelo recolhimento das contribuições previdenciárias). A União poderá, no momento oportuno, concordar, ou não, com essa especificação, tomando como referência as normas legais ou demais dispositivos de caráter normativo aplicáveis à espécie.

Poderá ocorrer, todavia, de a sentença (condenatória ou homologatória) ser omissa quanto à indicação da natureza das parcelas que constituem objeto da condenação ou da transação. Diante disso, poderia a União oferecer embargos declaratórios? Para efeito de resposta a esta indagação, devemos separar as duas situações mencionadas. Vejamos.

Sentença condenatória. Neste caso, a União não terá legitimidade, nem interesse, para oferecer embargos de declaração, pois em se tratando dessa modalidade de pronunciamento jurisdicional (condenatório), qualquer intervenção da União, quanto à defesa do direito às contribuições que reputa lhe serem devidas, foi diferida pelo legislador para a fase de liquidação, como evidencia o art. 879, §§ 1.º-A, 1.º-B e 3.º, da CLT.

Sentença homologatória. Aqui, há expressa disposição legal quanto à possibilidade de a União — e tão somente ela — interpor recurso ordinário (CLT, art. 832, § 4.º). Conseguintemente, aberta estará a possibilidade para oferecer embargos de declaração, cujo prazo será de dez dias, a considerar-se o disposto Decreto-lei n. 769/69, art. 1.º, inciso III; no art. 994, inciso IV, do CPC, e na OJ n. 192, da SBDI-I, do TST.

Quanto ao recurso a ser interposto pela União, não deixa de ser ordinário pelo fato de esta autarquia não necessitar fazer o depósito pecuniário de que trata o art. 899, § 1.º, da CLT, e de não ser interposto por quem figurou como parte, no processo de conhecimento. No sistema peculiar do processo do trabalho, a definição quanto a ser ordinário, ou não, determinado recurso, está ligada, exclusivamente, ao processo em que a sentença foi emitida: se no cognitivo, o recurso será o ordinário (CLT, art. 895, alínea *"a"*); se no de execução, será o agravo de petição (CLT, art. 897, letra *"a"*, § 8.º).

> "§ 5.º Intimada da sentença, a União poderá interpor recurso relativo à discriminação de que trata o § 3.º deste artigo.
>
> § 6.º O acordo celebrado após o trânsito em julgado da sentença ou após a elaboração dos cálculos de liquidação de sentença não prejudicará os créditos da União.
>
> § 7.º O Ministro de Estado da Fazenda poderá, mediante ato fundamentado, dispensar a manifestação da União nas decisões homologatórias de acordos em que o montante da parcela indenizatória envolvida ocasionar perda de escala decorrente da atuação do órgão jurídico." (NR)

O § 3.º do art. 832, da CLT, determina que a sentença ou as partes indiquem a natureza jurídica das parcelas constantes da condenação ou do acordo, respectivamente. Caso a União discorde dessa indicação, poderá interpor recurso ordinário da sentença, seja a condenatória, seja a homologatória. Em princípio, portanto, o interesse processual (CPC, art. 17) da União está restrito a essa matéria.

Algumas vezes, as partes celebram acordo posteriormente ao trânsito em julgado da sentença condenatória ou a elaboração dos cálculos, em valores inferiores ao da condenação ou ao dos cálculos. A despeito disso, os créditos da União, reconhecidos em ambos os casos, não podem ser prejudicados.

Quando o montante da parcela indenizatória acarretar perda de escala decorrente da atuação do órgão jurídico, o Ministro da Fazenda, por meio de ato fundamentado, poderá dispensar a manifestação da União.

> "Art.876. (...)
>
> (...)
>
> Parágrafo único. A Justiça do Trabalho executará, de ofício, as contribuições sociais previstas na alínea *a* do inciso I e no inciso II do *caput* do art. 195 da Constituição Federal, e seus acréscimos legais, relativas ao objeto da condenação constante das sentenças que proferir e dos acordos que homologar."

A possibilidade de execução *ex officio*, pelos Juzes do Tabalho, das contribuições sociais à União está prevista, acima de tudo, no art. 114, VIII, da Constituição Federal, com a redação imposta pela Emenda n. 45/2004. Anteriormente, a matéria era regida pelo § 3.º, da precitada norma constitucional.

Desse modo, deixando a parte de recolher a contribuição previdenciária que lhe incumbia, o Juiz, por sua iniciativa, dará início à execução forçada por quantia certa.

Cabe inserir, aqui, uma observação importante: a execução das contribuições sociais que o Juiz do Trabalho pode determinar *de ofício* não são, apenas, aquelas derivantes de sentença condenatória ou homologatória de transação, emitidas em causas envolvendo trabalhadores e empregadores. Admitida a competência da Justiça do Trabalho para solucionar conflitos de interesses oriundos de contratos de empreitada, em que o empreiteiro seja operário ou artífice (CLT, art. 652, letra *"a"*, inciso III), parece-nos irrecusável a competência da Justiça do Trabalho para ordenar a execução das contribuições sociais devidas, neste caso. O mesmo podemos dizer quanto aos denominados trabalhadores avulsos, a que se refere o inciso XXXIV, do art. 7.º, da Constituição Federal.

Em resumo, pensamos que o inciso VIII, do art. 114, da Constituição, não deva receber interpretação restritiva, mediante a qual se entenda que a competência da Justiça do Trabalho, quanto à execução (*ex officio*) das contribuições sociais, fique circunscrita às causas envolvendo trabalhadores e empregadores. A interpretação há que ser ampla, de forma que permita essa execução em *todos* os conflitos de interesses, para cuja solução a Justiça do Trabalho possua competência.

O que se exige, para isso, é que o título judicial seja sentença condenatória do pagamento de determinadas quantias, ou homologatória de transação realizada pelas partes.

> "Art. 878-A. Faculta-se ao devedor o pagamento imediato da parte que entender devida à Previdência Social, sem prejuízo da cobrança de eventuais diferenças encontradas na execução *ex officio*."

Devedor, para os efeitos na norma legal sob comentário, tanto pode ser o empregador quanto o trabalhador, assim como o tomador e o prestador dos serviços. Pretendeu o legislador, com esta disposição, colocar à frente os interesses da Previdência Social, permitindo ao devedor pagar, desde logo, o valor das contribuições que reconhece dever a esta, seja em decorrência de sentença condenatória favorável ao trabalhador ou de sentença homologatória de transação.

Poder-se-ia imaginar que o advérbio *imediatamente*, utilizado na redação da norma em exame, não estaria a significar que o devedor poderia pagar desde logo o valor que julgasse ser devido à Previdência Social, pois a sentença ainda não se teria submetido ao procedimento da liquidação, a fim de ser revelado o *quantum debeatur*. Conquanto este raciocínio possua considerável base lógica, está, na verdade, dissociado da literalidade do texto legal. A permitir ao devedor pagar de imediato o valor que entende dever à Previdência Social, o legislador deixou claro que o momento de exercer essa faculdade se inaugura logo após o proferimento da sentença — condenatória ou homologatória —, ou seja, antes mesmo do procedimento da liquidação. Duas razões jurídicas nos levam a essa inferência. Demonstremos.

Em primeiro lugar, o valor a ser antecipadamente pago pelo devedor, a título de contribuição social, não é, em rigor, o *efetivamente devido*, senão aquele que essa parte *entende dever*. Apurado, mais tarde, por meio de liquidação, o valor efetivamente devido, o devedor será intimado a pagar as "eventuais diferenças encontradas na execução *ex officio*", conforme dispõe o texto legal sob comentário. Sob este aspecto, não se pode deixar de reconhecer que a faculdade concedida ao devedor, para pagar, de imediato, o que entende dever à Previdência Social, visa a atender aos interesses do INSS, que, desse modo, teria assegurado, em seu benefício, desde logo, o recolhimento de quantias reconhecidas pelo devedor. É certo que haverá, também, embora em menor intensidade, interesse do próprio devedor, porquanto esse recolhimento imediato o eximirá de pagar os "acréscimos legais", de que fala o art. 114, VIII, da Constituição Federal.

Em segundo lugar, o art. 878-A, que estamos a examinar, está, óbvia e topologicamente, situado *antes* do art. 879, que cuida da liquidação, em suas três modalidades clássicas. Esta particularidade reforça a nossa opinião de que o devedor poderá pagar as quantias que reputa serem devidas ao INSS antes mesmo de haver-se iniciado o procedimento da liquidação. E se a sentença for totalmente ilíquida, como geralmente se apresenta, como poderia a parte calcular o que deve a título de INSS? Por mais estranho que possa parecer, essa possibilidade de a sentença ser ilíquida é, justamente, o pressuposto para que o devedor estime o valor devido à mencionada entidade autárquica, pagando-o desde logo. Posteriormente, apurado o valor realmente devido, ele será chamado a recolher a diferença, sob pena de execução *ex officio*.

Esse recolhimento imediato traduz, como está evidente no texto constitucional, faculdade do devedor. Assim, este não está obrigado a efetuar nenhum pagamento antecipado de contribuição previdenciária, aguardando a emissão da "sentença" de liquidação, oferecendo, mais tarde, se for o caso, embargos à execução, que serão resolvidos por meio de sentença, da qual caberá o recurso de agravo de petição.

A União, como exige o art. 832, § 4.º, deverá ser intimado da sentença, dela podendo recorrer quanto às contribuições que julga lhe serem devidas. Obtendo sucesso no seu recurso, a União terá direito a receber a diferença entre aquilo que o devedor havia recolhido espontaneamente e o que é efetivamente devido, sob pena de a correspondente execução ser promovida, inclusive, por iniciativa do juiz.

"Art.879. (...)

§1.º (...)

§ 1.º-A. A liquidação abrangerá, também, os cálculos das contribuições previdenciárias.

§ 1.º-B. As partes deverão ser previamente intimadas para a apresentação do cálculo de liquidação, inclusive da contribuição previdenciária incidente".

§ 2.º Elaborada a conta e tornada líquida, o juízo deverá abrir às partes prazo comum de oito dias para impugnação fundamentada com a indicação dos itens e valores objeto da discordância, sob pena de preclusão.

§ 3.º Elaborada a conta pela parte ou pelas órgãos auxiliares da Justiça do Trabalho, o juiz procederá à intimação da União para manifestação, no prazo de 10 (dez) dias, sob pena de preclusão.

§ 4.º A atualização do crédito devido à Previdência Social observará os critérios estabelecidos na legislação previdenciária."

Embora o texto dos dispositivos legais reproduzidos seja claro, convém repisar que:

a) a conta de liquidação deverá incluir também a contribuição social, quando devida;

b) a conta poderá ser elaborada pelas partes ou pelos órgãos auxiliares do juízo, como é o caso do contador (a que, costumeiramente, se tem denominado de perito). Não nos parece correto o procedimento, adotado por alguns Juízes do Trabalho, consistente em intimar a União, a fim de apresentar cálculos referentes às contribuições sociais que lhe são devidas. Essa atitude, além de bifurcar o procedimento (pois uma das partes ou o contador apresentará os cálculos atinentes às verbas trabalhistas, e a União, os alusivos às contribuições sociais), com inevitáveis consequências tumultuárias do procedimento, não encontra fundamento nas próprias disposições da CLT, regentes da matéria. O art. 879, que estamos a examinar, em nenhum momento prevê a confecção dos cálculos das contribuições previdenciárias *pelo INSS*. Ao contrário, o § 1.º-B desta norma legal estabelece que *as partes* serão intimadas para apresentação do cálculo de liquidação, "inclusive da contribuição previdenciária incidente".

c) apresentados os cálculos por uma das partes, a outra será intimada para pronunciar-se, juntamente com a União. Como afirmamos na letra anterior, a União não apresenta cálculos. Elaborados estes por uma das partes, a União será intimada a manifestar-se a respeito, no prazo de oito dias, juntamente com a outra parte (art. 879, § 2.º). A ausência de manifestação no decêndio implicará preclusão para a União ou para a parte contrária à que ofereceu cálculos. Ou para ambos, quando for o caso. A preclusão significa que a matéria de cálculos não mais poderá ser discutida na mesma relação jurídica processual. A não se entender desta forma, não haveria nenhuma razão jurídica para o legislador haver declarado a ocorrência de preclusão. Apesar disso, o devedor, por ocasião dos embargos que lhe são próprios (CLT, art. 884, *caput*), e desde que garantido o juízo (*ibidem*), poderá alegar a nulidade da execução — embora, insista-se, lhe seja vedado discutir os cálculos, em virtude da preclusão.

d) se os cálculos forem elaborados pelo contador, ambas as partes serão intimadas (cujo prazo para manifestação será comum). Também aqui, o silêncio de uma ou de ambas as partes fará gerar o efeito preclusivo de que trata o § 3.º do art. 879, da CLT.

e) a União disporá do prazo de dez dias para manifestar-se sobre os cálculos, também sob pena de preclusão;

f) a lei é omissa quanto a ser o prazo para o INSS comum ou sucessivo. Nas edições anteriores deste livro, afirmamos que, por um princípio lógico e equânime, o prazo seria também comum. Melhor refletindo sobre o assunto, passamos a entender que o prazo da União é sucessivo ao das partes;

g) se as partes ou a União nada disserem sobre os cálculos, no prazo que lhes couber, ocorrerá, como dissemos, a preclusão "temporal", de forma que impeça aquelas e este de discutirem, na mesma relação processual (impugnação, embargos, agravo de petição, recurso de revista), a matéria pertinente aos cálculos. Essa preclusão está referida nos §§ 2.º e 3.º do art. 879 da CLT, dizendo respeito às partes e à União, respectivamente;

h) por fim, a atualização do crédito do INSS será efetuada de acordo com os critérios estabelecidos na legislação previdenciária, não se subordinando, portanto, aos índices relativos à atualização monetária dos créditos trabalhistas. Naturalmente, isso acarretará um encargo a mais a quem tiver de elaborar a conta geral de liquidação.

É de indagar-se, nesta altura, se a execução das contribuições devidas ao INSS não deveria ser precedida de inscrição na Dívida Ativa, nos termos do art. 39, *caput*, da Lei n. 8.212/91, e do art. 6.º, §§ 1.º e 2.º, da Lei n. 6.830/80 — esta última aplicável ao processo do trabalho, em decorrência da regra contida no art. 889, da CLT? Entendemos que não. O art. 114, VIII, da Constituição Federal, faz inequívoca referência à execução *ex officio* das contribuições previdenciárias. Destarte, eventual exigência de prévia inscrição do crédito previdenciário em Dívida Ativa estaria em antagonismo com a citada norma constitucional, porquanto aludida inscrição constituiria ato da autarquia. Ademais, as disposições da CLT a respeito do procedimento concernente à atuação da União na Justiça do Trabalho, com vistas à definição do valor que lhe é devido e à correspondente execução, não prevêem inscrição do crédito em Dívida Ativa.

"§ 5.º O Ministro de Estado da Fazenda poderá, mediante ato fundamentado, dispensar a manifestação da União quando o valor total das verbas que integram o salário-de-contribuição, na forma do art. 28 da Lei no 8.212, de 24 de julho de 1991, ocasionar perda de escala decorrente da atuação do órgão jurídico. (Incluído pela Lei n. 11.457, de 2007).

§ 6.º Tratando-se de cálculos de liquidação complexos, o juiz poderá nomear perito para a elaboração e fixará, depois da conclusão do trabalho, o valor dos respectivos honorários com observância, entre outros, dos critérios de razoabilidade e proporcionalidade. (Incluído pela Lei n. 12.405, de 2011)

§ 7.º A atualização dos créditos decorrentes de condenação judicial será feita pela variação do IPCA-E, ou por índice que venha substituí-lo, calculado pelo IBGE, que deverá ser aplicado de forma uniforme por todo o prazo decorrido entre a condenação e o cumprimento da sentença. (Redação dada pela Medida Provisória n. 905, de 2019)"

À semelhança do disposto no § 7.º do art. 832, da CLT, o § 5.º do art. 879, da mesma Consolidação, autoriza o Ministro da Fazenda a dispensar, mediante ato fundamentado, a manifestação da União quando o valor total das verbas integrtantes do salário-de-contribuição — na forma do art. 28, da Lei n. 8.212/1991 — acarretar perda de escala derivante da atuação do órgão jurídico.

Normalmente, o que as pessoas em geral denominam de "perito", com vistas à elaboração de cálculos judiciais, se trata em rigor, de *contador*. No caso específico do § 6.º do art. 879, da CLT, contudo, o caso é, verdadeiramente, de *perito*, considerando-se a complexidade dos cálculos a serem confeccionados. Apresentado o laudo, o juiz deverá fixar os honorários do *expert*, levando em conta os critérios da razoabilidade e da proporcionalidade, entre outros.

A atualização monetária dos créditos oriundos de condenação judicial deverá ser efetuada segundo a variação do IPCA-E, ou por outro índice que venha a ser instituído pelo IBGE, em substituição ao IPCA-E. Esse índice deverá ser aplicado, uniformemente, por todo o prazo compreendido entre a condenação e o efetivo cumprimento da sentença, significa dizer, até o pagamento do débito.

> "Art. 880. Requerida a execução, o juiz ou presidente do tribunal mandará expedir mandado de citação do executado, a fim de que cumpra a decisão ou o acordo no prazo, pelo modo e sob as cominações estabelecidas ou, quando se tratar de pagamento em dinheiro, inclusive de contribuições sociais devidas à União, para que o faça em 48 (quarenta e oito) horas ou garanta a execução, sob pena de penhora".

A redação do *caput* do art. 880 da CLT, em sua essência, foi praticamente mantida pela Lei n. 11.457/2007. Na verdade, a modificação introduzida consistiu, apenas, na substituição do INSS pela União

Em resumo: do mandado executivo deverão constar, além dos valores devidos ao credor, ao seu advogado, ao perito, ao contador, à Fazenda Pública (custas), também as contribuições sociais devidas à União.

Outras observações complementares dever ser formuladas. Em primeiro lugar, percebe-se, pela expressão literal do texto normativo em exame, que a execução forçada, por quantia certa, compreenderá, ao mesmo tempo, os créditos do trabalhador e os do INSS. Não há, desta forma, uma execução específica para os primeiros e outra para os últimos. O que existe, isto sim, é uma unificação das execuções — o que não deve causar estranheza a quantos militam na Justiça do Trabalho, porquanto sempre se fez em via única a execução dos créditos trabalhistas e, por exemplo, dos honorários periciais e das custas do processo. Agregam-se, agora, os créditos previdenciários. Em segundo lugar — e como consequência natural do primeiro —, a penhora deverá ser única, compreendendo todos os créditos: do trabalhador, do perito e da União.

Efetuada e formalizada a penhora, o devedor poderá embargar a execução, abrangendo um, alguns ou todos esses créditos, segundo seja a hipótese. Nessa oportunidade, não apenas o devedor, mas os próprios credores (trabalhador e a União) poderão impugnar a impropriamente denominada "sentença" de liquidação, como prevê o art. 884, § 3.º, da CLT, pois esta é irrecorrível de imediato. Cuida-se, portanto, de impugnação diferida para a *fase* de embargos. Afirmamos ser imprópria a denominação legal de "sentença" de liquidação, pois, por meio desse ato, o juiz não dá fim ao processo de execução (CPC, art. 203, § 1.º). Trata-se, assim, de decisão de traço interlocutório (*ibidem*, § 2.º), que se submete à vedação legal quanto à sua impugnação por meio de recurso (CLT, art. 893, § 1.º).

Dissemos que a impugnação à "sentença" de liquidação foi legalmente diferida para a *fase* do procedimento pertinente aos embargos à execução porque, na verdade, essa impugnação poderá ser formulada mesmo que os sobreditos embargos não venham a ser oferecidos pelo devedor. É certo que se este embargar a execução, os credores trabalhista e previdenciário deverão ser intimados para contraminutar — e, antes, impugnar a "sentença" de liquidação, se for o caso. Não sendo oferecidos embargos, porém, o juiz deve ter o cuidado de mandar intimar os credores, a fim de que possam exercer, no prazo de cinco dias, o direito de impugnar a "sentença" de liquidação. Foi, apenas, por uma questão de ordem prática que o legislador (CLT, art. 884, § 3.º) reservou para a *fase* de embargos à execução a possibilidade de haver impugnação à mencionada "sentença", seja pelo devedor, seja pelos credores, sem, todavia, vincular o direito destes últimos à realização de um ato (embargos), por parte daquele, o que seria, convenhamos, absurdo.

"Art. 884. (...)

(...)

§ 4.º Julgar-se-ão na mesma sentença os embargos e as impugnações à liquidação apresentadas pelos credores trabalhista e previdenciário."

Também aqui, a alteração introduzida foi de pequena monta, limitando-se a compatibilizar a redação do texto legal com as disposições gerais da Lei n. 10.035/2000.

A repisar-se, contudo, a observação de que a denominada "sentença" de liquidação se trata, em rigor, de uma decisão com traço interlocutório. Justamente por isso, é que o § 3.º do art. 884 da CLT afirma ser irrecorrível de imediato e autonomamente essa decisão, harmonizando-se, assim, essa declaração, com a regra geral contida no art. 893, § 1.º, do mesmo texto legal.

Tendo havido impugnação à "sentença" de liquidação (pelo devedor, pelos credores ou por todos eles), o juiz deverá apreciar, primeiramente, essa impugnação, para, depois, julgar os embargos opostos pelo devedor. Essa é, em princípio, a ordem lógica de apreciação das matérias. Pode ocorrer, entretanto, de o devedor alegar, nos embargos, por exemplo, a nulidade de todo o processo de execução (aí incluída a fase de liquidação). Nesta hipótese, deverão ser julgados, em primeiro lugar, os embargos, no tocante a essa matéria. Rejeitados os embargos, o juiz passará à apreciação das impugnações; acolhidos que sejam, as impugnações, certamente, ficarão prejudicadas.

"§ 5.º Considera-se inexigível o título judicial fundado em lei ou ato normativo declarados inconstitucionais pelo Supremo Tribunal Federal ou em aplicação ou interpretação tidas por incompatíveis com a Constituição Federal. (Incluído pela Medida provisória n. 2.180-35, de 2001)

§ 6.º A exigência da garantia ou penhora não se aplica às entidades filantrópicas e/ou àqueles que compõem ou compuseram a diretoria dessas instituições. (Incluído pela Lei n. 13.467, de 2017)."

A execução para a cobrança de crédito fundar-se-á, sempre, em título de obrigação certa, líquida e *exigível* (CPC, art. 783). A *exigibilidade* constitui, portanto, um dos requisitos formais para a validade do título executivo. Por essa mesma razão, o art. 786, do CPC, declara que a execução pode ser instaurada quando o devedor deixar de cumprir obrigação certa, líquida e *exigível*, consubstanciada em título executivo. O § 5.º do art. 884, da CLT, inspirando-se no § 12 do art. 525, do CPC, considera *inexigível* o título judicial fundado em lei ou em ato normativo declarados inconstitucionais pelo STF ou em aplicação ou interpretação havidas como incompatíveis com a Constituição da República.

Caso o devedor pretenda oferecer embargos à execução, deverá, no prazo de quarenta e oito horas que se seguir à citação, realizar a garantia patrimonial do juízo, seja em pecúnia ou em outra classe de bens (CLT, arts. 880, *caput,* 882, 883 e 884). Dessa exigência, entretanto, estão dispensadas não apenas a massa falida e a Fazenda Pública, mas, também, as entidades filantrópicas e/ou aqueles que compõem ou compuseram a diretoria dessas instituições.

> "Art. 889-A. Os recolhimentos das importâncias devidas, referentes às contribuições sociais, serão efetuados nas agências locais da Caixa Econômica Federal ou do Banco do Brasil S. A., por intermédio de documento de arrecadação da Previdência Social, dele se fazendo constar o número do processo.
>
> § 1.º Concedido parcelamento pela Secretaria da Receita Federal do Brasil, o devedor juntará aos autos a comprovação do ajuste, ficando a execução da contribuição social correspondente suspensa até a quitação de todas as parcelas.
>
> § 2.º As Varas do Trabalho encaminharão mensalmente à Secretaria da Receita Federal do Brasil informações sobre os recolhimentos efetivados nos autos, salvo se outro prazo for estabelecido em regulamento."

No *caput* do art. 889-A o legislador estabeleceu o procedimento a ser observado pela parte, quanto ao recolhimento das contribuições devidas à Previdência Social, por força de sentença proferida pela Justiça do Trabalho, seja condenatória ou homologatória de transação.

Tratando-se do devedor, este, ao ser citado, poderá adotar uma de duas atitudes: oferecer embargos ou solver a obrigação. A solvência da obrigação, no caso, dar-se-á, no que diz respeito ao credor trabalhista, mediante o depósito da quantia em conta à disposição do juízo; no que tange ao credor previdenciário, por meio de recolhimento, pelo próprio devedor.

Assim como o recolhimento das quantias devidas ao trabalhador, o concernente às contribuições sociais deverá ser realizado em agência local da Caixa Econômica Federal ou do Banco do Brasil, mediante documento específico de arrecadação da Previdência Social (GPS), do qual deverá constar o número dos autos do processo.

Se o devedor obteve parcelamento do débito para com o INSS, deverá juntar aos autos do processo existente na Justiça do Trabalho o correspondente comprovante desse ajuste. Isto feito, a execução que se processa neste juízo ficará suspensa, no que se refere às contribuições previdenciárias, até que haja integral cumprimento do aludido parcelamento. É elementar que o parcelamento do débito previdenciário será efetuado na forma da legislação específica, reguladora da matéria.

Para que a União possa controlar o recolhimento das contribuições sociais que lhe são devidas, em decorrência de sentença emitida pela Justiça do Trabalho, esta deverá remeter àquele, todo mês, informações sobre os recolhimentos efetuados nos autos do processo, exceto se outro prazo for estabelecido em regulamento. Essa determinação legal leva em conta a possibilidade de as contribuições devidas à União serem recolhidas pelo devedor, antes mesmo que a autarquia seja cientificada da sentença emitida pela Justiça do Trabalho.

"Art. 897. (...)

(...)

§ 3.º Na hipótese da alínea *a* deste artigo, o agravo será julgado pelo próprio tribunal, presidido pela autoridade recorrida, salvo se se tratar de decisão de Juiz do Trabalho de 1.ª instância ou de Juiz de Direito, quando o julgamento competirá a uma das Turmas do Tribunal Regional a que estiver subordinado o prolator da sentença, observado o disposto no art. 679, a quem este remeterá as peças necessárias para o exame da matéria controvertida, em autos apartados, ou nos próprios autos, se tiver sido determinada a extração de carta de sentença.

(...)

§ 8.º Quando o agravo de petição versar apenas sobre as contribuições sociais, o juiz da execução determinará a extração de cópias das peças necessárias, que serão autuadas em apartado, conforme dispõe o § 3.º, parte final, e remetidas à instância superior para apreciação, após contraminuta."

A modificação imposta ao § 3.º do art. 897 da CLT foi, meramente, superficial. Circunscreveu-se a simples questões terminológicas, mediante a substituição, por exemplo, da expressão "Presidente da Junta" por "Juiz do Trabalho". Em essência, nada mudou. Se a Lei n. 10.035/2000 teve a preocupação de efetuar algumas alterações de natureza terminológica no texto do § 3.º em questão, devemos reconhecer que realizou obra imperfeita, pois, além de o legislador deixar escapar entre os dedos a oportunidade de eliminar a manifesta obscuridade que caracteriza esse texto, também permitiu que nele fossem mantidas outras imprecisões vocabulares ou certos arcaísmos, como o do substantivo "instância", modernamente substituído por "grau de jurisdição".

Ocorrendo de o agravo de petição ser interposto unicamente pelo INSS (CLT, art. 897, § 8.º), versando, por óbvio, unicamente sobre contribuições a ele devidas, cumprirá ao juiz determinar a extração de cópias necessárias de peças dos autos, autuando-as em separado. Em seguida, mandará intimar a parte contrária para oferecer contraminuta. Decorrido o prazo para isso, ordenará a remessa dos autos ao Tribunal Regional competente.

O prazo para o INSS interpor agravo de petição será de dezesseis dias, por força do disposto no art. 1.º, inciso III, do Decreto-lei n. 779/69. Para a parte contrária contraminutar esse recurso, o prazo será de oito dias (Lei n. 5.584/70, art. 6.º).

Para interpor agravo de petição, o credor trabalhista e o INSS não necessitarão efetuar nenhum depósito (CLT, art. 899). Caso, porém, o recurso venha a ser interposto pelo devedor, e ainda que a matéria seja circunscrita a contribuições devidas à Previdência Social, o depósito será indispensável, sob pena de inadmissibilidade do agravo de petição, por estar deserto.

A determinação do legislador para que, na hipótese, o agravo de petição seja autuado em apartado decorreu, provavelmente, de sua preocupação em não prejudicar os interesses do credor trabalhista, permitindo-lhe promover a execução forçada e definitiva do título executivo judicial, enquanto o agravo de petição interposto pelo INSS se encontra *sub iudice*.

Se houver recurso da parte e também do INSS, é evidente que não se cogitará de autuação apartada deste último, caso em que ambos os agravos de petição serão processados nos autos originais — que serão, no momento oportuno, encaminhados ao Tribunal Regional, permitida, antes, a extração de carta de sentença para a execução provisória, ou mesmo para a execução definitiva do capítulo da decisão ou da sentença que não tenha sido objeto de recurso (tornando-se, assim, incontroversa a matéria, que transita em julgado desde logo).

Dos acórdãos proferidos em sede de agravo de petição, somente caberá recurso de revista se houver ofensa direta e literal a norma da Constituição Federal (CLT, art. 896, § 2.º). Quando for o caso, o recorrente deverá prequestionar a matéria, por meio de embargos de declaração, nos termos da Súmula n. 298, do TST, sob consequência de preclusão do direito de revolver o tema em grau de recurso de revista. A propósito, a Súmula n. 297, do mesmo Tribunal, esclarece: *"I. Diz-se prequestionada a matéria ou questão quando na decisão impugnada haja sido adotada, explicitamente, tese a respeito. II. Incumbe à parte interessada, desde que a matéria haja sido invocada no recurso principal, opor embargos declaratórios objetivando o pronunciamento sobre o tema, sob pena de preclusão. III. Considera-se prequestionada a questão jurídica invocada no recurso principal sobre a qual se omite o Tribunal de pronunciar tese, não obstante opostos embargos de declaração"*.

• TST

Súmula n. 368

DESCONTOS PREVIDENCIÁRIOS. IMPOSTO DE RENDA. COMPETÊNCIA. RESPONSABILIDADE PELO RECOLHIMENTO. FORMA DE CÁLCULO. FATO GERADOR (aglutinada a parte final da Orientação Jurisprudencial n. 363 da SBDI-I à redação do item II e incluídos os itens IV, V e VI em sessão do Tribunal Pleno realizada em 26-6-2017) – Res. n. 219/2017, republicada em razão de erro material – DEJT divulgado em 12, 13 e 14-7-2017

I – A Justiça do Trabalho é competente para determinar o recolhimento das contribuições fiscais. A competência da Justiça do Trabalho, quanto à execução das contribuições previdenciárias, limita-se às sentenças condenatórias em pecúnia que proferir e aos valores, objeto de acordo homologado, que integrem o salário de contribuição. (ex-OJ n. 141 da SBDI-1 – inserida em 27-11-1998).

II – É do empregador a responsabilidade pelo recolhimento das contribuições previdenciárias e fiscais, resultantes de crédito do empregado oriundo de condenação judicial. A culpa do empregador pelo inadimplemento das verbas remuneratórias, contudo, não exime a responsabilidade do empregado pelos pagamentos do imposto de renda devido e da contribuição previdenciária que recaia sobre sua quota-parte. (ex-OJ n. 363 da SBDI-1, parte final)

III – Os descontos previdenciários relativos à contribuição do empregado, no caso de ações trabalhistas, devem ser calculados mês a mês, de conformidade com o art. 276, § 4.º, do Decreto n. 3.048/1999 que regulamentou a Lei n. 8.212/1991, aplicando-se as alíquotas previstas no art. 198, observado o limite máximo do salário de contribuição (ex-OJs ns. 32 e 228 da SBDI-1 – inseridas, respectivamente, em 14-3-1994 e 20-6-2001).

IV – Considera-se fato gerador das contribuições previdenciárias decorrentes de créditos trabalhistas reconhecidos ou homologados em juízo, para os serviços prestados até 4-3-2009, inclusive, o efetivo pagamento das verbas, configurando-se a mora a partir do dia dois do mês seguinte ao da liquidação (art. 276, *caput*, do Decreto n. 3.048/1999). Eficácia não retroativa da alteração legislativa promovida pela Medida Provisória n. 449/2008, posteriormente convertida na Lei n. 11.941/2009, que deu nova redação ao art. 43 da Lei n. 8.212/91.

V – Para o labor realizado a partir de 5-3-2009, considera-se fato gerador das contribuições previdenciárias decorrentes de créditos trabalhistas reconhecidos ou homologados em juízo a data da efetiva prestação dos serviços. Sobre as contribuições previdenciárias não recolhidas a partir da prestação dos serviços incidem juros de mora e, uma vez apurados os créditos previdenciários, aplica-se multa a partir do exaurimento do prazo de citação para pagamento, se descumprida a obrigação, observado o limite legal de 20% (art. 61, § 2.º, da Lei n. 9.430/96).

VI – O imposto de renda decorrente de crédito do empregado recebido acumuladamente deve ser calculado sobre o montante dos rendimentos pagos, mediante a utilização de tabela progressiva resultante da multiplicação da quantidade de meses a que se refiram os rendimentos pelos valores constantes da tabela progressiva mensal correspondente ao mês do recebimento ou crédito, nos termos do art. 12-A da Lei n. 7.713, de 22-12-1988, com a redação conferida pela Lei n. 13.149/2015, observado o procedimento previsto nas Instruções Normativas da Receita Federal do Brasil.

• **SBDI-I, Orientações Jurisprudenciais**

368. DESCONTOS PREVIDENCIÁRIOS. ACORDO HOMOLOGADO EM JUÍZO. INEXISTÊNCIA DE VÍNCULO EMPREGATÍCIO. PARCELAS INDENIZATÓRIAS. AUSÊNCIA DE DISCRIMINAÇÃO. INCIDÊNCIA SOBRE O VALOR TOTAL. (DEJT divulgado em 3, 4 e 5-12-2008)

É devida a incidência das contribuições para a Previdência Social sobre o valor total do acordo homologado em juízo, independentemente do reconhecimento de vínculo de emprego, desde que não haja discriminação das parcelas sujeitas à incidência da contribuição previdenciária, conforme parágrafo único do art. 43 da Lei n. 8.212, de 24-7-1991, e do art. 195, I, "a", da CF/1988.

376. CONTRIBUIÇÃO PREVIDENCIÁRIA. ACORDO HOMOLOGADO EM JUÍZO APÓS O TRÂNSITO EM JULGADO DA SENTENÇA CONDENATÓRIA. INCIDÊNCIA SOBRE O VALOR homologado. (DEJT divulgado em 19, 20 e 22-4-2010)

É devida a contribuição previdenciária sobre o valor do acordo celebrado e homologado após o trânsito em julgado de decisão judicial, respeitada a proporcionalidade de valores entre as parcelas de natureza salarial e indenizatória deferidas na decisão condenatória e as parcelas objeto do acordo.

398. CONTRIBUIÇÃO PREVIDENCIÁRIA. ACORDO HOMOLOGADO EM JUÍZO SEM RECONHECIMENTO DE VÍNCULO DE EMPREGO. CONTRIBUINTE INDIVIDUAL. RECOLHIMENTO DA ALÍQUOTA DE 20% A CARGO DO TOMADOR E 11% A CARGO DO PRESTADOR DE SERVIÇOS. (DEJT divulgado em 2, 3 e 4-8-2010)

Nos acordos homologados em juízo em que não haja o reconhecimento de vínculo empregatício, é devido o recolhimento da contribuição previdenciária, mediante a alíquota de 20% a cargo do tomador de serviços e de 11% por parte do prestador de serviços, na qualidade de contribuinte individual, sobre o valor total do acordo, respeitado o teto de contribuição. Inteligência do § 4.º do art. 30 e do inciso III do art. 22, todos da Lei n. 8.212, de 24-7-1991.

Bibliografia

ALMEIDA E SOUZA. *Tratado sobre as Execuções*, Lisboa.

ALVIM, Arruda. *Direito Processual Civil — Teoria Geral do Processo de Conhecimento.* São Paulo: Ed. Revista dos Tribunais, 1972, vol. II.

ARAGÃO, Egas Moniz de. *Comentários ao Código de Processo Civil.* Rio de Janeiro: Forense, 1974, vol. II.

BACCARIA, Edson. *Liquidação da Sentença Trabalhista.* São Paulo: Ed. Cargine, 1974.

BARBI, Celso Agrícola. *Comentários ao Código de Processo Civil.* Rio de Janeiro: Forense, 1981, vol. I.

BARBOSA MOREIRA, José Carlos. *O Novo Processo Civil Brasileiro.* 2.ª ed. Rio de Janeiro: Forense, 1978, vol. II.

BARRETO, Amaro. *Execução Civil Trabalhista.* Rio de Janeiro: Edições Trabalhistas S/A, 1962.

BATALHA, Wilson de Souza Campos. *Tratado de Direito Judiciário do Trabalho.* São Paulo: LTr Editora, 1977.

BATISTA, Paula. *Teoria e Prática do Processo Civil e Comercial.*

CALAMANDREI, Piero. *Derecho y Proceso.*

CARNELUTTI, Francesco. *Proceso di Esecuzione.* Padova: CEDAM, 1931, vol. II.

_____. *Instituciones del Proceso Civil.* Ed. EJEA, 1973, vol. III.

CARRION, Valentin. *Comentários à Consolidação das Leis do Trabalho.* São Paulo: Ed. Revista dos Tribunais, 1979.

_____. *Sentenças Incompletas.* Madrid: Universidad de Madrid, 1971.

CASTRO, Amílcar de. *Comentários ao Código de Processo Civil.* 2.ª ed. São Paulo: Ed. Revista dos Tribunais, 1976.

CASTRO, José Antonio de. *Execução no Código de Processo Civil.* São Paulo: Saraiva, 1983.

CHAVES, Pires. *Da Execução Trabalhista.* 2.ª ed. Rio de Janeiro: Forense, 1964.

CHIOVENDA, Giuseppe. *Instituições de Direito Processual Civil.* Nápoles: Ed. Jovene, 1933.

COSTA, Carlos Coqueijo. *Direito Judiciário do Trabalho.* Rio de Janeiro: Forense, 1975.

_____. *Mandado de Segurança e Controle Constitucional.* 2.ª ed. São Paulo: LTr Editora, 1982.

COSTA, José de Ribamar da. *Direito Processual do Trabalho*. São Paulo: LTr Editora, 1976.

COSTA, Orlando Teixeira da. *Estudos de Direito do Trabalho e Processual do Trabalho*. São Paulo: LTr Editora, 1980.

COSTA CARVALHO. *Curso Teórico-Prático de Direito Judiciário*. Rio de Janeiro: 1953, vol. 5.

COUTURE, Eduardo. *Fundamentos del Derecho Procesal Civil*. Buenos Aires: Depalma, 1958.

DENTI, Vittorio. *L'Esecuzione Forzata in Forma Specifica*. Milano: 1953.

DINAMARCO, Cândido Rangel. *Fundamentos do Processo Civil Moderno*. São Paulo: Ed. Revista dos Tribunais, 1986.

FRAGA, Affonso. *Execução das Sentenças*. São Paulo: 1922.

FURNO, Carlo. *La Sospensione del Processo Esecutivo*. 1956.

GIGLIO, Wagner D. *Direito Processual do Trabalho*. 5.ª ed. São Paulo: LTr Editora, 1984.

_____. *A Conciliação nos Dissídios Individuais do Trabalho*. São Paulo: LTr Editora, 1982.

GOLDSCHMIDT, James. *Derecho Procesal Civil*. Barcelona: Editorial Labor, 1936.

GRINOVER; CINTRA; DINAMARCO. *Teoria Geral do Processo*. 6.ª ed. São Paulo: Ed. Revista dos Tribunais, 1986.

GUIMARÃES, Luiz Machado. *Comentários ao Código de Processo Civil*. Rio de Janeiro: Forense, 1942, vol. IV.

LAMARCA, Antônio. *Processo do Trabalho Comentado*. São Paulo: Ed. Revista dos Tribunais, 1982.

_____. *Execução na Justiça do Trabalho*. Ed. Fulgor, 1962.

LEITE VELHO. *Execução de Sentenças*. Rio de Janeiro: 1985.

LIEBMAN, Enrico Tullio. *Tratado das Execuções* — Processo de Execução. 2.ª ed. São Paulo: Saraiva, 1976, vol. I.

_____. *Estudos sobre o Processo Civil Brasileiro*. São Paulo: Ed. José Bushatsky, 1976.

_____. *Processo de Execução*. São Paulo: 1946.

LIMA, Alcides de Mendonça. *Comentários ao Código de Processo Civil*. 3.ª ed. Rio de Janeiro: Forense, 1979, vol. VI, tomo I.

MALTA, Christovão Piragibe Tostes. *Prática do Processo Trabalhista*. 11.ª ed. Rio: Ed. Trabalhistas.

_____. *Você Conhece Execução Trabalhista?*. Rio de Janeiro: Ed. Rio, 1976.

MARQUES, José Frederico: *Manual de Direito Processual Civil*. 4.ª ed. São Paulo: Saraiva, 1981, 4.º vol.

_____. *Instituições de Direito Processual Civil*. 3.ª ed. Rio de Janeiro: Forense, 1958.

_____. *Ensaio sobre Jurisdição Voluntária*. 2.ª ed.. São Paulo:1958.

MORAES E BARROS, Hamilton de. *Comentários ao Código de Processo Civil*. Rio de Janeiro: Forense, sem data, vol. IX.

NASCIMENTO, Amauri Mascaro. *Curso de Direito Processual do Trabalho*. São Paulo: Saraiva, 1978.

NEVES, Celso. *Do Processo de Execução* — Aspectos Fundamentais. São Paulo: Resenha Tributária.

_____. *Comentários ao Código de Processo Civil*. Rio de Janeiro: Forense, 1975, vol. VII.

NUNES, Castro: *Teoria e Prática do Poder Judiciário*.

PACHECO, José da Silva. *Tratado das Execuções* — Processo de Execução. 2.ª ed. São Paulo: Saraiva, 1976.

PEREIRA E SOUZA, Joaquim José Caetano. *Primeiras Linhas sobre Processo Civil*. Rio de Janeiro: 1907, vol. 3.

PINTO, José Augusto Rodrigues. *Execução Trabalhista*. São Paulo: LTr Editora, 1984.

PONTES DE MIRANDA. *Comentários ao Código de Processo Civil*. Rio de Janeiro: Forense, 1976.

_____. *Tratado de Ação Rescisória*. 5.ª ed. Rio de Janeiro: Forense, 1976.

PRIETO-CASTRO. *Derecho Concursal*. Madrid: 1974.

REIS, José Alberto dos. *Comentários ao Código de Processo Civil*. Coimbra: 1953, III.

REQUIÃO, Rubens. *Curso de Direito Comercial*. 13.ª ed. São Paulo: Saraiva, 1982, 1.º vol.

ROCHA, José de Moura. *Comentários ao Código de Processo Civil*. 2.ª ed. São Paulo: Ed. Revista dos Tribunais, 1976, vol. IX.

ROSENBERG, Leo. *Tratado de Derecho Procesal Civil*. Buenos Aires: 1955, vol. III.

RUSSOMANO, Mozart Victor. *Comentários à CLT*. Rio de Janeiro: Forense, 1982.

SANTOS, Moacyr Amaral. *Primeiras Linhas de Direito Processual Civil*. 5.ª ed. São Paulo: Saraiva, 1981, 3.º vol.

TEIXEIRA FILHO, Manoel Antonio. *Liquidação da Sentença no Processo do Trabalho*. 2.ª ed. São Paulo: LTr Editora, 1986.

_____. *Comentários às Súmulas Processuais do TST*. São Paulo: LTr Editora, 1981.

_____. *As Ações Cautelares no Processo do Trabalho*. 2.ª ed. São Paulo: LTr Editora, 1989.

THEODORO JÚNIOR, Humberto. *Processo de Execução*. 12.ª ed. São Paulo: Ed. Universitária de Direito, 1987.

TORNAGHI, Hélio. *Comentários ao Código de Processo Civil*. São Paulo: Ed. Revista dos Tribunais, 1976, vol. I.

VON TUHR, Andreas. *Tratado de las Obligaciones*. vol. I. Madrid: 1934.